本成果得到国家重点研发计划司法专项"内外贯通的审判执行与诉讼服务协同支撑技术研究"、中国社会科学院大学智库报告项目及新文科建设项目支持

刑事司法大数据蓝皮书

THE BLUEBOOK ON THE BIG DATA OF CRIMINAL JUSTICE

林 维 / 主 编   邹劭坤 / 副主编

作者简介

林　维	中国社会科学院大学政法学院教授,法学博士
李卫红	中国社会科学院大学政法学院教授,法学博士
门金铃	中国社会科学院大学政法学院副教授,法学博士
方　军	中国社会科学院大学政法学院讲师,法学博士
曹　波	贵州大学法学院副教授,法学博士
雷一鸣	华中师范大学法学院讲师,法学博士
王海鹏	德州学院政法学院讲师,法学硕士
邹劭坤	清华大学智能信息获取研究中心研究员,北京华宇元典信息服务有限公司总经理
侯晓焱	北京华宇元典信息服务有限公司业务专家,法学博士
叶衍艳	北京华宇元典信息服务有限公司业务专家,法学博士
吴敏功	北京华宇元典信息服务有限公司法律知识工程师,法学硕士
王业飞	北京华宇元典信息服务有限公司法律知识工程师,法律硕士
刘亚会	北京华宇元典信息服务有限公司高级研究员,法学硕士
白　磊	北京市海淀区人民检察院第二检察部检察官,法学硕士
黄淘涛	北京市大兴区人民法院刑庭副庭长,法学硕士
郝　赟	靖霖(北京)律师事务所票据犯罪研究与辩护部副主任,法律硕士
毛炜程	北京市盈科律师事务所律师,法学硕士
张秦阳	北京市隆安律师事务所律师,法学硕士
马　珩	国家税务总局北京市通州区税务局科员,法学硕士
石亚娜	华润置地(北京)物业管理有限责任公司法务,法律硕士
邓卓行	北京大学与慕尼黑大学联合培养博士研究生
李　森	清华大学法学院,博士研究生
李品优	中国政法大学国际法学院,博士研究生
黄杰云	中国社会科学院大学,法律硕士
程伊乔	中国社会科学院大学,硕士研究生
关雅文	中国社会科学院大学,硕士研究生
邓　浩	中国社会科学院大学,硕士研究生
庄怀邦	中国社会科学院大学,硕士研究生
孙博宇	中国社会科学院大学,硕士研究生
吴贻森	中国社会科学院大学,硕士研究生
许振宇	中国社会科学院大学,硕士研究生
王国麒	中国社会科学院大学,硕士研究生

序

陈兴良*

　　林维教授主编、邹劭坤先生副主编的《刑事司法大数据蓝皮书》即将在北京大学出版社正式出版,作者邀我为本书作序。我阅读了本书的初稿,认为本书为我们真实地了解我国刑事司法实际状况提供了一个窗口,是一部具有工具价值的著作,值得推荐。

　　法治是由立法和司法这两个环节构成的。立法以法律文本为其最终成果,立法活动所形成的法律文本成为检验立法成效的唯一途径。而司法的呈现则较为复杂。对于案件当事人来说,当然是通过个案获得对应司法公正性的切身体验。在刑事司法中,被告人有罪或者无罪的判决结果都使被告人真实地感知刑法和刑事诉讼法。个案的判决结果也会将法律的内容传递给其他社会成员。对于社会公众来说,他们只能是通过媒体而了解零星的个案,因而对司法活动只能具有局部性和个别性的感知。即使是法律理论研究人员,他们也不可能对于司法活动具有全局性和整体性的把握。在这种情况下,法律理论研究人员,在对司法活动没有完整了解的情况下所作出的判断可能就会有失偏颇。因而,通过中国裁判文书网以及司法统计数据深入而真实地了解司法活动是极为重要的。应当指出,随着网络的发达,司法公开呈现出完全不同的格局,这就为司法数据的获得提供了便利,同时也为法律理论研究提供了条件。《刑事司法大数据蓝皮书》一书就是在对刑事司法活动状况进行数据分析的基础上形成的一部作品,它的出版对于真实地呈现我国刑事司法活动的状况具有十分重要的参考价值。

　　由于刑法是刑事司法活动所依据的实体性法律,因而刑事司法就是刑法的适用活动。正是通过刑事司法活动,刑法文本转化为个案的适用标准。对于刑法的研究,存在不同的面向。其中,刑法的教义学研究是一个重要的领域。刑法教义学的研究为刑法在司法活动中的适用提供根据。因此,近年来刑法教义学在我国获得了长足的发展。然而,刑法教义学是一种语言学和逻辑学的分析,它具有纯理论

---

* 陈兴良,北京大学法学院教授、博士生导师;北京大学博雅讲席教授、教育部长江学者特聘教授。

的性质。如果不能与司法活动的现实结合起来，刑法教义学的研究就会因脱离司法实践而失真。因此，以司法案件和数据为内容的刑法实证研究，应当成为刑法教义学研究的基础。我国刑法的实证研究，作为刑法理论研究的重要组成部分，近些年来也取得了丰硕的成果。从类型角度分析，我国刑法的实证研究可以分为两种：第一种是以刑事案例为素材的实证研究，主要通过对刑事案件进行归纳整理而提炼规则和提供模型。第二种是以司法数据为素材的实证研究，主要通过对刑事司法数据的处理而发现规律和揭示本相。其中，第二种实证研究方法涉及所谓数量刑法学。我国学者指出："数量刑法学主要通过数量关系的合理运用，对我国立法和司法中涉及定罪因素以及相应刑罚量运用的合理性进行理性评估，从而实现刑法追求的实质正义。"①在刑法中存在数量关系，这就是我国刑法中的犯罪具有罪量要素。数量关系不仅对于定罪具有重要意义，而且也是量刑均衡的重要途径。除此以外，在大数据时代，通过对刑事司法大数据的研究，可以真实地反映刑事司法的现状。本书在某种意义上就是采用大数据对刑事司法活动进行呈现和描述的一种有益尝试。

本书是以刑事司法大数据为素材的，因而数据的采集和处理就成为写作的关键。本书数据的提取和分析所依据的法律文书，系北京华宇元典信息服务有限公司（以下简称"华宇元典"）从中国裁判文书网公开发布的文书中提取的，选取范围为截至2018年5月31日可以查询到的2013年1月1日至2017年12月31日期间作出判决的刑事一审和二审裁判文书，进入再审程序的刑事裁判文书未包含在内。值得肯定的是，本书是中国社会科学院大学（以下简称"社科院大学"）刑法团队和华宇元典团队共同合作的成果。华宇元典是专门处理大数据的专业公司，多年来深耕于司法大数据领域，在刑事大数据的提取和解析方面具有专业优势。本书的司法大数据就是华宇元典提供的，在这些大数据的基础上，社科院大学刑法团队进行了理论分析，从而完成了本书的创作。本书反映的是2013—2017年的刑事司法状况，并且以蓝皮书的形式发布。据我所知，此后每年，本蓝皮书将持续更新，由此逐年累积，必将成为呈现我国刑事司法活动状况的一个重要窗口。在国外，一般都由司法部每年发布犯罪白皮书，例如日本。"日本法务省（相当于中国的司法部）每年出版一次《犯罪白皮书》。这是法务省出版的有白色封面的官方报告书。法务省自1960年以来每年发行一次《犯罪白皮书》，已经连续发行五十七载。《犯罪白皮书》的内容基本上以统计数据为中心，阐明日本刑事司法的现状。"②我国没有类似的犯罪白皮书，因而司法统计数据没有经过正规合法的途径和程序公开。近年来，最高人民法院建立中国裁判文

---

① 储槐植、何群：《论我国数量刑法学的构建》，载《中国法学》2019年第3期。
② 〔日〕松尾刚行：《日本〈犯罪白皮书〉解读》，载陈兴良主编：《刑事法评论：刑法规范的二重性论》，北京大学出版社2017年版，第411页以下。

书网,推动裁判文书上网。2014年1月1日,最高人民法院《关于人民法院在互联网公布裁判文书的规定》正式实施,这是最高人民法院颁布的第一个规范全国法院在互联网上公布裁判文书的司法解释。该司法解释明确规定,最高人民法院在互联网设立中国裁判文书网,统一公布各级人民法院的生效裁判文书;中西部地区基层人民法院在互联网公布裁判文书的时间、进度由高级人民法院决定,并报最高人民法院备案。截至2018年年底,中国裁判文书网公开裁判文书已经超过6000万份,网站访问量突破210亿次,用户覆盖210多个国家和地区。中国裁判文书网虽然公布的不是司法统计数据,而是裁判文书,但我们通过对裁判文书进行处理,还是可以获取真实的司法数据的。正是这种根据裁判文书提取的司法数据,为我们在国家没有正式公布司法数据的情况下了解司法活动的实际状况提供了某种可能性。

本书在华宇元典提供的数据的基础上,对某些重点罪名进行了分析。这里所谓重点罪名,是指司法实践中发案率较高的罪名。例如,本书在危害公共安全罪一章,就选取了危险驾驶罪、交通肇事罪、非法持有、私藏枪支、弹药罪、放火罪和失火罪这5个罪名。本章共有52个罪名,这5个罪名只是其中的十分之一还不到,但这些罪名都是具有代表性的。例如,危险驾驶罪目前在我国所有刑事案件中发案率排名第一,可以说是案件数量最多的罪名。通过对这些罪名的数据的挖掘与分析,可以达到窥一斑而见全豹之效果。在危险驾驶罪中,作者从案件分布、被告人情况、案情特征这三个视角,对危险驾驶罪的具体情况进行了描述,给我们进一步思考相关问题提供了事实根据。例如,在危险驾驶罪的地域分布中,2013—2017年这五年间全国各级人民法院审结的危险驾驶罪案件多发于中部、东南沿海地区,审结案件的裁判文书数量最多的五个省级行政区分别为浙江省(76 663篇)、江苏省(52 783篇)、河南省(49 057篇)、福建省(43 233篇)、广东省(37 048篇),审结案件的裁判文书数量最少的三个省级行政区为青海省(1 807篇)、海南省(830篇)和西藏自治区(105篇)。这一数据和我们的预想存在较大差距。根据我们的预想,西部地区经济、文化较为落后,酗酒现象更为普遍,因而危险驾驶罪的发案率应该更高才合理。那么,为什么反而是经济、文化更为发达的中部、东南沿海地区危险驾驶罪的发案率更高呢?仔细思考,就会发现,危险驾驶罪发案率的高低,在很大程度上还取决于人均拥有车辆的比例、城区道路的人均占有率,以及警察执法的力量分布和查处难度。考虑到这些因素,中部、东南沿海地区人均车辆多,城区交通资源丰富,警察查处醉驾的难度小,因而危险驾驶罪案件审结的裁判文书数量就必然高于西部地区。但是,本书呈现的只是客观数据,如何运用这些数据进行思考并且得出结论,仍然是一个问题。从这个意义上说,本书具有研究素材的价值,它的出版为我们进一步从事刑法理论研究创造了条件。

应当指出,本书对于刑法理论研究具有一定的参考价值。尤其是对刑法个罪的研究,本书提供了更为直接和真实的第一手素材。因为刑法个罪研究不能只是以刑法分则对个罪的构成要件规定为基础,还应当对个罪在司法认定中的实际状况有所了解。本书的内容恰恰提供了关于刑法个罪的资料,使我们对刑法个罪有了直观印象,这对于刑法个罪研究是极为重要的。当然,本书将刑事司法大数据的分析限于刑法个罪的视域,这是存在局限的。其实,还应当从刑法总论的角度,对刑事司法进行大数据的分析。例如,刑法总论中的预备、未遂、中止、主犯、从犯、胁从犯、教唆犯以及单位犯罪、自首、立功、坦白、缓刑等数据,都可以专题性地加以呈现。例如,《中华人民共和国刑法》规定了犯罪预备,而且规定所有犯罪的预备都应当处罚。对于该制度,我国刑法理论一般认为具有规范虚置的性质,即在司法实践中预备受到处罚的情形极为罕见。但这一判断是否正确?如果正确,犯罪预备受到处罚的数量到底是多少?如果本书能够提供犯罪预备受处罚的真实数据,则可以使我们对犯罪预备在司法实践中的状况具有直观的了解,这对于犯罪预备的理论研究具有重要意义。

  本书只是反映我国 2013—2017 年这五年的刑事司法活动状况,我期待本书作者能够按照预想,逐年坚持将刑事司法大数据蓝皮书出版下去,由此形成系列,以此弥补我国缺乏官方的司法统计数据的缺陷,并且使之成为我国刑事司法的历史年轮。同时,在将来出版的蓝皮书中,能够增加刑法总论的相关数据,以全面反映刑事司法的真实状况。

  值此《刑事司法大数据蓝皮书》付梓之际,特撰以上数语。

  是为序。

谨识于北京依水庄园渡上寓所

2019 年 6 月 26 日

主编絮语:用数据说话

林 维[*]

一

摆在读者面前的这本书,充满了这个团队的理想,虽然目前的工作仍然有诸多的不理想,并且自己也发现实现理想和目标的难度日益加大。但未来我们仍然想要在不断吸取经验教训的基础之上,坚持这样一种方式,力求做得更加完美。

学法律的人经常会说的一句话就是"用证据说话",在本书中我们想尝试着"用数据说话"。数据不仅仅是数字,一般而言,司法意义上的数据信息应当包括:微观上,具有体系性的司法数据,目前首先表现为裁判文书本身;而在宏观上,表现为司法系统的汇总统计数据,以及在整个司法流程中所积淀的各类数据信息。两者缺一不可。为什么要用数据说话,最初的原因就在于我们努力想使法学的研究更加务实、更加精细化。

仅以刑法研究为例,我们就可以发现这些具体微观的裁判文书公开本身对于刑法研究的重要意义。众所周知,刑法学分为总论、分论,从1979年《刑法》颁布以来,刑法总则理论尤其是犯罪论发生了突飞猛进的变革。20世纪80年代的刑法总论文献和四十多年后今天的刑法总论文献,无论在刑法理念、研究范式、使用话语乃至援引文献上,都迥然不同,仿佛真的具有世纪差异。刑法总论在保持中国特色的前提下,越来越多地吸收、汲取了国外刑法理论尤其是德日刑法的概念体系,总论的精细化、理论化在最近十年间达到了前所未有的程度,并且这种整体意义上的精细化仍有继续发展的倾向,甚至有的学者认为我们应当反思中国刑法总论的德日化倾向,或者必须回应某些实务工作者对理论如此精细化是否具有实务必要和意义的质疑。某种意义上,总论的精细化超越了实务而构筑了一个严谨的专业领域。但是,四十多年来,刑法分论的研究水平却远远滞后,虽然同样取得了一定进步,但是这种水平的进步远远落后于总论的进步,也远远落后于实务人员的期待和要求。分论的研究范式、讨论话语乃至文献资料,较之从前有变化但没有整体性的、根本性的差异。分论的研

---

[*] 林维,中国社会科学院大学政法学院教授,博士生导师。

究远远没有获得其应有的地位,反而成为目前刑法学研究的一个洼地,一个供需严重失衡的知识市场。这一低谷即使在教义学研究盛行的今天,仍然亟待极大的填补。无论是法学教授还是博士研究生,很多人都不愿意或者较少地去深入细致研究、写作分论本身的题目,或者研究的成果远未达到实务人员渴望的水准因而时常为实务人员所诟病甚至嘲笑。分论的研究远远没有达到理想中的精细化程度,而精细化本来是分论研究更应该具备的特点。

这样一种状况的产生,很大原因在于从整体上看,刑法知识的积累及其体系化仍然是一种自上而下的模式;在于我们对分则具体罪名的研究缺乏体系性;在于刑法研究者整体上仍然没有对司法实务中所产生的分则的具体问题集聚应有的、足够的研究兴趣;也在于在技术上案例仍然没有能够成为一种简易的可获得、可研究的数据,使得学者较为缺乏这一研究资源。立法乃至学者的教义学阐释在这样一种体系中,从一开始就得到了无上的尊崇,但是基层的司法经验却未能得到足够充分的尊重,现有的体系也未能够及时、完整、有效地将基层司法中所遇到的问题体制化、规模化、简易地反馈至研究人员手中。研究者因此对于那些真正隐藏于司法实务之中的法律问题没有清晰的把握和了解,因此理论始终藏于书斋,而缺乏案例的反复验证、淬炼和不断修正、提升。刑法学的教育和研究因此在这个意义上仍旧和刑事法的实践存在着若有若无的隔离。没有案例的支撑,没有足够充分的渠道去了解司法实务中所产生的刑法疑难复杂问题,就无法真正全面、成熟地理解刑法的实际运用。分论的研究恰恰更需要充足的案例支持,它不可能完全凭借研究者的想象去构建。刑法分论的研究目前实际上正是处于这样一个洼地的位置,因此更具有富矿的意义,需要我们去集中挖掘。目前很多学者越来越重视对真实案例的分析,并因此对裁判文书给予了越来越多的重视,可以看到的是,在学术论文中裁判文书的引用已经达到了前所未有的数量,这样一种可喜的变化表征着这一方向性的改善。

指导案例制度在本质上也是一种审定数据的运用,虽然目前指导案例的数量过于微小而无法发挥其合理作用。至今,最高人民法院共发布24批139个指导案例,最高人民检察院则已经发布18批69个指导案例。考虑到其中很多指导案例的宣示性强于指导性,或者其裁判要旨早就已经达成共识,其意义就更打折扣。在这一问题上,我们必须承认,有数量才可能会有力量,而目前这一数量还完全无法实现指导案例制度最初的设计理想,还不具备推动整个司法案例规模化发展的力量。

当然,中国裁判文书网很好地解决了这样一种数据公开的问题,截至2018年年底,中国裁判文书网公开裁判文书已经超过6 000万份,网站访问量突破210亿次,用户覆盖210多个国家和地区。事实上,越来越多的学者已经习惯于去搜索裁判文书,以便发现问题、验证自己的观点或者尝试着基于现有的学术分析框架进行整理分析。也有越来越多的国外学者对我国最高人民法院公布的全国性裁判文书给予了高度关注,并加以研究,希望能够一窥中国司法的现状及其规律,甚至有的国外学者试图分析中国刑事裁判文书是否能够反映民族因素变量和量刑变化之间的关系这一我们通常不认为是问题的问题。

数据的价值就在于它不仅仅能够告诉我们原来所了解的问题,能够让我们知其然并且知其所以然;更重要的是它能够使我们发现原来并不知道的问题或者视角,并最终帮助我们解决这些问题。但是,目前困扰我们的主要是技术方面,我们面对海量的裁判文书,如何能够发现问题、挖掘问题,并进行规则的提炼和范畴的归纳。海量数据所带来的问题就在于,我们可能会陷入数据的沼泽或者海洋之中,而被其淹没,却始终不清楚我们该如何掌控、运用这些数据。这样一种感觉,大体上就像一个极度饥渴的人在面对汹涌而来的巨浪时所面临的危险。

中国裁判文书网实现了司法信息的数字化,这是数据化的必要前提,但是经过简单数字处理的海量数据事实和大数据理念之间的不同在于,前者仅仅在客观上强调了数据的规模,但仅仅简单的多或者纯粹的大是不够的,数据要产生价值必须要能够被分析,甚至一般的分析也是不够的,它必须基于一整套科学的分析方法,如此才能真正科学地理解人所参与的司法行为,包括那些连个体参与者可能都不知道的个体行为汇聚成为集体行为后所产生的影响问题。因此,简单的、原始的数据沉淀或者数据库的素材容量只是让我们成为司法案例数据最多的国家,但尚未使我们成为司法数据价值最大化的国家。要实现后一目标我们仍需努力。

二

司法数据的另一表现形式就是汇总的统计数据,其重要意义在于这些统计数据是真正的一体化刑事法学研究的基石。

刑事法学研究的最终目标是要确立科学的犯罪反应机制,制定合理的刑事政策,实现刑事法治。其前提在于我们对犯罪现象必须具有准确的认识和把握。缺乏对犯罪的真实了解,就很难构建合理的刑法反应。这种了解至少应当包括:当前具体犯罪的现状究竟如何表现为可视化的数量状态、具体犯罪中各个结构性要素的具体状况、过去特定期限内的犯罪趋势如何客观演变;刑罚的结构在具体裁判中如何分配、量刑的各个要素、制度的数据化呈现;任一要素究竟是如何影响刑罚裁量的;刑法理论在类似案件中应用的数量和比例,究竟什么是所谓的通说和司法惯例;刑事诉讼各阶段的诉讼行为涉及的各种数据以及我们目前仍不熟悉、尚未掌握或者缺乏重视的其他一些问题。通常而言,例如,如果我们不了解死刑在具体罪名中的适用数据,就无法考量死刑废除的影响和未来走向;如果不了解审前羁押的各类数据,就不能知晓现状的严重性;如果不了解羁押的整体成本,我们对于审前羁押、监禁刑的经济分析实际也只能是凭借想象,尤其是具体司法制度的设计例如量刑基准的设定,均需要对相关判决文书和数据有所了解。很多理论、制度,我们似乎可以说出道理来,但是我们没有事实和数据。我们习惯用直觉说话,习惯用经验说话,习惯用个别事实或者部分样本说话,喜欢自以为是、以偏概全、主观臆断,这样一些研究在科学角度就很难为人所认可了。

在立法上也是如此,对于刑法中具体犯罪的立法,需要一系列数据加以支撑以论证其合理性和正当性。进一步而言,有时候在刑事立法过程中,我们为了论证某一个行为需要被规定为犯罪,于是就宣传这一行为的猖獗广泛,但是立法之后往往发现有的罪名每年的适用数量屈指可数,我们需要探讨这究竟是立法的问题,还是司法的问题,这些都同样要求数据的准确性。又例如最近讨论的是否需要降低未成年人刑事责任年龄的问题,除了价值的判断和立场的阐述,其实首先更需要了解未成年人实施严重违法行为的真实数据及其发展趋势。甚至我们在进行一些刑法理论的分析时,可能也需要一些数据乃至模型的建立。例如诸多相当性的判断,是否需要有一个大体的数据调查。储槐植老师很早之前就曾经提出,刑法中因果关系的确定作为一个概率问题,间接故意作为一种模糊心态,可以考虑建立某些数学模型以比较精确地反映刑法的某些规律,便于刑事司法工作的实际应用。当然后者作为一种数量刑法学,同司法统计学存在不同,但毫无疑问其同样依赖海量裁判的司法数据所反映出来的倾向和趋势。

司法领域权威数据的公布意味着对于公众知情权的尊重和保障,是国家管理透明、民主、公正的标志之一。一般民众对此具有知情权,并有权对其作出自己的客观判断,进而对国家司法予以理性监督,实现管理国家的政治权利。政府有义务向公众尽可能地说明司法运作的现状、动态趋势以及司法运作的逻辑及其事实依据等,这也是公众评估司法效果的一个标准,同时也是衡量我们的治理能力和治理体系是否现代化的一个重要侧面,更是我们对自己的管理水平和法治水平是否自信的一个标志。有学者指出,公布犯罪统计数据,能够促进犯罪治理的透明化,使刑事政策的调整、刑事立法司法的重大决策和评估更加科学化、民主化,能够凝聚多方力量,获取人民群众的理解、信赖和支持,增强人民群众和政府之间的互信与合作,形成系统治理、依法治理、综合治理、源头治理的格局。①

犯罪治理体系和治理能力的现代化,越来越多地依赖于日常治理行为的数据化。如果欠缺这些数据,我们无法在一个正确而坚实的基础之上凝聚知识,民众对于法治现实的了解往往浮光掠影、支离破碎,更多地来源于对身边事物的直觉判断和道听途说,甚至在某种程度上影响对未来生活的预期与安排。数据可以使我们避免对法律现实产生误解、错觉以及误判,可以使我们的判断减少一些直觉色彩而能够具有更多的理性逻辑,从而使我们的规范和结论具有可分析性、可解说性、可回溯性,因而具有更多的科学性和形式的正当性,并为规范的实质正当性奠定基础,从而也为更好地解决现实问题提供理论武器。

长期以来,我们已经习惯了缺乏数据的法学研究,因此有时相关结论往往显得较为粗糙含糊,立法的科学性就较难实现,司法的科学性、政策的合理性就容易出现偏

---

① 参见卢建平主编:《中国犯罪治理研究报告》,清华大学出版社2015年版,第24页。

差,政策的制定不同程度地依赖于直觉和想象,使得司法研究的实证性过差。在可以找到数据的现有前提下,通过运用更为先进而实用的统计工具对上述裁判文书进行大样本的大数据分析,这已经成为开拓法学研究视野的一个崭新视角,并且极大地丰富了我们对于司法现实的理解和想象。通过大数据分析,我们才能对全国犯罪情况有大体较为亲近而清晰的理解和梳理。毫无疑问大数据将会使我们的司法变得前所未有的精细,甚至会让我们更为吃惊地认识到自己所无意之中创造的司法世界的陌生真相,无论我们是否愿意看到这样的结果。

三

晚近几十年中,各人文社科领域先后涌现出一股持续至今的实证化研究热潮,并呈现出愈发波澜壮阔的发展趋势。当代法律实证研究也同样得到迅猛发展,在我国,首先兴起于刑事法学研究领域的实证研究已经是法学研究者所接受的一种研究范式,填补了理论与实践之间原本难以弥合的罅隙,使立足于现实的理论更具解释力和指导力。[①] 但这样一种研究范式高度依赖于数据的收集、分析、使用,因此数据越广泛全面,分析工具越科学,对于问题的研究就会更深刻和细致。事实上,如果我们进一步提倡计算社会科学的概念,希望通过新的研究范式的运用,创新和发展传统人文社会科学,就需要建立各种模型进行更为精细的分析,就需要大量的真实可靠的数据才能进行所谓的"计算"。因此提倡这一理念的前提就在于我们能够拥有足够的、有效的数据。用数据说话首先需要说话有数据,但是恰恰在这一问题上,我们首先遇到了很多困难。

中国并非没有犯罪统计,我们存在着不同的数据来源,层层报送汇总,我们的公检法司等部门各有各的统计体系和制度,也有专门的统计机构和统计结果,虽然对其中部分数据的权威性或可信度存在争议,但无论如何这些数据对于我们了解国家司法运作、法治成就、社会现状具有基础性作用。例如国家统计局编印的《中国统计年鉴》中有关于刑事司法部分的统计资料、中国法学会主办的《中国法律年鉴》、最高人民法院研究室编写的《全国人民法院司法统计历史资料汇编:1949—1998(刑事部分)》以及法院司法统计公报等。不过总体上看,一方面,这些数据本身的统计项目过于简单、缺乏系统性,而且对相应数据的背景、来源、统计口径等缺乏说明,甚至造成不同机构之间的数据相互矛盾的情况,因此不易开展更有意义、更为深入、更加精细的学术研究。就好像相机的像素一样,像素越高拍摄的图片越清晰,也就越可以将图像放大清晰观察,而现在的状况毋宁说只是实现了对所观察司法现象的宏观、粗略、模糊的拍摄,禁不住对其加以放大阐释,有时甚至在放大后才发现此前所得出的结论与真实的物体大相径庭。

---

① 参见左卫民:《实证研究:正在兴起的法学新范式》,载《中国法律评论》2019年第6期。

另一方面,数据的实时性、公开性和共享性不足。除了上述数据来源以外,很难系统获得国家或者地方的司法统计数据,有的虽然存在,但需要大海捞针一般求索、搜集,查找检索极为不便。即使可以收集零散数据,也只是偶见于相应报道、官方的内部文件或网络中,专业研究的学者都难以知悉大量数据,更何况普通民众。相关机构内部会召开司法统计会议,但是对外而言,这些数据往往处于保密状态,对外公布的仍然是高度概括的粗糙数据。更严重的是,这些投入了大量人力物力才获得的数据,统计出来之后甚至可能很少有专业人员真正地以科学的方法对其加以分析,而仅仅是简单地罗列、报告,然后束之高阁,研究人员无从了解、使用。数据需要遵循一定原则予以适度公开、共享,并且只有在流动中才能创造价值,没有流动性这些大数据就是大量死的数字而已。

同时,我们的犯罪统计往往又不具有体系性、完整性,没有基于一个科学的标准和问题导向、研究需求来搜集数据,没有构建一个合理的司法统计数据的搜集尤其是公布制度。甚至有时因为要公布数据,反而要将准备公布的数据有意模糊、粗糙处理或者进行更低像素的"拍摄",有意语焉不详,令人无从把握,让公开数据不具可分析性,使得数据的可用性较差,数据的系统性、可靠性难以保证。总之,因为数据的支离破碎,研究者经常陷入盲人摸象的状态。

显然,有关的法律数据往往较为零散而不成体系,数据的流动性极弱,大量司法数据并不实时在线,而是碎片化的、内存性的、封闭性的,这就直接造成司法面貌的模糊性甚至神秘性。在这样一种背景下,法律的数字化研究就缺乏现实基础。人们也因此无从了解我们的司法究竟是一种什么样的状况,导致人们对司法普遍存在程度不同的不信任,更无法认识到法治的进步。尤其对于法学研究人员而言,无法考察司法全貌,理论和现实之间产生巨大鸿沟,使得学术研究并不具备扎实的实证基础,实务人员对理论颇不以为然,法学研究只能是纸上谈兵、空中楼阁。这也成了法学共同体难以建立的原因,因为掌握事实有差异、陈述语言亦不同。

令人难以理解的是,为什么我们可以公布较为详尽的经济数据以便经济学者进行研究,更便于国民了解自己国家的经济形势、动态,为什么就不能公开司法数据呢?诚然,司法数据中有个别数据较为敏感,例如死刑数据似乎是一个神秘的幽灵,它寻觅不得但必在某处。不过,无论数据多么敏感,我们均须面对,因为这毕竟是我们正在从事的工作,这是管理的一个重要侧面。有了数据,我们的政策就会更加透明并因此而更具说服力。即使像涉及死刑等类似的数据,我们也完全应该考虑分类型、分阶段地公开,以便能够更为自信地阐释我们的死刑政策。

在大数据时代,数据就是未来的财富,毫不夸张地说,谁掌握了数据,谁就掌握了解释、阐说的权力。因此,对于应当公开可以公开的司法数据,应当逐步公开;对于已经公开的数据,应当更为精确、精细,使其能够适应不同的用途;在公开的方式上,应当建立更为合理、正式的制度,具有使用上的方便性,并因此保证其官方的正确性。我们相信在大数据时代,数据应当能够被公众方便地使用,相信具有数据支撑的刑法学研究一定能够贡献出更多的智慧成果,为我们的刑事立法、司法提供更多的支持。

四

本书数据分析所依据的法律文书,系北京华宇元典信息服务有限公司依据中国裁判文书网公开发布的文书提取,选取范围为截至2018年5月31日可以查询到的2013年1月1日至2017年12月31日期间的刑事一审和二审裁判文书。本书专门对于数据的运用作了说明,尤其对可能的数据误差、数据缺失、数据错位等问题也进行了补充解释。

2020年3月30日,中共中央、国务院发布的《关于构建更加完善的要素市场化配置体制机制的意见》特别指出,要加快培育数据要素市场,提升社会数据资源价值。相信未来围绕数据而展开的工作将会越来越深入,我们也希望就刑事司法大数据的分析运用展开更为深刻的研究工作。同时,本书也是中国社会科学院大学新文科建设中的一个工作成果,我们特别希望能够运用这样一种新的研究范式,挖掘现有数据背后的司法真实,尤其是我们更希望提倡一种崭新的计算社会科学的理念,努力为传统人文社会科学的创新和发展贡献自己的力量。我们特别希望在中国社会科学院这样一个具有浓厚的人文社会科学学术传统积淀的氛围中,有一缕新鲜活力的注入。诚如陈兴良老师在为本书所作的序言中所激励的那样,我们的计划是坚持将刑事司法大数据蓝皮书一直出版下去,由此形成系列,并以此成为我国刑事司法的编年纪,甚至成为了解中国刑事司法面貌的一个小窗口。这是我们的一个小小理想。

要完成这样一个任务实现这样一个理想,必须拥有一个具有理想主义的团队。本书的团队成员主要来自中国社会科学院大学政法学院的师生和华宇元典的研究团队,他们绝大多数也都是中国社会科学院大学互联网法治研究中心、刑事法判解研究中心的研究人员。在一次很偶然的对谈中,我们非常荣幸地和华宇元典的团队成员产生了理想主义的碰撞,由此开始了这一学术合作。在开始启动这一研究活动的第一次会议上,我们的团队成员热血沸腾,有着饱满的热情,但是随着这一工作的推进,也遇到了很多难题和阻力,中间停滞了很长一段时间,甚至在此过程中,我个人也曾经产生过对这一工作本身意义的怀疑。这是一个不断精疲力尽和柳暗花明的过程,也是一个为了理想能完美实现而不断挣扎的过程。重新看这本书稿,我仍然能够清晰地回忆起团队成员在良乡校区、三环校区和高新园区争论不断的情景。我必须要感谢这样一个优秀的研究团队的每一个成员的付出。另外,除了感谢陈兴良老师的关心支持以及感谢我们的作者团队以外,我还要特别感谢华宇元典李薇卓越的行政管控以及北京大学出版社蒋浩老师、杨玉洁老师所带领的优秀的编辑团队,没有他们在后台所作的努力,本书的面世恐怕仍将遥遥无期。

毋庸置疑,本书无论是在基础的数据运用、还是选题的划分、结论的得出等诸多方面都存在着这样那样的问题和缺憾,有的可能还是硬伤,这主要是主编的责任。例如对于其他渠道的统计数据的关注不够、数据之间的对比不够、对现有数据的分析仍未达到深入精细的水平、司法统计数据的分析和刑法理论问题的判解研究结合不紧密,这都是让我们在写作过程中感到心力憔悴的问题。但我们依旧想把它不成熟的一面呈现在读者面前,是因为我们的内心仍然充满了对这一工作的想象。在未来我们希望能够以更为精细的问题意识和分析方法,对上述问题有进一步的弥补,从而全面提升自己的工作水平,更好地学会用数据说话。

深夜寂静,请让我用几句诗暂时结束这一阶段的工作:
"如果我停下,这会否
使我不负责任?
如果我脆弱,
我会否被践踏?
如果对我来说,事物不是看上去这么好,
我会否拥有更好的爱?"①

2020 年 4 月 8 日

---

① 〔西班牙〕尤兰达·卡斯塔纽:《存证》,载西川:《重新注册:西川译诗集》,作家出版社 2015 年版,第 10-11 页。

凡 例

1. 1979年7月1日第五届全国人民代表大会第二次会议通过的《中华人民共和国刑法》,简称1979年《刑法》。

2. 1997年3月14日第八届全国人民代表大会第五次会议修订后的《中华人民共和国刑法》,简称《刑法》。

3. 1999年12月25日第九届全国人民代表大会常务委员会第十三次会议通过的《中华人民共和国刑法修正案》,简称《刑法修正案》。

4. 2001年8月31日第九届全国人民代表大会常务委员会第二十三次会议通过的《中华人民共和国刑法修正案(二)》,简称《刑法修正案(二)》。

5. 2001年12月29日第九届全国人民代表大会常务委员会第二十五次会议通过的《中华人民共和国刑法修正案(三)》,简称《刑法修正案(三)》。

6. 2002年12月28日第九届全国人民代表大会常务委员会第三十一次会议通过的《中华人民共和国刑法修正案(四)》,简称《刑法修正案(四)》。

7. 2005年2月28日第十届全国人民代表大会常务委员会第十四次会议通过的《中华人民共和国刑法修正案(五)》,简称《刑法修正案(五)》。

8. 2006年6月29日第十届全国人民代表大会常务委员会第二十二次会议通过的《中华人民共和国刑法修正案(六)》,简称《刑法修正案(六)》。

9. 2009年2月28日第十一届全国人民代表大会常务委员会第七次会议通过的《中华人民共和国刑法修正案(七)》,简称《刑法修正案(七)》。

10. 2011年2月25日第十一届全国人民代表大会常务委员会第十九次会议通过的《中华人民共和国刑法修正案(八)》,简称《刑法修正案(八)》。

11. 2015年8月29日第十二届全国人民代表大会常务委员会第十六次会议通过的《中华人民共和国刑法修正案(九)》,简称《刑法修正案(九)》。

12. 2012年3月14日第十一届全国人民代表大会第五次会议修改后的《中华人民共和国刑事诉讼法》,简称2012年《刑事诉讼法》。

13. 2018年10月26日第十三届全国人民代表大会常务委员会第六次会议修改后的《中华人民共和国刑事诉讼法》,简称《刑事诉讼法》。

数 据 说 明

本书数据分析所依据的法律文书，系北京华宇元典信息服务有限公司依据中国裁判文书网公开发布的文书提取，选取范围为截至 2018 年 5 月 31 日可以查询到的 2013 年 1 月 1 日至 2017 年 12 月 31 日期间的刑事一审和二审裁判文书，进入再审程序的刑事裁判文书未包含在内。① 另外，刑事速裁程序于 2014 年 8 月正式在试点实施，因此，关于速裁程序的选取数据年份为 2015—2017 年。

从文本型数据的统计口径看，根据需求和实际情况分别采用了两种统计方法：

一种是以裁判文书篇数为单位。这种情况主要用于统计特定罪名下案件在结案年份、审级、地域等方面的分布情况，以及被告人被判处的不同主刑种类的分布情况。当一篇裁判文书中的一名或多名被告人涉及不止一个犯罪行为时，会以罪名出现的情况实事求是地提取，因此会出现一篇判决书在文书涉及的几个罪名下被分别计数的情况。

需要说明的是，本书主要基于中国裁判文书网公开的文书数据进行观察分析，部分文章作者根据其自身实务工作经验，更习惯用"件"作为文书描述单位。故正文中出现的"篇"和"件"所描述的对象是相同的，在此说明。

另一种是以被告人人数为单位。这种情况主要用于统计特定罪名下被告人的性别、年龄、文化程度、职业情况等基本信息的分布情况，以及宣告缓刑的人数分布、判处罚金的不同区间的人数分布等数据维度。由此，当一篇文书涉及多名被告人时，可以更加准确地反映不同维度下的犯罪主体状况。

此外，特定犯罪中具体情节的分布情况，是了解相关犯罪行为社会危害程度的重要依据。华宇元典采用自然语言处理和知识抽取技术，对犯罪情节如"聚众斗殴致人重伤""聚众打砸抢致人重伤"等犯罪手段及犯罪数额等要素进行了提取，从而加深研究程度。

补充说明的是，运用大数据进行分析会有下列误差：

一是数据误差的问题。第一，原始数据的误差，即中国裁判文书网公开的文书数据与实际司法实践产生的原始文书存在差异，造成这种差异的原因包括"文书公开

---

① 其中，关于非法证据排除专题的法律文书中包括了再审阶段的刑事裁判文书。

量""公开及时性""地区差异性"等①;第二,统计数据的误差,即对于已有法律文书数据无法做到100%的准确提取,造成这种差异的主要原因——公开法律文书自身的文本信息不够规范,偶尔存在乱码等现象,中文分词与信息抽取等NLP(自然语言处理)技术在法律文本提取的某些领域还面临挑战。

二是数据缺失问题,即以某一维度进行统计,其实际统计结果较应得到的数据要少。以保险诈骗罪为例:该罪名筛选后符合条件的文书总数为1 713篇,但是从审理地域维度提取的文书总数少于1 713篇,造成这种差异的主要原因在于部分法律文书中"审理地域"这一信息是缺失的。其他数据维度也可能存在类似情况。其中,有些信息缺失是文书上网本身不可避免的,如文书中敏感信息的过滤;有些信息缺失是网上裁判文书乱序、乱码导致的。

三是数据错位问题,即在提取某一罪名数据的过程中,出现了不符合该罪定罪量刑等法律逻辑的数据噪声。例如,在危险驾驶罪的判罚中出现了无期徒刑,或者关于无期徒刑的判罚之中出现了宣告缓刑,这显然有违法律规定,而其原因可能是一人多罪,或者多人多罪,以文书作为一个单位来进行整体抽取统计时,会出现错误匹配。②再如,李某犯盗窃罪被判处有期徒刑1年,犯抢劫罪被判处无期徒刑,在提取统计所有样本中盗窃罪关联到的刑罚时,有期徒刑、无期徒刑都会被计一次。机器自动抽取后,需要通过人工复核,消除此类误差。传统的小样本研究将数量限定在人力可以观察复核的范围之内。但对于上述问题,则是任何此类大数据研究都会遇到的共同挑战。机器辅助人类阅读文书的优势在于不知疲倦地进行海量阅读;弱点在于,让机器取代人类对于人工尚需运用专业知识进行仔细甄别的内容进行准确识别在目前尚有难度。

四是裁判文书上网问题。第一,中国裁判文书网于2013年7月1日开通以后,各地先后上传了一些文书,但中国裁判文书网实际于2014年年初才正式对外启用,因此,2014年之前的数据数量较少。第二,裁判文书上网为分批逐步公开,所以2017年的文书数量会出现偏少的情况。因此,本书第一编中关于对各个罪名的数据画像分析在涉及年份趋势的分析时,会集中于2014—2016年的数据变化趋势。

此外,关于被告人文化程度的统计数据,我们采取以下划分标准:文盲或半文盲、小学、初中、中等教育、高等教育。其中中等教育包括中专、中技、技工学校、职业高中、高中教育,高等教育包括大专、本科、研究生教育。

---

① 有多名学者对中国裁判文书上网率问题展开了研究,发现各省的文书公开上网情况相当不均衡。参见马超、于晓虹、何海波:《大数据分析:中国司法裁判文书上网公开报告》,载《中国法律评论》2016年第4期。
② 如在一篇文书中记载:王某,因盗窃罪被判有期徒刑4年,因扰乱公共秩序罪被判有期徒刑2年;同一案件中的李某,因盗窃罪被判无期徒刑,因扰乱公共秩序罪被判有期徒刑5年。在统计的时候,对于以文书数量为计数标准的主刑种类:盗窃罪之下,主刑种类只计算1次,但可能是有期徒刑1次,也可能是无期徒刑1次;对于以人数为计数标准的有期徒刑区间:扰乱公共秩序罪之下,1~3年的计数1次,3年以上的计数1次。出现误差的地方,即在第一种情况下,对于一篇文书之中出现同一罪名、不同主刑的,检索的时候没有区分而是随机的。

目 录

第一编 数据画像：刑事犯罪中期态势分析

第一章 危害公共安全罪 ······ 003
- 第一节 危险驾驶罪 ······ 003
- 第二节 交通肇事罪 ······ 007
- 第三节 非法持有、私藏枪支、弹药罪 ······ 011
- 第四节 放火罪 ······ 014
- 第五节 失火罪 ······ 017

第二章 破坏社会主义市场经济秩序罪 ······ 021
- 第一节 生产、销售伪劣商品罪 ······ 021
- 第二节 破坏金融管理秩序罪 ······ 034
- 第三节 金融诈骗罪 ······ 046
- 第四节 侵犯知识产权罪 ······ 063
- 第五节 扰乱市场秩序罪 ······ 079

第三章 侵犯公民人身权利、民主权利罪 ······ 089
- 第一节 故意伤害罪 ······ 089
- 第二节 非法拘禁罪 ······ 092
- 第三节 故意杀人罪 ······ 096
- 第四节 强奸罪 ······ 099
- 第五节 过失致人死亡罪 ······ 103

第四章 侵犯财产罪 ······ 107
- 第一节 盗窃罪 ······ 107
- 第二节 诈骗罪 ······ 111
- 第三节 抢劫罪 ······ 114
- 第四节 故意毁坏财物罪 ······ 118
- 第五节 抢夺罪 ······ 121
- 第六节 敲诈勒索罪 ······ 125

第七节　职务侵占罪 …………………………………………… 128
　　第八节　挪用资金罪 …………………………………………… 132
第五章　妨害社会管理秩序罪 ……………………………………… 136
　　第一节　扰乱公共秩序罪 ……………………………………… 136
　　第二节　妨害司法罪 …………………………………………… 145
　　第三节　危害公共卫生罪 ……………………………………… 148
　　第四节　破坏环境资源保护罪 ………………………………… 151
　　第五节　走私、贩卖、运输、制造毒品罪 …………………… 160
　　第六节　组织、强迫、引诱、容留、介绍卖淫罪 …………… 170
第六章　贪污贿赂犯罪与渎职犯罪 ………………………………… 174
　　第一节　贪污罪 ………………………………………………… 174
　　第二节　挪用公款罪 …………………………………………… 177
　　第三节　受贿罪 ………………………………………………… 181
　　第四节　行贿罪 ………………………………………………… 185
　　第五节　玩忽职守罪 …………………………………………… 188
　　第六节　滥用职权罪 …………………………………………… 191
　　第七节　徇私枉法罪 …………………………………………… 195

第二编　数据聚焦:刑法重点罪名专题研究

第七章　走私犯罪专题研究 ………………………………………… 201
　　第一节　综览:数据的呈现 …………………………………… 201
　　第二节　检视:罪与罚的规范思考 …………………………… 212
　　第三节　余思:惩治与预防的展望 …………………………… 223
第八章　洗钱罪专题研究 …………………………………………… 225
　　第一节　综览:数据的呈现 …………………………………… 226
　　第二节　检视:罪与罚的规范思考 …………………………… 231
　　第三节　余思:惩治与预防的展望 …………………………… 233
第九章　保险诈骗罪专题研究 ……………………………………… 237
　　第一节　综览:数据的呈现 …………………………………… 237
　　第二节　检视:罪与罚的规范思考 …………………………… 241
　　第三节　余思:保险诈骗罪的预防与量刑 …………………… 247
第十章　危害税收征管犯罪专题研究 ……………………………… 248
　　第一节　综览:数据的呈现 …………………………………… 248
　　第二节　检视:罪与罚的规范思考 …………………………… 255
　　第三节　余思:危害税收征管犯罪的认定与预防 …………… 263
第十一章　合同诈骗罪专题研究 …………………………………… 270

第一节　综览:数据的呈现 …………………………………………………………… 270
　　第二节　检视:罪与罚的规范思考 …………………………………………………… 275
　　第三节　余思:对合同诈骗罪治理的思考 …………………………………………… 279

第十二章　组织、领导传销活动罪专题研究 …………………………………………… 281
　　第一节　综览:数据的呈现 …………………………………………………………… 281
　　第二节　检视:罪与罚的规范思考 …………………………………………………… 287
　　第三节　余思:认定与预防的展望 …………………………………………………… 294

第十三章　拐卖妇女、儿童罪专题研究 ………………………………………………… 296
　　第一节　综览:数据的呈现 …………………………………………………………… 296
　　第二节　检视:罪与罚的规范思考 …………………………………………………… 301
　　第三节　余思:预防犯罪的展望 ……………………………………………………… 307

第十四章　集资诈骗罪专题研究 ………………………………………………………… 308
　　第一节　综览:数据的呈现 …………………………………………………………… 308
　　第二节　检视:罪与罚的规范思考 …………………………………………………… 313
　　第三节　展望:集资诈骗罪的治理 …………………………………………………… 320

第十五章　交通肇事罪专题研究 ………………………………………………………… 322
　　第一节　综览:数据的呈现 …………………………………………………………… 322
　　第二节　检视:罪与罚的规范思考 …………………………………………………… 328
　　第三节　余思:认定与预防的展望 …………………………………………………… 343

第十六章　互联网犯罪专题研究 ………………………………………………………… 347
　　第一节　综览:数据的呈现 …………………………………………………………… 347
　　第二节　检视:罪与罚的规范思考 …………………………………………………… 358
　　第三节　余思:认定与预防的展望 …………………………………………………… 369

第十七章　涉黑犯罪专题研究 …………………………………………………………… 371
　　第一节　综览:数据的呈现 …………………………………………………………… 371
　　第二节　检视:罪与罚的规范思考 …………………………………………………… 377
　　第三节　余思:认定与预防的展望 …………………………………………………… 393

第十八章　毒品犯罪专题研究 …………………………………………………………… 395
　　第一节　综览:数据的呈现 …………………………………………………………… 395
　　第二节　检视:罪与罚的规范思考 …………………………………………………… 404
　　第三节　余思:认定与预防的展望 …………………………………………………… 405

第三编　数据透视:刑事程序重点问题分析研究

第十九章　非法证据排除案件数据分析研究 …………………………………………… 411
　　第一节　综览:非法证据排除案件的宏观态势数据 ………………………………… 413
　　第二节　检视:证据类型维度下的数据呈现 ………………………………………… 417

    第三节　余思:数据统计中存在的相关困难 …………………………… 420

第二十章　被告人供述非法证据排除数据分析研究 ……………………… 421
    第一节　综览:被告人供述审查与排除的数据呈现 …………………… 422
    第二节　检视:被告人供述排除事由的呈现与分析 …………………… 427
    第三节　余思:被告人供述排除制度的价值 …………………………… 433

第二十一章　毒品犯罪非法证据排除数据分析研究 ……………………… 434
    第一节　综览:毒品犯罪案件中非法证据排除的宏观态势 …………… 435
    第二节　检视:不同类型证据予以排除的情况 ………………………… 441
    第三节　余思:非法证据排除的展望 …………………………………… 455

第二十二章　刑事辩护司法实务数据分析研究 …………………………… 457
    第一节　综览:宏观数据的描绘 ………………………………………… 457
    第二节　检视:成因及意义探讨 ………………………………………… 473
    第三节　余思:刑事辩护全覆盖 ………………………………………… 478

第二十三章　刑事速裁程序运行数据分析研究 …………………………… 482
    第一节　综览:刑事速裁程序运行的基本表现 ………………………… 486
    第二节　检视:刑事速裁程序运行的实践表达 ………………………… 491
    第三节　余思:刑事速裁程序的优化运行 ……………………………… 497

第一编　数据画像：刑事犯罪中期态势分析

第一章 危害公共安全罪

关雅文*

危害公共安全罪是一个概括性的罪名,该罪所侵害的客体是公共安全,即不特定的多数人的生命、健康和重大公私财产安全,客观表现为行为人实施了危害公共安全的行为。危害公共安全罪包含造成不特定的多数人伤亡或者使公私财产遭受重大损失的危险,其伤亡、损失的范围和程度往往难以预料。结合各罪名案件数量和受关注程度等因素,本部分将着重展示危险驾驶罪、交通肇事罪、非法持有、私藏枪支、弹药罪、放火罪和失火罪的案件基本数据情况。

第一节 危险驾驶罪

一、案件分布

(一)年份分布

2013—2017年,全国各级人民法院审结的危险驾驶罪案件的裁判文书共计539 009篇。2014—2016年审结案件的裁判文书数量整体上呈现出逐年显著上升的趋势。其中,2016年审结案件的裁判文书数量为141 812篇,相较于2014年的108 888篇,上升了30.24个百分点。①

图1-1 危险驾驶罪案件审结数年份分布(篇)

---

* 关雅文,中国社会科学院大学,硕士研究生。
① 由于2013年、2017年的公开裁判文书数据存在较大误差,本章在分析相关数据时一般以2014—2016年的数据作为主要关注对象,本书其他部分也是类似处理。

(二)地域分布

2013—2017年,全国各级人民法院审结的危险驾驶罪案件多发于中部、东南沿海地区。审结案件的裁判文书数量最多的五个省级行政区为浙江省(76 663篇)、江苏省(52 783篇)、河南省(49 057篇)、福建省(43 233篇)、广东省(37 048篇)。审结案件的裁判文书数量最少的三个省级行政区为青海省(1 807篇)、海南省(830篇)和西藏自治区(105篇)。

(三)审级分布

2013—2017年全国各级人民法院审结的危险驾驶罪案件中,一审审结案件的裁判文书数量为526 964篇,二审审结案件的裁判文书数量为12 045篇。从逐年审结的案件裁判文书数量的变化趋势看,一审审结案件呈现出较为平缓的上升态势,2016年一审审结案件的裁判文书数量为138 261篇,相较于2014年的106 831篇,上升了29.42个百分点,具体变化趋势如图1-2所示。

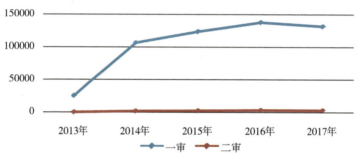

图1-2 危险驾驶罪案件审结数审级分布(篇)

(四)法院层级分布

从审理法院层级分布来看,危险驾驶罪案件中审理法院为基层人民法院的超过95%。具体而言,2013—2017年基层人民法院、中级人民法院、高级人民法院审结的危险驾驶罪案件的裁判文书数量依次为525 653篇、12 034篇、61篇,各自在总数中的占比依次为97.75%、2.24%、0.01%。

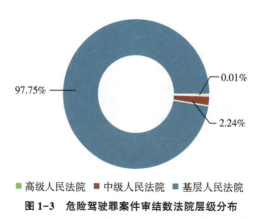

图1-3 危险驾驶罪案件审结数法院层级分布

(五)适用程序分布

从审理程序的适用来看,2013—2017年基层人民法院审结的危险驾驶罪案件中,适用简易程序审结的案件居多,其裁判文书数量占比为75.83%;适用普通程序审结案件的裁判文书数量占比为24.17%。

整体上看,适用普通程序审结的案件裁判文书数量虽然比适用简易程序审结的案件裁判文书数量少,但也呈现出逐年小幅上升的趋势,具体变化趋势如图1-4所示。其中,2016年适用普通程序审结的案件裁判文书数量为39 188篇,相较于2014年的14 205篇,上升了176个百分点。

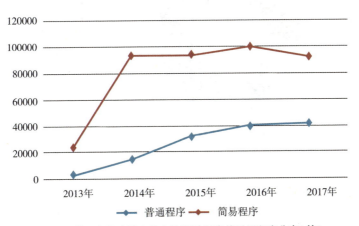

图1-4 基层人民法院审结危险驾驶罪案件适用程序分布(篇)

二、被告人情况

(一)性别分布

从裁判文书中提取到的被告人性别分布情况来看,2013—2017年全国各级人民法院审结的危险驾驶罪案件中,男性被告人占比98.55%,女性被告人占比1.45%。

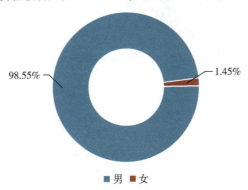

图1-5 危险驾驶罪审结案件被告人性别分布

(二)文化程度分布

从裁判文书中提取到的被告人受教育情况来看,2013—2017年全国各级人民法院审结的危险驾驶罪案件中,被告人文化程度普遍偏低,主要为初中、小学,占比分别为48.65%和21.10%。

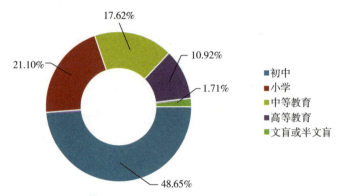

图1-6 危险驾驶罪审结案件被告人文化程度分布

(三)职业分布

从裁判文书中提取到的被告人职业情况来看,2013—2017年全国各级人民法院审结的危险驾驶罪案件中,被告人职业多为农民、无业人员,占比分别为40.83%和23.74%。

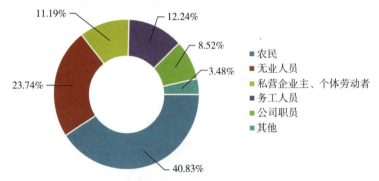

图1-7 危险驾驶罪审结案件被告人职业分布

三、案情特征

2013—2017年全国各级人民法院审结的危险驾驶罪案件中,被告人醉后驾车致危险驾驶的案件裁判文书数量共计406 494篇,年均约81 299篇。从裁判文书统计情况来看,醉驾行为常见具体情形包括无驾驶资格醉驾、醉驾造成交通事故负全部或主要责任、血液酒精含量达到200毫克/100毫升以上驾驶机动车、醉驾且有其他严重违反道路交通安全法的行为、在高速公路或城市快速路上醉驾、醉驾造成交通事故后逃逸、曾因酒后驾驶机动车受过行政处罚、醉驾拒绝公安机关依法检查、醉驾逃避公安机关依法检查、醉酒驾驶载有乘客的营运机动车等。其中,前三种情形最为常见,一审审结案件裁判文书数量分别达 120 370 篇、117 405 篇、112 288 篇。

第二节 交通肇事罪

一、案件分布

(一)年份分布

2013—2017 年,全国各级人民法院审结的交通肇事罪案件的裁判文书共计 258 240 篇。其中,2014 年的裁判文书数量最多,达到了 64 202 篇。整体上,2014—2017 年审结案件的裁判文书数量呈现出小幅下降的态势。

图 1-8　交通肇事罪案件审结数年份分布(篇)

(二)地域分布

2013—2017 年,全国各级人民法院审结的交通肇事罪案件地域分布差别较大,中部、东部地区案件多发。审结案件裁判文书数量最多的五个省级行政区为山东省(27 908 篇)、河南省(23 389 篇)、江苏省(19 396 篇)、河北省(19 086 篇)和浙江省(14 323 篇)。审结案件的裁判文书数量最少的三个省级行政区为青海省(1 065 篇)、海南省(446 篇)和西藏自治区(192 篇)。

(三)审级分布

从审理级别来看,2013—2017 年全国各级人民法院审结的交通肇事罪案件中,一审审结案件的裁判文书数量占比为 96.15%;二审审结案件的裁判文书数量的占比为 3.85%。

从逐年审结的案件裁判文书数量的变化趋势看,2014 年以来一审案件呈现出较为平缓的下降态势,2016 年一审审结案件的裁判文书数量为 57 566 篇,相较于 2014 年的 60 224 篇,下降了 4.41 个百分点;二审案件则呈现出较为平缓的上升态势,2016 年二审审结案件的裁判文书数量为 4 737 篇,相较于 2014 年的 3 798 篇,上升了 24.72 个百分点,具体变化趋势如图 1-9 所示。

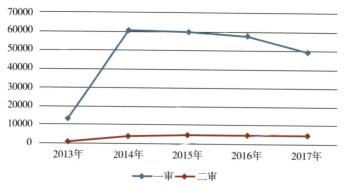

图 1-9　交通肇事罪案件审结数审级分布(篇)

(四)法院层级分布

2013—2017 年全国各级人民法院审结的交通肇事罪案件中,基层人民法院审结案件的裁判文书数量为 239 173 篇,中级人民法院审结案件的裁判文书数量为 18 569 篇,高级人民法院审结案件的裁判文书数量为 55 篇,各自在总数中的占比分别为 92.78%、7.20%、0.02%。

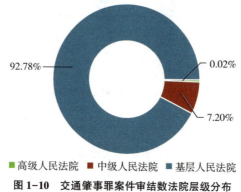

图 1-10　交通肇事罪案件审结数法院层级分布

(五)适用程序分布

从审理程序的适用来看,2013—2017 年基层人民法院审结的交通肇事罪案件中,适用简易程序审结案件的裁判文书数量占比为 57.02%,适用普通程序审结案件的裁判文书数量占比为 42.98%。整体上看,2014 年以来适用简易程序审结案件的裁判文书数量整体呈现出逐年下降的趋势,具体变化情形如图 1-11 所示。

图 1-11　基层人民法院审结交通肇事罪案件适用程序分布（篇）

二、被告人情况

（一）性别分布

从裁判文书中提取到的被告人性别分布情况来看，2013—2017 年全国各级人民法院审结的交通肇事罪案件中，男性被告人占比为 95.76%，女性被告人占比为 4.24%。

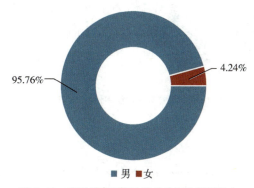

图 1-12　交通肇事罪审结案件被告人性别分布

（二）文化程度分布

从裁判文书中提取到的被告人受教育情况来看，2013—2017 年全国各级人民法院审结的交通肇事罪案件中，被告人文化程度普遍偏低，主要为初中、小学，占比分别为 56.89% 和 21.13%。

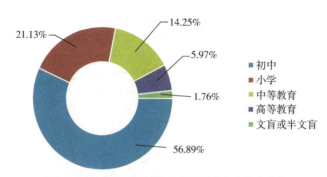

图 1-13 交通肇事罪审结案件被告人文化程度分布

(三) 职业分布

从裁判文书中提取到的被告人职业情况来看,2013—2017 年全国各级人民法院审结的交通肇事罪案件中,被告人职业多为农民、无业人员,占比分别为 57.80% 和 18.47%。

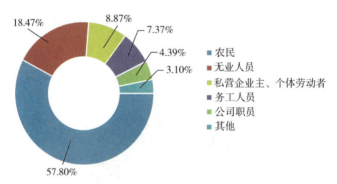

图 1-14 交通肇事罪审结案件被告人职业分布

三、案情特征

交通肇事罪案件中,被告人的违法情形多种多样,裁判文书中常见的情形包括被告人无驾驶资格驾驶、被告人驾驶明知是无牌证或已报废的机动车辆、被告人存在酒驾毒驾行为、被告人驾驶明知是安全装置不全或安全部件失灵的机动车辆,各自对应的裁判文书数量分别为51 167 篇、36 311 篇、30 671 篇、3 770 篇。

需要指出的是,交通肇事罪作为过失犯罪,通常没有共同犯罪的形态。但是,最高人民法院 2000 年颁布的《关于审理交通肇事刑事案件具体应用法律若干问题的解释》(以下简称《审理交通肇事案件解释》)第 5 条第 2 款规定:"交通肇事后,单位主管人员、机动车辆所有人、承包人或者乘车人指使肇事人逃逸,致使被害人因得不到救助而死亡的,以交通肇事罪的共犯论处。"就当前统计数据来看,被告人为机动车辆所有人、单位主管人员、机动车辆承包人的比例约为 97.13%、1.84%、1.03%。其中的单位主管人员等作为被告人,应该就是依据该司法解释以交通肇事罪的共犯论处的。①

第三节　非法持有、私藏枪支、弹药罪

一、案件分布

（一）年份分布

2013—2017年，全国各级人民法院审结的非法持有、私藏枪支、弹药罪案件的裁判文书共计33 674篇。2014—2016年审结案件的裁判文书数量整体上呈现出逐年显著上升的趋势。其中，2016年审结案件的裁判文书数量为10 432篇，相较于2014年的6 859篇，上升了52.09个百分点。

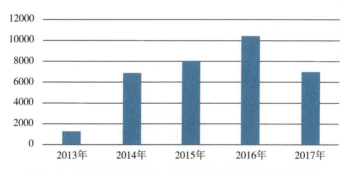

图1-15　非法持有、私藏枪支、弹药罪案件审结数年份分布（篇）

（二）地域分布

2013—2017年，全国各级人民法院审结的非法持有、私藏枪支、弹药罪案件的裁判文书数量最多的五个省级行政区是广西壮族自治区（5 486篇）、四川省（4 909篇）、云南省（3 295篇）、广东省（2 993篇）、湖南省（2 582篇）；审结案件的裁判文书数量最少的三个省级行政区为宁夏回族自治区（83篇）、新疆维吾尔自治区（82篇）、西藏自治区（33篇）。

（三）审级分布

从审级分布情况来看，2013—2017年全国各级人民法院审结的非法持有、私藏枪支、弹药罪案件中，一审审结案件的裁判文书数量占比较高，数量为30 803篇，二审审结案件的裁判文书数量为2 871篇。2014—2016年，一审审结案件的裁判文书数量增长较快，而二审审结案件的裁判文书数量保持稳定，具体变化趋势如图1-16所示。

---

① 参见湖南省郴州市中级人民法院（2016）湘10刑终37号判决书。该案中的乘车人被作为驾驶人的共犯论处。

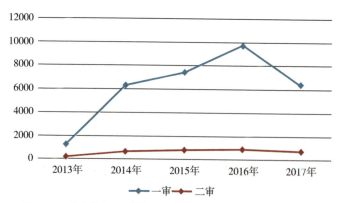

图1-16 非法持有、私藏枪支、弹药罪案件审结数审级分布(篇)

(四)法院层级分布

从审理法院层级分布来看,非法持有、私藏枪支、弹药罪案件中基层人民法院审结案件的裁判文书数量占据绝对多数。2013—2017年基层人民法院审结案件的裁判文书数量为30 308篇,中级人民法院审结案件的裁判文书数量为2 907篇,高级人民法院审结案件的裁判文书数量为400篇,各自在总数中的占比分别为90.16%、8.65%、1.19%。

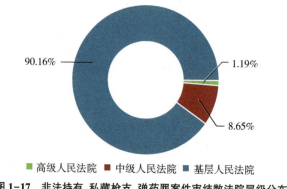

图1-17 非法持有、私藏枪支、弹药罪案件审结数法院层级分布

(五)适用程序分布

从适用程序的分布情况来看,2013—2017年基层人民法院审结的非法持有、私藏枪支、弹药罪案件中,适用简易程序审结案件的裁判文书数量占比为63.38%,适用普通程序审结案件的裁判文书数量占比为36.62%。其中,2014—2016年,适用简易程序审结案件的裁判文书明显增多,而适用普通程序审结的只是略有增长,具体变化趋势如图1-18所示。

图 1-18　基层人民法院审结非法持有、私藏枪支、弹药罪案件适用程序分布(篇)

二、被告人情况

(一)性别分布

从裁判文书中提取到的被告人性别分布情况来看,2013—2017 年全国各级人民法院审结的非法持有、私藏枪支、弹药罪案件中,男性被告人占比为 98.42%,女性被告人占比为 1.58%。

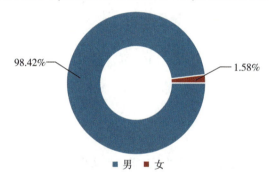

图 1-19　非法持有、私藏枪支、弹药罪审结案件被告人性别分布

(二)文化程度分布

从裁判文书中提取到的被告人受教育情况来看,2013—2017 年全国各级人民法院审结的非法持有、私藏枪支、弹药罪案件中,被告人文化程度普遍偏低,主要为初中、小学,占比分别为 42.28% 和 39.36%。

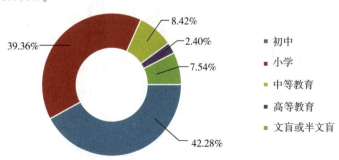

图 1-20　非法持有、私藏枪支、弹药罪审结案件被告人文化程度分布

(三)职业分布

从裁判文书提取到的被告人职业情况来看,2013—2017年全国各级人民法院审结的非法持有、私藏枪支、弹药罪案件中,被告人职业多为农民、无业人员,占比分别为67.08%和22.33%。

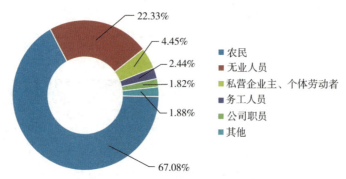

图1-21 非法持有、私藏枪支、弹药罪审结案件被告人职业分布

第四节 放火罪

一、案件分布

(一)年份分布

2013—2017年,全国各级人民法院审结的放火罪案件的裁判文书共计8 060篇。2014—2016年审结案件的裁判文书数量整体上呈现出较为平稳的波动。其中,2015年审结案件的裁判文书数量最多,为2 077篇。

图1-22 放火罪案件审结数年份分布(篇)

(二)地域分布

2013—2017年,全国各级人民法院审结的放火罪案件地域分布较为分散。审结案件的裁判文书数量最多的五个省级行政区为广东省(635篇)、山东省(597篇)、浙江省(591篇)、辽

宁省(371篇)、河南省(363篇)。审结案件的裁判文书数量最少的三个省级行政区为青海省(19篇)、海南省(10篇)、西藏自治区(2篇)。

(三)审级分布

2013—2017年放火罪一审审结案件的裁判文书数量为6 949篇,二审审结案件的裁判文书数量为1 111篇,一审审结案件的裁判文书数量约为二审的6.3倍。其中,2014年以来,放火罪一审审结案件的裁判文书数量有下降趋势,而二审审结案件的裁判文书数量相对稳定,具体变化趋势如图1-23所示。

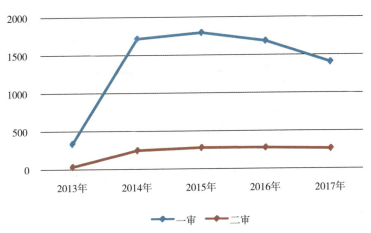

图1-23 放火罪案件审结数审级分布(篇)

(四)法院层级分布

从审理法院层级分布来看,2013—2017年全国各级人民法院审结的放火罪案件的裁判文书数量为8 027篇。其中,基层人民法院审结案件的裁判文书数量为6 833篇,中级人民法院审结案件的裁判文书数量为1 144篇,高级人民法院审结案件的裁判文书数量为50篇,各自在总数中的占比分别为85.13%、14.25%、0.62%。

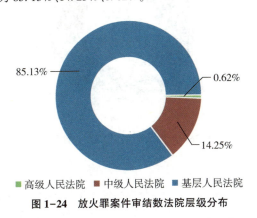

图1-24 放火罪案件审结数法院层级分布

（五）适用程序分布

从适用程序来看，2013—2017年基层人民法院审结的放火罪案件中，适用普通程序审结案件的裁判文书数量占比为73.32%，适用简易程序审结案件的裁判文书数量占比为26.68%。2014年以来，适用普通程序审结案件的裁判文书数量在波动中略有减少，而适用简易程序审结案件的裁判文书数量保持平稳，具体变化趋势如图1-25所示。

图1-25 基层人民法院审结放火罪案件适用程序分布（篇）

二、被告人情况

（一）性别分布

从裁判文书中提取到的被告人性别分布情况来看，2013—2017年全国各级人民法院审结的放火罪案件中，男性被告人占比为87.77%，女性被告人占比为12.23%。

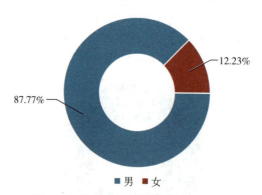

图1-26 放火罪审结案件被告人性别分布

（二）文化程度分布

从裁判文书中提取到的被告人受教育情况来看，2013—2017年全国各级人民法院审结的放火罪案件中，被告人文化程度普遍偏低，主要为初中、小学，占比分别为41.13%和37.87%。

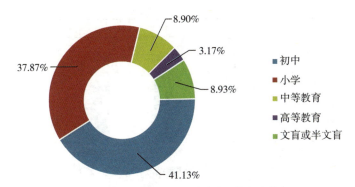

图1-27　放火罪审结案件被告人文化程度分布

(三)职业分布

从裁判文书提取到的被告人职业情况来看,2013—2017年全国各级人民法院审结的放火罪案件中,被告人职业多为农民、无业人员,占比分别为51.15%和31.87%。

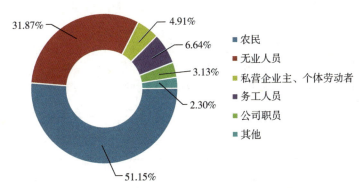

图1-28　放火罪审结案件被告人职业分布

第五节　失火罪

一、案件分布

(一)年份分布

2013—2017年,全国各级人民法院审结的失火罪案件的裁判文书共计8 524篇。2014年以来,审结案件的裁判文书数量整体上呈现出逐年显著下降的趋势。其中,2016年审结案件的裁判文书数量为1 663篇,相较于2014年的3 017篇,下降了44.88个百分点。

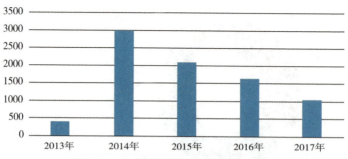

图1-29　失火罪案件审结数年份分布（篇）

（二）地域分布

2013—2017年,全国各级人民法院审结的失火罪案件的裁判文书数量最多的五个省级行政区是湖南省（1 278篇）、广西壮族自治区（683篇）、福建省（648篇）、江西省（648篇）、云南省（607篇）；审结案件的裁判文书数量最少的三个省级行政区为天津市（5篇）、西藏自治区（2篇）、新疆维吾尔自治区（2篇）。

（三）审级分布

2013—2017年全国各级人民法院审结的失火罪案件中,一审审结案件的裁判文书数量为7 894篇,二审审结案件的裁判文书数量为360篇。2014年以来,一审审结案件的裁判文书数量呈现出逐年显著下降的态势,具体变化趋势如图1-30所示。

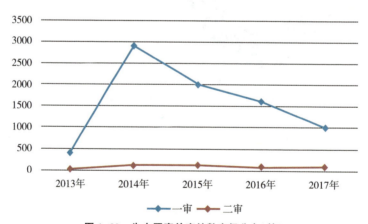

图1-30　失火罪案件审结数审级分布（篇）

（四）法院层级分布

2013—2017年全国各级人民法院审结的失火罪案件中,基层人民法院审结案件的裁判文书数量占比超过95%。具体来说,基层人民法院审结的失火罪案件的裁判文书数量为7 880篇,中级人民法院审结的失火罪案件的裁判文书数量为358篇。

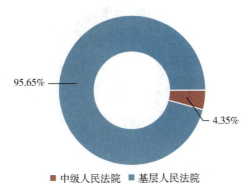

图 1-31　失火罪案件审结数法院层级分布

(五)适用程序分布

2013—2017 年基层人民法院审结的失火罪案件适用普通程序与简易程序的占比基本持平。具体来说,适用普通程序审结案件的裁判文书数量占总体的 48.61%,适用简易程序审结案件的裁判文书数量占总体的 51.39%。2014 年以来,二者变化趋势几乎相同,都是逐年降低的,具体变化趋势如图 1-32 所示。

图 1-32　基层人民法院审结失火罪案件适用程序分布(篇)

二、被告人情况

(一)性别分布

从裁判文书中提取到的被告人性别分布情况来看,2013—2017 年全国各级人民法院审结的失火罪案件中,男性被告人占比为 76.45%,女性被告人占比为 23.55%。

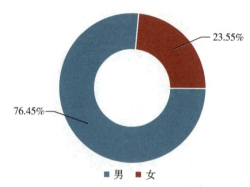

图1-33 失火罪审结案件被告人性别分布

(二) 文化程度分布

从裁判文书中提取到的被告人受教育情况来看,2013—2017年全国各级人民法院审结的放火罪案件中,被告人文化程度普遍偏低,主要为初中、小学,占比分别为43.23%和26.57%。此外,文盲或半文盲的被告人占比仅次于小学文化程度者,位居第三。

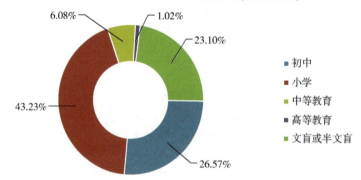

图1-34 失火罪审结案件被告人文化程度分布

(三) 职业分布

从裁判文书提取到的被告人职业情况来看,2013—2017年全国各级人民法院审结的失火罪案件中,被告人职业主要为农民,占比高达87.71%。由此可以推断,失火罪多发于我国乡村地区。

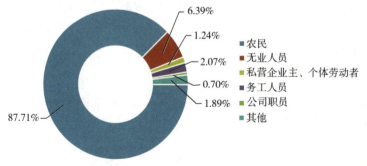

图1-35 失火罪审结案件被告人职业分布

第二章 破坏社会主义市场经济秩序罪

邓 浩* 雷一鸣**

破坏社会主义市场经济秩序罪,是指违反国家市场经济管理法规,破坏社会主义市场经济秩序,严重危害市场经济发展的行为。这一章罪名保护的法益是社会主义市场经济秩序,其行为主体可以是自然人也可以是单位。结合各个罪名的案件数量与受关注程度等因素,接下来重点讨论本章中的21个罪名。

第一节 生产、销售伪劣商品罪

一、生产、销售伪劣产品罪

(一)案件分布

1. 年份分布

从年份分布来看,2013—2017年全国各级人民法院审结的生产、销售伪劣产品罪案件的裁判文书共计4 272篇。其中,2014—2016年生产、销售伪劣产品罪案件的裁判文书数量持续下降。

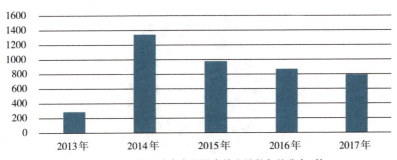

图2-1 生产、销售伪劣产品罪案件审结数年份分布(篇)

---

* 邓浩,中国社会科学院大学,硕士研究生。
** 雷一鸣,华中师范大学法学院讲师,法学博士。

2. 地域分布

从地域分布来看,2013—2017 年全国各级人民法院审结的生产、销售伪劣产品罪案件的裁判文书数量最多的五个省级行政区依次为广东省、河南省、浙江省、福建省、江苏省,分别为 442 篇、398 篇、358 篇、304 篇、239 篇;数量最少的三个省级行政区为西藏自治区、海南省和宁夏回族自治区,分别为 1 篇、6 篇、6 篇。

3. 审级分布

从审级分布来看,2013—2017 年全国各级人民法院审结的生产、销售伪劣产品罪案件中,一审审结案件的裁判文书数量为 3 536 篇,二审审结案件的裁判文书数量为 736 篇,前者约为后者的 4.8 倍。其中,2014 年以来,一审审结案件的裁判文书数量逐渐减少,二审审结案件的裁判文书数量也在缓慢减少,具体变化趋势如图 2-2 所示。

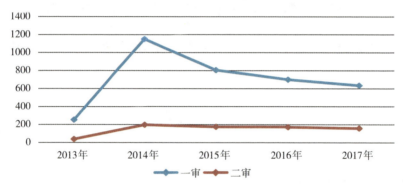

图 2-2 生产、销售伪劣产品罪案件审结数审级分布(篇)

4. 法院层级分布

从审理法院层级来看,2013—2017 年基层人民法院、中级人民法院、高级人民法院审结的生产、销售伪劣产品罪案件的裁判文书数量依次为 3 480 篇、739 篇、42 篇,各自对应的占比依次为 81.67%、17.34%、0.99%。

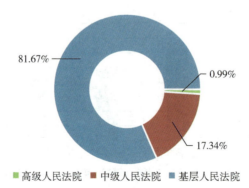

图 2-3 生产、销售伪劣产品罪案件审结数法院层级分布

5. 适用程序分布

从审理程序来看,2013—2017 年基层人民法院审结的生产、销售伪劣产品罪案件中,适用简易程序审结案件的裁判文书数量占比为 22.73%,适用普通程序审结案件的裁判文书数量占比为 77.27%。其中,2014 年以来,适用普通程序审结案件的裁判文书数量逐年减少,而适用简易程序审结案件的裁判文书数量略有起伏,具体变化趋势如图 2-4 所示。

图 2-4　基层人民法院审结生产、销售伪劣产品罪案件适用程序分布(篇)

(二)被告人情况

1. 性别分布

2013—2017 年全国各级人民法院审结的生产、销售伪劣产品罪案件中,男性被告人占比为 84.13%,女性被告人占比为 15.87%。

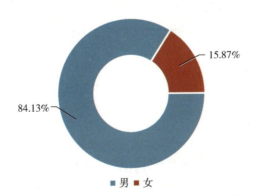

图 2-5　生产、销售伪劣产品罪审结案件被告人性别分布

2. 文化程度分布

从裁判文书提取到的被告人文化程度来看,2013—2017 年全国各级人民法院审结的生产、销售伪劣产品罪案件中,文化程度为初中的被告人数量最多,占比为 51.17%;文化程度为文盲或半文盲的被告人数量最少,占比为 3.43%。

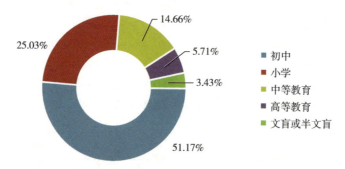

图 2-6　生产、销售伪劣产品罪审结案件被告人文化程度分布

3. 职业分布

从裁判文书提取到的被告人职业情况来看,2013—2017 年全国各级人民法院审结的生产、销售伪劣产品罪案件中,职业为农民的被告人数量最多,占比为 39.33%;职业为其他的被告人数量最少,占比仅为 1.66%。

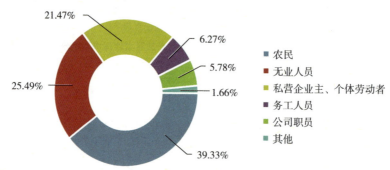

图 2-7　生产、销售伪劣产品罪审结案件被告人职业分布

二、生产、销售假药罪

(一) 案件分布

1. 年份分布

从年份分布来看,2013—2017 年全国各级人民法院审结的生产、销售假药罪案件的裁判文书共计 12 571 篇。其中 2015 年审结案件的裁判文书数量最多。

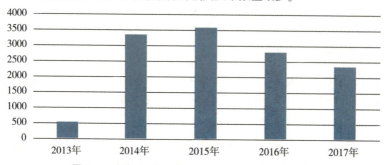

图 2-8　生产、销售假药罪案件审结数年份分布(篇)

2. 地域分布

从地域分布来看,2013—2017 年全国各级人民法院审结的生产、销售假药罪案件的裁判文书数量最多的五个省级行政区依次为广东省、浙江省、江苏省、上海市、河北省,分别为 3 347 篇、1 321 篇、1 007 篇、821 篇、804 篇;数量最少的三个省级行政区为西藏自治区、宁夏回族自治区和新疆维吾尔自治区,分别为 1 篇、5 篇、9 篇。

3. 审级分布

从审级分布来看,2013—2017 年全国各级人民法院审结的生产、销售假药罪案件中,一审审结案件的裁判文书数量为 12 213 篇,二审审结案件的裁判文书数量为 358 篇,前者约为后者的 34.1 倍。其中,一审审结案件的裁判文书数量在 2014—2015 年增多,2015 年之后则呈现大幅减少的趋势;二审审结案件的裁判文书数量一直缓慢增长,具体变化情形如图 2-9 所示。

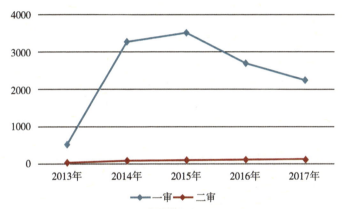

图 2-9　生产、销售假药罪案件审结数审级分布(篇)

4. 法院层级分布

从审理法院层级来看,2013—2017 年基层人民法院、中级人民法院、高级人民法院审结的生产、销售假药罪案件的裁判文书数量依次为 12 059 篇、374 篇、11 篇,各自对应的占比依次为 96.91%、3.01%、0.08%。

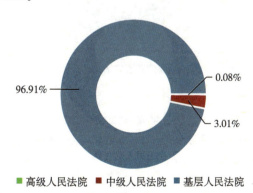

图 2-10　生产、销售假药罪案件审结数法院层级分布

5. 适用程序分布

从适用程序来看,2013—2017 年基层人民法院审结的生产、销售假药罪案件裁判文书中,适用简易程序审结案件的裁判文书数量占比为 54.10%,适用普通程序审结案件的裁判文书数量占比为 45.90%。其中,2014—2016 年,适用普通程序审结案件的裁判文书数量以较缓速度增长,而适用简易程序审结案件的裁判文书数量在 2015 年最多,之后显著下降,具体变化趋势如图 2-11 所示。

图 2-11 基层人民法院审结生产、销售假药罪案件适用程序分布(篇)

(二)被告人情况

1. 性别分布

2013—2017 年全国各级人民法院审结的生产、销售假药罪案件中,男性被告人占比为 59.89%,女性被告人占比为 40.11%。

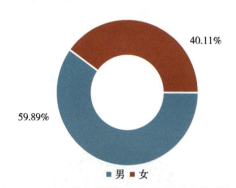

图 2-12 生产、销售假药罪审结案件被告人性别分布

2. 文化程度分布

从裁判文书提取到的被告人文化程度来看,2013—2017 年全国各级人民法院审结的生产、销售假药罪案件中,文化程度为初中的被告人数量最多,占比为 40.36%;文化程度为文盲或半文盲的被告人数量最少,占比为 2.37%。

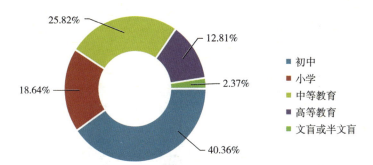

图 2-13　生产、销售假药罪审结案件被告人文化程度分布

3. 职业分布

从裁判文书提取到的被告人职业情况来看,2013—2017 年全国各级人民法院审结的生产、销售假药罪案件中,职业为私营企业主、个体劳动者的被告人数量最多,占比为 37.30%;职业为其他的被告人数量最少,占比仅为 2.05%。

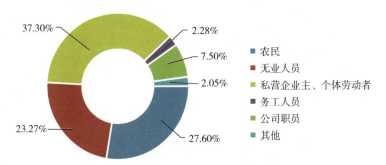

图 2-14　生产、销售假药罪审结案件被告人职业分布

三、生产、销售有毒、有害食品罪

(一) 案件分布

1. 年份分布

从年份分布来看,2013—2017 年全国各级人民法院审结的生产、销售有毒、有害食品罪案件的裁判文书共计 10 401 篇。其中,2014—2016 年审结案件的裁判文书数量持续减少。

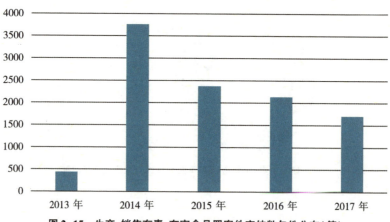

图 2-15 生产、销售有毒、有害食品罪案件审结数年份分布(篇)

2. 地域分布

从地域分布来看,2013—2017 年全国各级人民法院审结的生产、销售有毒、有害食品罪案件的裁判文书数量最多的五个省级行政区依次为河南省、北京市、浙江省、江苏省、山东省,分别为 1 740 篇、1 425 篇、1 123 篇、1 039 篇、680 篇;数量最少的三个省级行政区为宁夏回族自治区、云南省和新疆维吾尔自治区,前二者的文书数量同为 4 篇,后者的文书数量为 7 篇。

3. 审级分布

从审级分布来看,2013—2017 年全国各级人民法院审结的生产、销售有毒、有害食品罪案件中,一审审结案件的裁判文书数量为 9 585 篇,占比为 92.15%;二审审结案件的裁判文书数量为 816 篇,占比为 7.85%。前者约为后者的 11.7 倍。其中,2014 年以来,一审审结案件的裁判文书数量逐渐减少,二审审结案件的裁判文书数量呈平稳趋势,具体变化情形如图 2-16 所示。

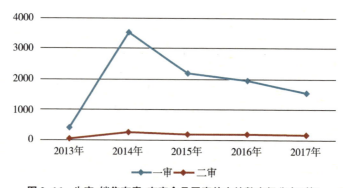

图 2-16 生产、销售有毒、有害食品罪案件审结数审级分布(篇)

4. 法院层级分布

从审理法院层级来看,2013—2017 年基层人民法院、中级人民法院、高级人民法院审结的生产、销售有毒、有害食品罪案件的裁判文书数量依次为 9 529 篇、819 篇、9 篇,各自对应的占比依次为 92.01%、7.91%、0.08%。

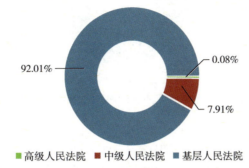

图 2-17　生产、销售有毒、有害食品罪案件审结数法院层级分布

5. 适用程序分布

从适用程序来看,2013—2017 年基层人民法院审结的生产、销售有毒、有害食品罪案件的裁判文书中,适用简易程序审结案件的裁判文书数量占比为 46.07%,适用普通程序审结案件的裁判文书数量占比为 53.93%。其中,2014 年以来,适用两类程序审结案件的裁判文书数量都逐年减少,但幅度略有差异,具体变化情形如图 2-18 所示。

图 2-18　基层人民法院审结生产、销售有毒、有害食品罪案件适用程序分布(篇)

(二)被告人情况

1. 性别分布

2013—2017 年全国各级人民法院审结的生产、销售有毒、有害食品罪案件中,男性被告人占比为 66.97%,女性被告人占比为 33.03%。

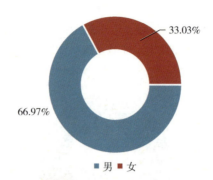

图 2-19　生产、销售有毒、有害食品罪审结案件被告人性别分布

2. 文化程度分布

从裁判文书提取到的被告人文化程度来看,2013—2017 年全国各级人民法院审结的生产、销售有毒、有害食品罪案件中,文化程度为初中的被告人数量最多,占比为 45.64%;受过高等教育的被告人数量最少,占比为 3.37%。

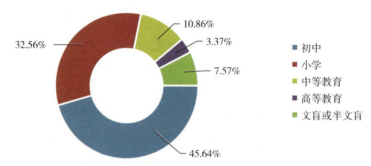

图 2-20　生产、销售有毒、有害食品罪审结案件被告人文化程度分布

3. 职业分布

从裁判文书提取到的被告人职业情况来看,2013—2017 年全国各级人民法院审结的生产、销售有毒、有害食品罪案件中,职业为农民的被告人数量最多,占比为 43.91%;职业为其他的被告人数量最少,占比仅为 0.70%。

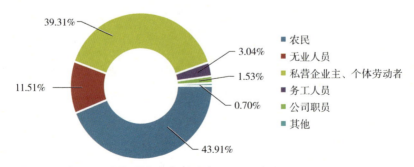

图 2-21　生产、销售有毒、有害食品罪审结案件被告人职业分布

(三) 案情特征

从行为来看,2013—2017 年全国各级人民法院审结的生产、销售有毒、有害食品罪案件中,最为常见的情形是"在食用农产品种植、养殖、销售、运输、贮存等过程中,使用禁用农药、兽药等禁用有毒、有害物质",裁判文书总数达 2 775 篇;其次是"在保健食品或者其他食品中添加国家禁用药物等有毒、有害物质",裁判文书数量达 1 139 篇。此外,还存在的情形包括"使用盐酸克仑特罗等禁止在饲料和动物饮用水中使用的药品或者含有该类药品的饲料养殖供人食用的动物""明知是使用盐酸克仑特罗等禁止在饲料和动物饮用水中使用的药品或者含有该类药品的饲料养殖的供人食用的动物,而提供屠宰等加工服务,或者销售其制品""利用地沟油生产食用油""明知是利用地沟油生产的食用油而予以销售"等。

从后果来看,2013—2017 年全国各级人民法院审结的生产、销售有毒、有害食品罪案件中,出现"对人体健康造成严重危害""致人死亡""其他严重情节"和"其他特别严重情节"这四种情形的裁判文书数量依次为 80 篇、14 篇、146 篇、75 篇。

四、生产、销售不符合安全标准的食品罪

(一) 案件分布

1. 年份分布

从年份分布来看,2013—2017 年全国各级人民法院审结的生产、销售不符合安全标准的食品罪案件的裁判文书共计 7 693 篇。其中,2015 年审结案件的裁判文书数量最多。

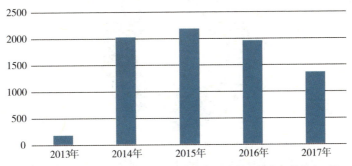

图 2-22　生产、销售不符合安全标准的食品罪案件审结数年份分布(篇)

2. 地域分布

从地域分布来看,2013—2017 年全国各级人民法院审结的生产、销售不符合安全标准的食品罪案件的裁判文书数量最多的五个省级行政区依次为河南省、河北省、广东省、江苏省、浙江省,分别为 3 221 篇、627 篇、550 篇、472 篇、459 篇;数量最少的三个省级行政区为海南省、宁夏回族自治区和青海省,前者文书数量为 2 篇,后二者文书数量同为 1 篇。

3. 审级分布

从审级分布来看,2013—2017 年全国各级人民法院审结的生产、销售不符合安全标准的食品罪案件中,一审审结案件的裁判文书数量为 7 234 篇,二审审结案件的裁判文书数量为

459篇,前者约为后者的15.8倍。其中,2014年以来,一审审结案件的裁判文书数量在2015年达到高峰后开始减少,而二审审结案件的裁判文书数量缓慢增多,具体变化趋势如图2-23所示。

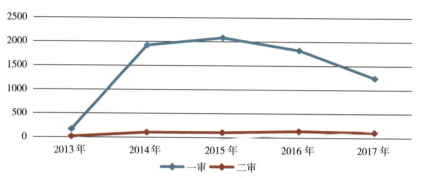

图2-23　生产、销售不符合安全标准的食品罪案件审结数审级分布(篇)

4. 法院层级分布

从审理法院层级来看,2013—2017年基层人民法院、中级人民法院、高级人民法院审结的生产、销售不符合安全标准的食品罪案件的裁判文书数量依次为7 211篇、464篇、1篇,各自对应的占比依次为93.94%、6.05%、0.01%。

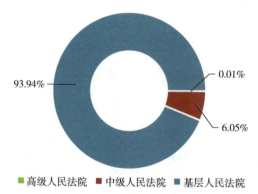

图2-24　生产、销售不符合安全标准的食品罪案件审结数法院层级分布

5. 适用程序分布

从审理程序来看,2013—2017年基层人民法院审结的生产、销售不符合安全标准的食品罪案件中,适用简易程序审结案件的裁判文书数量占比为46.61%,适用普通程序审结案件的裁判文书数量占比为53.39%。其中,2014年以来,适用简易程序审结案件的裁判文书数量逐年减少,适用普通程序审结案件的裁判文书数量在2015年达到高峰后也开始减少,具体变化趋势如图2-25所示。

图 2-25　基层人民法院审结生产、销售不符合安全标准的食品罪案件适用程序分布(篇)

(二)被告人情况

1. 性别分布

2013—2017 年全国各级人民法院审结的生产、销售不符合安全标准的食品罪案件中,男性被告人占比为 77.95%,女性被告人占比为 22.05%。

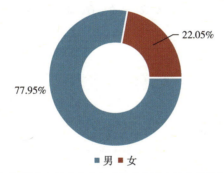

图 2-26　生产、销售不符合安全标准的食品罪审结案件被告人性别分布

2. 文化程度分布

从裁判文书提取到的被告人文化程度来看,2013—2017 年全国各级人民法院审结的生产、销售不符合安全标准的食品罪案件中,文化程度为初中的被告人数量最多,占比为 50.07%;受过高等教育的被告人数量最少,占比为 1.41%。

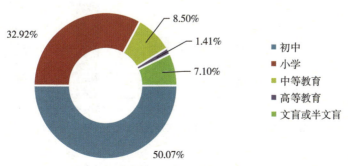

图 2-27　生产、销售不符合安全标准的食品罪审结案件被告人文化程度分布

3. 职业分布

从裁判文书提取到的被告人职业情况来看,2013—2017 年全国各级人民法院审结的生产、销售不符合安全标准的食品罪案件中,职业为农民的被告人数量最多,占比为 56.02%;职业为其他的被告人数量最少,占比仅为 0.75%。

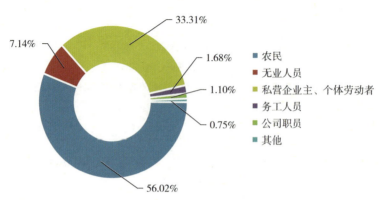

图 2-28　生产、销售不符合安全标准的食品罪审结案件被告人职业分布

第二节　破坏金融管理秩序罪

一、出售、购买、运输假币罪

(一)案件分布

1. 年份分布

从年份分布来看,2013—2017 年全国各级人民法院审结的出售、购买、运输假币罪案件的裁判文书共计 649 篇。其中,2014—2016 年审结案件的裁判文书数量持续增长。

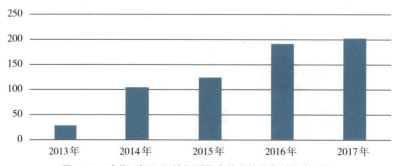

图 2-29　出售、购买、运输假币罪案件审结数年份分布(篇)

2. 地域分布

从地域分布来看,2013—2017年全国各级人民法院审结的出售、购买、运输假币罪案件的裁判文书数量最多的五个省级行政区为广东省、江苏省、河南省、安徽省、山东省,分别为87篇、67篇、48篇、43篇、41篇;数量最少的三个省级行政区为上海市、海南省和宁夏回族自治区,均为1篇。

3. 审级分布

从审级分布来看,2013—2017年全国各级人民法院审结的出售、购买、运输假币罪案件中,一审审结案件的裁判文书数量为618篇,二审审结案件的裁判文书数量为31篇,前者约为后者的19.9倍。其中,2014年以来,一审审结案件的裁判文书数量逐年增加,二审审结案件的裁判文书数量略有起伏,具体变化趋势如图2-30所示。

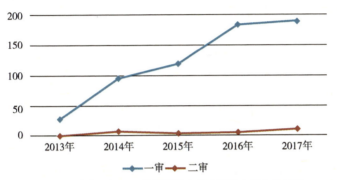

图2-30 出售、购买、运输假币罪案件审结数审级分布(篇)

4. 法院层级分布

从审理法院层级来看,2013—2017年基层人民法院、中级人民法院、高级人民法院审结的出售、购买、运输假币罪案件的裁判文书数量依次为588篇、53篇、7篇,各自对应的占比依次为90.74%、8.18%、1.08%。

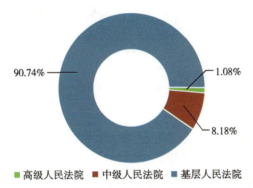

图2-31 出售、购买、运输假币罪案件审结数法院层级分布

5. 适用程序分布

从审理程序来看,2013—2017年基层人民法院审结的出售、购买、运输假币罪案件中,适

用简易程序审结案件的裁判文书数量占比为32.36%,适用普通程序审结案件的裁判文书数量占比为67.64%。其中,2014年以来,适用普通程序审结案件的裁判文书数量逐年增多;适用简易程序审结案件的裁判文书数量也在逐年增多,但幅度略小,具体变化趋势如图2-32所示。

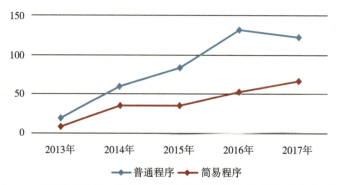

图2-32 基层人民法院审结出售、购买、运输假币罪案件适用程序分布(篇)

(二)被告人情况

1. 性别分布

2013—2017年全国各级人民法院审结的出售、购买、运输假币罪案件中,男性被告人占比为80.79%,女性被告人占比为19.21%。

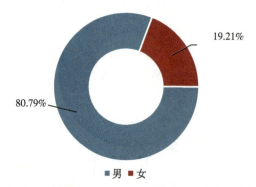

图2-33 出售、购买、运输假币罪审结案件被告人性别分布

2. 文化程度分布

从裁判文书提取到的被告人文化程度来看,2013—2017年全国各级人民法院审结的出售、购买、运输假币罪案件中,文化程度为初中的被告人数量最多,占比为46.69%;受过高等教育的被告人数量最少,占比为2.70%。

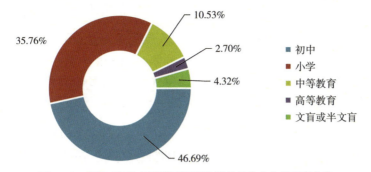

图 2-34　出售、购买、运输假币罪审结案件被告人文化程度分布

3. 职业分布

从裁判文书提取到的被告人职业情况来看,2013—2017 年全国各级人民法院审结的出售、购买、运输假币罪案件中,职业为农民的被告人数量最多,占比为 44.81%;职业为公司职员的被告人数量最少,占比仅为 1.04%。

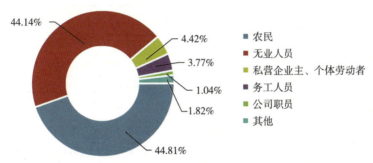

图 2-35　出售、购买、运输假币罪审结案件被告人职业分布

二、持有、使用假币罪

(一)案件分布

1. 年份分布

从年份分布来看,2013—2017 年全国各级人民法院审结的持有、使用假币罪案件的裁判文书共计 898 篇。其中,2014—2016 年审结案件的裁判文书数量持续增长。

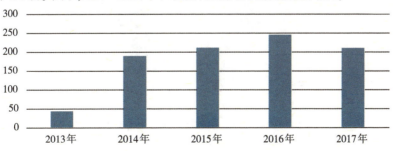

图 2-36　持有、使用假币罪案件审结数年份分布(篇)

2. 地域分布

从地域分布来看,2013—2017年全国各级人民法院审结的持有、使用假币罪案件的裁判文书数量最多的五个省级行政区依次为广东省、江苏省、贵州省、河南省、浙江省,分别为108篇、76篇、53篇、51篇、49篇;数量最少的三个省级行政区为海南省、西藏自治区和宁夏回族自治区,分别为1篇、2篇、4篇。

3. 审级分布

从审级分布来看,2013—2017年全国各级人民法院审结的持有、使用假币罪案件中,一审审结案件的裁判文书数量为857篇,二审审结案件的裁判文书数量为41篇,前者约为后者的20.9倍。2014—2016年一审审结案件的裁判文书数量逐年增加,二审审结案件的裁判文书数量略有起伏,具体变化趋势如图2-37所示。

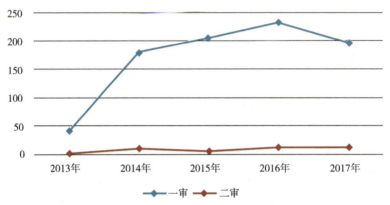

图2-37 持有、使用假币罪案件审结数审级分布(篇)

4. 法院层级分布

从审理法院层级来看,2013—2017年基层人民法院、中级人民法院、高级人民法院审结的持有、使用假币罪案件的裁判文书数量依次为846篇、46篇、3篇,各自对应的占比依次为94.53%、5.14%、0.33%。

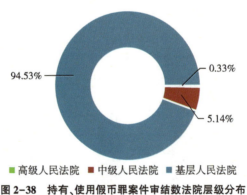

图2-38 持有、使用假币罪案件审结数法院层级分布

5. 适用程序分布

从适用程序来看,2013—2017 年基层人民法院审结的持有、使用假币罪案件中,适用简易程序审结案件的裁判文书数量占比为 47.14%,适用普通程序审结案件的裁判文书数量占比为 52.86%。其中,2014—2016 年适用简易程序审结案件的裁判文书数量略有波动,而适用普通程序审结案件的裁判文书数量逐渐增多,具体变化趋势如图 2-39 所示。

图 2-39 基层人民法院审结持有、使用假币罪案件适用程序分布(篇)

(二)被告人情况

1. 性别分布

2013—2017 年全国各级人民法院审结的持有、使用假币罪案件中,男性被告人占比为 79.51%,女性被告人占比为 20.49%。

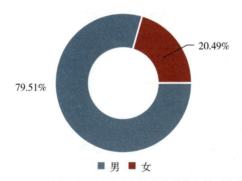

图 2-40 持有、使用假币罪审结案件被告人性别分布

2. 文化程度分布

从裁判文书提取到的被告人文化程度来看,2013—2017 年全国各级人民法院审结的持有、使用假币罪案件中,文化程度为小学的被告人数量最多,占比为 41.97%;受过高等教育的被告人数量最少,占比为 2.39%。

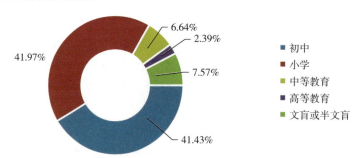

图 2-41　持有、使用假币罪审结案件被告人文化程度分布

3. 职业分布

从裁判文书提取到的被告人职业情况来看，2013—2017 年全国各级人民法院审结的持有、使用假币罪案件中，职业为农民的被告人数量最多，占比为 46.28%；职业为公司职员的被告人数量最少，占比仅为 0.73%。

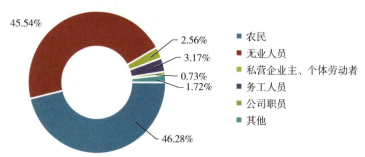

图 2-42　持有、使用假币罪审结案件被告人职业分布

三、非法吸收公众存款罪

(一) 案件分布

1. 年份分布

从年份分布来看，2013—2017 年全国各级人民法院审结的非法吸收公众存款罪案件的裁判文书共计 14 680 篇。2014—2016 年审结案件的裁判文书数量持续增长，其中 2016 年的裁判文书数量较 2014 年增长约 1.6 倍。

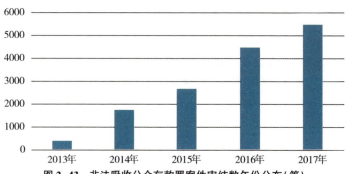

图 2-43　非法吸收公众存款罪案件审结数年份分布 (篇)

2. 地域分布

从地域分布来看,2013—2017 年全国各级人民法院审结的非法吸收公众存款罪案件的裁判文书数量最多的五个省级行政区依次为河南省、河北省、江苏省、浙江省、福建省,分别为 2 354 篇、1 539 篇、1 516 篇、1 461 篇、938 篇;数量最少的三个省级行政区为西藏自治区、海南省和青海省,分别为 1 篇、3 篇、21 篇。

3. 审级分布

从审级分布来看,2013—2017 年全国各级人民法院审结的非法吸收公众存款罪案件中,一审审结案件的裁判文书数量为 10 313 篇,二审审结案件的裁判文书数量为 4 367 篇。整体看来,一审审结案件、二审审结案件的裁判文书数量均逐年增多,但二者变化幅度存在差异,具体变化情形如图 2-44 所示。

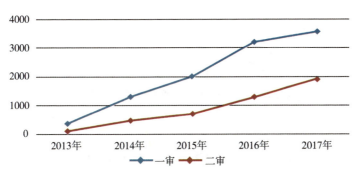

图 2-44　非法吸收公众存款罪案件审结数审级分布(篇)

4. 法院层级分布

从审理法院层级来看,2013—2017 年基层人民法院、中级人民法院、高级人民法院审结的非法吸收公众存款罪案件的裁判文书数量依次为 10 036 篇、4 420 篇、195 篇,各自对应的占比依次为 68.50%、30.17%、1.33%。

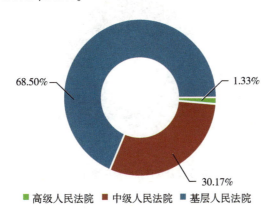

图 2-45　非法吸收公众存款罪案件审结数法院层级分布

5. 适用程序分布

从适用程序来看,2013—2017年基层人民法院审结的非法吸收公众存款罪案件中,适用简易程序审结案件的裁判文书数量占比为7.37%,适用普通程序审结案件的裁判文书数量占比为92.63%。整体看来,2014—2016年适用普通程序审结案件的裁判文书数量逐年上升,而适用简易程序审结案件的裁判文书数量虽有增加但年度变化较小,其变化趋势如图2-46所示。

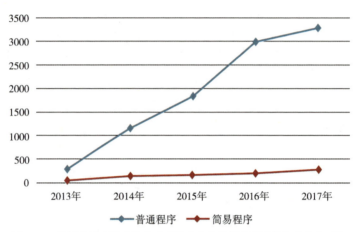

图2-46　基层人民法院审结非法吸收公众存款罪案件适用程序分布(篇)

(二)被告人情况

1. 性别分布

2013—2017年全国各级人民法院审结的非法吸收公众存款罪案件中,男性被告人占比为61.95%,女性被告人占比为38.05%。

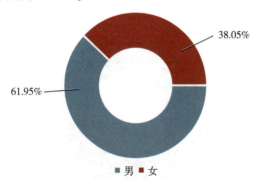

图2-47　非法吸收公众存款罪审结案件被告人性别分布

2. 文化程度分布

从裁判文书提取到的被告人文化程度来看,2013—2017年全国各级人民法院审结的非法吸收公众存款罪案件中,文化程度为初中的被告人数量最多,占比为31.18%;文化程度为文盲或半文盲的被告人数量最少,占比为2.14%。

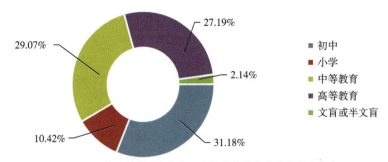

图 2-48　非法吸收公众存款罪审结案件被告人文化程度分布

3. 职业分布

从裁判文书中提取到的被告人职业情况来看,2013—2017 年全国各级人民法院审结的非法吸收公众存款罪案件中,职业为公司职员的被告人数量最多,占比为 34.02%;职业为务工人员的被告人数量最少,占比仅为 1.81%。

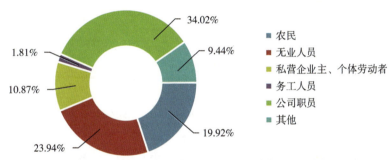

图 2-49　非法吸收公众存款罪审结案件被告人职业分布

四、妨害信用卡管理罪

(一)案件分布

1. 年份分布

从年份分布来看,2013—2017 年全国各级人民法院审结的妨害信用卡管理罪案件的裁判文书数量共计 3 383 篇。其中,2014—2016 年审结案件的裁判文书数量持续增长,其中 2016 年的裁判文书数量相较 2014 年增长约 0.6 倍。

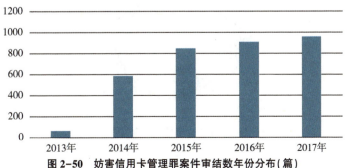

图 2-50　妨害信用卡管理罪案件审结数年份分布(篇)

2. 地域分布

从地域分布来看,2013—2017 年全国各级人民法院审结的妨害信用卡管理罪案件的裁判文书数量最多的五个省级行政区依次为广东省、福建省、上海市、浙江省、江苏省,分别为 757 篇、387 篇、378 篇、182 篇、175 篇;数量最少的三个省级行政区为新疆维吾尔自治区、海南省和青海省,分别为 9 篇、2 篇、1 篇。

3. 审级分布

从审级分布来看,2013—2017 年全国各级人民法院审结的妨害信用卡管理罪案件中,一审审结案件的裁判文书数量为 2 853 篇,二审审结案件的裁判文书数量为 530 篇,前者约为后者的 5.4 倍。整体看来,2014—2016 年,一审审结案件、二审审结案件的裁判文书数量逐年增多,但二者变化幅度存在差异,其变化趋势如图 2-51 所示。

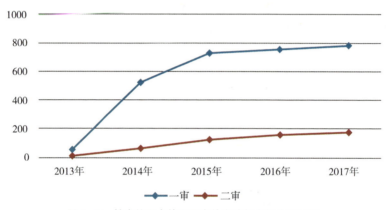

图 2-51 妨害信用卡管理罪案件审结数审级分布(篇)

4. 法院层级分布

从审理法院层级来看,2013—2017 年基层人民法院、中级人民法院、高级人民法院审结的妨害信用卡管理罪案件的裁判文书数量依次为 2 822 篇、540 篇、3 篇,各自对应的占比依次为 83.86%、16.05%、0.09%。

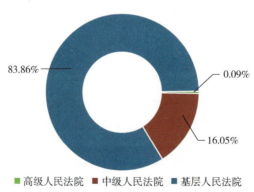

图 2-52 妨害信用卡管理罪案件审结数法院层级分布

5. 适用程序分布

从适用程序来看,2013—2017 年基层人民法院审结的妨害信用卡管理罪案件中,适用简易程序审结案件的裁判文书数量占比为 45.62%,适用普通程序审结案件的裁判文书数量占比为 54.38%。2014—2016 年适用两类程序审结案件的裁判文书数量都在增加,但增幅不同,其变化趋势如图 2-53 所示。

图 2-53　基层人民法院审结妨害信用卡管理罪案件适用程序分布(篇)

(二) 被告人情况

1. 性别分布

2013—2017 年全国各级人民法院审结的妨害信用卡管理罪案件中,男性被告人占比为 85.39%,女性被告人占比为 14.61%。

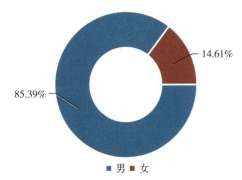

图 2-54　妨害信用卡管理罪审结案件被告人性别分布

2. 文化程度分布

从裁判文书提取到的被告人文化程度来看,2013—2017 年全国各级人民法院审结的妨害信用卡管理罪案件中,文化程度为初中的被告人数量最多,占比为 58.56%;文化程度为文盲或半文盲的被告人数量最少,占比为 0.81%。

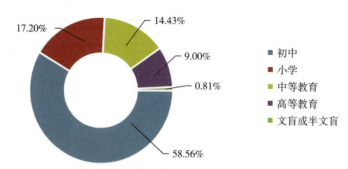

图 2-55　妨害信用卡管理罪审结案件被告人文化程度分布

3. 职业分布

从裁判文书提取到的被告人职业情况来看,2013—2017 年全国各级人民法院审结的妨害信用卡管理罪案件中,职业为无业人员的被告人数量最多,占比为 55.18%;职业为其他的被告人数量最少,占比仅为 1.30%。

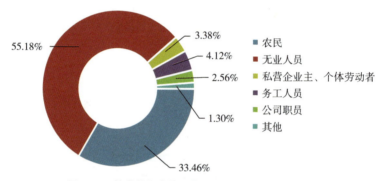

图 2-56　妨害信用卡管理罪审结案件被告人职业分布

第三节　金融诈骗罪

一、集资诈骗罪

(一) 案件分布

1. 年份分布

从年份分布来看,2013—2017 年全国各级人民法院审结的集资诈骗罪案件的裁判文书数量共计 3 519 篇。2014—2016 年审结案件的裁判文书数量呈现不断上升趋势,其中 2016 年的裁判文书数量相较于 2014 年增长了约 1.1 倍。

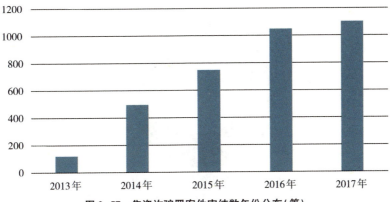

图 2-57 集资诈骗罪案件审结数年份分布(篇)

2. 地域分布

从地域分布来看,2013—2017 年全国各级人民法院审结的集资诈骗罪案件的裁判文书数量最多的五个省级行政区依次为浙江省、河南省、广东省、江苏省、山东省,分别为 585 篇、468 篇、296 篇、221 篇、144 篇;数量最少的三个省级行政区为甘肃省、新疆维吾尔自治区、海南省,分别为 9 篇、8 篇、1 篇。

3. 审级分布

从审级分布来看,2013—2017 年全国各级人民法院审结的集资诈骗罪案件中,一审审结案件的裁判文书数量为 2 052 篇,二审审结案件的裁判文书数量为 1 467 篇,前者约为后者的 1.4 倍。2014—2016 年一审、二审审结案件的裁判文书数量都在较快增多,其变化趋势如图 2-58 所示。

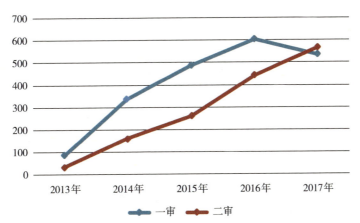

图 2-58 集资诈骗罪案件审结数审级分布(篇)

4. 法院层级分布

从审理法院层级来看,2013—2017 年基层人民法院、中级人民法院、高级人民法院审结的集资诈骗罪案件的裁判文书数量依次为 1 474 篇、1 600 篇、429 篇,各自对应的占比依次为

42.08%、45.68%、12.24%。

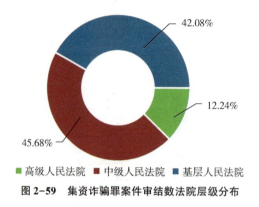

图 2-59 集资诈骗罪案件审结数法院层级分布

5. 适用程序分布

从适用程序来看，2013—2017 年基层人民法院审结的集资诈骗罪案件中，适用简易程序审结案件的裁判文书数量占比为 2.44%，适用普通程序审结案件的裁判文书数量占比为 97.56%。整体来看，适用普通程序审结案件的裁判文书数量远高于适用简易程序审结案件的裁判文书数量。其中，2014—2016 年适用普通程序审结案件的裁判文书数量逐年显著增多，其变化趋势如图 2-60 所示。

图 2-60 基层人民法院审结集资诈骗罪案件适用程序分布（篇）

(二) 被告人情况

1. 性别分布

2013—2017 年全国各级人民法院审结的集资诈骗罪案件中，男性被告人占比为 68.98%，女性被告人占比为 31.02%。

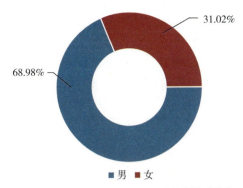

图 2-61　集资诈骗罪审结案件被告人性别分布

2. 文化程度分布

从裁判文书提取到的被告人文化程度来看,2013—2017 年全国各级人民法院审结的集资诈骗罪案件中,文化程度为初中的被告人数量最多,占比为 36.42%;文化程度为文盲或半文盲的被告人数量最少,占比为 1.39%。

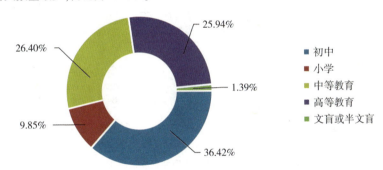

图 2-62　集资诈骗罪审结案件被告人文化程度分布

3. 职业分布

从裁判文书提取到的被告人职业情况来看,2013—2017 年全国各级人民法院审结的集资诈骗罪案件中,职业为无业人员的被告人数量最多,占比为 29.29%;职业为务工人员的被告人数量最少,占比仅为 1.78%。

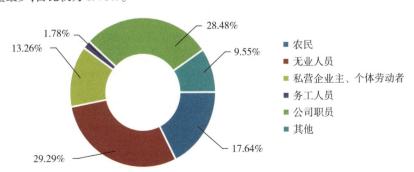

图 2-63　集资诈骗罪审结案件被告人职业分布

(三)案情特征

集资诈骗罪犯通常穿着甜蜜的外衣,多以承诺为受害人带来收益为借口,吸收他人资金占为己有。裁判文书中载明的常见手段包括通过高额利息回报的形式进行集资诈骗、通过组织旅游的形式进行集资诈骗、通过组织聚餐的形式进行集资诈骗、通过举行讲座的形式进行集资诈骗、通过发放礼品的形式进行集资诈骗、通过合伙投资的形式进行集资诈骗,各自的占比依次为17.75%、38.68%、5.95%、5.95%、23.70%、7.97%。

二、票据诈骗罪

(一)案件分布

1. 年份分布

从年份分布来看,2013—2017年全国各级人民法院审结的票据诈骗罪案件的裁判文书共计895篇。其中,2014—2016年审结案件的裁判文书数量总体变化不大。

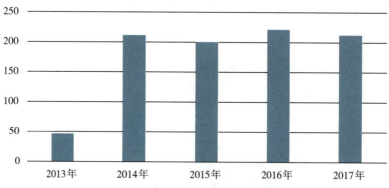

图2-64 票据诈骗罪案件审结数年份分布(篇)

2. 地域分布

从地域分布来看,2013—2017年全国各级人民法院审结的票据诈骗罪案件的裁判文书数量最多的五个省级行政区依次为广东省、江苏省、浙江省、山东省、天津市,分别为169篇、114篇、103篇、92篇、51篇;数量最少的三个省级行政区为吉林省、贵州省、宁夏回族自治区,分别为2篇、1篇、1篇。

3. 审级分布

从审级分布来看,2013—2017年全国各级人民法院审结的票据诈骗罪案件中,一审审结案件的裁判文书数量为570篇,二审审结案件的裁判文书数量为325篇,前者约为后者的1.8倍。其中,2014年以来,一审审结案件的裁判文书数量略有起伏,二审审结案件的裁判文书数量缓慢增加,具体变化趋势如图2-65所示。

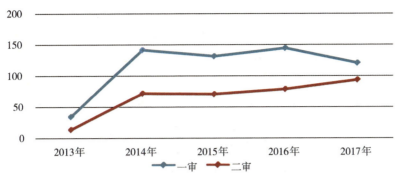

图 2-65 票据诈骗罪案件审结数审级分布(篇)

4. 法院层级分布

从审理法院层级来看,2013—2017 年基层人民法院、中级人民法院、高级人民法院审结的票据诈骗罪案件的裁判文书数量依次为 534 篇、319 篇和 41 篇,各自对应的占比依次为 59.73%、35.68%、4.59%。可以看出,中级人民法院院审结案件的裁判文书数量占比并不低。

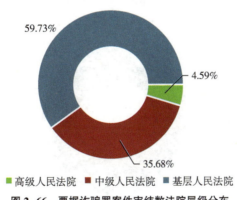

图 2-66 票据诈骗罪案件审结数法院层级分布

5. 适用程序分布

从适用程序来看,2013—2017 年基层人民法院审结的票据诈骗罪案件中,适用简易程序审结案件的裁判文书数量占比为 15.61%,适用普通程序审结案件的裁判文书数量占比为 84.39%。其中,适用普通程序审结案件的裁判文书数量在 2014—2016 年略有增多,而适用简易程序审结案件的裁判文书数量整体上略有起伏,具体变化趋势如图 2-67 所示。

图 2-67 基层人民法院审结票据诈骗罪案件适用程序分布(篇)

(二)被告人情况

1. 性别分布

2013—2017年全国各级人民法院审结的票据诈骗罪案件中,男性被告人占比为91.21%,女性被告人占比为8.79%。

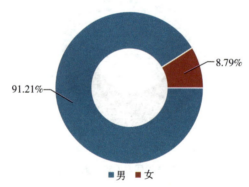

图 2-68 票据诈骗罪审结案件被告人性别分布

2. 文化程度分布

从裁判文书提取到的被告人文化程度来看,2013—2017年全国各级人民法院审结的票据诈骗罪案件中,文化程度为初中的被告人数量最多,占比为50.47%;文化程度为文盲或半文盲的被告人数量最少,占比为0.32%。

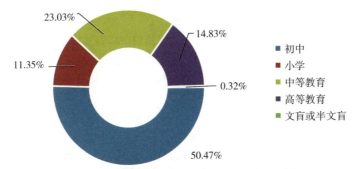

图 2-69 票据诈骗罪审结案件被告人文化程度分布

3. 职业分布

从裁判文书提取到的被告人职业情况来看,2013—2017 年全国各级人民法院审结的票据诈骗罪案件中,职业为无业人员的被告人数量最多,占比为 45.43%;职业为务工人员的被告人数量最少,占比仅为 1.43%。

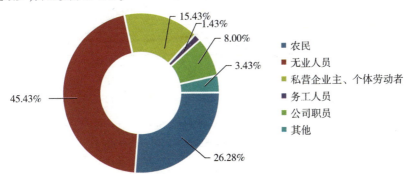

图 2-70 票据诈骗罪审结案件被告人职业分布

三、金融凭证诈骗罪

(一)案件分布

1. 年份分布

从年份分布来看,2013—2017 年全国各级人民法院审结的金融凭证诈骗罪案件的裁判文书共计 84 篇。其中,2014—2016 年审结案件的裁判文书数量持续减少。

图 2-71 金融凭证诈骗罪案件审结数年份分布(篇)

2. 地域分布

从地域分布来看,2013—2017 年全国各级人民法院审结的金融凭证诈骗罪案件的裁判文书数量最多的五个省级行政区依次为山东省、河南省、湖北省、北京市、江苏省,分别为 10 篇、10 篇、9 篇、8 篇、6 篇;数量为 0 篇的省级行政区共计 10 个,包括辽宁省、吉林省、海南省等。

3. 审级分布

从审级分布来看,2013—2017 年全国各级人民法院审结的金融凭证诈骗罪案件中,一审审结案件的裁判文书数量为 56 篇,二审审结案件的裁判文书数量为 28 篇,前者为后者的 2 倍。其中,一审审结案件的裁判文书数量自 2014 年以来逐年减少,而二审审结案件的裁判文书数量自 2014 年以来在小范围内波动,具体变化趋势如图 2-72 所示。

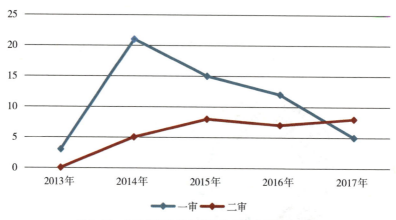

图 2-72 金融凭证诈骗罪案件审结数审级分布(篇)

4. 法院层级分布

从审理法院层级来看,2013—2017 年基层人民法院、中级人民法院、高级人民法院审结的金融凭证诈骗罪案件的裁判文书数量依次为 48 篇、30 篇、3 篇,各自对应的占比依次为 59.26%、37.04%、3.70%。

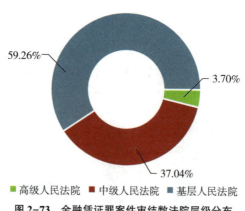

图 2-73 金融凭证罪案件审结数法院层级分布

5. 适用程序分布

从适用程序来看,2013—2017 年基层人民法院审结的金融凭证诈骗罪案件中,适用简易程序审结案件的裁判文书数量占比为 8.93%,适用普通程序审结案件的裁判文书数量占比为 91.07%。整体来看,2014 年以来,适用普通程序审结案件的裁判文书数量逐年下降,而适用简易程序审结案件的裁判文书数量略有起伏,具体变化趋势如图 2-74 所示。

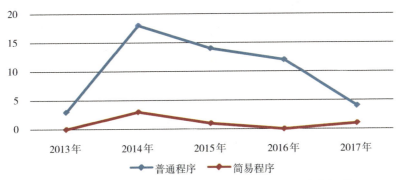

图 2-74　基层人民法院审结金融凭证诈骗罪案件适用程序分布(篇)

(二)被告人情况

1. 性别分布

2013—2017 年全国各级人民法院审结的金融凭证诈骗罪案件中,男性被告人占比为 80.00%,女性被告人占比为 20.00%。

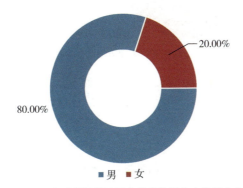

图 2-75　金融凭证诈骗罪审结案件被告人性别分布

2. 文化程度分布

从裁判文书提取到的被告人文化程度来看,2013—2017 年全国各级人民法院审结的金融凭证诈骗罪案件中,受过高等教育的被告人数量最多,占比为 40.48%;文化程度为小学的被告人数量最少,占比为 4.76%。

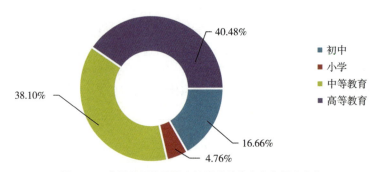

图 2-76　金融凭证诈骗罪审结案件被告人文化程度分布

3. 职业分布

从裁判文书提取到的被告人职业情况来看,2013—2017 年全国各级人民法院审结的金融凭证诈骗罪案件中,职业为公司职员的被告人数量最多,占比为 50.00%;职业为其他的被告人数量最少,占比仅为 5.00%。

图 2-77　金融凭证诈骗罪审结案件被告人职业分布

四、信用卡诈骗罪

(一)案件分布

1. 年份分布

从年份分布来看,2013—2017 年全国各级人民法院审结的信用卡诈骗罪案件的裁判文书共计 40 159 篇。其中,2014—2016 年审结案件的裁判文书数量保持在 1 万篇左右。

图 2-78 信用卡诈骗罪案件审结数年份分布(篇)

2. 地域分布

从地域分布来看,2013—2017 年全国各级人民法院审结的信用卡诈骗罪案件的裁判文书数量最多的五个省级行政区依次为上海市、广东省、福建省、吉林省、河北省,分别为 4 553 篇、3 649 篇、2 653 篇、2 231 篇、1 702 篇;数量最少的三个省级行政区依次为宁夏回族自治区、海南省、西藏自治区,分别为 120 篇、54 篇、9 篇。

3. 审级分布

从审级分布来看,2013—2017 年全国各级人民法院审结的信用卡诈骗罪案件中,一审审结案件的裁判文书数量为 40 159 篇,二审审结案件的裁判文书数量为 4 225 篇,前者约为后者的 9.5 倍。其中,2014—2016 年,一审、二审审结案件的裁判文书数量都在缓慢增长,具体变化趋势如图 2-79 所示。

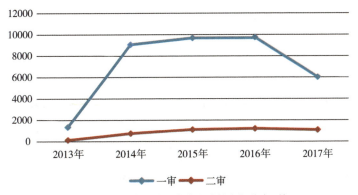

图 2-79 信用卡诈骗罪案件审结数审级分布(篇)

4. 法院层级分布

从审理法院层级来看,2013—2017 年基层人民法院、中级人民法院、高级人民法院审结的信用卡诈骗罪案件的裁判文书数量依次为 35 691 篇、4 276 篇、61 篇,各自对应的占比依次为 89.17%、10.68%、0.15%。

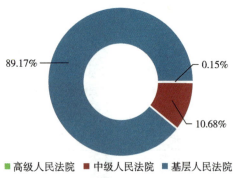

图 2-80　信用卡诈骗罪案件审结数法院层级分布

5. 适用程序分布

从适用程序来看,2013—2017 年基层人民法院审结的信用卡诈骗罪案件中,适用简易程序审结案件的裁判文书数量占比为 51.07%,适用普通程序审结案件的裁判文书数量占比为 48.93%。其中,2014—2016 年,适用普通程序审结案件的裁判文书数量逐年增多,而适用简易程序审结案件的裁判文书数量逐年减少,具体变化趋势如图 2-81 所示。

图 2-81　基层人民法院审结信用卡诈骗罪案件适用程序分布(篇)

(二)被告人情况

1. 性别分布

2013—2017 年全国各级人民法院审结的信用卡诈骗罪案件中,男性被告人占比为 81.93%,女性被告人占比为 18.07%。

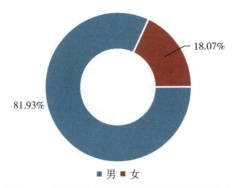

图 2-82　信用卡诈骗罪审结案件被告人性别分布

2. 文化程度分布

从裁判文书提取到的被告人文化程度来看,2013—2017 年全国各级人民法院审结的信用卡诈骗罪案件中,文化程度为初中的被告人数量最多,占比为 45.75%;文化程度为文盲或半文盲的被告人数量最少,占比为 0.86%。

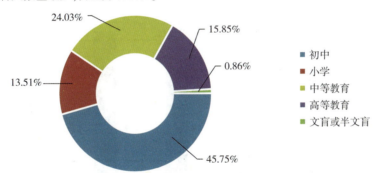

图 2-83　信用卡诈骗罪审结案件被告人文化程度分布

3. 职业分布

从裁判文书提取到的被告人职业情况来看,2013—2017 年全国各级人民法院审结的信用卡诈骗罪案件中,职业为无业人员的被告人数量最多,占比为 47.95%;职业为其他的被告人数量最少,占比仅为 3.62%。

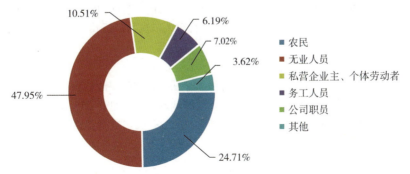

图 2-84　信用卡诈骗罪审结案件被告人职业分布

(三)案情特征

从行为上看,信用卡诈骗罪包括四种法定行为,即"使用伪造的信用卡或者使用以虚假身份证明骗领的信用卡""使用作废的信用卡""冒用他人的信用卡""恶意透支",对应的一审审结案件的裁判文书数量分别为 12 066 篇、13 995 篇、15 874 篇、24 446 篇。可以看出,恶意透支构成信用卡诈骗的案件较多。不过,需要注意的是,发卡银行在行为人透支后经过两次催收且超过 3 个月仍不归还的,才会构成恶意透支。

五、保险诈骗罪

(一)案件分布

1. 年份分布

从年份分布来看,2013—2017 年全国各级人民法院审结的保险诈骗罪案件的裁判文书共计 1 713 篇。其中,2014—2016 年审结案件的裁判文书数量不断上升,2016 年的裁判文书数量较 2014 年增长了约 0.8 倍。

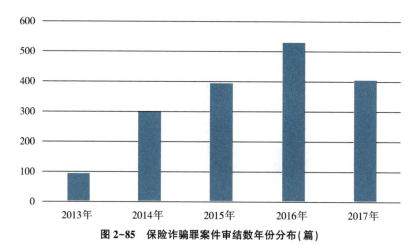

图 2-85 保险诈骗罪案件审结数年份分布(篇)

2. 地域分布

从地域分布来看,2013—2017 年全国各级人民法院审结的保险诈骗罪案件的裁判文书数量最多的五个省级行政区依次为浙江省、江苏省、河北省、山东省、上海市,分别为 262 篇、145 篇、139 篇、131 篇、114 篇;数量最少的三个省级行政区依次为广西壮族自治区、贵州省、西藏自治区,分别为 7 篇、6 篇、2 篇。

3. 审级分布

从审级分布来看,2013—2017 年全国各级人民法院审结的保险诈骗罪案件中,一审审结案件的裁判文书数量为 1 458 篇,二审审结案件的裁判文书数量为 255 篇,前者约为后者的 5.7 倍。其中,2014—2016 年,一审、二审审结案件的裁判文书数量都逐年增多,但二者变化幅度存在差异,具体变化趋势如图 2-86 所示。

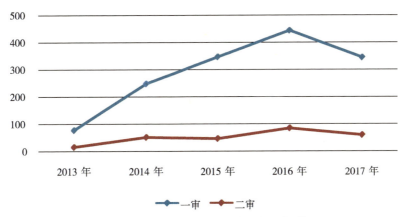

图 2-86　保险诈骗罪案件审结数审级分布（篇）

4. 法院层级分布

从审理法院层级来看，2013—2017 年基层人民法院、中级人民法院、高级人民法院审结的保险诈骗罪案件的裁判文书量依次为 1 450 篇、255 篇、2 篇，各自对应的占比依次为 84.94%、14.94%、0.12%。

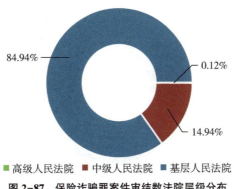

图 2-87　保险诈骗罪案件审结数法院层级分布

5. 适用程序分布

从适用程序来看，2013—2017 年基层人民法院审结的保险诈骗罪案件中，适用简易程序审结案件的裁判文书数量占比为 37.79%，适用普通程序审结案件的裁判文书数量占比为 62.21%。其中，2014—2016 年，适用普通程序和简易程序案件审结的裁判文书数量逐年上升，但二者变化幅度存在差异，具体变化趋势如图 2-88 所示。

图 2-88　基层人民法院审结保险诈骗罪案件适用程序分布(篇)

(二)被告人情况

1. 性别分布

2013—2017 年全国各级人民法院审结的保险诈骗罪案件中,男性被告人占比为 91.36%,女性被告人占比为 8.64%。

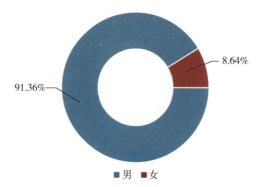

图 2-89　保险诈骗罪审结案件被告人性别分布

2. 文化程度分布

从裁判文书提取到的被告人文化程度来看,2013—2017 年全国各级人民法院审结的保险诈骗罪案件中,文化程度为初中的被告人数量最多,占比为 48.98%;文化程度为文盲或半文盲的被告人数量最少,占比为 0.79%。

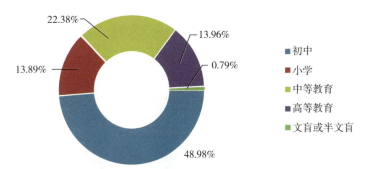

图 2-90　保险诈骗罪审结案件被告人文化程度分布

3. 职业分布

从裁判文书提取到的被告人职业情况来看,2013—2017 年全国各级人民法院审结的保险诈骗罪案件中,职业为无业人员的被告人数量最多,占比为 30.73%;职业为其他的被告人数量最少,占比仅为 4.66%。

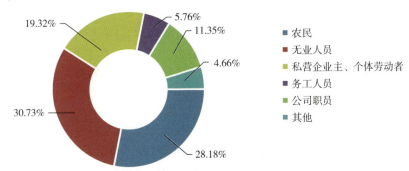

图 2-91　保险诈骗罪审结案件被告人职业分布

(三) 案情特征

由于自身特性,保险诈骗罪一般需多人配合才易实施,因此保险诈骗类案件中共同犯罪较为多见。2013—2017 年一审审结的保险诈骗罪案件中,被告人人数为 2 人的裁判文书共计 311 篇,3～5 人的裁判文书共计 330 篇,6～9 人的裁判文书共计 53 篇,10 人以上的裁判文书共计 14 篇。

第四节　侵犯知识产权罪

一、假冒注册商标罪

(一) 案件分布

1. 年份分布

从年份分布来看,2013—2017 年全国各级人民法院审结的假冒注册商标罪案件的裁判文书共计6 152篇。其中,2014—2016年审结案件的裁判文书数量持续减少。

图2-92 假冒注册商标罪案件审结数年份分布(篇)

2. 地域分布

从地域分布来看,2013—2017年全国各级人民法院审结的假冒注册商标罪案件的裁判文书数量最多的五个省级行政区依次为广东省、浙江省、江苏省、福建省、山东省,分别为1 662篇、636篇、434篇、426篇、332篇;数量最少的三个省级行政区为西藏自治区、海南省和宁夏回族自治区,分别为1篇、6篇、7篇。

3. 审级分布

从审级分布来看,2013—2017年全国各级人民法院审结的假冒注册商标罪案件中,一审审结案件的裁判文书数量为5 349篇,二审审结案件的裁判文书数量为803篇,前者约为后者的6.7倍。其中,2014年以来,一审审结案件的裁判文书数量逐年下降,而二审审结案件的裁判文书数量变化不大,具体变化趋势如图2-93所示。

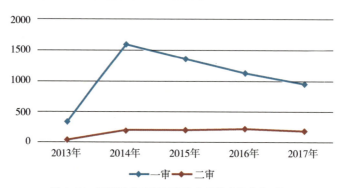

图2-93 假冒注册商标罪案件审结数审级分布(篇)

4. 法院层级分布

从审理法院层级来看,2013—2017年基层人民法院、中级人民法院、高级人民法院审结的假冒注册商标罪案件的裁判文书数量依次为5 000篇、1 111篇、25篇,各自对应的占比依次为81.48%、18.11%、0.41%。

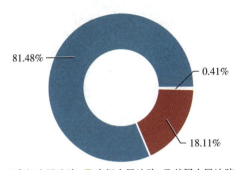

图 2-94 假冒注册商标罪案件审结数法院层级分布

5. 适用程序分布

从适用程序来看,2013—2017 年基层人民法院审结的假冒注册商标罪案件中,适用简易程序审结案件的裁判文书数量占比为 74.73%,适用普通程序审结案件的裁判文书数量占比为 25.27%。其中,2014 年以来,适用普通程序和简易程序审结案件的裁判文书数量都逐年下降,具体变化趋势如图 2-95 所示。

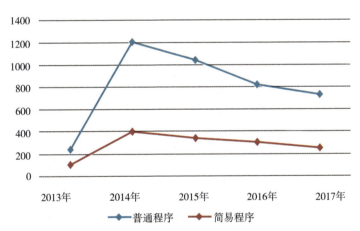

图 2-95 基层人民法院审结假冒注册商标罪案件适用程序分布(篇)

(二)被告人情况

1. 性别分布

2013—2017 年全国各级人民法院审结的假冒注册商标罪案件中,男性被告人占比为 82.57%,女性被告人占比为 17.43%。

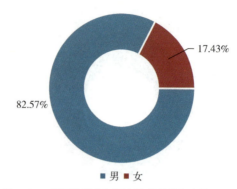

图 2-96　假冒注册商标罪审结案件被告人性别分布

2. 文化程度分布

从裁判文书提取到的被告人文化程度来看,2013—2017 年全国各级人民法院审结的假冒注册商标罪案件中,文化程度为初中的被告人数量最多,占比为 51.79%;文化程度为文盲或半文盲的被告人数量最少,占比为 1.69%。

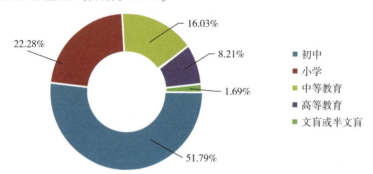

图 2-97　假冒注册商标罪审结案件被告人文化程度分布

3. 职业分布

从裁判文书提取到的被告人职业情况来看,2013—2017 年全国各级人民法院审结的假冒注册商标罪案件中,职业为私营企业主、个体劳动者的被告人数量最多,占比为 31.16%;职业为其他的被告人数量最少,占比仅为 1.48%。

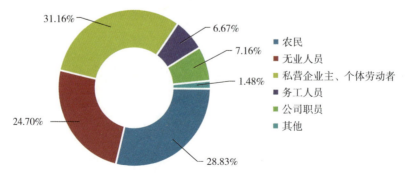

图 2-98　假冒注册商标罪审结案件被告人职业分布

二、销售假冒注册商标的商品罪

(一)案件分布

1. 年份分布

从年份分布来看,2013—2017 年全国各级人民法院审结的销售假冒注册商标的商品罪案件的裁判文书共计 5 917 篇。其中,2014—2016 年审结案件的裁判文书数量持续减少。

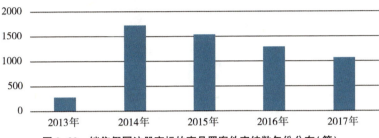

图 2-99　销售假冒注册商标的商品罪案件审结数年份分布(篇)

2. 地域分布

从地域分布来看,2013—2017 年全国各级人民法院审结的销售假冒注册商标的商品罪案件的裁判文书数量最多的五个省级行政区依次为广东省、上海市、浙江省、江苏省、福建省,分别为 1 172 篇、681 篇、622 篇、374 篇、321 篇;数量最少的三个省级行政区为西藏自治区、海南省和宁夏回族自治区,分别为 4 篇、5 篇、6 篇。

3. 审级分布

从审级分布来看,2013—2017 年全国各级人民法院审结的销售假冒注册商标的商品罪案件中,一审审结案件的裁判文书数量为 5 376 篇,二审审结案件的裁判文书数量为 541 篇,前者约为后者的 9.9 倍。其中,2014 年以来,一审审结案件的裁判文书数量逐年减少,二审审结案件的裁判文书数量变化不大,具体变化趋势如图 2-100 所示。

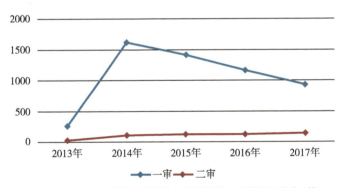

图 2-100　销售假冒注册商标的商品罪案件审结数审级分布(篇)

4. 法院层级分布

从审理法院层级来看,2013—2017 年基层人民法院、中级人民法院、高级人民法院审结的销售假冒注册商标的商品罪案件的裁判文书数量依次为5 060篇、789篇、39篇,各自对应的占比依次为85.94%、13.40%、0.66%。

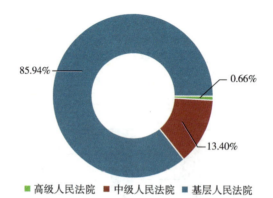

图2-101 销售假冒注册商标的商品罪案件审结数法院层级分布

5. 适用程序分布

从适用程序来看,2013—2017年基层人民法院审结的销售假冒注册商标的商品罪案件中,适用简易程序审结案件的裁判文书数量占比为31.58%,适用普通程序审结案件的裁判文书数量占比为68.42%。其中,2014年以来,适用普通程序审结案件和适用简易程序审结案件的裁判文书数量都逐年下降,具体变化趋势如图2-102所示。

图2-102 基层人民法院审结销售假冒注册商标的商品罪案件适用程序分布(篇)

(二)被告人情况

1. 性别分布

2013—2017年全国各级人民法院审结的销售假冒注册商标的商品罪案件中,男性被告人占比为78.25%,女性被告人占比为21.75%。

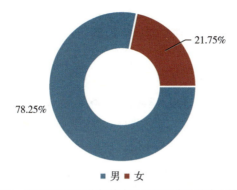

图 2-103　销售假冒注册商标的商品罪审结案件被告人性别分布

2. 文化程度分布

从裁判文书提取到的被告人文化程度来看，2013—2017 年全国各级人民法院审结的销售假冒注册商标的商品罪案件中，文化程度为初中的被告人数量最多，占比为 50.53%；文化程度为文盲或半文盲的被告人数量最少，占比为 0.59%。

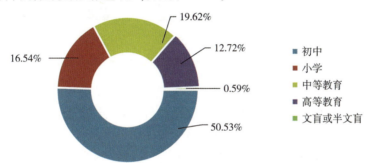

图 2-104　销售假冒注册商标的商品罪审结案件被告人文化程度分布

3. 职业分布

从裁判文书提取到的被告人职业情况来看，2013—2017 年全国各级人民法院审结的销售假冒注册商标的商品罪案件中，职业为私营企业主、个体劳动者的被告人数量最多，占比为 40.67%；职业为其他的被告人数量最少，占比仅为 0.86%。

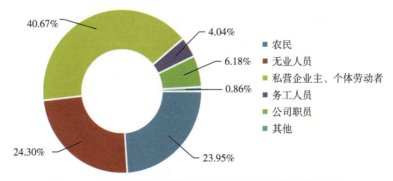

图 2-105　销售假冒注册商标的商品罪审结案件被告人职业分布

三、非法制造、销售非法制造的注册商标标识罪

(一)案件分布

1. 年份分布

从年份分布来看,2013—2017年全国各级人民法院审结的非法制造、销售非法制造的注册商标标识罪案件的裁判文书共计1 121篇。其中,2014—2016年审结案件的裁判文书数量持续减少。

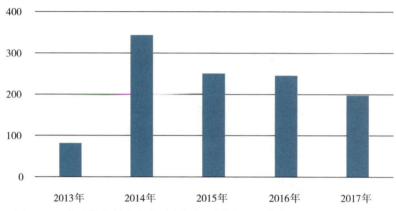

图 2-106 非法制造、销售非法制造的注册商标标识罪案件审结数年份分布(篇)

2. 地域分布

从地域分布来看,2013—2017年全国各级人民法院审结的非法制造、销售非法制造的注册商标标识罪案件的裁判文书数量最多的五个省级行政区依次为广东省、浙江省、江苏省、福建省、河北省,分别为310篇、172篇、80篇、79篇、78篇;数量最少的三个省级行政区为甘肃省、青海省和陕西省,分别为1篇、1篇、2篇。

3. 审级分布

从审级分布来看,2013—2017年全国各级人民法院审结的非法制造、销售非法制造的注册商标标识罪案件中,一审审结案件的裁判文书数量为1 050篇;二审审结案件的裁判文书数量为71篇,前者约为后者的14.8倍。其中,2014年以来,一审审结案件的裁判文书数量逐年减少,二审审结案件的裁判文书数量保持平稳,具体变化趋势如图2-107所示。

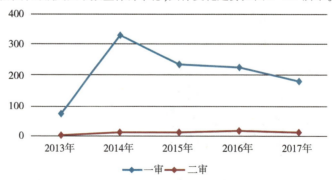

图 2-107 非法制造、销售非法制造的注册商标标识罪案件审结数审级分布(篇)

4. 法院层级分布

从审理法院层级来看,2013—2017年基层人民法院、中级人民法院、高级人民法院审结的非法制造、销售非法制造的注册商标标识罪案件的裁判文书数量依次为990篇、121篇、6篇,各自对应的占比依次为88.63%、10.83%、0.54%。

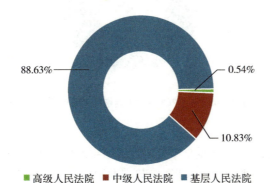

图2-108　非法制造、销售非法制造的注册商标标识罪案件审结数法院层级分布

5. 适用程序分布

从适用程序来看,2013—2017年基层人民法院审结的非法制造、销售非法制造的注册商标标识罪案件中,适用简易程序审结案件的裁判文书数量为311篇,占比为29.62%;适用普通程序审结案件的裁判文书数量为739篇,占比为70.38%。其中,2014年以来,适用普通程序审结案件的裁判文书数量波动下降,适用简易程序审结案件的裁判文书数量逐年减少,具体变化趋势如图2-109所示。

图2-109　基层人民法院审结非法制造、销售非法制造的注册商标标识罪案件适用程序分布(篇)

(二)被告人情况

1. 性别分布

2013—2017年全国各级人民法院审结的非法制造、销售非法制造的注册商标标识罪案件中,男性被告人占比为87.59%,女性被告人占比为12.41%。

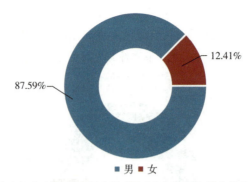

图 2-110　非法制造、销售非法制造的注册商标标识罪审结案件被告人性别分布

2. 文化程度分布

从裁判文书提取到的被告人文化程度来看,2013—2017 年全国各级人民法院审结的非法制造、销售非法制造的注册商标标识罪案件中,文化程度为初中的被告人数量最多,占比为 50.28%;文化程度为文盲或半文盲的被告人数量最少,占比为 1.98%。

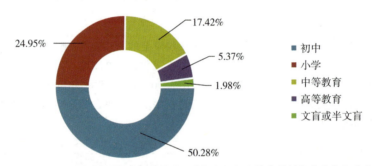

图 2-111　非法制造、销售非法制造的注册商标标识罪审结案件被告人文化程度分布

3. 职业分布

从裁判文书提取到的被告人职业情况来看,2013—2017 年全国各级人民法院审结的非法制造、销售非法制造的注册商标标识罪案件中,职业为农民的被告人数量最多,占比为 38.85%;职业为其他的被告人数量最少,占比仅为 1.02%。

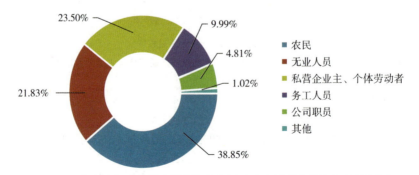

图 2-112　非法制造、销售非法制造的注册商标标识罪审结案件被告人职业分布

四、侵犯著作权罪

(一) 案件分布

1. 年份分布

从年份分布来看,2013—2017 年全国各级人民法院审结的侵犯著作权罪案件的裁判文书共计 1 583 篇。2014—2016 年审结案件的裁判文书数量持续减少,相较 2014 年,2016 年审结案件的裁判文书数量下降 70.92%。

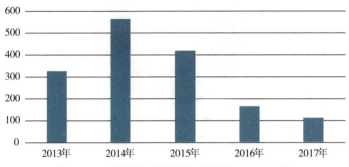

图 2-113 侵犯著作权罪案件审结数年份分布(篇)

2. 地域分布

从地域分布来看,2013—2017 年全国各级人民法院审结的侵犯著作权罪案件的裁判文书数量最多的五个省级行政区依次为浙江省、广东省、北京市、江苏省、福建省,分别为 413 篇、369 篇、117 篇、91 篇、79 篇;数量最少的三个省级行政区为内蒙古自治区、云南省和青海省,均为 1 篇。

3. 审级分布

从审级分布来看,2013—2017 年全国各级人民法院审结的侵犯著作权罪案件中,一审审结案件的裁判文书数量为 1 490 篇,二审审结案件的裁判文书数量为 93 篇,前者约为后者的 16.0 倍。其中,2014 年以来,一审审结案件的裁判文书数量逐年下降,二审审结案件的裁判文书数量波动不大,具体变化趋势如图 2-114 所示。

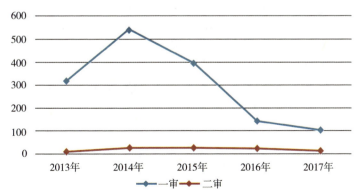

图 2-114 侵犯著作权罪案件审结数审级分布(篇)

4. 法院层级分布

从审理法院层级来看,2013—2017 年基层人民法院、中级人民法院、高级人民法院审结的侵犯著作权罪案件的裁判文书数量依次为 1 429 篇、144 篇、5 篇,各自对应的占比依次为 90.55%、9.13%、0.32%。

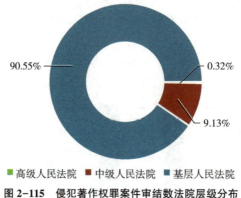

图 2-115 侵犯著作权罪案件审结数法院层级分布

5. 适用程序分布

从适用程序来看,2013—2017 年基层人民法院审结的侵犯著作权罪案件中,适用简易程序审结案件的裁判文书数量占比为 52.68%,适用普通程序审结案件的裁判文书数量占比为 47.32%。其中,2014 年以来,适用简易程序审结案件的裁判文书数量逐年大幅减少,适用普通程序审结案件的裁判文书数量也有所降低,具体变化趋势如图 2-116 所示。

图 2-116 基层人民法院审结侵犯著作权罪案件适用程序分布(篇)

(二)被告人情况

1. 性别分布

2013—2017 年全国各级人民法院审结的侵犯著作权罪案件中,男性被告人占比为 76.82%,女性被告人占比为 23.18%。

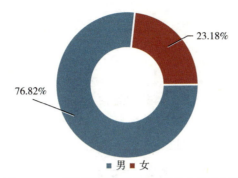

图 2-117　侵犯著作权罪审结案件被告人性别分布

2. 文化程度分布

从裁判文书提取到的被告人文化程度来看，2013—2017 年全国各级人民法院审结的侵犯著作权罪案件中，文化程度为初中的被告人数量最多，占比为 46.70%；文化程度为文盲或半文盲的被告人数量最少，占比为 3.03%。

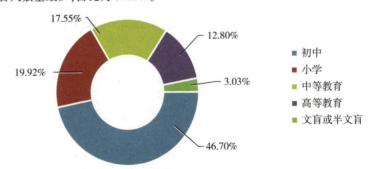

图 2-118　侵犯著作权罪审结案件被告人文化程度分布

3. 职业分布

从裁判文书提取到的被告人职业情况来看，2013—2017 年全国各级人民法院审结的侵犯著作权罪案件中，职业为无业人员的被告人数量最多，占比为 34.73%；职业为其他的被告人数量最少，占比仅为 0.89%。

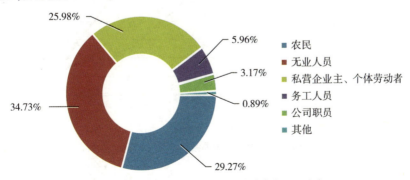

图 2-119　侵犯著作权罪审结案件被告人职业分布

五、侵犯商业秘密罪

(一)案件分布

1. 年份分布

从年份分布来看,2013—2017 年全国各级人民法院审结的侵犯商业秘密罪案件的裁判文书共计 79 篇。其中,2015 年审结案件的裁判文书数量最多。

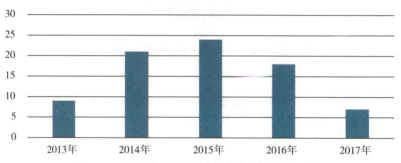

图 2-120 侵犯商业秘密罪案件审结数年份分布(篇)

2. 地域分布

从地域分布来看,2013—2017 年全国各级人民法院审结的侵犯商业秘密罪案件的裁判文书数量最多的五个省级行政区依次为浙江省、江苏省、广东省、河南省、福建省,分别为 16 篇、15 篇、10 篇、6 篇、5 篇;其他省级行政区审结案件的裁判文书数量均不足 5 篇。

3. 审级分布

从审级分布来看,2013—2017 年全国各级人民法院审结的侵犯商业秘密罪案件中,一审审结案件的裁判文书数量为 36 篇,二审审结案件的裁判文书数量为 43 篇。其中,2014—2016 年,一审审结案件的裁判文书数量逐年减少,而二审审结案件的裁判文书数量持续增加,甚至在 2015 年之后超过一审审结案件的裁判文书数量,具体变化趋势如图 2-121 所示。

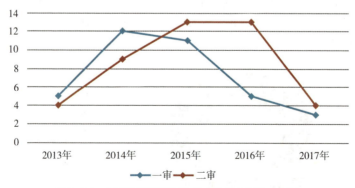

图 2-121 侵犯商业秘密罪案件审结数审级分布(篇)

4. 法院层级分布

从审理法院层级来看,2013—2017 年基层人民法院、中级人民法院、高级人民法院审结的侵犯商业秘密罪案件的裁判文书数量依次为 33 篇、41 篇、5 篇,各自对应的占比依次为 41.77%、51.90%、6.33%。

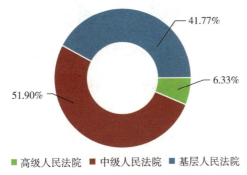

图 2-122 侵犯商业秘密罪案件审结数法院层级分布

5. 适用程序分布

从适用程序来看,2013—2017 年基层人民法院审结的侵犯商业秘密罪案件中,适用简易程序审结案件的裁判文书数量占比为 2.78%,适用普通程序审结案件的裁判文书数量占比为 97.22%。其中,2014 年以来,适用普通程序审结案件的裁判文书数量逐年减少,适用简易程序审结案件的裁判文书数量只有 2015 年的 1 篇,具体变化趋势如图 2-123 所示。

图 2-123 基层人民法院审结侵犯商业秘密罪案件适用程序分布(篇)

(二)被告人情况

1. 性别分布

2013—2017 年全国各级人民法院审结的侵犯商业秘密罪案件中,男性被告人占比为 93.33%,女性被告人占比为 6.67%。

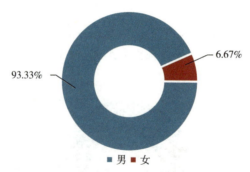

图 2-124　侵犯商业秘密罪审结案件被告人性别分布

2. 文化程度分布

从裁判文书提取到的被告人文化程度来看,2013—2017 年全国各级人民法院审结的侵犯商业秘密罪案件中,受过高等教育的被告人数量最多,占比为 78.95%;受过中等教育的被告人数量最少,占比为 5.26%。

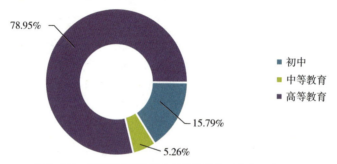

图 2-125　侵犯商业秘密罪审结案件被告人文化程度分布

3. 职业分布

从裁判文书提取到的被告人职业情况来看,2013—2017 年全国各级人民法院审结的侵犯商业秘密罪案件中,职业为公司职员的被告人数量最多,占比为 66.67%;职业为无业人员的被告人数量最少,占比仅为 11.11%。

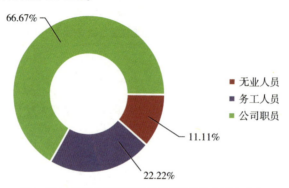

图 2-126　侵犯商业秘密罪审结案件被告人职业分布

第五节 扰乱市场秩序罪

一、合同诈骗罪

(一)案件分布

1. 年份分布

从年份分布来看,2013—2017年全国各级人民法院审结的合同诈骗罪案件的裁判文书共计26 868篇。其中,2014—2016年审结案件的裁判文书数量不断上升。

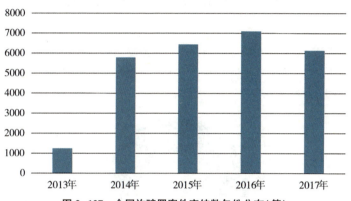

图2-127 合同诈骗罪案件审结数年份分布(篇)

2. 地域分布

从地域分布来看,2013—2017年全国各级人民法院审结的合同诈骗罪案件的裁判文书数量最多的五个省级行政区依次为广东省、河北省、河南省、浙江省、江苏省,分别为2 072篇、1 823篇、1 823篇、1 719篇、1 574篇;数量最少的三个省级行政区为西藏自治区、海南省和宁夏回族自治区,分别为31篇、46篇、70篇。

3. 审级分布

从审级分布来看,2013—2017年全国各级人民法院审结的合同诈骗罪案件中,一审审结案件的裁判文书数量为19 954篇,二审审结案件的裁判文书数量为6 914篇,前者约为后者的2.9倍。其中,2014—2016年,一审、二审审结案件的裁判文书数量逐年增多,且二者变化幅度几乎一致,具体变化趋势如图2-128所示。

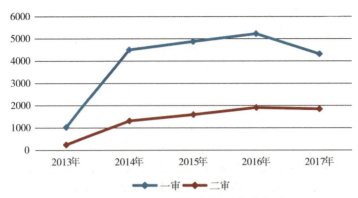

图 2-128　合同诈骗罪案件审结数审级分布（篇）

4. 法院层级分布

从审理法院层级来看，2013—2017 年基层人民法院、中级人民法院、高级人民法院审结的合同诈骗罪案件的裁判文书数量依次为 19 013 篇、6 984 篇、755 篇，各自对应的占比依次为 71.07%、26.11%、2.82%。

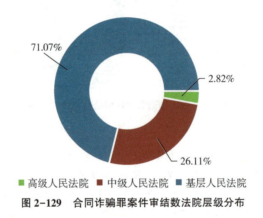

图 2-129　合同诈骗罪案件审结数法院层级分布

5. 适用程序分布

从适用程序来看，2013—2017 年基层人民法院审结的合同诈骗罪案件中，适用简易程序审结案件的裁判文书数量占比为 19.07%，适用普通程序审结案件的裁判文书数量占比为 80.93%。其中，2014—2016 年，适用普通程序审结案件的裁判文书数量逐年上升，而适用简易程序审结案件的裁判文书数量变化不大，具体变化趋势如图 2-130 所示。

图 2-130　基层人民法院审结合同诈骗罪案件适用程序分布（篇）

(二)被告人情况

1. 性别分布

2013—2017 年全国各级人民法院审结的合同诈骗罪案件中,男性被告人占比为 91.08%,女性被告人占比为 8.92%。

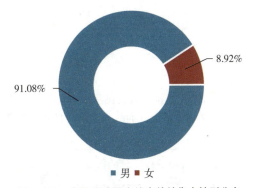

图 2-131　合同诈骗罪审结案件被告人性别分布

2. 文化程度分布

从裁判文书提取到的被告人文化程度来看,2013—2017 年全国各级人民法院审结的合同诈骗罪案件中,文化程度为初中的被告人数量最多,占比为 47.20%;文化程度为文盲或半文盲的被告人数量最少,占比为 1.06%。

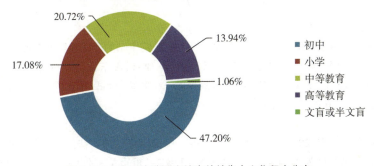

图 2-132　合同诈骗罪审结案件被告人文化程度分布

3. 职业分布

从裁判文书提取到的被告人职业情况来看,2013—2017 年全国各级人民法院审结的合同诈骗罪案件中,职业为无业人员的被告人数量最多,占比为 41.68%;职业为务工人员的被告人数量最少,占比仅为 2.54%。

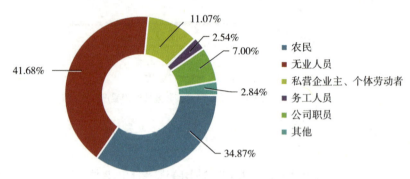

图 2-133 合同诈骗罪审结案件被告人职业分布

二、非法经营罪

(一)案件分布

1. 年份分布

从年份分布来看,2013—2017 年全国各级人民法院审结的非法经营罪案件的裁判文书共计 21 641 篇。其中,2015—2017 年审结案件的裁判文书数量有所下降。

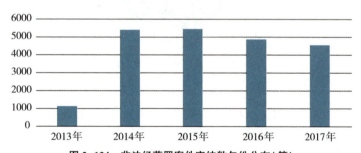

图 2-134 非法经营罪案件审结数年份分布(篇)

2. 地域分布

从地域分布来看,2013—2017 年全国各级人民法院审结的非法经营罪案件的裁判文书数量最多的五个省级行政区依次为浙江省、广东省、福建省、山东省、河南省,分别为 2 377 篇、2 040 篇、1 620 篇、1 360 篇、1 157 篇;数量最少的三个省级行政区依次为西藏自治区、海南省和青海省,分别为 6 篇、30 篇、30 篇。

3. 审级分布

从审级分布来看,2013—2017 年全国各级人民法院审结的非法经营罪案件中,一审审结案件的裁判文书数量为 18 474 篇,占比为 85.37%;二审审结案件的裁判文书数量为 3 167

篇,占比为14.63%。其中,2014年以来,一审审结案件的裁判文书数量逐年下降,二审审结案件的裁判文书数量却缓慢增长,具体变化趋势如图2-135所示。

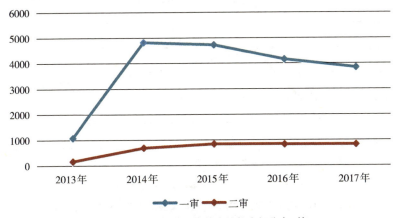

图2-135　非法经营罪案件审结数审级分布(篇)

4. 法院层级分布

从审理法院层级来看,2013—2017年基层人民法院、中级人民法院、高级人民法院审结的非法经营罪案件的裁判文书数量依次为18 296篇、3 228篇、60篇,各自对应的占比依次为84.77%、14.96%、0.27%。

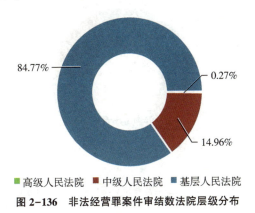

图2-136　非法经营罪案件审结数法院层级分布

5. 适用程序分布

从审理程序来看,2013—2017年基层人民法院审结的非法经营罪案件中,适用简易程序审结案件的裁判文书数量占比为36.62%,适用普通程序审结案件的裁判文书数量占比为63.38%。其中,2014年以来,适用普通程序审结案件的裁判文书数量波动较大,而适用简易程序审结案件的裁判文书数量逐年下降,具体变化趋势如图2-137所示。

图 2-137　基层人民法院审结非法经营罪案件适用程序分布(篇)

(二)被告人情况

1. 性别分布

2013—2017 年全国各级人民法院审结的非法经营罪案件中,男性被告人占比为 81.01%,女性被告人占比为 18.99%。

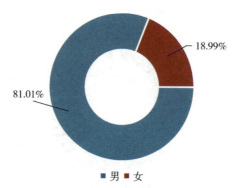

图 2-138　非法经营罪审结案件被告人性别分布

2. 文化程度分布

从裁判文书提取到的被告人文化程度来看,2013—2017 年全国各级人民法院审结的非法经营罪案件中,文化程度为初中的被告人数量最多,占比为 48.31%;文化程度为文盲或半文盲的被告人数量最少,占比为 2.36%。

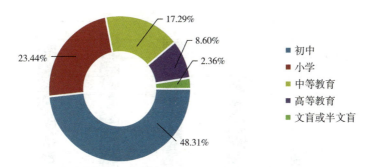

图 2-139 非法经营罪审结案件被告人文化程度分布

3. 职业分布

从裁判文书提取到的被告人职业情况来看,2013—2017 年全国各级人民法院审结的非法经营罪案件中,职业为农民的被告人数量最多,占比为 38.62%;职业为其他的被告人数量最少,占比仅为 1.90%。

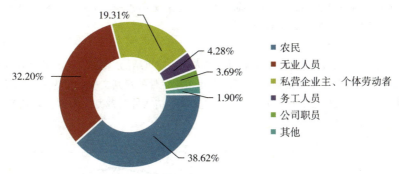

图 2-140 非法经营罪审结案件被告人职业分布

三、组织、领导传销活动罪

(一)案件分布

1. 年份分布

从年份分布来看,2013—2017 年全国各级人民法院审结的组织、领导传销活动罪案件的裁判文书共计 5 395 篇。其中,2014—2016 年审结案件的裁判文书数量呈现不断上升趋势,2016 年审结案件的裁判文书数量较 2014 年增长约 50%。

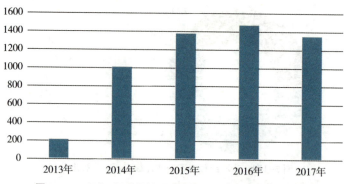

图 2-141　组织、领导传销活动罪案件审结数年份分布(篇)

2. 地域分布

从地域分布来看,2013—2017 年全国各级人民法院审结的组织、领导传销活动罪案件的裁判文书数量最多的五个省级行政区依次为江苏省、安徽省、浙江省、广西壮族自治区、湖北省,分别为 603 篇、534 篇、424 篇、402 篇、316 篇;数量最少的三个省级行政区为西藏自治区、海南省和青海省,分别为 1 篇、1 篇、10 篇。

3. 审级分布

从审级分布来看,2013—2017 年全国各级人民法院审结的组织、领导传销活动罪案件中,一审审结案件的裁判文书数量为 4 008 篇,二审审结案件的裁判文书数量为 1 387 篇,前者约为后者的 2.9 倍。其中,2014—2016 年,一审、二审审结案件的裁判文书数量均逐年增多,具体变化趋势如图 2-142 所示。

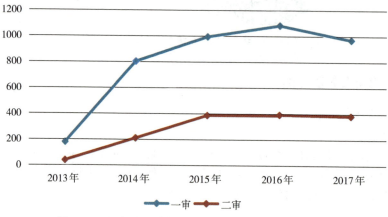

图 2-142　组织、领导传销活动罪案件审结数审级分布(篇)

4. 法院层级分布

从审理法院层级来看,2013—2017 年基层人民法院、中级人民法院、高级人民法院审结的组织、领导传销活动罪案件的裁判文书数量依次为 3 988 篇、1 384 篇、10 篇,各自对应的占比依次为 74.10%、25.71%、0.19%。

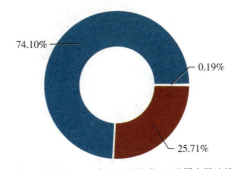

图 2-143　组织、领导传销活动罪案件审结数法院层级分布

5. 适用程序分布

从适用程序来看,2013—2017 年基层人民法院审结的组织、领导传销活动罪案件中,适用简易程序审结案件的裁判文书数量占比为 20.93%,适用普通程序审结案件的裁判文书数量占比为 79.07%。其中,2014—2016 年适用普通程序审结案件的裁判文书数量逐年增多,而适用简易程序审结案件的裁判文书数量略有起伏,具体情形如图 2-144 所示。

图 2-144　基层人民法院审结组织、领导传销活动罪案件适用程序分布(篇)

(二)被告人情况

1. 性别分布

2013—2017 年全国各级人民法院审结的组织、领导传销活动罪案件中,男性被告人占比为 66.62%,女性被告人占比为 33.38%。

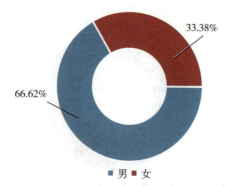

图 2-145　组织、领导传销活动罪审结案件被告人性别分布

2. 文化程度分布

从裁判文书提取到的被告人文化程度来看,2013—2017 年全国各级人民法院审结的组织、领导传销活动罪案件中,文化程度为初中的被告人数量最多,占比为 45.03%;文化程度为文盲或半文盲的被告人数量最少,占比为 0.55%。

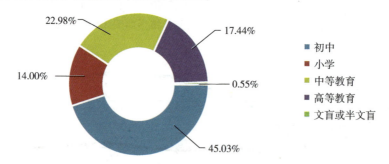

图 2-146　组织、领导传销活动罪审结案件被告人文化程度分布

3. 职业分布

从裁判文书提取到的被告人职业情况来看,2013—2017 年全国各级人民法院审结的组织、领导传销活动罪案件中,职业为无业人员的被告人数量最多,占比为 63.59%;职业为公司职员的被告人数量最少,占比仅为 3.06%。

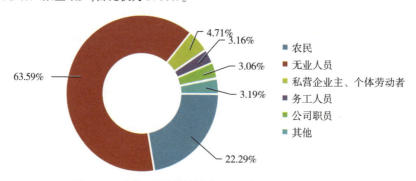

图 2-147　组织、领导传销活动罪审结案件被告人职业分布

第三章 侵犯公民人身权利、民主权利罪

庄怀邦[*]

侵犯公民人身权利、民主权利罪,是指故意或过失侵犯公民人身权利,以及故意侵犯公民民主权利的行为。这一章所涉罪保护的法益是公民的人身权利与民主权利。结合各个罪名的案件数量与受关注程度等因素,接下来选取故意伤害罪、非法拘禁罪、故意杀人罪、强奸罪、过失致人死亡罪5个罪名进行重点研究。

第一节 故意伤害罪

一、案件分布

(一)年份分布

从年份分布来看,2013—2017年,全国各级人民法院审结的故意伤害罪案件的裁判文书共计389 139篇。裁判文书数量整体上呈下降趋势。其中,2016年审结案件的裁判文书数量为93 958篇,相较于2014年下降了4.21个百分点。

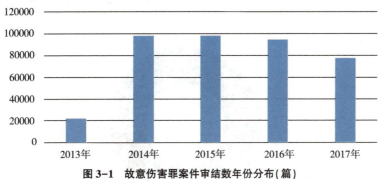

图3-1 故意伤害罪案件审结数年份分布(篇)

---

[*] 庄怀邦,中国社会科学院大学,硕士研究生。

(二)地域分布

从地域分布来看,2013—2017年全国各级人民法院审结的故意伤害罪案件的裁判文书数量最多的五个省级行政区依次为河北省、山东省、广东省、河南省和浙江省,分别为29 560篇、27 878篇、26 096篇、24 867篇、22 660篇;数量最少的三个省级行政区为宁夏回族自治区、海南省和西藏自治区,分别为1 943篇、1 404篇、448篇。

(三)审级分布

从审级分布来看,2013—2017年全国各级人民法院审结的故意伤害罪案件中,一审审结案件的裁判文书数量为346 418篇,二审审结案件的裁判文书数量为42 705篇。2014年以来,一审审结案件的裁判文书数量呈下降趋势,而二审审结案件的裁判文书数量略有波动,具体变化趋势如图3-2所示。

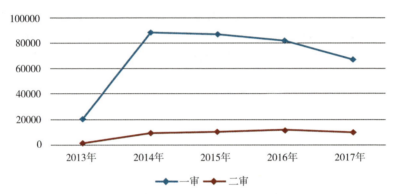

图3-2　故意伤害罪案件审结数审级分布(篇)

(四)法院层级分布

从审理法院层级来看,2013—2017年全国各级人民法院审结的故意伤害罪案件中超过80%的案件审理法院为基层人民法院。具体而言,基层人民法院、中级人民法院、高级人民法院审结的故意伤害罪案件的裁判文书数量依次为337 988篇、44 902篇、5 109篇,占比分别为87.11%、11.57%、1.32%。

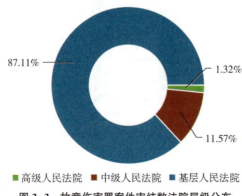

图3-3　故意伤害罪案件审结数法院层级分布

(五)适用程序分布

从适用程序来看,2013—2017 年全国各级人民法院审结的故意伤害罪案件中,适用普通程序审结案件的裁判文书数量占比为 64.71%,适用简易程序审结案件的裁判文书数量占比为 35.29%。其中,适用普通程序审结案件的裁判文书数量在 2015 年达到高峰,之后呈下降趋势;而适用简易程序审结案件的裁判文书数量自 2014 年以来逐年减少,具体变化趋势如图 3-4 所示。

图 3-4　基层人民法院审结故意伤害罪案件适用程序分布(篇)

二、被告人情况

(一)性别分布

从裁判文书中提取到的被告人性别来看,2013—2017 年全国各级人民法院审结的故意伤害罪案件中,被告人绝大部分为男性,占比为 94.70%;女性占比为 5.30%。

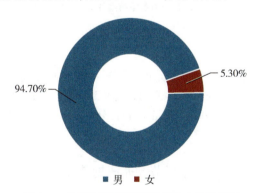

图 3-5　故意伤害罪审结案件被告人性别分布

(二)文化程度分布

从裁判文书提取到的被告人文化程度来看,2013—2017 年全国各级人民法院审结的故意伤害罪案件中,被告人文化程度普遍偏低,主要为初中学历、小学学历,占比分别为 53.61% 和 25.98%。

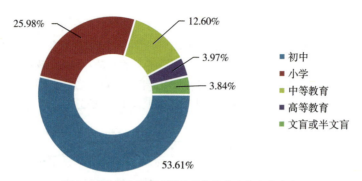

图 3-6　故意伤害罪审结案件被告人文化程度分布

(三) 职业分布

从裁判文书中提取到的被告人职业情况来看,2013—2017 年全国各级人民法院审结的故意伤害罪案件中,被告人职业多为农民、无业人员,占比分别为 49.70% 和 29.55%。

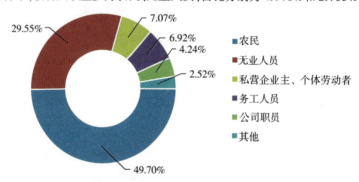

图 3-7　故意伤害罪审结案件被告人职业分布

三、案情特征

除了一般的故意伤害情形,故意伤害罪还包括一些罪名转化的情形,主要有聚众斗殴致人重伤、非法拘禁使用暴力致人伤残、聚众"打砸抢"致人伤残、刑讯逼供致人伤残等情形,这四种情形在一审审结案件的裁判文书数量中,占比分别为 91.70%、4.15%、3.96%、0.19%。

第二节　非法拘禁罪

一、案件分布

(一) 年份分布

从年份分布来看,2013—2017 年全国各级人民法院审结的非法拘禁罪案件的裁判文书共计 36 785 篇。其中,2015 年审结案件的裁判文书数量最多,达到了 9 468 篇。

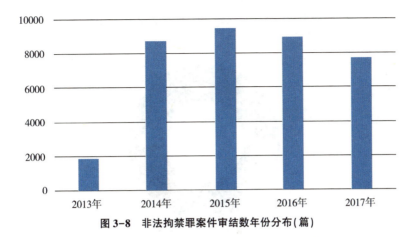

图 3-8 非法拘禁罪案件审结数年份分布（篇）

(二) 地域分布

从地域分布来看，2013—2017 年全国各级人民法院审结的非法拘禁罪案件的裁判文书数量最多的五个省级行政区依次为广东省、浙江省、山东省、福建省和江苏省，分别为 3 170 篇、3 012 篇、2 302 篇、2 138 篇、2 100 篇；数量最少的三个省级行政区为新疆维吾尔自治区、海南省和西藏自治区，分别为 103 篇、39 篇、4 篇。

(三) 审级分布

从审级分布来看，2013—2017 年全国各级人民法院审结的非法拘禁罪案件中，一审审结案件的裁判文书数量为 30 981 篇，二审审结案件的裁判文书数量为 5 807 篇，前者约为后者的 5.3 倍。2014 年以来，一审审结案件的裁判文书数量在 2015 年达到高峰之后呈下降趋势，二审审结案件的裁判文书数量缓慢上升，具体变化趋势如图 3-9 所示。

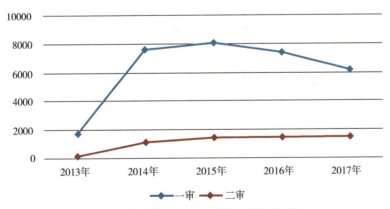

图 3-9 非法拘禁罪案件审结数审级分布（篇）

(四) 法院层级分布

从审理法院层级来看，2013—2017 年全国各级人民法院审结的非法拘禁罪案件中超过 80% 的审理法院为基层人民法院。具体而言，基层人民法院、中级人民法院、高级人民法院审结的非法拘禁罪案件的裁判文书数量依次为 30 779 篇、5 810 篇、109 篇,分别占比 83.87%、15.83%、0.30%。

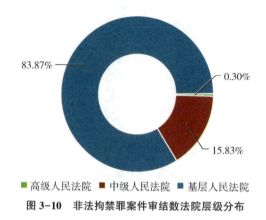

图 3-10　非法拘禁罪案件审结数法院层级分布

(五)适用程序分布

从适用程序来看,2013—2017 年基层人民法院审结的非法拘禁罪案件中,适用简易程序审结案件的裁判文书数量占比为 38.95%,适用普通程序审结案件的裁判文书数量占比为 61.05%。其中,2014 年以来,适用普通程序审结案件的裁判文书数量在 2015 年达到高峰后开始下降,而适用简易程序审结案件的裁判文书数量一直缓慢下降,具体变化情形如图 3-11 所示。

图 3-11　基层人民法院审结非法拘禁罪案件适用程序分布(篇)

二、被告人情况

(一)性别分布

从裁判文书中提取到的被告人性别角度来看,2013—2017 年全国各级人民法院审结的非法拘禁罪案件中,男性被告人占比为 93.32%,女性被告人占比为 6.68%。

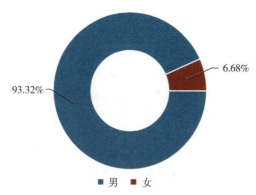

图 3-12 非法拘禁罪审结案件被告人性别分布

(二) 文化程度分布

从裁判文书提取到的被告人文化程度来看,2013—2017 年全国各级人民法院审结的非法拘禁罪案件中,被告人文化程度主要为初中、小学,占比分别为 56.23% 和 18.05%。

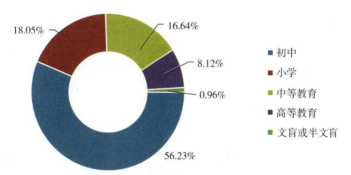

图 3-13 非法拘禁罪审结案件被告人文化程度分布

(三) 职业分布

从裁判文书提取到的被告人职业情况来看,2013—2017 年全国各级人民法院审结的非法拘禁罪案件中,被告人职业多为无业人员、农民,占比分别为 49.27% 和 34.67%。

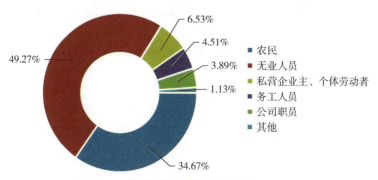

图 3-14 非法拘禁罪审结案件被告人职业分布

三、案件特征

从量刑情节来看,2013—2017 年一审审结的非法拘禁罪案件中,存在"殴打、侮辱"情节的裁判文书数量为 20 051 篇,占比为 64.72%;存在"致人重伤"情节的裁判文书数量为 153 篇,占比为 0.49%;存在"致人死亡"情节的裁判文书数量为 373 篇,占比为 1.20%。

此外,非法拘禁罪案件中还有一个值得关注的情形是"为索取债务而扣押、拘禁他人",其中的"债务"不限于合法债务。数据显示,2013—2017 年一审审结的非法拘禁罪案件中,存在这一情节的裁判文书数量共计 16 399 篇,占比为 52.93%。其中,"为索取法律不予保护之债"而构成非法拘禁罪案件的裁判文书数量为 1 928 篇。

第三节 故意杀人罪

一、案件分布

(一)年份分布

从年份分布来看,2013—2017 年,全国各级人民法院审结的故意杀人罪案件的裁判文书共计 19 992 篇。其中,2016 年审结案件的裁判文书数量为 4 829 篇,相较于 2014 年下降了 2.56 个百分点。

图 3-15 故意杀人罪案件审结数年份分布(篇)

(二)地域分布

从地域分布来看,2013—2017 年全国各级人民法院审结的故意杀人罪案件的裁判文书数量最多的五个省级行政区依次为广东省、四川省、浙江省、吉林省和河北省,分别为 1 357 篇、1 347 篇、1 203 篇、1 030 篇、978 篇;数量最少的三个省级行政区为青海省、海南省和西藏自治区,分别为 74 篇、55 篇、30 篇。

(三)审级分布

从审级分布来看,2013—2017 年全国各级人民法院审结的故意杀人罪案件中,一审审结案件的裁判文书数量为 13 940 篇,二审审结案件的裁判文书数量为 6 052 篇。其中,2016 年一审审结案件的裁判文书数量为 3 303 篇,相较于 2014 年下降了 9.66 个百分点;2016 年二审审结案件的裁判文书数量为 1 526 篇,相较于 2014 年上升了 17.38 个百分点,具体变化趋势如图 3-16 所示。

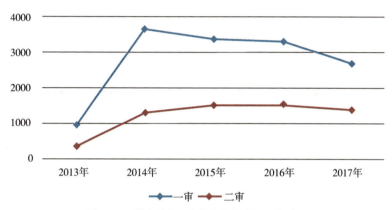

图 3-16　故意杀人罪案件审结数审级分布(篇)

(四)法院层级分布

从审理法院层级来看,2013—2017 年基层人民法院、中级人民法院、高级人民法院审结的故意杀人罪案件的裁判文书数量依次为 5 665 篇、9 957 篇、4 211 篇,各自对应的占比依次为 28.56%、50.20%、21.24%。

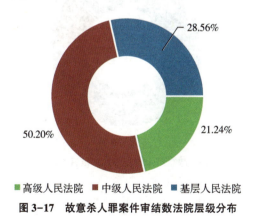

图 3-17　故意杀人罪案件审结数法院层级分布

(五)适用程序分布

从适用程序来看,2013—2017 年基层人民法院审结的故意杀人罪案件中,适用普通程序审结案件的裁判文书数量占比为96.80%,适用简易程序审结案件的裁判文书数量占比为3.20%。① 2014年以来,适用普通程序审结案件的裁判文书数量总体呈下降趋势,而适用简易程序审结案件的裁判文书数量略有起伏,具体变化情形如图3-18所示。

图3-18 基层人民法院审结故意杀人罪案件适用程序分布(篇)

二、被告人情况

(一)性别分布

从裁判文书中提取到的被告人性别角度来看,2013—2017年全国各级人民法院审结的故意杀人罪案件中,男性被告人占比为87.72%,女性被告人占比为12.28%

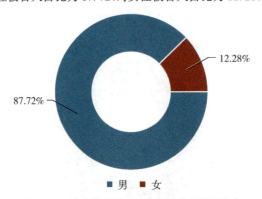

图3-19 故意杀人罪审结案件被告人性别分布

---

① 故意杀人罪适用简易程序审理与通常的印象相悖,因为简易程序是基层人民法院适用的,而故意杀人罪属于严重犯罪,通常不由基层人民法院审理。经查阅部分案例,发现几种情况:一是故意杀人中止,案件性质为故意杀人罪,但存在犯罪中止等法定减轻情节;二是故意杀人未遂,可以比照既遂犯从轻或者减轻处罚;三是以故意杀人罪指控,但与故意伤害之间存在定性争议。中级人民法院管辖可能判处无期徒刑、死刑的第一审刑事案件,这与基层人民法院会审理故意杀人罪案件之间并不矛盾。如前所述,有的案件虽然定性为故意杀人,但存在未遂、中止、自首、立功等法定情节,综合评价后可能量刑未达到无期徒刑、死刑的程度,所以基层人民法院可能有管辖权。由此,在符合被告人对指控的犯罪事实没有异议等适用简易程序的法定条件下,可以适用简易程序审理。

(二) 文化程度分布

从裁判文书提取到的被告人文化程度来看,2013—2017 年全国各级人民法院审结的故意杀人罪案件中,被告人文化程度主要为初中、小学,占比分别为 40.69% 和 37.11%。

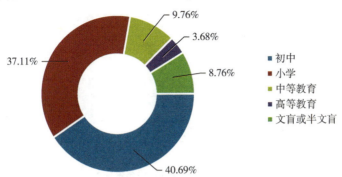

图 3-20　故意杀人罪审结案件被告人文化程度分布

(三) 职业分布

从裁判文书提取到的被告人职业情况来看,2013—2017 年全国各级人民法院审结的故意杀人罪案件中,被告人职业多为农民、无业人员,占比分别为 56.03% 和 29.14%。

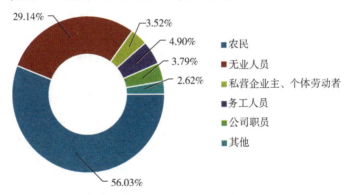

图 3-21　故意杀人罪审结案件被告人职业分布

第四节　强奸罪

一、案件分布

(一) 年份分布

从年份分布来看,2013—2017 年全国各级人民法院审结的强奸罪案件的裁判文书共计 11 636 篇。裁判文书数量整体上呈逐年上升的趋势,其中 2016 年审结案件的裁判文书数量为2 970篇,相较于2014年增长了39.00个百分点。

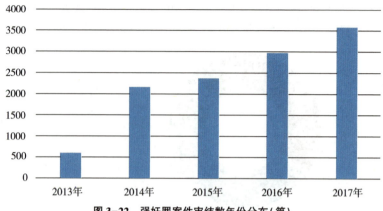

图3-22 强奸罪案件审结数年份分布(篇)

(二)地域分布

从地域分布来看,2013—2017年全国各级人民法院审结的强奸罪案件的裁判文书数量最多的五个省级行政区依次为浙江省、江苏省、河南省、广东省和安徽省,分别为1 088篇、1 068篇、749篇、683篇、676篇;数量最少的三个省级行政区为青海省、宁夏回族自治区和西藏自治区,分别为28篇、23篇、11篇。

(三)审级分布

从审级分布来看,2013—2017年全国各级人民法院审结的强奸罪案件中,一审审结案件的裁判文书数量为8 309篇,二审审结案件的裁判文书数量为2 927篇。2013年以来,一审、二审审结案件的裁判文书数量的是逐年上升的,具体变化趋势如图3-23所示。

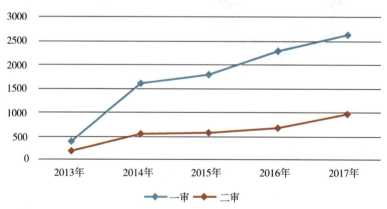

图3-23 强奸罪案件审结数审级分布(篇)

(四)法院层级分布

从审理法院层级来看,2013—2017年基层人民法院、中级人民法院、高级人民法院审结的强奸罪案件的裁判文书数量依次为8 526篇、2 930篇、99篇,各自对应的占比依次为

73.79%、25.35%、0.86%。

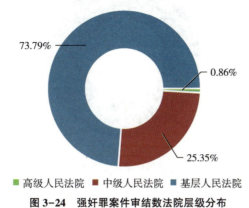

图3-24 强奸罪案件审结数法院层级分布

(五)适用程序分布

从适用程序来看,2013—2017年基层人民法院审结的强奸罪案件中,适用普通程序审结案件的裁判文书数量占比为79.66%,适用简易程序审结案件的裁判文书数量占比为20.34%。2013年以来,适用普通程序审结的强奸罪案件的裁判文书数量逐年显著增多,具体变化趋势如图3-25所示。

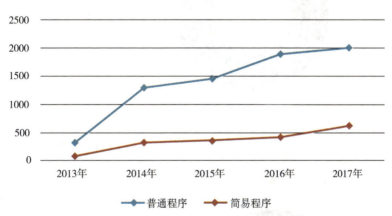

图3-25 基层人民法院审结强奸罪案件适用程序分布(篇)

二、被告人情况

(一)性别分布

从裁判文书中提取到的被告人性别角度来看,2013—2017年全国各级人民法院审结的强奸罪案件中,男性被告人占比为99.19%,女性被告人占比为0.81%。[①]

[①] 依据我国法律规定,女性不可能单独成为强奸罪的直接正犯,要成立强奸罪,女性必须与男性共同犯罪。此外,女性对女性实施"性侵"行为,或者女性强迫男性与其性交,根据具体情形会被认定为强制猥亵、侮辱罪或其他罪名。

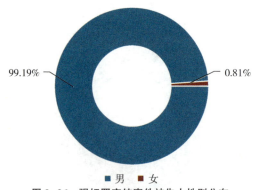

图 3-26 强奸罪审结案件被告人性别分布

(二)文化程度分布

从裁判文书提取到的被告人文化程度来看,2013—2017 年全国各级人民法院审结的强奸罪案件中,被告人文化程度主要为初中、小学,占比分别为 43.78% 和 32.91%。

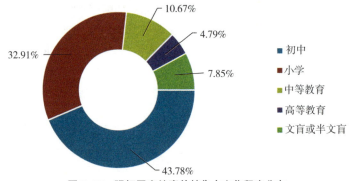

图 3-27 强奸罪审结案件被告人文化程度分布

(三)职业分布

从裁判文书提取到的被告人职业情况来看,2013—2017 年全国各级人民法院审结的强奸罪案件中,被告人职业多为农民、无业人员,占比分别为 48.77% 和 30.74%。

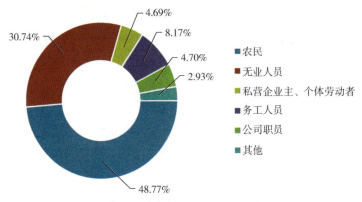

图 3-28 强奸罪审结案件被告人职业分布

第五节　过失致人死亡罪

一、案件分布

(一) 年份分布

从年份分布来看,2013—2017 年全国各级人民法院审结的过失致人死亡罪案件的裁判文书共计 10 436 篇。其中,2016 年审结案件的裁判文书数量为 2 395 篇,相较于 2014 年下降了 12.75 个百分点。

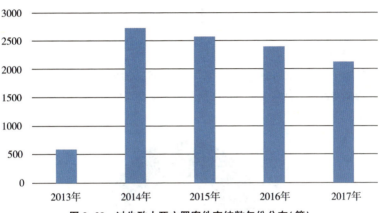

图 3-29　过失致人死亡罪案件审结数年份分布(篇)

(二) 地域分布

从地域分布来看,2013—2017 年全国各级人民法院审结的过失致人死亡罪案件的裁判文书数量最多的五个省级行政区依次为山东省、江苏省、河南省、安徽省和浙江省,分别为 1 143 篇、880 篇、810 篇、775 篇、729 篇;数量最少的三个省级行政区为青海省、海南省和西藏自治区,分别为 47 篇、14 篇、11 篇。

(三) 审级分布

从审级分布来看,2013—2017 年全国各级人民法院审结的过失致人死亡罪案件中,一审审结案件的裁判文书数量为 9 561 篇,二审审结案件的裁判文书数量为 875 篇。其中,2016 年一审审结案件的裁判文书数量为 2 188 篇,相较于 2014 年下降了 14.13 个百分点,具体变化趋势如图 3-30 所示。

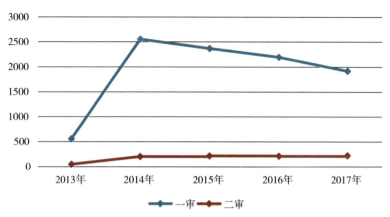

图 3-30 过失致人死亡罪案件审结数审级分布（篇）

(四) 法院层级分布

从审理法院层级来看,2013—2017 年基层人民法院、中级人民法院、高级人民法院审结的过失致人死亡罪案件的裁判文书数量依次为 9 473 篇、922 篇、12 篇,各自对应的占比依次为 91.03%、8.85%、0.12%。

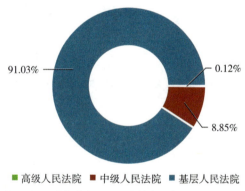

图 3-31 过失致人死亡罪案件审结数法院层级分布

(五) 适用程序分布

从适用程序来看,2013—2017 年基层人民法院审结的过失致人死亡罪案件中,适用普通程序审结案件的文书数量占比为 61.53%,适用简易程序审结案件的文书数量占比为 38.47%。2014 年以来,适用两种审理程序审结的过失致人死亡罪案件的裁判文书数量均呈下降趋势,具体情形如图 3-32 所示。

图 3-32　基层人民法院审结过失致人死亡罪案件适用程序分布(篇)

二、被告人情况

(一)性别分布

从裁判文书中提取到的被告人性别角度来看,2013—2017 年全国各级人民法院审结的过失致人死亡罪案件中,男性被告人占比为 93.97%,女性被告人占比为 6.03%。

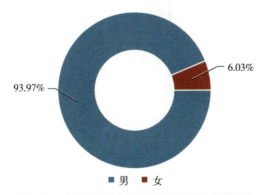

图 3-33　过失致人死亡罪审结案件被告人性别分布

(二)文化程度分布

从裁判文书提取到的被告人文化程度来看,2013—2017 年全国各级人民法院审结的过失致人死亡罪案件中,被告人文化程度主要为初中、小学,占比分别为 55.12% 和 25.18%。

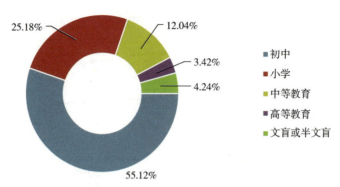

图 3-34 过失致人死亡罪审结案件被告人文化程度分布

(三) 职业分布

从裁判文书提取到的被告人职业情况来看,2013—2017 年全国各级人民法院审结的过失致人死亡罪案件中,被告人职业多为农民、无业人员,占比分别为 59.79% 和 14.27%。

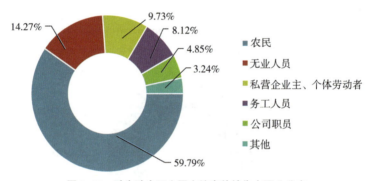

图 3-35 过失致人死亡罪审结案件被告人职业分布

第四章 侵犯财产罪

郝赟[*]

侵犯财产罪,是指以非法占有为目的,非法取得公私财产,或者挪用单位财物、故意毁坏公私财物以及拒不支付劳动报酬的行为。其保护的法益是公私财产。结合各个罪名的案件数量与受关注程度等因素,接下来重点讨论盗窃罪、诈骗罪、抢劫罪等8个罪名。

第一节 盗窃罪

一、案件分布

(一)年份分布

从年份分布来看,2013—2017年全国各级人民法院审结的盗窃罪案件的裁判文书共计772 771篇。其中,2014—2016年审结案件的裁判文书数量逐年小幅上升,且2016年审结案件的裁判文书数量较2014年增长7.14%。

图4-1 盗窃罪案件审结数年份分布(篇)

---

[*] 郝赟,靖霖(北京)律师事务所票据犯罪研究与辩护部副主任,法律硕士。

(二)地域分布

从地域分布来看,2013—2017 年全国各级人民法院审结的盗窃罪案件的裁判文书数量最多的五个省级行政区依次为浙江省(96 002 篇)、江苏省(65 108 篇)、广东省(62 398 篇)、河南省(46 220 篇)和广西壮族自治区(34 910 篇),数量最少的三个省级行政区为西藏自治区(1 014 篇)、海南省(2 212 篇)和宁夏回族自治区(2 773 篇)。

(三)审级分布

从审级分布来看,2013—2017 年全国各级人民法院审结的盗窃罪案件中,一审审结案件的裁判文书数量为 711 367 篇,二审审结案件的裁判文书数量为 61 344 篇。整体上看,一审审结案件的裁判文书数量约为二审的 11.6 倍。2014 年以来,一审审结案件的裁判文书数量小幅波动,而二审审结案件的裁判文书数量缓慢增加,具体变化趋势如图 4-2 所示。

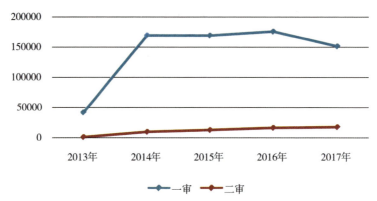

图 4-2 盗窃罪案件审结数审级分布(篇)

(四)法院层级分布

从审理法院层级来看,2013—2017 年基层人民法院、中级人民法院、高级人民法院审结的盗窃罪案件的裁判文书数量依次为 707 726 篇、62 005 篇、388 篇,各自对应的占比依次为 91.90%、8.05%、0.05%。可以看出,盗窃罪案件的审理主体为基层人民法院,这也表明绝大多数此类案件不属于严重刑事案件。

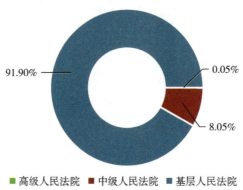

图 4-3 盗窃罪案件审结数法院层级分布(篇)

(五)适用程序分布

从审理程序来看,2013—2017 年基层人民法院审结的盗窃罪案件中,适用简易程序审结案件的裁判文书数量为 451 764 篇,占比为 63.53%;适用普通程序审结案件的裁判文书数量为 259 330 篇,占比为 36.47%。其中,2014—2016 年,适用普通程序审结案件的裁判文书数量缓慢增多,而适用简易程序审结案件的裁判文书数量略有起伏,具体变化趋势如图 4-4 所示。

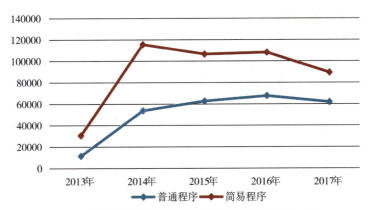

图 4-4 基层人民法院审结盗窃罪案件适用程序分布(篇)

二、被告人情况

(一)性别分布

2013—2017 年全国各级人民法院审结的盗窃罪刑事案件中,男性被告人占比为 93.24%,女性被告人占比为 6.76%。

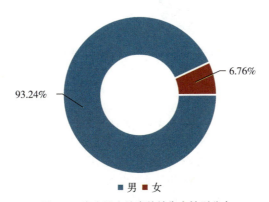

图 4-5 盗窃罪审结案件被告人性别分布

(二)文化程度分布

从裁判文书提取到的被告人文化程度来看,2013—2017 年全国各级人民法院审结的盗窃罪案件中,初中文化程度的被告人数量最多,占比为44.68%;受过高等教育的被告人数量最少,占比1.95%。

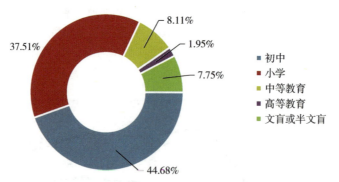

图4-6　盗窃罪审结案件被告人文化程度分布

(三)职业分布

从裁判文书提取到的被告人职业情况来看,2013—2017年全国各级人民法院审结的盗窃罪案件中,职业为无业人员的被告人数量最多,占比为46.99%;职业为其他的被告人数量最少,占比仅为1.29%。

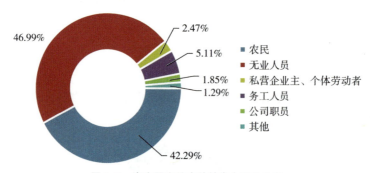

图4-7　盗窃罪审结案件被告人职业分布

三、案情特征

盗窃行为可以分为五种基本法定类型,分别为一般盗窃、多次盗窃、入户盗窃、携带凶器盗窃与扒窃,对应的一审审结案件的裁判文书数量分别为531 914篇、202 133篇、171 315篇、1 363篇、97 963篇。此外,盗窃罪案件的裁判文书中还有一些"以本罪论"的情形,最为常见的有两类:一是"盗窃油气或者正在使用的油气设备,构成犯罪但未危害公共安全"的行为,有7 873篇裁判文书;二是"盗窃信用卡并使用"的行为,有7 435篇裁判文书。

第二节 诈骗罪

一、案件分布

(一)年份分布

从年份分布来看,2013—2017 年全国各级人民法院审结的诈骗罪案件的裁判文书共计 135 049 篇。2014—2016 年审结的诈骗罪案件的裁判文书数量逐年上升,2016 年审结案例的裁判文书数量较 2014 年增长 18.60%。

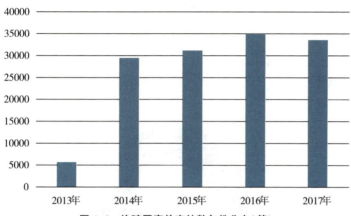

图 4-8 诈骗罪案件审结数年份分布(篇)

(二)地域分布

从地域分布来看,2013—2017 年全国各级人民法院审结的诈骗罪案件的裁判文书数量最多的五个省级行政区依次为浙江省(14 033 篇)、河南省(12 251 篇)、广东省(9 068 篇)、江苏省(8 718 篇)和吉林省(7 048 篇),数量最少的三个省级行政区为西藏自治区(95 篇)、海南省(283 篇)和青海省(416 篇)。

(三)审级分布

从审级分布来看,2013—2017 年全国各级人民法院审结的诈骗罪案件中,一审审结案件的裁判文书数量为 110 922 篇,二审审结案件的裁判文书数量为 24 127 篇。整体上看,一审审结案件的裁判文书数量约为二审的 4.6 倍。2014—2016 年,一审、二审审结案件的裁判文书数量均呈增长趋势,但二者变化幅度存在差异,具体变化趋势如图 4-9 所示。

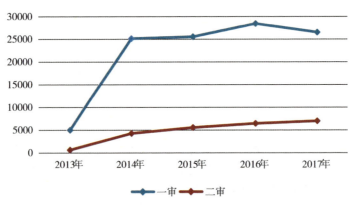

图 4-9　诈骗罪案件审结数审级分布(篇)

(四)法院层级分布

从审理法院层级来看,2013—2017 年基层人民法院、中级人民法院、高级人民法院审结的诈骗罪案件的裁判文书数量依次为 109 014 篇、24 456 篇、1 041 篇,各自对应的占比依次为 81.05%、18.18%、0.77%。

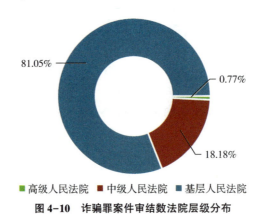

图 4-10　诈骗罪案件审结数法院层级分布

(五)适用程序分布

从审理程序来看,2013—2017 年基层人民法院审结的诈骗罪案件中,适用简易程序审结案件的裁判文书数量为 37 971 篇,占比为 34.23%;适用普通程序审结案件的裁判文书数量为 72 945 篇,占比为 65.77%。其中,2014—2016 年,适用普通程序审结案件的裁判文书数量呈上升趋势,而适用简易程序审结案件的裁判文书数量则略有波动,具体变化情形如图 4-11 所示。

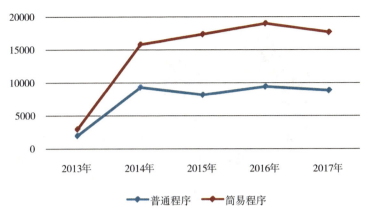

图 4-11　基层人民法院审结诈骗罪案件适用程序分布(篇)

二、被告人情况

(一)性别分布

2013—2017 年全国各级人民法院审结的诈骗罪案件中,男性被告人占比为 82.33%,女性被告人占比为 17.67%。

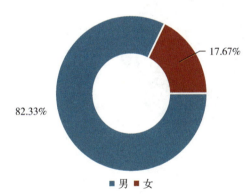

图 4-12　诈骗罪审结案件被告人性别分布

(二)文化程度分布

从裁判文书提取到的被告人文化程度来看,2013—2017 年全国各级人民法院审结的诈骗罪案件中,初中文化程度的被告人数量最多,占比为 48.06%;文盲或半文盲文化程度的被告人数量最少,占比 2.84%。

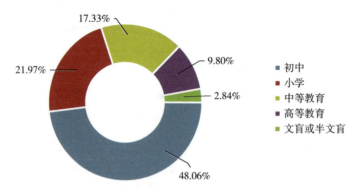

图 4-13 诈骗罪审结案件被告人文化程度分布

(三)职业分布

从裁判文书提取到的被告人职业情况来看,2013—2017 年全国各级人民法院审结的诈骗罪案件中,职业为无业人员的被告人数量最多,占比为 46.84%;职业为其他的被告人数量最少,占比仅为 3.13%。

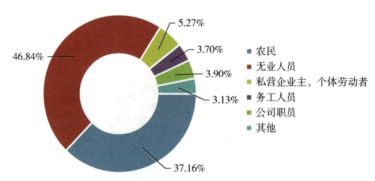

图 4-14 诈骗罪审结案件被告人职业分布

第三节 抢劫罪

一、案件分布

(一)年份分布

从年份分布来看,2013—2017 年全国各级人民法院审结的抢劫罪案件的裁判文书共计 71 716 篇。2014—2016 年审结案件的裁判文书数量逐年下降,2016 年审结案件的裁判文书数量较 2014 年下降 25.26%。

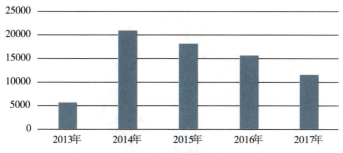

图 4-15　抢劫罪案件审结数年份分布(篇)

(二)地域分布

从地域分布来看,2013—2017 年全国各级人民法院审结的抢劫罪案件的裁判文书数量最多的五个省级行政区依次为广东省(11 533 篇)、浙江省(5 575 篇)、四川省(3 733 篇)、河南省(3 455 篇)和广西壮族自治区(3 370 篇),数量最少的三个省级行政区为西藏自治区(46 篇)、新疆维吾尔自治区(213 篇)和宁夏回族自治区(272 篇)。

(三)审级分布

从审级分布来看,2013—2017 年全国各级人民法院审结的抢劫罪案件中,一审审结案件的裁判文书数量为 58 611 篇,二审审结案件的裁判文书数量为 13 105 篇。整体上看,一审审结案件的裁判文书数量约为二审的 4.5 倍。2014 年以来,一审审结案件的裁判文书数量逐年下降,而二审审结案件的裁判文书数量保持平稳,具体变化情形如图 4-16 所示。

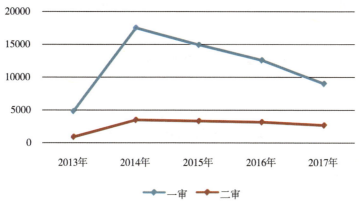

图 4-16　抢劫罪案件审结数审级分布(篇)

(四)法院层级分布

从审理法院层级来看,2013—2017 年基层人民法院、中级人民法院、高级人民法院审结的抢劫罪案件的裁判文书数量依次为 57 164 篇、13 389 篇、740 篇,各自对应的占比依次为 80.18%、18.78%、1.04%。

图4-17 抢劫罪案件审结数法院层级分布

(五)适用程序分布

从审理程序来看,2013—2017年基层人民法院审结的抢劫罪案件中,适用简易程序审结案件的裁判文书数量为14 401篇,占比为24.57%;适用普通程序审结案件的裁判文书数量为44207篇,占比为75.43%。其中,2014年以来,适用简易程序与适用普通程序审结案件的裁判文书数量都在减少,但前者的降幅明显低于后者,具体变化情形如图4-18所示。

图4-18 基层人民法院审结抢劫罪案件适用程序分布(篇)

二、被告人情况

(一)性别分布

2013—2017年全国各级人民法院审结的抢劫罪刑事案件中,男性被告人占比为97.69%,女性被告人占比为2.31%。

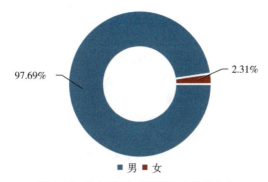

图 4-19 抢劫罪审结案件被告人性别分布

(二) 文化程度分布

从裁判文书提取到的被告人文化程度来看,2013—2017 年全国各级人民法院审结的抢劫罪案件中,初中文化程度的被告人数量最多,占比为 52.80%;受过高等教育的被告人数量最少,占比为 2.08%。

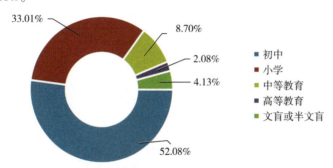

图 4-20 抢劫罪审结案件被告人文化程度分布

(三) 职业分布

从裁判文书提取到的被告人职业情况来看,2013—2017 年全国各级人民法院审结的抢劫罪案件中,职业为无业人员的被告人数量最多,占比为 47.66%;职业为其他的被告人数量最少,占比为 1.36%。

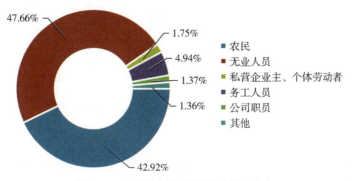

图 4-21 抢劫罪审结案件被告人职业分布

三、案情特征

抢劫罪存在八种法定的加重处罚情形,分别为入户抢劫,在公共交通工具上抢劫,抢劫银行或者其他金融机构,多次抢劫或抢劫数额巨大,抢劫致人重伤或死亡,冒充军警人员抢劫,持枪抢劫,抢劫军用物资或者抢险、救灾、救济物资。2013—2017年一审审结的抢劫罪案件中,上述八种情形对应的裁判文书数量依次为6 998篇、1 557篇、1 405篇、26 167篇、1 657篇、1 687篇、3 964篇、1 393篇。裁判文书数量最多的情形为"多次抢劫或抢劫数额巨大"。其中,存在"多次抢劫"情形案件的裁判文书数量有5 219篇,存在"抢劫数额巨大"情形案件的裁判文书数量有20 948篇。

此外,抢劫罪案件的裁判文书中还有一些"以本罪论"的情形,较为常见的几种情形为:"以非法占有为目的,强迫被害人卖血后占有卖血所得款物",有5 259篇裁判文书;"以毒品、假币、淫秽物品等违禁品为对象实施抢劫",有1 538篇裁判文书;"携带凶器抢夺",有1 032篇裁判文书;"犯盗窃、诈骗、抢夺罪,为窝藏赃物、抗拒抓捕或者毁灭罪证而当场使用暴力或者以暴力相威胁"(转化型抢劫罪案件),有547篇裁判文书。

第四节 故意毁坏财物罪

一、案件分布

(一)年份分布

从年份分布来看,2013—2017年全国各级人民法院审结的故意毁坏财物罪案件的裁判文书共计25 422篇。其中,2015年审结案件的裁判文书数量最多。

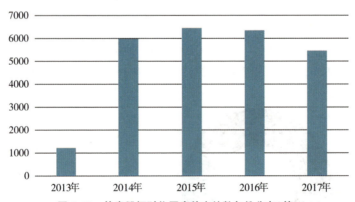

图4-22 故意毁坏财物罪案件审结数年份分布(篇)

(二)地域分布

从地域分布来看,2013—2017年全国各级人民法院审结的故意毁坏财物罪案件的裁判文书数量最多的五个省级行政区依次为广东省(2 396 篇)、河北省(1 715 篇)、山东省(1 570 篇)、江苏省(1 392 篇)和河南省(1 379 篇),数量最少的三个省级行政区为西藏自治区(6 篇)、宁夏回族自治区(92 篇)和青海省(108 篇)。

(三)审级分布

从审级分布来看,2013—2017 年全国各级人民法院审结的故意毁坏财物罪案件中,一审审结案件的裁判文书数量为 22 801 篇,二审审结案件的裁判文书数量为 2 621 篇。整体上看,一审审结案件的文书数量约为二审的 8.7 倍。2014—2016 年,一审、二审审结案件的裁判文书数量均变化不大,具体变化趋势如图 4-23 所示。

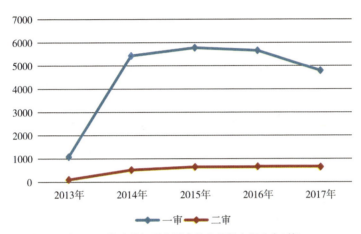

图 4-23　故意毁坏财物罪案件审结数审级分布(篇)

(四)法院层级分布

从审理法院层级来看,2013—2017 年基层人民法院、中级人民法院、高级人民法院审结的故意毁坏财物罪案件的裁判文书数量依次为 22 678 篇、2 611 篇、49 篇,各自对应的占比依次为 89.50%、10.30%、0.20%。

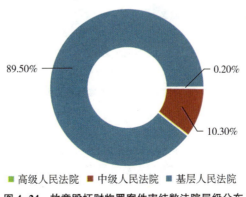

图 4-24　故意毁坏财物罪案件审结数法院层级分布

(五)适用程序分布

从审理程序来看,2013—2017年基层人民法院审结的故意毁坏财物罪案件中,适用简易程序审结案件的裁判文书数量为9 725篇,占比为42.65%;适用普通程序审结案件的裁判文书数量为13 076篇,占比为57.35%。2014—2016年,适用简易程序审结案件的裁判文书数量有所减少,而适用普通程序审结案件的裁判文书数量略有增多,具体变化趋势如图4-25所示。

图4-25 基层人民法院审结故意毁坏财物罪案件适用程序分布(篇)

二、被告人情况

(一)性别分布

2013—2017年全国各级人民法院审结的故意毁坏财物罪案件中,男性被告人占比为93.56%,女性被告人占比为6.44%。

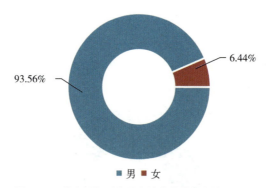

图4-26 故意毁坏财物罪审结案件被告人性别分布

(二)文化程度分布

从裁判文书提取到的被告人文化程度来看,2013—2017年全国各级人民法院审结的故意毁坏财物罪案件中,初中文化程度的被告人数量最多,占比为54.02%;文盲或半文盲的被告人数量最少,占比为3.56%。

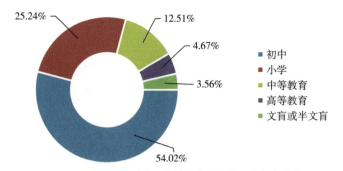

图 4-27　故意毁坏财物罪审结案件被告人文化程度分布

(三) 职业分布

从裁判文书中提取到的被告人职业情况来看,2013—2017 年全国各级人民法院审结的故意毁坏财物罪案件中,职业为农民的被告人数量最多,占比为 49.30%;职业为其他的被告人数量最少,占比仅为 2.11%。

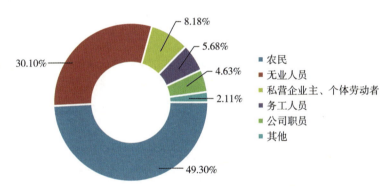

图 4-28　故意毁坏财物罪审结案件被告人职业分布

第五节　抢夺罪

一、案件分布

(一) 年份分布

从年份分布来看,2013—2017 年全国各级人民法院审结的抢夺罪案件的裁判文书共计 23 871 篇。2014—2017 年审结案件的裁判文书数量逐年下降,2016 年审结案件的裁判文书数量较 2014 年减少 24.57%。

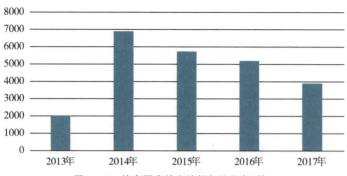

图 4-29 抢夺罪案件审结数年份分布(篇)

(二)地域分布

从地域分布来看,2013—2017 年全国各级人民法院审结的抢夺罪案件的裁判文书数量最多的五个省级行政区依次为广东省(4614 篇)、浙江省(1 987 篇)、广西壮族自治区(1 828 篇)、福建省(1 150 篇)和四川省(1 150 篇),数量最少的三个省级行政区为西藏自治区(11 篇)、新疆维吾尔自治区(35 篇)和青海省(60 篇)。

(三)审级分布

从审级分布来看,2013—2017 年全国各级人民法院审结的抢夺罪案件中,一审审结案件的裁判文书数量为 21 523 篇,占比 90.16%,二审审结案件的裁判文书数量为 2 348 篇,占比为 9.84%。2014 年以来,一审审结案件的裁判文书数量逐年下降,而二审审结案件的裁判文书数量则较为平稳,具体变化趋势如图 4-30 所示。

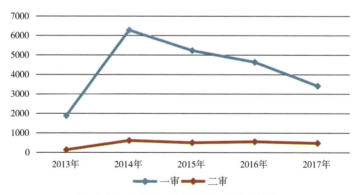

图 4-30 抢夺罪案件审结数审级分布(篇)

(四)法院层级分布

从审理法院层级来看,2013—2017 年基层人民法院、中级人民法院、高级人民法院审结的抢夺罪案件所涉及的裁判文书数量依次为 21 384 篇、2 346 篇、35 篇,各自对应的占比依次为 89.98%、9.87%、0.15%。

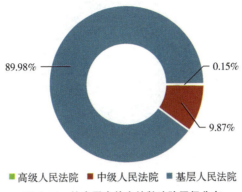

图 4-31 抢夺罪案件审结数法院层级分布

(五)适用程序分布

从审理程序来看,2013—2017 年基层人民法院审结的抢夺罪案件中,适用简易程序审结案件的裁判文书数量为 10 386 篇,占比为 48.36%;适用普通程序审结案件的裁判文书数量为 11 089 篇,占比为 51.64%。从年度趋势来看,适用简易程序审结案件的裁判文书数量的变化情况与适用普通程序的高度一致,且二者自 2014 年以来均逐年下降,具体变化趋势如图 4-32 所示。

图 4-32 基层人民法院审结抢夺罪案件适用程序分布(篇)

二、被告人情况

(一)性别分布

2013—2017 年全国各级人民法院审结的抢夺罪案件中,男性被告人占比为 97.98%,女性被告人占比为 2.02%。

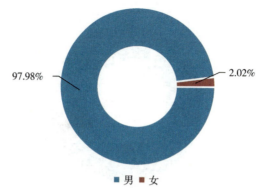

图 4-33 抢夺罪审结案件被告人性别分布

（二）文化程度分布

从裁判文书提取到的被告人文化程度来看，2013—2017 年全国各级人民法院审结的抢夺罪案件中，初中文化程度的被告人数量最多，占比为 50.31%；受过高等教育的被告人数量最少，占比为 1.16%。

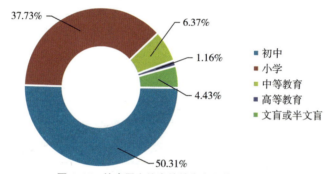

图 4-34 抢夺罪审结案件被告人文化程度分布

（三）职业分布

从裁判文书提取到的被告人职业情况来看，2013—2017 年全国各级人民法院审结的抢夺罪案件中，职业为无业人员的被告人数量最多，占比为 47.73%；职业为其他的被告人数量最少，占比仅为 0.94%。

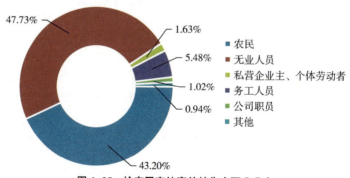

图 4-35 抢夺罪审结案件被告人职业分布

第六节　敲诈勒索罪

一、案件分布

(一) 年份分布

从年份分布来看,2013—2017 年全国各级人民法院审结的敲诈勒索罪案件的裁判文书共计 21 461 篇。2014—2016 年审结案件的裁判文书数量逐年下降,2016 年审结案件的裁判文书数量较 2014 年减少 11.25%。

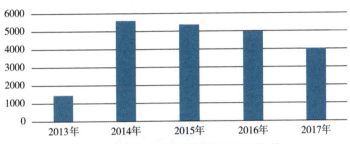

图 4-36　敲诈勒索罪案件审结数年份分布(篇)

(二) 地域分布

从地域分布来看,2013—2017 年全国各级人民法院审结的敲诈勒索罪案件的裁判文书数量最多的五个省级行政区依次为浙江省(1 825 篇)、广东省(1 818 篇)、河南省(1 665 篇)、河北省(1 283 篇)和湖南省(1 096 篇),数量最少的三个省级行政区为西藏自治区(12 篇)、宁夏回族自治区(41 篇)和新疆维吾尔自治区(45 篇)。

(三) 审级分布

从审级分布来看,2013—2017 年全国各级人民法院审结的敲诈勒索罪案件中,一审审结案件的裁判文书数量为 17 092 篇,二审审结案件的裁判文书数量为 4 369 篇整。整体上看,一审审结案件的裁判文书数量约为二审的 3.9 倍。2014 年以来,一审审结案件的裁判文书数量逐年下降,而二审审结案件的裁判文书数量基本保持平稳,具体变化趋势如图 4-37 所示。

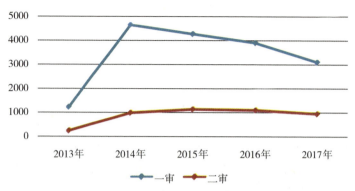

图 4-37　敲诈勒索罪案件审结数审级分布（篇）

(四)法院层级分布

从审理法院层级来看,2013—2017 年基层人民法院、中级人民法院、高级人民法院审结的敲诈勒索罪案件的裁判文书数量依次为 17 042 篇、4 336 篇、43 篇,各自对应的占比依次为 79.56%、20.24%、0.20%。

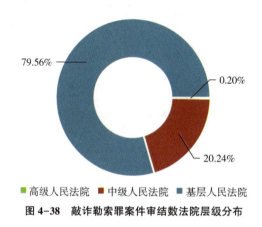

图 4-38　敲诈勒索罪案件审结数法院层级分布

(五)适用程序分布

从审理程序来看,2013—2017 年基层人民法院审结的敲诈勒索罪案件中,适用简易程序审结案件的裁判文书数量为 5 577 篇,占比为 32.71%;适用普通程序审结案件的裁判文书数量为 11 472 篇,占比为 67.29%。2014 年以来,适用简易程序审结案件的裁判文书数量逐年减少,适用普通程序审结案件的裁判文书数量虽也逐年减少,但幅度与前者存在差异,具体变化趋势如图 4-39 所示。

图4-39 基层人民法院审结敲诈勒索罪案件适用程序分布(篇)

二、被告人情况

(一)性别分布

2013—2017年全国各级人民法院审结的敲诈勒索罪案件中,男性被告人占比为93.31%,女性被告人占比为6.69%。

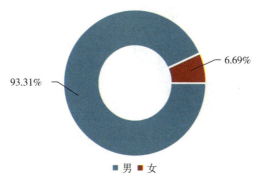

图4-40 敲诈勒索罪审结案件被告人性别分布

(二)文化程度分布

从裁判文书提取到的被告人文化程度来看,2013—2017年全国各级人民法院审结的敲诈勒索罪案件中,文化程度为初中的被告人数量最多,占比为54.30%;文化程度为文盲或半文盲的被告人数量最少,占比为2.91%。

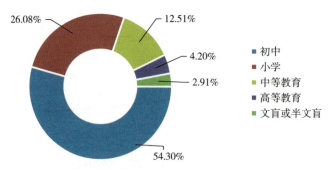

图 4-41　敲诈勒索罪审结案件被告人文化程度分布

(三)职业分布

从裁判文书提取到的被告人职业情况来看,2013—2017 年全国各级人民法院审结的敲诈勒索罪案件中,职业为农民的被告人数量最多,占比为 48.20%;职业为其他的被告人数量最少,占比仅为 1.80%。

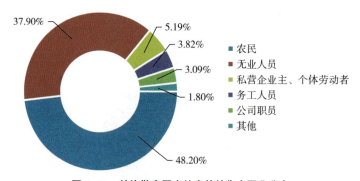

图 4-42　敲诈勒索罪审结案件被告人职业分布

第七节　职务侵占罪

一、案件分布

(一)年份分布

从年份分布来看,2013—2017 年全国各级人民法院审结的职务侵占罪案件的裁判文书共计 20 699 篇。其中,2014 年以来,职务侵占罪审结案件的裁判文书数量逐年下降。

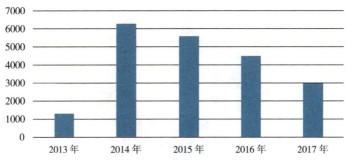

图 4-43　职务侵占罪案件审结数年份分布(篇)

(二)地域分布

从地域分布来看,2013—2017 年全国各级人民法院审结的职务侵占罪案件的裁判文书数量最多的五个省级行政区依次为广东省(2 895 篇)、浙江省(1 691 篇)、江苏省(1 389 篇)、山东省(1 232 篇)和上海市(1 167 篇),数量最少的三个省级行政区为西藏自治区(17 篇)、宁夏回族自治区(63 篇)和海南省(66 篇)。

(三)审级分布

从审级分布来看,2013—2017 年全国各级人民法院审结的职务侵占罪案件中,一审审结案件的裁判文书数量为 16 634 篇,二审审结案件的裁判文书数量为 4 065 篇,一审审结案件的裁判文书数量约为二审的 4.1 倍。2014 年以来,一审审结案件的裁判文书数量逐年较快地下降,具体变化趋势如图 4-44 所示。

图 4-44　职务侵占罪案件审结数审级分布(篇)

(四)法院层级分布

从审理法院层级来看,2013—2017 年基层人民法院、中级人民法院、高级人民法院审结的职务侵占罪案件的裁判文书数量依次为 16 465 篇、4 068 篇、57 篇,各自对应的占比依次为 79.96%、19.76%、0.28%。

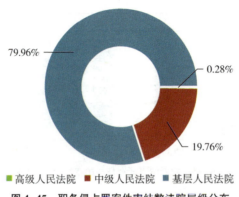

图 4-45 职务侵占罪案件审结数法院层级分布

(五)适用程序分布

从审理程序来看,2013—2017 年基层人民法院审结的职务侵占罪案件中,适用简易程序审结案件的裁判文书数量为 5 407 篇,占比为 32.51%;适用普通程序审结案件的裁判文书数量为 11 226 篇,占比为 67.49%。2014 年以来,适用简易程序与适用普通程序审结案件的裁判文书数量都呈逐年下降趋势,但前者的降幅大于后者,具体变化情形如图 4-46 所示。

图 4-46 基层人民法院审结职务侵占罪案件适用程序分布(篇)

二、被告人情况

(一)性别分布

2013—2017 年全国各级人民法院审结的职务侵占罪案件中,男性被告人占比为 88.41%,女性被告人占比为 11.59%。

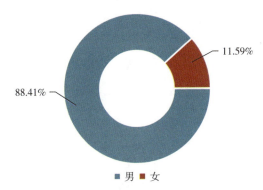

图 4-47 职务侵占罪审结案件被告人性别分布

(二) 文化程度分布

从裁判文书提取到的被告人文化程度来看,2013—2017 年全国各级人民法院审结的职务侵占罪案件中,文化程度为初中的被告人数量最多,占比为 39.57%;文化程度为文盲或半文盲的被告人数量最少,占比 0.77%。

图 4-48 职务侵占罪审结案件被告人文化程度分布

(三) 职业分布

从裁判文书提取到的被告人职业情况来看,2013—2017 年全国各级人民法院审结的职务侵占罪案件中,被告人职业多为公司职员,占比为 34.76%;职业为务工人员的被告人数量最少,占比仅为 5.85%。

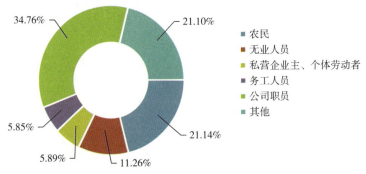

图 4-49 职务侵占罪审结案件被告人职业分布

第八节 挪用资金罪

一、案件分布

（一）年份分布

从年份分布来看，2013—2017年全国各级人民法院审结的挪用资金罪案件的裁判文书共计8 336篇。其中，2015年审结案件的裁判文书数量最多。

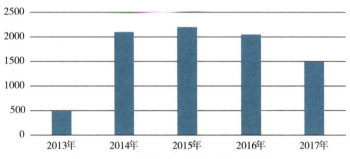

图4-50 挪用资金罪案件审结数年份分布（篇）

（二）地域分布

从地域分布来看，2013—2017年全国各级人民法院审结的挪用资金罪案件的文书数量最多的五个省级行政区依次为浙江省（896篇）、山东省（690篇）、江苏省（621篇）、河南省（506篇）和湖北省（477篇），数量最少的三个省级行政区为西藏自治区（9篇）、青海省（12篇）和海南省（15篇）。

（三）审级分布

从审级分布来看，2013—2017年全国各级人民法院审结的挪用资金罪案件中，一审审结案件的裁判文书数量为6 873篇，二审审结案件的裁判文书数量为1 463篇，一审审结案件的裁判文书数量约为二审的4.7倍。2014—2016年，一审审结案件的裁判文书数量整体略有起伏，而二审审结案件的裁判文书数量较为稳定，具体变化情形如图4-51所示。

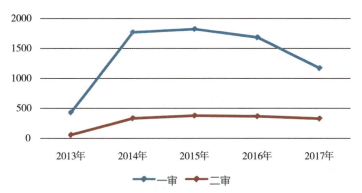

图 4-51　挪用资金罪案件审结数审级分布(篇)

(四)法院层级分布

从审理法院层级来看,2013—2017 年基层人民法院、中级人民法院、高级人民法院审结的挪用资金罪案件的裁判文书数量依次为 6 822 篇、1 456 篇、34 篇,各自对应的占比依次为 82.07%、17.52%、0.41%。

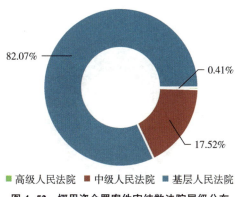

图 4-52　挪用资金罪案件审结数法院层级分布

(五)适用程序分布

从审理程序来看,2013—2017 年基层人民法院审结的挪用资金罪案件中,适用简易程序审结案件的裁判文书数量为 1 902 篇,占比为 27.67%;适用普通程序审结案件的裁判文书数量为 4 971 篇,占比为 72.33%。2014—2016 年,适用简易程序审结案件的裁判文书数量逐年减少,适用普通程序审结案件的裁判文书数量逐年增多,具体变化趋势如图 4-53 所示。

图 4-53 基层人民法院审结挪用资金罪案件适用程序分布(篇)

二、被告人情况

(一)性别分布

2013—2017年全国各级人民法院审结的挪用资金罪案件中,男性被告人占比为86.82%,女性被告人占比为13.18%。

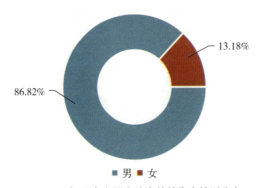

图 4-54 挪用资金罪审结案件被告人性别分布

(二)文化程度分布

从裁判文书提取到的被告人文化程度来看,2013—2017年全国各级人民法院审结的挪用资金罪案件中,被告人中初中文化程度的数量最多,占比为32.40%;文盲或半文盲的数量最少,占比为0.27%。

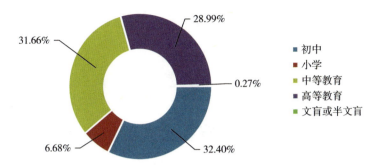

图 4-55 挪用资金罪审结案件被告人文化程度分布

(三) 职业分布

从裁判文书提取到的被告人职业情况来看,2013—2017 年全国各级人民法院审结的挪用资金罪案件中,职业为公司职员的被告人数量最多,占比为 44.39%;职业为其他的被告人数量其次,占比为 22.76%;职业为务工人员的被告人数量最少,占比仅为 2.93%。

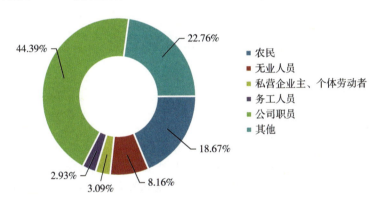

图 4-56 挪用资金罪审结案件被告人职业分布

第五章 妨害社会管理秩序罪

石亚娜* 毛炜程** 马珩***

妨害社会管理秩序罪,是指故意或过失妨害国家机关对社会的管理活动,破坏社会秩序,情节严重的行为。这一章节中的罪名保护的法益是社会管理秩序。结合各个罪名的案件数量与受关注程度等因素,接下来重点讨论12个罪名,包括妨害公务罪、非法行医罪等。

第一节 扰乱公共秩序罪

一、妨害公务罪

(一)案件分布

1. 年份分布

从年份分布来看,2013—2017年全国各级人民法院审结的妨害公务罪案件的裁判文书共计42 068篇。其中,2016年审结案件的裁判文书数量相较于2014年增长49.86%。

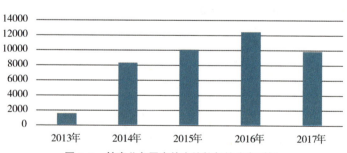

图5-1 妨害公务罪案件审结数年份分布(篇)

---

* 石亚娜,华润置地(北京)物业管理有限责任公司法务,法律硕士。
** 毛炜程,北京市盈科律师事务所律师,法学硕士。
*** 马珩,国家税务总局北京市通州区税务局科员,法学硕士。

2. 地域分布

从地域分布来看,2013—2017 年全国各级人民法院审结的妨害公务罪案件的裁判文书数量最多的五个省级行政区依次为上海市、浙江省、广东省、河南省、北京市,分别为 4 224 篇、3 101 篇、2 748 篇、2 505 篇、2 212 篇;数量最少的三个省级行政区为青海省、海南省、西藏自治区,分别为 137 篇、83 篇、20 篇。

3. 审级分布

从审级分布来看,2013—2017 年全国各级人民法院审结的妨害公务罪案件中,一审审结案件的裁判文书数量为 37 787 篇,二审审结案件的裁判文书数量为 4 281 篇,一审审结案件的裁判文书数量约为二审的 8.8 倍。其中,2014—2016 年一审、二审审结案件的裁判文书数量都是逐年增长的,但前者的增幅较大,具体变化趋势如图 5-2 所示。

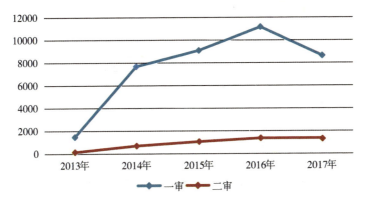

图 5-2　妨害公务罪案件审结数审级分布(篇)

4. 法院层级情况

从审理法院层级来看,2013—2017 年基层人民法院、中级人民法院、高级人民法院审结的妨害公务罪案件的裁判文书数量依次为 37 654 篇、4 277 篇、20 篇,各自对应的占比依次为 89.75%、10.20%、0.05%。

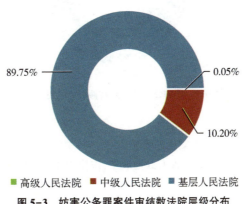

图 5-3　妨害公务罪案件审结数法院层级分布

5. 适用程序分布

从审理程序来看,2013—2017 年基层人民法院审结的妨害公务罪案件中,适用简易程序审结案件的裁判文书数量为 18 440 篇,占比为 48.80%;适用普通程序审结案件的裁判文书数量为 19 347 篇,占比为 51.20%。2014—2016 年,适用简易程序与适用普通程序审结案件的裁判文书数量都是逐年增多的,具体变化趋势如图 5-4 所示。

图 5-4 基层人民法院审结妨害公务罪案件适用程序分布(篇)

(二)被告人情况

1. 性别分布

从裁判文书中提取到的被告人性别分布情况来看,2013—2017 年全国各级人民法院审结的妨害公务罪案件中,男性被告人占比为 81.55%,女性被告人占比为 18.45%。

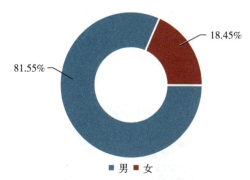

图 5-5 妨害公务罪审结案件被告人性别分布

2. 文化程度分布

从裁判文书提取到的被告人文化程度来看,2013—2017 年全国各级人民法院审结的妨害公务罪案件中,初中文化程度的被告人数量最多,占比为 47.01%;文盲或半文盲的被告人数量最少,占比 6.22%。

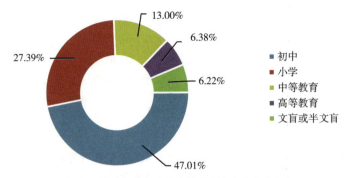

图 5-6　妨害公务罪审结案件被告人文化程度分布

3. 职业分布

从裁判文书提取到的被告人职业情况来看,2013—2017 年全国各级人民法院审结的妨害公务罪案件中,职业为农民的被告人数量最多,占比为 48.16%;职业为无业人员的被告人数量其次,占比为 30.47%。

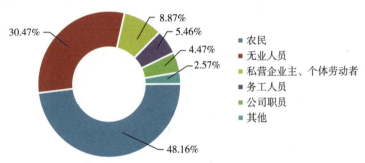

图 5-7　妨害公务罪审结案件被告人职业分布

二、寻衅滋事罪

(一)案件分布

1. 年份分布

从年份分布来看,2013—2017 年全国各级人民法院审结的寻衅滋事罪案件的裁判文书共计 109 668 篇。其中,2014—2016 年审结案件的裁判文书数量平缓增长。

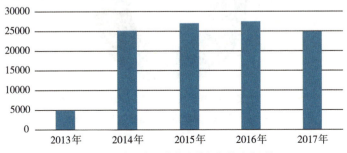

图 5-8　寻衅滋事罪案件审结数年份分布(篇)

2. 地域分布

从地域分布来看,2013—2017年全国各级人民法院审结的寻衅滋事罪案件的裁判文书数量最多的五个省级行政区依次为浙江省、河南省、上海市、山东省、广东省,分别为9 185篇、8 828篇、8 285篇、7 836篇、7 687篇;数量最少的三个省级行政区为青海省、新疆维吾尔自治区、西藏自治区,分别为150篇、139篇、11篇。

3. 审级分布

从审级分布来看,2013—2017年全国各级人民法院审结的寻衅滋事罪案件中,一审审结案件的裁判文书数量为93 491篇,二审审结案件的裁判文书数量为16 177篇,一审审结案件的裁判文书数量约为二审的5.8倍。其中,2014—2016年一审审结案件的裁判文书数量小幅波动,二审审结案件的裁判文书数量逐年增多,具体变化趋势如图5-9所示。

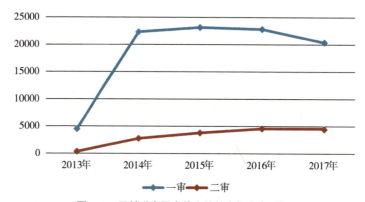

图5-9 寻衅滋事罪案件审结数审级分布(篇)

4. 法院层级分布

从审理法院层级来看,2013—2017年基层人民法院、中级人民法院、高级人民法院审结的寻衅滋事罪案件的裁判文书数量依次为93 078篇、16 235篇、175篇,各自对应的占比依次为85.01%、14.83%、0.16%。

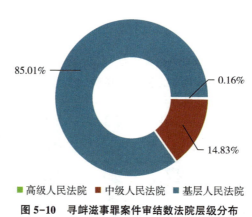

图5-10 寻衅滋事罪案件审结数法院层级分布

5. 适用程序分布

从审理程序来看,2013—2017 年基层人民法院审结的寻衅滋事罪案件中,适用简易程序审结案件的裁判文书数量为 36 522 篇,占比为 39.07%;适用普通程序审结案件的裁判文书数量为 56 968 篇,占比为 60.93%。2014—2016 年适用简易程序审结案件的裁判文书数量逐年减少,适用普通程序审结案件的裁判文书数量则缓慢增多,具体变化情形如图 5-11 所示。

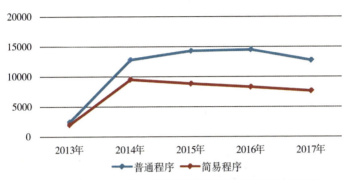

图 5-11　基层人民法院审结寻衅滋事罪案件适用程序分布(篇)

(二)被告人情况

1. 性别分布

2013—2017 年全国各级人民法院审结的寻衅滋事罪案件中,男性被告人占比为 97.13%,女性被告人占比为 2.87%。

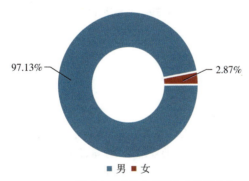

图 5-12　寻衅滋事罪审结案件被告人性别分布

2. 文化程度分布

从裁判文书提取到的被告人文化程度来看,2013—2017 年全国各级人民法院审结的寻衅滋事罪案件中,初中文化程度的被告人数量最多,占比为 60.33%;文盲或半文盲的被告人数量最少,占比为 1.50%。

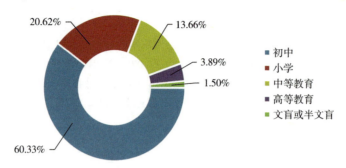

图 5-13　寻衅滋事罪审结案件被告人文化程度分布

3. 职业分布

从裁判文书提取到的被告人职业情况来看,2013—2017 年全国各级人民法院审结的寻衅滋事罪案件中,职业为农民的被告人数量最多,占比为 44.00%;职业为无业人员的被告人数量其次,占比为 37.83%。

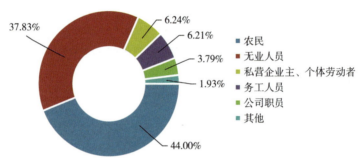

图 5-14　寻衅滋事罪审结案件被告人职业分布

三、开设赌场罪

(一) 案件分布

1. 年份分布

从年份分布来看,2013—2017 年全国各级人民法院审结的开设赌场罪案件的裁判文书共计 63 028 篇。其中,2015 年审结案件的裁判文书数量最多,且相较 2014 年增长了 26.09%。

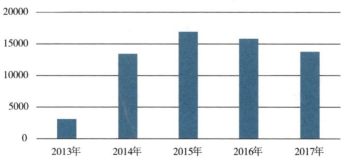

图 5-15　开设赌场罪案件审结数年份分布(篇)

2. 地域分布

从地域分布来看,2013—2017 年全国各级人民法院审结的开设赌场罪案件的裁判文书数量最多的五个省份依次为广东省、浙江省、福建省、安徽省、湖南省,分别为 9 924 篇、9 746 篇、4 121 篇、3 931 篇、3 908 篇;数量最少的三个省级行政区为青海省、宁夏回族自治区、西藏自治区,分别为 32 篇、30 篇、6 篇。

3. 审级分布

从审级分布来看,2013—2017 年全国各级人民法院审结的开设赌场罪案件中,一审审结案件的裁判文书数量为 55 914 篇,二审审结案件的裁判文书数量为 7 114 篇,一审审结案件的裁判文书数量约为二审的 7.9 倍。其中,2014—2016 年一审审结案件的裁判文书数量先升后降,二审审结案件的裁判文书数量缓慢增长,具体变化趋势如图 5-16 所示。

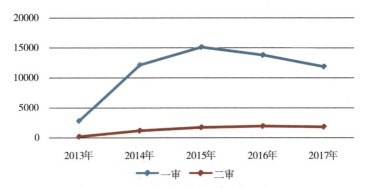

图 5-16　开设赌场罪案件审结数审级分布(篇)

4. 法院层级分布

从审理法院层级来看,2013—2017 年基层人民法院、中级人民法院、高级人民法院审结的开设赌场罪案件的裁判文书数量依次为 55 629 篇、7 118 篇、40 篇,各自对应的占比依次为 88.60%、11.34%、0.06%。

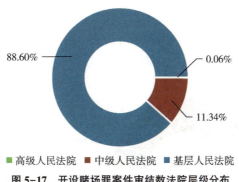

图 5-17　开设赌场罪案件审结数法院层级分布

5. 适用程序分布

从审理程序来看,2013—2017 年基层人民法院审结的开设赌场罪案件中,适用简易程序审结案件的裁判文书数量为 30 634 篇,占比为 45.19%;适用普通程序审结案件的裁判文书数量为 25 255 篇,占比为 54.81%。其中,2014—2016 年,适用简易程序、普通程序审结案件的裁判文书数量均先升后降,具体变化趋势如图 5-18 所示。

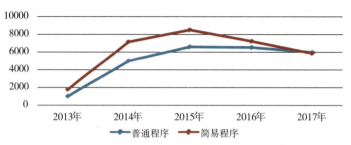

图 5-18　基层人民法院审结开设赌场罪案件适用程序分布(篇)

(二)被告人情况

1. 性别分布

从裁判文书中提取到的被告人性别分布情况来看,2013—2017 年全国各级人民法院审结的开设赌场罪案件中,男性被告人占比为 84.63%,女性被告人占比为 15.37%。

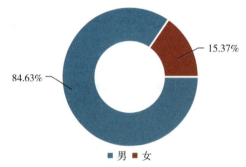

图 5-19　开设赌场罪审结案件被告人性别分布

2. 文化程度分布

从裁判文书提取到的被告人文化程度来看,2013—2017 年全国各级人民法院审结的开设赌场罪案件中,初中文化程度的被告人数量最多,占比为 56.57%;文盲或半文盲的被告人数量最少,占比为 2.51%。

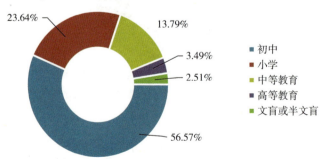

图 5-20　开设赌场罪审结案件被告人文化程度分布

3. 职业分布

从裁判文书提取到的被告人职业情况来看,2013—2017 年全国各级人民法院审结的开设赌场罪案件中,被告人职业为无业人员的数量最多,占比为 45.37%;职业为农民的数量其次,占比为 37.02%。

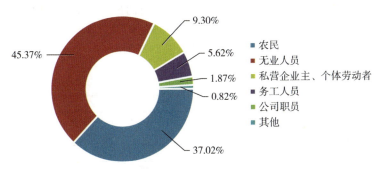

图 5-21 开设赌场罪审结案件被告人职业分布

第二节 妨害司法罪

拒不执行判决、裁定罪

(一)案件分布

1. 年份分布

从年份分布来看,2013—2017 年全国各级人民法院审结的拒不执行判决、裁定罪案件的裁判文书共计 10 451 篇,五年间审结案件的裁判文书数量增幅较大。

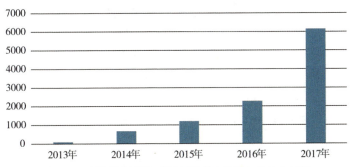

图 5-22 拒不执行判决、裁定罪案件审结数年份分布(篇)

2. 地域分布

从地域分布来看 2013—2017 年,全国各级人民法院审结的拒不执行判决、裁定罪案件的裁判文书数量最多的五个省级行政区依次为河南省、浙江省、河北省、福建省、安徽省,分别为

6 048 篇、406 篇、366 篇、295 篇、270 篇;数量最少的三个省级行政区为新疆维吾尔自治区、天津市、青海省,分别为 23 篇、20 篇、16 篇。

3. 审级分布

从审级分布来看,2013—2017 年全国各级人民法院审结的拒不执行判决、裁定罪案件中,一审审结案件的裁判文书数量为 9 633 篇,二审审结案件的裁判文书数量为 818 篇,一审审结案件的裁判文书数量约为二审的 11.8 倍。2014 年以来,一审、二审审结案件的裁判文书数量均逐年增长,但前者的增幅较大,具体变化趋势如图 5-23 所示。

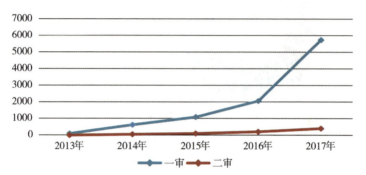

图 5-23 拒不执行判决、裁定罪案件审结数审级分布(篇)

4. 法院层级分布

从审理法院层级来看,2013—2017 年基层人民法院、中级人民法院、高级人民法院审结的拒不执行判决、裁定罪案件的裁判文书数量依次为 9 619 篇、815 篇、1 篇,各自对应的占比依次为 92.18%、7.81%、0.01%。

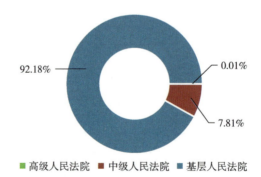

图 5-24 拒不执行判决、裁定罪案件审结数法院层级分布

5. 适用程序分布

从审理程序来看,2013—2017 年基层人民法院审结的拒不执行判决、裁定罪案件中,适用简易程序审结案件的裁判文书数量为 3 205 篇,占比为 33.27%;适用普通程序审结案件的裁判文书数量为 6 428 篇,占比为 66.73%。2014 年以来,适用简易程序与适用普通程序审结案件的裁判文书数量都呈逐年增长趋势,但前者增幅小于后者,具体变化情形如图 5-25 所示。

图 5-25　基层人民法院审结拒不执行判决、裁定罪案件适用程序分布（篇）

(二) 被告人情况

1. 性别分布

从裁判文书中提取到的被告人性别分布情况来看，2013—2017 年全国各级人民法院审结的拒不执行判决、裁定罪案件中，男性被告人占比为 84.74%，女性被告人占比为 15.26%。

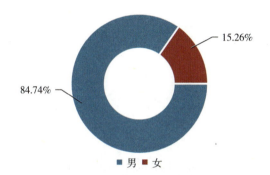

图 5-26　拒不执行判决、裁定罪审结案件被告人性别分布

2. 文化程度分布

从裁判文书提取到的被告人文化程度来看，2013—2017 年全国各级人民法院审结的拒不执行判决、裁定罪案件中，初中文化程度的被告人数量最多，占比为 49.27%；文盲或半文盲的被告人数量最少，占比为 3.73%。

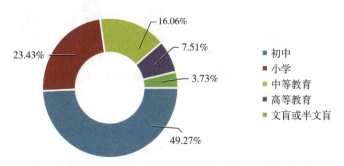

图 5-27　拒不执行判决、裁定罪审结案件被告人文化程度分布

3. 职业分布

从裁判文书提取到的被告人职业情况来看,2013—2017 年全国各级人民法院审结的拒不执行判决、裁定罪案件中,被告人职业为农民的数量最多,占比为 58.24%;职业为其他的数量最少,占比仅为 3.01%。

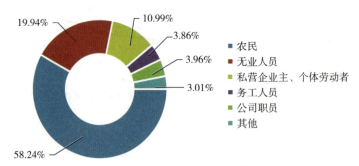

图 5-28 拒不执行判决、裁定罪审结案件被告人职业分布

第三节 危害公共卫生罪

非法行医罪

(一)案件分布

1. 年份分布

从年份分布来看,2013—2017 年全国各级人民法院审结的非法行医罪案件的裁判文书共计 5 635 篇,从 2014 年开始,审结案件的文书数量呈逐年下降趋势。

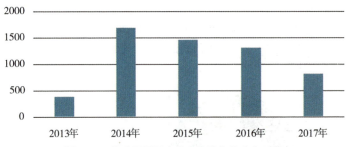

图 5-29 非法行医罪案件审结数年份分布(篇)

2. 地域分布

从地域分布来看,2013—2017 年全国各级人民法院审结的非法行医罪案件的裁判文书数量最多的五个省级行政区依次为浙江省、江苏省、河南省、上海市、安徽省,分别为 793 篇、604 篇、584 篇、430 篇、375 篇;数量最少的三个省级行政区为甘肃省、海南省、宁夏回族自治区,分

别为 26 篇、24 篇、5 篇。

3. 审级分布

从审级分布来看,2013—2017 年全国各级人民法院审结的非法行医罪案件中,一审审结案件的裁判文书数量为 5 112 篇,二审审结案件的裁判文书数量为 523 篇,一审审结案件的裁判文书数量约为二审的 9.8 倍。其中,2014—2016 年一审审结案件的裁判文书数量呈下降趋势,二审审结案件的裁判文书数量保持平稳,具体变化情形如图 5-30 所示。

图 5-30　非法行医罪案件审结数审级分布(篇)

4. 法院层级分布

从审理法院层级来看,2013—2017 年基层人民法院、中级人民法院、高级人民法院审结的非法行医罪案件的裁判文书数量依次为 5 108 篇、520 篇、1 篇,各自对应的占比依次为 90.74%、9.24%、0.02%。

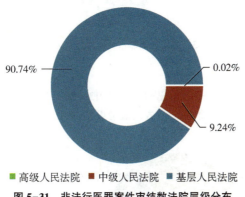

图 5-31　非法行医罪案件审结数法院层级分布

5. 适用程序分布

从审理程序来看,2013—2017 年基层人民法院审结的非法行医罪案件中,适用简易程序审结案件的裁判文书数量为 2 981 篇,占比为 58.31%;适用普通程序审结案件的裁判文书数量为 2 131 篇,占比为 41.69%。2014 年以来,适用简易程序与适用普通程序审结案件的裁判文书数量均呈逐年下降趋势,但前者的降幅更大,具体变化情形如图 5-32 所示。

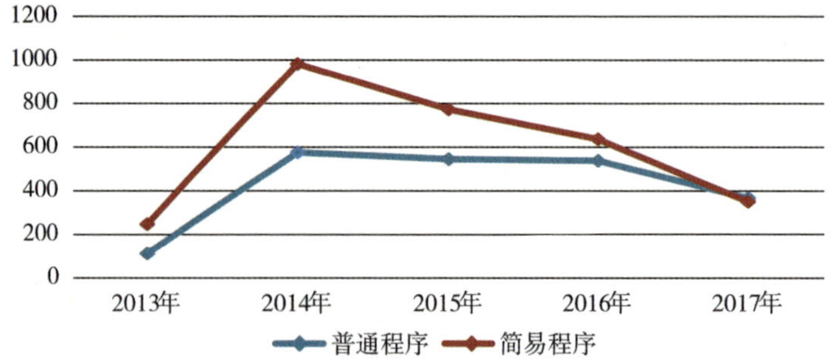

图 5-32　基层人民法院审结非法行医罪案件适用程序分布（篇）

（二）被告人情况

1. 性别分布

从裁判文书中提取到的被告人性别分布情况来看，2013—2017 年全国各级人民法院审结的非法行医罪案件中，男性被告人占比为 72.08%，女性被告人占比为 27.92%。

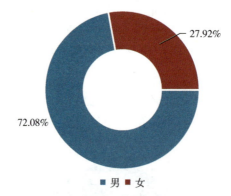

图 5-33　非法行医罪审结案件被告人性别分布

2. 文化程度分布

从裁判文书提取到的被告人文化程度来看，2013—2017 年全国各级人民法院审结的非法行医罪案件中，中等教育文化程度的被告人数量最多，占比为 45.59%；文盲或半文盲的被告人数量最少，占比 1.07%。

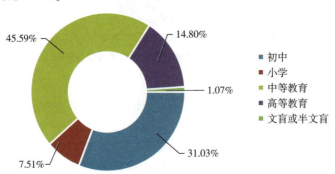

图 5-34　非法行医罪审结案件被告人文化程度分布

3. 职业分布

从裁判文书提取到的被告人职业情况来看,2013—2017 年全国各级人民法院审结的非法行医罪案件中,被告人职业为无业人员的数量最多,占比为 35.36%;职业为农民的数量其次,占比为 35.13%。

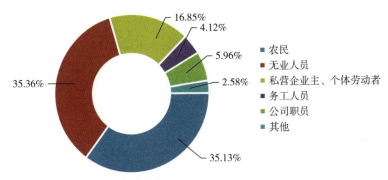

图 5-35 非法行医罪审结案件被告人职业分布

第四节 破坏环境资源保护罪

一、滥伐林木罪

(一) 案件分布

1. 年份分布

从年份分布来看,2013—2017 年全国各级人民法院审结的滥伐林木罪案件的裁判文书共计 22 970 篇。其中,2015 年审结案件的裁判文书数量最多。

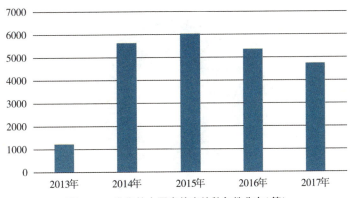

图 5-36 滥伐林木罪案件审结数年份分布(篇)

2. 地域分布

从地域分布来看,2013—2017 年全国各级人民法院审结的滥伐林木罪案件的裁判文书数量最多的五个省级行政区依次为广西壮族自治区、河南省、贵州省、湖北省、云南省,分别为 4 226 篇、2 367 篇、2 028 篇、1 320 篇、1 229 篇;数量最少的三个省级行政区为宁夏回族自治区、新疆维吾尔自治区、青海省,分别为 45 篇、42 篇、2 篇。

3. 审级分布

从审级分布来看,2013—2017 年全国各级人民法院审结的滥伐林木罪案件中,一审审结案件的裁判文书数量为 21 737 篇,二审审结案件的裁判文书数量为 1 233 篇,一审审结案件的裁判文书数量约为二审的 17.6 倍。其中,2014—2016 年一审、二审审结案件的裁判文书数量均呈先升后降的趋势,具体变化情形如图 5-37 所示。

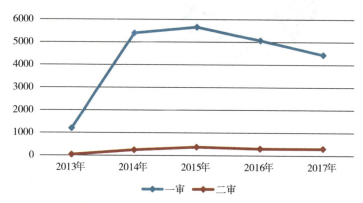

图 5-37　滥伐林木罪案件审结数审级分布(篇)

4. 法院层级分布

从审理法院层级来看,2013—2017 年基层人民法院、中级人民法院、高级人民法院审结的滥伐林木罪案件的裁判文书数量依次为 21 640 篇、1 275 篇、5 篇,各自对应的占比依次为 94.42%、5.56%、0.02%。

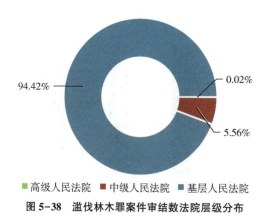

图 5-38　滥伐林木罪案件审结数法院层级分布

5. 适用程序分布

从审理程序来看,2013—2017 年基层人民法院审结的滥伐林木罪案件中,适用简易程序审结案件的裁判文书数量为 12 882 篇,占比为 59.27%;适用普通程序审结案件的裁判文书数量为 8 854 篇,占比为 40.73%。其中,2014—2016 年适用简易程序审结案件的裁判文书数量呈下降趋势,适用普通程序审结案件的裁判文书数量呈先升后降趋势,具体变化情形如图 5-39 所示。

图 5-39　基层人民法院审结滥伐林木罪案件适用程序分布(篇)

(二)被告人情况

1. 性别分布

从裁判文书中提取到的被告人性别分布情况来看,2013—2017 年全国各级人民法院审结的滥伐林木罪案件中,男性被告人占比为 96.85%,女性被告人占比为 3.15%。

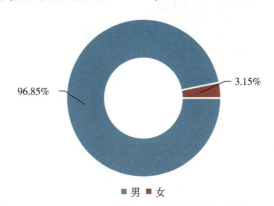

图 5-40　滥伐林木罪审结案件被告人性别分布

2. 文化程度分布

从裁判文书提取到的被告人文化程度来看,2013—2017 年全国各级人民法院审结的滥伐林木罪案件中,小学文化程度的被告人数量最多,占比为 43.44%;初中文化程度的被告人数量次之,占比为 41.10%;高等教育文化程度的被告人数量最少,占比为 1.07%。

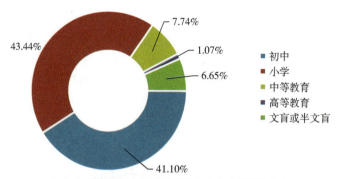

图 5-41　滥伐林木罪审结案件被告人文化程度分布

3. 职业分布

从裁判文书提取到的被告人职业情况来看,2013—2017 年全国各级人民法院审结的滥伐林木罪案件中,被告人职业为农民的数量最多,占比为 89.56%;职业为公司职员的数量最少,占比仅为 0.57%。

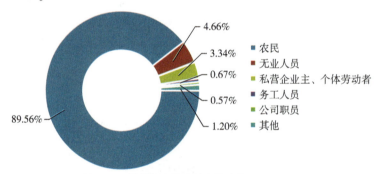

图 5-42　滥伐林木罪审结案件被告人职业分布

二、非法占用农用地罪

(一)案件分布

1. 年份分布

从年份分布来看,2013—2017 年全国各级人民法院审结的非法占用农用地罪案件的裁判文书共计 9 740 篇。其中,2017 年审结案件的裁判文书数量最多,达 2 686 篇。

图 5-43　非法占用农用地罪案件审结数年份分布(篇)

2. 地域分布

从地域分布来看,2013—2017年全国各级人民法院审结的非法占用农用地罪案件的裁判文书数量最多的五个省级行政区依次为吉林省、内蒙古自治区、云南省、黑龙江省、河南省,分别为1 534篇、1 455篇、713篇、699篇、550篇;数量最少的三个省级行政区为北京市、上海市、西藏自治区,分别为13篇、13篇、1篇。

3. 审级分布

从审级分布来看,2013—2017年全国各级人民法院审结的非法占用农用地罪案件中,一审审结案件的裁判文书数量为9 025篇,二审审结案件的裁判文书数量为715篇,一审审结案件的裁判文书数量约为二审的12.6倍。其中,2014—2016年一审审结案件的裁判文书数量呈先升后降趋势,二审审结案件的裁判文书数量呈缓慢增长趋势,具体变化情形如图5-44所示。

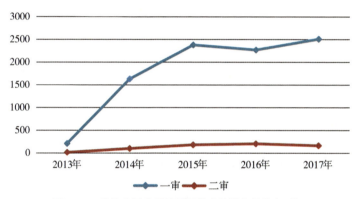

图5-44 非法占用农用地罪案件审结数审级分布(篇)

4. 法院层级分布

从审理法院层级来看,2013—2017年基层人民法院、中级人民法院、高级人民法院审结的非法占用农用地罪案件的裁判文书数量依次为8 965篇、717篇、5篇,各自对应的占比依次为92.55%、7.40%、0.05%。

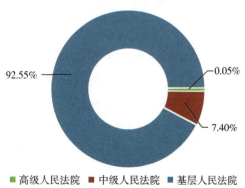

图5-45 非法占用农用地罪审结案件法院层级分布

5. 适用程序分布

从审理程序来看,2013—2017年基层人民法院审结的非法占用农用地罪案件中,适用简易程序审结案件的裁判文书数量为3 404篇,占比为37.72%;适用普通程序审结案件的裁判文书数量为5 621篇,占比为62.28%。整体来看,适用简易程序和适用普通程序审结案件的裁判文书数量自2015年以来均在较小幅度内波动,具体变化情形如图5-46所示。

图5-46 基层人民法院审结非法占用农用地罪案件适用程序分布(篇)

(二)被告人情况

1. 性别分布

从裁判文书中提取到的被告人性别分布情况来看,2013—2017年全国各级人民法院审结的非法占用农用地罪案件中,男性被告人占比为95.06%,女性被告人占比为4.94%。

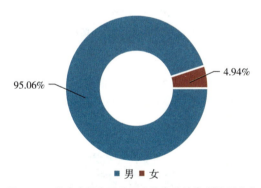

图5-47 非法占用农用地罪审结案件被告人性别分布

2. 文化程度分布

从裁判文书提取到的被告人文化程度来看,2013—2017年全国各级人民法院审结的非法占用农用地罪案件中,初中文化程度的被告人数量最多,占比为45.31%;小学文化程度的被告人数量次之,占比为30.62%;高等教育文化程度的被告人数量最少,占比为4.60%。

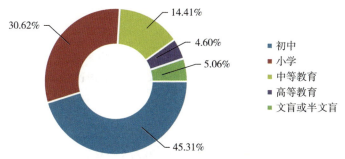

图 5-48　非法占用农用地罪审结案件被告人文化程度分布

3. 职业分布

从裁判文书提取到的被告人职业情况来看,2013—2017 年全国各级人民法院审结的非法占用农用地罪案件中,被告人职业为农民的数量最多,占比为 70.09%;职业为公司职员的数量最少,占比仅为 4.81%。

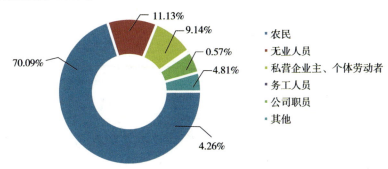

图 5-49　非法占用农用地罪审结案件被告人职业分布

三、污染环境罪

(一)案件分布

1. 年份分布

从年份分布来看,2013—2017 年全国各级人民法院审结的污染环境罪案件的裁判文书共计 6 026 篇。其中,2017 年审结案件的裁判文书数量最多,达 1 724 篇。

图 5-50　污染环境罪案件审结数年份分布(篇)

2. 地域分布

从地域分布来看,2013—2017 年全国各级人民法院审结的污染环境罪案件的裁判文书数量最多的五个省级行政区依次为浙江省、河北省、广东省、山东省、江苏省,分别为 1 614 篇、911 篇、564 篇、545 篇、355 篇;数量最少的三个省级行政区为海南省、青海省、西藏自治区,分别为 1 篇、1 篇、0 篇。

3. 审级分布

从审级分布来看,2013—2017 年全国各级人民法院审结的污染环境罪案件中,一审审结案件的裁判文书数量为 5 171 篇,二审审结案件的裁判文书数量为 855 篇,一审审结案件的裁判文书数量约为二审的 6.0 倍。其中,2014—2016 年一审、二审审结案件的裁判文书数量均呈增长趋势,具体变化情形如图 5-51 所示。

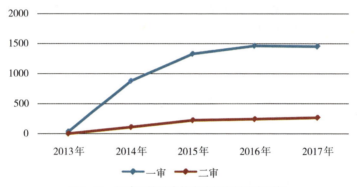

图 5-51　污染环境罪案件审结数审级分布(篇)

4. 法院层级分布

从审理法院层级来看,2013—2017 年基层人民法院、中级人民法院、高级人民法院审结的污染环境罪案件的裁判文书数量依次为 5 148 篇、869 篇、2 篇,各自对应的占比依次为 85.53%、14.44%、0.03%。

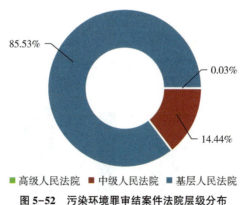

图 5-52　污染环境罪审结案件法院层级分布

5. 适用程序分布

从审理程序来看,2013—2017 年基层人民法院审结的污染环境罪案件中,适用简易程序审结案件的裁判文书数量为 1 817 篇,占比为 35.14%;适用普通程序审结案件的裁判文书数量为 3 354 篇,占比为 64.86%。2014—2016 年,适用简易程序和适用普通程序审结案件的裁判文书数量均呈逐年增长的趋势,具体变化情形如图 5-53 所示。

图 5-53　基层人民法院审结污染环境罪案件适用程序分布(篇)

(二)被告人情况

1. 性别分布

从裁判文书中提取到的被告人性别分布情况来看,2013—2017 年全国各级人民法院审结的污染环境罪案件中,男性被告人占比为 94.10%,女性被告人占比为 5.90%。

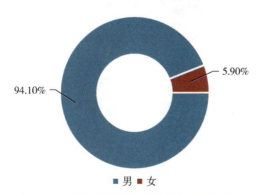

图 5-54　污染环境罪审结案件被告人性别分布

2. 文化程度分布

从裁判文书提取到的被告人文化程度来看,2013—2017 年全国各级人民法院审结的污染环境罪案件中,初中文化程度的被告人数量最多,占比为 50.97%;小学文化程度的被告人数量次之,占比为 28.99%;文盲或半文盲的被告人数量最少,占比为 3.26%。

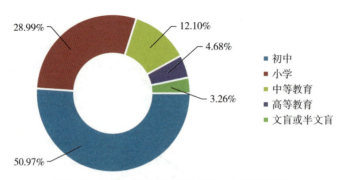

图 5-55 污染环境罪审结案件被告人文化程度分布

3. 职业分布

从裁判文书提取到的被告人职业情况来看,2013—2017 年全国各级人民法院审结的污染环境罪案件中,被告人职业为农民的数量最多,占比为 45.98%;职业为公司职员的数量最少,占比仅为 8.13%。

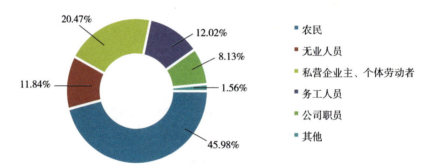

图 5-56 污染环境罪审结案件被告人职业分布

第五节 走私、贩卖、运输、制造毒品罪

一、走私、贩卖、运输、制造毒品罪

(一) 案件分布

1. 年份分布

从年份分布来看,2013—2017 年全国各级人民法院审结的走私、贩卖、运输、制造毒品罪案件的裁判文书共计 228 380 篇。其中,2014—2015 年审结案件的裁判文书数量呈现上升趋势。2015 年后审结案件的裁判文书数量则有所下降。

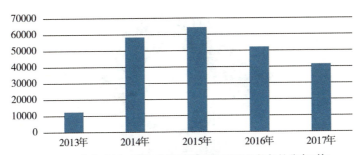

图 5-57　走私、贩卖、运输、制造毒品罪案件审结数年份分布（篇）

2. 地域分布

从地域分布来看，2013—2017 年全国各级人民法院审结的走私、贩卖、运输、制造毒品罪案件的裁判文书数量最多的五个省级行政区依次为广东省、贵州省、广西壮族自治区、四川省、浙江省，分别为 38 456 篇、16 217 篇、15 455 篇、14 134 篇、14 126 篇；数量最少的三个省级行政区为宁夏回族自治区、青海省和西藏自治区，分别为 1 212 篇、796 篇、399 篇。

3. 审级分布

从审级分布来看，2013—2017 年全国各级人民法院审结的走私、贩卖、运输、制造毒品罪案件中，一审审结案件的裁判文书数量为 225 364 篇，占比为 98.68%，二审审结案件的裁判文书数量为 3 016 篇，一审审结案件的裁判文书数量是二审的 74.7 倍。其中，2014—2016 年一审审结案件的裁判文书数量呈先升后降趋势，而二审审结案件的裁判文书数量保持稳定，具体变化情形如图 5-58 所示。

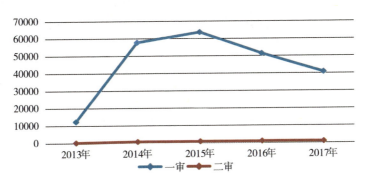

图 5-58　走私、贩卖、运输、制造毒品罪案件审结数审级分布（篇）

4. 法院层级分布

从审理法院层级来看，2013—2017 年基层人民法院、中级人民法院、高级人民法院审结的走私、贩卖、运输、制造毒品罪案件的裁判文书数量依次为 211 933 篇、14 703 篇、726 篇，各自对应的占比依次为 93.21%、6.47%、0.32%。可以看出，中级人民法院审结案件的裁判文书数量占比相比并不高。

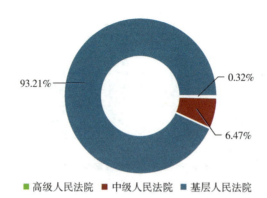

图 5-59 走私、贩卖、运输、制造毒品罪案件审结数法院层级分布

5. 适用程序分布

从审理程序来看,2013—2017 年基层人民法院审结的走私、贩卖、运输、制造毒品罪案件中,适用简易程序审结案件的裁判文书数量为 110 534 篇,占比为 49.05%;适用普通程序审结案件的裁判文书数量为 114 806 篇,占比为 50.95%。2014—2016 年适用普通程序审结案件的裁判文书数量呈先升后降趋势,适用简易程序审结案件的裁判文书数量则逐年下降,具体变化情形如图 5-60 所示。

图 5-60 基层人民法院审结走私、贩卖、运输、制造毒品罪案件适用程序分布(篇)

(二)被告人情况

1. 性别分布

从裁判文书中提取到的被告人性别分布情况来看,2013—2017 年全国各级人民法院审结的走私、贩卖、运输、制造毒品罪案件中,男性被告人占比为 84.89%,女性被告人占比为 15.11%。

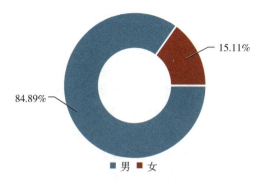

图 5-61　走私、贩卖、运输、制造毒品罪审结案件被告人性别分布

2. 文化程度分布

从裁判文书提取到的被告人文化程度来看,2013—2017 年全国各级人民法院审结的走私、贩卖、运输、制造毒品罪案件中,初中文化程度的被告人数量最多,占比为 54.11%;高等教育文化程度的被告人数量最少,占比 2.35%。

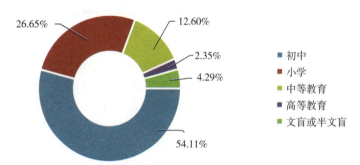

图 5-62　走私、贩卖、运输、制造毒品罪审结案件被告人文化程度分布

3. 职业分布

从裁判文书提取到的被告人职业情况来看,2013—2017 年全国各级人民法院审结的走私、贩卖、运输、制造毒品罪案件中,被告人职业为无业人民的数量最多,占比为 62.89%;职业为农民的数量其次,占比为 29.88%。

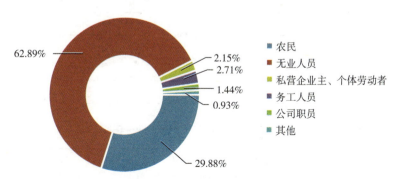

图 5-63　走私、贩卖、运输、制造毒品罪审结案件被告人职业分布

二、非法持有毒品罪

(一)案件分布

1. 年份分布

从年份分布来看,2013—2017 年全国各级人民法院审结的非法持有毒品罪案件的裁判文书共计 40 094 篇。其中,2015 年审结案件的裁判文书数量最多,较上年增长 24.83%。

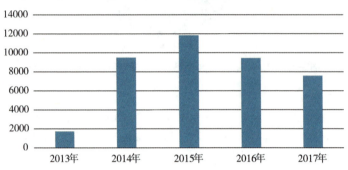

图 5-64 非法持有毒品罪案件审结数年份分布(篇)

2. 地域分布

从地域分布来看,2013—2017 年全国各级人民法院审结的非法持有毒品罪案件的裁判文书数量最多的五个省级行政区依次为广东省、湖北省、湖南省、四川省、广西壮族自治区,分别为 7 820 篇、3 124 篇、2 362 篇、2 253 篇、1 942 篇;数量最少的三个省级行政区为海南省、宁夏回族自治区、西藏自治区,分别为 179 篇、165 篇、50 篇。由此观之,近五年非法持有毒品罪案件主要分布在我国南部地区。

3. 审级分布

从审级分布来看,2013—2017 年全国各级人民法院审结的非法持有毒品罪案件中,一审审结案件的裁判文书数量为 33 909 篇,二审审结案件的裁判文书数量为 6 185 篇,一审审结案件的裁判文书数量约为二审的 5.5 倍。相较于走私、贩卖、运输、制造毒品罪,二审审结的非法持有毒品罪案件的裁判文书数量占比较大。其中,2014—2016 年一审、二审审结的非法持有毒品罪案件的裁判文书数量均呈先升后降的趋势,具体变化情形如图 5-65 所示。

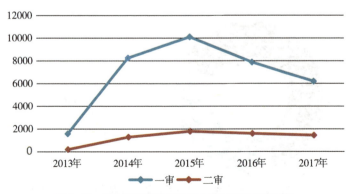

图 5-65 非法持有毒品罪案件审结数审级分布(篇)

4. 法院层级分布

从审理法院层级来看,2013—2017 年基层人民法院、中级人民法院、高级人民法院审结的非法持有毒品罪案件的裁判文书数量依次为 32402 篇、6705 篇、822 篇,各自对应的占比依次为 81.15%、16.79%、2.06%。

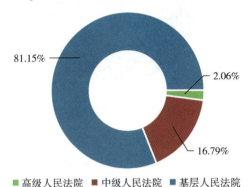

图 5-66 非法持有毒品罪案件审结数法院层级分布

5. 适用程序分布

从审理程序来看,2013—2017 年基层人民法院审结的非法持有毒品罪案件中,适用简易程序审结案件的裁判文书数量为 15 961 篇,占比为 47.09%;适用普通程序审结案件的裁判文书数量为 17 937 篇,占比为 52.91%。作为最高刑为 7 年有期徒刑的犯罪,非法持有毒品罪适用普通程序审结的数量多于适用简易程序审结的数量。整体来看,适用简易程序与适用普通程序审结的非法持有毒品罪案件的裁判文书数量均呈现先升后降的趋势,具体变化情形如图 5-67 所示。

图 5-67 基层人民法院审结非法持有毒品罪案件适用程序分布

(二)被告人情况

1. 性别分布

从裁判文书中提取到的被告人性别分布情况来看,2013—2017 年全国各级人民法院审结的非法持有毒品罪案件中,男性被告人占比为 85.65%,女性被告人占比为 14.35%。

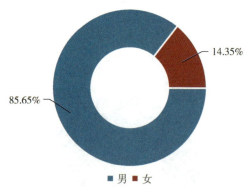

图 5-68　非法持有毒品罪审结案件被告人性别分布

2. 文化程度分布

从裁判文书提取到的被告人文化程度来看,2013—2017 年全国各级人民法院审结的非法持有毒品罪案件中,初中文化程度的被告人数量最多,占比为 54.92%;高等教育文化程度的被告人数量最少,占比为 3.01%。

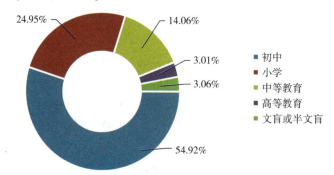

图 5-69　非法持有毒品罪审结案件被告人文化程度分布

3. 职业分布

从裁判文书提取到的被告人职业情况来看,2013—2017 年全国各级人民法院审结的非法持有毒品罪案件中,被告人职业为无业人员的数量最多,占比为 68.54%;职业为农民的数量其次,占比为 23.40%。

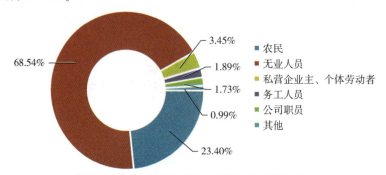

图 5-70　非法持有毒品罪审结案件被告人职业分布

三、容留他人吸毒罪

(一) 案件分布

1. 年份分布

从年份分布来看,2013—2017 年全国各级人民法院审结的容留他人吸毒罪的裁判文书共计 117 462 篇。其中,2015 年审结案件的裁判文书数量最多,与 2014 年相比,2015 年审结案件的裁判文书数量增长了 86.84%。

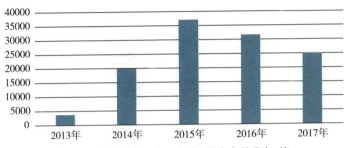

图 5-71 容留他人吸毒罪案件审结数年份分布(篇)

2. 地域分布

从地域分布来看,2013—2017 年全国各级人民法院审结的容留他人吸毒罪案件的裁判文书数量最多的五个省级行政区依次为广东省、浙江省、江苏省、湖南省、四川省,分别为 16 872 篇、11 454 篇、10 455 篇、8 631 篇、6 721 篇;数量最少的三个省级行政区为海南省、青海省、西藏自治区,分别为 126 篇、55 篇、48 篇。由此观之,我国西北地区审结案件的裁判文书数量较少。

3. 审级分布

从审级分布来看,2013—2017 年全国各级人民法院审结的容留他人吸毒罪案件中,一审审结案件的裁判文书数量为 104 877 篇,二审审结案件的裁判文书数量为 12 585 篇,一审审结案件的裁判文书数量约为二审的 8.3 倍。2014 年以来,一审审结案件的裁判文书数量先升后降,而二审审结案件的裁判文书数量较为稳定,具体变化趋势如图 5-72 所示。

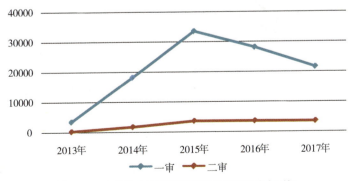

图 5-72 容留他人吸毒罪案件审结数审级分布(篇)

167

4. 法院层级分布

从审理法院层级来看,2013—2017年基层人民法院、中级人民法院、高级人民法院审结的容留他人吸毒罪案件的裁判文书数量依次为104 049篇、12 633篇、374篇,各自对应的占比依次为88.89%、10.79%、0.32%。中级人民法院审结的容留他人吸毒罪案件的裁判文书数量占比高于走私、贩卖、运输、制造毒品罪。

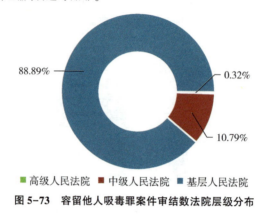

图5-73 容留他人吸毒罪案件审结数法院层级分布

5. 适用程序分布

从审理程序来看,2013—2017年基层人民法院审结的容留他人吸毒罪案件中,适用简易程序审结案件的裁判文书数量为64 501篇,占比为61.53%;适用普通程序审结案件的裁判文书数量为40 321篇,占比为38.47%。作为最高刑为三年有期徒刑的犯罪,容留他人吸毒罪适用简易程序审理的案件数量占比较大。2014—2016年,适用简易程序与适用普通程序审结的容留他人吸毒罪案件的裁判文书数量均呈现先升后降的趋势,具体变化情形如图5-74所示。

图5-74 基层人民法院审结容留他人吸毒罪案件适用程序分布(篇)

(二)被告人情况

1. 性别分布

从裁判文书中提取到的被告人性别分布情况来看,2013—2017年全国各级人民法院审结的容留他人吸毒罪案件中,男性被告人占比为86.36%,女性被告人占比为13.64%。

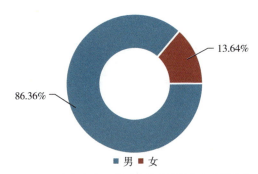

图 5-75 容留他人吸毒罪审结案件被告人性别分布

2. 文化程度分布

从裁判文书提取到的被告人文化程度来看,2013—2017 年全国各级人民法院审结的容留他人吸毒罪案件中,初中文化程度的被告人数量最多,占比为 58.84%;文盲或半文盲的被告人数量最少,占比 1.39%。

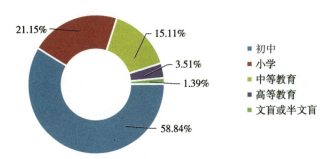

图 5-76 容留他人吸毒罪审结案件被告人文化程度分布

3. 职业分布

从裁判文书提取到的被告人职业情况来看,2013—2017 年全国各级人民法院审结的容留他人吸毒罪案件中,被告人职业为无业人员的数量最多,占比为 56.50%;职业为农民的数量其次,占比为 28.71%。

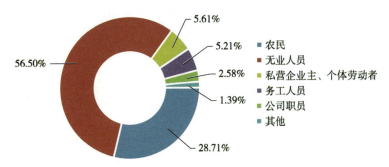

图 5-77 容留他人吸毒罪审结案件被告人职业分布

第六节　组织、强迫、引诱、容留、介绍卖淫罪

引诱、容留、介绍卖淫罪

(一)案件分布

1. 年份分布

从年份分布来看,2013—2017 年全国各级人民法院审结的引诱、容留、介绍卖淫罪案件的裁判文书共计 13 443 篇。其中,2014—2016 年审结案件的裁判文书数量增长平缓。

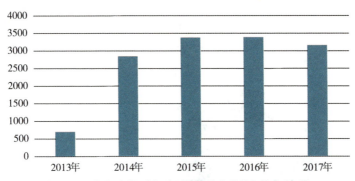

图 5-78　引诱、容留、介绍卖淫罪案件审结数年份分布(篇)

2. 地域分布

从地域分布来看,2013—2017 年全国各级人民法院审结的引诱、容留、介绍卖淫罪案件的裁判文书数量最多的五个省级行政区依次为广东省、浙江省、江苏省、四川省、湖南省,分别分别为 2 476 篇、2 376 篇、1 050 篇、934 篇、791 篇;数量最少的三个省级行政区为西藏自治区、海南省、宁夏回族自治区,分别为 26 篇、11 篇、11 篇。

3. 审级分布

从审级分布来看,2013—2017 年全国各级人民法院审结的引诱、容留、介绍卖淫罪案件中,一审审结案件的裁判文书数量为 13 243 篇,二审审结案件的裁判文书数量为 200 篇。2014 年以来,一审、二审审结案件的裁判文书数量均在一定范围内波动,具体变化情形如图 5-79 所示。

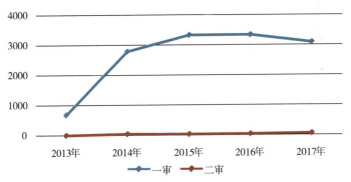

图 5-79　引诱、容留、介绍卖淫罪案件审结数审级分布(篇)

4. 法院层级分布

从审理法院层级来看,2013—2017 年基层人民法院、中级人民法院、高级人民法院审结的引诱、容留、介绍卖淫罪案件的裁判文书数量依次为 13 179 篇、218 篇、1 篇,各自对应的占比依次为 98.36%、1.63%、0.01%。

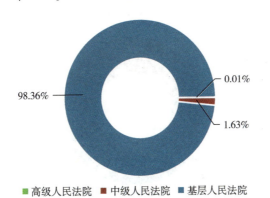

图 5-80　引诱、容留、介绍卖淫罪案件审结数法院层级分布

5. 适用程序分布

从审理程序来看,2013—2017 年基层人民法院审结的引诱、容留、介绍卖淫罪案件中,适用简易程序审结案件的裁判文书数量为 6 485 篇,占比为 48.99%;适用普通程序审结案件的裁判文书数量为 6 752 篇,占比为 51.01%。其中,2014—2016 年适用简易程序审结案件的裁判文书数量略有波动,而适用普通程序审结案件的裁判文书数量略有增加,具体变化趋势如图 5-81 所示。

图 5-81 基层人民法院审结引诱、容留、介绍卖淫罪案件适用程序分布(篇)

(二)被告人情况

1. 性别分布

从裁判文书中提取到的被告人性别分布情况来看,2013—2017 年全国各级人民法院审结的引诱、容留、介绍卖淫罪案件中,男性被告人占比为 54.79%,女性被告人占比为 45.21%。

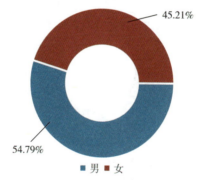

图 5-82 引诱、容留、介绍卖淫罪审结案件被告人性别分布

2. 文化程度分布

从裁判文书提取到的被告人文化程度来看,2013—2017 年全国各级人民法院审结的引诱、容留、介绍卖淫罪案件中,初中文化程度的被告人数量最多,占比为 46.28%;高等教育文化程度的被告人数量最少,占比 2.42%。

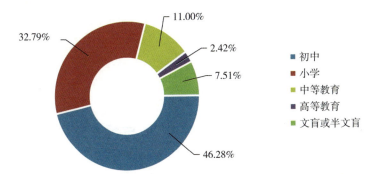

图 5-83　引诱、容留、介绍卖淫罪审结案件被告人文化程度分布

3. 职业分布

从裁判文书提取到的被告人职业情况来看,2013—2017 年全国各级人民法院审结的引诱、容留、介绍卖淫罪案件中,被告人职业为无业人员的数量最多,占比为 43.04%;职业为农民的数量其次,占比为 34.02%。

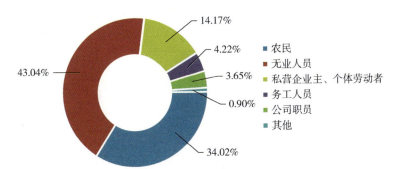

图 5-84　引诱、容留、介绍卖淫罪审结案件被告人职业分布

第六章 贪污贿赂犯罪与渎职犯罪

孙博宇[*]

贪污贿赂罪、渎职罪分别是《刑法》第八章、第九章规定的罪名,两个罪名的重点打击对象都是国家工作人员的职务违法犯罪行为。本部分将两章一起讨论,并结合各个罪名的案件数量与受关注程度等因素,重点关注贪污罪、挪用公款罪、受贿罪、行贿罪、玩忽职守罪、滥用职权罪和徇私枉法罪7个罪名。

第一节 贪污罪

一、案件分布

(一)年份分布

从年份分布来看,2013—2017年全国各级人民法院审结的贪污罪案件的裁判文书共计28 223篇。其中,2014年以来审结案件的裁判文书数量呈现出较大的波动。

图6-1 贪污罪案件审结数年份分布(篇)

---

[*] 孙博宇,中国社会科学院大学,硕士研究生。

(二)地域分布

从地域分布来看,2013—2017年全国各级人民法院审结的贪污罪案件的裁判文书数量最多的五个省级行政区依次为河南省、山东省、河北省、安徽省和湖北省,分别为3 023篇、1 689篇、1 584篇、1 503篇、1 363篇;数量最少的三个省级行政区为青海省、海南省和西藏自治区,分别为97篇、43篇、37篇。

(三)审级分布

从审级分布来看,2013—2017年全国各级人民法院审结的贪污罪案件中,一审审结案件的裁判文书数量为19 675篇,二审审结案件的裁判文书数量为8 548篇。整体上看,一审审结案件的裁判文书数量约为二审的2.3倍。其中,2014年以来,一审审结案件的裁判文书数量起伏较大,而二审审结案件的裁判文书数量缓慢减少,具体变化趋势如图6-2所示。

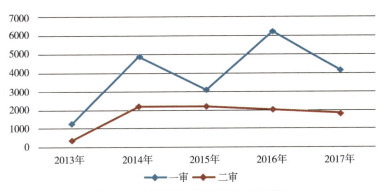

图6-2　贪污罪案件审结数审级分布(篇)

(四)法院层级分布

从审理法院层级来看,2013—2017年基层人民法院、中级人民法院、高级人民法院审结的贪污罪案件的裁判文书数量依次为19 129篇、8 652篇、308篇,各自对应的占比依次为68.10%、30.80%、1.10%。

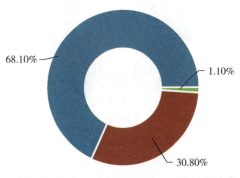

图6-3　贪污罪案件审结数法院层级分布

(五)适用程序分布

从适用程序来看,2013—2017年基层人民法院审结的贪污罪案件中,适用简易程序审结案件的裁判文书数量占比为9.65%,适用普通程序审结案件的裁判文书占比为90.35%。2013—2017年,适用简易程序审结案件的裁判文书数量略有起伏,而适用普通程序审结案件的裁判文书数量波动较大,具体变化情况如图6-4所示。

图6-4 基层人民法院审结贪污罪案件适用程序分布(篇)

二、被告人情况

(一)性别分布

从裁判文书中提取到的被告人性别角度来看,2013—2017年全国各级人民法院审结的贪污罪案件中,男性被告人占比为88.89%,女性被告占比为11.11%,男女比例约为8:1。

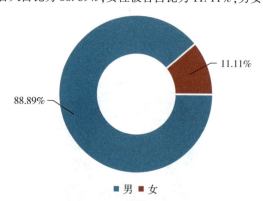

图6-5 贪污罪审结案件被告人性别分布

(二)文化程度分布

从裁判文书提取到的被告人文化程度来看,2013—2017年全国各级人民法院审结的贪污罪案件中,受过高等教育的被告人数量最多,占比为33.48%。

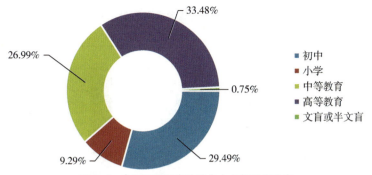

图 6-6 贪污罪审结案件被告人文化程度分布

(三)职业分布

从裁判文书提取到的被告人职业情况来看,2013—2017 年全国各级人民法院审结的贪污罪案件中,被告人职业为国家工作人员的数量占比最大,为 85.08%,此外被告人职业为农民的数量占比为 10.03%。

笔者注意到,在贪污犯罪中,初中学历与农民身份的罪犯比例高于其他职务犯罪的罪犯。笔者浏览了相关判决文书后发现,造成这种情况的主要原因是,有大量的村干部触犯贪污罪,并且在村干部犯贪污罪的案件中存在一些与普通村民形成共犯的情形。无论是村干部还是普通村民,大多数文化水平都不高,这才导致了在贪污犯罪中初中学历与农民身份的罪犯比例高于其他职务犯罪的罪犯。

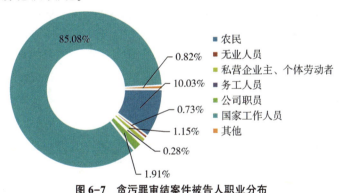

图 6-7 贪污罪审结案件被告人职业分布

第二节 挪用公款罪

一、案件分布

(一)年份分布

从年份分布来看,2013—2017 年全国各级人民法院审结的挪用公款罪案件的裁判文书共计 9 516 篇。其中,2014—2015 年审结案件的裁判文书数量小幅下降,2015 年以后有所回升。

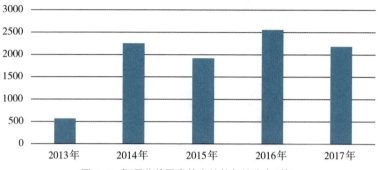

图 6-8　挪用公款罪案件审结数年份分布(篇)

(二)地域分布

从地域分布来看,2013—2017 年全国各级人民法院审结的挪用公款罪案件的裁判文书数量最多的五个省级行政区依次为河南省、山东省、湖北省、江苏省和安徽省,分别为 1 474 篇、952 篇、648 篇、457 篇、421 篇;数量最少的三个省级行政区为宁夏回族自治区、西藏自治区和海南省,分别为 31 篇、19 篇、3 篇。

(三)审级分布

从审级分布来看,2013—2017 年全国各级人民法院审结的挪用公款罪案件中,一审审结案件的裁判文书数量为 6 954 篇,二审审结案件的裁判文书数量为 2 565 篇。整体上看,一审审结案件的裁判文书数量约为二审的 2.7 倍。其中,2014 年以来,一审审结案件的裁判文书数量在起伏中有所增加,而二审审结案件的裁判文书数量缓慢减少,具体变化情形如图 6-9 所示。

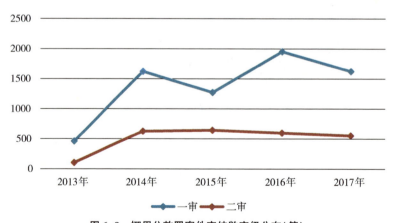

图 6-9　挪用公款罪案件审结数审级分布(篇)

(四)法院层级分布

从审理法院层级来看,2013—2017 年基层人民法院、中级人民法院、高级人民法院审结的挪用公款罪案件的裁判文书数量依次为 6 813 篇、2 575 篇、109 篇,各自对应的占比依次为 71.74%、27.11%、1.15%。

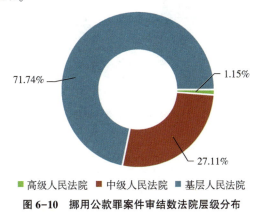

图 6-10　挪用公款罪案件审结数法院层级分布

(五)适用程序分布

从适用程序来看,2013—2017 年基层人民法院审结的挪用公款罪案件中,适用简易程序审结案件的裁判文书数量占比为 11.10%,适用普通程序审结案件的裁判文书数量占比为 88.90%。其中,2014 年以来,适用简易程序审结案件的裁判文书数量几乎没有变化,具体变化趋势如图 6-11 所示。

图 6-11　基层人民法院审结挪用公款罪案件适用程序分布(篇)

二、被告人情况

(一)性别分布

从裁判文书中提取到的被告人性别角度来看,2013—2017 年全国各级人民法院审结的挪用公款罪案件中,男性被告人占比为 80.24%,女性被告占比为 19.76%,男女比例约为 4∶1。

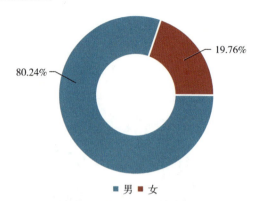

图 6-12 挪用公款罪审结案件被告人性别分布

(二) 文化程度分布

从裁判文书提取到的被告人文化程度来看,2013—2017 年全国各级人民法院审结的挪用公款罪案件中,被告人中受过高等教育的数量最多,占比为 51.33%。

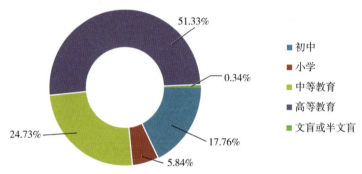

图 6-13 挪用公款罪审结案件被告人文化程度分布

(三) 职业分布

从裁判文书提取到的被告人职业情况来看,2013—2017 年全国各级人民法院审结的挪用公款罪案件中,被告人职业为国家工作人员的数量占比最大,为 90.68%。

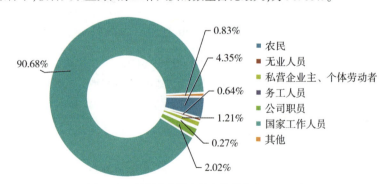

图 6-14 挪用公款罪审结案件被告人职业分布

三、案情特征

挪用公款罪存在三种法定的行为类型,即"挪用公款归个人使用并进行非法活动""挪用公款数额较大并进行营利活动""挪用公款数额较大且超过三个月未还"。2013—2017年一审审结的挪用公款罪案件中,三者对应的裁判文书数量占比分别为5.97%、58.02%、36.01%。此外,挪用公款罪的裁判文书中还存在一些常见情节,例如"将公款供本人、亲友或者其他自然人使用""以个人名义将公款供其他单位使用""个人决定以单位名义将公款供其他单位使用以谋取个人利益",对应的裁判文书数量分别为5 274篇、427篇、106篇。

第三节 受贿罪

一、案件分布

(一)年份分布

从年份分布来看,2013—2017年全国各级人民法院审结的受贿罪案件的裁判文书共计35 547篇。其中,2014年—2015年审结案件的裁判文书数量呈显著下降的趋势,2015年以后有所回升。

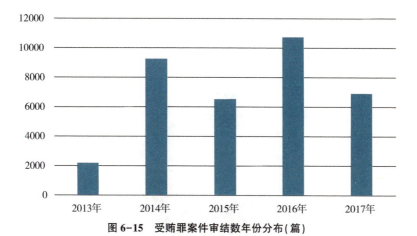

图6-15 受贿罪案件审结数年份分布(篇)

(二)地域分布

从地域分布来看,2013—2017年全国各级人民法院审结的受贿罪案件的裁判文书数量最多的五个省级行政区依次为河南省、安徽省、福建省、浙江省和山东省,分别为2 474篇、2 437篇、2 388篇、2 241篇、2 234篇;数量最少的三个省级行政区为青海省、天津市和西藏自治区,分别为92篇、91篇、31篇。

(三)审级分布

从审级分布来看,2013—2017 年全国各级人民法院审结的受贿罪案件中,一审审结案件的裁判文书数量为 24 042 篇,二审审结案件的裁判文书数量为 11 505 篇。整体上看,一审审结案件的裁判文书数量约为二审的 2.1 倍。2014 年以来,一审审结案件的裁判文书数量波动较大,而二审审结案件的裁判文书数量变化较小,具体变化情形如图 6-16 所示。

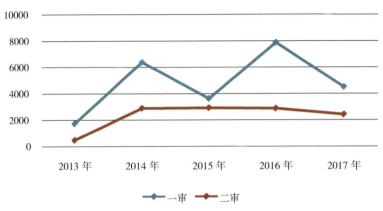

图 6-16 受贿罪案件审结数审级分布(篇)

(四)法院层级分布

从审理法院层级来看,2013—2017 年基层人民法院、中级人民法院、高级人民法院审结的受贿罪案件的裁判文书数量依次为 22 498 篇、12 165 篇、779 篇,各自对应的占比依次为 63.48%、34.32%、2.20%。

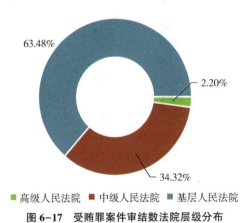

图 6-17 受贿罪案件审结数法院层级分布

(五)适用程序分布

从适用程序来看,2013—2017 年基层人民法院审结的受贿罪案件中,适用简易程序审结案件的裁判文书数量占比为 8.33%,适用普通程序审结案件的裁判文书数量占比为 91.67%。

整体看来,适用简易程序审结案件的裁判文书数量波动很小,而适用普通程序审结案件的裁判文书数量波动较大,具体变化趋势如图6-18所示。

图6-18 基层人民法院审结受贿罪案件适用程序分布(篇)

二、被告人情况

(一)性别分布

从裁判文书中提取到的被告人性别角度来看,2013—2017年全国各级人民法院审结的受贿罪案件中,男性被告人占比为92.67%,女性被告人占比为7.33%,男女比例约为12.6∶1。

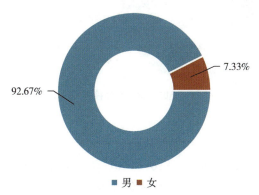

图6-19 受贿罪审结案件被告人性别分布

(二)文化程度分布

从裁判文书提取到的被告人文化程度来看,2013—2017年全国各级人民法院审结的受贿罪案件中,被告人中受过高等教育的数量最多,占比为76.18%;文盲半文盲的数量最少,占比为0.15%。

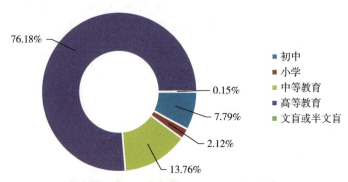

图 6-20 受贿罪审结案件被告人文化程度分布

(三) 职业分布

从裁判文书提取到的被告人职业情况来看,2013—2017 年全国各级人民法院审结的受贿罪案件中,被告人职业为国家工作人员的数量占比最大,为 93.94%。

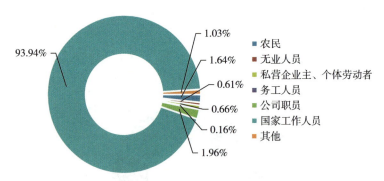

图 6-21 受贿罪审结案件被告人职业分布

三、案情特征

索贿是受贿罪中常见的情节之一。2013—2017 年一审审结的受贿罪案件裁判文书中,存在索贿情节的有 3 046 篇,存在多次索贿情节的有 634 篇。在受贿过程中,双方通常都会打着不同的名义,常见的包括各类礼金、各类回扣、感情投资、手续费、正常交易、合伙投资、委托理财、挂名薪酬等,对应的裁判文书数量依次为 2126 篇、2214 篇、224 篇、709 篇、176 篇、87 篇、30 篇、6 篇。

第四节　行贿罪

一、案件分布

（一）年份分布

从年份分布来看，2013—2017 年全国各级人民法院审结的行贿罪案件的裁判文书共计 10 868 篇。其中，2014—2015 年审结案件的裁判文书数量小幅下降，2015 年以后有所回升。

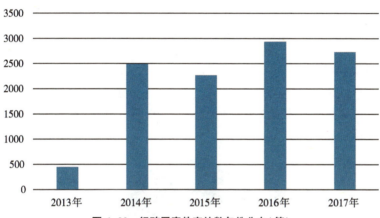

图 6-22　行贿罪案件审结数年份分布（篇）

（二）地域分布

从地域分布来看，2013—2017 年全国各级人民法院审结的行贿罪案件的裁判文书数量最多的五个省级行政区依次为广东省、河南省、湖北省、安徽省和福建省，分别为 1 093 篇、921 篇、817 篇、718 篇、418 篇；数量最少的三个省级行政区为海南省、青海省和西藏自治区，分别为 36 篇、36 篇、6 篇。

（三）审级分布

从审级分布来看，2013—2017 年全国各级人民法院审结的行贿罪案件中，一审审结案件的裁判文书数量为 8 634 篇，二审审结案件的裁判文书数量为 2 234 篇。整体上看，一审审结案件的裁判文书数量约为二审的 3.9 倍。其中，2014 年以来，一审审结案件的裁判文书数量呈现较大起伏波动，而二审审结案件的裁判文书数量稳中有增，具体变化趋势如图 6-23 所示。

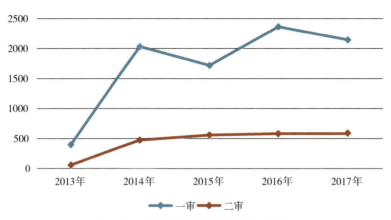

图 6-23　行贿罪案件审结数审级分布(篇)

(四)法院层级分布

从审理法院层级来看,2013—2017 年基层人民法院、中级人民法院、高级人民法院审结的行贿罪案件的裁判文书数量依次为 8 447 篇、2 292 篇、110 篇,各自对应的占比依次为 77.86%、21.13%、1.01%。

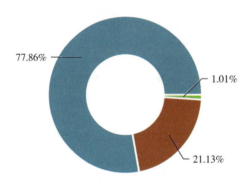

图 6-24　行贿罪案件审结数法院层级分布

(五)适用程序分布

从适用程序来看,2013—2017 年基层人民法院审结的行贿罪案件中,适用简易程序审结案件的裁判文书数量占比为 15.43%,适用普通程序审结案件的裁判文书数量占比为 84.57%。其中,2013 年以来,适用简易程序、普通程序审结案件的裁判文书数量均是起伏波动的,具体变化趋势如图 6-25 所示。

图 6-25　基层人民法院审结行贿罪案件适用程序分布(篇)

二、被告人情况

(一)性别分布

从裁判文书中提取到的被告人性别角度来看,2013—2017 年全国各级人民法院审结的行贿罪案件中,男性被告人占比为 91.62%,女性被告人占比为 8.38%,男女比例约为 10.9∶1。

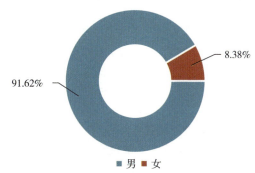

图 6-26　行贿罪审结案件被告人性别分布

(二)文化程度分布

从裁判文书提取到的被告人文化程度来看,2013—2017 年全国各级人民法院审结的行贿罪案件中,被告人中初中学历的数量最多,占比为 31.70%。此外,数量排在第二位的是受过高等教育的被告人,占比为 30.17%。

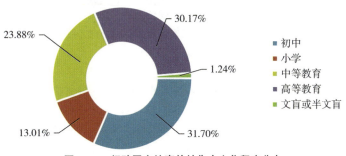

图 6-27　行贿罪审结案件被告人文化程度分布

(三)职业分布

从裁判文书提取到的被告人职业情况来看,2013—2017 年全国各级人民法院审结的行贿罪案件中,被告人中国家工作人员的数量占比最大,为 28.50%,私营企业主与个体劳动者的数量占比分别为 24.61%、12.88%。

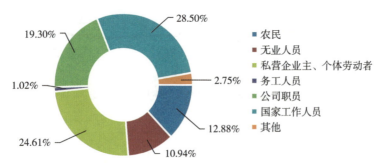

图 6-28 行贿罪审结案件被告人职业分布

第五节 玩忽职守罪

一、案件分布

(一)年份分布

从年份分布来看,2013—2017 年全国各级人民法院审结的玩忽职守罪案件的裁判文书共计 8 099 篇。其中,2014 年审结案件的裁判文书数量最多。

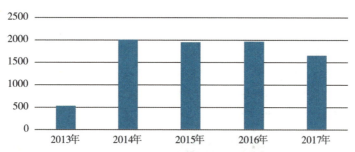

图 6-29 玩忽职守罪案件审结数年份分布(篇)

(二)地域分布

从地域分布来看,2013—2017 年全国各级人民法院审结的玩忽职守罪案件的裁判文书数量最多的五个省级行政区依次为河南省、河北省、山西省、山东省和辽宁省,分别为 1 102 篇、716 篇、538 篇、473 篇、448 篇;数量最少的三个省级行政区为宁夏回族自治区、青海省和西藏自治区,分别为 16 篇、12 篇、2 篇。

(三) 审级分布

从审级分布来看,2013—2017 年全国各级人民法院审结的玩忽职守罪案件中,一审审结案件的裁判文书数量为 6 169 篇,二审审结案件的裁判文书数量为 1 930 篇。整体上看,一审审结案件的裁判文书数量约为二审的 3.2 倍。其中,2014—2016 年,一审、二审审结案件的裁判文书数量变动均较小,具体变化趋势如图 6-30 所示。

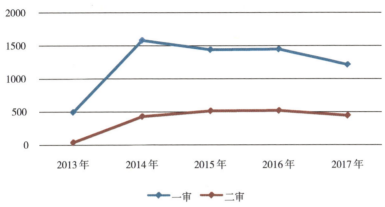

图 6-30 玩忽职守罪案件审结数审级分布(篇)

(四) 法院层级分布

从审理法院层级来看,2013—2017 年基层人民法院、中级人民法院、高级人民法院审结的玩忽职守罪案件的裁判文书数量依次为 6 133 篇、1 920 篇、19 篇,各自对应的占比依次为 75.98%、23.79%、0.23%。

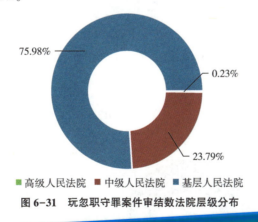

图 6-31 玩忽职守罪案件审结数法院层级分布

从适用程序来看,2013—2017 年基层人民法院审结的玩忽职守罪案件中,适用简易程序审结案件的裁判文书数量占比为 7.72%,适用普通程序审结案件的裁判文书数量占比为 92.28%。其中,2014—2017 年适用简易程序与适用普通程序审结案件的裁判文书数量均在小范围内波动,具体变化情形如图 6-32 所示。

图 6-32　基层人民法院审结玩忽职守罪案件适用程序分布（篇）

二、被告人情况

（一）性别分布

从裁判文书中提取到的被告人性别角度来看，2013—2017 年全国各级人民法院审结的玩忽职守罪案件中，男性被告人占比为 91.23%，女性被告人占比为 8.77%，男女比例约为 10.4∶1。

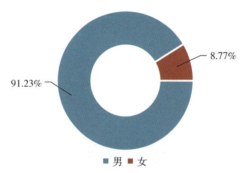

图 6-33　玩忽职守罪审结案件被告人性别分布

（二）文化程度分布

从裁判文书提取到的被告人文化程度来看，2013—2017 年全国各级人民法院审结的玩忽职守罪案件中，被告人中受过高等教育的数量占比为 63.28%。

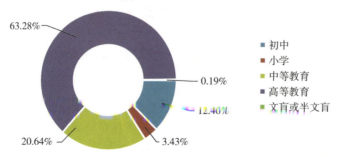

图 6-34　玩忽职守罪审结案件被告人文化程度分布

(三)职业分布

从裁判文书提取到的被告人职业情况来看,2013—2017 年全国各级人民法院审结的玩忽职守罪案件中,被告人职业为国家工作人员的数量占比为 92.45%,职业为农民的数量占比为 3.14%。

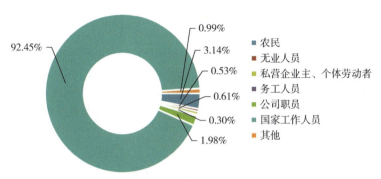

图 6-35 玩忽职守罪审结案件被告人职业分布

第六节 滥用职权罪

一、案件分布

(一)年份分布

从年份分布来看,2013—2017 年全国各级人民法院审结的滥用职权罪案件的裁判文书共计 7 466 篇。其中,2014—2015 年审结案件的裁判文书数量小幅下降,2015 年以后有所回升。

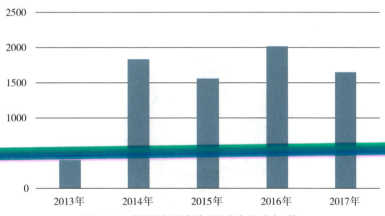

图 6-36 滥用职权罪案件审结数年份分布(篇)

(二) 地域分布

从地域分布来看,2013—2017 年全国各级人民法院审结的滥用职权罪案件的裁判文书数量最多的五个省级行政区依次为河南省、湖北省、山东省、安徽省和浙江省,分别为 888 篇、510 篇、475 篇、454 篇、448 篇;数量最少的三个省级行政区为天津市、青海省和西藏自治区,分别为 6 篇、5 篇、1 篇。

(三) 审级分布

从审级分布来看,2013—2017 年全国各级人民法院审结的滥用职权罪案件中,一审审结案件的裁判文书数量为 4 889 篇,二审审结案件的裁判文书数量为 2 577 篇。整体上看,一审审结案件的裁判文书数量约为二审的 1.9 倍。其中,2014 年以来,一审审结案件的裁判文书数量起伏较大,而二审审结案件的裁判文书数量缓慢增加,具体变化情形如图 6-37 所示。

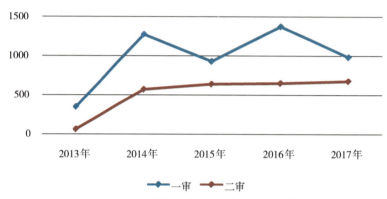

图 6-37　滥用职权罪案件审结数审级分布(篇)

(四) 法院层级分布

从审理法院层级来看,2013—2017 年基层人民法院、中级人民法院、高级人民法院审结的滥用职权罪案件的裁判文书数量依次为 4 759 篇、2 600 篇、91 篇,各自对应的占比依次为 63.88%、34.90%、1.22%。

图 6-38　滥用职权罪案件审结数法院层级分布

(五)适用程序分布

从适用程序来看,2013—2017 年基层人民法院审结的滥用职权罪案件中,适用简易程序审结案件的裁判文书数量占比为 5.55%,适用普通程序审结案件的裁判文书数量占比为 94.45%。2014 年以来,适用简易程序审结案件的裁判文书数量几乎没有变化,而适用普通程序审结案件的裁判文书数量起伏较大,具体变化情形如图 6-39 所示。

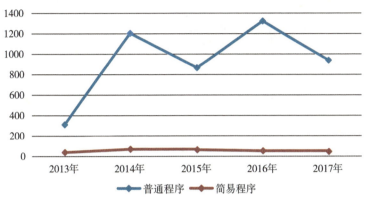

图 6-39　基层人民法院审结滥用职权罪案件适用程序分布(篇)

二、被告人情况

(一)性别分布

从裁判文书中提取到的被告人性别角度来看,2013—2017 年全国各级人民法院审结的滥用职权罪案件中,男性被告人占比为 91.13%,女性被告人占比为 8.87%,男女比例约为 10.3∶1。

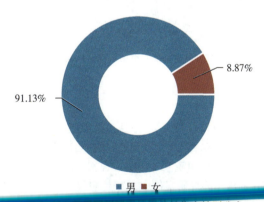

图 6-40　滥用职权罪审结案件被告人性别分布

(二)文化程度分布

从裁判文书提取到的被告人文化程度来看,2013—2017 年全国各级人民法院审结的滥用职权罪案件中,受过高等教育的被告人数量最多,占比为 64.47%。

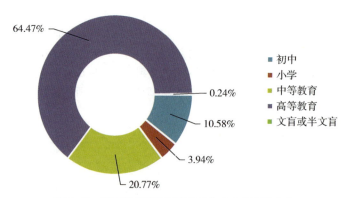

图 6-41 滥用职权罪审结案件被告人文化程度分布

(三) 职业分布

从裁判文书提取到的被告人职业情况来看,2013—2017 年全国各级人民法院审结的滥用职权罪案件中,被告人职业为国家工作人员的数量占比为 92.10%,职业为农民的数量占比为 3.07%。

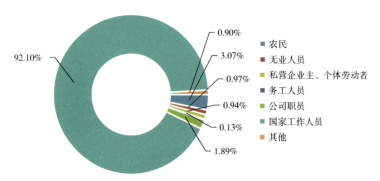

图 6-42 滥用职权罪审结案件被告人职业分布

三、案情特征

滥用职权罪的行为方式可以分为四类:一是超越职权,擅自决定或处理没有具体决定、处理权限的事项;二是玩弄职权,随心所欲地对事项作出决定或者处理;三是故意不履行应当履行的职责或者说任意放弃职责;四是以权谋私、假公济私,不正确地履行职责。① 2013—2017 年一审审结的滥用职权罪案件中,"超越职权"占比为 61.47%,"任意放弃职责"占比为 2.43%,"玩弄职权"占比为 1.22%,"以权谋私、假公济私,不正确履行职责"占比为 34.88%。

---

① 参见张明楷:《刑法学》(下)(第五版),法律出版社 2016 年版,第 1245 页。

第七节 徇私枉法罪

一、案件分布

(一) 年份分布

从年份分布来看,2013—2017年全国各级人民法院审结的徇私枉法罪案件的裁判文书共计556篇。其中,2016年审结案件的裁判文书数量最多。

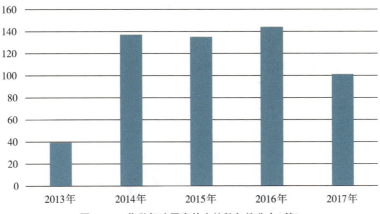

图6-43 徇私枉法罪案件审结数年份分布(篇)

(二) 地域分布

从地域分布来看,2013—2017年全国各级人民法院审结的徇私枉法罪案件的裁判文书数量最多的五个省级行政区依次为河南省、浙江省、广东省、安徽省和福建省,分别为71篇、51篇、50篇、45篇、42篇。

(三) 审级分布

从审级分布来看,2013—2017年全国各级人民法院审结的徇私枉法罪案件中,一审审结案件的裁判文书数量为335篇,二审结案件的裁判文书数量为221篇。整体上看,一审结案件的裁判文书数量约为二审的1.5倍。其中,2014年以来,一审审结案件的裁判文书数量起伏较大,而二审案件审结案件的裁判文书数量在2015年之前逐年增多,2015年后则逐年减少,具体变化趋势如图6-44所示。

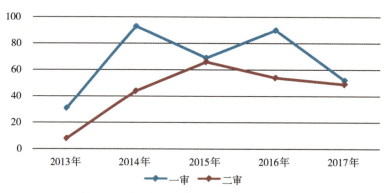

图 6-44 徇私枉法罪案件审结数审级分布(篇)

(四)法院层级分布

从审理法院层级来看,2013—2017 年基层人民法院、中级人民法院、高级人民法院审结的徇私枉法罪案件的裁判文书数量依次为 328 篇、226 篇、2 篇,各自对应的占比依次为 58.99%、40.65%、0.36%。

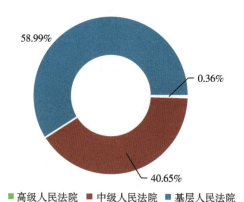

图 6-45 徇私枉法罪案件审结数法院层级分布

(五)适用程序分布

从适用程序来看,2013—2017 年基层人民法院审结的徇私枉法罪案件中,适用简易程序审结案件的裁判文书数量占比为 11.04%,适用普通程序审结案件的裁判文书数量占比为 88.96%。2014 年以来,适用简易程序审结案件的裁判文书数量缓慢减少,而适用普通程序审结案件的裁判文书数量则起伏较大,具体变化趋势如图 6-46 所示。

图 6-46　基层人民法院审结徇私枉法罪案件适用程序分布(篇)

二、被告人情况

(一)性别分布

从裁判文书中提取到的被告人性别角度来看,2013—2017 年全国各级人民法院审结的徇私枉法罪案件中,男性被告人占比为 98.23%,女性被告人占比为 1.77%,男女比例约为 55.5∶1。可以看出,相较于其他职务犯罪,徇私枉法罪中被告人为女性的案件数量占比较低。

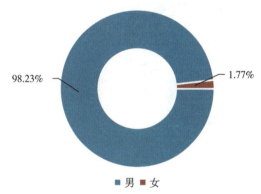

图 6-47　徇私枉法罪审结案件被告人性别分布

(二)文化程度分布

从裁判文书提取到的被告人文化程度来看,2013—2017 年全国各级人民法院审结的徇私枉法罪案件中,受过高等教育的被告人数量最多,占比为 72.51%。

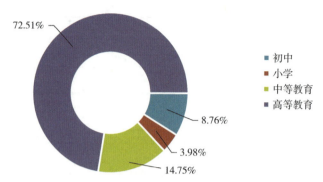

图 6-48 徇私枉法罪审结案件被告人文化程度分布

(三) 职业分布

从裁判文书提取到的被告人职业情况来看,2013—2017 年全国各级人民法院审结的徇私枉法罪案件中,被告人职业为国家工作人员的数量占比为 90.84%,职业为农民的数量占比为 4.12%。

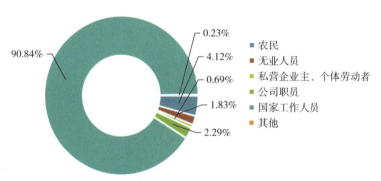

图 6-49 徇私枉法罪审结案件被告人职业分布

三、案情特征

徇私枉法罪的法定行为方式有三种,分别为明知是无罪的人而使他受追诉、明知是有罪的人而故意包庇不使他受追诉、在刑事审判活动中违背事实和法律作枉法裁判。2013—2017 年一审审结的徇私枉法罪案件中,上述三种法定行为方式的裁判文书数量占比分别为 15.67%、76.51%、7.82%。

第二编　数据聚焦：刑法重点罪名专题研究

第七章　走私犯罪专题研究

林　维* 　吴贻森**

第一节　综览:数据的呈现

一、案件基本情况的展示

本文数据主要来源于北京华宇元典信息服务有限公司提供的数据以及利用元典智库搜索引擎获取的案例与相关数据。华宇元典所提供的数据是对截至 2018 年 5 月 31 日已经上网的全国裁判文书进行智能分析而获得的。本文以华宇元典提供的数据为主,辅以有限的周边数据①进行分析。

(一)走私犯罪审结案件数量呈现波动上涨趋势

2013—2017 年全国审结走私犯罪案件总计 3 384 件,其中 2013 年审结 272 件,2014 年审结 750 件,2015 年审结 713 件,2016 年审结 944 件,2017 年审结 705 件。② 整体上看,2013—2017 年走私犯罪审结案件整体呈现波动上升趋势③,其中 2015 年审结案件数量略有下降,2016 年审结案件数量较前几年有明显的上升趋势,走私犯罪审结案件的增长量主要来源于 2016 年一审审结案件的增长量。

---

* 林维,中国社会科学院大学政法学院教授、法学博士。
** 吴贻森,中国社会科学院大学,硕士研究生。
① 主要包括个别地区法院发布的部分年份的走私犯罪报告等。
② 由于 2013 年裁判文书上网工作刚展开不久,大量文书未上传,此外,本次数据收集截止日为 2018 年 5 月 31 日,2017 年度文书未完全上传,因而 2013 年与 2017 年的裁判文书实际数据应当超出当前的统计结果。即便是裁判文书上传较为充分的 2014 年与 2016 年,也会因为部分判决文书未公开或者其他原因而导致实际提取的文书数量少于真实存在的文书数量。因此本文作分析时会尽可能从避免历年数据缺失程度干扰因素的角度着手。
③ 考虑到 2017 年文书的上网情况不完全,为了避免此种干扰,此外不分析 2017 年案件趋势。

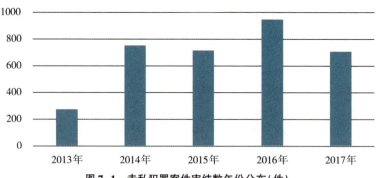

图 7-1　走私犯罪案件审结数年份分布(件)

根据国家统计局公布的 2013—2017 年公安机关立案的走私犯罪刑事案件数量①,五年间公安机关对走私犯罪刑事案件立案总计 11 819 件,其中 2013 年立案 1 853 件,2014 年立案 2 083 件,2015 年立案 2 199 件,2016 年立案 2 047 件,2017 年立案 3 277 件。从该组数据看,五年间走私刑事案件立案数量呈现递增趋势,且 2017 年的立案数量有明显增长。此项数据可以佐证基于裁判文书统计的走私犯罪案件的增长趋势并不只是裁判文书上网工作推进的结果,而是确实有着走私犯罪案件总量实际增长的客观基础。②

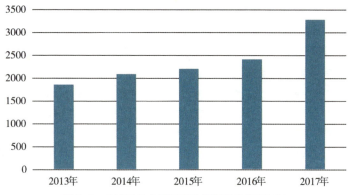

图 7-2　公安机关立案的走私犯罪案件情况(件)

2013—2017 年全国一审审结走私犯罪案件总计 3 158 件,其中 2013 年审结 265 件,2014 年审结 702 件,2015 年审结 657 件,2016 年审结 887 件,2017 年审结 647 件。2013—2017 年,

---

① 参见国家统计局网站关于公安机关立案的走私刑事案件数量统计数据,载国家统计局官网(http://data.stats.gov.cn/adv.htm? m=advquery&cn=C01),访问时间:2018 年 1 月 9 日。数据检索路径:国家统计局——国家数据/数据查询——年度数据——(指标)公共管理、社会保障及其他——公安机关立案的刑事案件——公安机关立案的走私刑事案件。

② 法院审结案件数量少于公安机关立案数量是正常情况。在不区分罪名的情况下,对国家统计局公布的 2013—2017 年人民法院审理刑事一审案件结案总数与公安机关立案的刑事案件总数进行对比,可以发现,五年间法院审理刑事一审审结案件总数大约占公安机关立案的刑事案件总数的 16.93%。基于裁判文书统计的走私犯罪案件数量的波动增长趋势与公安机关立案的走私犯罪刑事案件数量的持续增长趋势不一致,或许值得进一步的研究。

全国范围内的走私犯罪案件一审审结案件数量整体呈现浮动上升趋势,其中2015年一审审结案件数量较前几年相对减少,而2016年一审审结案件数量有明显的上升,此审结案件的增长量主要来源于走私普通货物、物品罪和走私毒品罪一审审结案件的增长量。

2013—2017年全国二审审结走私犯罪案件总计226件,其中2013年审结7件,2014年审结48件,2015年审结56件,2016年审结57件,2017年审结58件。2014—2017年,全国范围内的走私犯罪案件二审审结案件数量呈现轻微上涨趋势,整体波动较小。从相对比例来看,2013—2017年二审审结案件数量与一审审结案件数量的比值分别为2.60%、6.84%、8.52%、6.43%、8.96%,整体比例为7.16%。2014—2017年走私犯罪案件的二审比例呈现有规律的上下波动,偶数年比例有所下降而奇数年比例则相对提高。① 从绝对值与相对比例上看,2013年走私犯罪案件二审审结数量都明显偏低,或可推测在刚推行裁判文书上网工作的2013年,裁判机关对于走私犯罪案件的二审文书进行网上公开的意愿更低。

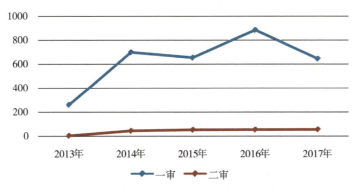

图7-3 走私犯罪案件审结数审级分布(件)

(二)中级人民法院审结案件数量占比呈现波动下降趋势

2013—2017年,全国基层人民法院审结走私犯罪案件共有120件,其中2013年有6件,2014年有19件,2015年有31件,2016年有31件,2017年有33件。

全国中级人民法院审结走私犯罪案件共有3 047件,其中2013年有258件,2014年有688件,2015年有627件,2016年有856件,2017年有618件。

全国高级人民法院审结走私犯罪案件共有211件,其中2013年有7件,2014年有43件,2015年有52件,2016年有55件,2017年有54件。

---

① 虽然部分二审案件来源于上一年结转而来的案件,但整体上,同年中二审案件占一审案件的比例也可以粗略地反映该年的上诉情况。

图 7-4　走私犯罪案件审结数法院层级分布(件)

可见,中级人民法院是审理走私犯罪案件最主要的审判机关,高级人民法院主要审理走私犯罪的上诉案件,基层人民法院辅助分流少量情节轻微的走私犯罪案件。最高人民法院不直接参与走私犯罪案件的审判。

对同一层级法院,从时间维度看,基层人民法院审结案件数量与高级人民法院审结案件数量基数相对较小,审结案件数量在 2013—2015 年有明显提升,此后 2015—2017 年均无明显增长。中级人民法院审结案件数量在 2016 年则出现明显增长。

对同一时间维度,从法院层级看,基层人民法院、中级人民法院、高级人民法院审结案件数量占总案件数量的比例,在 2013 年分别为 2.22%、95.20%、2.58%,在 2014 年分别为 2.53%、91.73%、5.74%,在 2015 年分别为 4.37%、88.31%、7.32%,在 2016 年分别为 3.29%、90.87%、5.84%,在 2017 年分别为 4.68%、87.66%、7.66%。对 2013—2017 年走私犯罪审结案件的法院层级分布进行整体观察,基层人民法院、中级人民法院、高级人民法院审结案件数量占总案件数量的比例分别为 3.55%、90.20%、6.25%。总的来说,中级人民法院审结案件数量占比整体呈现波动下降趋势,而基层人民法院与高级人民法院审结案件数量占比呈现波动上升趋势,即除 2013 年外,偶数年份中级人民法院审结案件数量占比高,基层人民法院与高级人民法院审结案件数量占比低,奇数年份则相反。此波动趋势与走私犯罪案件审级分布的波动趋势相符合。由于中级人民法院审理绝大多数的走私犯罪一审案件而高级人民法院以审理走私犯罪上诉案件为主,在二审比例较高的年份(奇数年)由高级人民法院审理的二审案件的相对数量便相应增加,高级人民法院审结案件数量的占比也相应提升。

图 7-5 不同层级人民法院审结走私犯罪案件所占比例

(三)经济发达与对外交通便利地区走私犯罪案件高发

全国 31 个省级行政区中(不包含港澳台地区),2013—2017 年走私犯罪总计审结案件数量在 100 件以上的有:广东省(1 661 件,占比 48.47%)、云南省(326 件,占比 9.51%)、广西壮族自治区(250 件,占比 7.30%)、浙江省(209 件,占比 6.10%)、福建省(196 件,占比 5.72%)、上海市(128 件,占比 3.74%)。

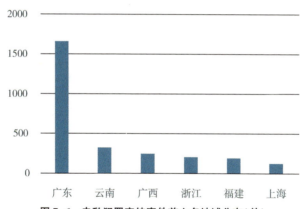

图 7-6 走私犯罪审结案件前六名地域分布(件)

上述案件审结数量在地域间的显著差异印证了影响走私犯罪案发量的两大因素——地理因素和经济因素。

区域的地理因素与走私犯罪的发生直接相关。尽管走私犯罪一般被视为行政犯,但走私行为的发生并非现代产物。"走私几乎是与设立海关、征收关税同时产生的""一般认为,我国海关的起源可以追溯至 3 000 年前的西周"。[①] 走私犯罪的前提是逃避海关监管,有海关的存在才有走私。历史上,关卡多是设立于边境地区,这些区域自然也是走私犯罪的多发地带。

---

① 陈晖:《走私犯罪论》(第二版),中国海关出版社 2012 年版,第 1 页。

而如今，随着交通运输业的不断发展，海路与航空的运输业得到大大强化，使得即使不处于边境位置的地区也能够与其他国家实现人员与货物的大量流通，非边境的海港、空港地区也成了走私犯罪案件的泛滥区域。占全国审结案件总数近乎一半的广东省同时具备了作为边境、海港、空港的三大地理要素。广东省接邻香港、澳门两个特别行政区，三地分属于不同的关税区，使得广东省虽未接邻他国但仍然具有边境属性。广东省坐拥广州港、湛江港、汕头港、深圳港、虎门港、佛山港等重要港口，是中国重要的出海通道。伴随着经济发展，广东省的航运能力也不可忽视，广州白云国际机场是中国三大门户复合枢纽机场之一，深圳宝安国际机场是中国四大航空货运中心及快件集散中心之一，中国十大机场中广东省独揽其二，还有粤西国际机场、湛江机场、梅州机场等具有相当规模的交通运输能力的机场。边境、海港、空港三大要素的齐聚使得广东省出入境人员数量、进出口货物流通量以及与不同国家或关税区的交流频率都远超其他省级行政区，进而也不可避免地成为走私犯罪的重灾区。其他2013—2017年总计案件审结数量在100件以上或接近100件的地区，无一不是具备边境、海港、空港中一项或多项要素。

经济因素包含两个层面，一是区域自身的经济发展水平，二是与邻接区域的市场差异性。

其一，区域自身的发展水平与走私犯罪的案件审结数量呈现正相关趋势。就以走私犯罪审结案件的裁判文书数量最为充足的2016年为例，GDP总量排名前十位的分别为广东省(1)[①]、江苏省(7)、山东省(10)、浙江省(6)、河南省(26)、四川省(8)、湖北省(19)、河北省(22)、湖南省(11)、福建省(6)，居走私犯罪审结案件数量前十者有其六。而GDP总量排名后十位的分别为吉林省(15)、云南省(2)、山西省(30)、贵州省(21)、新疆维吾尔自治区(14)、甘肃省(27)、海南省(28)、宁夏回族自治区(25)、青海省(31)、西藏自治区(29)，居走私犯罪审结案件数量后十者亦有其六。尽管GDP总量并不足以完全衡量一个地区的经济状况，但窥一斑而知全豹，该数据对地区经济状况的衡量仍然有一定的参考价值。

笔者认为，区域的经济发展水平通过影响当地的货物进出口数额影响走私犯罪案件数量。以2016年为例，全国31个省级行政区(除港澳台地区外)的进出口数额排名先后依次为：广东省(1)、江苏省(7)、上海市(6)、浙江省(4)、山东省(9)、福建省(5)、北京市(8)、天津市(11)、辽宁省(13)、河北省(23)、河南省(20)、重庆市(18)、四川省(10)、广西壮族自治区(3)、安徽省(27)、湖北省(15)、江西省(26)、陕西省(21)、新疆维吾尔自治区(19)、湖南省(16)、吉林省(14)、山西省(30)、云南省(2)、黑龙江省(17)、内蒙古自治区(12)、海南省(24)、贵州省(22)、甘肃省(28)、宁夏回族自治区(29)、西藏自治区(25)、青海(31)。[②] 可见走私犯罪案件数量排名与进出口数额排名基本呈正相关关系，而进出口数额排名与GDP总量排名趋势更显趋同。经济较为发达地区，往往对外贸易更为频繁，而商业进出口行为为同类型走私行为提供了犯罪化的基础和天然的掩护。

---

① 括号中的数字为该省份2016年度审结案件数量的全国省级行政区排名(不包含港澳台地区)，下文作相同处理。

② 参见国家统计局网站关于对外经济贸易中按境内目的地和货源地分货物进出口总额统计数据，载国家统计局官网(http://data.stats.gov.cn/adv.htm？m=advquery&cn=E0103)，访问时间：2018年1月9日。相关数据检索路径：国家统计局——国家数据/数据查询——地区数据——分省年度数据——(指标)对外经济贸易——按境内目的地和货源地分货物进出口总额——境内目的地和货源地分货物进出口总额——各地区数据。

其二，境内和境外两个市场的存在，是决定走私犯罪存在的直接经济原因。① 法律、政策、文化以及经济发展的差异化，造成间隔于海关两侧地区的商品在价格、供应量与流通性上存在差异，这种差异使得在两地转运销售某类商品的行为存在获取利益的可能性，而海关、关税及通关政策的存在或是提升了这种获利行为的成本或是限制了该类商品的流通数量，进而抬高了商品的基础价格或限制了商品的获取渠道，但同样也给逃避海关监管、偷逃关税的行为提升了巨大的利润空间。当海关阻隔造成了两个市场存在时，必然会导致走私行为的发生，两个市场的差异性越大，走私犯罪越猖獗。

以云南省与广西壮族自治区为例，二者经济发展水平在我国省级行政区中相对靠后，2016年GDP总量排名中，云南省为第23位，广西壮族自治区为第18位；在境内目的地和货源地进出口总额排名中，云南省为第23位，广西壮族自治区为第14位，但二者2016年走私犯罪案件审结数量排名分别为第2位和第4位，主要原因便是二者所在地区或境内市场与二者所连接的东南亚地区市场的巨大差异性。云南省多发走私毒品案件，2013—2017年审结走私毒品罪案件190件，占全国走私毒品罪审结案件总量的28.53%，占云南省走私犯罪审结案件总量的58.28%，其原因就在于我国严厉的禁毒政策和东南亚尤其是"金三角"地区猖獗的制毒贩毒活动造成的市场差异。同样，广西壮族自治区多发走私国家禁止进出口的货物、物品案件，2013—2017年审结走私国家禁止进出口的货物、物品罪案件133件，占全国走私国家禁止进出口的货物、物品罪审结案件总量的48.01%，占该自治区走私犯罪审结案件总量的53.2%。该自治区所走私的国家禁止进出口的货物、物品多为未经检疫的冷冻食品，此类食品价格在东南亚地区相较于境内已检疫食品的价格更低，且广西壮族自治区及邻近地区冷冻食品的销量更好，此市场之差异性带来的利润诱发了大量的走私犯罪。②

通过数据对比可以看出，地理因素决定走私犯罪案件数量的下限，而经济因素决定走私犯罪案件数量的上限。不具有边境、海港、空港等要素的地区，缺少海关严查的现实性，所发生的走私犯罪案件多是通过邮寄或其他运输手段入境，公安机关为追查同案犯而监视其邮寄至目的地被查收时才对走私物品与收件人进行控制。③ 区域本身的经济发展水平限制了此类地区对外流通的人员与商品数量，也就限制了走私犯罪案件发生的最大可能数量。从上述统计数据看，经济发展水平相对较低的边境地区（如内蒙古自治区、新疆维吾尔自治区）的走私犯罪案件审结数量一般低于非边境地区，但具有空港优势的经济较发达地区（如北京市、四川省），又往往超过中等经济发展水平而不具备边境、空港或海港要素的地区。

因此，就地理因素和经济因素而言，笔者认为，当下地理因素仍然是影响走私犯罪案件地域分布的主导因素，但经济因素的作用愈发重要，且随着空运能力的提升和电商经济的发展，经济因素可能将替代地理因素，成为决定走私犯罪案件地域分布的主导因素。

---

① 参见陈晖：《走私犯罪论》（第二版），中国海关出版社2012年版，第31页。
② 参见陈绪厚：《广西打私②｜一年查获冻品2万吨，出现一批"职业工种"》，载澎湃新闻（https://www.thepaper.cn/newsDetail_forward_1644099），访问时间：2018年12月30日。
③ 严格来说，这些走私犯罪的数量应当计入货物通关地的数额之中，因为只有逃避海关监管、偷逃税款或非法携带国家禁止、限制货物、物品进出境的行为才是刑法所要规制的走私行为，而通关之后的运输、销售等事后行为，不具有走私犯罪意义上的可罚性。因此真正的走私犯罪数量统计应当以走私通关地为标准，但本文主要以裁判文书数据为统计材料，数据上只能以审结案件的法院地为分类标准。

二、被告人情况的勾勒

(一)走私犯罪案件中单位犯罪比例呈现波动上升趋势

从裁判文书提取到的被告人信息来看,2013—2017年全国各级人民法院审结的走私犯罪案件中,被告人为自然人的占比为88.85%,为单位的占比为11.15%。从数据对比可见,走私犯罪案件中单位犯罪比例有上升趋势。

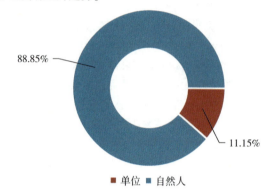

图7-7　走私犯罪审结案件被告人类别分布

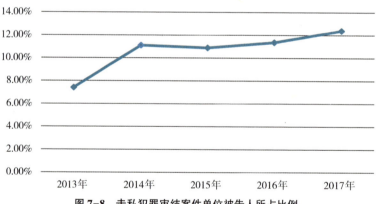

图7-8　走私犯罪审结案件单位被告人所占比例

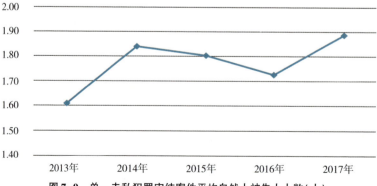

图7-9　单一走私犯罪审结案件平均自然人被告人人数(人)

(二)走私犯罪案件被告人多为男性,2013—2017 年女性占比略有降低

从裁判文书提取到的被告人性别信息来看,2013—2017 年全国各级人民法院审结的走私犯罪案件中,男性被告人占比为 83.06%,女性被告人占比为 16.94%。其中,2013 年女性被告人占比为 16.30%;2014 年女性被告人占比为 18.10%;2015 年女性被告人占比为 17.24%;2016 年女性被告人占比为 16.01%;2017 年女性被告人占比为 16.89%。整体来看,五年间被告人中女性占比略有降低。

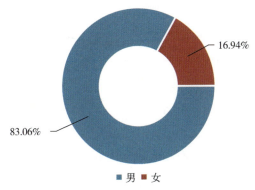

图 7-10　走私犯罪审结案件被告人性别分布

根据本书第一篇关于破坏社会主义市场经济秩序犯罪中 21 个主要罪名的统计数据,对比可见,走私犯罪相对于破坏社会主义市场经济秩序犯罪中 21 个主要罪名的整体情况而言,女性被告人占比偏低。2013—2017 年破坏社会主义市场经济秩序犯罪的 21 个主要罪名中女性被告人占比有上升趋势的同时而走私犯罪中女性被告人占比略有降低。

图 7-11　两类犯罪审结案件中女性被告人占比的年份分布

(三)走私犯罪略显高龄化趋势

从裁判文书提取到的被告人年龄信息来看,2013—2017 年这五年间,18～29 周岁的被告人占同年总计人数的比例分别为 18.18%、15.68%、15.25%、16.49%、14.46%,30～39 周岁占

同年总计人数的比例分别为32.06%、30.99%、30.27%、32.45%、32.81%,40~49周岁占同年总计人数的比例分别为37.32%、36.22%、34.14%、29.79%、29.84%,50~59周岁占同年总计人数的比例分别为8.61%、13.51%、14.29%、17.95%、17.42%。

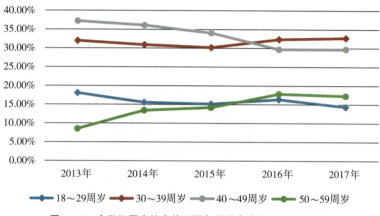

图7-12　走私犯罪审结案件不同年龄被告人占比的年份分布

上述数据至少说明两点:一是这几个年龄段的占比从时间跨度看都比较平稳;二是30周岁至39周岁与40周岁至49周岁,是2013—2017年走私犯罪案件中被告人总人数中最主要的分布年龄段,分别占2013—2017年间总数的31.98%和32.11%。

根据国家统计局发布的《2015年全国1%人口抽样调查主要数据公报》中的全国人口年龄构成数据,除港澳台地区之外的31个省、自治区、直辖市的人口中,0~14岁人口为22 696万人,占16.52%;15~59岁人口为92 471万人,占67.33%;60岁及以上人口为22 182万人,占16.15%,其中65岁及以上人口为14 374万人,占10.47%。同2010年第六次全国人口普查相比,0~14岁人口比重下降0.08个百分点,15~59岁人口比重下降2.81个百分点,60岁及以上人口比重上升2.89个百分点,65岁及以上人口比重上升1.60个百分点。① 因此,走私犯罪案件的高龄化趋势也是我国人口老龄化趋势的体现。

(四)走私犯罪案件不存在明显的学历门槛

从裁判文书提取到的被告人文化程度信息来看,2013—2017年全国各级人民法院审结的走私犯罪案件中,学历为初中的被告人数量占比35.17%,学历为小学的被告人数量占比24.64%,学历为中等教育的被告人数量占比19.00%,学历为高等教育的被告人数量占比16.20%,学历为文盲或半文盲的被告人数量占比4.99%。总体上,走私犯罪案件的被告人学历的相关性并不明显,走私犯罪不存在明显的学历门槛。

---

① 参见《2015年全国1%人口抽样调查主要数据公报》,载国家统计局官网(http://www.stats.gov.cn/tjsj/zxfb/201604/t20160420_1346151.html),访问日期:2018年12月7日。

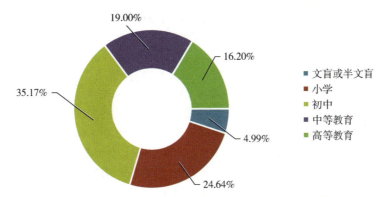

图 7-13　走私罪审结案件被告人文化程度分布

三、具体罪名适用情况的对比

走私犯罪涉及走私武器、弹药罪,走私核材料罪,走私假币罪,走私文物罪,走私贵重金属罪,走私珍贵动物、珍贵动物制品罪,走私国家禁止进出口的货物、物品罪,走私淫秽物品罪,走私废物罪,走私普通货物、物品罪以及走私毒品罪、走私制毒物品罪共计 12 个罪名。其中走私核材料罪、走私假币罪两个罪名在 2013—2017 年之间无公开的裁判文书数据,走私文物罪仅公开了 2014 年审结的 1 件案件,走私贵重金属罪在 2013—2015 年之间无公开的裁判文书数据,对于这 4 个缺少数据的罪名,不进行数据分析。

从走私犯罪各罪名审结案件二审占一审比例看,2013—2017 年走私武器、弹药罪的比例为 11.19%,走私珍贵动物、珍贵动物制品罪的比例为 2.62%,走私国家禁止进出口的货物、物品罪的比例为 7.83%,走私淫秽物品罪的比例为 12.00%,走私普通货物、物品罪的比例为 5.88%,走私废物罪的比例为 31.06%,走私毒品罪的比例为 3.17%,走私制毒物品罪的比例为 62.50%。走私废物罪与走私制毒物品罪的比例偏高,而走私珍贵动物、珍贵动物制品罪和走私毒品罪的比例较低。

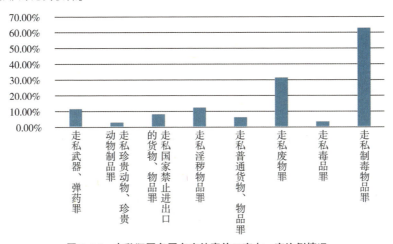

图 7-14　走私犯罪各罪名审结案件二审占一审比例情况

从审理程序上看,绝大多数走私犯罪案件适用普通程序审理。适用简易程序审结的走私犯罪的各罪名案件在基层人民法院审结案件中的比例分别为:走私武器、弹药罪,14.29%;走私珍贵动物、珍贵动物制品罪,37.04%;走私国家禁止进出口的货物、物品罪,18.18%;走私普通货物、物品罪,8.33%;走私毒品罪,28.26%;走私制毒物品罪,9.09%。

走私珍贵动物、珍贵动物制品罪和走私毒品罪较高的简易程序适用比例与前述二罪名在基层人民法院审理比例上相对较高的趋势一致,但走私制毒物品罪较低的简易程序适用比例则与其最高的基层人民法院审理比例相反,进一步考虑到走私制毒物品罪高达62.5%的二审占一审的比例,笔者认为这或许可以反映出有相当数量的走私制毒物品罪的被告人不认罪、对公诉机关指控事实并不完全接受或不接受一审判决的结果,有些被告人选择以从犯、初犯、认罪态度良好等情节作罪轻辩护,或是以走私货物非制毒物品或其未认识到是制毒物品而作无罪辩护。相对于其他走私犯罪而言,属于轻罪的走私制毒物品罪反而在大量判决中被被告人认为刑罚过重,也许值得考虑该罪当前的定罪量刑标准是否合理。

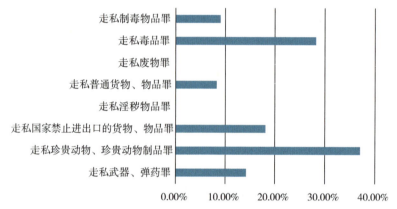

图 7-15　基层人民法院审结案件中的走私犯罪各罪名适用简易程序比例

第二节　检视:罪与罚的规范思考

一、定罪逻辑探究

(一)单位犯罪与个人犯罪的临界判断

我国刑法早期只处罚自然人犯罪,而不承认单位犯罪。1987年《中华人民共和国海关法》第一次确立了单位能够成为犯罪主体,继而1997年《刑法》在总则中设立单位犯罪一节,将单位犯罪正式纳入刑法之中。《刑法》第151条第4款、第152条第3款、第153条第2款、第347条第5款、第350条第3款均规定了单位犯罪条款,即所有的走私犯罪都有可能成立单位犯罪。然而与自然人犯罪不同,由于单位自身的特殊性,实务中如何具体认定单位犯罪一直以来都是令人困扰的难题。

1. 个人独资企业与一人公司

个人独资企业不是单位犯罪的适格主体,而实务中对于一人公司的认定以形式审查为主。1999 年最高人民法院发布的《关于审理单位犯罪案件具体应用法律有关问题的解释》(以下简称《单位犯罪解释》)第 1 条规定了具有法人资格的独资企业能够成为单位犯罪的主体。然而由于该司法解释出台时间较早,当时的规定与现在的情况不相适应。该条款中的独资企业可能存在争议。1998 年发布 2000 年施行的《中华人民共和国个人独资企业法》第 2 条定义了个人独资企业的概念:"本法所称个人独资企业,是指依照本法在中国境内设立,由一个自然人投资,财产为投资人个人所有,投资人以其个人财产对企业债务承担无限责任的经营实体。"但是从理论上看,个人独资企业中个人以自己的全部财产对法人承担无限责任,个人与法人的财产具有很强的一体性,难以认定为具有法人资格。但 1999 年当时有效的《中华人民共和国公司法》第 20 条第 1 款规定:"有限责任公司由二个以上五十个以下股东共同出资设立。"此又否认了一人公司的存在。那么立法者在《单位犯罪解释》中的独资企业所指称的对象就存在疑问了。

因此,过去有观点认为个人独资企业可以构成单位走私犯罪的主体,理由如下:其一,刑法没有明确规定独资企业不能构成单位走私犯罪的主体;其二,企业与自然人不同,尤其在财产上,二者法律地位不同,一些企业拥有成百上千名员工,其犯罪形态超出个人范畴,其行为体现企业的整体利益,对这些企业按照单位犯罪处理才能罚当其罪;其三,将独资企业排除出单位犯罪主体,不符合平等原则。此种观点不无道理,但依旧无法解决《单位犯罪解释》中对独资企业追加"具有法人资格"限定的问题。

2005 年修订的《中华人民共和国公司法》第 24 条修改了对有限责任公司人数的限制——"有限责任公司由五十个以下股东出资设立",并且此次修改在第二章第三节对一人有限责任公司进行了特别规定。那么将《单位犯罪解释》中所称具有法人资格的独资公司、企业,理解为 2005 年修订的《中华人民共和国公司法》下的一人公司,就不存在太大疑问了。

从 2013—2017 年全国各级人民法院审结的走私犯罪案件看,被告人所属单位为个人独资企业的案件有 26 件。这些案件中被告人的走私行为均被认定为自然人犯罪,对于此类案件中被告人以单位犯罪作为减轻刑罚的辩护理由也均被驳回。在被告单位是否为个人独资企业的认定上,除 4 件案件的认定标准不明外,其余案件均依照工商登记资料或企业营业执照进行认定,即在涉案单位是否为个人独资企业的问题上,司法实务中采取形式判断标准。

例如,陈某某走私普通货物、物品一案中[①],被告人陈某某经营杭州临安新天地炒货食品厂,主营加工业务,向香港瑞士果美有限公司、安某贸易有限公司等多家香港特别行政区供应商订购碧根果、夏威夷果、壳杏仁等各类进口干果。为达到偷逃税款、谋取非法利益的目的,被告人陈某某伙同高某、王某 1(均另案处理)等人,以变更原产地、借用边贸证等手段,假借边贸互市的方式从越南运输大量坚果入境,走私进口各类坚果共计 574.493 吨,货值人民币 1 677.6 万元。经杭州海关关税部门计核,造成国家税款损失共计人民币 5 011 350.16 元。公诉人以走私普通货物、物品罪对被告人陈某某提起指控。被告人的辩护人提出了"本案走私

[①] 参见浙江省杭州市中级人民法院(2016)浙 01 刑初 69 号刑事判决书。

普通货物的行为应系单位犯罪,而非个人犯罪"的辩护意见。法院采信的事实中包括杭州临安新天地炒货食品厂的企业情况登记表。该企业情况登记表证明,杭州临安新天地炒货食品厂成立于 2001 年 11 月 5 日,系个人独资企业;负责人为陈某某。该证据足以为为法院认定涉案单位杭州临安新天地炒货食品厂的性质提供形式判断的依据。

该案裁判文书的特殊之处在于,法院除了采纳上述形式判断的证据外,还从实质判断的角度分析了涉案单位的性质。法院认为,被告人陈某某经营的杭州临安新天地炒货食品厂系个人独资企业,由陈某某个人出资经营、承担经营风险并享有全部经营收益,属于典型的非法人企业;该案走私货物的购买、运输及加工销售均由被告人陈某某一人决策、控制;被告人陈某某个人账户与杭州临安新天地炒货食品厂对公账户往来频繁,个人资产与单位资产混同。综上,杭州临安新天地炒货食品厂在经营过程中不具有意志独立性和财务独立性,并非独立的拟制主体。该案犯罪行为系被告人陈某某的个人行为,系个人犯罪。辩护人的辩护意见与该案查证事实及相关法律不符,故法院不予采纳。此处法院的观点也足以说明个人独资企业不属于具有法人资格的独资企业而应当以自然人犯罪判处刑罚的原因。

当前更主要的问题在于,对于涉案单位为一人公司的走私犯罪,如何认定是否构成单位犯罪。从 2013—2017 年全国各级人民法院审结的走私犯罪案件看,涉案单位为一人公司的案件有 4 件:上海中屹能源贸易有限公司、上海中屹燃料有限公司等走私普通货物、物品一案①与樊某某走私普通货物、物品一案②两起案件依照涉案单位的一人公司性质直接认定涉案行为人的走私犯罪行为属于单位犯罪;文某某等走私普通货物、物品一案③中法院并未说明认定涉案行为人的走私行为属于自然人犯罪的理由,但是根据判决书内容可以看出,该案中的涉案单位实际是为实行走私犯罪活动而设立的公司,因此应当依据《单位犯罪解释》第 2 条的规定认定为自然人犯罪;何某广走私普通货物、物品一案④中,由于被告人走私时未使用单位名义,而是"用私人名义购物然后列入公司账目",且走私所获利益是否归于单位也难以确认,因此不被认定为单位犯罪。从以上 4 件案件不难看出,法院对于涉案单位为一人公司的走私犯罪是否构成单位犯罪,基本采取了形式判断的标准。

总而言之,依照当前的立法应按照体系解释将《单位犯罪解释》中的独资企业视为一人公司,而个人独资企业不是单位犯罪的适格主体。司法实务中,法院在审理涉及独资企业且行为具有单位犯罪外观的走私犯罪案件时,会主要考察企业的工商登记信息等形式要件,在不违反其他解释条款的前提下,以工商登记信息中企业的性质来判断其是否属于《单位犯罪解释》中具有法人资格的独资企业,进而确定是否属于单位犯罪。

2."为犯罪设立公司"与"以实施犯罪为主要活动"

《单位犯罪解释》第 2 条规定:"个人为进行违法犯罪活动而设立的公司、企业、事业单位实施犯罪的,或者公司、企业、事业单位设立后,以实施犯罪为主要活动的,不以单位犯罪论处。""个人为进行违法犯罪活动而设立的公司、企业、事业单位实施犯罪的"与"公司、企业、事业单位设立后,以实施犯罪为主要活动的"两种情形中,对于前者在司法实践的适用中不存

---

① 参见山东省烟台市中级人民法院 (2014) 烟刑二初字第 10 号刑事判决书。
② 参见广东省广州市中级人民法院 (2016) 粤 01 刑初 629 号刑事判决书。
③ 参见广东省深圳市中级人民法院 (2017) 粤 03 刑初 101 号刑事判决书。
④ 参见广东省深圳市中级人民法院 (2014) 深中法刑二初字第 354 号刑事判决书。

在理解上的分歧,但存在适用上的困难,而后者的难点在于对"主要活动"的理解和认定。

从 2013—2017 年全国各级人民法院审结的走私犯罪案件看,涉及《单位犯罪解释》第 2 条适用的案件共有 19 件,其中 14 件适用《单位犯罪解释》第 2 条而被认定为不成立单位犯罪,另外 5 件因为证据不足而不适用该条。14 件案件中,3 件以"个人为进行违法犯罪活动而设立的公司、企业、事业单位实施犯罪的"为由被认定为不构成单位犯罪;7 件以"公司、企业、事业单位设立后,以实施犯罪为主要活动的"为由被认定为不构成单位犯罪;1 件被认定同时符合两个条件而不构成单位犯罪;3 件具体适用哪个条件在判决书中不明确,从案情以及判决书提供的证据与说明上看,笔者认为应当是适用后一条件。"公司、企业、事业单位设立后,以实施犯罪为主要活动的"条件的适用比例高于"个人为进行违法犯罪活动而设立的公司、企业、事业单位实施犯罪的"条件,此情况的出现也说明了"个人为进行违法犯罪活动而设立的公司、企业、事业单位实施犯罪的"条件存在更高的证明标准及对言辞证据更高的依赖程度所导致的认定困难问题。

根据 2002 年最高人民法院、最高人民检察院、海关总署《关于办理走私刑事案件适用法律若干问题的意见》(以下简称 2002 年《走私意见》)的规定,个人为进行违法犯罪活动而设立的公司、企业、事业单位实施犯罪的,或者个人设立公司、企业、事业单位后,以实施犯罪为主要活动的,不以单位犯罪论处。单位是否以实施犯罪为主要活动,应根据单位进行走私行为的次数、频度、持续时间、单位进行合法经营的状况等因素综合考虑认定。该规定为"公司、企业、事业单位设立后,以实施犯罪为主要活动的"条件设立了一个相对可操作的标准,使得《单位犯罪解释》第 2 条在司法实践中能够更方便地适用。

"个人为进行违法犯罪活动而设立的公司、企业、事业单位实施犯罪的"条件不仅在具体适用上存在困难,在理论上也存在疑义。"如果某人为了进行违法犯罪活动而专门设立了一家公司,在设立之初做了一小单走私犯罪(刚够起刑点)之后就幡然醒悟,其后几年来一直干合法生意,如果要将这种情形认定为个人犯罪恐怕不大合理。"①此种情形下如果将行为人认定为自然人犯罪,那么与"公司、企业、事业单位设立后,以实施犯罪为主要活动的"条件背后的逻辑——对走私犯罪的主体性质作整体性评价——可能有所冲突。

基于此,笔者建议,司法机关在实践中尽量以"公司、企业、事业单位设立后,以实施犯罪为主要活动的"条件作为认定走私行为不构成单位犯罪的主要标准,这既与当前司法实践中的多数做法相契合,操作性更强,也能够避免评价标准上的矛盾。

3. 单位意志与利益归属

2002 年《走私意见》第 18 条规定了认定为单位犯罪的条件,即具备下列特征的,可以认定为单位走私犯罪:①以单位的名义实施走私犯罪,即由单位集体研究决定,或者由单位的负责人或者被授权的其他人员决定、同意;②为单位谋取不正当利益或者违法所得大部分归单位所有。

结合《单位犯罪解释》第 3 条的规定,可以认为将走私行为认定为单位犯罪的核心区分要素有二——单位意志要素和利益归属要素。较为常见的观点认为单位犯罪的构成要素有三——在单位意志要素和利益归属要素之前还应当有单位名义要素——"根据刑法和相关司

---

① 晏山嵘编著:《走私犯罪判例释解与辩点分析》,中国法制出版社 2018 年版,第 121 页。

法解释等规范性文件的规定,成立单位犯罪,需要具备三个要件:一是以单位的名义实施;二是由单位决定,代表单位意志;三是犯罪所得归单位所有。"①笔者认为,尽管单位名义要素在理论上是构成单位犯罪所必不可少的要素之一,但其在单位犯罪与自然人犯罪的精确区分上缺少实质意义,其与单位意志要素和利益归属要素并非在同一个层次上。单位意志要素和利益归属要素都需要法官结合具体案件,根据事实上单位决策机关或主管人员的决策内容、意志影响与最终利益分配多寡来实质性地判断走私犯罪构成与否,二者属于实质判断要素。而单位名义要素不同,仅以外观上的单位名义的缺失可以否定单位犯罪存在,而不以单位名义适用的真伪来实质性地区分单位犯罪与自然人犯罪,一般认为单位名义要素属于形式判断要素。三要素说解决的是构成层面的单位犯罪问题,但在具有单位犯罪外观和自然人犯罪实质的疑难案件中如何具体认定犯罪性质所依靠的只有单位意志要素和利益归属要素。

绝大多数的走私犯罪案件的审判都能够凭借三要素完成其在单位犯罪和自然人犯罪上的归类。但是,如果行为人在走私行为的过程中从始至终未曾借用单位名义,但其身份是单位负责人或其行为由单位决策机关决策决定,且其将利益最终归属于单位,此种情形下是否应当认定为单位犯罪?如果严格依照三要素说,当然可以直接认定走私行为不构成单位犯罪。然而从2013—2017年司法案例上看,并没有案例直接以走私行为实施时未曾使用单位名义为由直接驳回被告人主张单位犯罪的辩护理由。例如,在何某广走私普通货物、物品一案②中,被告人在香港特别行政区购买手表、箱包、皮带等奢侈品后未向海关报关,在随身携带需申报物品通过乘坐小车从皇岗口岸无申报小车通道入境时被海关抽查查获。被告人辩称其是为了奖励单位员工而购买商品并走私,应认定为单位犯罪。如果依照三要素说,行为人实施走私行为时未曾使用单位名义,可以直接不认定为单位犯罪。然而,该案判决并未讨论行为人的走私行为是否使用单位名义,而是认定"为了奖励单位员工而购买商品并走私"的辩解在证言上有反复,相关证据不足,不构成单位犯罪,即法院选择了以利益归属要素判断单位犯罪的构成与否。

该案也反映了单位名义要素的局限性,在不可能使用单位名义的走私场景下,例如无申报程序的通关走私和绕关走私,单位名义要素就失去了判断单位犯罪构成的价值。而且在缺乏形式判断要素的场合,也不可能对单位名义要素进行实质性的判断。单位名义要素自身不存在违法或罪责的实质内核,其所代表的违法与罪责内容仍需要从单位意志要素中寻找。"成立单位犯罪所要求的'以单位的名义',不仅是一个形式要件,更是一个有着具体内容的实质要件。该实质内容即为单位意志。"③换言之,无论单位名义要素的实质内涵是否归属单位意志要素,进行实质判断的内容只有单位意志要素和利益归属要素。因此2002年《走私意见》合并了单位名义要素与单位意志要素,以单位名义要素为形式表征,以单位意志要素为实质内涵,将两者统一于一个要素中。

需要进一步讨论的是,单位意志要素与利益归属要素究竟何者才是区分单位犯罪与自然

---

① 最高人民法院刑事审判第二庭编著:《〈最高人民法院、最高人民检察院关于办理走私刑事案件适用法律若干问题的解释〉理解与适用》,中国法制出版社2015年版,第377页。
② 参见广东省深圳市中级人民法院(2014)深中法刑二初字第354号刑事判决书。
③ 最高人民法院刑事审判第二庭编著:《〈最高人民法院、最高人民检察院关于办理走私刑事案件适用法律若干问题的解释〉理解与适用》,中国法制出版社2015年版,第391—392页。

人犯罪的关键?

一种观点以利益归属要素为核心,认为"区分单位走私犯罪与个人走私犯罪的关键在走私的目的和走私后违法所得的归属,而不在于是否以单位名义走私"。"在司法实践中,下列走私行为不能视为单位走私:(1)单位走私,非法所得归私人所有的;(2)自然人借单位名义进行走私,非法所得归私人所有的;(3)私营、外资企业进行走私,非法所得归私人所有;(4)以走私为目的,而非法成立的组织,或未经工商行政管理部门予以批准,擅自成立'公司''中心'等,以单位名义进行走私,共同分取违法所得的。"①这个观点不无道理,也得到了司法实务的支持。从2013—2017年全国各级人民法院审结的走私犯罪案件看,在单位犯罪问题上存在争议时,约45%的法院裁判内容对于利益归属要素进行了具体判断,约35%的法院裁判内容对于单位名义要素进行了认定,仅约5%的法院裁判内容对于单位意志要素进行了说明。此种情况的出现,一方面说明了利益归属问题因在实践中更容易被举证而为司法裁判者所青睐,另一方面也反映了2002年《走私意见》合并单位名义要素和单位意志要素所带来的问题,即法院在形式上认定单位名义要素后往往不再主动对单位意志要素进行实质判断,而是直接认定利益归属要素,此种认定方式形式上确实符合2002年《走私意见》的内容,但与其将单位名义要素实质化为单位意志要素的内在精神不相符。

另一种观点主张,区分的关键不在于利益归属要素,是否体现单位意志才是区分单位犯罪与个人犯罪的最重要区别。② 单位犯罪是单位自身意志支配下实施的严重危害社会的行为,作为法律拟制的组织体,其意志和行为均具体来源于单位组成的人员。单位意志来源于自然人意志又不同于自然人意志,决定了单位犯罪具有不同于自然人犯罪的特质。任何行为都是由一定意志支配的,行为意志对于行为性质的认定具有根本性的判定作用。③ 即便是单位法定代表人或负责人的行为也要看其是否代表了单位意志,而不是简单看其是否为了单位利益或违法所得是否归单位所有。④ 在此基础上甚至有更进一步的主张认为,单位名义要素和利益归属要素实质上都是单位意志要素的外在表现,是判断单位意志要素有无的辅助标准。此种理解是对司法实践中法院裁判更倾向于利益归属要素和单位名义要素认定的现状的解释,但对于2002年《走私意见》并列单位意志要素和利益归属要素的规定有所矛盾。

笔者认为,理论上,将单位意志要素视为区分单位犯罪与自然人犯罪的核心要素更为妥当。单位犯罪不同于多个自然人共同犯罪,其犯罪行为的发生不是来自数个自然人合意后的共同行为,而是在单位内部分工负责,由决策机构或直接负责人进行决策,指定单位成员具体实施。相对于多个自然人共同犯罪而言,单位犯罪具有整体性,所有的单位成员在协同意志的指引下,发挥各自的功能,合作完成犯罪。在一起单位犯罪中,并非所有行为人都能影响犯意的形成,也并非单位所有人都参与了犯罪的实行。如果不整体地考虑单位犯罪,而是片面地根据各个主体的行为进行定性,往往将决策犯罪的直接负责人认定为教唆犯,将服从命令的具体实行者认定为正犯,可能导致单位负责人的处罚轻于具体实行者的情况,这样的结论

---

① 张大春:《走私罪研究》(第2版),中国海关出版社2013年版,第103页。
② 参见李翔:《单位犯罪司法实证研究:我国单位犯罪制度的检视与重构》,上海人民出版社2016年版,第37页。
③ 参见晏山嵘编著:《走私犯罪判例释解与辩点分析》,中国法制出版社2018年版,第111—113页。
④ 参见黎宏:《单位刑事责任论》,清华大学出版社2001年版,第247页。

恐怕并不妥当。因此对于单位犯罪应当进行整体性的考查,犯罪行为的罪责由单位整体负责。将单位各个成员联系为一个整体的纽带,不在于利益归属,而在于基于单位成员的协同而产生的单位意志。"单位意志不是单位内部某个成员的意志,也不是各个成员意志的简单相加,而是单位内部成员在相互联系、相互作用、协调一致的条件下形成的意志。"①这种意志反映了单位内各个自然人成员作为单位内在部分的联系性。

《单位犯罪解释》第3条规定的"盗用单位名义实施犯罪,违法所得由实施犯罪的个人私分的,依照刑法有关自然人犯罪的规定定罪处罚",认定行为性质属于自然人犯罪的关键不在于利益归个人所有,而是行为人以自身意志代替单位意志实施了犯罪。"盗用单位名义"说明行为人的意志已经脱离了单位意志而独立存在,"违法所得由实施犯罪的个人私分"也说明个人意志在犯罪中起主导地位。进而言之,"违法所得由实施犯罪的个人私分"不等同于利益归个人所有,并不体现利益归属的结果而是说明利益分配的过程,行为人私自决定将所有违法所得分予单位也是个人私分。即便个人决定将所得利益归为单位所有,也并不是单位成员协调一致形成的单位意志所决定的结果,不能否认个人犯罪的性质。"犯罪的本质是侵害法益而不是行为人取得利益"②,共同犯罪后的分赃结果对于行为的性质没有影响,其只能从侧面印证共同犯罪中各个成员所扮演的角色的重要性或某些成员相对于他人的优势地位,而不能直接证明行为对法益侵害结果的重要程度,在单位犯罪中亦是如此。

然而现实的问题在于,利益归属要素能够通过大量的客观事实进行认定,判定准确且标准一致,而单位意志要素往往更多依赖于涉案人员的证词,认定结论更多是看法官心证。在学理研究或法律解释文件能够将单位意志要素具体化、客观化、统一化之前,恐怕在未来相当一段时间内,司法实践仍然需将利益归属要素作为区分单位犯罪与自然人犯罪的核心要素。

(二)走私国家限制进出口的货物、物品行为的定罪疑虑

2009年《刑法修正案(七)》将第151条第3款"走私珍稀植物、珍稀植物制品罪"修改为"走私国家禁止进出口的货物、物品罪"。修正后的条款中"其他国家禁止进出口的货物"指的是"本条所列货物、物品以外的,被列为国家禁止进出口物品目录或者法律法规规定禁止进出口的货物、物品,如来自疫区的动植物及其制品、古植物化石等"③。学理上,该款被视为走私特殊货物、物品罪的兜底条款,而第153条走私普通货物、物品罪则被理解为能够符合偷逃应缴税额构成要件前提下的前9种走私犯罪及走私毒品罪、走私制毒物品罪的兜底条款。那对于走私国家限制进出口的货物、物品的行为,究竟应当以走私国家禁止进出口的货物、物品罪进行规制还是以走私普通货物、物品罪进行规制?此问题在《刑法修正案(七)》出台之后一直有争议。

在《刑法修正案(七)》出台之前,对于刑法中具体列举的走私对象以外的禁止进出口的物品,以走私普通货物、物品罪定罪处罚。2002年《走私意见》第8条规定:"走私刑法第一百五十一条、第一百五十二条、第三百四十七条、第三百五十条规定的货物、物品以外的,已被国家明令禁止进出口的货物、物品,例如旧汽车、切割车、侵犯知识产权的货物、来自疫区的动植

---

① 张明楷:《刑法学》(上)(第五版),法律出版社2016年版,135页。
② 张明楷:《法益初论》,中国政法大学出版社2000年版,第368页。
③ 全国人大常委会法制工作委员会刑法室编:《中华人民共和国刑法条文说明、立法理由及相关规定》,北京大学出版社2009年版,第239页。

物及其产品等,应当依照刑法第一百五十三条的规定,以走私普通货物、物品罪追究刑事责任。"显然,此规定是为了弥补立法漏洞而将走私普通货物、物品罪视为其他列明具体走私对象的罪名的兜底条款。那么在《刑法修正案(七)》出台之前,对于走私未列明的其他限制进出口货物、物品的行为以走私普通货物、物品罪进行规制,显然是符合此司法解释弥补立法漏洞的精神。《刑法修正案(七)》修正的走私国家禁止进出口的货物、物品罪的目的同样在于弥补走私禁止进出口货物、物品行为的立法漏洞,不过也忽视了对限制进出口货物、物品的规定。从当然解释的角度出发,将走私限制进出口货物、物品的行为评价为走私普通货物、物品的行为并无不当,这种理解也可以看作对2002年《走私意见》适用情形的延续。

2014年最高人民法院、最高人民检察院颁布的《关于办理走私刑事案件适用法律若干问题的解释》(以下简称《走私解释》)对此问题进行了规定。《走私解释》第21条规定:"未经许可进出口国家限制进出口的货物、物品,构成犯罪的,应当依照刑法第一百五十一条、第一百五十二条的规定,以走私国家禁止进出口的货物、物品罪等罪名定罪处罚;偷逃应缴税额,同时又构成走私普通货物、物品罪的,依照处罚较重的规定定罪处罚。取得许可,但超过许可数量进出口国家限制进出口的货物、物品,构成犯罪的,依照刑法第一百五十三条的规定,以走私普通货物、物品罪定罪处罚。租用、借用或者使用购买的他人许可证,进出口国家限制进出口的货物、物品的,适用本条第一款的规定定罪处罚。"

很显然,该解释将限制进出口物品理解为特殊的国家禁止进出口物品,即限制进出口物品与国家禁止进出口物品本质相同,只是在特殊条件下,限制进出口物品具有应税货物、物品的性质。双重性质的条件决定了限制进出口物品能够依照走私国家禁止进出口的货物、物品罪和走私普通货物、物品罪定罪处罚。在取得许可的条件下,由于禁止进出口层面上的违法性被消解,仅剩余偷逃税款层面的违法性,因此仅依据走私普通货物、物品罪处罚。该解释给司法实践提供了确定的指引,解决了理论上关于走私限制进出口的货物、物品行为的定性争议,但该解释是否合理可能还存在一定的疑问。

在《走私解释》出台之前,对于走私未在刑法中具体列明的限制进出口货物、物品的行为,司法实务中倾向于以走私普通货物、物品罪进行认定。在《走私解释》出台之后,司法机关则严格依照司法解释的规定,根据不同情形对走私限制进出口货物、物品的行为,分别按走私禁止进出口的货物、物品罪和走私普通货物、物品罪处理。尽管《走私解释》关于限制进出口货物、物品的条款在实务中的到了确切的落实,但如果不考虑司法解释的影响,司法机关则更倾向于将走私限制进出口货物、物品的行为认定为走私普通货物、物品罪而非走私国家禁止进出口的货物、物品罪。那么,在反观《走私解释》条款的合理性时,就不得不考虑将走私限制进出口货物、物品的行为解释为走私国家禁止进出口的货物、物品的行为是否存在类推解释之嫌?

《走私解释》第21条第1款后段规定,"偷逃应缴税额,同时又构成走私普通货物、物品罪的,依照处罚较重的规定定罪处罚"。该款之表述确定了走私普通货物、物品罪与走私限制进出口货物、物品情形下的走私国家禁止进出口货物、物品罪的想象竞合关系。如此,主张走私普通货物、物品罪与其他列明具体犯罪对象的走私犯罪之间具有补充的法条竞合关系的理解难免有不当之处。

《走私解释》第21条第2款规定:"取得许可,但超过许可数量进出口国家限制进出口的货物、物品,构成犯罪的,依照刑法第一百五十三条的规定,以走私普通货物、物品罪定罪处罚。"那么对超出许可数量范围的走私行为仅以走私普通货物、物品罪处罚是否合适?走私犯罪保护的法益是国家外贸管理秩序,这种秩序包含两个层面,一是国家对进出口货物、物品的流通管制,主要体现于《刑法》第151条与第152条所包含的罪名;二是国家对进出口货物、物品的税收管理,主要体现于《刑法》第153条规定的走私普通货物、物品罪。当然一行为可能同时侵犯上述两个层面的秩序,此时便在法条规定的范围内优先适用保护国家对进出口货物、物品的流通管制的罪名进行处罚。将走私限制进出口货物、物品的行为,以是否取得许可作为适用罪名的区分标准有其合理性。未取得许可的走私行为侵害了国家对进出口货物、物品的流通管制秩序,认定为走私国家禁止进出口的货物、物品罪才能实现对法益的完整保护;取得许可但偷逃税款的走私行为无害于国家对进出口货物、物品的流通管制秩序但有损国家对进出口货物、物品的税收管理秩序,因此以《刑法》第153条规定的走私普通货物、物品罪论处,尽管不在《走私解释》的规定范围内,但也是应有之义。然而对于"取得许可,但超过许可数量进出口国家限制进出口的货物、物品"的行为,超出许可数量部分的走私行为显然侵害了国家对进出口货物、物品的流通管制秩序,没有理由不以走私国家禁止进出口的货物、物品罪论处。《走私解释》简单地以是否取得许可作为区分走私国家禁止进出口的货物、物品罪和走私普通货物、物品罪的标准,意味着适用何种罪名不在于行为侵犯何种法益,而在于行为人是否具备一定的资格,这就使得走私限制进出口货物、物品类型的走私国家禁止进出口的货物、物品罪在一定程度上具有了身份犯特征,这是在刑法关于走私犯罪的条文中所不曾体现的。此外,从法律后果的层面考察,《走私解释》第21条的规定相较于过往司法实践中的处理而言,刑罚后果更重,这与《走私解释》提高定罪量刑标准以实现对走私犯罪轻刑化的趋势相违背,也与近年来的走私犯罪审结案件裁判结果不相符。

因此,笔者认为,尽管该解释条文的出台直接解决了关于走私限制进出口货物、物品行为的定罪问题的纷争,给司法机关提供了有效的指导,但该解释本身与其整体精神相矛盾且对原刑法条文内容的有所超越,难逃类推解释之嫌,其合理性或许还值得进一步讨论。

(三)走私珍贵动物、动物制品罪减免处罚条款的适用分析

2002年《走私意见》第7条规定了走私珍贵动物、珍贵动物制品罪的出罪及减轻刑罚条款:"走私珍贵动物制品的,应当根据刑法第一百五十一条第二、四、五款和《最高人民法院关于审理走私刑事案件具体应用法律若干问题的解释》(以下简称《解释》)第四条的有关规定予以处罚,但同时具有下列情形,情节较轻的,一般不以犯罪论处:(一)珍贵动物制品购买地允许交易;(二)入境人员为留作纪念或者作为礼品而携带珍贵动物制品进境,不具有牟利目的的。同时具有上述两种情形,达到《解释》第四条第三款规定的量刑标准的,一般处五年以下有期徒刑,并处罚金;达到《解释》第四条第四款规定的量刑标准的,一般处五年以上有期徒刑,并处罚金。"

该规定要求在被告人同时具备上述条件的情形下可以对被告人减一档处罚乃至出罪。然而该条规定出台之后在适用上存在诸多困难,最主要的困难来自于"珍贵动物制品购买地允许交易"这一条件难以证实。

"由于走私的珍贵动物制品大多来自非洲国家,这些国家往往对我国法院通过外交渠道发出的查询是否属于'珍贵动物制品购买地允许交易'的函不予回应,因此自2002年《走私意

见》施行以来,司法实践查处的走私珍贵动物制品案件含有能够查明同时具备上述两种情形的,造成《走私意见》第 7 条在实际上无法适用。"①

面对此种困境,为了避免处罚的扩大化并回应该解释条款妥当调整对走私珍贵动物、动物制品罪刑罚的目的,司法机关对于 2002 年《走私意见》进行了灵活适用。例如,在具体裁判时选择了以存疑时有利于被告人原则的路径扩大对该条款的适用。在许某某走私珍贵动物制品一案②中,对于被告人"不具有买卖和牟利目的"的辩护意见,在无法查明当地是否允许涉案珍贵动物制品交易的情况下,法院认为"本案现有证据尚不足以证明涉案象牙制品来源地不允许象牙交易和许方兵具有牟利目的",进而采纳该辩护意见,适用 2002 年《走私意见》第 7 条对被告人进行减轻处罚。

又如,司法机关对"珍贵动物制品购买地允许交易"作扩大理解以增加可适用性。在任某某走私珍贵动物、珍贵动物制品罪一案③中,被告人出于收藏纪念的目的而购买了象牙制品但知晓当地禁止象牙交易,不过当地法律究竟是否允许象牙交易的事实并未查实,法院以"鉴于本案珍贵动物制品购买地存在事实上的市场交易,且在案无证据证明任某某携带大量珍贵动物制品具有牟利的目的"为由,适用 2002 年《走私意见》对被告人进行减轻处罚。严格来说,法院将"珍贵动物制品购买地允许交易"扩张解释为包含"珍贵动物制品购买地存在事实上的市场交易"的做法是不妥当的。一方面,至少在该案行为人对于本地禁止珍贵动物制品交易有认识的情况下,这种解释缺乏理论上的支持。"珍贵动物制品购买地允许交易"的条件能够作为被告人减轻刑罚乃至出罪的事由,在于推定行为人基于对交易合法性的信赖而产生了对走私行为违法性的认识错误进而减轻乃至阻却责任,而不在于行为人未对当地市场交易秩序或动物资源保护造成破坏进而减轻或阻却违法性。走私珍贵动物、动物制品罪的保护法益,核心在于海关对珍贵动物、珍贵动物制品进出境环节的监管制度,依不同观点可能认为还涉及一国对珍贵动物资源的保护和管理制度,但并不包括国外的市场经济秩序和珍贵动物资源保护。因此"珍贵动物制品购买地允许交易",应当理解为行为人认识到"珍贵动物制品购买地允许交易",进而推定其可能产生违法性认识错误而减轻刑罚。客观上的"珍贵动物制品购买地允许交易"并不会造成走私行为违法性上的减轻,本不应该作为走私珍贵动物、动物制品罪的出罪事由,但既有司法解释明确规定,那么或许可以理解为对行为人存在违法性错误的推定以论证其合理性。而在行为人主观上认为购买地禁止交易仍然走私的情形下,即便"珍贵动物制品购买地存在事实上的市场交易",既不存在责任上的减轻事由,也不存在违法性上的减少可能,以此作为减轻刑罚的事由恐怕是难以取得理论上的支持。另一方面,此种扩张解释既会导致处罚范围过于狭窄,又会导致处罚的不均衡。即便当地禁止交易珍贵动物、珍贵动物制品,也存在因执法不严而民间私自违法交易的情形。事实上,诸多走私珍贵动物、珍贵动物制品罪案件中的行为人都是通过灰色交易乃至违法交易取得珍贵动物、珍贵动物制品,在上述扩张解释之下对此类行为难以处罚。而在当地不存在市场交易的情形下,行为人通过他人赠予取得珍贵动物、珍贵动物制品而进行走私的,反而需要受到惩罚,这显然不

---

① 最高人民法院刑事审判第二庭编著:《〈最高人民法院、最高人民检察院关于办理走私刑事案件适用法律若干问题的解释〉理解与适用》,中国法制出版社 2015 年版,第 105 页。
② 参见上海市高级人民法院(2014)沪高刑终字第 67 号刑事裁定书。
③ 参见北京市第三中级人民法院(2014)三中刑初字第 294 号刑事判决书。

妥当。

基于上述困境,《走私解释》对走私珍贵动物、珍贵动物制品罪的出罪及减轻刑罚条款进行了调整,其第9条第4款规定:"不以牟利为目的,为留作纪念而走私珍贵动物制品进境,数额不满十万元的,可以免予刑事处罚;情节显著轻微的,不作为犯罪处理。"

新的司法解释不再要求具备"珍贵动物制品购买地允许交易"的条件。尽管此处表述又增添了数额不满10万元的要求,但2002年《走私意见》所针对的2000年最高人民法院《关于审理走私刑事案件具有应用法律若干问题的解释》中情节较轻的走私犯罪案件的起刑点便是10万元,这意味着新解释的标准较之前确有降低。然而对该司法解释适用前后,走私珍贵动物、珍贵动物制品罪中涉及非牟利目的而减轻免罚条款适用情况的裁判文书进行比较发现,该减免刑罚的事由并没有因为应用限制的减少而提高适用的比例。

从2013—2017年全国各级人民法院审结的走私珍贵动物、珍贵动物制品罪案件看,《走私解释》出台前,涉及2002年《走私意见》第7条情形的案件有4件,适用该条款以减轻刑罚的案件有4件。适用2002年《走私意见》第7条以减轻或免除刑罚的案件占2013—2014年走私珍贵动物、珍贵动物制品罪的案件比例为7.73%;《走私解释》出台后,涉及《走私解释》第9条第4款情形的案件有20件,适用该款减轻刑罚的案件有4件,适用该款免除刑罚的案件有6件,不适用该款的案件有10件。适用《走私解释》第9条第4款以减轻或免除刑罚的案件占2013—2014年走私珍贵动物、珍贵动物制品罪的案件比例为5.46%。

笔者认为,这种减免事由适用比例下降的原因或许是司法机关在《走私解释》出台后,对于2002年《走私意见》的条款缺少重视。就2013—2017年全国各级人民法院审结的走私珍贵动物、珍贵动物制品罪案件看,《走私解释》出台后,审判时依旧参考2002年《走私意见》的裁判文书仅有1份①,以数额不满足条件为由不适用《走私解释》第9条第4款的裁判文书并没有进一步对可能涉及2002年《走私意见》规定的减轻情形进一步说明论证。当然,司法机关可以合理地认为,根据《走私解释》第25条后一句所规定的"之前发布的司法解释与本解释不一致的,以本解释为准",2002年《走私意见》第7条因为与《走私解释》第9条第4款的内容不一致而失效。然而,从《走私解释》第9条制定时的适用背景和制定意义来看,该条规定是为减轻走私珍贵动物、珍贵动物制品罪的刑罚而设立,目的在于促进适用的扩张,以缓解走私珍贵动物、珍贵动物制品罪处罚上过于严苛的现状。"大量案件反映出我国赴非务工人员在当地公开的市场上以低廉的价格购买象牙制品带回国,作价往往超过20万元,依法应当判处10年以上有期徒刑或者无期徒刑。不论是对象牙制品价格的认定,还是判处的刑期,都是被告人未曾预料且无法接受的。"②而且2002年《走私意见》第7条与《走私解释》第9条第4款无论从文义上还是解释目的上都不存在根本性的冲突,两个解释完全有可能并行不悖。因此笔者建议,司法实践中对于走私珍贵动物、珍贵动物制品罪案件中被告人不以牟利为目的的情形,应优先考虑《走私解释》第9条第4款的适用,在不满足数额条件的情况下,可以考虑2002年《走私意见》第7条的适用。

---

① 参见深圳市中级人民法院(2017)粤03刑初57号刑事判决书。
② 最高人民法院刑事审判第二庭著:《〈最高人民法院、最高人民检察院关于办理走私刑事案件适用法律若干问题的解释〉理解与适用》,中国法制出版社2015年版,第103页。

二、刑罚情况分析

（一）走私犯罪刑罚后果中死刑适用有限而拘役比例偏高

从走私犯罪案件判处的主刑种类看，2013—2017 年，判处有期徒刑的案件数量最多，为 2 577 件，判处拘役的案件次之，为 710 件。此外，判处死刑的案件共计 56 件。

就各个具体罪名进行比较，2013—2017 年，除了走私毒品罪，其他走私犯罪均未被判处死刑。这既是 2011 年《刑法修正案（八）》调整走私犯罪量刑，大幅废除死刑条款的结果，也可以视为 2015 年《刑法修正案（九）》彻底废除《刑法》第三章第二节中规定的 10 个走私类罪名死刑条款的原因之一。改革开放和经济发展带来的国内外市场差异化的减小，导致走私行为利润的下降，而刑法对作为重罪的走私犯罪设定的犯罪成本依旧高昂，基于经济人假设，以牟利为主要目的的走私犯罪人在理性衡量犯罪成本与收益后自然也会减少大规模走私犯罪行为，世纪之交时所发生的赖昌星案、梁耀华案、林春华案等特大走私案件如今已然绝迹，能够判处无期徒刑以上刑罚的非毒品类走私犯罪案件在 2013—2017 年不过才有 11 件。另外，走私犯罪案件中拘役的适用情况也明显偏高，作为法定刑普遍偏重的走私犯罪，却有 20%的裁判文书宣告适用拘役，即便有多人同案、一案多罪等因素带来的干扰，此比例恐怕还是偏高。结合死刑与拘役的适用情况，或许可以认为，至少在刑种的选择上，司法机关有意识地推进走私犯罪的轻刑化。

（二）走私犯罪罚金刑适用比例较高

2013—2017 年全国各级人民法院审结的走私犯罪案件中，被判处附加刑的被告人中，适用剥夺政治权利的比例为 2.19%，适用驱逐出境的比例为 1.39%，适用罚金的比例为 50.40%，适用没收个人部分财产的比例为 3.05%，适用没收个人全部财产的比例为 2.69%。

就各个罪名进行比较，对被告人适用罚金刑比例最高的罪名是走私武器、弹药罪，占比为 67.17%；其次是走私珍贵动物、珍贵动物制品罪，占比为 65.56%；再次是走私国家禁止进出口的货物、物品罪，排名第三，占比为 50.83%。

整体来看，走私犯罪的罚金适用比例显著较高，原因可能在于作为经济类犯罪，行为人走私多以牟利为目的，提高走私犯罪的罚金适用比例，一方面提高了犯罪成本，能够在一定程度上遏制理性人的犯罪欲望，起到一般预防的功能；另一方面直接减少了行为人的财产，对于以牟利为目的的行为人造成的痛苦更为直接有效，实现刑罚的报应效果。

第三节　余思：惩治与预防的展望

对于裁判文书进行大数据分析的前提在于裁判文书能够提供充足、准确的信息，而当前全国各地的裁判文书在案件基本信息完整性的差异较大，不同年份间裁判文书上网的执行度不尽相同，裁判文书的选择性上网现象仍然存在，本文中很多问题的研究无法获得完整的数据支持，其论证过程必然具有局限性，结论的纰缪恐怕也在所难免。要想利用裁判文书的大数据分析为立法、司法活动提供更进一步的智力支持，当务之急便是裁判文书上网工作的全面落实与案件基本信息及判决信息填写的统一规范。当然，目前不完善的数据依旧具有一定的参考价值,可以在刑事政策制定、立法修改、司法适用、刑罚标准调整等方面指引方向。

在预防走私犯罪的刑事政策上,预防走私犯罪除了重点关注广东省、云南省、广西壮族自治区等传统走私泛滥地区外,还要进一步关注经济发展加速、国际空运能力提升的地区,管控好人员、货物对外流通渠道。根据近年来的走私犯罪发展变化趋势,预防走私犯罪还应当参考新通过的《电子商务法》对代购行为的规制标准,与电商领域执法相结合,加大对以"代购"为名的走私行为的防治,尤其要应对好大量利用国内外电商平台进行交易,以伪报品名邮寄为手段的走私行为,在预防走私犯罪的效率性和全面性,以及对公民财产权和隐私权的保护上做好平衡。需加强普法工作,务必让出境工作旅游者对于走私行为的犯罪与行政处罚之间的界限以及法律后果能够有明晰的认识,尤其针对前往非洲等珍贵动物、珍贵动物制品存在市场交易等国家,容易触犯走私珍贵动物、珍贵动物制品罪的群体展开宣传。

在立法修改和司法解释制定层面上,在最高人民法院、最高人民检察院《关于涉以压缩气体为动力的枪支、气枪铅弹刑事案件定罪量刑问题的批复》的基础上,推进刑事处罚与行政处罚二元标准的制定,在司法机关审理走私武器、弹药罪时给予其统一、合理的认定标准。对于《走私解释》中第21条关于走私限制进出口货物、物品罪的规定,一是考虑相对于过往解释的加重处罚倾向是否为制定《走私解释》之时的本意;二是建议对第21条第2款进行调整,对于取得许可但偷逃应缴税额的行为以走私普通货物、物品罪处罚,对于取得许可但超出许可数量进出口国家限制进出口货物、物品的行为,对于超出数量的部分仍旧以走私国家禁止进出口的货物、物品罪处罚,并且注意刑罚后果的相当性。

在司法实践适用问题上,针对单位犯罪问题,其一要考虑当前实践中多数凭借企业工商登记信息来判定独资企业是否具有法人性的做法是否符合刑法实质性审查的要求;其二建议尽量以"公司、企业、事业单位设立后,以实施犯罪为主要活动的"条件作为认定走私行为不构成单位犯罪的主要标准,并根据2002年《走私意见》中的判断要素进行充分说理;其三,在区分单位犯罪与自然人犯罪时,加强对单位意志要素的说理,减少对利益归属要素的依赖,恢复单位犯罪认定本来应有的面貌。针对走私珍贵动物、珍贵动物制品罪,建议对于案件中被告人不以牟利为目的的情形,优先考虑《走私解释》第9条第4款的适用,在不满足数额条件的情况下,还可以进一步考虑2002年《走私意见》第7条的适用。

在刑罚标准上,还可以进一步加强罚金刑适用的广度和力度,并适当减轻自由刑以作平衡,在同水平甚至更轻的刑罚下实现更好的刑罚的报应和预防功能。

第八章　洗钱罪专题研究

程伊乔[*]

"洗钱(money laundering),是指隐瞒犯罪收益并将该收益伪装起来使之看起来合法的活动和过程。"[①]这是对"洗钱"行为的实质解读。现代犯罪学意义上的"洗钱"最早出现于20世纪20年代的美国。1989年7月,针对日益凸显的洗钱问题,西方七国(美国、日本、德国、法国、英国、意大利、加拿大)在巴黎召开首脑会议,成立了金融行动特别工作组(FATF)。随着发达国家对洗钱活动打击力度的加大,该类犯罪开始逐渐向金融市场并不完善的发展中国家扩散蔓延。我国已于2007年6月28日在法国召开的金融行动特别工作组全体会议中成为该国际组织的正式成员。

最早将洗钱犯罪化的国家是美国,其反洗钱的核心法律体系为分别于1970年和1986年通过的《银行保密法》和《洗钱控制法》。《银行保密法》以预防洗钱为主要目的,而《洗钱控制法》重在打击洗钱行为,是美国打击洗钱刑事犯罪的重要刑事法律,在反洗钱立法史上具有里程碑式的意义。[②]从早期的这两部法律可以看出,在打击洗钱犯罪初期,美国即从预防和惩治两个方面着手,并关注到了洗钱罪的义务主体——金融机构的协同作用。洗钱本身的性质,注定了对此种行为的惩治离不开一套完整的立法体系的支撑。另外,关于洗钱罪"上游犯罪"范围的界定也是各国立法关注的重点。笔者在查阅不同国家对洗钱罪"上游犯罪"的界定后,将其大致分为三类:第一类将"上游犯罪"限制在某些特定的犯罪上,该类以我国立法最为典型,严格地说,《德国刑法典》也属于此类,虽然洗钱罪的上游犯罪范围很大,但以精细立法著称的德国没能将所有犯罪规定为洗钱罪的上游犯罪。[③]第二类将洗钱罪的上游犯罪扩大到所有犯罪,如于2003年3月18日修订的《瑞士联邦刑法典》第305a条第1款规定:"实施阻挠调查非法财产来源、寻找或没收行为人明知或应当知道为犯罪所得财产利益的行为的,处监禁刑或罚金刑。"[④]第三类则是指将"上游犯罪"的范围泛化到所有的违法行为,这种扩张式洗钱罪适用的立法方式,不具有针对性。在笔者看来,上游犯罪的范围不宜过窄但也应有所侧重,由于司法资源有限,目前极少的国家会采纳第三类界定方式。

---

[*] 程伊乔,中国社会科学院大学,硕士研究生。
[①] 邵沙平:《洗钱的法律控制与反腐败的若干思考》,载《法学评论》1999年第5期。
[②] 参见伏开宝、王永水、朱平芳:《中美两国反洗钱体系的比较分析》,载《新金融》2018年第6期。
[③] 参见《德国刑法典》,何赖杰、林钰雄翻译、李圣傑、潘怡宏编译,元照出版公司2017年版,第331页。
[④] 《瑞士联邦刑法典》(2003年修订),徐久生、庄敬华译,中国方正出版社2004年版,第94—95页。

与其他国家不同,我国关于洗钱活动的立法最初是针对毒品犯罪展开的。1990年全国人民代表大会常务委员会通过的《关于禁毒的决定》(以下简称《禁毒决定》)第4条第1款规定:"包庇走私、贩卖、运输、制造毒品的犯罪分子的,为犯罪分子窝藏、转移、隐瞒毒品或者犯罪所得的财物的,掩饰、隐瞒出售毒品获得财物的非法性质和来源的,处七年以下有期徒刑、拘役或者管制,可以并处罚金。"这是我国最早关于整治洗钱犯罪的立法文件。以1990年《禁毒决定》为蓝本,我国于1997年修订的《刑法》将洗钱犯罪正式纳入刑法典之中予以规制,衍生出第191条"洗钱罪"与第349条"窝藏、转移、隐瞒毒品、毒赃罪"。在司法实务和金融领域,1997年《刑法》第312条规定的"掩饰、隐瞒犯罪所得、犯罪所得收益罪"亦被认为是规制洗钱犯罪的法条,并且起到了对第191条"洗钱罪"的兜底作用。由此,我国规制洗钱犯罪活动的立法大致为《刑法》第191条、第312条、第349条。本章以洗钱罪的数据呈现为切入点,并结合其上下游犯罪展开分析。

第一节 综览:数据的呈现

一、案件分布

(一)年份分布

从年份分布来看,2013—2017年全国各级人民法院审结的洗钱罪案件数量共计85件,案件数量呈逐年上升趋势。

2013年后,我国洗钱罪案件数量逐年递增,且增长幅度较大,这已然无法从刑事立法方面寻求直接原因。其他方面的原因可分为两方面:其一,洗钱犯罪案件数量不断攀升,逐渐呈现多发趋势。其二,洗钱犯罪的法益侵害性早已脱胎于有组织犯罪、毒品犯罪等关联犯罪,洗钱行为对一国金融领域乃至经济发展的破坏已经被逐渐认识并得以重视起来,司法机关对此类犯罪的打击力度也不断加大。

值得注意的是,2013—2017年全国各级人民法院审结的洗钱罪案件的总体数量仅为85件,相较于其他犯罪,尤其是与洗钱罪的上游犯罪案件相比,显得过少。笔者认为,可能存在以下两点原因:其一,洗钱罪"掩饰、隐瞒"的特性,导致侦查取证难度系数较高,可能存在部分犯罪黑数。其二,洗钱活动监管的相关制度以及主要部门的监管力度不够,监管质量存在瑕疵,部分犯罪逃脱了刑事处罚。

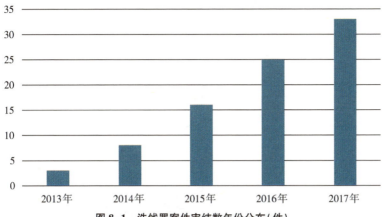

图 8-1 洗钱罪案件审结数年份分布(件)

(二)地域分布

从地域分布来看,2013—2017 年全国各级人民法院审结的洗钱罪案件数量最多的三个省级行政区依次为浙江省、江西省、福建省,分别占全国范围洗钱罪审结案件总数的 22.64%、11.32%、11.32%。

(三)审级分布

从审级分布来看,2013—2017 年全国各级人民法院审结的洗钱罪案件中,一审审结案件的数量为 56 件,二审审结案件的数量为 29 件。整体上看,一审审结案件的数量约为二审的 1.9 倍。从审结案件趋势看,2013—2017 年,一审和二审审结案件的数量均呈现逐年增长的趋势,具体如图 8-2 所示。

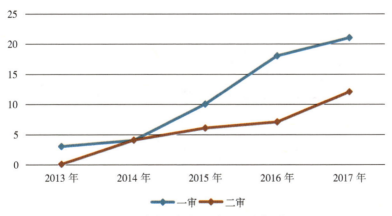

图 8-2 洗钱罪案件审结数审级分布(件)

(四)法院层级分布

从审理法院层级来看,2013—2017 年全国各级人民法院审结的洗钱罪案件数量整体上呈逐年递增趋势。其中,2014年和2015年审结案件的法院层级主要集中在中级人民法院。2013—2017年,中级人民法院审结的洗钱罪案件数量相对稳定,基层人民法院审结的洗钱罪案件数量增幅较大。

图8-3 洗钱罪案件审结数法院层级分布(件)

(五)适用程序分布

从适用程序来看,2013—2017年基层人民法院审结的洗钱罪案件中,适用简易程序审结案件的数量占比为5.36%;适用普通程序审结案件的数量占比为94.64%,适用普通程序审结案件的数量增幅较大。

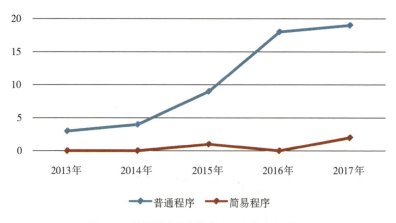

图8-4 洗钱罪案件审结数审理程序分布(件)

二、被告人情况

(一)性别分布

从裁判文书提取到的被告人性别来看,2013—2017年全国各级人民法院审结的洗钱罪案件中,男性被告人占比为69.31%,女性被告人占比为30.69%,男女比例约为2.3∶1。具体各年度的审结案件情况如图8-5所示。

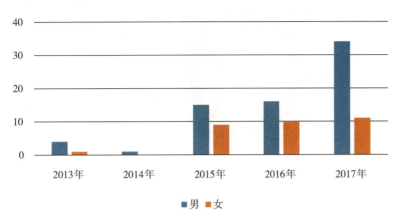

图 8-5　洗钱罪审结案件被告人性别分布（人）

（二）年龄分布

从裁判文书提取到的被告人年龄来看，2013—2017年全国各级人民法院审结的洗钱罪案件中，年龄在30~39岁的被告人数量最多，占比为31.40%。具体各年龄段被告人情况如图8-6所示。

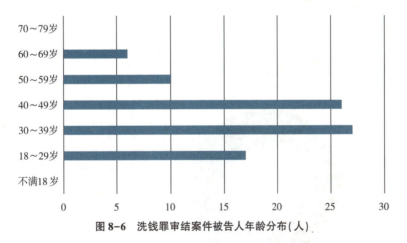

图 8-6　洗钱罪审结案件被告人年龄分布（人）

（三）文化程度分布

从裁判文书提取到的被告人文化程度来看，2013—2017年全国各级人民法院审结的洗钱罪案件中，受过中等教育的被告人数量最多，占比为34.88%。

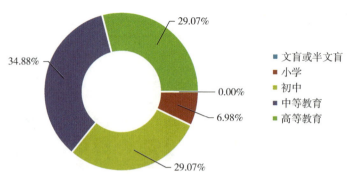

图 8-7　洗钱罪审结案件被告人文化程度分布

(四)职业分布

从裁判文书提取到的被告人职业情况来看,2013—2017年全国各级人民法院审结的洗钱罪案件中,被告人职业为农民的数量最多,占比为23.81%。

2013—2017年全国各级人民法院审结的洗钱罪案件中,被告人职业多为农民、无业人员、个体劳动者、公司职员。部分被告人并非以洗钱为业,洗钱作为一种继起行为,提供洗钱帮助的行为人多数是在上游犯罪实施完毕后,临时起意。事实上,行为人往往对洗钱的法益侵害性认识不足,以为自身并未参与实施上游犯罪行为,而后续的洗钱行为易被当作"不可罚的事后行为"。

从特殊预防的角度,可以针对农民和无业人员、务工人员等群体进行金融知识普及教育和宣传。另外,金融机构的可疑交易报告制度也应当落到实处,处理好尽职调查和效益发展之间的关系。

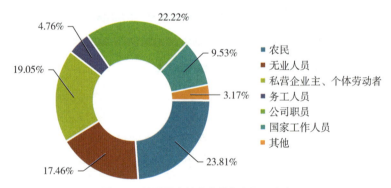

图 8-8　洗钱罪审结案件被告人职业分布

第二节　检视：罪与罚的规范思考

一、上游犯罪分析

由前文可知，2013—2017年洗钱罪案件数量逐年攀升，且涨幅较为稳定。然而，值得注意的是，洗钱罪案件总量较少，在2013—2017年仅为85件。而作为上游犯罪的毒品犯罪、黑社会性质的组织犯罪、恐怖活动犯罪、走私犯罪、贪污贿赂犯罪、破坏金融管理秩序犯罪、金融诈骗犯罪这七大类犯罪在2013—2017年的案件数量共计496 878件。由此可见，2013—2017年洗钱罪的案件数量与《刑法》第191条所列举的七大类上游犯罪的案件数量相比，相差甚远。

洗钱罪在司法实务中适用率如此之低，笔者认为可能存在以下几方面原因。

其一，侦查取证困难，存在一定的犯罪黑数。与传统犯罪相比，洗钱行为具有很强的隐蔽性，没有严格意义上的犯罪现场，也无直接受害人。洗钱罪作为一种高智商犯罪，犯罪分子本身具有较强的反侦查意识和能力，而电子信息、网络技术等科技手段的快速发展为资金划拨提供了新的渠道，进一步增加了侦查难度。

其二，犯罪构成导致入罪难。洗钱罪的认定主要包括存在相应的上游犯罪、行为人主观上须是"明知"的、确有具体的洗钱行为三个方面。洗钱罪是依附于上游犯罪的下游犯罪，因法条竞合与罪行吸收理论，上游犯罪的行为人实施洗钱行为触犯了数项罪名，属法条竞合，只适用一个刑法条文。另外，行为人主观上必须是出于故意，若行为人确实不知属于哪类具体违法所得及收益，不构成洗钱罪。

其三，部门间协作机制的不完善制约洗钱罪的侦办。目前，我国尚未建立全覆盖、系统化、现代化的反洗钱情报信息机制，侦查机关与金融机构、司法机关、政府相关部门之间的信息传输渠道不畅，有效、精准的洗钱线索不能很好地支持案件的侦破。

洗钱罪发案多、定罪少，与当前严峻的洗钱态势并不相符。因此，研究洗钱罪成罪的困境和推进方法，对遏制和打击洗钱罪有重要的现实意义。

二、判决结果分析

（一）主刑分布

2013—2017年全国各级人民法院审结的洗钱罪案件中，被告人被判处有期徒刑的占绝大多数，占比为89.28%。

洗钱罪有两个量刑档次，分别为5年以下和5～10年有期徒刑。被告人刑期在5年以下的占比达94.74%。其中被告人刑期在一年以下的占比达44.74%，近乎一半。

究其原因，一方面可能因为大多数案件本身情节轻微，而另一方面或由于司法机关对洗钱罪的法益侵害性认识不足。

笔者认为，这源于传统上对洗钱罪的两点误解。其一，上述已经提及洗钱罪不处罚本犯，即已经被判处上游七类犯罪的被告人被自动排除在洗钱罪之外。将洗钱罪看作上游犯罪不可罚的事后行为，轻视了洗钱罪所保护法益的独立性。其二，对洗钱罪构成要件的认识较为封闭。从犯罪行为上看,集中于认定犯罪对象是否为非法性质和来源,如果未改变非法财产的性质则不予认定为洗钱罪。在主观上,对洗钱罪中"明知"的理解,严格限制为直接故意。

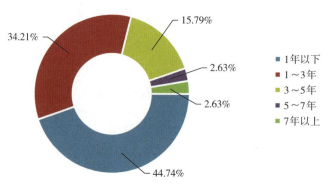

图 8-9　洗钱罪审结案件有期徒刑刑期分布情况

(二) 附加刑分布

从附加刑适用情况来看,2013—2017 年全国各级人民法院审结的洗钱罪案件中,罚金的适用率相对较高。

从罚金的金额来看,根据《刑法》第 191 条的规定,罚金的金额应确定在洗钱数额的 5%~20%。反推可知,2013—2017 年,被判处少于 100 万元罚金的被告人,其洗钱数额的范围是在 2 000 万元以下;被判处 100 万元~1 000 万元罚金的被告人,其洗钱数额的范围在 500 万元~2 亿元之间;被判处 1 000 万元~10 000 万元罚金的被告人,其洗钱数额的范围在 5 000 万元~20 亿元之间。据此可知,洗钱数额在 2 000 万元以下的人数比重最高,占比为 75.00%。

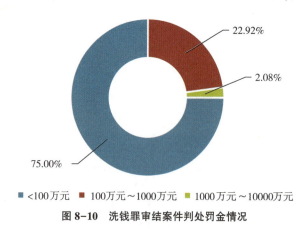

图 8-10　洗钱罪审结案件判处罚金情况

三、《刑法》第 312 条之分析

根据 2009 年 11 月 4 日最高人民法院《关于审理洗钱等刑事案件具体应用法律若干问题的解释》第 3 条的规定,明知是犯罪所得及其产生的收益而予以掩饰、隐瞒,构成《刑法》第

312条规定的犯罪,同时又构成《刑法》第191条或者第349条规定的犯罪的,依照处罚较重规定定罪处罚。该规定排除了这三个法条之间的特别关系,直接将《刑法》第191条、第312条、第349条的适用相联系。此举反映出司法机关已经采纳了将这三个法条视为补充关系,必要时择一重罪以填补处罚漏洞的做法。既然如此,笔者认为,《刑法》第312条的兜底作用应当被重新审视。

作为最具影响力的反洗钱领域的国际机构,金融行动特别工作组分别在2007年和2012年对我国开展反洗钱评估,认为我国现行《刑法》虽然经过历次修正案将洗钱罪的上游犯罪逐步扩大至七类上游犯罪,但是这只达到金融行动特别工作组所指定的上游犯罪的标准的一半。金融行动特别工作组的评估报告认为这个差距被采用所有犯罪为上游犯罪态度的《刑法》第312条规定的掩饰、隐瞒犯罪所得、犯罪所得利益罪所弥补。

笔者认为,将《刑法》第312条视为规制洗钱罪活动的法条符合当下社会经济政治背景以及立法趋势。2001年《刑法修正案(三)》第7条将恐怖活动犯罪所得及产生的收益加入洗钱罪的犯罪对象,并对单位犯罪部分增加了"情节严重的,处五年以上十年以下有期徒刑"的规定。2006年《刑法修正案(六)》进一步将洗钱罪的对象扩大到"贪污贿赂犯罪、破坏金融管理秩序犯罪、金融诈骗犯罪的所得及其产生的收益";同时,对《刑法》第312条规定的掩饰、隐瞒犯罪所得、犯罪所得收益罪增加了"以其他方式掩饰、隐瞒的"以及"情节严重的,处三年以上七年以下有期徒刑,并处罚金"的规定。《刑法修正案(七)》增设了《刑法》第312条有关单位犯罪的规定。

从上述刑事立法动向来看,近些年我国对洗钱罪的打击范围不断扩大。作为《维也纳公约》的成员国,我国有义务顺应当下国际社会的反洗钱运动潮流,采取积极合理的措施以抵制洗钱罪给本国乃至全球所带来的侵害。因此,将《刑法》第312条中的"掩饰、隐瞒"作扩大解释,将改变非法财产的性质和来源的行为包含在该条规制的范围之内,是合理且必要的。

第三节　余思:惩治与预防的展望

一、将上游犯罪的本犯纳入洗钱罪的处罚范围

近些年,我国刑法教义学体系的构建日趋完善,但随着电子信息化时代的来临,国民对刑法的保障性任务提出了更高的要求。刑法教义学体系也面临着转型,以抵抗一些未知领域的风险。

洗钱罪属于广义的新型犯罪,其刑事立法、司法处罚,至今历时尚短,存在不足。而当前,我国洗钱案件数量和规模逐年攀升,形势严峻。

笔者以为,那种认为《刑法》第191条规定的几类上游犯罪能够包容或者吸收行为人后续的洗钱犯罪行为,或者洗钱是上游犯罪因不具有期待可能性而实施的不可罚的事后行为的观点,是值得怀疑的。

主张洗钱行为不独立成罪的理由源于传统的概括犯意和牵连犯原理。该理论主张,一方面,上游犯罪的行为人基于一个概括的犯罪意思支配下针对同一笔财物实施的连续性身体

举动，应当视作法律意义上的一个实行行为。另一方面，行为人实施的上游犯罪与后续的洗钱行为属于牵连犯原理中的原因行为与结果行为，实属牵连关系，应从一重罪处罚。① 从传统的赃物理论来看，在上游犯罪完成后，出现了在与该犯罪相随而继续存在的违法状态中通常所包含的行为，由于此行为属于被上游犯罪的构成要件所评价完毕的行为，所以是不可罚的事后行为。②

然而，有学者指出，洗钱罪不仅如同传统赃物犯罪一样，妨害了司法活动，而且其侵犯的主要客体是国家的金融管理秩序。洗钱罪与上游犯罪之间的互动关系，是独立于上游犯罪的另一犯罪过程。③ 无论是传统的报应论、责任抵偿学说基础上的犯罪论，还是刑罚论，都指向刑罚与犯罪之间的协调一致。④

洗钱罪上游犯罪中的破坏社会主义市场经济秩序罪被规定在我国《刑法》第三章第四节中，该节中有多个罪的法定刑为三年以下有期徒刑，例如《刑法》第171条出售、购买、运输假币罪，第172条持有、使用假币罪，第175条高利转贷罪以及该条之一骗取贷款、票据承兑、金融票证罪，第176条非法吸收公众存款罪等一系列破坏金融管理秩序类的犯罪。以上犯罪所产生的收益，行为人为掩饰隐瞒其来源与性质而实施的洗钱行为对金融管理秩序及司法秩序等法益的破坏性可能严重高于上游犯罪，而由于后续的洗钱行为被认定为不可罚的事后行为，导致洗钱者所受刑罚较轻，这种处置结果很难找到正当化根据。即便将行为人实施的上游犯罪与后续的洗钱罪认定为包括的一罪亦可称为共罚的事后行为，也很难在现有的法条中有效厘清洗钱罪的本犯与帮助犯之间合理的责任分配依据。

笔者认为将上游犯罪与后续的洗钱犯罪认定为牵连犯有失妥当。"牵连犯是指作为犯罪的手段或者结果的行为触犯其他罪名的情形……犯罪的手段是指在某犯罪的性质上通常都会将其作为手段来使用的行为，而犯罪的结果是指当然地会从某犯罪中产生的结果。"⑤前后两罪之间的手段与结果的必然性判断是认定是否构成牵连犯的前提，在洗钱罪的上游犯罪中，洗钱行为并非所有的上游犯罪获得非法收益的必然手段，这种当然性是由上游犯罪的罪质以及国家相关的行政法规和管理规定的严格程度所决定的。

值得一提的是，牵连犯的认定标准具有天然的模糊性质，在承认牵连犯概念的日本，也主要根据判例、司法实践的经验来断定是否适用牵连犯的原理处罚行为人。存在很多虽然是紧密联系的犯罪类型但并没有认定为牵连犯的情况，例如杀人罪与杀人后立即实施的遗弃尸体罪，堕胎与杀害堕胎排出母体外的"人"时的堕胎罪与杀人罪，以及监禁行为过程中出现伤害时的监禁罪与伤害罪等。⑥ 现如今，包括德国在内的许多国家针对想象竞合犯从一重罪处断都提出了不小的质疑，那么实施数行为触犯不同构成要件的牵连犯概念自身也同样面临正当性质疑。

即使在司法实践中，上游犯罪行为与洗钱行为之间的确具有当然的手段或者结果关系，

---

① 参见姚兵：《我国自洗钱行为不独立成罪的原因分析》，载《河北法学》2012年第6期。
② 参见〔日〕大谷实：《刑法总论》，黎宏译，法律出版社2003年版，第359页。
③ 参见王新：《国际视野中的我国反洗钱罪名体系研究》，载《中外法学》2009年第3期。
④ 参见〔德〕沃尔夫冈·弗里施、陈璇：《变迁中的刑罚、犯罪与犯罪论体系》，载《法学评论》2016年第4期。
⑤ 〔日〕前田雅英：《刑法总论讲义》（第6版），曾文科译，北京大学出版社2017年版，第356页。注：过去也存在主观说，但现在鲜有主观说的提倡者。
⑥ 同上。

而将其认定为牵连犯本身也是值得商榷的。"解释者应当优先以刑事政策所代表的价值取向来填充其间的价值判断内容,刑事政策为教义学体系的演进提供方向性指导,防止后者蜕变为封闭僵化的存在。以刑制罪的存在,要求将罪刑相适应作为刑法解释的指导原则。"①价值判断应受刑事政策的限制和指导,当洗钱罪的本犯被排除于洗钱罪犯罪构成的适用时,必须综合考虑其带来的影响,仅以多发性、常见性为理由去整合数个符合两个构成要件的犯罪行为易偏离刑罚的目的,阻碍刑法机能的有效发挥。

现如今,美国、瑞士、日本、英国等许多发达国家的洗钱罪主体都包括上游犯罪的本犯。笔者认为处罚本犯能够体现洗钱罪所保护的独立法益,实现罪责刑相一致。另外,英国、荷兰等少数国家将"过失"列为洗钱罪的主观要件。笔者认为,在信息化社会中,这将成为未来反洗钱进程中的必然趋势。

二、应将《刑法》第312条视为规制洗钱罪的法条

笔者根据搜集数据库案件的情况发现,我国《刑法》第312条规定的掩饰、隐瞒犯罪所得、犯罪所得收益罪的案件数量巨大,该罪的适用率极高。实际上,司法实务中早已将《刑法》第312条作为妨碍司法的口袋罪名同时也是第191条洗钱罪的兜底罪名被广泛适用。在证明难度上,掩饰、隐瞒犯罪所得的证明难度低于《刑法》第191条规定的掩饰、隐瞒犯罪所得的来源和性质,且两个罪名的法定最高刑相差仅3年。司法机关将《刑法》第312条作为兜底条款来使用是合理且必要的。且针对《刑法》第191条所列举的七类上游犯罪违法所得的洗钱行为对社会法益的侵害性高于针对其他犯罪违法所得的洗钱行为。将后者归于《刑法》第312条予以规制,在第312条与第191条最高法定刑仅相差3年的状况下,亦不存在处罚的漏洞问题,而这两条整体上存在偏轻的法律后果则是另一问题而非属定罪问题。

事实上,洗钱罪相比于传统赃物类犯罪而言,立案侦查之前的阶段更为隐蔽,难以被发现,一旦非法财产的性质被隐瞒转为合法财产,即会受到法律的保护,案件的侦破难度更大。因此,将《刑法》第312条视为规制洗钱犯罪的法条有益于遏制和打击该类犯罪。

三、法律后果与犯罪预防的考量

洗钱罪的治理,不仅关涉一国金融秩序的运行和国民经济发展,更关乎其上游犯罪的惩治与预防。

司法实践中,恐怖活动组织、黑社会性质组织的违法犯罪行为的破案线索极易被洗钱活动切断。洗钱活动将犯罪收益合法化,导致上游严重犯罪因证据不足而无法定罪,显然不利于上游犯罪的有效惩治和预防。

当前,愈发活跃的市场也给洗钱活动的猖獗和泛滥提供了温床。出于客户关系、工作强度和经营成本等因素,金融机构开展反洗钱工作的积极性不高,或流于形式,严重影响了反洗钱工作信息的真实性和及时性,为我国金融秩序的良好发展留下了隐患。

大数据发展趋势下,银行等金融机构必须建立健全与国际接轨的内控反洗钱规章制度,强化反洗钱合规管理,构建联防联控、激励约束机制,建设更加智能化现代化的反洗钱系统。

---

① 劳东燕:《刑事政策与刑法解释中的价值判断——兼论解释论上的"以刑制罪"现象》,载《政法论坛》2012年第4期。

反洗钱行动牵涉银行、财政、税务、工商、海关、外汇管理、外交、司法等诸多方面,是一项综合系统工程,因而也需要多方配合,综合治理。

随着电子金融化时代的来临,互联网支付系统将为新一代的洗钱犯罪提供更为便捷的作案环境,第三方支付平台、P2P网络贷款平台以及"互联网+"时代的快速发展,难免成为洗钱犯罪的洼地。如何具体地应对变化莫测的作案手段是我们共同面临的难题。

有学者提倡:"有必要在正规预防的前提之下,从现有的体系中发展出合适的控制标准,包括强化刑法内部的保障机制与宪法上基本权利的制约作用。"[1]洗钱与贸易共生,金融领域的反洗钱越是深入和强化,越会催生超越"非法收益合法化"的更为危险的洗钱方式,甚至成为"典型的非传统威胁"。因此,反洗钱工作需要各方高效配合,需要我们尽快作出反应以迎接金融领域在电子信息技术高度发达的时代面临的挑战。

---

[1] 劳东燕:《风险社会与变动中的刑法理论》,载《中外法学》2014年第1期。

第九章 保险诈骗罪专题研究

李 淼[*]

第一节 综览：数据的呈现

保险诈骗罪这一罪名经由我国1997年《刑法》的修订而正式出现，虽然就本罪的具体条文而言，其诞生时间较晚，但是作为我国金融领域存在的严重犯罪之一，在实务理解与适用中存在不小的问题，故而有必要进行有针对性的研究。本章将在对保险诈骗罪的具体司法数据作出分析的基础上，对本罪的罪名特质、案件规律以及刑法理论上所存在的疑难问题进行讨论。

一、案件基本情况

(一)审级分布

从2014年开始，保险诈骗罪的审结案件数量在我国呈现出井喷的态势，由2014年的一、二审总计299件增长到2016年总计527件，具体趋势如图9-1所示。

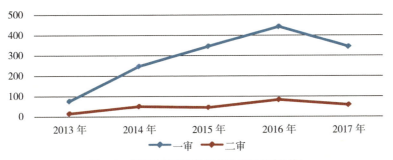

图9-1 保险诈骗罪案件审结数审级分布(件)

---

[*] 李淼，清华大学法学院，博士研究生。

保险诈骗案件数量骤增的现象与我国经济的高速发展态势联系密切。市场对于保险业务的需求日益增强,由此所引发的金融交易量增加,甚至在汽车销售、维修等行业内部形成了所谓"骗保"的潜规则,故而相应的犯罪数量大幅增长。[1]

(二)地域分布

从保险诈骗案件的地域分布来看,经相关数据统计,2014年1月1日至2017年8月31日审结案件数量最高的省、市是浙江省、山东省、上海市、江苏省,分别为269件、108件、88件、75件,共占比45.98%。由上述数据可知,保险诈骗罪案件的案发地主要集中在华东地区。[2] 同期审结案件数量最低的省、自治区为宁夏回族自治区、海南省、西藏自治区以及贵州省。

总而言之,保险诈骗罪审结案件数量的地域分布与所在省份、区域的经济发展程度总体上呈正相关的态势。

(三)适用程序分布

根据统计数据可知,保险诈骗案件在一审审理程序适用上存在几个较为显著的特点,概括如下:一是普通程序的运用在本罪的审理中比较常见。在基层人民法院审结的保险诈骗案件中,适用普通程序的,2014年占比为59.6%,2015年为68.2%,2016年为60.3%,2017年为62.79%。二是尽管对保险诈骗案件采取简易程序进行处理日益普遍,但必须承认的是,在审理保险诈骗案件时适用普通程序是主流。从2015年开始,普通程序的适用数量始终在简易程序适用数量的两倍左右,两者的数量差距不可谓不大。三是保险诈骗案件的涉案金额不断增加。据相关司法实务部门统计,自2014年开始,认定为"数额较大"的保险诈骗案件呈现出逐年增加的趋势,由此对于本罪难以轻易适用简易程序进行审判,而必须采用普通程序加以处理。[3]

二、被告人基本情况

(一)被告人性别

从裁判文书提取到的被告人性别数据来看,自2013年到2017年,保险诈骗罪的被告人性别以男性为主,占比为91.36%,女性占比为8.64%,男性被告人是女性被告人的10倍以上。

---

[1] 参见浙江省宁波市海曙区人民法院课题组:《保险诈骗罪案件专题分析报告》,载《法律适用(司法案例)》2018年第2期。

[2] 参见浙江省宁波市海曙区人民法院课题组:《保险诈骗罪案件专题分析报告》,载《法律适用(司法案例)》2018年第2期。

[3] 参见浙江省宁波市海曙区人民法院课题组:《保险诈骗罪案件专题分析报告》,载《法律适用(司法案例)》2018年第2期。

图 9-2　保险诈骗罪审结案件被告人性别分布(人)

(二)被告人年龄

从裁判文书提取到的被告人年龄数据来看,2013 年到 2017 年,保险诈骗罪的被告人年龄在 18 岁到 75 岁之间,这与对保险诈骗罪主体的特殊规定有关。

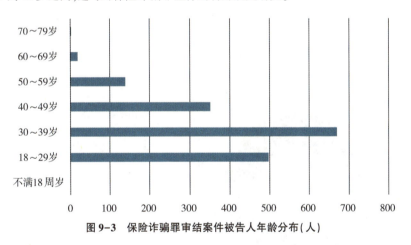

图 9-3　保险诈骗罪审结案件被告人年龄分布(人)

(三)被告人文化程度

从裁判文书提取到的被告人文化程度数据来看,2013 年到 2017 年,保险诈骗罪的被告人文化程度集中于初中和中等教育,其中初中学历占比达 48.98%。

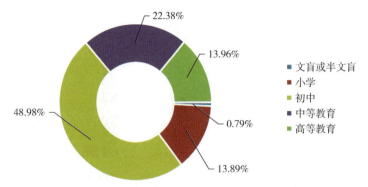

图 9-4 保险诈骗罪审结案件被告人文化程度

三、被害人基本情况

保险诈骗罪的被侵害对象仅限于保险公司,尤为引人注目的是中国人民财产保险股份有限公司(以下简称"人保"),该公司已成为保险诈骗罪最为频繁的侵害对象,甚至远超其他数家保险公司,其中不乏中国平安保险(集团)股份有限公司、中国太平洋保险(集团)股份有限公司以及中国人寿保险(集团)公司等体量、业务能力相仿的大型保险公司。究其根源,这类现象的出现与人保本身的业务指向性有着密切关联。人保主要承接的保险业务为机动车辆、交通意外、人身意外三项保险业务,而近年来,上述三项保险业务往往是保险诈骗案件高发的重灾区。

图 9-5 保险诈骗罪审结案件常见被害人(件)

四、小结

综合以上数据,可以对保险诈骗罪总体的发展趋势、被告人相关情况以及被害人情况有一个大致的了解,同时可以从这些数据中对保险诈骗罪的相关情况作出总结。

第一,保险诈骗罪的发生与经济发展状况紧密相关。保险诈骗罪的案件量、案件多发地甚至所适用的刑事诉讼程序,皆与经济的发展程度相关联。2013—2017 年保险诈骗罪的审结案件数量呈现较为明显的逐年升高趋势,特别是经济的高速发展所带来的对于保险服务的较高需求,直接影响了保险诈骗罪的发生量。例如,2016 年中国保险行业的业务增长量在世界保险业务的增长量的总体比例达到了 39%,而到了 2017 年,我国保险行业为社会所提供的风险保障金额为 4 154 万亿元。① 上述数据可以直观反映出我国保险行业近些年来的蓬勃发展势头,但难以避免的是保险诈骗的伴随性现象,甚至在汽车、交通等保险业务内形成了所谓的"骗保"产业链。同时由于保险诈骗涉案金额的增加,导致更多的案件需要通过普通程序进行审理。

第二,保险诈骗罪的被告人主要为文化程度偏低且无固定职业、收入的壮年男性群体。实施保险诈骗罪的被告人需要具备一定的知识水平与经济水平,即要成为保险诈骗罪的行为主体必须满足享受保险服务的基本条件,过低的文化水平与收入使行为人缺乏享受保险服务的基本条件。而在具有较高程度的知识水平与稳定收入的人群中,成为保险诈骗罪被告人的情形却是寥寥无几,也可以说,正是因为拥有较为稳定的收入,使得相应人群选择实施保险诈骗行为的概率大大降低。

第三,保险诈骗罪所涉及的保险业务范围主要局限于机动车辆、交通意外、人身意外三大险种,在此范围内的保险诈骗行为具有实施上的便利性与高回报性,故而人保往往容易成为保险诈骗行为的重点对象。

第二节 检视:罪与罚的规范思考

一、犯罪认定的思考

(一)关于保险诈骗罪的着手认定

保险诈骗罪的着手起点是其认定的难点之一。保险诈骗罪作为典型的复行为犯,其构成要件表现为投保人、被保险人或者受益人以非法占有为目的,通过虚构保险标的,编造、制造保险事故骗取保险金的二重行为。与一般的诈骗罪不同,保险诈骗罪的特殊主体除了需要完成"虚构事实、隐瞒真相"的欺骗行为之外,还需要具有额外的前往保险公司申请保险赔偿金的行为,若缺少后一行为,前一行为则可能只涉及诸如故意伤害等其他类型的犯罪。

我国刑法学界对于保险诈骗罪的着手问题的认定标准总结有如下几种。

一是法定行为开始说,亦即保险诈骗罪的着手标准应以本罪构成要件所具体描述的五种行为方式的开始实行为依据,当行为人开始实施虚构保险标的、对发生的保险事故编造虚假的原因或者夸大损失的程度、编造未曾发生的保险事故、故意造成财产损失的保险事故或造成被保险人死亡、伤残或者疾病的保险事故的行为,即为本罪实行行为着手的开始。

二是索赔说,只有当行为人向保险公司索赔时,才能认为保险制度与保险公司的财产受侵害的危险性达到了紧迫程度,从而肯定行为人对于本罪已实施着手行为。

三是虚假信息传递说。该学说认为,当行为人自始以非法占有为目的而与被害人签订保险合同,同时虚构事实、隐瞒真相建立相应金融关系的行为作为本罪的着手时点;而当行为人

---

① 参见魏华林:《保险的本质、发展与监管》,载《金融监管研究》2018 年第 8 期。

在与被害人签订并形成合法的金融交易关系之后,产生非法占有目的,则以行为人将虚假情况向被害人传递的行为作为本罪的着手认定时点。①

法定行为开始说在认定犯罪着手上将保险诈骗罪的可罚性时点大大提前,有将惩罚范围过于扩大的风险,殊有不当,故本说并不足采。因此,可以认为保险诈骗罪着手问题的真正争点即在索赔说与虚假信息传递说之间。笔者以为,虚假信息传递说大致为妥,但是需要在原学说的基础上进一步细化,强化对于案件的具体判断导向,其理由如下。

首先,索赔说存在一定的缺陷。索赔说的问题在于,对保险诈骗罪的着手认定上可能存在将认定过于滞后化的风险,即若行为人实施隐瞒或虚构保险事故时,相应行为与实际的构成要件实现之间不再存在进一步的实质性中间步骤,那么已足够认定具备直接的法益危害性。② 同时需要注意的是,如在实行行为的认定上不对行为人的主观层面加以考虑,也难以判断行为人的行为性质。

其次,虚假信息传递说在认定上同样存在一些问题,需要在其基础上加以完善。该说认为,行为人若从行为初始便具有非法占有的目的,那么当其就虚构的保险标的或保险事故与保险人订立保险合同的行为就是保险诈骗罪的着手。③ 根据该说的表述,很容易将行为人的主观意思作为认定行为是否着手的决定性因素,换言之,当行为人以保险诈骗的目的实施虚构、隐瞒保险标的、事故的行为时,便可认定为本罪的着手,但是这样的认定显然有为时过早之嫌。④

最后,笔者认为,应当将中间动作说贯彻到保险诈骗罪的着手认定问题上,亦即需要在本罪的着手认定问题上同样肯定中间动作说的适用,按照行为人的整体计划,在行为人的诈骗行为和构成要件的实现之间不再需要夹杂任何的中间动作。换言之,当行为人基于非法占有的目的实施保险诈骗行为之后,无需其自身继续实施任何实行行为,等待被害人的处分财物行为即可。对此或许会有批评认为,此种认定标准与索赔说相类似,但是需要明确的是,虽然在结论上可能会与基于实质客观说影响下的索赔说存在相同之处,但是就两种标准的思考路径而言,则有着明显的不同,即中间动作说强调的是必须结合考察行为人自身的主观计划,而索赔说则强调行为可能造成法益的客观危害性,这也是二者之间的根本区别所在。同时由于中间动作说具有思考上的一贯性,故而在适用时可以将相同的思考方法贯彻到其他犯罪的判断中去,可以认为中间动作说的优势即在于可以适用到一切犯罪类型当中⑤,相对于实质的客观说所可能存在的标准不明以及适用上的不一致,具有明显的优越性。

(二)保险诈骗罪所涉及的身份竞合与共犯问题

在保险诈骗罪中,另外一些值得注意的问题是保险诈骗的共犯情形,问题主要集中于如下两点:一是保险事故鉴定人、证明人、评估人参与保险诈骗行为的情形;二是保险诈骗罪的

---

① 参见张明楷:《保险诈骗罪的基本问题探究》,载《法学》2001年第1期;龙洋:《论保险诈骗罪的着手》,载《法学评论》2009年第5期。
② 参见〔德〕乌尔斯·金德霍伊泽尔:《刑法总论教科书》(第六版),蔡桂生译,北京大学出版社2015年版,第299页。
③ 参见龙洋:《论保险诈骗罪的着手》,载《法学评论》2009年第5期。
④ 参见周光权:《刑法总论》(第三版),中国人民大学出版社2016年版,第275页。
⑤ 参见〔德〕乌尔斯·金德霍伊泽尔:《刑法总论教科书》(第六版),蔡桂生译,北京大学出版社2015年版,第299页。

特定行为主体与保险公司内部人员勾结实施保险诈骗行为的情形。①

关于第一个问题，《刑法》第198条第4款对此规定，保险事故的鉴定人、证明人、财产评估人故意提供虚假的证明文件，为他人诈骗提供条件的，以保险诈骗的共犯论处。对此规定，主要的理论争议点在于该款究竟是注意规定抑或特别规定。有观点从如下四个方面指出本款规定属于刑法中的特别规定：一是由于我国刑法理论通说并不承认片面共犯的成立，故而本款规定认为保险事故的鉴定人、证明人以及评估人成立保险诈骗行为的片面共犯，是对原有规定的一种拟制性规定；二是不能基于《刑法》第198条第4款与第229条之间的竞合关系而认定本款为注意规定，亦即在两罪的行为主体间可能并不存在重合性，并无加之以注意规定的必要；三是将《刑法》第198条第4款定位为特别规定，既不会妨碍对保险诈骗罪其他共犯的处罚，也不排斥在其他金融诈骗犯罪中对于故意提供虚假证明文件的行为以相应犯罪的共犯论处；四是本款之规定是对保险公估业中保险事故鉴定人、证明人、评估人的特别规制，既适应了行业发展的客观形势，也顺应了立法者的立法原意。②

但是，上述认定《刑法》第198条第4款为特别规定的观点是否合理并非毫无争议。一般认为，若通过教义学的解释原理对相关规定进行解释，其内容与基本规定完全相同则为注意规定，若完全超出规定范围，则为法律拟制。③ 根据上述定义对于《刑法》第198条第4款之规定以及上述肯定成立法律拟制的观点进行检视，首先可以提出的问题是，是否在本款之规定不存在时即已完全否定规定中主体成立共犯的可能，换言之，保险事故的鉴定人、证明人、评估人处于片面共犯情形时是否已被一概否定？若能对此得出肯定结论则本款是对总论中共犯基本规定的一种拟制，若答案为否，则本款显然没有超出基本规定的限制范围，而仅仅作为注意规定存在。笔者认为，对该问题的回答显然是否定的，根据通说所坚持的因果共犯论，至少在片面的帮助犯以及片面的教唆犯中存在肯定片面共犯的可能。④ 因此可知，本款规定在共犯教义学的解释中并未超出关于共犯的规定范围，换言之，本款规定仅仅是提醒司法人员注意，保险事故的鉴定人、证明人、评估人故意提供虚假的证明文件，为他人诈骗提供条件的，即便未与他人构成同谋，但是仍有成立片面帮助犯的可能，故而法律拟制论者的论证理由存在瑕疵之处。

而对于认定本款规定符合立法者原意的论证同样值得怀疑，特别是立法者原意本身便属于一个内涵不清的概念，主观解释者如何证明自己掌握立法原意，如何证明自己所说的就是立法原意，证明的程序是什么，证明的标准是什么，这些都是无解的问题，因此单纯地想从立法者意思的角度为法律拟制论寻找解决办法并非良策。⑤ 因此，笔者认为，认定本款规定属于注意规定即为已足，也更符合刑法理论中对于注意规定及法律拟制的定义要求。

关于第二个问题，亦即在行为人勾结保险公司工作人员进行保险诈骗时究竟是以保险诈骗罪、职务侵占罪还是贪污罪对共同犯罪的相关行为人定罪处罚。关于此问题主要存在如下

---

① 参见阴建峰：《保险诈骗罪的共犯问题探究》，载《河南大学学报（社会科学版）》2013年第2期。
② 同上注。
③ 参见吴江：《刑法分则中注意规定与法律拟制的区分》，载《中国刑事法杂志》2012年第11期。
④ 参见李强：《片面共犯肯定论的语义解释根据》，载《法律科学》2016年第2期。
⑤ 参见李立众：《刑法解释的应有观念》，载《国家检察官学院学报》2015年第5期。

三种学说:一是主犯决定论。该说认为,定贪污罪、职务侵占罪还是定保险诈骗罪应根据行为人在共同犯罪中所起的作用来确定,即行为人间谁为主犯则依其罪名而定。二是特殊主体决定说。该说认为,当参与共同诈骗保险金的保险公司内部人员为国家工作人员时,各共同犯罪人均构成贪污罪;当参与共同诈骗保险金的保险公司内部人员为非国家工作人员时,各共同犯罪人均构成职务侵占罪;当参与共同诈骗保险金的保险公司内部人员中既有国家工作人员又有非国家工作人员时,为从严惩治,对各共同犯罪人以贪污罪论处。三是区别对待说。该说认为,投保人等与保险公司内部人员共同故意实施诈骗保险金的行为,如果保险公司内部人员没有利用职务之便,实施保险诈骗行为的,构成保险诈骗罪的共犯;如果利用职务之便,共同故意实施保险诈骗行为,在保险公司内部人员是国家工作人员时,构成贪污罪,在保险公司内部人员不是国家工作人员时,构成职务侵占罪。①

在上述三种观点中,主犯决定论是我国司法实务中惯用的认定办法,是基于司法解释规定而形成的一种解决思路,但是正如有观点所指出的那样,在涉及身份犯竞合问题时,采用所谓的主犯决定论存在诸多缺陷,例如可能会导致在此类情形中出现定罪、量刑的步骤混淆,而且当行为人在犯罪中所起作用相同时本说显然难以应对。② 而在特殊主体决定说中,值得怀疑的是为何本说坚持要以保险公司内部人员身份作为定罪依据,对此说理并不明确,同时本说认为在保险公司内部人员中既有国家工作人员也有非国家工作人员的情况下,采重罪贪污罪对之加以惩处,其中的依据亦不明了。最后是区别对待说,本说的关键之处在于保险公司内部人员是否有利用其职务便利的客观条件,若能肯认其利用职务之便则以其身份予以定罪,若不能承认则仍按保险诈骗罪定罪量刑。如此说来,本说类似于主犯决定说的"升级版本",亦即在认定主犯的标准上加入了是否利用职务便利这一标准,故而仍有可能面临主犯决定说中所存在的问题。

因此,笔者以为,在保险诈骗罪所出现的身份犯竞合问题上,应从义务犯的视角出发采用义务重要者正犯说,即在共犯的各参与者中根据其各自的特殊身份,以及由身份所对应的专属义务进行衡量之后来确定行为人具体罪名,义务重要者根据其义务成立重罪的正犯,义务次要者同时成立轻罪的正犯和义务重要者身份犯的共犯,对其按想象竞合犯处理。③ 可以肯定的是,采纳义务重要者正犯说可以规避上述学说可能存在的不足与缺陷。

一是可以在处理身份犯问题上充分考虑义务犯的原理,即义务越重,越处于危险源监督和法益保护的保证人地位,法律对其期待越高,从而成立因违反相应身份所匹配的义务之正犯。同时,作为参与者的义务次要者虽然不具有相应的保证人地位,但是仍旧有可能将其确定为义务重要者的共犯,这与义务专属一身的原则并不违背,因此即便排斥想象竞合犯理论的适用,也不会使罪刑失衡。

二是可以规避主犯决定说等学说所具有的缺陷。有观点指出,在主犯决定说中,主犯的判定完全基于具体个案而进行,便极有可能出现同样的身份犯罪情形,由于具体情节导致主

---

① 参见黄河:《论保险诈骗的共犯问题》,载《法学杂志》2001年第2期;杜国强:《保险诈骗罪共犯问题研究》,载《人民检察》2005年第1期。
② 参见张明楷:《保险诈骗罪的基本问题探究》,载《法学》2001年第1期。
③ 参见周光权:《论身份犯的竞合》,载《政法论坛》2012年第5期。

犯认定的不同,出现案件处理结论的差异,而在定性上出现不必要的争议。① 而若采义务重要者正犯说则可以提供一个较为普适的标准,从而避免在具体案件处理中缺少统一的认定原则。

三是可以为解决身份犯竞合问题提供一个相对客观的标准。亦即在判断何为更为重要的义务时,可以根据如下的操作标准:有特殊身份者(如国家工作人员)和不纯正的身份犯共同犯罪时,特殊身份者的义务重要;行为人都有身份,但某一特殊身份者的行为直接指向法益者的,其义务重要;不同身份者都利用了职权,但直接利用职权者对法益的积极保护义务比间接利用职权者重要;基于一个身份,可能侵害多个法益的,与基于一个身份实施危害行为仅侵害一个法益的情形相比,前者的法益保护义务通常比后者重要;两个有身份者的行为之间具有牵连关系时,从规范判断上看,通常能够实施结果行为(通常也是重行为人的)所具有的积极保护法益的义务,比实施手段行为(通常也是轻行为)的人所具有的义务重要。②

二、法律后果的透析

(一)保险诈骗罪的总体量刑态势

自统计数据可以观察到保险诈骗罪在司法实务中的总体量刑态势,尽管数据仅仅局限于 2013 年到 2017 年,但是其中所反映的趋势并不会因时间的区间性而受到限制。

首先,可以看出,2013 年到 2017 年因保险诈骗罪而获刑的人数呈总体上升趋势,刑期为 1 年以下的人数所占比例最高,且在 2017 年达到近年来的新高,其占当年总人数比例超过 50%;刑期在 5 年以下的被告人占比达 95%,反映出保险诈骗罪被告人所涉的案件金额普遍较低,难以达到更高的量刑区间。③

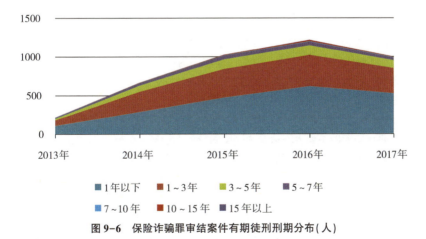

图 9-6 保险诈骗罪审结案件有期徒刑刑期分布(人)

---

① 参见林维:《真正身份犯之共犯问题展开——实行行为决定论的贯彻》,载《法学家》2013 年第 6 期。
② 参见周光权:《论身份犯的竞合》,载《政法论坛》2012 年第 5 期。
③ 保险诈骗罪最高刑期为 10 年以上有期徒刑,超出该区间的刑期是数罪并罚的结果。

其次,自统计数据可观察到保险诈骗罪判处附加刑的情况,基本涉及罚金刑,通过有关罚金刑数额的统计可见,本罪的罚金数额集中在 10 万元以内,绝大多数被告人的罚金数额在 1 万元到 5 万元之间,超过总人数的 70%。可见,保险诈骗罪的涉案金额与案件情节普遍较为轻微。①

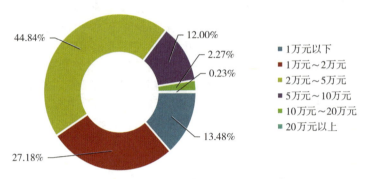

图 9-7 保险诈骗罪审结案件罚金数额分布情况

(二) 对影响保险诈骗罪的量刑情节之考察

经过观察可以发现,保险诈骗罪中被告人可能涉及的从轻、减轻处罚情节主要为如下四项:一般自首、当庭自愿认罪、退赃退赔以及具有坦白情节。分别具备上述四项情节的被告人人数大致相仿,占具有从轻、减轻处罚情节的被告人总数的 90%以上。显然,保险诈骗罪中被告人通过对自身案情的把握可以有效地获取从轻、减轻处罚的途径,即除了在案发后通过自首认罪外,对自身罪行积极坦白,自愿认罪,且通过退赃退赔减少被害人损失,可以在某种意义上最大限度地掌握自身的刑罚期限。

另外,关于被告人的特殊处罚情节部分,较为引人注意的是,所统计的被告人中有前科的人数比例达到 50%以上,可以说这一比例是相当高的,若加上有犯罪记录以及构成累犯的被告人人数,这个比例甚至高达 90%。在保险诈骗罪的被告人人群中,之前具有不端行为(即包括犯罪记录、前科以及累犯三种类型)的被告人是本罪的主要犯案群体,可以毫不夸张地说,之前具有不端行为的行为人也更容易成为本罪的主体。

显然,通过上述分析,可以大致得出以下结论。

一是保险诈骗罪的主要表现形式为刚刚触及入罪门槛的金额较大型犯罪,故而针对本罪的被告人主要的刑罚措施为自由刑与罚金刑,其中自由刑的刑期基本控制在 1 年以上 5 年以下,而罚金刑的数额基本确定在 10 万元以内,对比我国刑法中部分重罪在自由刑与罚金刑中的判罚尺度,可以说本罪中的被告人主要涉及的刑罚表现为轻罪样态。

二是在保险诈骗罪被告人的特殊情节统计上,在实施本罪之前便具有不端行为的行为人占统计总数的绝大部分,因此可以从这个意义上讲,本罪的被告人多数具有犯罪记录或前科,换言之,具有不法行为经历的行为人在实施本罪时具有更强的倾向性。

---

① 保险诈骗罪罚金金额最高为 20 万元以下,超出该区间的金额,是数罪并罚的结果。

第三节　余思：保险诈骗罪的预防与量刑

综合本章所统计的数据，可以对保险诈骗罪有关的具体情形勾勒出一个大体上的轮廓：一方面是本罪审结案件数量的相关情况，如根据近年来的发案趋势、发案地域，由此获取本罪的发生、发展情形；通过被告人的相关数据确定被告人的具体特征并在预防的意义上描绘出其画像，对于被害人的数据统计也可得到相似的预防效果。另一方面可以就本罪的刑罚裁量数据以及量刑的相关数据思考本罪在我国发生的个别特质，最终起到为司法裁量提供帮助的作用。同时，通过对本罪中存在的学术争议问题加以梳理，尤其是在本罪的着手认定以及共犯问题上关于我国《刑法》第 198 条第 4 款的性质认定与身份犯竞合的辨析，可以协助司法实务分析相关疑难问题。具体而言，本章的分析可以总结为如下两点。

一是从刑事政策出发思考保险诈骗罪的预防。根据本章中所呈现之统计数据，可以发现保险诈骗罪的审结案件数量自 2013 年以来总体呈现升高的趋势，同时保险诈骗罪的案件高发区域集中在长江三角洲及沿海等经济发达省份，故而可以肯定的是，如需对保险诈骗罪的发生进行预防，在相应的高发区域进行有针对性的部署显然是上上之选。此外，就保险诈骗罪的被告人统计数据所展现出来的是，保险诈骗罪的被告人多为文化程度偏低且无固定职业、收入的成年人群体，同时多数被告人还具有不端行为经历，由此便可以将保险诈骗罪的嫌疑人限缩到一个较为有限的范围内，从而为该罪的预防提供具有指向性的引导。

二是对影响保险诈骗罪量刑轻重的深层次思考。基于对被告人刑罚裁量的数据统计，保险诈骗罪的被告人主要表现为轻罪形态，即其所获之自由刑基本在 1 年以上 5 年以下，罚金刑基本为 10 万元以内。由此而得出的全国范围内对于保险诈骗罪量刑的数据统计，虽然不具有普遍的指导意义，但是在具体的实务处理中，可以便捷有效地为司法实务部门提供一般性的量刑指导。需要注意的是，此类统计数据所得之结论仅仅针对数额、情节皆属一般的保险诈骗案件，换言之，如无意外均可在此范围内参照予以处理，但是如若涉及数额巨大或情节严重等情形自然不在此范围之内。

第十章 危害税收征管犯罪专题研究

黄淘涛*

第一节 综览:数据的呈现

一、案件基本情况

(一)案件情况综述

为维护国家税收秩序,打击危害税收征管的犯罪行为,1997年《刑法》在第二编第三章第六节规定了对危害税收征管犯罪行为的处罚。1997年《刑法》关于危害税收征管类犯罪规定了12个罪名,之后《刑法修正案(七)》修改了一个罪名的名称,《刑法修正案(八)》增加了两个罪名,目前该节共计14个罪名,分别是:第201条逃税罪;第202条抗税罪;第203条逃避追缴欠税罪;第204条第1款骗取出口退税罪;第205条虚开增值税专用发票、用于骗取出口退税、抵扣税款发票罪;第205条之一虚开发票罪;第206条伪造、出售伪造的增值税专用发票罪;第207条非法出售增值税专用发票罪;第208条第1款非法购买增值税专用发票、购买伪造的增值税专用发票罪;第209条第1款非法制造、出售非法制造的用于骗取出口退税、抵扣税款发票罪,第2款非法制造、出售非法制造的发票罪,第3款非法出售用于骗取出口退税、抵扣税款发票罪,第4款非法出售发票罪;第210条之一持有伪造的发票罪。

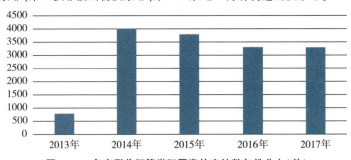

图10-1 危害税收征管类犯罪案件审结数年份分布(件)

---

* 黄淘涛,北京市大兴区人民法院刑庭副庭长,法学硕士。

(二)案件量呈逐年缓降趋势

从笔者目前掌握的数据来看①,2013—2017 年,全国各级人民法院共审结 16 620 件危害税收征管罪案件,2013 年 890 件,2014 年 4 566 件,2015 年 4 137 件,2016 年 3 585 件,2017 年 3 442 件,2014 年到 2016 年呈逐年缓降趋势,2016 年案件量较 2014 年下降 21.48%。

其中,基层人民法院五年来共审结 13 898 件危害税收征管罪案件,占此类案件总数的 91.74%;中级人民法院共审结 1 174 件危害税收征管类犯罪案件,占此类案件总数的 7.75%;高级人民法院共审结 77 件危害税收征管罪案件,占此类案件总数的 0.51%。

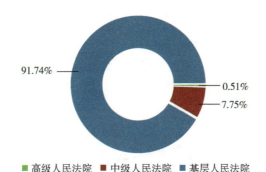

图 10-2　危害税收征管类犯罪案件审结数法院层级分布

(三)案件地域分布特征明显,多发在东部沿海地区

除港澳台地区以外的 31 个省、市审结的 14681 件危害税收征管类犯罪案件中,案件数量最多是江苏省,共计 2 696 件,占案件总数的 18.36%。其他审结危害税收征管罪案件数量较多的省、市依次为上海市、浙江省、广东省,审结的案件数量分别为 2 606 件、1 551 件、1 171 件,分别占案件总数的 17.75%、10.56%、7.98%。

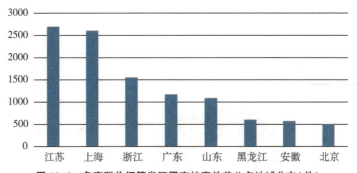

图 10-3　危害税收征管类犯罪审结案件前八名地域分布(件)

(四)罪名分布不均,涉发票犯罪的案件占绝对多数

2013—2017 年,一审审结的危害税收征管类犯罪案件涉及 14 个罪名共 14 330 件案件,其

---

① 本章所有数据由华宇元典提供,文中未作特殊说明的数据均来源于华宇元典。

中,虚开增值税专用发票、用于骗取出口退税、抵扣税款发票罪案件的数量最多,共 9 313 件,占案件总数的 64.99%,其他罪名的案件数量较多的依次为虚开发票罪,非法制造、出售非法制造的发票罪,非法出售发票罪,案件数量分别为 1 634 件、1 392 件、314 件。

2013—2017 年,二审审结的危害税收征管类犯罪案件涉及 14 个罪名共 853 件案件,其中,虚开增值税专用发票、用于骗取出口退税、抵扣税款发票罪案件的数量最多,共 349 件,占案件总数的 40.91%,其他罪名的案件数量较多的依次为逃税罪、虚开发票罪,案件数量分别为 138 件、111 件。

二、被告人基本情况

(一)被告人以自然人为主,单位犯罪并存

从裁判文书中提取到的被告人年龄数据来看,2013—2017 年,全国各级人民法院审结的危害税收征管类犯罪案件中,自然人被告人数占 82.55%,单位犯罪占 17.45%。具体趋势如图 10-4 所示。

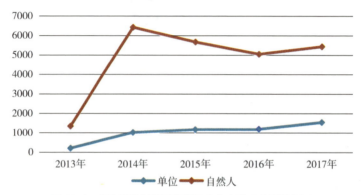

图 10-4 危害税收征管类犯罪被告人人数分布情况(人)

(二)被告人以成年的自然人为主,且半数以上为男性

根据从裁判文书中提取到的被告人年龄信息,从年龄构成来看,危害税收征管类犯罪案件中年龄在 40~49 岁的被告人数量最多,占总人数的 38.42%。

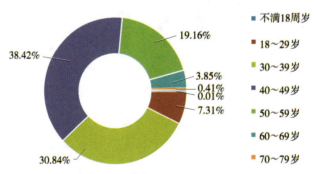

图 10-5 危害税收征管类犯罪审结案件被告人年龄分布

从裁判文书中提取到的被告人性别信息来看,被告人男女比例约为3:1,被告人性别各年度信息如图10-6所示。

图10-6 危害税收征管类犯罪审结案件被告人性别分布(人)

(三)被告人的文化程度初中占比最多

从裁判文书中提取到的被告人文化程度信息来看,初中学历的被告人人数最多,占总人数的42.44%。

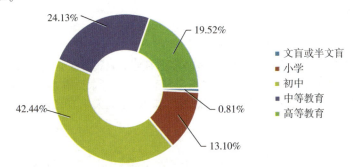

图10-7 危害税收征管类犯罪审结案件被告人文化程度分布

从裁判文书中提取到的被告人职业类型来看,被告人职业集中分布在农民、无业人员、私营企业主和个体劳动者,分别占比19.91%、29.61%和24.33%。由此可见,无业人员和私营企业主、个体劳动者是危害税收征管类犯罪的高发人群,需要对此进行特别关注。

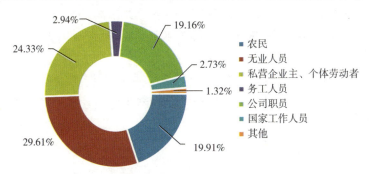

图10-8 危害税收征管类犯罪审结案件被告人职业分布

(四)一般累犯被告人占比较大

从裁判文书中提取到的具有特殊情节的被告人情况来看,具有一般累犯情节的案件占比达 1/10 之上。

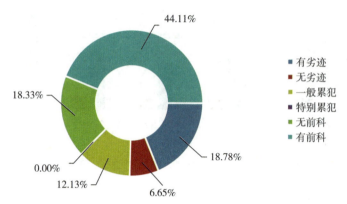

图 10-9　危害税收征管类犯罪审结案件被告人特殊情节

三、审判情况呈现的特点

(一)让他人为自己虚开发票的案件占 50% 以上

2013—2017 年,人民法院一审审结的危害税收征管类犯罪案件中,虚开发票罪和虚开增值税专用发票、用于骗取出口退税、抵扣税款发票罪包括四种常见的类型:为他人虚开、为自己虚开、让他人为自己虚开、介绍他人虚开。其中,让他人为自己虚开发票案件最多,占 58.07%。

(二)犯罪对象相对集中,多为增值税

逃税罪中,逃税税种为增值税的案件约占 20%。2013—2017 年,人民法院一审审结的逃税罪案件中,逃税税种涉及 10 种以上。通过数据分析,逃税种类最多的为增值税,占 22.78%。

虚开发票类犯罪中,2013—2017 年,人民法院一审审结的虚开发票罪案件中,虚开发票的种类涉及多种。通过数据分析,虚开增值税发票的案件最多,占 79.08%。

(三)犯罪数额较大,犯罪金额在 300 万以上的案件约占 20%

2013—2017 年,人民法院一审审结的危害税收征管类犯罪案件中,犯罪金额在 300 万元以上的案件约占 20.12%。

(四)刑罚选择趋于集中,判处有期徒刑占绝对多数,且附加刑主要为罚金

2013—2017 年,从裁判文书中提取到的被告人被判处的刑罚来看,被告人被判处有期徒刑的占比最多,为 81.08%。

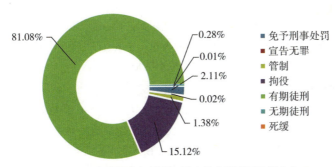

图 10-10　危害税收征管类犯罪审结案件刑罚种类分布

从裁判文书中提取到的附加刑适用情况来看,98.39%的被告人被判处罚金。

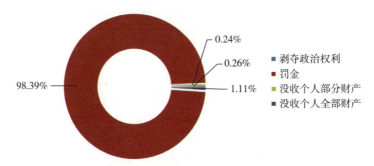

图 10-11　危害税收征管类犯罪审结案件附加刑种类分布

在被告人被判处有期徒刑的裁判文书中,刑期分布在一年以下的数量最多,占 46.32%。

四、小结

(一)案件数量趋势方面

1. 案件数量方面

改革开放 40 年来,随着国民经济的不断发展,市场经济主体在追求利润最大化的动机之下,危害税收征管类犯罪日益增多。

危害税收征管类犯罪增多的原因是多方面的。从主观方面分析,主要是纳税主体纳税意识淡薄,存在追求个人利益最大化的动机,试图减少自己的应纳税额,甚至通过虚开增值税专用发票、骗取国家出口退税等方式少缴或骗取国家税款。从客观方面分析,有税制方面的原因,如区分一般纳税人与小规模纳税人,使虚开增值税专用发票有了买方市场;再如,税制结构不合理,在收入分配差距上出现"逆调节"现象,出现"该收的收不上,不该收的挖地三尺"的税收困局。有执法不严方面的原因,如以补代罚、以罚代刑使得行政执法和刑法的威慑力下降。更有刑事立法方面的原因,如刑法与有关税收征管法律文件规定的协调性不足,有些情形认定犯罪困难,实践中司法成本过高,刑罚不合理、不均衡导致打击涉税犯罪成效大打折扣。

2. 案件的地域分布特点分析

数据显示,江苏省、浙江省、上海市是税收犯罪案件数量最多的几个省、市,经济的快速发展,必然导致经济发达地区的此类犯罪数量的增长。再者,互联网时代的跨地域性,税收犯罪无须特定地点,不再受地域限制,缩小了税收犯罪的地域性差异。

(二)被告人特点方面

2013—2017 年,组织、领导税收犯罪活动的男性人数均高于女性,女性由于性别、性格原因更少犯罪,但是组织、领导税收犯罪活动中女性的比例又明显高于其他犯罪中的女性。再者,通过对具体案例的分析和调查发现,往往男性在税收犯罪活动中处于核心领导者地位,女性更多处于被组织和领导地位。从年龄情况来看,危害税收征管类犯罪被告人年龄在 40~49 岁的人数最多,占 38.42%,其次为 30~39 岁,占 30.84%。

从文化程度来看,初中学历的人犯危害税收征管类犯罪的最多,占 42.44%,其次是受过中等教育的占 24.13%,受过高等教育的占 19.52%。从职业分布情况来看,无业人员和农民组织、领导税收犯罪活动的人数最多,其次是私营企业主、个体劳动者、务工人员和公司职员。

(三)司法审判及量刑方面

1. 税收犯罪活动的类型化案例数量方面

随着互联网时代的到来,税收犯罪模式从原来的拉人头模式向交会费模式转变,拉人头模式也会披上扩大营销、扩建公司规模等外衣。交会费模式的税收犯罪案件数量增多,"五级三阶制""三级制"等模式类似于公司员工晋级,具有一定的迷惑性,而且采用销售商品或产品的形式进行团队计酬,本质上依然是以拉人的数量计酬。

2. 量刑情节考虑与刑期影响方面

从 2013—2017 年的数据来看,被判处有期徒刑的被告人的刑期在 1 年以下的占 46.32%,刑期在 1~3 年的大约占到总数的 28.15%,3 年以上的占 18.27%,刑期在 5 年以上的只占 7.26%,而我国刑法规定的危害税收征管类犯罪的基础量刑多为 5 年以下有期徒刑或者拘役,情节严重的处 5 年以上有期徒刑。税收犯罪的涉案金额动辄上千万元,因税收犯罪而倾家荡产、妻离子散的受害人不在少数,法律对组织、领导危害税收征管类犯罪者的量刑却保持轻刑化,只要有认罪、自首、坦白等情节都会有量刑优待,是否罪刑相适应?司法解释对并处罚金的数额没有规定,从笔者统计的数据来看,罚金在几千元到上万元不等,即使涉案金额达到上千万元的案件,罚金也只是十几万元,如此导致在犯罪人甚至潜在犯罪人看来,犯罪成本很低,税收犯罪屡禁不止也就不难理解了。

3. 附加刑种类、罚金数额方面

法律规定危害税收征管类犯罪的刑罚种类有管制、拘役和有期徒刑,附加刑为罚金。从数据来看,法院对危害税收征管类犯罪的量刑普遍较轻,罚金刑也较轻,罚金数额集中在 1 万元至 5 万元,相对税收犯罪所获巨大利润来说较轻,很难说这是国家在重点打击税收犯罪的表现。一般来说,税收犯罪组织层级较少,涉案人数较少,涉案金额较小,量刑就较轻,判处罚金数额也较小;发展层级多,涉案人数多,涉案金额较大,量刑就较重,判处罚金数额也较大,罚金数额与量刑之间呈正相关关系。总体来看,法院的判决符合此规律,但不同法院,特别是不同地区的法院之间相似个案的量刑和罚金差异较大。

第二节 检视:罪与罚的规范思考

一、犯罪认定的思考

(一)总体思考

从1979年《刑法》到1997年《刑法》以及《刑法修正案(七)》和《刑法修正案(八)》,我国的涉税刑事法律制度经历了不断摸索和完善的漫长过程并逐步成熟。但总体来说,我国的税务犯罪在立法上还存在些许问题。

1. 我国现行涉税犯罪的立法模式存在不足

世界上不同国家和地区关于涉税犯罪的立法模式大致有四种:一是在该国的刑法典中专章或专节规定税收犯罪,简称为刑法典式,如俄罗斯、朝鲜、蒙古等国。二是规定在相当于单行刑法的专门的税收处罚法中,称之为单行刑法模式,如韩国的《税犯处罚法》。三是自成体系设置于税法之中,独立于刑法典之外,刑法总则仍适用于附属刑法的模式,简称附属刑法模式,如日本、英国、意大利等国。四是分散规定于刑法典和税法典中,简称混合模式,如德国、法国、美国、瑞士等国。①

虽然我国在《刑法》和2015年修正的《中华人民共和国税收征收管理法》(以下简称《税收征收管理法》)中都有关于涉税犯罪的规定,但我国税务犯罪的立法模式属刑法典式。刑法典式立法,有利于保持刑法的统一、集中和权威,便于人们对这一类犯罪在总体上进行把握。缺点表现为具体罪状与法定刑分离,不借助税法的具体规定,人们一般难以搞清其具体犯罪构成;特别是这种模式相对于灵活变动的税法常表现出过分的滞后性,使刑法与税法在涉税犯罪协调中存在问题,在一定程度上影响罪刑法定原则的贯彻。附属刑法模式实现了罪刑法定原则所要求的罪与罚的具体化与明确化,更能随着税法的废、改、立而随之变动,协调性较好。缺点是显得杂乱无章,不便于人们从总体上把握,不利于突出刑法典的权威。

税务犯罪作为一种法定犯,对一些行为违法性乃至犯罪性的判断,刑法典式立法不可能在刑法条文中详尽描述,况且大部分涉税罪名采取空白罪状的方式,基本需通过税法的具体规定才能确定。考虑到我国税制改革正在进行中,大部分税收实体法还仅是法规,尚待制定法律。在税法多变动期,为应对不断出现的新的涉税犯罪行为方式,涉税犯罪刑事立法只有与税收行政法律法规紧密衔接,才能有效地打击犯罪。故而采取刑法典式立法模式,而不采取世界主流的混合立法模式,不能不说是一种缺陷。

2. 刑法规范与税法规范欠缺有效衔接

危害税收征管类犯罪中存在刑法规范与税法规范欠缺有效衔接的问题。危害税收征管类犯罪是由于纳税人的税收行政违法行为积累到刑法所规定的犯罪程度的"量",触犯了《刑法》分则所规定的具体的罪刑规范,达到了刑事违法性程度时构成的犯罪。目前存在部分危害税收征管的行政违法规范与危害税收征管犯罪规范脱节的问题:危害税收征管类犯罪在

---

① 参见孙雪峰:《论涉税犯罪的刑法重构》,山东大学2010年硕士学位论文。

《刑法》分则第三章第六节进行了集中规定,而税法中涉税犯罪规范都是"构成犯罪的,依法追究刑事责任"等原则性规定,没有具体刑罚规定。虽然税法已规定某一违法行为情节严重构成犯罪,但刑法中若没有相应的罪刑规范,仍然无法追究行为人的刑事责任。例如,《税收征收管理法》第71条对只能由依法指定的企业印制发票的行为规定"非法印制发票的,由税务机关销毁非法印制的发票,没收违法所得和作案工具,并处一万元以上五万元以下的罚款;构成犯罪的,依法追究刑事责任",但如果是由依法指定的企业超量印制发票或者印制其无权印制的发票种类并非法出售的,因为属于依法得到授权后的行为而非"擅自制造"发票,法律难以追究其刑事责任。再如,《税收征收管理法》第78条规定"未经税务机关依法委托征收税款的,责令退还收取的财物,依法给予行政处分或者行政处罚……构成犯罪的,依法追究刑事责任",而对于未经税务机关委托擅自征收税款的行为,在《刑法》条文中找不到可适用的对应条款作为追究其刑事责任的依据。

3. 现行法律规范存在漏洞,规范不严密

现行危害税收征管类犯罪的犯罪规范存在入罪标准有漏洞、法律规定不严密的问题,导致对一些严重危害税收征管的行为无法追责。例如,《刑法》第201条第1款对逃税罪的规定为"数额+比例"的入罪模式,即行为人必须同时满足该条规定的逃税"数额较大"和"占应纳税额百分之十以上"两个条件才能构成犯罪。根据最高人民检察院、公安部2010年联合发布的《关于公安机关管辖的刑事案件立案追诉标准的规定(二)》第57条第1款的规定,逃税数额在5万元以上并且占各税种应纳税总额10%以上,经税务机关依法下达追缴通知后仍然不缴纳税款、滞纳金或不接受行政处罚的才能认定为犯罪。例如,一家小企业逃税5万元并达到了应纳税总额的10%以上,构成犯罪;但一家大型企业逃税数额500万元却未达到应纳税总额的10%,不构成犯罪。据此,就会出现实际逃税的绝对数额小但比例高有罪、绝对数额巨大但比例低却无罪的"抓小放大"现象,对打击犯罪极为不利。另外,根据《刑法》第201条第4款的规定,纳税人有逃税行为,只要经税务机关依法下达追缴通知后补缴应纳税款、缴纳滞纳金、接受行政处罚,就不予追究刑事责任;只有5年内因逃避缴纳税款受过刑事处罚或者被税务机关给予二次以上行政处罚的才追究刑事责任。据此,纳税人有逃税行为只要在被税务机关发现后及时"补救"就不是犯罪,这给部分投机的纳税人提供了可乘之机。另外,该条规定对纳税人"不申报"即不履行法定纳税义务的行为依法追责,但却忽视了对扣缴义务人在性质上完全相同的不履行义务行为的规制。对扣缴义务人故意不履行代扣代缴的法定义务造成巨额税款流失的,因其不属于《刑法》第201条第2款规定的"不缴、少缴税款"的行为,难以追究扣缴义务人的法律责任。再如,《刑法》第203条逃避追缴欠税罪规定,纳税人采取转移或隐匿财产的手段致使税务机关无法追缴欠缴的税款才构成本罪,对逃避追缴手段的限制性规定会成为不法纳税人逃避法律责任的依据。例如,对纳税人采取以合法手段掩盖非法目的的夫妻离婚、虚构有担保债权甚至通过虚假诉讼以使财产"合法"转移等情况,依法将无法追究其形式"合法"但事实"非法"的逃避追缴欠税行为的刑事责任。以上制度设计中的缺陷或漏洞,根据罪刑法定原则就会出现无法追究犯罪的问题,是对税款犯罪的放纵,而且容易引发错误的认识导向。

4. 偏重实害行为打击,轻视对税款流失源头犯罪的控制

我国刑法注重对税款犯罪的打击,却没有重视对税款流失源头犯罪进行控制,缺乏对税款流失源头犯罪行为进行防治的罪刑规范,没有对偷逃税款源头行为进行规制的罪名。对犯

罪源头的控制不力,其结果必然是对该类犯罪的治理不能取得令人满意的实际效果。

例如,刑法中规定了逃税罪、抗税罪、逃避追缴欠税罪、骗取出口退税罪和走私普通货物罪五个针对税款犯罪的罪名。这几个罪名都强调税款危害结果,如果没有查清税款危害结果,则不能以上述罪名定罪处罚。但限于前述论及的侦查能力及司法成本的限制,税款危害后果及比例往往难以查清。现行刑法对做假账、提供不实的申报纳税资料、网上开设在线销售网店纳税不作为等违反税收法规的欺诈性手段行为的轻视,对税款侵害结果犯的过分重视,偏重实害行为打击,轻视源头行为控制,实际上是治标不治本。因为造成最终侵害税款的结果,均是以源头性税收违法行为作为基础和手段的,"不塞蚁洞,只灭蝗群",是无法根治税款流失灾难的。这也是目前涉税刑事立法对打击涉税犯罪不力的重要原因之一。世界各国除了普遍设置的偷税罪、逃税罪罪名外,许多国家均注重对源头性税收违法行为的打击。如日本规定了单纯不申报罪、虚假申报罪、拒绝检查罪;美国规定了不作为涉税欺诈罪、不提交税务报告罪、故意制作失实税务文件罪、故意提交失实税务文件罪、签署虚假税务报表罪、帮助准备虚假文件罪。这些罪名的设置,不追求行为对税款的侵害与否,只强调行为的实施,并对行为给予税收征管制度的危害作了极高的刑法评价。① 这种对源头性税收违法行为的打击,配合对税款侵害结果犯的打击,不需要死刑这种严厉刑罚的介入,就织起了一张严密的涉税犯罪打击法网,我国涉税刑法规范应予借鉴吸收。

5. 司法成本过高,不利于打击犯罪

犯罪结果是犯罪客观方面的重要构成因素之一,但在我国刑法中过分关注涉税犯罪结果数额或比例,却削弱了打击犯罪的力度。在侦破涉税案件时,对于涉税犯罪的结果,即造成税款损失的数额的查证难度颇大,特别是在目前社会信用体系尚未建立,纳税人财务制度不健全,不设账簿、设置虚假账簿较为普遍,会计信息严重失真的情况下,查明涉案税款数额更是困难重重。以《刑法》第 201 条规定的逃税罪为例,要认定构成犯罪,需查清不申报或少申报逃避缴纳税款的数额,还要查清一个会计年度的全部应纳税额,以便计算逃避缴纳税款占应纳税额的比例,在达到规定的数额和比例标准后,才能认定构成逃税罪。这就要求侦查机关办案时,不仅需要查清涉嫌犯罪的事实部分,还要查清与犯罪无关的事实,明显提高了打击犯罪的司法成本。在涉嫌逃税人不积极配合的情况下,查清逃避缴纳税款数额已经存在不少困难,目前税务部门对许多小企业大量采用核定税款或核定比率征收即是明证;再去查清与犯罪无关的事实,而侦查机关精通财会、税务查证专业人才奇缺,往往借助专业鉴定机构取得鉴定报告来证实犯罪,比如查清一个单位逃税 3 万元、逃税比例为 15%,但鉴定费用、侦查成本却达 5 万元。这还是查证一个小单位的侦查成本,如果查证像国美电器这样全国连锁经营的大型商业企业,其查证难度之大、成本之高就可想而知了。2006 年 8 月至 2008 年上半年,国税总局对黄光裕个人和国美集团下属公司进行税务检查,共查补税款 6 791 万元,但并没有查清逃税比例,在逃税数额如此巨大的情况下,也没有按犯罪处理。② 涉税刑法的如此规定,造成打击涉税犯罪成本高、收益低的窘境,甚至由于对大企业的查证难度更大,造成对逃税罪的打击"只打苍蝇,不打老虎",不能不说是立法的悲哀。

---

① 参见陈运光:《税收犯罪研判》,吉林人民出版社 2004 年版,第 161 页。
② 《国税总局处长收黄光裕 100 万"封口费"获刑 13 年》,载《京华时报》2010 年 6 月 4 日。

(二)具体个罪在司法实践中的认定问题

1. 逃税罪中的问题梳理

"因偷税被税务机关给予二次行政处罚又偷税"的法律概念难以界定。税务机关做出行政处罚必须是纳税人有逃避缴纳税款的行为,如果是因违反税收管理法的规定而由税务机关做出的行政处罚决定,则不属于此处的二次处罚。此处的二次行政处罚必须是对同一纳税主体做出的,如果前次是针对自然人的,后次是针对该自然人设立的法人的,也不属于二次行政处罚。如果是企业逃避缴纳税款,企业为逃避法律责任而频繁更换法定代表人,仍然可以对其适用《刑法修正案(七)》的规定。因为,企业实体是存在的,频繁更换法人只是逃避法律追究的手段而已,新的法定代表人上任后,不可能不发现自己企业的逃税行为,如果其按照法律的规定补缴税款的,仍然可以按照《刑法修正案(七)》的规定予以从宽处理。

根据1997年《刑法》第201条的规定,"因偷税被税务机关给予二次行政处罚又偷税的"构成逃税罪,其目的"是防止行为人钻法律空子,屡罚屡犯,体现了立法在原则基础上的灵活性"。但是没有时间期限和逃税金额限制的次数标准引起了学界的争议。该条文并没有规定前两次受行政处罚和第三次逃税行为的时间限制,因此在实践中造成对行为人在时间上的无限期计算,这种处罚规定对行为人过于严苛,同时存在着法律相互之间失衡的问题。对此,2002年最高人民法院在《关于审理偷税抗税刑事案件具体应用法律若干问题的解释》第4条中,对二次行政处罚又偷税的时限和数额予以了明确,即"两年内因偷税受过二次行政处罚,又偷税且偷税数额在一万元以上的,应当以偷税罪定罪处罚"。而该规定在《刑法修正案(七)》中已不复存在,也就是说,不再将"因偷税被税务机关给予二次行政处罚又偷税"的行为规定为逃税罪,而是完全由行政法规去调整。《刑法修正案(七)》之所以删除了该条规定,概因该条规定问题颇多,虽然司法解释弥补了一定的缺陷,但是该司法解释本身也存在不少问题。

第一,"因偷税被税务机关给予二次行政处罚又偷税的"规定,实际上是刑事立法对主观恶性的单独评价。任何犯罪在形式上都是主客观要件的统一体,是行为人的主观恶性通过行为产生了客观危害,因而对客观危害设立标准时不应忽略主观恶性这一内在因素,但绝不能把主观恶性任意扩大化为一个单独的标准。对于"因偷税被税务机关给予二次行政处罚又偷税的",实际上是刑事立法对那些大错不犯小错不断的主观恶性的单独评价。

第二,对因受过两次行政处罚的行为人的名称变化情况难以界定。如今纳税人的生产经营状况经常处于变动当中,如企业的合并、分立、变更等。纳税者的经营状况发生变化以后,会形成"新"的纳税者,于是问题就出现了:"新"的纳税者是否要对变化以前的行政处罚负责?这是一个很难处理的问题。由此可见,逃税次数的标准实践中难以把握,极易导致不公平的处罚结果。

2. 虚开发票犯罪中的问题梳理

虚开发票犯罪,是指我国《刑法》第205条规定的虚开增值税专用发票、用于骗取出口退税、抵扣税款发票罪与第205条之一规定的虚开发票罪。发票开具作为发票实现其功能的一个必经环节,虚开发票是发票犯罪中最为常见的表现形式。《刑法》第205条规定虚开增值税专用发票、用于骗取出口退税、抵扣税款发票罪,在发票开具的环节增设罪名,将虚开发票的行为入罪,就是希望能够从源头上打击和遏制发票犯罪。但是,这一罪名的设置,却成为刑法中分歧最大的焦点问题,刑法理论上和司法实务中关于发票犯罪的争议,基本上都是围绕这一罪名产生的。也可以说,解决了与虚开增值税专用发票罪的相关争议,也就解决了发票犯罪中的最主要问题。为了解决虚开增值税专用发票罪在理解上的分歧,最高人民法院出台了两个司法解释,全国人大常委会又出台了一个立法解释,但这些问题至今仍未解决,司法实践中同案不同判的现象依然严重,虚开发票犯罪在司法适用中存在诸多疑难问题。对于一个已实施了 20 年的罪名,却在最为基本的问题上尤其是要件构成方面仍然存在重大分歧,这在刑法其他罪名中实属罕见,显然有悖于罪刑法定的基本原则,亟待理论上的探究与解决。①

① 罪与非罪问题

虚开增值税专用发票罪增设之后,很快在司法实践中便产生了一些特殊情形下虚开增值税专用发票是否构成犯罪的争议。在这些特殊案例中,因为虚开发票的后果未造成也不可能造成国家税款流失,也不构成其他的经济犯罪,那么这些行为能否构成虚开增值税专用发票罪,就成为一个尖锐的问题。主要情形如下:

首先,"对开""环开"等额或相近金额的增值税专用发票是否构成犯罪?

司法实践中,存在某些商业企业为了完成销售指标或销售排名,在无真实商品交易的情况下,通过两方或多方之间"对开""环开"金额相等或相近的增值税专用发票,以虚增营业额的情形。

例如,湖北省某市物资总公司下属的燃料公司和金属回收公司,为了完成总公司下达的销售指标,两公司在没有真实商品交易的情况下,互相为对方虚开增值税专用发票价税合计金额 360 万元并如实缴纳了税款,超额完成了总公司的销售指标,并为职工多发了销售奖金。

由于本案中两公司相互虚开的发票金额相等,缴纳和抵扣的税款数额也相等,因此虚开增值税专用发票并未造成也不可能造成国家税款的流失。对于本案是否构成犯罪,存在两种不同的意见:第一种意见认为,这种"对开""环开"增值税专用发票的行为属于违反增值税发票管理的行为,但没有偷逃和骗取国家税款的动机,也没有造成国家税款的流失,因此不构成犯罪。另一种意见则认为,只要实施了虚开增值税专用发票的行为,虚开数额在 1 万元以上的,不论是否造成偷逃或骗取税款的后果,都构成了虚开增值税专用发票罪。

其次,让其他一般纳税人"如实代开"增值税专用发票并缴纳税款的行为是否构成犯罪?

根据我国有关税收征收的法律规定,只有一般纳税人才具有增值税专用发票的开具资格。司法实践中,对于一些发生了真实商品交易的小规模纳税人或无证经营者,因无法向购货方提供可以用于抵扣税款的增值税专用发票,而让其他一般纳税人"如实代开"并如实缴纳了税款。

例如,甲为一羊绒制品有限公司董事长开有一家羊绒制品专卖店,系小规模纳税人。该公司为一般纳税人。其兄乙同样经营羊绒制品,经常能联系到商场或批发商这种大客户,在价格、质量、款式等达成共识的情况下,却因为乙无法开具增值税专用发票而无法签订购销合同。生意多次失败后,乙想到其弟甲所在的公司拥有增值税专用发票,而且也是生产羊绒衫裤,于是苦求甲替自己代为开具增值税专用发票。甲起初不肯答应,后念手足之情同意,但声明必须由公司会计在每次需要发票时如实开具。此后一年中,甲公司为乙共代开增值税专用发票 9 份,价税合计 23 万元。每次代开时,甲都派工作人员查验乙的合同与实际交易金额等情况属实、吻合时,才代为开具增值税专用发票。

---

① 参见王佩芬:《发票犯罪立法研究》,华东政法大学 2015 年博士学位论文。

再如,上海市杨浦区人民法院1996年受理一起代他人实开增值税专用发票的案件:新宝机电设备经营部经理顾某某以营利为目的,非法为无证经营的沈某代开销项增值税专用发票63张,累计金额196万元。沈某销货后按规定向税务机关缴纳了应纳增值税款28万余元。顾某某牟取"开票费"5 800元。

在上述两起案件中,存在真实的商品交易,且税款已如实缴纳,不存在也不可能造成国家税款的流失。相反,小规模纳税人因为代开的增值税专用发票并不能抵扣其应纳税款,所以实际上反而多缴纳了一笔税款。在此情形下,代开发票的一般纳税人一方是否属于"为他人虚开"?不具备开票资格的小规模纳税人是否属于"让他人为自己虚开"?因存在巨大的观点分歧,1996年上海市高级人民法院向最高人民法院请示"代他人实开增值税专用发票应如何定性"。但是,尽管最高人民法院就此问题专门出台了司法解释,但这一问题至今仍观点纷纭,司法适用不一,没有定论。

最后,被动接受虚开的增值税专用发票是否构成犯罪?

司法实践中,对于在真实交易中被动接受他人虚开的增值税专用发票的行为,公安机关一般是以涉嫌虚开增值税专用发票罪移送审查起诉,检察机关对其中涉案税额较小且已补缴税款的单位和个人作相对不起诉处理,而对一些涉案税额较大的单位和个人一般都予以起诉,法院也均定罪判刑。例如,2007年至2009年3月在杭州市萧山区72件142人的虚开增值税专用发票犯罪案件中,属于"在真实的交易活动中被动接受他人虚开发票"被认定为构成虚开增值税专用发票罪的情形有41人,占案件总数的28.87%。在理论界,对于被动接受虚开的增值税专用发票的行为,则存在罪与非罪的分歧。

例如,2000年1月,甲自行车股份有限公司(以下简称"甲公司")委托乙机械进出口有限公司(以下简称"乙公司")代理进口5 000辆助力车全套零配件。合同约定:乙公司负责将助力车配件安全运到甲公司所在地的一切事项,同时开具给甲公司正规增值税专用发票;甲公司在收到货物后,三天内向乙公司交付全部货款。1月底,乙公司按合同约定将货物安全运抵甲公司,但未按合同约定开给甲公司增值税专用发票及交付相关单据资料。甲公司要求乙公司提供发票,否则不予付款。2000年3月,乙公司提供给甲公司三张天津某实业发展有限公司开出的增值税专用发票,票面上货物的规格型号、数量金额、税额都正确,仅供货方一栏有异。甲公司看到票面上记载的内容与实际基本一致,认为这是一张真票,遂按票面上的价税金额付清了乙公司的货款,并将发票连同一份乙公司伪造的天津某实业发展有限公司空白的付款委托书交公司财务科入账。2000年3月底,甲公司将三张发票交市国税局进行了抵扣。2000年年底,在税务检查中,国税局查出该三张增值税专用发票系伪造。

公安机关在处理此案的过程中,对乙公司构成虚开增值税专用发票罪并无争议,但对于甲公司行为性质的认定,则存在三种不同意见:第一种意见认为,甲公司的行为属于未按照规定取得发票的违法行为,不构成犯罪;第二种意见认为,甲公司的行为是接受虚开的增值税专用发票,属于"让他人为自己虚开"的情形,应构成虚开增值税专用发票罪;第三种意见认为,甲公司帮助乙公司完成犯罪,二者构成共同犯罪。① 笔者赞同无罪论者的观点,认为在真实的交易活动中被动接受虚开的增值税专用发票的行为,不属于"让他人为自己虚开"和"利用虚

---

① 参见张学刚:《这一接受虚开增值税发票的行为该如何定性》,载《人民公安》2001年第8期。

开的增值税专用发票抵扣税款或骗取出口退税"的情形,其与增值税专用发票的虚开者在主观上并无共同的犯罪故意,不构成虚开增值税专用发票罪。①

② 此罪与彼罪问题

开具作为发票发挥功能的必经环节,虚开增值税专用发票是不法分子得以实现逃税、骗取或贪污、侵占税款等非法目的的手段,因此在非法目的与非法手段之间,必然存在罪名上的竞合,产生此罪还是彼罪的界分问题。主要包括:

首先,虚开增值税专用发票罪与逃税罪的界分。

在1995年全国人民代表大会常务委员会《关于惩治虚开、伪造和非法出售增值税专用发票犯罪的决定》增设"虚开增值税专用发票罪"之前,对于利用虚开的发票偷逃税款的行为,与其他通过伪造、变造、隐藏、擅自销毁账簿、记账凭证等偷逃税款的行为一样,都是通过1979年《刑法》规定的"偷税罪"定罪处罚。增值税制度实施后,增值税发票作为抵扣进项税款的唯一依据,不少一般纳税人为了达到偷逃税款的目的,通过虚开增值税专用发票的手段增加对当期进项税款的抵扣,减少对当期税款的缴纳。在虚开增值税专用发票罪犯罪案件中,这种以偷逃税款为目的的虚开占有绝对比例,并且由于难以及时查验发现,大案要案数量相当惊人。但是,《刑法》中增设了"虚开增值税专用发票罪"之后,对于这种利用虚开的增值税专用发票进行偷逃税款的行为,应当构成"虚开增值税专用发票罪"还是"逃税罪",就产生了法律适用上的分歧。

对此,存在几种不同的观点:第一种观点认为,刑法规定的虚开增值税专用发票罪,不问其目的与结果,只要有虚开的行为都构成虚开增值税专用发票罪;第二种观点认为,虚开增值税专用发票只是作为偷逃税款的手段,是偷逃税款诸多手段中的一种,因此应和其他手段的偷逃税款行为一样,构成逃税罪;第三种观点认为,虚开增值税专用发票与逃税罪是手段与目的的竞合,应从一重处断,以虚开增值税专用发票罪定罪处罚。

由于虚开增值税专用发票罪在量刑上较逃税罪要重得多,因此这一分歧在司法实践中相当普遍,司法判决也因法院的不同而不同。

其次,虚开增值税专用发票罪与骗取出口退税罪的界分。

增值税专用发票作为用于出口退税的依据之一,为了骗取出口退税而虚开增值税专用发票的犯罪现象也十分猖獗。利用虚开的增值税专用发票或其他用于出口退税的发票骗取出口退税,是构成虚开增值税专用发票罪、构成虚开用于骗取出口退税的发票罪还是构成骗取出口退税罪?

例如,1997年11月8日,上海某进出口公司与美国某公司签订了一份出口合同。合同约定,上海某进出口公司向美国某公司出口2万件棉制童装,每件童装单价为20美金,交货时间为1997年12月15日,交货地点为上海某港。同年12月14日,上海某进出口公司从上海某服装公司购进2万件棉制童装,每件童装单价140元人民币。同年12月15日,上海某进出口公司在上海某港向美国某公司交货,因质量不合格被退回,该笔出口生意告吹。之后,上海某进出口公司向上海某服装公司退货未果,只好将该批服装以较低的价格内销。为弥补该笔生意的损失,上海某进出口公司铤而走险,伪造了一份向美国公司增加出口1万件童装的补充合同,并虚开了1

---

① 参见王佩芬:《真实交易中被动接受虚开的增值税专用发票行为是否构成犯罪——以善意受票人、瑕疵受票人、恶意受票人的分类为视角》,载《政治与法律》2013年第9期。

万件童装的增值税专用发票。之后,又通过不法手段,搞到了3万件童装的出口单证和假结汇单证,从税务机关骗取了3万件童装的出口退税款共计人民币71.4万元。

最高人民法院2002年发布的《关于审理骗取出口退税刑事案件具体应用法律若干问题的解释》对"假报出口"进行了界定:一是伪造或者签订虚假的买卖合同;二是以伪造、变造或者其他非法手段取得出口货物报关单、出口收汇核销单、出口货物专用缴款书等有关出口退税单据、凭证;三是虚开、伪造、非法购买增值税专用发票或者其他可以用于出口退税的发票;四是其他虚构已税货物出口事实的行为。由此可见,以骗取出口退税为目的而虚开增值税专用发票,是骗取出口退税的情形之一,应当认定为骗取出口退税罪;但同时,这一虚开行为又符合虚开增值税专用发票罪的要件构成,因此会产生手段与目的的竞合。如果适用从一重处断原则,则这一行为仍构成虚开增值税专用发票罪。

③ 虚开犯罪数额的认定标准问题

如何认定虚开增值税专用发票的犯罪数额,一直是司法实践中存在争议的一个问题。根据司法解释的规定,虚开增值税专用发票或者虚开用于骗取出口退税、抵扣税款的其他发票,虚开的税款数额在1万元以上或者致使国家税款被骗数额在5 000元以上的,应予立案追诉。但是对于如何计算虚开的税款数额与被骗的税款数额,又存在多种分歧。

对于虚开的增值税专用发票来说,虚开的税款数额就是虚开的增值税专用发票上所记载的税款数额,一般是17%;对于虚开的海关完税凭证来说,则是完税凭证上所记载的税款数额;对于虚开的农产品收购凭证来说,其虚开税额则是按虚开的农产品收购凭证上所记载的交易数额的13%;对于运输发票,则是按虚开运输发票面额的7%进行抵扣。

但是,当虚开增值税专用发票既存在为他人虚开,又存在为自己虚开的情形时,既有为他人虚开的销项税额,也有为自己虚开的进项税额,其虚开的发票税额如何计算,就成为一个问题。对此,第一种观点认为,应当将销项税额与进项税额累计计算,其理由是刑法已明确规定无论是为他人还是为自己虚开,都构成虚开犯罪,虚开的销项税额是帮助他人偷逃或骗取税款,虚开的进项税额则是为自己偷逃或骗取税款,二者是两个不同的概念,因此应分别认定,累计计算。第二种观点则认为,应以较大税额为准,而不应将进项税额与销项税额累计计算。理由是不法分子为自己虚开的进项税额,是为了抵减虚开的销项税额,而由于未发生实际的商品交易,因此虚开的进项税额原本就不存在征税的基础,国家的税收也没有损失,因此应以虚开的销项税额为准,同时虚开进项,应以其中数额较大的一项计算虚开税额,而不能累计计算。

④ 司法适用中的其他问题

对于虚开增值税专用发票罪,司法适用中其他诸多的疑难问题,如单位犯罪的主体认定,虚开增值税专用发票是否存在中止、未遂,虚开增值税专用发票罪中共犯的认定,真实交易中被动取得销货方虚开的增值税专用发票是否构成虚开共犯等问题,都是在认定虚开增值税专用发票罪过程中无法回避的现实问题。

二、刑罚适用分析

(一)抓小放大、罪罚失衡现象突出,且与行政处罚衔接不畅

按照我国刑法学界公认的依据社会危害性大小作为应否入罪的标准和罪责刑相适应理论,罪与非罪、刑罚轻重都应当与行为的社会危害性相一致,即社会危害性大的应当入罪并处

以重刑,社会危害性小的则应出罪或构成犯罪时亦应处以轻刑。但是如前所述,《刑法》第201条规定却出现了"抓小放大"的相反情况:逃税数额巨大(社会危害性大)但因比例不达标的不是犯罪,不能给予刑罚处罚;逃税数额不大(社会危害性相对也小)却因比例已达标是犯罪,依法应予刑罚处罚,出现了十分明显的罪刑失衡问题。

此外,危害税收征管罪存在刑罚处罚与行政处罚衔接不畅的问题,刑罚处罚结果与行政处罚结果差异巨大。①

(二)刑罚设置仍不完善,同时缺失对源头行为控制的资格刑

刑法对危害税收征管类犯罪的刑罚总体上设置为自由刑加财产刑。无期徒刑、有期徒刑、拘役、管制均为自由刑,且绝大多数罪名规定了罚金刑,对情节特别严重的还规定了没收财产刑。对危害税收征管犯罪的刑罚最重的为无期徒刑,而其他国家基本上没有规定这么重的刑罚,多为7年以下自由刑。因此,我国对危害税收征管类犯罪的刑罚在整体上表现为重罪重刑。对危害税收征管类犯罪的罚金刑存在以下两方面问题:一是《刑法》第201条的逃税罪、第205条之一的虚开发票罪、第210条之一的持有伪造的发票罪都只规定了"并处罚金",既无应当适用的罚金比例也无数额区间规定,造成刑法规定本身的不完善和司法实务操作中的不确定性。二是《刑法》第205条的虚开增值税专用发票、用于骗取出口退税、抵扣税款发票罪,第206条的伪造、出售伪造的增值税专用发票罪,第207条的非法出售增值税专用发票罪,第209条第1款的非法制造、出售非法制造的用于骗取出口退税、抵扣税款发票罪等规定,对于数额(数量)较大、有严重情节的行为和数额(数量)巨大、有特别严重情节的行为罚金刑额度完全相同,没有根据危害后果严重性的不同在罚金刑中表明刑罚轻重的差异性,没有遵循罪刑相适应原则。

刑法中缺少对危害税收源头行为控制的轻罪及其刑罚规范,也缺少对危害税收征管罪的资格刑和惩戒教育刑规范。

第三节 余思:危害税收征管犯罪的认定与预防

一、立法论方面改进

(一)加强刑法规范与税收征管规范的衔接,严格追责危害税收征管行为

对前述刑法规范与税法规范衔接欠缺问题,可通过相关法律条文的比对,在刑法规范中对应税法规范补充欠缺的罪刑规范。

对《刑法》第201条规定法网不严密的问题,建议将逃税罪的"数额+比例"入罪模式改为只规定入罪最低数额的单一标准,明晰罪与非罪的界限,同时将逃税数额占应纳税额的比例作为量刑情节规定;删除5年内因逃避缴纳税款受过刑事处罚或者被税务机关给予二次以上行政处罚的才追究刑事责任的规定,改为税务机关下达追缴通知后限期内不缴纳税款、滞纳

---

① 参见李秀娟:《我国涉税犯罪立法问题研究》,内蒙古财经大学2014年硕士学位论文。

金的即作为犯罪处理,不给纳税人以逃税的可乘之机;对扣缴义务人故意不履行代扣代缴义务的行为,在刑法中规定对扣缴义务人故意不履行代扣代缴义务造成税款流失达到1万元的即为犯罪;将《刑法》第203条关于逃避追缴欠税罪中"转移或者隐匿财产"手段的规定改为"采取任何手段",即纳税人欠缴应纳税款,采取任何手段致使税务机关无法追缴欠缴的税款数额在1万元以上的即构成犯罪。

(二)构建轻罪罪刑规范,加强对源头犯罪的控制

我国目前只规定了危害税收征管的重罪规范,缺乏轻罪规范。"对于犯罪最强有力的约束力量不是刑罚的严酷性,而是刑罚的必定性。"①我国危害税收征管的犯罪较多的现实,很大原因在于刑法过于注重对重罪的打击和治理,但是税收犯罪的法网不严密,缺少对涉税轻罪治理的罪刑规范,缺乏税收源头控制轻罪制度。基于"破窗理论"②小失序引起大混乱的启示,对犯罪有效预防治理的重点不在于打击重罪,更重要的是打击轻微犯罪。在我国纳税人没有普遍形成自觉依法纳税意识,部分纳税人为追求利益最大化而有意规避纳税义务的社会现实条件下,需要通过建构危害税收征管的轻罪罪刑规范堵塞偷逃税款的路径。目前可以考虑增加签署虚假税务报表罪、帮助准备虚假文件罪、提交虚假的纳税申报表罪三个罪名,对纳税人、扣缴义务人、税务代理人实施此类行为时追究其刑事责任,其刑罚可设置为罚金刑和惩戒教育刑。

二、犯罪认定方面的思考

(一)逃税罪

1. 应正确理解、适用不予追究刑事责任的前提条件

《刑法修正案(七)》关于不予追究逃税人刑事责任的适用条件现在已经发生了变化,具体表现为:一是不追究刑事责任的前提是逃税人的行为已经触犯了刑法,构成逃税罪;二是在税务机关下达补缴或者追缴通知后,逃税人必须向税务机关缴纳已逃税款以及由此引起的滞纳金等,并且接受了行政处罚;三是时间限制,即必须是在五5年内没有因逃税受过刑事处罚或两次行政处罚。在适用中,需注意以下几个问题:首先,本款规定是否适用扣缴义务人。从《刑法》第201条第4款表述看,第1款规定的是纳税人的行为,这样不予追究刑事责任的主体就排除了扣缴义务人。也就是说,扣缴义务人逃避税收监管,实施了逃税行为,按照法律规定已经构成了犯罪的,他们即使补缴了税款和滞纳金,接受了行政处罚,也逃脱不了刑事法律的制裁。积极主动补缴税款、缴纳滞纳金、接受行政处罚只能作为量刑情节予以考虑。其次,具备《刑法》第201条第3款"多次实施前两款行为,未经处理的"情形,是否适用不予追究刑事责任的规定。《刑法》第201条第3款规定主要是针对多次实施逃税行为且未经任何处理的行为。也就是说,逃税人实施了多次逃税行为,但是每一次逃税的金额都比较小,尚不构成刑事犯罪,但是,如果这样的行为发生多次,数额已经达到了刑法规定的最低入刑标准,那么等待逃税人的将是严重的刑事处罚。该款规定与第4款的适用并不冲突。多次逃税数额要累计计算,总额达到数额较大以上,构成逃税罪的,在补缴税款、滞纳金、接受行政处罚后,仍可适用不予追究刑事责任的规定,这是符合《刑法》第201条第4款规定条件的。最后,对除

---

① 〔意〕贝卡利亚:《论犯罪与刑罚》,黄风译,中国法制出版社2005年版,第72页。
② 参见姜涛:《破窗理论与犯罪规制模式的重构》,载《国家检察官学院学报》2016年第1期。

外条件"五年内"如何理解。一是《刑法修正案(七)》在设置接受刑事处罚的除外条件的时候,设置了"五年"的时间限制,这是与我国的刑事法律精神相一致的,体现了宽严相济的基本刑事政策。二是"五年"也应当是"两次行政处罚"的限定期限。法条表述虽然不太明确,但参考前述 2002 年最高人民法院的司法解释,将"受过两次行政处罚"理解为在 5 年期限内,应当是符合立法意图的。在实践操作中,逃税人补缴税款和滞纳金必须是在税务机关规定的时限内完成,行政处罚也必须是在此有效期内执行。纳税人提出复议或诉讼的,在纳税人穷尽法律救济手段之后仍维持该决定的,以最后的有效执行期限为准来确定"五年"的期限。

2. 正确理解税务机关的行政处罚前置程序

税务机关的行政处罚前置是不是必然程序呢?《刑法修正案(七)》没有对行为人补缴税款、缴纳滞纳金、接受行政处罚的时间作出规定,那么在进入刑事司法程序之后,纳税人补缴税款并接受行政处罚的,还能否适用不追究刑事责任的规定呢?对此,笔者的观点是,行政程序并非刑事程序的前置程序。在进入刑事程序之后,纳税人补缴税款、缴纳滞纳金并接受行政处罚,仍可不予追究刑事责任。行为人逃税达到犯罪数额标准的,公安机关就可以依法立案,立案后,纳税人补缴税款、缴纳滞纳金并接受行政处罚的,公安机关根据具体情形可以撤销案件。同样,根据《刑事诉讼法》第 6 条的规定,在审查起诉阶段和审判阶段,只要纳税人补缴税款、缴纳滞纳金并接受行政处罚,都可以适用不予追究刑事责任的规定,司法机关可以根据不同诉讼阶段作出不起诉、定罪免刑等处理。这样就做到了税务、公安、检察、法院等机关权力的有效衔接,避免了各机关之间的权力冲突,减少司法资源的浪费,进而最大限度地发挥各权力机关的职能,维护税收法律的立法意图。

3. 应将"无证经营者"纳入逃税罪的主体范围

无证经营者应当成为逃税罪的主体。因为,无证经营者虽然没有进行税法上的税务登记,但其仍然在进行实质性的经营活动,仍有纳税的义务。例如,《税收征收管理法》第 37 条规定,对未按照规定办理税务登记而从事生产、经营的纳税人由税务机关核定其应纳税额,责令缴纳。这为无证经营者负有纳税义务提供了法律上的依据。既然负有纳税义务,则属于纳税人,当然可以构成逃税罪。另外,不进行税务登记的行为违反的是经营程序上的规定,可以由行政机关进行相关处罚,而不缴纳税款的行为则是对国家税收管理制度之法益的侵害,应当受到刑事处罚。另外,有人认为 1997 年《刑法》规定偷税罪的构成要件之一是"经税务机关通知申报而拒不申报或者进行虚假的纳税申报",而无证经营者根本没有进行税务登记,自然不会有税务机关通知其申报,也不可能主动进行虚假申报,因而认为无证经营者不能构成偷税罪。实际上,修正后的逃税罪规定逃税罪是指"纳税人采取欺骗、隐瞒手段进行虚假纳税申报或者不申报,逃避缴纳税款数额较大",将不申报的行为也囊括其中,这样无证经营者不申报也符合逃税罪的构成要件。

(二) 虚开发票类犯罪

1. 司法解释的修订

从现行刑法本身来看,刑法法条和相关司法解释并没有明确给出虚开增值税专用发票罪的完整犯罪构成,其意图、罪过和结果,都未能得到明确体现。犯罪构成要件的不明确是该罪在司法实践中认定产生分歧的根本原因,而相关法律解释出台的滞后也是使虚开增值税专用发票罪在司法适用过程中陷入困境的一个重要原因。现今关于虚开增值税专用发票罪的有效司法解释仅有最高人民法院1996年发布的《关于适用〈全国人民代表大会常务委员会关于惩治虚开、伪造和非法出售增值税专用发票犯罪的决定〉的若干问题的解释》,而该解释距今已20多年,这期间经济活动的复杂性和规模不得不说已经有了质的飞跃,且从2011年起,国家就开始逐步推行"营改增"的税制改革,刑事立法者应当早已预见由此产生的增值税犯罪的实际复杂状况已然不能套用过去的司法解释了。而新公布的司法指导性文件,尽管对案件审判具有一定的参考指导作用,但由于它并非司法解释,所以实质上并不具有普适性的司法强制力,在定罪量刑的关键审判行为中,并不能以司法指导性文件作为法律依据。它的存在,对于定罪量刑并不能起到决定性作用,甚至可能因其内容与司法解释的不同而导致法律适用依据的混乱,增加虚开增值税专用发票罪在司法适用上的困难。最后,鉴于现今经济活动的复杂性和庞大性,对经济类刑事司法人员的司法素质的要求也有所提高。增值税税额计算、抵扣、申报,增值税专用发票的特性、使用等,都要求侦查、审理该类案件的司法人员具有相当的专业知识,仅仅依靠对刑法本身的熟练掌握已经不足以应付层出不穷的新型犯罪手法和日益复杂的案情。

由于刑法作为一部基本法律,其修改程序的严格、繁琐加之刑事法条本身高度概括的内在要求,使得对法条本身进行修改成为一件费时费力且难以"讨好"的工作。因通过出台新司法解释,或者对现有司法解释进行修改完善,对于解决当前虚开增值税专用发票罪的适用困境更为可行。例如,针对"虚开"行为的定义,完全可以以司法解释的方式,对其进行详尽具体的描述、限制、区分。结合现代汉语词义和经济活动内涵,明确"虚开"的主体、对象、目的乃至手法,进而给虚开增值税专用发票罪的犯罪要件提供明确划分标准。而针对虚开增值税专用发票罪犯罪数额的认定及量刑标准,最高人民法院与其在对个案进行指示时发布司法指导性文件,不如整理已有的司法指导性文件和司法解释,综合确认其中观点,进而制定新司法解释,从法律效力上给定罪量刑依据以国家强制力的支撑。

国家立法机关需要加强对司法解释制定权的规范,及时清理旧的不合时宜的司法解释,加强对地方审判机关裁判援引的审查监督,明确司法指导性文件法律地位及效力,如此方能解决虚开增值税专用发票罪适用时法律依据混乱的情况。

对于新出台的涉及犯罪数额尤其是经济金额的司法解释,笔者有个不成熟的想法:可以将会计计算资金现值的方式引进来,比如规定具体犯罪金额以某年为基准,通过贴现计算出未来某期的量刑划档标准,如此一来能够最大限度地减少此方面司法解释不适应经济发展而需不断废止、制定的情况。当然这只是笔者个人的想法,具体制订方案,还是应当由相关专家讨论,本着适应当前发展同时符合罪刑相适应原则的基本要求展开。

2. 具体数额的认定

从虚开增值税专用发票罪侵害的客体即增值税专用发票管理秩序以及国家税收权出发,认定虚开数额,应把虚开行为限定在达到"已经严重危害增值税专用发票管理秩序并且有造成国家税款损失的危险"的程度。

一是无实际交易的虚开数额的认定。首先,没有实际交易,而且只虚开了进项发票或者只虚开了销项发票的情形。这种情形很简单,按照发票上记录的税额认定就行。如果只虚开了进项发票,进项税额就是虚开数额,如果只虚开了销项发票,则销项税额被认定为虚开数额。其次,没有实际交易,既虚开销项发票又接受虚开的进项发票的情形。对虚开数额的认定,应该考虑国家税款被实际非法抵扣的可能性。行为人在为他人虚开了销项发票之后,一般不会按照17%的税率缴纳增值税,为了降低犯罪成本,也为了掩盖犯罪事实,一般会亲自虚开或者让他人为自己虚开进项发票。虚开进项发票的行为,因为本身没有实际交易,也就没有相应的增值税纳税义务(相对于为他人虚开增值税专用发票而言),国家税收并不因此而遭受损失,因为只有虚开的发票被实际抵扣才可能造成国家税款损失。在销项税额大于进项税额的情况下,按照销项税额认定虚开数额是合适的。如果虚开的进项税额大于虚开的销项税额,本人可能抵扣的税款数额就会大于受票人可能抵扣的税款数额,这种情形就将进项税额认定为虚开数额。

二是有部分实际交易的虚开数额的认定。实践中还存在一种情形,行为人虽然有实际交易,但是超过实际交易的数量和金额开具增值税专用发票。这种情形是按照发票记载的税额还是仅仅按照超出实际交易的部分税额认定虚开数额?从使国家税收遭受实际损失的可能性上说,按照超出实际交易的部分税额认定虚开数额比较合适,这样也能更好地体现刑法的公正和谦抑。另外,如果行为人以真实交易作为幌子既虚开销项发票又虚开进项发票,这种情形可以比照没有实际交易的情形认定虚开数额。

三是以虚开为目的设立开票公司虚开数额的认定。司法实践中,很多虚开增值税专用发票大案都是通过设立空壳公司的方式进行的,这些公司以虚开增值税专用发票为目的而设立,并没有实际的经营活动。这些公司为了赚取高额的开票费而为他人虚开增值税专用发票,为了降低犯罪成本,也为了掩盖犯罪事实,就必须虚开进项发票以抵扣税款,这些虚开行为在经济运行的某一环节必定会造成国家税收的流失,社会危害性极大。因此,这种情形应将虚开的销项税额与进项税额相加计算虚开数额。

3. 虚开增值税专用发票行为行政处罚与刑事处罚的衔接问题

行为人受到行政处罚是因为行政违法,行为人受到刑事处罚是因为违犯刑事法律。虚开增值税专用发票行为之行政处罚与刑事处罚必然存在衔接关系。行政处罚与刑事处罚在实体上的适用衔接应是合并处罚。当虚开增值税专用发票行为既违反税收行政法律法规,又触犯刑法时,既要移送司法机关追究其刑事责任,又要对其进行相应的行政处罚。具体说来,当税务机关发现纳税人的行为涉嫌虚开增值税专用发票罪时,要移送司法机关追究刑事责任,处以有期徒刑、无期徒刑等自由罚,以及罚金、没收财产等财产刑。同时,税务机关又要按照法律规定对其选择适用相应的行政处罚,具体包括,警告、停止出口退税权、收缴或者停售发票,并且可以对偷逃的税款加收滞纳金。通过对刑事处罚与行政处罚的合并适用,确保虚开增值税专用发票行为受到自由刑、财产刑和剥夺政治权利的全方位的立体处罚,从而更好地打击犯罪,预防犯罪的再次发生。

在程序上的适用衔接是刑事优先。在虚开增值税专用发票行为涉嫌犯罪时,"刑事优先"原则更符合法理,也更能体现立法原意。因此,税务机关在发现纳税人因虚开增值税专用发票涉嫌犯罪时,应将案件移送司法机关,而且根据相关指导案例,不能于移送前或者移送后刑事判决作出前作出可能与刑罚同种类的行政处罚,即罚款。

刑事司法程序终结之后,在特定情况下,可以对虚开增值税专用发票行为进行相应的行政处罚。经司法程序确认,行为人不构成虚开增值税专用发票犯罪,但是依据现有的证据足以达到《税收征收管理法》《中华人民共和国发票管理办法》对虚开增值税专用发票行为处罚标准的,可以进行相应的行政处罚。

经司法程序确认,事实显著轻微,免予刑事处罚的,可以进行相应的行政处罚。经司法程序确认,行为人构成虚开增值税专用发票犯罪并且判处了相应刑罚(包括无期徒刑、有期徒刑、罚金、没收财产),税务机关可以对行为人作出与刑罚不同种类的行政处罚,如取消一般纳税人资格、收缴或者停售发票等。

(三)刑罚适用方面的警示

1. 完善和强化此类犯罪的罚金刑适用

扩大适用财产刑的基础是危害税收征管类犯罪的主体均具有贪利动机。对于实施此类犯罪的人来说,其动机就在于获取经济利益。在这种动机的诱惑下,犯罪人就可能冒着被刑罚处罚的风险去实施犯罪。例如,逃税犯罪系以追逐经济利益为动机,以不缴或者少缴应纳税款为目的,犯罪人权衡利弊,明知犯罪还以身试法。在税务犯罪的行为人心中,经济利益高于一切,所以对此类犯罪人的处罚应以经济利益的剥夺为核心,令其无法实现犯罪目的,这样犯罪者在实施犯罪行为前将会更多地衡量犯罪成本与犯罪利益的关系。扩大适用财产刑,对于国家来说无疑具有很佳的经济性;同时对于谋取非法经济利益的犯罪人来说也是一剂苦药,给予他们一定的金钱上的剥夺,可使他们在经济上不仅捞不到便宜,而且有可能丧失再犯罪的"资本"。

从刑罚的功能来说,对于追求不法经济利益的犯罪分子判处金刑,予以一定数额金钱的剥夺,既可以剥夺犯罪分子继续犯罪的经济条件,也能对犯罪分子起到惩罚与教育作用,从而对预防犯罪分子再次实施犯罪发挥了积极作用。从打击犯罪的同时也要注重司法资源的集约利用角度来看,判处罚金刑而代替部分自由刑,既取得了一部分财政收入,又减少了狱舍、看守、供应的财政支出,无疑是一个有益的选择。此外,对社会危害性较轻的自然人犯罪,判处罚金刑而不是自由刑,还避免了关押导致的"交叉感染""聚合效应",出现由"专科型犯罪"向"全科型犯罪"的危害升级,及出狱后相互熟悉的刑满释放人员"聚合裂变",从小偷、小抢、小骗到聚合变成"黑社会"。1997 年《刑法》大幅增加了罚金刑的适用范围,特别是在关于涉税犯罪的处罚中,均规定了罚金刑,无疑是顺应了社会形势的发展,体现了刑事立法水平的提高,但犹有缺憾。具体操作方式就是对逃税犯罪者提高财产刑的适用比重及确定合适的罚金数额,让其所受到的经济处罚远远高于其不缴或者少缴的应纳税额,才能对之起到特殊预防的功效。

2. 在涉税犯罪刑罚中增设资格刑

资格刑,是以剥夺犯罪人的某项权能的享有或行使为内容的刑罚。在建立社会主义市场经济的今天,面对日益猖獗的涉税犯罪,我们应该适应惩治涉税犯罪的客观需要,发挥资格刑惩治涉税犯罪的不可替代作用,设计出具有中国特色、符合中国国情的资格刑制度。

我国现行刑法及单行刑法中规定的资格刑有剥夺政治权利、驱逐出境、剥夺勋章、奖章和荣誉称号、剥夺军衔等。这些资格刑主要适用对象是实施危害国家安全、危及人身安全、危害国防利益的被告人。虽然对于极其严重的经济犯罪被告人在被判处无期徒刑、死刑时,附加适用剥夺政治权利,但这种伴随式的宣告适用的资格刑,对包括涉税犯罪在内的经济犯罪的惩治作用微乎其微。我国一些非刑事法律却创制了一些有效的类似于资格刑设计的行政处罚规定,如根据《中华人民共和国商业银行法》第 27 条的规定,因犯有贪污、贿赂、侵占财产、挪用财产罪或者破坏社会经济秩序罪,被判处刑罚,或者因犯罪被剥夺政治权利的,不得担任商业银行的董事、高级管理人员。《中华人民共和国公司法》第 146 条规定,因犯有贪污、贿赂、侵占财产、挪用财产罪或者破坏社会主义市场经济秩序罪,被判处刑罚,执行期满未逾 5

年,或者因犯罪被剥夺政治权利,执行期满未逾 5 年,不得担任公司的董事、监事、高级管理人员。《中华人民共和国会计法》第 40 条规定,因有提供虚假财务会计报告,做假账,隐匿或者故意销毁会计凭证、会计账簿、财务会计报告,贪污,挪用公款,职务侵占等与会计职务有关的违法行为被依法追究刑事责任的人员,不得再从事会计工作。这些行政处罚提高了其违法成本,对制止犯罪人再犯或震慑同类人员都发挥了不可小觑的作用,完全可以对其进行资格刑改造后,运用到对涉税犯罪的惩治上。

为了控制目前涉税犯罪的高发态势,我国应该借鉴外国刑法中的资格刑设置以及我国非刑事法律中的某些资格刑规定,增设新的资格刑。针对涉税犯罪中的自然人,可以增设"不得担任公职"和"禁止投资设立同类企业或禁止在同类企业中担任董事、监事、高级管理人员"的资格刑。当今社会化分工普遍,建立行业优势需数年甚至数十年的努力,对犯罪人禁止投资设立同类企业,或在同类企业中担任高级管理人员,对犯罪人的日后生活质量的影响是致命的,这使潜在犯罪人不得不正视实施涉税犯罪的高昂代价,会望而却步转向守法经营之路。

目前涉税犯罪中单位犯罪十分普遍,很有必要加大对单位犯罪的惩罚力度。现行刑法规定对单位犯罪只能判处罚金,但仅把单一的罚金刑作为适用于单位犯罪的刑罚是远远不够的,应该增设"停业整顿""限制从事业务活动"和准生命刑——"强制注销"等资格刑。这三种资格刑从轻到重,从影响单位的盈利直至注销单位,对于惩治涉税单位犯罪必将起到良好的功效。比如对骗取出口退税罪的单位,在一定期间内不准其从事出口业务活动,致其在一段时间内骗取国家出口退税款的可能性不复存在,同时又由于利润的下降,犯罪单位将会铭记深刻教训,无疑会取得很好的判罚效果。

3. 建立信用惩罚制度

在美国,一个人的信用水平在权威机构发放的个人信用卡中记载得一清二楚,个人恶意透支、赊购不还、偷逃税款等等将作为污点被记录在案。任何自然人都可以向税务部门举报或向社会公布某人的逃税行为,税务部门也会常常采取突然检查等方式,对有可能逃税的个人或者企业进行稽查。在美国,对逃税者的处罚也是非常严厉的。一般而言,不但要处以罚款或者罚金,还要视情节并处拘役乃至判处有期徒刑。在实施了上述处罚之后,仍会将逃税者列入"不守信用者"黑名单,并将名单发给所有的商业银行并存储于电脑中,使任何与之有商业关系及借贷关系的商业、企业、银行都对其信用产生怀疑。在一个完全化市场经济的社会中,对一个人、一个企业或一个社会团体而言,信用指数几乎就是其生命。一个人或一个企业一旦被列入"不守信用者"黑名单,就意味着其不但失去了从银行贷款的资格,而且失去了所有客户的信任,在社会上将寸步难行。例如,在美国税务机构的网页上,一些偷逃税者被罚款和判刑的案例,以醒目的黑体字被刊登,成为黑名单。① 因此,我们可以借鉴这种信用惩罚制度,建立适合我国实际的信用惩罚制度。首先,建立信用消费制度。有关部门通过电脑联网,从源头上掌握私人的交易事项、财产来源,提高监管能力,从制度上堵塞偷逃税之路。其次,建立信用惩罚制度,即在新闻、报纸、电视等媒体或者在互联网官方网站上公布逃税犯罪者实施的逃税犯罪事实及其所受到的处罚,将重大逃税者和实施多次逃税者也列入"黑名单",向社会公开公布。

---

① 参见齐伟:《美国税收执法与诚信相结合》,载《财会信报》2006 年 5 月 8 日,第 A05 版。

第十一章　合同诈骗罪专题研究

邓卓行[*]

合同诈骗罪规定在《刑法》第 224 条,是指行为人以非法占有为目的,在签订、履行合同的过程中,骗取对方当事人财物,数额较大的情形。该罪的具体行为内容共有五项:第一,以虚构的单位或者冒用他人名义签订合同;第二,以伪造、变造、作废的票据或者其他虚假的产权证明作担保;第三,行为人没有实际履行合同的能力,以先履行小额合同或者部分履行合同的方法,诱骗对方当事人继续签订和履行合同;第四,行为人收受对方当事人给付的货物、货款、预付款或者担保财产后逃匿;第五,行为人以其他方法骗取对方当事人财物。

合同诈骗罪的立法目的是为了保护我国的社会主义市场经济秩序,防止不法分子假借签订、履行合同的名义,骗取他人财物,扰乱社会主义市场经济秩序。随着我国社会主义市场经济秩序的蓬勃发展,合同签订、履行频次的增加,合同诈骗罪的发生也有增长态势。通过分析相关数据、研究合同诈骗罪实践情况,有助于更好地制定应对合同诈骗罪的刑事政策,把控合同诈骗罪的规制方向。

第一节　综览:数据的呈现

一、案件基本情况

(一)合同诈骗罪审结案件的年份分布

2013 年至 2017 年,合同诈骗罪的审结案件总量整体上越来越多,具体数据是,2013 年 1 274 件、2014 年 5 820 件、2015 年 6 473 件、2016 年 7 135 件、2017 年 6 166 件,共计 26 868 件。从上述数据可以看出,合同诈骗罪的诉讼基本呈现上升趋势,这足以说明,我国社会主义市场经济在蓬勃发展的同时,相伴而生很多破坏社会主义市场经济秩序的行为。

---

[*] 邓卓行,北京大学与慕尼黑大学联合培养博士研究生。

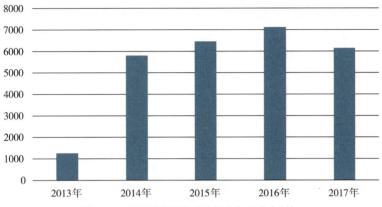

图 11-1　合同诈骗罪案件审结数年份分布（件）

(二)合同诈骗罪审结案件审级分布

从合同诈骗罪的一审结案文书数量来看，2013 年至 2017 年，合同诈骗罪在全国法院的一审结案数量共计 19 954 件，其中 2016 年一审结案数量最多，为 5 225 件，2013 年数量最少，为 1 028 件。另外，合同诈骗罪在 2017 年的一审结案数量为 4 320 件，2015 年的数量为 4 877 件，2014 年的数量为 4 504 件。从这些数据可以发现，合同诈骗罪的一审结案数量在 2013 年到 2015 年期间，基本呈上升状态，特别是 2014 年到 2016 年之间的一审结案数量陡增，由 4 504 件上升到 5 225 件。2016 年到 2017 年之间的一审结案数量出现下降趋势，笔者的理解是由于裁判文书上网具有滞后的特点，最晚的会滞后一年，而本专题数据是 2018 年 5 月提取的，所以 2017 年的数据用于参考为宜。

再看合同诈骗罪的二审结案数量，2013 年到 2017 年的二审结案数量分别是 2013 年 246 件、2014 年 1 316 件、2015 年 1 596 件、2016 年 1 910 件、2017 年 1 846 件，共计 6 914 件。

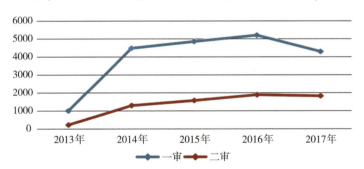

图 11-2　合同诈骗罪案件审结数审级分布（件）

(三)合同诈骗罪审结案件的法院层级分布

2013 年至 2017 年，我国各级法院审结的合同诈骗罪案件共有 26 752 件，其中 2013 年 1 273 件、2014 年 5 809 件、2015 年 6 441 件、2016 年 7 077 件、2017 年 6 152 份。考虑到 2013 年、2017 年的数据可能不完整，我们可以看出合同诈骗罪呈现出逐年增加的趋势。

2013—2017 年，各级法院审理的合同诈骗案件数量差别较大，其中，高级人民法院为 755

件,中级人民法院为6 984件,基层人民法院为19 013件。从审结案件的数量来看,基层人民法院是中级人民法院的2.7倍,是高级人民法院的25.2倍。根据我国刑事诉讼关于管辖权的规定,这反映出我国合同诈骗罪的实际特点,判处无期徒刑、死刑的重大刑事案件占比较小,绝大部分是由基层人民法院审理的普通刑事案件。

图11-3 合同诈骗罪案件审结数法院层级分布(件)

(四)合同诈骗罪一审案件的审理程序

2013年至2017年,一审适用普通程序审理的合同诈骗案件数量比较多,是适用简易程序审理案件的4.2倍。

我国《刑事诉讼法》第214条第1款规定:"基层人民法院管辖的案件,符合下列条件的,可以适用简易程序审判:(一)案件事实清楚、证据充分的;(二)被告人承认自己所犯罪行,对指控的犯罪事实没有异议的;(三)被告人对适用简易程序没有异议。"根据这一标准可知,相当一部分合同诈骗案件比较复杂,无法满足简易程序的适用条件,从而采用普通程序审理。本次数据整理还发现,2013—2017年,被告人当庭自愿认罪的合同诈骗案件共5 509件,这些案件是符合适用简易程序审理所要求的"被告人承认自己所犯罪行,对指控的犯罪事实没有异议"这一条件的,而最终适用简易程序审理的案件为3 805件。造成这种现象的原因,应该是案件不满足基层人民法院管辖或者其他简易程序适用的条件。

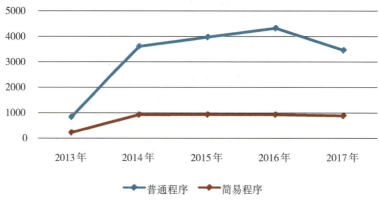

图11-4 合同诈骗罪案件审结数审理程序分布(件)

(五)合同诈骗罪审结案件文书的地域分布情况

2013年至2017年,在总共19 569件合同诈骗罪案件中,案件数量居于前七位的省份分别为河北省1 489件、吉林省1 076件、江苏省1 259件、浙江省1 353件、山东省1 121件、河南省1 368件、广东省1 393件。另外,合同诈骗罪案件数量最少的三个省、自治区分别为西藏自治区31件、宁夏回族自治区70件、海南省46件。各省份之间合同诈骗罪案件数量的差别,既有经济发展程度的影响,也有文书上网率的影响。

二、犯罪主体情况

(一)被告人的类型分布

从裁判文书提取到的被告人信息来看,2013年到2017年,单位构成合同诈骗罪的数量占1.11%,自然人构成合同诈骗罪的数量占98.89%。

(二)被告人的性别分布

从裁判文书提取到的被告人性别信息来看,2013年至2017年,自然人构成的合同诈骗罪案件中,男性犯罪人占91.08%,女性犯罪人占8.92%。男性犯罪人明显多于女性犯罪人。

图11-5 合同诈骗罪审结案件被告人性别分布(人)

(三)被告人的年龄分布

2013年至2017年,合同诈骗罪的被告人不满18周岁的,未能检索到,这也与未成年人案件裁判文书不上网公开的规定有关。从裁判文书提取到的自然人被告人的年龄信息来看,18~29岁、30~39岁、40~49岁这几个年龄段的人数非常集中。相比之下,50~59岁、60~69岁、70~79岁这几个年龄段的人数就少得多。18~49岁的被告人是50~79岁的被告人的4.7倍,比较明显地体现了青壮年是这一犯罪的主要群体。

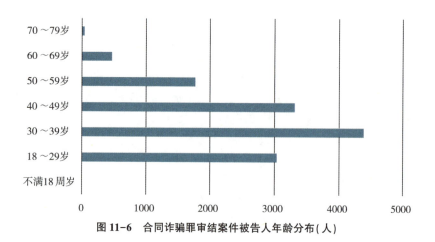

图 11-6　合同诈骗罪审结案件被告人年龄分布(人)

(四)被告人的学历分布

从裁判文书提取到的自然人被告人的文化程度信息来看,合同诈骗罪与暴力犯罪等案件不同。在全部人员中,小学文化程度及文盲或半文盲的占比为 18.14%,初中教育程度的占比为 47.20%,中等教育程度的占比为 20.72%,高等教育程度的占比为 13.94%。对比盗窃、故意伤害等常见高发犯罪的被告人教育程度分布,会看到合同诈骗罪案件的高学历人员较多。部分人员接受了更高层次教育,却没有具备更多的规则意识,在利益的驱动下,反而更容易去破坏规则,实施犯罪。

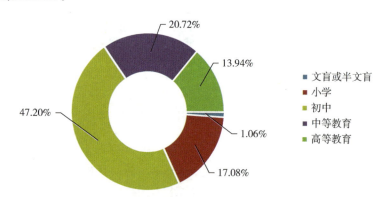

图 11-7　合同诈骗罪审结案件被告人文化程度分布

从以上数据可知,行为人的学历与合同诈骗罪的实行之间,存在相当的关系。学历高的人因为受过良好教育,规则意识较强,因此在签订、履行合同之后,一般会很好地信守合同的各项条款。与之相对,学历最低的那一部分人受教育程度有限,基本都在从事简单劳动,生活中除劳动合同外,很少签订、履行其他合同,更不必说那些有骗取财物可能性的商业合同了。经常实施合同诈骗行为的人,通常都是那些受过一定的教育,能够参与具有商业性质合同的签订、履行,他们的规则意识不强,经常通过以合法形式掩盖非法目的的方式,骗取合同相对人的利益。

(五)个案中被告人的人数分布

2013年至2017年,2人共同犯合同诈骗罪的裁判文书数量最多,一人犯合同诈骗罪的裁判文书数量最少。从数据中可以初步总结出,合同诈骗罪通常是以共同犯罪的形式出现的,这是因为,与故意杀人、故意伤害、盗窃等传统犯罪不同,合同诈骗罪是一种高智商型犯罪。若想通过签订、履行合同的形式成功骗取他人财物,必须2人以上相互配合、相互补充,共同"设套",使被骗者陷入认识错误,从而"心甘情愿"地处分自己的财物。之所以2人共同犯合同诈骗罪的情况最多,是因为两个人在犯罪过程中可以更好地交流,效率更高,在互相配合的过程中不容易出现瑕疵,亦即不容易被行为对象识破。这也正是为什么共同犯罪的人数越多,犯合同诈骗罪的情况越少。当5人以上共同实施合同诈骗行为时,犯罪成功的概率便会相应降低。因此,从经济学的角度观察,2人实施合同诈骗罪的回报率最高,一旦犯罪人数超过2人,则边际效应将随之降低。

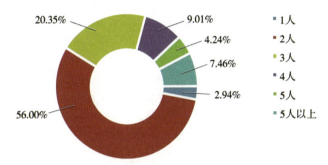

图11-8 合同诈骗罪个案被告人人数分布情况

第二节 检视:罪与罚的规范思考

与为定罪量刑奠定基础的犯罪事实不同,无论定罪还是量刑,都是规范层面的运作。换言之,本章第一部分中的数据呈现的是一种事实描述,也就是说明对象到底是什么。但是定罪量刑则不同,它们讨论的是应该定什么罪和应该如何量刑的问题。不过,没有事实作为基础的规范判断不仅是极为空洞的,而且也是不可能的。因此,在明确那些为定罪量刑奠定基础的事实之后,才能更好地检视既有的定罪规范。

一、定罪逻辑研究

(一)刑民界限之划分

从理论角度看,合同诈骗罪与普通民事欺诈行为的区别并不复杂,但在司法实务中,这一直是难点。民事欺诈行为是否构成合同诈骗罪,关键要看行为人的行为与合同诈骗罪构成要件的符合性。倘若行为人的行为该当合同诈骗罪的构成要件,则即使这一行为属于民事欺诈,也不妨碍合同诈骗罪的成立;如果行为人的行为不该当合同诈骗罪的构成要件,那么行为人自然不构成该罪。合同诈骗罪和普通民事欺诈的实行行为具有一致性,它们的关键区别在于罪量要素。换言之,凡是达到数额较大的民事欺诈,同时符合合同诈骗罪的构成要件的,都应以犯罪论处;反之,凡是没有达到数额较大标准的民事欺诈,即使手段再恶劣,也不能以犯罪论处。

这一观点或许乍一看来略显粗浅,但是从部门法关系的角度分析,却是一目了然。民事欺诈属于民法的范畴,合同诈骗罪属于刑法的范畴,要区分二者的不同,应当从民法与刑法的关系入手。刑法是其他法律的保障法,属于谦抑性法律、二次性法律,因此从刑法的角度看,民事违法的行为不一定构成犯罪,民事合法的行为一定不构成犯罪。从民法的角度看,构成犯罪的行为,除一些法定犯外,基本都属于民事违法行为,不构成犯罪的行为,有可能是民事违法行为,也有可能是民事合法行为。据此可知,民事欺诈与合同诈骗罪的关系并非截然对立,民事欺诈行为不一定构成合同诈骗罪,但是构成合同诈骗罪的行为却都属于民事欺诈行为。显而易见,二者的区分点并不在于民事违法行为的认定,而在于合同诈骗罪的认定,也就是合同诈骗罪构成要件该当性的认定。因此,合同诈骗罪和民事欺诈行为的区分不是刑法与民法交叉的问题,而是该如何解释合同诈骗罪认定的问题。

在杨某合同诈骗案①中,法院对民事欺诈与合同诈骗罪的区分给出了明确的答案,即"民事欺诈与刑事诈骗的区别在于,首先,要看欺骗的内容,如果被告人只是在合同标的的数量和质量上欺骗对方还属于民事欺诈,而在有无合同标的物上即是否承揽到该住宅工程欺骗了对方,就已超出了民事欺诈的范围。其次,要看欺诈的程度,即欺诈手段在签订、履行合同当中所起的作用。一般民事欺诈所追求的利益是希望通过实际履行实现,因此虽然在合同履行的某些内容或部分事实采取了欺骗手段,如夸大数量、质量或自己的信誉、履约能力,但对合同最终适当、全面履行不存在根本的影响,属于意思表示有瑕疵的行为"。这一论述便能够印证上文中的观点。虽然在实务中,案件事实曲折复杂,有时还光怪陆离,但是在实体法罪与非罪的认定中,关键要看能否从这些复杂的事实中提炼出符合相关犯罪构成要件的内容。法院在讨论欺骗的内容时,论述的其实是,被欺骗者有没有因为合同诈骗罪规定的诈骗行为,而遭受整体上的财产损失,对于合同标的数量和质量上的欺骗行为,并不符合合同诈骗罪规定的几种诈骗行为。就法律规定来说,即使是《刑法》第 224 条第(五)项规定的兜底条款,根据同类解释原则,也很难径直认定为与该条规定的前四项行为模式相似的合同诈骗行为。法院在论述欺诈的程度时,讨论的是行为人究竟是对事实层面的欺骗,还是对价值层面的不当夸大,在理论上,前者属于虚构事实、隐瞒真相的行为,符合诈骗罪的构成,后者是价值层面的宣扬,不属于事实,自一开始便不符合诈骗罪的行为类型。由此可见,法院讨论的复杂程度及深度,远远没有超出既有诈骗罪理论的适用范围,其讨论的依然是行为是否该当合同诈骗罪的构成要件。

(二) 犯罪数额之分析

犯罪数额影响合同诈骗行为的定罪和量刑。合同诈骗罪的定罪量刑分为数额较大、数额巨大和数额特别巨大三个档次。2013 年至 2017 年,构成合同诈骗罪数额较大的一审案件共

---

① 参见新疆维吾尔自治区克拉玛依市中级人民法院(2017)新 0203 刑初 73 号判决书。

有 7922 件,构成合同诈骗罪数额巨大的一审案件共有 11148 件,构成合同诈骗罪数额特别巨大的一审案件共有 4478 件。从中可以看出,数额巨大的一审案件占大多数。这种情况的出现是因为合同诈骗罪属于智能型犯罪,投入的成本较多,数额不大很难使行为人产生实施诈骗行为的决意;大数额的案件也更容易引起警方重视,投入侦破资源。

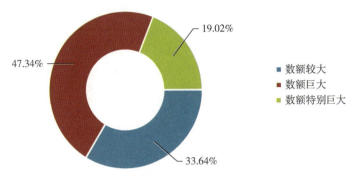

图 11-9　合同诈骗罪审结案件犯罪数额情况

(三)犯罪未遂与既遂之区分

　　数额犯一般以犯罪数额大小为标准来区分量刑幅度,一旦行为人的犯罪数额在一个量刑幅度内是既遂,在另一个量刑幅度内是未遂时,问题便会暴露出来,亦即,此时到底该依照既遂数额所在的量刑幅度量刑,还是应该按照未遂数额所在的量刑幅度量刑? 最高人民法院发布的第 62 号指导案例,即王某某合同诈骗案,讨论的便是合同诈骗罪的既未遂问题。该案的基本案情是:2012 年 7 月 29 日,被告人王某某使用伪造的户口本、身份证,冒充房主即王某某之父的身份,在北京市石景山区链家房地产经纪有限公司古城花园店,以出售该区古城路 28 号楼一处房屋为由,与被害人徐某签订房屋买卖合同,约定购房款为 100 万元,并当场收取徐某定金 1 万元。同年 8 月 12 日,王某某又收取徐某支付的购房首付款 29 万元,并约定余款过户后给付。后双方在办理房产过户手续时,王某某虚假身份被石景山区住建委工作人员发现,因此没有取得余款。2013 年 4 月 23 日,王某某被公安机关查获。次日,王某某的亲属将赃款退回给被害人徐某,被害人徐某对王某某表示谅解。

　　本案的争点在于,数额犯的既遂、未遂如何认定。最高人民法院、最高人民检察院《关于办理诈骗刑事案件具体应用法律若干问题的解释》第 6 条规定:"诈骗既有既遂,又有未遂,分别达到不同量刑幅度的,依照处罚较重的规定处罚;达到同一量刑幅度的,以诈骗罪既遂处罚。"法院据此得出合同诈骗罪既遂、未遂认定的裁判要点,即在数额犯中,犯罪既遂部分与未遂部分分别对应不同法定刑幅度的,应当先决定对未遂部分是否减轻处罚,确定未遂部分对应的法定刑幅度,再与既遂部分对应的法定刑幅度进行比较,选择适用处罚较重的法定刑幅度,并酌情从重处罚;二者在同一量刑幅度的,以犯罪既遂酌情从重处罚。

　　法院的裁判理由指出,王某某的合同诈骗行为既遂部分为 30 万元,根据司法解释及北京市的具体执行标准,对应的法定刑幅度为有期徒刑 3 年以上 10 年以下,与既遂部分 30 万元对应的法定刑幅度相同。因此,以合同诈骗既遂 30 万元的基本犯罪事实确定对王某某适用的法定刑幅度为有期徒刑 3 年以上 10 年以下,将未遂部分 70 万元的犯罪事实,连同其如实供述的犯罪事实、退赔全部赃款、取得被害人谅解等一并作为量刑情节,故对王某某从轻处罚,判处有期徒刑6年,并处罚金人民币6万元。

二、法律后果分析

(一)合同诈骗罪的量刑情节

合同诈骗罪中被告人特殊情节在裁判文书中表现为以下几种:前科情况、一般累犯、特别累犯、当庭自愿认罪和有坦白情节。2013年到2017年,具有这些特殊情节的一审案件数量分布为,一般累犯1 359件、有前科3 581件、有坦白情节9 758件、当庭自愿认罪5 509件。

合同诈骗罪审结案件中,被告人有坦白情节,甚至自愿认罪的,不在少数。毫无疑问,被告人当庭认罪和坦白,可以极大地降低司法机关的工作负担。此外,被告人的这些行为表明其人身危险性的降低,同时意味着行为人再犯可能性的降低甚至消灭。此种情况下,对相关被告人减轻甚至从轻处罚是符合刑法原意的。

(二)不同种类的法律后果

2013年至2017年,合同诈骗罪案件的判决结果中,被告人被判处有期徒刑的最多,有19 076件;其次为拘役,有555件;值得关注的是,免予刑事处罚的有116件,宣告无罪的有9件。

通过研究宣告无罪的案件,可以提炼出合同诈骗罪的裁判与量刑规则,以便在未来的合同诈骗罪案件中,用这些提炼出的规则认定合同诈骗罪的构成,确定被告人的量刑。在116件宣告免予刑事处罚的案件中,2013年有7件,2014年有22件,2015年有36件,2016年有26件,2017年有25件;在9件宣告无罪的案件中,2014年有2件,2015年有5件,2016年有1件,2017年有1件。

(三)有期徒刑的具体刑期

2013年至2017年,合同诈骗罪案件中被告人被判处有期徒刑的情况分布如下:被告人被判处1年以下有期徒刑的最多,有15 829人;被告人被判处3年至5年有期徒刑的,有7 281人;被告人被判处10年至15年有期徒刑的,有3 720人;被告人被判处15年至20年有期徒刑的,有276人。从前述数据可以看出,判处1年以下有期徒刑的被告人占绝大多数。这足以表明,在合同诈骗罪的量刑上,以判处轻刑为主。其实在数据上更加值得思考的是,这些被判处轻刑的犯罪人出狱后的再犯率是多少,也就是说,这些人出狱后的再犯率是否高于那些被判处重刑的被告人的再犯率。如果答案是否定的,那么便可以得出结论,在合法的前提下,判处构成合同诈骗罪的犯罪者轻刑更为合理。这是因为,在轻刑可以充分达到刑罚应有的目的时,就不需要动用更重的刑罚。相反,倘若答案是肯定的,就必须考虑在合法的范围内,适度增加这部分犯罪者的刑罚,只有这样才能实现刑罚的目的。

(四)判决附加刑的情况

2013年至2017年,构成合同诈骗罪的被告人被判处附加刑的情况分别是,被告人被处罚金的最多,有19 390人,没收个人部分财产的有92人,没收个人全部财产的有213人,剥夺政治权利的有859人,驱逐出境的有5人。由此可见,在合同诈骗罪的附加刑中,财产刑适用最多。

关于罚金刑的适用情况,判处罚金1万元以下的,占36.07%;1万元到3万元的,占

29.59%;3万元到5万元的,占6.83%;5万元到10万元的,占9.66%;10万元到20万元的,占4.54%;20万元以上的,占13.31%。其中,判处罚金10万元到20万元的案件最少,判处1万元以下的案件最多。

就我国刑法规定来看,罚金刑面临着裁量标准如何明确的问题。为什么有些案件判处1万元以下的罚金,有些案件却判处20万元以上的罚金,影响判决的因素是违法所得的数额大小、犯罪手段的复杂程度,还是再犯危险等其他情况?其间的标准有待进一步明确。

另外,没收个人财产时的幅度也值得关注。有的被告人被判处没收个人部分财产,而有的被告人却被判处没收个人全部财产。当下,没收制度是刑罚论中的一个热门话题,没收的正当性论证、没收范围的标准等问题,都是热议的对象。就合同诈骗罪而言,没收个人财产与处罚构成合同诈骗罪者的目的之间,到底存在何种正当化关系,十分值得思考。再者,当决定没收被告人的财产时,究竟以什么标准做出裁判?在没有明确标准的情况下,擅自决定判处这部分人没收个人全部财产,判处那部分人没收个人部分财产,无论是刑罚裁量的正当性,还是判处刑罚理由的明确性,都存在相当大的疑问。

第三节 余思:对合同诈骗罪治理的思考

一、刑事政策的改进

刑事政策方面,比如被告人的职业、年龄等方面,均是要考虑的问题。立法者、司法者和执法者只有在充分了解合同诈骗罪被告人的具体情况的前提下,才能妥当制定相关的对策,作出合法合理的裁判,产生积极的执法效果。所谓最好的社会政策就是最好的刑事政策,假如一条昏暗的道路上经常发生抢劫案,最好的解决办法,并不是多抓多判,而是多安装路灯使街道明亮起来。同理,遏制合同诈骗罪最好的方法,绝不是大量判刑,尤其是判处重刑,而是采取善的社会政策,例如,改善国家的教育环境,以提高国民的整体素质,使之诚实守信。这一结论的得出,从上述被告人的职业分布中就可看出。因此,若想釜底抽薪式地减少合同诈骗罪的发生,首要任务便是制定妥当的社会政策。

二、定罪规则的省思

定罪规则方面,虽然与其他罪名相比,合同诈骗罪的规定更为细致,但是法条的规定并不能直接跨越到法条的适用,其间必须加入司法者的解释。法条一旦被解释,便可能随着解释立场的不同而生发出相异的结论。若想找到得出不同结论的理由,就必须从极端案例出发。所谓的极端案例,便是合同诈骗罪中那些无罪案件。通过分析提炼无罪判决中的理由,或曰裁判规则,研究者可以得知合同诈骗行为罪与非罪的界限。我国当前合同诈骗罪的无罪案件中,虽然不乏能够提炼裁判规则的案件,但是由于司法实务中理论上分析透彻的裁判文书依然短缺,想要从裁判文书中提炼规则,对于正处在社会主义初级阶段的我国来说,确实还有很长的一段路要走。

三、法律后果的警示

法律后果方面,量刑是一种精细的规范运作,司法者绝不能凭感觉行事。若想在定罪之后给出妥当的量刑,实现法律后果的应有目的,司法者必须参考过往的判决内容和判决作出后的社会后果。这是因为,法律后果与国民对法规范的信守与否息息相关,妥当的法律后果可以使国民自发地与法规范保持一致,相反,在奉行罪刑法定原则的前提下,违背民意的法律后果则会使国民失去对法规范的信任。长此以往,即使判处再多的犯罪人,对于国民守法意识的提高也无甚助益。以案例的大数据分析作为裁判的参考之一,是非常不错的选择。总而言之,知晓过去方能掌控未来,合同诈骗罪裁判的未来,就有赖于立法、司法以及执法对过往合同诈骗罪裁判文书的理解。

第十二章 组织、领导传销活动罪专题研究

张秦阳[*]

第一节 综览：数据的呈现

一、案件基本情况

(一) 年份分布

从年份分布来看，2013—2017 年，组织、领导传销活动罪审结的案件数量共计 5 395 件，其中 2014 年到 2016 年审结的案件数量呈逐年小幅上升。

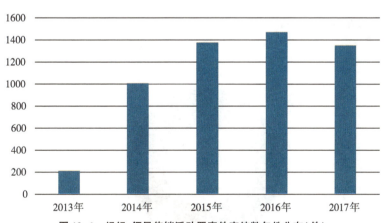

图 12-1　组织、领导传销活动罪案件审结数年份分布（件）

(二) 地域分布

从地域分布来看，2013—2017 年，组织、领导传销活动罪审结案件数量最多的五个省份依次为江苏省、安徽省、浙江省、广西壮族自治区和湖北省，所涉及的裁判文书数量依次为 603

---

[*] 张秦阳，北京市隆安律师事务所律师，法学硕士。

件、534件、424件、402件、316件。审结案件数量最少的三个省、自治区依次为青海省、西藏自治区和海南省,所涉及的裁判文书数量依次为10件、1件、1件。

(三)审级分布

从审级分布来看,2013—2017年,组织、领导传销活动罪一审审结案件数量为4 008件;二审审结案件数量为1 387件。整体上看,一审审结案件数量约为二审审结案件数量的2.9倍。

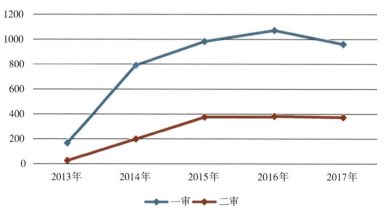

图12-2 组织、领导传销活动罪案件审结数审级分布(件)

(四)法院层级分布

从审理法院层级来看,基层人民法院、中级人民法院、高级人民法院审结的组织、领导传销活动罪案件数量依次为3 988件、1 384件、10件,各自对应的占比依次为74.09%、25.72%、0.19%。

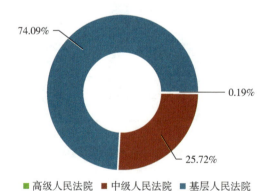

图12-3 组织、领导传销活动罪审结案件法院层级分布

(五)适用程序分布

从审理程序来看,2013—2017年,基层人民法院审结的组织、领导传销活动罪案件中,适

用简易程序审理的案件占 20.93%,适用普通程序审理的案件占 79.07%。

图 12-4　组织、领导传销活动罪一审审结案件审理程序分布(件)

二、被告人情况

(一)性别分布

从裁判文书中提取到的被告人性别信息来看,2013—2017 年审结的组织、领导传销活动罪案件中,男性被告人占 66.62%,女性被告人占 33.38%。

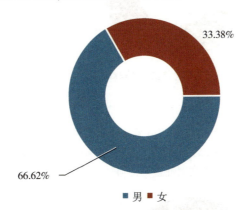

图 12-5　组织、领导传销活动罪审结案件被告人性别分布

(二)年龄分布

从裁判文书中提取到的被告人年龄信息来看,组织、领导传销活动罪案件中,年龄区间在 18～29 岁的被告人数量最多,占 29.23%;其次是 40～49 岁、30～39 岁,分别占 28.01% 和 25.21%。

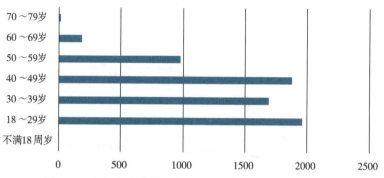

图 12-6　组织、领导传销活动罪审结案件被告人年龄分布（人）

(三) 文化程度分布

从裁判文书中提取到的被告人文化程度信息来看，组织、领导传销活动罪案件中，被告人为初中学历的人数最多，占 45.03%，其次是中等教育学历，占 22.98%。

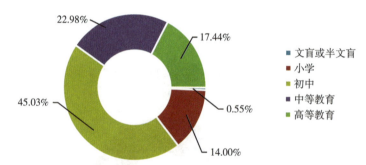

图 12-7　组织、领导传销活动罪审结案件被告人文化程度分布

(四) 职业分布

从裁判文书中提取到的被告人职业情况信息来看，组织、领导传销活动罪案件中，被告人中无业人员的人数最多，占 63.59%，职业为农民的占 22.29%。可以看出，无业人员是组织、领导传销活动罪的高发人群，需要对此进行特别关注。

图 12-8　组织、领导传销活动罪审结案件被告人职业分布

三、刑罚分布情况

(一) 主刑分布

2013—2017年,审结的组织、领导传销活动罪案件中,被告人被判处有期徒刑的案件比例最高,占94.65%,其次是拘役,占3.3%。另外,免予刑事处罚的案件占1.96%。

从有期徒刑刑期分布情况来看,审结的组织、领导传销活动罪案件中,判处1年以下有期徒刑的被告人人数最多,占55.47%,判处5年及以上有期徒刑的(即"情节严重"的量刑情节)被告人仅为4.30%。

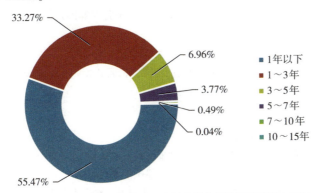

图12-9 组织、领导传销活动罪审结案件有期徒刑刑期分布情况

(二) 附加刑分布

从罚金数额分布情况来看,审结的组织、领导传销活动罪案件中,罚金数额主要集中在1万元到5万元,人数占44.79%,罚金数额在1万元以下的人数占29.15%。

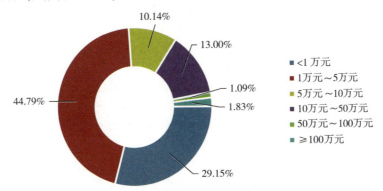

图12-10 组织、领导传销活动罪审结案件罚金数额分布情况

四、小结

(一) 案件数量趋势方面

1. 案件数量整体呈上升趋势

2013—2017年,组织、领导传销活动罪案件数量整体呈上升趋势,笔者认为有以下几点原

因:首先,司法改革及技术进步使得裁判文书上网率和公开率更高;其次,随着互联网时代的到来,传销方式更加多样化,传销活动的犯罪成本降低;再次,刑法的谦抑性使得组织、领导传销活动罪的处罚范围相对较小,导致一些不法分子游走在犯罪边缘,从而激发更多人走向传销犯罪的深渊;最后,近几年,随着经济技术的发展,对从业者的综合素质要求也更高,激烈的就业竞争之下,部分无业人员选择铤而走险。

2. 涉案人数整体呈上升趋势

2013—2017年,组织、领导传销活动罪的被告人人数整体呈上升趋势。组织、领导传销活动罪相关司法解释发布以来,我国打击传销犯罪虽然取得了一定成效,但效果不够明显。笔者认为,传销门槛的降低、传播速度的加快、地域限制被打破等因素都会导致涉案人数的大幅增加。

3. 案件地域分布呈南多北少,有向北方、西部地区扩散的趋势

2013—2017年,各省的传销案件总体呈上升趋势,且由沿海省份向内地省份辐射。江苏省、浙江省、安徽省、广西壮族自治区案件数量较多。

(二)被告人特点方面

1. 性别、年龄、学历、职业特征方面

从被告人性别来看,组织、领导传销活动罪案件中的男性人数高于女性,但是组织、领导传销活动罪案件中的女性人数明显高于其他犯罪中的女性。

从被告人年龄来看,组织、领导传销活动罪案件中,被告人年龄主要集中在18岁到29岁、40岁到49岁,其次是30岁到39岁。

从被告人学历来看,组织、领导传销活动罪案件中,被告人学历主要集中在初中学历,其次是小学学历和中等教育中的高中学历。近几年,组织、领导传销活动罪案件中具有大学本科学历的人数急剧上升。

从被告人职业分布来看,组织、领导传销活动罪案件中,无业人员、农民的人数较多,其次是私营企业主、个体劳动者、务工人员和公司职员。

2. 从受害人到犯罪人的转变分析

传销活动的隐蔽性愈来愈强、执法者对传销活动的打击力度不够等因素,让部分传销者、受害者都存在侥幸心理,游走在犯罪的边缘。也存在受害人被胁迫加入传销组织,但后期受高利诱惑、贪图享受等各种因素影响逐渐转化成主动型犯罪的情况,导致传销犯罪参与者的几何性增长。为了打击和遏制这一态势,需加大民众的法律意识宣传教育,多方联合,高效协同,开展传销违法犯罪活动联合整治专项工作。

3. 被告人之间多存在利害关系

组织、领导传销活动罪中,大部分被告人之间是亲属、朋友或熟人关系。传销是一个靠"传"来维系活动运作的犯罪,而这种方式需要一定的信用体系来开展,亲属、朋友之间更容易建立这种信用体系,所以传销都是从亲属、朋友开始。上下级关系的受害人中,也大多是亲戚、朋友、朋友的亲戚和朋友等熟人。

(三)司法审判及量刑方面

1. 传销活动的类型方面

随着互联网时代的到来,传销模式开始从原来的拉人头模式向交会费模式转变,拉人头

模式也会披上扩大营销、扩建公司规模等外衣。交会费模式的传销案件数量增多,"五级三阶制""三级制"等模式类似于公司员工晋级,具有一定的迷惑性,而且采用销售商品或产品的形式进行团队计酬。笔者查阅判决书发现,所谓"产品"即使真正存有,大多也是"三无产品",下线人员想要"晋级"需要花更高价格购买"产品",本质上依然是以传销人的数量计酬。

2. 主刑刑期方面

2013—2017年,组织、领导传销活动罪案件中,被告人刑期在1年以下的占55.47%,刑期在1～3年的占33.27%,刑期在5年及以上的仅为4.30%。

我国《刑法》第224条规定的组织、领导传销活动罪的基础量刑为5年以下有期徒刑或者拘役,情节严重的处5年以上有期徒刑。传销犯罪的涉案金额动辄上千万元,因传销倾家荡产、妻离子散的不在少数。当前,低廉的犯罪成本使更多的潜在人员走向传销犯罪,该类犯罪由此屡禁不止。

3. 附加刑方面

法律规定组织、领导传销活动罪的主刑为拘役和有期徒刑,附加刑为罚金刑。从数据来看,法院对组织、领导传销活动罪的量刑普遍较轻,罚金数额集中在1万元到5万元。一般来说,传销组织层级较少,涉案人数较少,涉案金额较小,量刑就较轻,判处罚金数额也较小;发展层级多,涉案人数多,涉案金额较大,量刑也较重,判处罚金数额也较大,罚金数额与量刑之间呈正相关关系。

4. 无罪判决案件分析

组织、领导传销活动罪中,无罪判决比例很小。无罪判决主要基于以下两个方面:首先,2013年最高人民法院、最高人民检察院、公安部联合出台《关于办理组织领导传销活动刑事案件适用法律若干问题的意见》(以下简称《办理传销案件的意见》)之后,关于罪名的适用问题和对传销中"团队计酬"行为的处理问题得到了明确的指引。所以对以销售商品为目的、以销售业绩为计酬依据的单纯"团队计酬"行为做了非罪化处理。其次,一般情况下,法院调查后发现传销组织层级未达到三级或人数不满30人的,经补充侦查后仍没有证据证明达到组织、领导传销活动罪立案起诉标准的,如没有触犯合同诈骗罪、集资诈骗罪等罪名,法院会作出无罪判决。

第二节　检视:罪与罚的规范思考

一、"传销活动"的理解和认定

2009年2月全国人大常委会通过的《刑法修正案(七)》第4条将组织、领导传销活动罪作为《刑法》第224条之一,规定,组织、领导以推销商品、提供服务等经营活动为名,要求参加者以缴纳费用或者购买商品服务等方式获得加入资格,并按照一定顺序组成层级,直接或者间接以发展人员的数量作为计酬或者返利依据,引诱、胁迫参加者继续发展他人参加,骗取财物,扰乱经济社会秩序的传销活动的,处5年以下有期徒刑或者拘役,并处罚金;情节严重的,处5年以上有期徒刑,并处罚金。

2009年10月14日,最高人民法院、最高人民检察院颁布了《关于执行〈中华人民共和国刑法〉确定罪名的补充规定(四)》,将这一罪名确定为组织、领导传销活动罪。此后,组织、领导传销活动罪成为单独的罪名,且是我国刑法中唯一一个惩处传销犯罪的罪名。而在《刑法修正案(七)(草案)》第一稿中,该罪是规定在非法经营罪之后的,且采用空白罪状的形式,在《刑法》第225条后,增加一条作为第225条之一规定,组织、领导、实施传销犯罪行为的组织情节严重的,处3年以下有期徒刑或者拘役,并处罚金;情节特别严重的,处3年以上7年以下有期徒刑,并处罚金。第二稿时才在刑法条文中对"传销"行为做出了界定,而这个界定却删除了"团队计酬"模式的传销行为,其立法原意和目的暂不讨论,这一立法改变意味着刑法只处罚"拉人头"和"交会费"两类传销行为。

2005年8月23日国务院颁布了《禁止传销条例》。根据《禁止传销条例》第2条的规定,传销是指组织者或者经营者发展人员,通过对被发展人员以其直接或者间接发展的人员数量或者销售业绩为依据计算和给付报酬,或者要求被发展人员以交纳一定费用为条件取得加入资格等方式牟取非法利益,扰乱经济秩序,影响社会稳定的行为。《禁止传销条例》第7条列举了属于传销行为的三种情形。《禁止传销条例》中规定的"传销"为大概念。《刑法修正案(七)(草案)》中将以上三种传销行为都纳入了《刑法》规制的范畴,但公布的正式法律文件中却删去了"团队计酬"模式的传销行为。所以《刑法》第224条第2款规定的组织、领导传销活动罪只包括"拉人头"和"交会费"两种形式,也就是"传销"的小概念。

用词一致但内涵的不统一导致该刑法条文在司法实践中出现了些许混乱,"团队计酬"模式的传销行为是否做入罪处理,2013年《办理传销案件的意见》对此给出答复:以销售商品为目的、以销售业绩为计酬依据的单纯的"团队计酬"式传销活动,不作为犯罪处理。形式上采取"团队计酬"方式,但实质上属于以发展人员的数量作为计酬或者返利依据的传销活动,应当依照《刑法》第224条之一的规定,以组织、领导传销活动罪定罪处罚。那么刑法规定的这两种形式的传销活动,是否只有没有经营活动的才可入罪,是否只要是单纯的经营活动就都作出罪处理呢?以虚拟产品类、网络投资返利等为依托的传销活动是否入罪?这就是接下来我们要讨论的问题。

(一)有实体经营的是否构成传销

当前,有实体经营的传销活动较为常见,但有在售商品也可能是传销行为。在众多判决中,法院会将被告人的经营活动中并没有商品或商品价值与所售价格相差巨大写入判决书,明确被告人的传销活动是以提供商品或服务为名的传销性质。从众多传销案例来看,传销犯罪的行为人都打出销售商品或提供服务的宣传,传销活动中普遍存在着一定的商品或者提供一定的服务,只是提供的商品"名不副实",其实际价值远低于传销售价,且大多为"三无"产品,所谓的服务也大多是保健类、纯资本运营或是一些无实际价值的洗脑课程等。

如何判定有实物销售的实体经营是否为传销呢?有学者将传销的主要特征归纳为:一是以高额回报引诱参与者加入;二是参与者加入时通常要支付高额的会员费;三是参与者的报酬主要来自介绍他人加入的"人头费"而非向最终消费者销售产品或提供服务的利润;四是在行销过程中强制或鼓励参与者超出自身能力囤货;五是产品通常价高质劣或者大大高出合理

价格;六是无退货保障或退货条件苛刻。① 也有学者认为,是否构成组织、领导传销活动罪,可以从有无入门费、从业者有无违法经营记录、是否获得经营许可、有无分支机构和服务网点、有无退货保障制度、销售人员结构有无可超越性等方面进行区分。②

这种区分标准也不完全准确,例如有无违法经营记录、经营许可、分支机构和服务网点,很多从业者没有经营许可或者违法经营的,并不一定构成传销犯罪,而很多传销组织也有分支机构和服务网点,从这些方面并不好区分。在现阶段国家打击传销的力度越来越大的情况下,无任何实际产品而进行的传销很容易被发展人员识破,传销组织很难发展下去,所以现在认定传销的核心是判断传销人员的收入是来自发展人员的数量还是来自销售产品的合理利润,打着销售产品的旗号发展人员的,销售产品的价格一般都远高于实际价值;再者,传销组织都是采取上线以下线的销售业绩(发展人员的数量)为计酬依据提取报酬的方式,这也是传销组织的一个特有特征,下线永远不可能超越上线的等级,上线永远享受着下线传销的最大收入。

(二) 虚拟产品、网络投资返利、分红等行为是否构成传销

随着互联网的广泛应用,传销的方式也插上了"互联网+"的翅膀,特别是在一些经济发展较好、较发达的城市和地区,传销的载体已经从传统的保健品、化妆品、生活用品等转向互联网经营、电子商务、互联网金融等,有些新兴企业打着利用高科技创新创业的旗号做着传销的买卖,更加掩人耳目。这种新形式的传销犯罪花样多、传播速度快、涉案人员多、地域广,而且难以侦查。

例如,2016 年,有受害人加入了由北京飞鹰软航科技有限公司所属"星火草原"微信营销公众号,进群加入营销队伍成为代理人员就可以领红包,群里有营销人员不定时地给大家宣传营销理念,还配有各种营销教学视频,交 100 元成为市级代理,就可以拿到直接推广的三个人各 90 元的佣金;交 300 元成为省级代理,就可以拿到无数个被推广人的第一代的 90 元佣金和第二代的 180 元佣金;交 600 元成为全国代理,可以拿到以上三代被推广人的 90 元、180 元、270 元佣金。而成为代理之后并没有任何产品,只要推荐其他人员加入营销队伍,便可拿到佣金。在该营销号的平台上还挂着中央电视台新闻联播下写着"星火草原,将开启行业新时代"的截图。③

还有"恩诚 F2C 体验超市"利用微信经商,向消费者宣称加入超市会员成为特约广告商,每日在朋友圈发送超市广告就可以领取广告商返现,加入者的朋友圈无疑成为传销组织的宣传平台,诱导更多人加入,入会资金可以在其超市微店购买日用商品,其微店商品价格为正常价格的 10 倍。④

如此以交友、购物、投资等名义行传销之事的电子传销活动数不胜数。无论形式怎样变化,都是先以重利诱惑,再让加入者交费、拉人头,在社交工具十分发达的互联网社会,"拉人

---

① 参见詹庆:《"传销罪"罪名法定化之研究——兼评〈刑法修正案(七)〉(草案)中"组织领导传销罪"》,载《政治与法律》2009 年第 2 期。
② 参见黄芳:《惩治传销犯罪的法律适用:概念、思路和机制》,载《法律适用》2017 年第 21 期。
③ 参见《平阳女子扔"馅饼",十余省市网友被骗钱 只要发发朋友圈,1 元竟能变 8 元?》,载温州日报(http://epaper.wzrb.com.cn/content.aspx? id = 239703),访问日期:2019 年 5 月 16 日。
④ 参见《警惕微信传销骗局》,载正北方网(http://m.sohu.com/a/75559562_116198),访问日期:2018 年 3 月 1 日。

头"已不需要参与者多费口舌,朋友圈、空间、交友圈等分享就可以达到传播的效果,而且效率更高,被发展人员也察觉不到自己是在"拉人头",理所当然地认为返利是自己替公司做宣传的报酬,是劳动所得。

有的传销公司甚至开发出特有游戏币、虚拟货币,并配有一整套运营系统,外观上和其他电子商务公司几乎无差别,但仍然逃脱不了交费、拉人、以发展下线的交费支撑运营的套路。事实上,这样的游戏币、虚拟货币,市场上是不认可的,只能用于传销组织的内部网络或电子商场。所以尽管传销方式多种多样,虚拟产品的价值无法衡量,但只要抓住了传销组织的这个特征,就不难分辨。

二、"骗取财物"的理解和认定

陈兴良教授认为,"骗取财物"是组织、领导传销活动罪的本质特征,是因为刑法条文规定拉人头、收会费的传销方法本身就属于诈骗,所以其取得的财物才是骗取的财物,骗取财物是该罪的客观要素。[①] 张明楷教授则认为,组织、领导传销活动罪中的"骗取财物"是对诈骗型传销活动的描述,行为人组织、领导传销活动具有骗取财物的性质是成立该罪的前提,而"作为显示诈骗型传销组织(或者活动)特征的骗取财物这一要素,并不要求现实地客观化"[②]。

陈兴良教授认为拉人头、收会费的传销行为本身就属于诈骗,所以组织、领导传销活动的行为人所获的财物就是骗取的财物。张明楷教授认为组织、领导诈骗型传销组织与骗取财物是一个行为,成立诈骗型传销组织同时就是骗取他人财物的行为,对其中骗取财物的行为并不必然实行并罚。

两位学者在承认组织、领导传销活动就是诈骗行为这一点上意见是一致的,只是陈兴良教授认为骗取财物是组织、领导传销活动罪的独立要素,张明楷教授认为骗取财物与组织、领导传销活动是同一行为。立法者将组织、领导传销活动罪规定在《刑法》第224条之中,从法条规定的内容来看,处罚的只是诈骗型传销。特别是2013年《办理传销案件的意见》第5条对团队计酬传销行为的处理,明确了该条罪名的性质。既然如此,"骗取财物"一词在组织、领导传销活动罪中的意义举足轻重,宜作为独立的行为要素,明确该罪名的性质。

再者,张明楷教授认为,组织、领导传销活动的行为即是骗取财物的行为,笔者认为有待商榷。组织、领导传销活动者一定是以获利为目的的,所采取的手段大多是骗取财物,但也并不代表组织、领导传销活动一定会采用骗取的手段获取财物。张明楷教授提出组织、领导传销活动可能不具备骗取财物的要素,"骗取财物"这一要素不必现实地客观化。这样的理解反而绕了弯路,不利于对该罪名的解释,也不利于处罚此类犯罪。

所以,笔者认为,骗取财物是组织、领导传销活动罪的独立行为要素。但这一要素应该针对传销组织整体判断,例如,甲在某传销组织中的分工是对参与者进行传销洗脑课程的培训,并不直接发展参与者形成传销等级,接受传销组织的工资报酬。在该案例中,甲并没有直接要求参与者加入传销组织,因此他并没有"骗取财物",但甲是传销组织的骨干成员,没有甲的煽动作用,传销组织的队伍不可能发展迅速。甲虽然没有直接"骗取财物",但他的间接作用对传销活动的发展有着重要影响,且他的报酬是传销组织骗取财物所得。甲是传销组织中的

[①] 参见陈兴良:《组织、领导传销活动罪:性质与界限》,载《政法论坛》2016年第2期。
[②] 张明楷:《传销犯罪的基本问题》,载《政治与法律》2009年第9期。

核心成员,根据司法解释的规定,甲也是传销活动的组织、领导者。从这点来看,将"骗取财物"作为该罪的独立要素更容易对传销者进行判断,也符合司法解释对组织、领导的规定。

三、组织、领导传销活动罪主观违法要素的理解

目前,学界对该问题存在几种不同观点。非法占有目的说认为,组织、领导传销活动罪的主观违法要素是以非法占有为目的。因为该罪本质上是诈骗型犯罪,非法占有目的是其本质特征。在我国《刑法》规定的侵犯财产类犯罪中,要求犯罪人侵犯他人的财产权益都要具有非法占有的目的,在诈骗罪中这一点尤为明显。非法牟利说认为,组织、领导传销活动罪的主观违法要素是以牟利为目的,行为人明知组织、领导传销活动的行为违反刑法规定,仍然通过组织、领导传销活动骗取财物,牟取非法利益。

如果认为组织、领导传销活动罪也是诈骗罪,也就是说,其与诈骗罪是法条竞合的关系,很容易持非法占有目的说观点。但笔者认为,在诈骗罪、盗窃罪等以非法占有为目的的犯罪中,行为人每一次犯罪的对象是特定的,犯罪行为由行为人所控制,犯罪所得也因此具有可控性。而组织、领导传销活动罪的行为人虽然从每一位参与者处所获得的利益是确定的,但是由于传销活动是滚动式拉人的,能有多少人参与进来,每一位参与者又可以拉进多少参与者,行为人是不可控的。这种想要牟取更大的利益,甚至是暴利的心理,用"非法牟利"来解释组织、领导传销活动罪行为人的主观心理更加合理。

四、传销行为的类别划分及认定

(一)"拉人头"模式

以提供商品、服务为名的传销活动在电子商务趋于潮流的社会中越来越流行,传销者以网上购物、消费的名义,让参与者参与购买商品或服务并成为他们的代理人、宣传人、经销商等,以各种形式为传销活动宣传拉人,并根据拉人头的数量或者卖出产品的数量给予参与者报酬,有的只要是按要求进行宣传,比如发朋友圈、微博,也会按次数、天数等进行报酬结算。这类传销活动提供的商品或服务都是一个幌子,要么是商品根本没有什么价值或商品劣质,要么是一般商品换个名头卖出天价。不管传销者采取的方式、手段如何变化,其行为本质均符合以推销商品、提供服务等经营活动为名,要求参加者购买商品、服务获得加入资格,并形成一定层级关系,直接或间接以发展人员的数量作为计酬或返利的依据,构成组织、领导传销活动罪。

现在有很多"传销活动"并不组成层级关系,比如 2017 年流转在广大网民朋友圈里的一则微信二维码,只要将此二维码推送给朋友就可以免费领取某品牌的运动手环,实际上支付 29 元运费只收到了一个粗制滥造的假货,许多人都觉得被骗了,但 29 元也没多少,很多受害人也不愿去报警,截至该报道发稿,警方抓获涉案人员 658 人,该团伙已诈骗 200 余万人,涉案金额超 8000 余万元。①

除此之外还有很多点赞促销和免费领取赠品等骗局,这类案件都是按照网络诈骗来处

---

① 参见《朋友圈新骗局!200 多万人被骗 8000 万,却无人报警!》,载凤凰网资讯(http://news.ifeng.com/a/20181114/60160383_0.shtml),访问日期:2018 年 5 月 16 日。

理,其行为符合诈骗罪的特征,这种"传销"和组织、领导传销活动罪要规制的传销行为的不同在于其并没有形成层级关系,只是诈骗者同受骗者的一对一关系,前一级受骗者在其中起宣传者的作用,是纽带关系,但前一级受骗者并不会因下一级受骗者的加入而获得报酬。这两种行为符合不同的犯罪构成要件,需要有所区分。

(二)"交会费"获得资格模式

通过查阅大量案例笔者发现,通过"交会费"模式进行传销活动的,都是以大公司、企业身份自居,以发展会员、代理人、经销商等名义,要求参与者交纳一定数额的费用获得会员资格或者代理、经销商资格,然后再为公司发展成员、销售商品,这种类型的传销,推荐提成、"销售"提成都很高,且发展的人员都会形成不可逾越的等级,等级越高,提成越高,所能获取提成的下线人员也相应越多,报酬可观。所以许多一开始加入的参与者最后都成为传销活动的组织、领导者和积极参与者,从受害者向犯罪人转变,有的甚至不是受外界引诱,而是明知传销是违法犯罪活动,依然抱着侥幸心理积极成为传销组织的主要成员。

目前,很多此类的传销活动因其具有诈骗性质,而被认为是诈骗犯罪。从组织、领导传销活动罪和诈骗罪的刑期来看,组织、领导传销活动罪数额特别巨大的,为10年以上有期徒刑,最高刑为15年有期徒刑;诈骗罪的数额特别巨大或者有其他特别严重情节的,为10年以上有期徒刑或者无期徒刑,最高刑为无期徒刑。适用诈骗罪的刑期会更重。在这种情况下,分析行为人的主观目的、侵害法益及采用单轨制还是双轨制、认为两法条是想象竞合还是法条竞合就会产生不同的结果。

(三)以团队计酬模式销售商品

当前,越来越多的电子商务平台适用团队计酬模式进行经营活动,比如返利网、每日优鲜等,买东西获返利、推荐新人得优惠、推荐更多人购买可获奖金,这些可以是经营者的营销策略,但一旦触碰法律底线,性质就不一样了。有的电子商务平台的返利或赏金制度就是消费者可以从直接推荐的使用者或购买者处得到奖金,更可以从直接推荐者再推荐的使用者或购买者处得到奖金,依此类推,越早推荐的消费者得到的赏金就越多。这种销售方式就是团队计酬模式。

《刑法修正案(七)》最终取消了对团队计酬传销行为的入罪化,且司法解释进一步明确对单纯的团队计酬传销行为不以犯罪论处,只对形式上是以团队计酬模式销售实际商品,实际上为拉人头、交会费模式的诈骗型传销行为进行刑罚处罚。《办理传销案件的意见》第5条第1款对"团队计酬"的概念进行了诠释;第2款则明确指出:"以销售商品为目的、以销售业绩为计酬依据的单纯的'团队计酬'式传销活动,不作为犯罪处理。形式上采取'团队计酬'方式,但实质上属于'以发展人员的数量作为计酬或者返利依据'的传销活动,应当依照刑法第二百二十四条之一的规定,以组织、领导传销活动罪定罪处罚。"

虽然立法规定已然明确,但学界仍有学者认为,既然要加大对传销犯罪的打击力度,团队计酬模式的传销行为就应认定为组织、领导传销活动罪,《刑法修正案(七)》的规定将刑法对传销活动的打击力度弱化了,这与加强对传销犯罪的打击力度的立法本意相反。[①] 也有学者认为,团队计酬模式的传销实质上是国外的多层次直销,后来演变为"金字塔诈骗",在中国的

---

① 参见陈兴良:《组织、领导传销活动罪:性质与界限》,载《政法论坛》2016年第2期。

发展中更是变了味,成为不法分子利用的形式,刑法未将团队计酬传销列入打击对象是刑事立法谦抑精神的体现。① 甚至有学者指出,团队计酬传销方式没有被作为犯罪处理,有利于今后行政法规将其还原为直销并解除市场准入限制,具有立法前瞻性。② 也有学者认为,我国现在之所以不允许团队计酬模式的传销合法化,是因为我国市场经济不成熟,市场机制不完善,随着市场化的发展,团队计酬模式的传销可能在将来合法化,所以不应该在刑法中规定传销的概念,不然如此规定会使传销的概念在适用上产生冲突,或者就应该将团队计酬模式的传销以非法经营罪论处。③

笔者认为,一方面,将团队计酬模式列入刑法规制范围有利于打击传销犯罪,特别是以团队计酬方式销售商品为名拉人头的传销犯罪;另一方面,将团队计酬模式列入刑法规制范围确实不利于市场经济的发展。《刑法修正案(七)》的立法本意我们无从得知,但从现行《刑法》法条来看,单纯以销售商品、服务为目的的团队计酬模式的传销不构成犯罪,刑法仅论处拉人头、交会费的传销模式和采用团队计酬模式拉人头、交会费的传销模式。

司法解释区分情况对部分团队计酬模式的传销行为进行打击。从司法解释的内容来看,明确了组织、领导传销活动罪打击的传销行为是诈骗型的而不是经营型的传销犯罪,虽然刑法将经营型的传销"置之度外",但《禁止传销条例》对此内容却有规范可依,那么行政机关就应当严格执法,遵守现有法律规范的规定。至于像有些学者所说,将来随着经济的发展会对立法规定产生何种影响,应当根据将来的情况而定,不能因为可变行为影响法律的强制性。

五、组织、领导传销活动罪的罪数问题

有学者认为,传销活动具有复杂性,所以其他犯罪能否评价在"传销活动"中,要进行区分。对于在传销过程中实施诈骗、集资诈骗、合同诈骗、销售伪劣商品、非法经营、非法拘禁行为的,应该考虑这些罪名中可能存在更高法定刑,所以应依照想象竞合犯从一重罪论处;对于在传销活动中实施强奸、致人重伤、死亡、暴力抗拒抓捕等犯罪的,应当数罪并罚;为了传销活动的进行骗取营业执照、伪造印章等,应以牵连犯择一重罪论处。④ 有学者认为,组织、领导传销活动过程中触犯了其他犯罪的,优先选择从一重罪处罚,不能择一重罪处罚的则数罪并罚,其间非法拘禁他人的,应从一重罪处理定为非法拘禁罪。⑤

笔者认为,上述学者的观点有可取之处,但并不完全赞同。除了与组织、领导传销活动罪具有想象竞合或法条竞合的罪名外,其他犯罪应该分情况处理。比如生产、销售伪劣商品的,要看其犯罪目的是为了传销活动还是后来起意,如果两种犯罪之间虽有一定联系,但并不必然成为手段或目的,则为另起犯意,数罪并罚。如果行为人生产、销售伪劣商品的目的是进行传销活动,则以牵连犯从一重处。行为人伪造国家机关证件、公文、印章的,也以同样的方式

---

① 参见郭斐飞、罗开卷:《组织、领导传销活动罪疑难问题探析》,载《人民检察》2011年第10期。
② 参见潘星丞:《传销犯罪的法律适用——兼论组织、领导传销罪与非法经营罪、诈骗罪的界限》,载《中国刑事法杂志》2010年第5期。
③ 参见袁彬:《传销犯罪独立成罪的合理性及模式——兼评〈刑法修正案(七)〉》,载《中国刑事法杂志》2009年第3期。
④ 参见李翔:《组织、领导传销活动罪司法适用疑难问题解析——兼评〈中华人民共和国刑法〉第224条之一》,载《法学杂志》2010年第7期。
⑤ 参见贾宇:《论组织、领导传销活动罪》,载《人民检察》2010年第5期。

进行综合判断,分情况处理。

又如非法拘禁罪,在9年前,行为人进行传销活动非法拘禁是主要手段,所以有学者主张行为人进行传销活动必定会对参与者采取非法拘禁行为,但近几年传销的手段更趋向于以高额利润引诱参与者加入,不再或者很少有非法拘禁的传销活动,传销时非法拘禁的行为符合独立的行为构成要件,不应评价于组织、领导传销活动罪中。且笔者认为,将具有非法拘禁行为的组织、领导传销活动罪一概以非法拘禁罪论处实有不妥。

笔者认为,在现阶段进行组织、领导传销活动的,具有非法拘禁行为的,应该进行数罪并罚;有的传销组织中的参与者并未达到组织、领导传销活动罪的追诉标准而参与非法拘禁行为的,应当以非法拘禁罪论处。同样,在传销活动中实施强奸、故意伤害、故意杀人、寻衅滋事、妨害公务、聚众冲击国家机关罪等犯罪的,也应当进行数罪并罚,对于未进行传销活动或未达到追诉标准而犯其他犯罪的,应该以其所犯罪名论处。

第三节 余思:认定与预防的展望

一、各地域定罪量刑体系化标准的架构

我国地区间经济、文化差异较大,地区间案件数量差异也很大,地区间的差异导致罪刑不相适应的突出问题,造成了地区间司法资源和司法判决结果的不平等。

所以,如何构建一体化的定罪量刑体系值得立法者和执法者反思。考虑到实际情况,划分地区、省份等来制定相应的标准似乎一时可以解决问题,但从长远来看,并不是最优选择。在当今交通运输、互联网发达的时代,传销犯罪跨地区作案轻而易举,假设传销犯罪较多的江苏、浙江、安徽等省份对传销犯罪的量刑从严而贵州、云南、甘肃等传销犯罪较少的省份对传销犯罪的量刑从轻或不变,都会导致传销犯罪逐渐向原本传销犯罪较少的省份转移。立法具有一定的稳定性,刑事政策也不可能朝令夕改,但犯罪的变化、转移速度和效率都是迅速的。所以,针对传销犯罪的定罪量刑标准更应具体化,也应各地区协调统一,不给犯罪分子可乘之机。

二、大数据分析对组织、领导传销活动罪刑法教义学的意义

刑法教义学是以刑法规范为研究对象的,这种研究应该是实然法的研究,是对释法中心主义的尊崇,同时,刑法教义学也是具有天然实践性的科学。[①] 刑法教义学的展开不能脱离刑法条文本身,也离不开实践的积累探索。笔者通过阅读判决文书发现,有的被告人在传销组织中并没有发展下线进行传销"骗取财物",只是承担了传销网站的制作运营、传销课程宣讲等分工,同样构成组织、领导传销活动罪。在"骗取财物"的性质争议部分笔者也进行了详细论述。所以,从司法实践中的案例来看,将"骗取财物"作为组织、领导传销活动罪的独立要素更能准确地认定犯罪人的行为。

---

① 参见刘艳红:《刑法教义学化应走出五大误区》,载《检察日报》2018年8月30日,第3版。

三、加强对高发领域、重点区域的犯罪防控

笔者在查阅裁判文书网上的案例时发现,在有实体产品的传销案件中,传销组织依托的产品载体大多是保健类、美容类等关乎身体健康的食品、保健品或器械,也有投资融资、抽奖返利、旅游慈善等类型。结合生活经验不难发现,除了经济需求和精神需求以外,现代人对健康的关注越来越高,而作为普通人了解健康知识的途径很少,能了解到的健康知识有限,即使是电视台播出的健康科普类节目也有可能存在信息误导的情况。

最近新闻报道酸碱体质理论的创始人罗伯特·扬被美国圣地亚哥法庭判处赔偿一名癌症患者1.05亿美元罚金,其当庭承认该理论为自己虚构。而酸碱体质理论早在几年前传入国内,就已经被各大美容机构、保健品、食品等经营者用来包装产品,其中不乏传销活动。在该理论风靡全球的这几年,无论是国外还是国内,都没有科学家站出来向公众说明该酸碱体质理论为假,也少有工商部门查处该类经营者的报道。如何让学术走下"神坛",如何面向公众建立专业、权威的科普通道,如何提高国民的物质文化水平,增强国民的反传销意识,如何更有力度地打击组织、领导传销活动罪,是预防传销犯罪应该思考的问题。

传销类案件多具有流动性强、隐蔽性强的特点,尤其近年来,传销组织开始转向一些农村地区。传销犯罪多为熟人介绍,而农村地区乡土观念很重,人们的法律意识相对淡薄,执法管理也不尽规范,具有适合传销生存的社会土壤。

针对当前问题,应积极探索建立跨区县、跨部门联合打击机制。检察院、公安机关和工商部门要积极配合,形成合力,针对已锁定的重点乡镇、重点村庄,及时打击,固定证据,对复犯案较高的重点犯罪对象加大惩处力度,提高刑法威慑力。

第十三章 拐卖妇女、儿童罪专题研究

黄杰云[*]

根据国家统计局关于公安机关立案的拐卖妇女、儿童案件的数据[①],2013年共立案20 735件,2014年共立案16 483件,2015年共立案9 150件,2016年共立案7 121件,四年共计立案53 489件。在该四年的公安刑事立案数量排名中,拐卖妇女、儿童罪排在第七位。排名在其之前的除了财产犯罪之外,侵犯公民人身权利犯罪排名第二位,仅次于强奸案件。拐卖妇女、儿童犯罪依旧潜伏在我们周边。

《人民日报》2017年6月2日第11版报道,6月1日,最高人民法院召开新闻通气会,发布依法惩治侵害未成年人犯罪的6个典型案例。据介绍,2013年至2016年,全国法院共审结拐卖妇女、儿童犯罪案件3 713件。[②] 由此可以得知,全国法院审理该类案件任重而道远。

本章通过数据对拐卖妇女、儿童罪进行充分的了解,以谋求对犯罪分子进行有针对性的监控与打击,预防并减少拐卖案件的发生。

与此同时,针对该罪名中有争议的问题进行深入分析,通过整理数据中法院的判决观点,分析其中的合理与不合理之处,为之后类似相关问题的认定与解决总结经验,以有效解决法律的正确适用问题。

第一节 综览:数据的呈现

一、案件的基本情况

(一)年份分布

从年份分布来看,从2014年开始,拐卖妇女、儿童罪的审结案件数量呈现下降趋势,相较于2014年,2016年的文书量下降20.17%。各年度具体裁判文书数量如图13-1所示。

---

[*] 黄杰云,中国社会科学院大学,法律硕士。
[①] 数据来源于国家统计局网站(http://data.stats.gov.cn/easyquery.htm? cn=C01&zb=A0S0B&sj=2016),访问日期:2018年11月9日。
[②] 参见徐隽:《最高法发布典型案例 四年审结拐卖妇女儿童犯罪案件三千余件》,载 http://www.xinhuanet.com//legal/2017-06/02/c_1121072853.htm,访问日期:2018年5月16日。

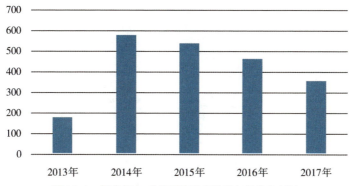

图 13-1　拐卖妇女、儿童罪案件审结数年份分布(件)

(二)地域分布

从地域分布情况来看,审结拐卖妇女、儿童案件数量最多的五个省、市为河南省、山东省、河北省、福建省和安徽省,数量分别为 344 件、254 件、181 件、177 件和 149 件,分别占统计结果总数的 16.69%、12.32%、8.78%、8.59 和 7.23%。

(三)审级分布

从审级分布情况来看,一审审结的拐卖妇女、儿童罪案件有 2 006 件,二审审结的拐卖妇女、儿童罪案件有 89 件,二者之比为 95.75∶4.25。具体年份变化趋势如图 13-2 所示。

图 13-2　拐卖妇女、儿童罪审结案件数审级分布(件)

(四)法院层级分布

从法院层级分布情况来看,由基层人民法院、中级人民法院、高级人民法院审结案件的占比分别为 93.35%、6.32%、0.33%。本罪大部分案件由基层人民法院审理。

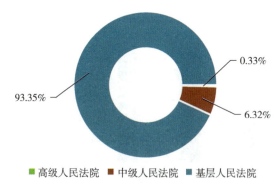

图 13-3　拐卖妇女、儿童罪审结案件法院层级分布

（五）适用程序分布

从适用程序分布情况来看，基层人民法院审理的拐卖妇女、儿童罪案件中，适用普通程序的占 86.19%；适用简易程序的占 13.81%，大部分案件通过普通程序审理。具体年份变化趋势如图 13-4 所示。

图 13-4　拐卖妇女、儿童罪一审审结案件审理程序分布（件）

《刑事诉讼法》第 214 条第 1 款规定："基层人民法院管辖的案件，符合下列条件的，可以适用简易程序审判：（一）案件事实清楚、证据充分的；（二）被告人承认自己所犯罪行，对指控的犯罪事实没有异议的；（三）被告人对适用简易程序没有异议的。"第 215 条规定："有下列情形之一的，不适用简易程序：（一）被告人是盲、聋、哑人，或者是尚未完全丧失辨认或者控制自己行为能力的精神病人的；（二）有重大社会影响的；（三）共同犯罪案件中部分被告人不认罪或者对适用简易程序有异议的；（四）其他不宜适用简易程序审理的。"从适用简易程序的条件来看，拐卖妇女、儿童罪案件简易程序适用率低的原因在于，一方面，案件可能存在事实难以查清，证据难以收集的情形；另一方面，或许被告人对犯罪事实有异议或是对适用简易程序有异议。

实践中存在被告人既不认可指控的犯罪事实，也对简易程序适用有异议的情形。如上诉人陈某某诉称：原审判决认定事实不清、证据不足，本案证据仅能证实其抱走受害人，使其脱离监护人的监控范围,未能体现其有出卖的客观表现,原判认定其以"出卖为目的"证据不足,判决其犯拐卖儿童罪适用法律错误;其归案后的供述一直不稳定,对公诉机关以拐卖儿童罪提起公诉的罪名定性并不认罪,一审适用简易程序审理程序违法,请求发回重审。其辩护人提出,原判认定上诉人陈某某以出卖为目的偷抱他人孩子虽有其归案后的稳定供述,但没有其他证据,陈某某抱走他人孩子有可能是为了自己收养,也有可能在抱走他人孩子的刹那什么都没想,公诉机关未能举证证明陈某某具有特定的犯罪目的,原判以推定方式认定陈某某以出卖为目的偷抱他人孩子构成拐卖儿童罪证据不足,适用法律不当,本案应以"两罪存疑取其轻"的原则以拐骗儿童罪定罪处罚。建议予以改判。① 可见本类犯罪中简易程序适用的难度。

二、拐卖妇女、儿童罪中被告人基本情况

(一)性别分布

从裁判文书中提取到的被告人性别数据来看,男性被告人占 63.96%,女性被告人占 36.04%。裁判文书中,各年度被告人性别信息如图 13-5 所示。

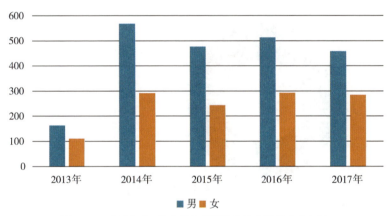

图 13-5 拐卖妇女、儿童罪审结案件被告人性别分布(人)

(二)年龄分布

从裁判文书中提取到的被告人年龄数据来看,40~49 岁的被告人最多,占 32.09%,30~39 岁的被告人占 21.56%,50~59 岁的被告人占 19.63%。

---

① 参见福建省泉州市中级人民法院(2017)闽 05 刑终 1630 号刑事裁定书。

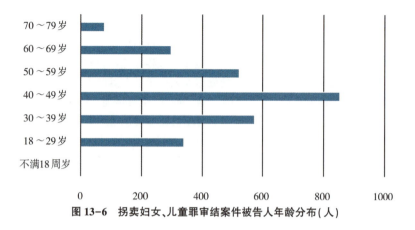

图 13-6 拐卖妇女、儿童罪审结案件被告人年龄分布(人)

(三)职业分布

从裁判文书中提取到的被告人职业数据来看,被告人为农民的占比最多,为 78.17%,无业人员占 15.14%。

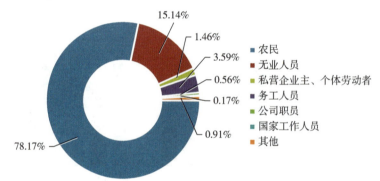

图 13-7 拐卖妇女、儿童罪审结案件被告人职业分布

(四)文化程度分布

从裁判文书中提取到的被告人的文化程度数据来看,小学文化的占比最多,为 46.40%,文盲或半文盲占 24.57%,初中学历占 24.28%。

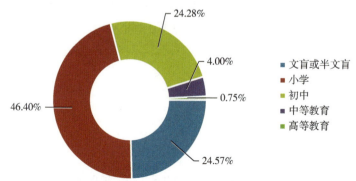

图 13-8 拐卖妇女、儿童罪审结案件被告人文化程度分布

(五)共同犯罪人数分布

关于单一案件中被告人人数的分布,数据显示,已审结的拐卖妇女、儿童罪案件中,1人作案的,所占比例为1.59%;2人作案的,所占比例为39%;3人作案的,所占比例为27.62%;4人作案的,所占比例为13.94%;5人作案的,所占比例为7.58%;5人以上作案的,所占比例为10.27%。

数据显示,拐卖妇女、儿童罪共同犯罪特征明显,主要以2~4人为主,占本类犯罪统计总数的80%以上。

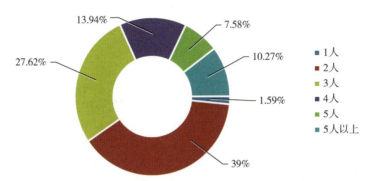

图13-9　拐卖妇女、儿童罪单一案件被告人人数分布

第二节　检视:罪与罚的规范思考

一、犯罪认定的思考

(一)行为方式

拐卖妇女案件中,行为人多以拐骗、诱骗、绑架、麻醉等方法实施犯罪,进而对受害人施以强奸,最终通过媒人介绍、中转将受害人出卖给收买者作为妻子。

拐卖儿童案件中,行为人多以拐骗、绑架、偷盗、麻醉等方法实施犯罪,收买者多为无法生育的夫妇,受害者多为男婴,部分受害者还会被卖往境外,在受害者被解救后多被送往福利院,而不是找到其亲生父母。

图13-10　拐卖妇女的行为方式热词图

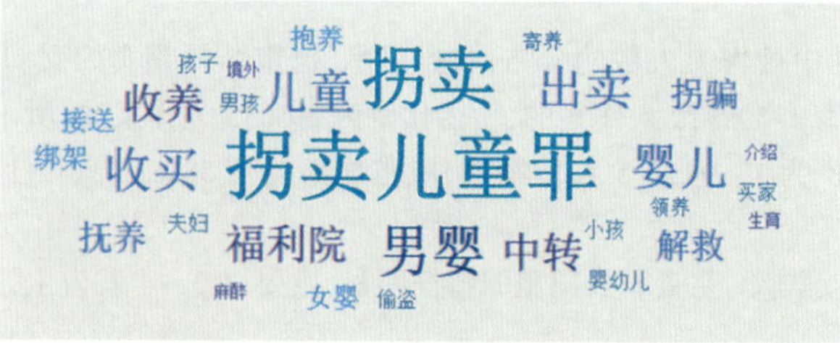

图 13-11 拐卖儿童的行为方式热词图

(二) 拐卖妇女、儿童罪的法益认定

1. 司法实务的认定

认定一:本案虽无证据证明所涉被拐卖的婴儿系相关被告人通过偷盗、抢夺、拐骗或绑架等手段获得,但拐卖儿童罪所侵犯的客体是儿童的人格尊严,即作为人的不可出卖性。以出卖为目的,有收买、贩卖、接送、中转儿童行为之一的,均构成拐卖儿童罪。①

认定二:被告人李某为收买被拐卖的妇女,又将其出卖,其行为侵犯了被害妇女的身体自由权和人格尊严权,已构成拐卖妇女罪,应根据《刑法》第 241 条第 5 款、第 240 条之规定处罚。②

2. 规范思考

关于拐卖犯罪侵犯的法益,理论界存在争议,主要有以下几种观点:张明楷教授主张的是,本罪的法益是被拐取者的行动自由以及被拐取者的身体安全。③ 周光权教授认为,该罪归类在侵犯人身自由犯罪中,该罪不仅侵犯了被害妇女、儿童的人身权利,也同时侵害了其家属或父母的婚姻家庭权利、保护监督权利,有时还对社会秩序有妨害。④ 肖中华教授对此的观点为,人身权是宪法赋予公民的基本权利,法律必须维护公民的人格尊严,禁止将人作为商品出卖,即便被害人基于某种原因,同意他人将自己出卖,也同样无法改变这种行为的犯罪性质。⑤

司法实务中,笔者通过检索元典智库发现,显示关键词为"人格尊严"的案例有 133 件,是主流,显示关键词为"身体自由"或是"人身自由权"的案例一般是与关键词为"人格尊严"的案件同时出现的。显然,司法实务中的主流做法是肖中华教授所主张的观点。但是该观点受到部分学者的质疑,如张明楷教授所言:人的尊严太宽泛,需要具体化为经验的实在性,才能成为刑法的保护法益。许多犯罪都侵害了人的尊严,但我们并没有将法益表述为人的尊严,而是表述为生命、自由、名誉、等等;反过来,许多在一般意义上讲的侵害人的尊严的行为,刑法并没有规定为犯罪。更为重要的是,什么叫拐卖?在妇女同意的情况下能否叫拐卖?当作一个层面的问题可能更合适。如果说是两个层面的问题,就会遇到一个障碍:既然拐卖妇女罪是侵犯公民人身权利的犯罪,为什么妇女的同意不阻却违法?⑥

---

① 参见浙江省高级人民法院(2016)浙刑终 513 号刑事裁定书。
② 参见山东省菏泽市中级人民法院(2015)菏刑一终字第 1 号刑事裁定书。
③ 参见张明楷:《外国刑法纲要》(第二版),清华大学出版社 2007 年版,第 482 页。
④ 参见周光权:《刑法各论讲义》,清华大学出版社 2003 版,第 42 页。
⑤ 参见肖中华:《侵犯公民人身权利罪》,中国人民公安大学出版社 2003 年版,第 291 页。
⑥ 参见张明楷编著:《刑法的私塾(之二)》(上),北京大学出版社 2017 年版,第 469 页。

笔者倾向于本罪的法益为被拐卖者的行动自由以及被拐卖者的身体安全的观点。原因如下：第一，人格尊严概念过于抽象，将拐卖犯罪的法益设定为一个如此上位概念，是不合适的。第二，按照浙江省高级人民法院的观点，本罪的人格尊严是作为人的不可出卖性。但在笔者看来，不可出卖性并不属于公民的人身权利，更像借用了人所存在和发展必须具备的特征或者属性，比如生命性质、健康性质，人只有在这些特征之上才能进行自由活动和民主活动，如性自主权利、人身自由权利、婚姻自由和行使民主权利等。正是因为生命和健康的特征是人的存在和发展的首要前提，所以即便生命权和健康权作为公民人身权利，刑法基于"家长主义"对被害人承诺进行了限制。但是不可出卖性并不是人存在和发展的必要条件，其更倾向于人身自由，因为将人进行拐卖之后，作为人的人身自由就受到了限制，人的人身安全也得不到保障。第三，倘若如周光权教授所言，本罪还可能侵犯了社会法益。但笔者认为，任何犯罪都会对社会秩序构成挑战，而且本罪既然在侵犯公民人身权利一章，那么就应当将其作为个人法益来对待。

（三）犯罪既遂的认定标准

1. 司法实务的认定

认定一：在拐卖妇女案件中，行为人只要主观上以出卖为目的，客观上实施了拐骗、绑架、收买、接送等行为，其犯罪行为就已经既遂。因此相关被告人及其辩护人关于本案部分犯罪事实属于犯罪未遂的辩解及辩护意见（辩护人提出以下辩护意见：在起诉书指控的第六起、第九起犯罪事实中，由于被拐卖妇女在被卖前即逃脱，因此赵某某在这两起犯罪中属于犯罪未遂），与相关法律规定不符，本院不予采纳。①

认定二：拐卖儿童罪是以出卖为目的，拐骗、绑架、贩卖、接送、中转儿童的行为。被告人郭某某以出卖为目的，接送、中转三名男婴，其行为已触犯刑法，构成拐卖儿童罪。公诉机关指控的罪名成立。拐卖儿童罪是以完成一定的行为作为其犯罪构成客观要件的行为犯，以实施法律规定的一种行为即为既遂，被告人郭某某已实施了中转、接送的行为，构成拐卖儿童罪的既遂，且拐卖三名儿童，应依法处罚。②

2. 规范思考

关于拐卖犯罪的既遂标准，理论界存在争议，主要有以下观点：第一，无论是拐卖妇女、儿童的单独犯罪还是共同犯罪，无论犯罪由哪几个法定的实行行为组成，拐卖妇女、儿童罪的既遂与未遂的区分标准是统一的，只能是以妇女、儿童是否被出卖给他人为标准。刑法规定拐卖妇女、儿童罪的客观行为有拐骗、绑架、收买、贩卖、中转、接送几种，无疑只要有其中一种行为就构成犯罪，但不论在具体案件中有几种行为……这几种行为都是在一个目的——"将妇女、儿童出卖"的支配下所为，区分拐卖妇女、儿童罪的既遂与未遂，不能割裂这些行为的内在联系。③ 第二，拐卖妇女、儿童罪的既遂，应以行为人是否实施了拐骗、绑架、收买、贩卖、接送、中转妇女、儿童行为中的一种为标准，而不以被拐卖的妇女、儿童已经被出卖为标准。④ 第三，

---

① 参见云南省红河哈尼族彝族自治州中级人民法院（2014）红中刑一初字第10号判决书。
② 参见山西省忻州市中级人民法院（2014）忻中刑终字第296号刑事裁定书。
③ 参见肖中华：《侵犯公民人身权利罪》，中国人民公安大学出版社2003年版，第304页。
④ 参见周道鸾、张军主编：《刑法罪名精释——对最高人民法院、最高人民检察院关于罪名司法解释的理解和适用》（第三版），人民法院出版社2007年版，第551页。

对拐卖妇女、儿童罪的既遂标准应进行具体分析。具体而言,以出卖为目的,拐骗、绑架、收买妇女、儿童时,只要将被害人转移至行为人或者第三人的实力支配范围之内,即为既遂。由于中转行为和接送行为要么是行为人在拐骗、绑架妇女、儿童后自己实施的,要么是由其他共犯人实施的,所以仍应以上述标准作为判断行为人成立既遂与否的标准。但是,出卖捡拾儿童的,出卖亲生子女的,收买被拐卖的妇女、儿童后才产生出卖犯意进而出卖妇女、儿童的,应当以出卖被害人为既遂标准。① 第四,一个完整的拐卖妇女、儿童犯罪行为应当由三个阶段组成:手段行为,即拐骗;中间行为,即收买、中转、接送;结果行为,即贩卖。拐卖妇女、儿童罪的既遂与未遂应根据不同阶段的行为特点来认定,实施不同阶段的行为,其既遂与未遂的标准不同。实施手段行为的,只要将被害人置于行为人自己的控制之下即达到既遂;实施中间行为的,应是行为人将被害人送到指定地点交给指定人员即已脱手,完成中转、接送为既遂;结果行为人应以被害人被贩卖出售,转移给收买人为既遂成立,否则应认定为未遂。②

从报告案例来看,对于该问题,法院一般采取的是第二种观点,以行为犯的法定行为完成作为犯罪既遂标志。而对于"以出卖为目的"的理解,则作为本罪的主观超出要素,非刑法要求必须发生的客观危害结果。而这也意味着,该六种行为均为正犯行为。除了"贩卖"需要以实际出卖作为既遂标准之外,其余五种行为只需要其中一种行为实施完毕即为既遂。犯罪分子往往以未实际出卖被害人来为自己辩护,但实际上,司法实务中并不影响法院对犯罪既遂的认定。

(四)法定加重情节分析

1. "奸淫被拐卖的妇女的"认定

(1)司法实务的认定

认定一:关于上诉人吴某某所提"不存在奸淫妇女,量刑过重"的上诉理由。经查,虽然吴某某于2012年在未告知被害人周某1父母的情况下,将周某1带至贵州,但其于2015年才有以出卖为目的贩卖周某1的行为,而该贩卖过程中并无相关证据证实吴某某奸淫了周某1,一审认定吴某某奸淫被拐卖的妇女是错误的,并导致对吴某某的量刑过重,应予纠正,故该上诉理由成立,予以采纳。③

认定二:被告人陈某违背妇女意志,强行与妇女发生性关系,其行为已构成强奸罪;被告人陈某又以出卖为目的,拐卖妇女,其行为还构成拐卖妇女罪。公诉机关指控被告人陈某犯拐卖妇女罪罪名成立。公诉机关指控被告人陈某奸淫被拐卖的妇女,经查,现有证据尚不足以证实被告人陈某在强奸被害人杨某1前主观上已形成拐卖妇女的犯意,无法认定被告人陈某在拐卖妇女的过程中奸淫被拐卖的妇女,该指控不当,本院不予认定,依法应将被告人陈某的上述行为以强奸罪定罪处罚。辩护人提出被告人陈某的行为不构成拐卖妇女罪,恳请对被告人陈某宣告无罪的辩护意见与审理查明的事实及法律规定不符,本院不予采纳。④

(2)规范思考

根据报告案例来看,"奸淫被拐卖的妇女"的适用必须是发生在拐卖过程中,如果发生在拐卖之前,就可能单独构成强奸罪;如果发生在拐卖过程中,那么奸淫被拐卖妇女的行为就会

---

① 参见张明楷:《刑法学》(下)(第五版),法律出版社2016年版,第896页。
② 参见陈兴良:《罪名指南》(上册)(第二版),中国人民大学出版社2008年版,第711页。
③ 参见贵州省六盘水市中级人民法院(2017)黔02刑终119号判决书。
④ 参见杭州市余杭区人民法院(2016)浙0110刑初311号判决书。

被拐卖犯罪所吸收。立法这样规定的原因在于,妇女在被拐卖过程中,被强奸是通常会发生的事情,这对被拐卖的妇女而言是彻彻底底的从肉体到精神上的折磨,所以将其作为一种法定加重情形。

2."诱骗、强迫被拐卖的妇女卖淫或者将被拐卖的妇女卖给他人迫使其卖淫的"认定

(1)司法实务的认定

被告人潘某某违背妇女意志,强行与妇女发生性关系,后又将妇女拐卖给他人迫使其卖淫,其行为已分别构成强奸罪、拐卖妇女罪;被告人黄某某、李某某结伙收买被拐卖的妇女,又强迫被收买的妇女卖淫,各自的行为已分别构成收买被拐卖的妇女罪、强迫卖淫罪。潘某某、黄某某、李某某均犯数罪,依法应予并罚……被告人潘某某犯强奸罪,判处有期徒刑 6 年;犯拐卖妇女罪,判处有期徒刑 15 年,剥夺政治权利 5 年,并处罚金人民币 5 万元,决定执行有期徒刑 20 年,剥夺政治权利 5 年,并处罚金人民币 5 万元。①

(2)规范思考

虽然"将被拐卖的妇女卖给他人迫使其卖淫"与"强迫被拐卖的妇女卖淫"有所不同,在"将被拐卖的妇女卖给他人迫使其卖淫的"场合,强迫卖淫的行为是由收买者实施的,并且实施拐卖者与实施迫使卖淫行为的人之间不存在共同犯罪关系。但根据 2010 年最高人民法院、最高人民检察院、公安部、司法部印发的《关于依法惩治拐卖妇女儿童犯罪的意见》第 18 条第 1 款的规定,将妇女拐卖给有关场所,致使被拐卖的妇女被迫卖淫或者从事其他色情服务的,以拐卖妇女罪论处。同样根据报告案例来看,拐卖者有认识到被拐卖妇女有被强迫卖淫的可能性,并且拐卖者为了牟取非法利益,放任这种情况的发生,属于间接故意。所以,无论是拐卖者还是收买者强迫被拐卖的妇女卖淫,只要拐卖者有认识的可能性即可。立法这样规定的原因同"奸淫被拐卖的妇女的"情形一样,实施本罪行为,被拐卖的妇女被迫卖淫的可能性较大。

3."以出卖为目的,偷盗婴幼儿的"认定

(1)司法实务的认定

被告人阮某某伙同阮某,以偷盗婴幼儿出卖为目的,放火烧毁被害人王某 1 厩房,趁被害人及村民救火之机,强行抱走王某 1 的 3 岁幼儿,其行为构成拐卖儿童罪。原审法院根据被告人阮某某的犯罪手段、性质、主观恶性和社会危害程度,对其作出量刑适当的判决。对于被告人阮某某所提的上诉意见,经查,被告人阮某某伙同阮某,以偷盗婴幼儿出卖为目的,将王某 1 家中 3 岁幼儿盗走,后被王某 1 邻居拦住,阮某某将偷盗的幼儿放弃后逃离现场,本院认为,被告人阮某某已经从王某 1 家中将其幼儿抱走,并离开王某 1 家住所地一段距离,王某 1 夫妇已对其幼儿失去监管控制,阮某某、阮某二人以出卖为目的,盗窃婴幼儿的行为已经完成,属犯罪既遂。②

(2)规范思考

根据 2016 年最高人民法院《关于审理拐卖妇女儿童犯罪案件具体应用法律若干问题的解释》第 1 条的规定,对婴幼儿采取欺骗、利诱等手段使其脱离监护人或者看护人的,视为《刑法》第 240 条第 1 款第(六)项规定的"偷盗婴幼儿"。该条的核心在于以"平和"的手段使婴幼儿脱离监护人或者看护人,"欺骗、利诱"是对和平手段的列举。这一规定无疑是将抢夺等

---

① 参见浙江省高级人民法院(2016)浙刑终 420 号判决书。
② 参见云南省昭通市中级人民法院(2017)云 06 刑终 157 号刑事裁定书。

暴力行为排除在本项之外。而且根据报告案例,犯罪既遂问题,参考盗窃罪,以财产脱离权利人控制范围为既遂标准。

4."造成被拐卖的妇女、儿童或者其亲属重伤、死亡或者其他严重后果的"认定

(1)司法实务的认定

罗某某上诉称马某系自杀身亡,其对马某的死亡不应承担责任。经查,罗某某隐瞒男方邹某2的真实情况,将马某拐卖给明显有智障的邹某2为妻,进而造成了被害人马某自杀身亡的严重结果,应对马某的死亡后果承担责任。故罗某某该上诉理由不能成立,本院不予采纳。①

(2)规范思考

对于该项的适用,关键在于如何理解"其他严重后果"。有学者认为,犯罪分子拐卖妇女、儿童的行为,直接、间接造成了被拐卖的妇女、儿童或者其近亲属重伤、死亡或者其他严重后果。例如,由于犯罪分子采取拘禁、捆绑、虐待等手段,致使被害人重伤、死亡或者造成其他严重后果;由于犯罪分子的拐卖行为以及拐卖中的侮辱、殴打等行为引起被害人或者其近亲属自杀、精神失常或者其他严重后果;等等。② 笔者认为,首先,"其他严重后果"应当包括间接性造成的情形,只要拐卖者能够认识到这种可能性。其次,"造成"一词又说明,造成严重后果的原因方式应当是六种拐卖行为。倘若在拐卖过程中,故意将被害人伤害或杀害,则应当单独构成故意伤害罪或故意杀人罪,即本项应当是排除故意伤害或故意杀人的责任要素。最后,严重后果应当是造成肉体与精神上的重大伤害。笔者是赞同上述学者观点的。显然,通过分析湖南省娄底市中级人民法院的判决,司法实务中也采取这种观点。

二、法律后果的分析

(一)主刑

在拐卖妇女、儿童罪审结案件中,从主刑种类来看,被告人被判处有期徒刑的占绝大部分,占比达94.72%,极少数被告人被判处死刑(或死刑缓期执行),占比为0.23%。

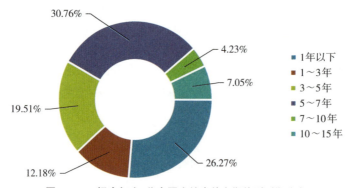

图13-12 拐卖妇女、儿童罪审结案件有期徒刑刑期分布

---

① 参见湖南省娄底市中级人民法院(2017)湘13刑终324号刑事裁定书。
② 参见黎宏:《刑法学各论》(第二版),法律出版社2016年版,第252页。

从裁判文书中提取到的数据来看,就有期徒刑的刑期来看,被判处 5 年以下有期徒刑的占比较大,占 57.96%,也即在被判处有期徒刑中,减轻处罚的适用率达到了 57.96%;被判 5 年以上 10 年以下有期徒刑的约占 34.99%;被判 10 年以上有期徒刑的约占 7.05%。

根据《刑法》第 240 条第 1 款的规定,拐卖妇女、儿童罪的法定量刑幅度一共有三个,分别为"处五年以上十年以下有期徒刑,并处罚金""处十年以上有期徒刑或者无期徒刑,并处罚金或者没收财产"和"处死刑,并处没收财产"。这意味着本罪审结案件超过一半的被告人适用了减轻处罚的规定。通过元典智库所检索的结果显示,在法定的减轻处罚情节中,按照出现次数由多至少排序为从犯、自首、立功、犯罪未遂、犯罪预备、犯罪中止和胁从犯。也就是说,共同犯罪中的从犯、自首和立功是适用减轻处罚的主要情节。

笔者认为,法定或酌定减轻处罚的规定,在一定程度上鼓励了本罪的犯罪分子积极配合司法活动,以及积极对自身犯罪行为进行忏悔和对造成的后果进行补救。

(二) 附加刑

拐卖妇女、儿童罪审结案件被判处附加刑的被告人中,罚金刑占 94.89%。其中,70% 以上的罚金数额是在 1 万元以下。根据最高人民法院《关于适用财产刑若干问题的规定》第 2 条第 1 款的规定:人民法院应当根据犯罪情节,如违法所得数额、造成损失的大小等,并综合考虑犯罪分子缴纳罚金的能力,依法判处罚金。刑法没有明确规定罚金数额标准的,罚金的最低数额不能少于 1 000 元。换言之,罚金的数额在司法实务中就是几千元。这样的司法现状在拐卖犯罪案件中并不能起到有效的惩罚作用。司法解释规定的根据在于犯罪分子的获利、他人的损失以及审判时犯罪分子能够负担罚金数额的能力。显然,这是从执行程序的角度出发,以免罚金刑成为一纸空文。

第三节　余思:预防犯罪的展望

拐卖妇女、儿童造成了千千万万家庭的悲剧,因此社会上不乏对此类犯罪行为从重处罚的呼声。曾有全国人大代表建议将本罪的起刑点从"五年以上十年以下有期徒刑"上调至"十年以上至死刑",这一提议受到很多人的赞同。从裁判文书中提取到的信息来看,被告人具有减轻处罚情节,被判处 5 年以下有期徒刑的占比最多,一定程度上说明了,实务中并无"提高本罪刑罚起刑点的"迫切需求。

刑罚是震慑犯罪的有力手段,但并不是根治犯罪的良方。如同当今不少国家全面废除死刑一样,提高法定刑并非预防和减少拐卖妇女、儿童罪的有效手段。一方面,拐卖妇女、儿童罪现有的法定最高刑已包含死刑,足以对情节严重、行为恶劣的犯罪分子予以严惩,发挥刑法的惩罚和预防功能;另一方面,在侦查手段尚未取得重大进步之前,提高拐卖妇女、儿童罪的法定刑,可能会减弱犯罪分子配合公安机关追回已被拐卖的妇女、儿童的积极性,给受害者带来更大的损害。因此,一方面,要保持对拐卖妇女、儿童罪的打击力度,提高侦查技术,增加对被拐卖妇女、儿童的追回率;另一方面,预防本罪的发生,需要正视拐卖妇女、儿童罪发生的社会背景:如我国的收养制度无法有效满足社会上通过法律手段收养儿童的需求,因此应完善我国的儿童收养、福利制度,压缩拐卖儿童的市场等,采用综合手段预防拐卖妇女、儿童罪的发生。

第十四章 集资诈骗罪专题研究

方 军*

近年来,以"金融创新"名义开展非法金融业务、实施非法集资犯罪的现象层出不穷。非法集资刑事案件量目前处于高位状态与集中爆发期,案件数量持续上升。根据最高人民法院的统计,2015 年到 2018 年全国法院新收非法集资刑事案件分别为 5 843 件、7 990 件、8 480 件、9 183 件,同比分别上升 108.23%、36.71%、6.13%、8.29%;审结非法集资案件分别为 3 972 件、6 999 件、8 555 件、9 271 件,同比分别上升 70.12%、76.23%、22.21%、8.37%。非法集资刑事案件在 2015 年呈井喷式增长,此后虽然增幅有所放缓,但 2018 年以来 P2P 非法集资刑事案件集中爆发,案件数量持续增长。①

集资诈骗罪作为非法集资刑事案件中的重要罪名,一定意义上可以说,集资诈骗行为的社会危害性比非法吸收公众存款罪更为严重。相较于非法吸收公众存款行为,集资诈骗行为具有非法占有目的,处于集资链条中的顶层犯罪人一般均将集资款用于挥霍甚至转移至海外,给案件处置阶段挽回被害人损失、维护社会稳定带来更大的困难。本章在对近年来有关集资诈骗罪的相关数据进行介绍后,分析实务运作中集资诈骗罪涉及的若干相关重点与疑难问题,并指出可能的刑事政策改进方向。

第一节 综览:数据的呈现

一、案件基本情况

(一)年度分布

从案件总量来看,2013—2017 年集资诈骗罪案件量总体呈上升趋势。2013 年全国各级人民法院审结集资诈骗类案件 120 件,2014 年则达到了 496 件,2015 年为 750 件,2016 年为 1 049件,2017 年为 1 104 件,案件数量整体呈现出从 2014 年到 2016 年激增,2016 年案件量为

---

* 方军,中国社会科学院大学政法学院讲师,法学博士。
① 参见《人民法院审理非法集资刑事案件情况》,载最高人民法院网站(http://www.court.gov.cn/zixun-xiangqing-141322.html),访问日期:2019 年 2 月 3 日。

2014 年的 2.1 倍,2016 年到 2017 年相对平缓的总趋势。

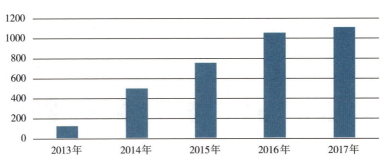

图 14-1　集资诈骗罪案件审结数年份分布(件)

(二)审级情况

从审级情况看,2013 年到 2015 年,集资诈骗罪二审案件量在本年度案件量中占比逐渐增加。具体趋势如图 14-2 所示。

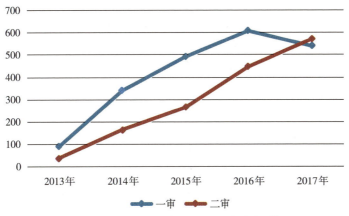

图 14-2　集资诈骗罪案件审结数审级分布(件)

(三)法院层级

在 2013 年到 2017 年集资诈骗审结案件中,从每一年度来看,基本上中级人民法院审结案件量占比最高。原因在于,集资诈骗罪属于涉众型经济犯罪,涉案的被告人与被害人一般人数均较多,涉案金额大,被害人的经济损失一般都较为惨重且难以挽回,案件相对较为复杂,社会影响重大,因此,中级人民法院审结的案件较多。

图 14-3　集资诈骗罪案件审结数法院层级分布(件)

(四)地域分布

从 2013 年到 2017 年各地集资诈骗案件总量来看,200 件以上的省份有 4 个。其中,浙江省案件量最高,为 585 件,河南省次之,为 468 件,广东省为 296 件,江苏省为 221 件。集资诈骗罪审结案件在 10 件以下的省份有 4 个,分别是海南省、西藏自治区、甘肃省、新疆维吾尔自治区。其中,西藏自治区在 2013—2017 年的集资诈骗案件量为 0 件,海南省仅有 1 件,西藏自治区在历年的全国省、市 GDP 总量排行中基本为倒数第一,海南省 GDP 排名也较为靠后,这从一定程度上也反映出集资诈骗犯罪和经济发展程度有关。

二、被告人的基本情况

(一)类型分布

从裁判文书中提取到的被告人信息来看,在 2013 年到 2017 年审结的集资诈骗案件被告人中,自然人占绝大部分,占比超过 99%,单位犯罪不足 1%。

需要注意的是,我国《刑法》第 200 条规定,单位犯《刑法》第 192 条、第 194 条、第 195 条规定之罪的,对单位判处罚金,并对其直接负责的主管人员和其他直接责任人员,处 5 年以下有期徒刑或者拘役,可以并处罚金;数额巨大或者有其他严重情节的,处 5 年以上 10 年以下有期徒刑,并处罚金;数额特别巨大或者有其他特别严重情节的,处 10 年以上有期徒刑或者无期徒刑,并处罚金。在实际的集资诈骗犯罪案件中,有些自然人以单位的名义实施个人犯罪,因此,自然人犯罪与单位犯罪两者极其容易混淆,从个别集资诈骗案件的裁判文书看,确实存在将单位犯罪与个人犯罪混淆的情况。将公司的行为直接看作公司负责人或者大股东、实际控制人的个人犯罪行为,把单位犯罪当作个人犯罪加以认定,由单位负责人负担全部责任,这既不符合事实,也不符合《刑法》第 200 条对单位犯罪的规定。在区分利用单位名义实施的自然人犯罪与单位犯罪的时候,要重点考量集资行为是否以公司名义作出、实施犯罪的自然人是否属于单位成员、集资行为是否经过单位决策机关或负责人的决定、集资款是否用于公司经营等因素,认定单位犯罪的关键在于集资行为是否体现了单位的整体意志、是否以单位名义实施,并且,按照 1999 年最高人民法院《关于审理单位犯罪案件具体应用法律有关问题的解释》的规定,个人为进行违法犯罪活动而设立的公司、企业、事业单位实施犯罪的,或者公司、企业、事业单位设立后,以实施犯罪为主要活动的,不以单位犯罪论处。

(二)年龄分布

从裁判文书中提取到的被告人年龄分布情况来看,40岁到49岁年龄段的占比最大。

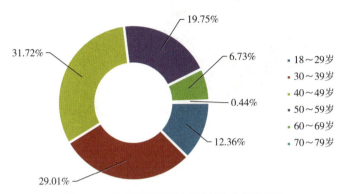

图 14-4　集资诈骗罪审结案件被告人年龄分布

(三)文化程度分布

从裁判文书中提取到的被告人文化程度信息来看,2013年到2017年集资诈骗案件的自然人被告人中,初中学历占比最高,为36.43%;其次是中等教育,为26.40%;受过高等教育的占比为25.94%。基本上,集资诈骗案件被告人以初中、中等教育为主。

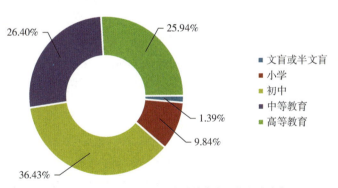

图 14-5　集资诈骗罪审结案件被告人文化程度分布

(四)职业分布

从裁判文书中提取到的被告人职业分布情况来看,被告人职业占比最多的是无业人员,为29.29%;其次是公司职员,为28.48%;务工人员占比最少,为1.78%。

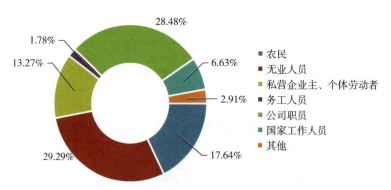

图 14-6 集资诈骗罪审结案件被告人职业分布

三、案件判决情况

（一）主刑分布

总体上，集资诈骗案件被告人被判处的刑罚主要为拘役、有期徒刑、无期徒刑、死缓。其中以有期徒刑最多，占比 87.57%，次之是无期徒刑，占比 11.27%。2013—2017 年，被告人被判处无期徒刑案件占比从 31.37% 降至 4.75%，呈现出集资诈骗案件量刑渐呈轻缓化趋势。

从有期徒刑的刑期分布来看，被告人被判处 10 年到 15 年刑期最多，占比为 47.44%，且增长幅度较大，2016 年被判处 10 年到 15 年刑期的人数是 2014 年的 2.29 倍。

（二）附加刑分布

集资诈骗罪属于贪利性犯罪，行为人的根本目的在于非法占有集资款。理论上，对集资诈骗罪的被告人科处罚金刑能起到一般预防和特殊预防的效果。根据统计结果显示，对被告人处以附加刑的人数中，被判处罚金的占比为 72.75%。在集资诈骗罪案件中，罚金刑的适用是较为普遍的。

四、关联犯罪数据对比

（一）集资诈骗罪与非法吸收公众存款罪的审结案件数量对比

对比 2013 年到 2017 年集资诈骗罪与非法吸收公众存款罪的审结案件数量，非法吸收公众存款罪审结案件数量普遍高于集资诈骗犯罪审结案件数量，总量上非法吸收公众存款罪审结案件数量是集资诈骗犯罪审结案件数量的 4 倍。其中，部分原因在于涉众型集资经济犯罪中"非法占有目的"的认定困难，在这个意义上，非法吸收公众存款罪成为非法集资犯罪行为的兜底罪名。

图 14-7　集资诈骗罪与非法吸收公众存款罪审结案件数量(件)

(二)金融诈骗罪的年度文书数量分布

从整个金融诈骗罪一节的裁判文书数量来看,相对于信用卡诈骗罪等其他金融诈骗罪,集资诈骗罪的审结案件数量显得微不足道,不过,由于集资诈骗罪属于涉众型经济犯罪,社会影响大、被害人众多、经济损失惨重,因此,在日渐重视治理信用卡诈骗犯罪、严格限制信用卡诈骗的成立范围、规范发卡银行滥发信用卡的同时,对于集资诈骗罪的治理同样不可忽视。

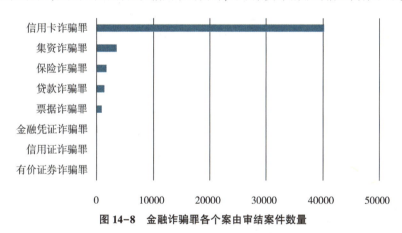

图 14-8　金融诈骗罪各个案由审结案件数量

第二节　检视:罪与罚的规范思考

一、前提:诈骗与集资

关于诈骗罪与各种特殊类型的诈骗犯罪之间的竞合关系,我国刑法理论基本观点向来认为,诈骗罪与诸如合同诈骗罪及各种金融诈骗罪成立普通法条与特殊法条的法条竞合关系。① 不过,如果考虑到法条竞合与想象竞合区分的实质标准应当是法益同一性的话,那么诈骗罪与金融诈骗罪应当是想象竞合关系。② 姑且不论诈骗罪与集资诈骗罪究竟是否法条竞合关系抑或想象竞合关系,没有疑问的是,集资诈骗罪的成立必须以行为是采用诈骗的方式非法集资为前提。因此,成立集资诈骗罪,行为必须是以诈骗的方式实施,即成立集资诈骗罪的前提之一是行为成立诈骗罪。

一般认为,集资诈骗罪是以诈骗的方式实施的非法吸收公众存款行为。③ 对此,实务界也持相同的意见。根据最高人民法院2010年出台的《关于审理非法集资刑事案件具体应用法律若干问题的解释》(以下简称《非法集资案件解释》)第4条的规定,以非法占有为目的,使用诈骗方法实施非法吸收公众存款行为的,应当依照《刑法》第192条的规定,以集资诈骗罪定罪处罚。就此,认定集资诈骗罪成立的另一个前提便是行为成立非法吸收公众存款罪。

(一) 诈骗

如前所述,成立集资诈骗罪的前提之一是行为成立诈骗罪,而诈骗罪的构造包括实施欺骗行为——受骗者陷于认识错误——基于认识错误处分财产——被害人遭受财产损失。需要注意的是,这里的欺骗行为指的是通过虚构事实或者隐瞒事实真相的方式向相对人传递不实的资讯。而事实的最重要特性之一在于其具有可验真伪性,所以无法辨别真伪的纯粹价值判断(如最好用的手机、效果最好的洗面奶)以及单纯的意见表述便不能成为诈骗罪中作为欺骗手段的事实。既然事实具有可验真伪性,那么,对于未来的事件,因无法检验真伪,因而无法作为诈骗的事实。所以关于未来事件的判断或预测并不属于诈骗罪所要规范的事实,纵使事后发现当初臆测有误,也不构成诈骗行为。对于产业前景的预估,多半属于未来的预测。④

2014年5月到2015年12月期间,刘某伙同孔某、崔某等人,在某市先后注册成立了瀚藏文化传播有限公司和富藏文化传播有限公司,以销售邮票、纪念币等收藏品为名,将低价购进的邮票、纪念币以高价出售给客户(如北京民居整版邮票进价150元,销售价1 680元;乌克兰整版钞进价2 500元,销售价26 800元等),隐瞒客户所购买的邮票、纪念币的真实价值,并虚构客户所购买的邮票、纪念币有很大的升值空间,口头承诺两年后将加价回购,骗取200余名被害人1 000余万元。对于本案,有实务人士便认为成立集资诈骗罪。⑤

就本案来说,事实上,第一,低买高卖本就是商品交易的常态,只要商品本身并非假冒伪劣产品,即便商品售价明显偏离其正常价值,也不能就此论断其属于隐瞒真实价值,成立诈骗。否则,类如古董行业等高利润行当,几乎所有的从业者都将成立诈骗罪。很明显的是,古董流转过程中每经手一次,其价值几乎都会呈现几何级数增加。第二,所谓的"虚构客户所购买的邮票、纪念币有很大的升值空间,口头承诺两年后加价回购"则显然是针对未来事件所做

---

① 参见周光权:《法条竞合的特别关系研究——兼与张明楷教授商榷》,载《中国法学》2010年第3期。
② 参见张明楷:《刑法学》(上)(第五版),法律出版社2016年版,第468页。
③ 参见叶良芳:《从吴英案看集资诈骗罪的司法认定》,载《法学》2012年第3期。
④ 参见林钰雄:《论诈欺罪之施用诈术》,载《台大法学论丛》2003年第3期。
⑤ 参见李雯:《高价藏品背后的猫腻——刘某、孔某、崔某等人的行为构成集资诈骗罪》,载《安徽警官职业学院学报》2016年第2期。

的预测,即便行为人内心相信自己所卖的邮票与纸币未来升值空间不大,但并不影响这一判断本身是就未来事件进行预测。如前所述,对于商品或行业未来前景的预估等不能成为诈骗罪所要规范的事实。所以,本例中的行为人是否成立诈骗罪值得商榷,而一旦无法认定其成立诈骗罪,便当然没有成立集资诈骗罪的空间。

(二) 集资

根据《非法集资案件解释》第 1 条的规定,违反国家金融管理法律规定,向社会公众(包括单位和个人)吸收资金的行为,同时具备下列四个条件的,除刑法另有规定的以外,应当认定为《刑法》第 176 条规定的"非法吸收公众存款或者变相吸收公众存款":①未经有关部门依法批准或者借用合法经营的形式吸收资金;②通过媒体、推介会、传单、手机短信等途径向社会公开宣传;③承诺在一定期限内以货币、实物、股权等方式还本付息或者给付回报;④向社会公众即社会不特定对象吸收资金。未向社会公开宣传,在亲友或者单位内部针对特定对象吸收资金的,不属于非法吸收或者变相吸收公众存款。对于非法吸收公众存款的四个条件,实务操作中争议最大的莫过于如何定义"社会不特定对象"。对于社会不特定对象的解释存在多种观点:第一种观点认为,指多数人或者不特定人①;第二种观点认为,"不特定多数人主要是指人群方向的不确定性,而不是人数的多寡"②;第三种观点则以直接提供借款给集资人的人数为标准判断社会公众。③ 如果坚持第一种观点,将会使针对较多人数的亲友进行借款集资行为认定为非法吸收公众存款,不合理性较为明显。认为以直接提供借款给集资人的人数作为判定社会公众标准的理由在于,如果将借款者背后的众多借款者也认定为社会公众,"违反了因果关系的相对性这一基本法理。刑法上的因果关系,仅限于危害行为与危害结果之间引起与被引起的关系,具有严格的特定性"④。事实上,所谓的因果关系,应当是行为与结果之间的事实性因果关联,对于社会公众"不特定多数人"的解释与因果关系根本没有任何逻辑关系,很清楚的是,"不特定多数人"并非集资诈骗罪的结果要素。将社会公众限定为直接向集资者提供借款的人数,显然忽视了集资者放任向其提供借款者向社会公开集资时同样具备集资诈骗的故意与目的要素,同时客观上也造成了向社会公众非法集资的效果。正因如此,2019 年 1 月 30 日最高人民法院、最高人民检察院、公安部发布的《关于办理非法集资刑事案件若干问题的意见》第 5 条规定,在向亲友或者单位内部人员吸收资金的过程中,明知亲友或者单位内部人员向不特定对象吸收资金而予以放任的,应当将向亲友或者单位内部人员吸收的资金与向不特定对象吸收的资金一并计入犯罪数额。因此,对于"社会公众"理解的核心应当围绕"不特定"而非"多数"进行,笔者很难认同将向特定多数人(亲友)允诺高额回报集资以用于经营的行为认定为非法吸收公众存款。因此,认定"不特定多数人"时仍应着重审查行为人是否向不特定的社会公众宣传集资,即便最后实际参与集资的人数很少,但仍不妨碍其向社会公众集资的性质。

---

① 参见张明楷:《刑法学》(下)(第五版),法律出版社 2016 年版,第 778 页;张建、俞小海:《集资诈骗罪对象研究中的认识误区及其辨正》,载《中国刑事法杂志》2011 年第 6 期。
② 参见梁西圣:《集资诈骗罪司法认定的"黄金三条"》,载《人民司法·应用》2013 年第 3 期。
③ 参见叶良芳:《从吴英案看集资诈骗罪的司法认定》,载《法学》2012 年第 3 期。
④ 同上注。

二、非法占有目的的认定

一般认为,非法吸收公众存款罪与集资诈骗罪的主要界限在于非法集资的行为人是否具有非法占有目的。对于如何认定非法占有目的,尽管最高人民法院、最高人民检察院的司法解释对此作了一些比较明确的规定,但实务操作中判断行为人是否存在非法占有目的,在个别案件中仍然存在很大的争议。与此同时,2015 年《刑法修正案(九)》废除了集资诈骗罪的死刑配置,但集资诈骗罪与非法吸收公众存款罪的法定刑相差仍然较为悬殊,非法占有目的的准确认定会直接影响对行为人的量刑。如安徽亳州"兴邦案"被告人吴某某因集资诈骗罪于 2011 年被亳州市中级人民法院判处死刑,吴某某上诉后,安徽省高级人民法院维持了一审法院的死刑判决,并报请最高人民法院核准,最高人民法院撤销原一审、二审判决并将案件发回重审后,2014 年亳州市中级人民法院以非法吸收公众存款罪改判吴某某 10 年有期徒刑。① 有学者对 1999 年到 2004 年全国各地审结的 455 件集资诈骗犯罪案件裁判文书为样本所做的统计分析发现,被告人因不服一审集资诈骗罪的认定而提起上诉的主要理由为自己不具有"非法占有目的",因"非法占有目的"存在争议而提起上诉的案件为 115 件,占样本总数的 1/4 左右。② "非法占有目的"的认定在实务操作中的重要性由此可见一斑。

所谓的"非法占有目的",是指行为人实施诈骗行为的目的在于意图将被害人的财物非法据为己有。非法占有目的,是行为人的一种主观心理状态,必须通过行为人实施的客观行为事实予以佐证。正因如此,最高人民法院 2001 年 1 月 21 日印发的《全国法院审理金融犯罪案件工作座谈会纪要》强调,在司法实践中,认定是否具有非法占有为目的,应当坚持主客观相一致的原则,既要避免单纯根据损失结果客观归罪,也不能仅凭被告人自己的供述,而应当根据案件具体情况具体分析。根据司法实践,对于行为人通过诈骗的方法非法获取资金,造成数额较大资金不能归还,并具有下列情形之一的,可以认定为具有非法占有的目的:①明知没有归还能力而大量骗取资金的;②非法获取资金后逃跑的;③肆意挥霍骗取资金的;④使用骗取的资金进行违法犯罪活动的;⑤抽逃、转移资金、隐匿财产,以逃避返还资金的;⑥隐匿、销毁账目,或者搞假破产、假倒闭,以逃避返还资金的;⑦其他非法占有资金、拒不返还的行为。但是,在处理具体案件的时候,对于有证据证明行为人不具有非法占有目的的,不能单纯以财产不能归还就按金融诈骗罪处罚。不能仅凭较大数额的非法集资款不能返还的结果,推定行为人具有非法占有的目的。此后,最高人民法院 2010 年《非法集资案件解释》以及最高人民检察院于 2017 年发布的《关于办理涉互联网金融犯罪案件有关问题座谈会纪要》(以下简称《互联网金融犯罪案件纪要》)均对"非法占有目的"的认定作出了相应的规定。

总的来看,司法解释的总体倾向仍然是将客观层面行为人无法返还集资款或将集资款用于违法行为等高风险活动认定为非法占有目的。实务中也常出现根据非法集资行为人事后无法返还集资款的结果便直接反推行为人行为时便具有非法占有目的,这一做法显然是错误

---

① 参见《安徽兴邦案一审主犯吴尚澧被判刑十年》,载网易新闻(http://news.163.com/14/1114/16/AB1AKJVD00014JB5.html),访问日期:2018 年 12 月 3 日。
② 参见石奎、陈凤玲:《集资诈骗罪"非法占有目的"的司法认定——基于样本的抽样统计分析》,载《江西社会科学》2016 年第 4 期。

的。例如,2010年《非法集资案件解释》第4条规定的可以认定行为人具有非法占有目的的情形包括:集资后不用于生产经营活动或者用于生产经营活动与筹集资金规模明显不成比例,致使集资款不能返还;肆意挥霍集资款,致使集资款不能返还等。事实上,非法占有目的的实质应当在于"拒不返还"而非"不能返还"。因此,如果行为人将集资款用于投机性营利活动,其主观上有归还意愿,但假如投机失败,便推定其对集资款具有非法占有目的,显然存在问题。[1] 无论是实体性经营抑或营利性的金融投机,都是一种交易行为,只要是交易行为,便有失败的风险,显然不能以交易失败的客观结果去反推行为人主观上的目的。

事实上,在认定非法占有目的时,必须坚持"事实存疑有利于被告"原则。主观目的的认定属于事实问题,而在刑事诉讼程序中,一个不可放弃的法治原则便是"事实存疑有利于被告"。推定要成立,必须存在一个客观真实的基础事实,只有基础事实是客观真实的,推定的事实才有可能成立。即使在推定的场合,控方也要承担相当程度的证明责任。推定不是凭空想象,而要以控方提出证据证明的基础事实存在并且真实为前提。[2] 而这里的基础事实便是相关司法解释中规定的可以认定非法占有目的的行为事实。如果没有确凿的证据证明基础事实成立,则推定的事实——非法占有目的当然无法成立。例如,行为人作为某起源于俄罗斯的非法集资平台的重要参与人员但非领导者参与了非法集资行为,行为人仅在位于境外的外籍组织者的指示下参与操作集资行为并拿取"回扣",集资款不由行为人占有,在非法集资的后期,行为人在看到中国银行业监督管理委员会等部门发布的关于某金融互助社区存在风险警示后,才意识到自己的行为可能是违法行为,为了掩盖前期的非法集资行为,指示他人销毁账簿。本案中,尽管行为人存在销毁、隐匿账簿的部分基础事实,但是,由于行为人自己并非集资款占有者,并且非法集资行为的外籍组织者与领导者也并没有指示行为人销毁、隐匿账簿,因此无法证明行为人逃避返还资金的基础事实,便无法认定行为人具有非法占有目的。

此外,即便基础事实为真,推定的结论也是可以通过反证予以推翻。因为推定是基于诉讼法上证明责任分配的法政策需求而设置的证明方式,基础事实与推定事实存在推导关系只是基于基础事实与推定事实存在经验上的伴随性、通常性的因果联结,而经验性的因果联结并非必然性的因果关系。因此,关于非法占有目的的司法推定,是可以用相反的证据推翻与排除的假定,它并非不可反驳的假定,不具有绝对性、不可反驳的性质。所以,如果行为人确实实施了司法解释中规定的关于推定行为人具有非法占有目的的基础事实或行为,但其能够提出自己并非是以非法占有为目的的事实,便不能认定其具有非法占有目的。[3]

另外,从个别实务判决来看,存在对于非法集资共同犯罪案件中的所有犯罪人不区分参与程度与具体情形而全部认定具有非法占有目的的情况。事实上,认定非法集资案件中的共同犯罪人是否具有非法占有目的,必须区分情形具体认定,因为完全可能出现的情形是共同犯罪人中的部分行为人具有非法占有目的,而部分犯罪行为人基于受骗等各种原因而不具有非法占有目的。对此,最高人民法院、最高人民检察院的相关司法解释也作了明

---

[1] 相同意见参见胡启忠:《集资诈骗罪"非法占有"目的的认定标准的局限与完善》,载《法治研究》2015年第5期。
[2] 参见周光权:《明知与刑事推定》,载《现代法学》2009年第2期。
[3] 参见陈瑞华:《论刑事法中的推定》,载《法学》2015年第5期;史文鹏:《集资诈骗罪的司法认定》,载《中国检察官》2013年第8期。

确规定,如《非法集资案件解释》第4条中规定,"非法集资共同犯罪中部分行为人具有非法占有目的,其他行为人没有非法占有集资款的共同故意和行为的,对具有非法占有目的的行为人以集资诈骗罪定罪处罚";最高人民检察院《互联网金融犯罪案件纪要》也作了相关规定。

三、单位犯罪中的责任范围与主从犯的划定

(一)责任范围的划定

在集资诈骗犯罪案件中,基本均为数人参与的共同犯罪的情形。无论是并案审理,抑或分案审理,由于集资诈骗案件中一般均存在涉案公司层级复杂、涉案人数较多、涉案金额巨大的现象,因此,准确认定各参与人的刑事责任以及落实主从犯罪刑均衡与罪刑相适应原则便显得迫切,尤其是在分案审理的案件中更是如此,不同地区的法院以及审判人员对于同一窝案中犯罪人员的责任轻重认定将直接影响量刑公正的实现,并间接地传导到刑事诉讼的效率提升与人权保障的价值衡平问题上。

在实务操作中,对于存在多个分支机构与公司层级的集资诈骗犯罪案件,处于集资诈骗活动金字塔顶端的总公司的实际控制人与公司主要负责人以及具体参与集资诈骗活动的行为人的主从犯地位并不难认定,比较困难的往往在于分支机构负责人的行为定性以及主从犯定位。

我国《刑法》第31条将单位犯罪中的"直接负责的主管人员"和"其他直接责任人员"并列为应对单位犯罪行为负责的个人主体。《互联网金融犯罪案件纪要》第23条规定,分支机构认定为单位犯罪主体的,该分支机构相关涉案人员应当作为分支机构的"直接负责的主管人员"或者"其他直接责任人员"追究刑事责任。仅将分支机构的上级单位认定为单位犯罪主体的,该分支机构相关涉案人员可以作为该上级单位的"其他直接责任人员"追究刑事责任。

由此,将集资诈骗集团总部作为单位犯罪的主体,而未将分支机构或子公司作为单位犯罪主体,并将分支机构的相关涉案人员作为集团总部非法集资犯罪活动的"其他直接责任人员"处理在逻辑上似乎并无问题。

不过,实务操作中必须要注意的是:第一,从事集资诈骗犯罪的公司集团内部高层管理人员,并非一律属于非法集资犯罪活动的主管人员。如分支机构的负责人,属于集团内部的高层管理人员,但其并非一定就是集资诈骗犯罪活动的主管人员。第二,并非"分支机构"的任何主管人员都应当或当然地作为上级单位犯罪的"其他直接责任人员"追究刑事责任。换句话说,并非一旦具有"主管人员"这一身份,就必须作为"其他直接责任人员"负责,对此,还必须考虑分支机构的经营管理人员是否实施了具体的犯罪参与行为,以及对于上级单位犯罪活动的具体参与程度。对于这一点,2001年最高人民法院《全国法院审理金融犯罪案件工作座谈会纪要》有明确规定,直接负责的主管人员,是在单位实施的犯罪中起决定、批准、授意、纵容、指挥等作用的人员,一般是单位的主管负责人,包括法定代表人。其他直接责任人员,是在单位犯罪中具体实施犯罪并起较大作用的人员,既可以是单位的经营管理人员,也可以是单位的职工,包括聘任、雇佣的人员。应当注意的是,在单位犯罪中,对于受单位领导指派或奉命而参与实施了一定犯罪行为的人员,一般不宜作为直接责

任人员追究刑事责任。

因此,如果行为人是分支机构的负责人,表面上负责公司的全面业务管理工作,但是,如果分支机构负责人对于分支机构本身所从事的非法集资业务并不具有审批与管理权限,集资诈骗行为事实上由集团总部实际控制人与高级管理人员直接控制审批,分支机构负责人仅仅是从事一般性的行政管理事务以及分支机构非法集资行为以外的合规金融业务,则不宜作为直接责任人员论以集资诈骗罪的主犯。对此,2001 年最高人民法院《全国法院审理金融犯罪案件工作座谈会纪要》规定,在单位犯罪中即便参与实施了一定犯罪行为的人员,若该行为是受单位领导指派或奉命而行,那么一般不宜作为直接责任人员追究刑事责任。

(二) 主从犯的认定

承上所述,对于存在多个分支机构与公司层级的集资诈骗犯罪案件,作为整个集资诈骗犯罪集团的分支机构负责人,并非一律都能认定为集资诈骗单位犯罪中的"直接主管人员"与"其他直接责任人员"。同时,分支机构负责人逻辑上也并不当然就是集团集资诈骗犯罪的主犯。

如果一方面将集团总部作为集资诈骗犯罪活动的单位犯罪主体,而未将隶属于总部的分支机构作为单位犯罪主体,在审理分支机构部分共同犯罪人时,另一方面却又将主从犯的认定与划分锁定在分支机构参与集资诈骗犯罪活动部分的共同犯罪人,逻辑上显然错误,这一点在不同地区的法院分案审理集资诈骗窝案的情形中尤其需要注意。因为既然是从整个集团犯罪的角度出发认定单位犯罪,没有将分支机构作为单位犯罪看待,那么,逻辑上推导出来的结论就是主从犯的划分也要从整个集团犯罪的角度切入分析,即对于分支机构参与共同犯罪的行为人的主从犯认定要放到整个集团集资诈骗犯罪窝案中的所有被告人中去划分。因此,应结合行为人加入集团的时间、在分支机构的实际职权、对于分支机构参与的集资诈骗犯罪活动的管理权限等因素进行分析,如果分支机构负责人相比于集团实际控制人等集资诈骗犯罪的主要发起者与控制者所起的作用显著轻微,则分支机构负责人并非当然地属于逻辑上的主犯。

所谓主犯,是指组织、领导犯罪集团进行犯罪活动或者在共同犯罪中起主要作用者。而在共同犯罪中起主要作用的犯罪分子,即在共同犯罪中对共同犯罪的形成、实施与完成起决定或重要作用的犯罪分子。而认定共同犯罪人是否起主要作用,必须考虑犯罪者实施了何种具体的犯罪行为、对于不法结果的产生起了多大的作用,以及对于其他共同犯罪者的支配程度。① 因此,如果行为人并非集团非法集资活动的发起者与组织者、策划者,并且担任分支机构负责人的时间很短,同时并没有直接参与实施非法集资行为,而是作为听命于集团实际控制人的雇佣人员,对于分支机构所从事的集资诈骗行为并没有事实上的管理权限与审批权限,分支机构从事的集资诈骗行为均直接听命于集团总部,受集团高级管理人员与实际控制人的直接指挥,则分支机构负责人原则上便不应当被认定为集资诈骗罪的主犯。

---

① 参见张明楷:《刑法学》(上)(第五版),法律出版社 2016 年版,第 450 页。

第三节 展望:集资诈骗罪的治理

一、增强民众防范意识

近年来,数额特别巨大的集资诈骗案件不断涌现,除了国家层面的宏观金融体制与调控的因素以外,与民众缺乏被害意识密不可分。当前,普通民众的收入不断增加,不少人缺乏金融投资理财意识与专业知识,加上近几年股市普遍受挫,部分人不满足于资金的银行储蓄利息收入,正是在种种因素的综合作用之下,给集资诈骗者创造了绝佳条件,他们以各种前景良好的项目等为名,以"稳定无风险"的高额利润回报诱惑民众跳进集资诈骗的陷阱。

随着被害人学的兴起,理论上已经出现将被害人学与刑事政策考量导入重新解释诈骗罪的客观要件①,越来越多的人主张在类似集资诈骗罪的场合由于存在被害人自身轻信、疏忽等因素,可以减轻甚至免除行为人的责任。事实上,刑法作为一种行为规范,意在告诉行为人不要通过违反规范的方式去侵害被害人的法益②,至于被害人轻易上当等因素不应成为行为人可以违反规范造成他人法益侵害的理由。简单地说,即便被害人很傻很天真,行为人也不可以骗他的钱财,否则带来的政策效果便是要求人人都要小心翼翼地生活,因为一旦轻信导致上当将由被害人自我负责,这显然不合适。就此,对于集资诈骗罪的预防来说,除了惩罚集资诈骗行为人以外,应当做的是告诉潜在的被害人不要轻信高额利润的诱惑。

在如今金融改革创新的时代,各种新型金融形式与项目不断出现,缺乏基本金融常识的一般民众很难清楚其中的法律风险。因此,必须要加强对社会公众的投资风险宣传与教育,引导公众理性投资理财。警示群众:无论是陌生人抑或身边的亲友,对于高回报率低风险的投资建议,应当立即引起警惕。

二、关注"行刑衔接",警惕以罚代刑

当前,基于一些集资诈骗案件被查处后事实上给被害人挽回损失造成更大困难,一些地方的行政机关在查办与处置非法集资案件过程中,为防止查处涉案公司与犯罪嫌疑人带来的被害人为止损所引发的群体性信访、闹访事件,对于一些完全达到入罪标准的集资案件不依法移送司法机关。更有甚者,个别地方的行政机关基于增加罚没款收入等因素考虑,出现以罚代管、以罚代刑等现象。③

类似的以罚代管、以罚代刑现象直接削弱了刑法的一般预防效果,对于社会公众的法规范遵守意识产生极度恶劣的负面示范效应。违法犯罪者甚至将行政罚款作为继续从事非法吸收公众存款与集资诈骗活动的"税金"与成本。因此,要坚决杜绝行政机关有案不移、有案不立、以罚代刑的现象。

---

① 参见王梅英、林钰雄:《从被害者学谈刑法诈欺罪》,载《月旦法学》1998年第4期。
② 参见周光权:《新行为无价值论的中国展开》,载《中国法学》2012年第1期。
③ 参见《方城县重点项目涉嫌非法集资 以罚代管是否为解决之法》,载搜狐网(http://www.sohu.com/a/204632819_535289),访问日期:2018年12月10日。

事实上,非法集资犯罪一般会有长达数月甚至数年的犯罪期间,对于集资诈骗犯罪来说,从经验上看,一般的集资诈骗行为从注册公司到公开宣传、吸收下线的公众资金,及至将集资款挥霍与资产转移,会涉及工商、税务、金融等诸多监管部门。因此,从制度层面上,应当建立行政机关在行政执法时主动将达到涉嫌刑事犯罪的案件移送司法程序的制度性机制。为此,应当在立法层面规定行政执法机关应当将达到集资诈骗犯罪刑事立案标准的案件强制性移送司法机关处理,杜绝裁量性移送的空间,由司法机关根据案件的具体情节裁量处罚。

此外,要充分发挥检察机关的刑事立案监督、民事行政抗诉、执行监督等法律监督职能,及时纠正查办非法集资案件过程中出现有案不移、有案不立、以罚代刑、裁判不公、执行不力等问题。深入开展对集资诈骗犯罪领域行政执法机关移送涉嫌犯罪案件和公安机关刑事立案活动的监督。对于被确认多次涉嫌参与非法集资活动,且此前被行政机关处理过但未被移送司法程序的案件,应当启动对于原办案机关和人员的行政问责程序,甚至追究相关人员的渎职犯罪责任。

不过,必须特别注意的是,尽管非法集资刑事案件事实上一般会以行政机关的相关违法性质认定为依据进行定罪量刑,但刑法与行政法的规范目的并不相同,行政机关的行政处罚与裁量决定并非集资诈骗案件进入刑事司法程序的必经程序。正如学者指出的:"为了防止打击不力,行政部门对于非法集资的性质认定,不是非法集资刑事案件进入刑事诉讼程序的必经程序。行政部门未对非法集资作出性质认定的,不影响非法集资刑事案件的侦查、起诉和审判。"①

---

① 黄芳:《非法集资定罪困局之解析》,载《法律适用·司法案例》2018 年第 24 期。

第十五章　交通肇事罪专题研究

王海鹏*

第一节　综览:数据的呈现

一、案件基本情况

(一)近五年已结案件量整体上呈缓慢下降趋势

2013 年,全国各级人民法院共审结交通肇事刑事一审案件 13 713 件。① 2014 年,全国各级人民法院共审结交通肇事刑事一审案件 61 893 件。2015 年,全国各级人民法院共审结交通肇事刑事一审案件 61 660 件。2016 年,全国各级人民法院共审结交通肇事刑事一审案件 59 763 件。2017 年,全国各级人民法院共审结交通肇事刑事一审案件 51 260 件。② 具体趋势变化如图 15-1 所示。

2013—2017 年全国各级人民法院共审结交通肇事刑事一审案件共 248 289 件。

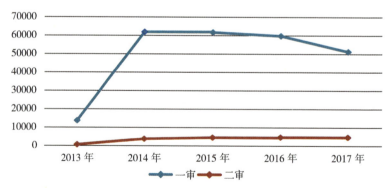

图 15-1　交通肇事罪案件审结数审级分布(件)

---

* 王海鹏,德州学院政法学院讲师,法学硕士。
① 2013 年度中国裁判文书网上的案例不全,该部分数据用作参考。
② 本章所有数据均由华宇元典提供,文中未作特殊说明的数据均来源于华宇元典。

(二)山东、河南等人口大省审结的案件数量靠前

2013年到2017年审结的交通肇事罪案件中,数量排在前五位的省份依次为山东省、河南省、江苏省、河北省、浙江省,在总量中的占比分别为11.30%、9.47%、7.85%、7.73%、5.80%,而数量排在后五位的省级行政区依次为西藏自治区、海南省、青海省、宁夏回族自治区、新疆维吾尔自治区。可以看出,人口基数与交通肇事罪案发频率呈现出较强的正相关关系。

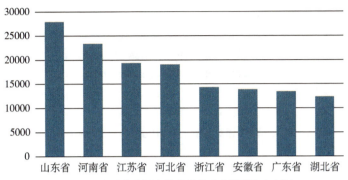

图15-2 交通肇事罪审结案件前八名地域分布(件)

二、被告人基本情况

(一)超九成被告人为男性

2013年到2017年,交通肇事罪审结案件中,男性被告人和女性被告人占比分别为95.76%和4.24%。2017年1月10日,公安部交通管理局公布的截至2016年年底最新驾驶人统计信息显示,中国男性驾驶人2.60亿人,占比72.77%,女性驾驶人9 738万人,占比27.23%。①

从总数上来说,交通肇事罪案件中男性被告人一直占据绝大多数,结合公安部的数据不难看出,男性驾驶人发生交通肇事的概率明显大于女性。但从比例上来说,女性被告人的占比呈现出逐年上升趋势。

图15-3 交通肇事罪审结案件被告人性别分布(人)

---

① 参见《权威发布 | 2016年全国机动车和驾驶人保持快速增长 新登记汽车2 752万辆 新增驾驶人3314万人》,载搜狐网(http://www.sohu.com/a/123961699_341502),访问日期:2019年4月26日。

(二)被告人年龄集中于 18 岁到 49 岁

从裁判文书中提取到的被告人年龄信息来看,2013—2017 年,审结的交通肇事罪案件中,年龄在 30 岁到 39 岁的被告人最多,占比为 30.02%。

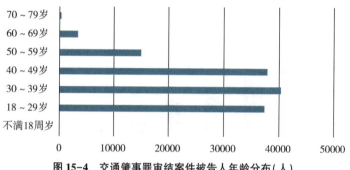

图 15-4　交通肇事罪审结案件被告人年龄分布(人)

(三)被告人的文化程度普遍偏低

从裁判文书中提取到的被告人文化程度信息来看,2013—2017 年,审结的交通肇事罪案件中,被告人初中学历的人最多,占比为 56.89%。

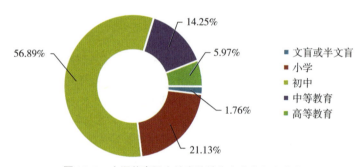

图 15-5　交通肇事罪审结案件被告人文化程度分布

(四)被告人的职业主要为农民

从裁判文书中提取到的被告人文化程度信息来看,2013—2017 年,审结的交通肇事罪案件中,被告人职业为农民的比例最高,占比为 57.80%。

图 15-6　交通肇事罪审结案件被告人职业分布

三、数据特征分析

(一)案发高峰期有一定规律

通过分析 2013 年到 2017 年交通肇事案件裁判文书中记录的案发时间,发现 9 月到 12 月是每年交通肇事的案发高峰期。

图 15-7　交通肇事罪审结案件案发时间月份分布(件)

(二)超两成案件的案发地为路口

通过分析 2013 年到 2017 年交通肇事案件裁判文书中记录的案发地,发现超两成案件的案发地为路口。

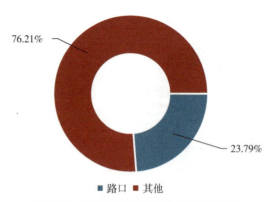

图 15-8　交通肇事罪审结案件案发地点情况

(三)过半数被告人无证驾驶

通过分析 2013 年到 2017 年交通肇事案件裁判文书,发现无证驾驶、超速、违规超车、驾驶无牌照车辆、酒后驾车为被告人较常见的过失情形。其中无证驾驶 33 635 件,占比为 53.49%;超速 12 297 件,占比为 19.56%;违规超车 8 484 件,占比为 13.49%;驾驶无牌照车辆 5 588 件,占比为 8.89%;酒后驾车 2 806 件,占比为 4.46%。可见,无证驾驶、超速、违规超车、驾驶无牌照车辆是马路"四大杀手"。

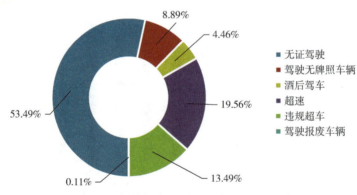

图 15-9　交通肇事罪一审案件被告人常见过失情形

(四)驾驶货车、轿车和摩托车的被告人最多

通过分析 2013 年到 2017 年交通肇事案件裁判文书中记录的被告人驾驶的车辆类型,发现驾驶货车、轿车和摩托车的被告人最多。

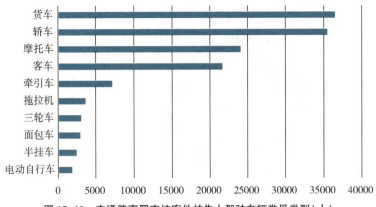

图15-10 交通肇事罪审结案件被告人驾驶车辆常见类型(人)

(五)超两成被告人交通肇事后逃逸

2013年到2017年审结的交通肇事罪案件中,存在逃逸情节的被告人占比为20.11%。

(六)近六成被告人承担交通肇事的全部责任

通过分析2013年到2017年交通肇事案件裁判文书,发现近六成被告人承担交通肇事的全部责任。2013年到2017年被告人负事故全部责任的案件共计146 725件,占比为59.38%;2013年到2017年被告人负事故主要责任的案件共计99 624件,占比为40.31%;2013年到2017年被告人负事故同等责任的案件共计778件,占比为0.31%。

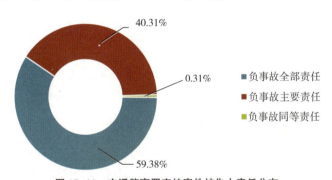

图15-11 交通肇事罪审结案件被告人责任分布

(七)认罪态度好、主动取得被害方谅解是主要的酌定量刑情节

通过分析2013年到2017年交通肇事案件裁判文书中酌定量刑情节信息,发现主动取得被害方谅解、认罪态度好、初犯、偶犯和被害人有过错等是交通肇事案件中被告人减轻或从轻处罚的常见酌定量刑情节,特别是主动取得被害方谅解是最重要的酌定量刑情节。

(八)轻刑占相当比例

通过分析2013年到2017年交通肇事案件裁判文书中量刑相关信息,发现交通肇事案件中超九成被告人被判有期徒刑。被判有期徒刑的被告人中,超五成被判1年及以下有期徒刑,超六成被告人适用缓刑。

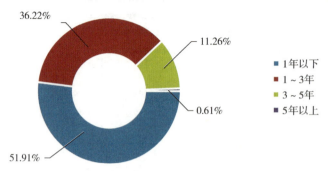

图 15-12　交通肇事罪审结案件有期徒刑刑期分布

第二节　检视:罪与罚的规范思考

一、犯罪认定的思考

(一)"肇事后逃逸"的理解与认定

1. 加重"肇事后逃逸"刑事处罚的原因

《刑法》第 133 条规定,违反交通运输管理法规,因而发生重大事故,致人重伤、死亡或者使公私财产遭受重大损失的,处 3 年以下有期徒刑或者拘役;交通运输肇事后逃逸或者有其他特别恶劣情节的,处 3 年以上 7 年以下有期徒刑;因逃逸致人死亡的,处 7 年以上有期徒刑。与 1979 年《刑法》相比,逃逸事实作为一个非常重要的量刑情节被特别规定,并在司法实务中发挥作用。大数据显示,交通肇事犯罪案件中约有两成被告人肇事后逃逸,而逃逸又是法定的加重处罚情节,厘清其含义十分必要。

国务院于 1991 年颁布但现已失效的《道路交通事故处理办法》第 7 条规定,发生交通事故的车辆必须立即停车,当事人必须保护现场,抢救伤者和财产(必须移动时应当标明位置),并迅速报告公安机关或者执勤的交通警察,听候处理;过往车辆驾驶人员和行人应当予以协助。该文件规定的精神在 2004 年 5 月 1 日实施的《中华人民共和国道路交通安全法》(以下简称《道路交通安全法》)中得到了延续,该法第 70 条第 1 款规定,在道路上发生交通事故,车辆驾驶人应当立即停车,保护现场;造成人身伤亡的,车辆驾驶人应当立即抢救受伤人员,并迅速报告执勤的交通警察或者公安机关交通管理部门。因抢救受伤人员变动现场的,应当标明位置。乘车人、过往车辆驾驶人、过往行人应当予以协助。前述《道路交通事故处理办法》第 20 条规定:"当事人逃逸或者故意破坏、伪造现场、毁灭证据,使交通事故责任无法认定的,应当负全部责任。"2004 年国务院颁布的《道路交通安全法实施条例》第 92 条第 1 款规定:"发生交通事故后当事人逃逸的,逃逸的当事人承担全部责任。但是,有证据证明对方当事人也有过错的,可以减轻责任。"从以上法律法规的规定可以明确,刑法之所以明文将逃逸行为

规定为加重情节,主要理由在于:

第一,交通肇事后逃逸反映了行为人较为恶劣的主观恶性。无论是在道义意义上还是在规范意义上,逃逸行为对上述法定义务的故意违反所反映出来的肇事者人身危险性,成为加重谴责的理由,这一点是逃逸行为的根本特征。

第二,逃逸行为使肇事后的抢救工作无法及时开展,导致原本可以避免的严重后果因此发生,并使肇事责任无法准确认定,出现一系列问题。法律加重处罚肇事后逃逸行为,并非处罚逃逸行为本身的作为,而是处罚其逃逸行为所导致的抢救义务的缺失,以及逃避责任认定这一不作为行为,正是不作为的逃逸行为,表征着逃逸行为人的人身危险性和社会危害性。[①]在解释论上,界定逃逸行为的构成必须认识并坚持这一观念。逃逸行为的实质是不履行迅速进行抢救、保护现场、及时报案的义务,故逃逸行为本质上是不作为。刑法之所以加重逃逸行为的法定刑,主要原因在于希望以此方式警诫或者期待行为人实施相邻规范所要求的一定作为,保障行为不致产生更为严重的后果,保障整体法秩序的完整和安定。

2."肇事后逃逸"的构成

(1)交通肇事后逃逸行为的主观方面

最高人民法院于2000年11月颁布的《审理交通肇事案件解释》第3条规定:"'交通运输肇事后逃逸',是指行为人具有本解释第二条第一款规定和第二款第(一)至(五)项规定的情形之一,在发生交通事故后,为逃避法律追究而逃跑的行为。"

依据《审理交通肇事案件解释》的规定,行为人必须是基于为逃避法律追究的目的而逃跑。逃逸客观上表现为逃离事故现场、畏罪潜逃的行为。从理论上讲,逃逸行为一经实施,即告成立。即便肇事人逃离事故现场不远或不久即被交通警察追获或者被其他人拦截、扭送,均不影响"交通肇事后逃逸"的认定,因而不存在"逃逸未遂"的问题。司法实践中,肇事者离开现场的原因或目的多种多样,有的是为了逃避法律追究,有的是因为害怕被害人亲友的殴打而临时躲避,有的可能是正在去投案的途中,对上述情形应区别对待。实践中,交通事故发生后,被害人的亲友一时悲愤,情绪冲动,可能对肇事人实施殴打报复,在这种情况下,肇事人的临时躲避行为和肇事后的故意逃逸行为有重大区别,二者主观目的完全不同。肇事人基于被害人亲友的现实加害或加害的高度可能性,而采取的临时避难措施,目的在于临时躲避,事后再亲自去或委托他人投案,并无逃避法律追究的目的;而肇事人在肇事后逃逸的,则是为了逃避法律追究、畏罪潜逃,主观上根本没有投案的意思。因此,在司法实践中,对肇事后已离开事故现场还没有来得及投案即被抓获或是扭送的肇事人,应当根据客观情形准确判断行为人的主观目的。

认定行为人的逃逸动机,必须查明行为人对肇事行为具有明知,只有行为人对于肇事行为具有明知,才谈得上具有逃逸的动机。虽然交通肇事罪是过失犯罪,但就逃逸行为而言,行为人对于其行为所导致的抢救义务的缺失以及肇事责任归结的避免,具有直接的故意。逃逸实际是行为人违背了社会一般道德以及正常法秩序对于先在的规范逾越所持的补救的期待,其主观之恶即在于对这种合理期待的拒绝,但是这种补救的期待只有在具有实施可能的前提下才具备其合理性。只有继续前行行为与其行为背后拒绝合理期待的人格态度相结合,才能

[①] 参见林维:《交通肇事逃逸行为研究》,载陈兴良主编:《刑事法判解》(第1卷),法律出版社1999年版,第250页。

将该客观的前行行为归结为行为人,成为逃逸行为,从而加重其责任。对于这种明知,并不要求肇事者对于其中所有细节都有着具体的明知,只要对于肇事存在着盖然性、可能性的明知,就符合上述要求。① 对于这种明知的考察,也不应仅仅从行为人供述方面予以考察,应当从肇事当时的时间、地点、路况、行为人具备的知识等方面客观地考察行为人是否具有肇事的明知,从而确定其继续行驶、离开现场行为是否构成逃逸。

(2)交通肇事后逃逸行为的客观方面

第一,交通肇事后发生了逃逸行为。

逃逸行为客观上表现为逃脱、躲避,在实践中主要表现即是自现场逃离。但是对于并非自案发现场逃跑的行为,是否就一定不构成逃逸行为从而不必按加重情节处罚呢? 如行为人从被害现场将被害人转移至公路边或者医院,然后再逃跑。由于逃逸行为的本质是对抢救义务的不作为和对责任认定的逃避,因此,其中某一项义务或者责任的逃避均可构成逃逸。

对于抢救义务的不作为,在现场逃离的行为是最为典型的,但是在医院等其他场所,均可以构成逃逸。由于上述行为及其地点同肇事现场具有紧密的联接,因此仍然可以将其视为广义的现场或者现场的延伸。甚至行为人在现场的行为特定情况下也可以构成逃逸。例如甲盗开汽车游玩,在行进途中将乙撞成重伤。甲见周围无人,在与附近医院取得联系后,隐藏于道路旁的树荫中,等救护人员将乙救走后逃走。此时甲仍然可能构成逃逸。对于行为人将被害人送到医院后,由医务人员进行抢救,自己留下姓名和地址或联系方式的行为,则需要视具体情况加以认定。区分的标准主要看行为人所留的联系方式是否真实。如果联系方式真实,行为人既履行了抢救义务,也未逃避责任,因此不应按逃逸认定;如果联系方式虚假,虽然履行了抢救义务,但仍逃避责任,构成逃逸。实践中,也可能存在着由于主观的转化而产生的行为性质的转化,例如在较多案例中,都存在着行为人在将被害人送往医院途中,临时起意将被害人抛弃,完全符合逃逸行为的主客观特征,构成逃逸。

当然,尽管逃逸行为本质上是一种不作为,但在实践中,形式上也仍然需要通过一定的作为,例如自现场离开的行为;而且这种逃离的行为必须同肇事行为发生的时间与地点存在着时空上的紧密联系。在逃避抢救责任时,这一点非常明显。在实践中,有时行为人在逃逸之后有所悔悟,又回来对被害人加以抢救并向有关机关报案的,此时由于逃逸行为已经构成,不存在所谓对情节犯的中止或者以此否定逃逸情节的存在,当然对于其自首行为仍应予以肯定。

第二,行为人的交通肇事行为必须已构成交通肇事罪的基本犯。

单纯的情节加重犯实际是由基本犯结合单纯的加重情节构成,并由刑法分则明文规定了较重的法定刑。所谓基本犯是指行为人实施的行为已经符合刑法分则规定的某种犯罪一般情节规定要件,而单纯的严重情节,以本章所论之逃逸为例,虽然超越了基本犯构成范围,即并不属于基本罪构成要件,但这种超越并不能改变或者减少基本犯的构成要素。情节加重犯中的单纯严重情节是与基本犯相对而言的,其本身只在量刑中才发挥价值,而量刑的过程必须建立在基本犯罪事实完全具备的前提之下。只有在基本犯已经构成的情况下,才有议及单纯情节加重犯构成的可能。考察逃逸行为的处罚也应当以上述有关单纯情节加重犯的理论

---

① 参见林维:《交通肇事逃逸行为研究》,载陈兴良主编:《刑事法判解》(第1卷),法律出版社1999年版,第251—252页。

为指导。

《审理交通肇事案件解释》也持该立场,其第3条规定:"'交通运输肇事后逃逸',是指行为人具有本解释第二条第一款规定和第二款第(一)至(五)项规定的情形之一,在发生交通事故后,为逃避法律追究而逃跑的行为。"交通肇事后逃逸作为交通肇事罪的法定加重量刑情形之一,是相对于交通肇事罪的基本犯而言的,其前提必须是肇事人的先前行为已然构成交通肇事罪的基本犯。如果其事前的肇事行为因不具备交通肇事罪基本犯的某项构成条件而达不到犯罪的程度,则不能认定属于"交通肇事后逃逸"。《审理交通肇事案件解释》第2条第1款规定和第2条第2款(一)项至第(五)项规定了应当成立交通肇事罪基本犯的八类情形,是认定交通肇事基本犯的法律依据。如果行为人的先前行为没有违反交通运输管理法规,或者虽有交通违规行为但该违规行为与结果没有因果关系或者行为人在交通事故中仅负同等责任或次要责任,或者肇事行为所造成的结果尚没有达到交通肇事罪基本犯的入罪标准的;或者在负事故全部责任或主要责任的情况下仅致1人重伤,但又不具备酒后驾车、吸食毒品后驾车、无驾驶资格驾车、严重超载驾车等情形之一的,即便行为人事后有逃逸行为,也不能认定并适用"交通肇事后逃逸"这一法定加重量刑情节。《审理交通肇事案件解释》第2条第2款第(六)项规定交通肇事致1人以上重伤,负事故全部责任或主要责任,并具有"为逃避法律追究逃离事故现场"情形的,以交通肇事罪定罪处罚,即此种情况仅成立交通肇事罪的基本犯。《审理交通肇事案件解释》第3条专门界定"交通运输肇事后逃逸"这一法定加重量刑情节时,明确排除了该解释第2条第2款第(六)项规定的情形。可见"交通运输肇事后逃逸"这一行为,不能既作为定罪的考虑情节又作为法定加重量刑情节,否则有违刑法禁止对同一行为作出重复评价的原则。

(二)"因逃逸致人死亡"理解与认定

1."因逃逸致人死亡"的构成

在《刑法》第133条规定中,最受争议的是有关"因逃逸致人死亡的,处七年以上有期徒刑"的规定。典型的批评认为,该规定将交通肇事行为向间接故意杀人转化的情形包括在内,从而导致罪刑不相适应,或者认为上述规定实际将交通肇事与因先行行为而构成的不作为杀人混为一谈。① 也有很多人将上述规定中所谓致人死亡的规定解释为包括故意在内②,即所有因逃逸而引起的死亡,都应按照交通肇事罪处理,因而以此批判刑法在这一问题上的含混。甚至有人提出应将上述规定的罪名确定为"交通肇事后逃逸致人死亡罪",以与作为基本犯罪的交通肇事罪相区别。③ 这一问题,无论在理论还是实践意义上,均属重大,早在1979年《刑法》实施过程中,即引发过争论。实际上,在大陆法系中,该问题与先行行为所导致的不作为犯罪也纠缠不清,其中争议由来已久。对于上述问题,笔者认为,应当根据立法的意图,对其作出明确的界定,不应武断地将上述规定任意地解释为已将所有逃逸引起的死亡事件,甚至故意杀人行为包含在内,或者认为其与不作为理论存在矛盾。

"因逃逸致人死亡"的客观条件:

---

① 参见侯国云、白岫云:《新刑法疑难问题解析与适用》,中国检察出版社1998年版,第350页。
② 参见林维:《刑法中致人伤、亡规定研究》,载《法制与社会发展》1998年第3期。
③ 参见周振想主编:《中国新刑法释论与罪案》(上册),中国方正出版社1997年版,第667页。

第一,因逃逸致人死亡的认定必须以存在逃逸行为为前提,但并不需要逃逸前交通肇事行为已经构成交通肇事犯罪这一前提。首先需要明确的是该情形是否属于结果加重犯。所谓结果加重犯,一般是指已符合某罪具体构成的一个犯罪行为,由于发生了法律上规定的更为严重的结果而加重其刑罚的犯罪形态。加重结果的特点是它的超越性,即加重结果已超出了基本犯罪构成的范围,它不可能减少基本犯的构成要素,即小野清一郎所谓的结果加重犯是指在实现一个犯罪构成之后发生的情形。① 而在上述情形中,交通肇事罪的基本犯罪已经包括了死亡结果,因此很难说因逃逸致人死亡的结果超越了交通肇事罪基本犯罪的构成,显然上述规定也很难说属于结果加重犯。基于上述原因,笔者认为该规定仍然属于与逃逸行为相关的特殊情节加重犯。

显然,该情节加重与前述单纯逃逸行为的情节加重有所不同,它还伴随着加重的结果的产生,虽然对于基本犯罪中已包含的死亡结果而言,并非加重结果,但在逻辑上,对于逃逸前交通肇事行为已经导致的伤害结果,又显然具有某些加重的意味,同时如上所述,死亡本身又是基本犯罪的构成结果之一。正是由于这一特殊性,决定了同前述单纯逃逸行为的情节加重不同,因逃逸致人死亡情形还带有一定结果加重色彩,并且死亡结果本身又是该构成要件结果的这样一种复杂情节加重犯。它并不需要前述对于单纯情节加重犯所提出的必须依附于基本犯罪的限制,并不需要逃逸前交通肇事行为已经构成犯罪这一前提。② 由于这种逃逸行为中既有逃逸这一加重情节,又有符合基本构成要件结果的死亡后果,因而完全不必像在单纯逃逸的情节加重犯中那样,担心可能会有一些轻微交通肇事行为仅仅因为具有逃逸情节,而在不符合基本犯罪构成要件的前提下去适用加重的构成要件。

《审理交通肇事案件解释》第5条第1款规定,因逃逸致人死亡,是指行为人在交通肇事后为逃避法律追究而逃跑,致使被害人因得不到救助而死亡的情形。这一规定明确了"因逃逸致人死亡"认定的主观和客观条件,即行为人逃逸的目的是逃避法律追究,客观上造成"被害人因得不到救助而死亡"的结果。从上述规定分析,认定"因逃逸致人死亡"需要注意以下问题:首先,"因逃逸致人死亡"的认定必须以逃逸行为的存在为前提。根据《审理交通肇事案件解释》的规定,逃逸是指行为人主观上基于逃避法律追究的目的而逃跑。交通肇事后的逃逸行为绝不是单纯客观的离开肇事现场,它之所以成为法定加重事由,其根本理由在于逃逸行为会造成法律规定的行为人在肇事后应当承担的对伤者和财产的抢救义务的缺失及事故责任认定的困难,使肇事责任的归结无法落实。从行为人的动机考察,逃避抢救义务和逃避责任追究是逃逸者的两个根本动机。逃避抢救义务的动机,是指意图消极行为而不予保护现场,不进行救助,不迅速报案等;逃避责任追究的动机,是指意图从根本上希望自己的肇事行为不被发现,从而逃脱责任追究。在一般情况下,逃逸者同时具有逃避抢救和肇事责任归结的动机。但在特殊情况下,可能存在并不逃避抢救义务但尽可能逃避肇事责任归结这种单一动机的情况。如行为人驾车将被害人撞成重伤后将被害人送至医院,后乘机逃走。其次,行为人客观上表现为逃脱、躲避。交通肇事后逃离现场的行为是逃逸的典型情形,但由于逃

---

① 参见[日]小野清一郎:《新订刑法讲义(总论)》,第274—275页,转引自吴振兴:《罪数形态论》,中国检察出版社2006年版,第82页。
② 参见林维:《交通肇事逃逸行为研究》,载陈兴良主编:《刑事法判解》(第1卷),法律出版社1999年版,第264—265页。

逸行为的本质是拒不履行抢救义务和对责任归结的逃避,是否从现场逃离不影响逃逸的认定,《审理交通肇事案件解释》对"逃"也没有作出时间和场所的限定。有的行为人将被害人送往医院或者等待交警部门处理时逃跑,有的行为人在肇事后打电话与医院联系,自己隐藏起来等救护人员将被害人救走后离开,同样构成逃逸。

第二,逃逸行为与死亡结果之间必须具有刑法上的因果关系。《审理交通肇事案件解释》明确规定,被害人的死亡是由于肇事者逃逸,使其得不到救助所导致,故被害人的死亡与肇事者的逃逸存在刑法上的因果关系。需要注意的是,必须查明救助行为是否能够阻止死亡结果的发生。如果从被害人的伤情看,即便及时送往医院也不能避免被害人死亡的,或者被害人死亡结果的最终发生并非行为人逃逸行为所致,那么,不能认定行为人的逃逸行为与被害人死亡结果之间具有因果关系,不能认定系"因逃逸致人死亡",只能按照普通的交通运输肇事后逃逸处罚。同时需要明确的是,死亡结果必须发生在逃逸过程中或者逃逸之后,如交通肇事行为发生时已经导致被害人死亡,即使行为人又实施了逃逸行为,只能认定为"交通运输肇事后逃逸",而不能认定为"因逃逸致人死亡"。

此外,《审理交通肇事案件解释》第5条所规定的"救助"并没有特定的指向,既可以是行为人的救助,也可以是其他人的救助。及时的"救助"是确定逃逸行为与死亡结果之间是否存在刑法上的因果关系的重要中介。

2. "因逃逸致人死亡"的主观方面

交通肇事罪中"因逃逸致人死亡"的主观方面只能由过失构成,这是不容置疑的。无论是将上述规定作为情节加重犯抑或作为结果加重犯,由于对死亡结果的故意,将使整个行为的性质发生根本变化。如果允许上述规定包括对死亡结果的故意在内,无疑与交通肇事罪的过失犯罪本质相矛盾,在刑罚上也无法实现罪责刑相适应。众多学者认为,上述规定主观方面包括故意在内,从而抱怨刑法的逻辑不严密或者认为立法上存在严重失误的现象,一方面归因于立法语言过于简略,另一方面也说明理论本身对于该规定并未进行透彻、细致的理解,而粗率地从字面意义上或者完全客观地就规定所涉及的死亡结果进行了应归咎于自身的误解,而无视刑法基本理论乃至司法活动本身对于刑法简单立法的补救作用。[1]

在司法实践中,应当认定肇事者对于逃逸所导致的死亡至少具有一般的、概然的预见能力,如果出于意外,存在着不可抗力或者无法预见的因素,就不应按照上述规定处罚,只能按照前述"交通运输肇事后逃逸"进行处罚。

(三)逃逸致人死亡与不作为故意杀人罪

"因逃逸致人死亡的,处七年以上有期徒刑"规定最受争议的是该规定是否将交通肇事罪与不作为的故意杀人罪相混淆。这一问题在不作为犯研究中也备受关注。有的学者明确认为上述规定将转化的不作为故意杀人行为亦包括在内[2];有学者则认为如果违章肇事后,行为人知道被害人重伤但弃之不顾,致使被害人因失去抢救机会而死亡,实际构成交通肇事罪与故意杀人罪,但按照上述规定仍以交通肇事罪的加重情节处罚;如果交通肇事后致被害人重

---

[1] 参见林维:《交通肇事逃逸行为研究》,载陈兴良主编:《刑事法判解》(第1卷),法律出版社1999年版,第268—269页。

[2] 参见侯国云、白岫云:《新刑法疑难问题解析与适用》,中国检察出版社1998年版,第349—351页。

伤,行为人为逃避罪责、杀人灭口而故意将被害人移到使人不易发觉的地方,因无法及时抢救而死亡的,则应按照交通肇事罪和故意杀人罪数罪并罚①;同样是区分情形对待,也有学者认为对后者以故意杀人罪处罚即可②;有的人则认为上述两种情形,都应按照故意杀人罪论,只不过一个是间接故意,另一个是直接故意而已。③ 在判例上,有的以交通肇事罪论处,有的以故意杀人罪论处,有的则以故意杀人罪与交通肇事罪并罚。笔者认为,交通肇事罪中"因逃逸致人死亡"的规定只限于过失致被害人死亡的场合,如果是出于故意,则没有适用该规定的余地。

1. 因交通肇事行为引起不纯正不作为故意杀人犯罪的依据

上述争议所涉及的实际是如何看待逃逸行为引起的不作为犯罪问题。首先所要讨论的是先行肇事行为是否能够成为作为的义务根据,从而其缺失引起不作为犯罪的成立。在大陆法系中,早在1805年德国法学家斯鸠贝尔即从生活的实际感觉及明白的法感情出发,形成该思想的雏形。1828年在《论数人共同犯罪》一书中即明确提出肯定结论,19世纪末莱比锡法院的多个判决均对此有所反映。但是其根据却无非是"在正义感情上理所当然"的"恶恶相循",因此有很多人对此提出批评。例如井上诺司认为,如此认定就可能根据纯粹的法益冲突这样一种超法规标准来确定犯罪的成立;西田典之则认为先行行为在多数场合是作为过失犯、结果加重犯被处理,再以此为根据追究行为人更重的责任,是不当的二重处罚,况且在此作为义务事实前提的支配领域性是与诸如交通肇事后逃走的具体情况相应而左右犯罪的成立,这种不安定的立场有害于法的稳定性等④;甚至有学者提出先行行为理论无非是援引习惯法上的因果思想作为根据,以致同一个因衍生出两个果,造成因果不平衡,并且借用原已存在的作为和因果流程再次评价,成为双重评价,过于牵强、粗俗。⑤

笔者认为,在先行行为系交通肇事这一过失行为的情况下,仍然可以成为不作为犯的作为义务根据,从而可能导致不纯正不作为犯罪的成立,即可能成立故意杀人罪,而此时不应再适用"因逃逸致人死亡"的规定。换言之,先行行为之所以能够被作为作为义务的根据,是因为它本身就是一个具有法律意义的行为,正是由于交通肇事这一先行行为导致法律所保护的合法权益处于危险状态,这种危险状态随时可能变成实际损害,而行为人对这种危险的不予阻止(即其不作为),正是对危险的一种支配。故行为人对合法权益的侵害,正是其自身的先行肇事行为所导致,不作为的逃逸行为与死亡结果之间形成了另一个应独立评价的完整因果联系。在判例上,无论是在日本还是德国,都有极其类似的结论。即使在我国,虽然没有对先行行为所引起的不作为犯的明文规定,但类似案例非常多。

2. 交通肇事先行行为前提下构成不作为之故意杀人罪的要件

交通肇事罪中"因逃逸致人死亡"的适用在主观上只能是过失,故在交通肇事先行行为前提下构成故意杀人罪的主观方面只能是故意,包括间接故意和直接故意。将行为人是否采取

---

① 参见王永军:《论交通肇事罪》,载中国人民大学法学院刑法专业组织编写:《刑事法专论》(下卷),中国方正出版社1998年版,第1088—1089页。
② 参见苏惠渔主编:《刑法学》,中国政法大学出版社1997年版,第455页。
③ 参见韩长泰:《关于交通肇事罪的几个问题》,载《法学杂志》1996年第1期。
④ 参见〔日〕井上诺司:《争议禁止和可罚的违法性》,成文堂1973年版,第20页。
⑤ 参见许玉秀:《前行为保证人类型的生存权——与结果加重犯的比较》,载《政大法学评论》1994年第50期。

了主动积极的隐藏、抛弃被害人于荒郊或者野地的行为还是单纯消极的遗弃行为,作为认定行为人构成交通肇事罪和故意杀人罪数罪或者仍然构成交通肇事罪的标准,是不正确的。无论是单纯消极的遗弃还是主动积极的隐藏或抛弃行为,就其本身而言,都不能认定为是故意杀人的实行行为,必须与行为人因肇事的先行行为所引起的作为义务相联系,才能予以认定。上述种种做法,只是反映了行为人可能具有的不同主观恶性和主观态度的区别。

在交通肇事后,行为人明知自己负有及时救助被害人的义务,也明知如不及时履行该义务,可能导致被害人死亡,但出于逃避罪责或者其他目的,不实施这一应实施且有能力实施之行为,放任或者希望被害人死亡结果的发生。正是这一主观状态的转变,导致了整体行为发生性质变化,不作为才构成了新的犯罪,即故意杀人罪。

但是仅以简单认定的间接故意为据又是不够的。"对结果发生必须抱积极的意志还是未必故意就足够了,这是法律解释上的一个问题。但即使未必故意就足够了……放置而脱离现场这一不作为(脱逃)本身还不能认为是杀人故意的表现(以脱逃推定杀人故意),所以,由未必故意来认定杀人故意必须充分探讨具体情况,对以未必故意认定犯罪要慎重。"①即简单地将交通肇事后逃逸行为认定为构成故意杀人罪这是形式的作为义务的必然结论,会不当地扩大因肇事之先行行为所引起的不纯正不作为故意杀人罪的范围。过分依赖行为人主观方面的动机或者对结果的发生持放任态度来判定行为的性质并不完全可靠。

在日本的类似案例中,首先,对未必故意(间接故意)认定严格,认为应根据个案的具体情况,来判断行为人是否具有"杀人的意思",对于结果发生是否具有高度盖然性认识。② 其次,对于这种情况下构成故意杀人罪,仅有间接故意是不够的,间接故意认定的标准以及内容应逐渐具体化、客观化,应当从主客观各方面综合分析、认定,如必须考虑受害人受伤的程度,放置被害人的时间、地点、气候、温度、逃逸场所的客观状况等。

在认定上述案件是否可构成故意杀人罪时,在客观上还应考虑行为人的逃逸行为是否能够支配其先行肇事行为所导致的危险,即在因果进程上能否独立支配这种危险。这种法益保护的保证人地位具有对结果支配的排他性,即行为人着手对结果进行排他性支配后,其他人无法或者很难干预,从而使行为人对某种社会关系的保护或支配处于独一无二的排他性地位。在交通肇事先行行为前提下构成不作为之故意杀人罪中也要强调这种排他性地位。有学者正确指出,交通肇事后,行为人将被害人搬入车内,将车开走,也属于排他性支配。③

3. 交通肇事先行行为前提下构成不纯正不作为之故意杀人罪的罪数

在交通肇事后逃逸致人死亡过程中,客观上可以分为两个阶段,第一个阶段为逃逸前的交通肇事行为,第二个阶段为消极逃逸或者在逃逸中又积极转移、隐藏、抛弃被害人,而致被害人死亡。主观上,前一阶段出于过失,后一阶段出于故意,故在犯罪构成角度,存在着两个行为。在前一交通肇事行为已经构成犯罪的前提下,应当按照交通肇事罪和故意杀人罪数罪并罚,之所以不能按故意杀人罪认定,原因在于上述两行为不存在通常所主张的吸收关系。吸收关系的特点在于有着密切关系的数行为存在于实施某种犯罪的同一过程中,前行为可能

---

① 参见〔日〕日高义博:《不作为犯的理论》,王树平译,中国人民公安大学出版社1992年版,第66页。
② 参见林维:《交通肇事逃逸行为研究》,载陈兴良主编:《刑事法判解》(第1卷),法律出版社1999年版,第279页。
③ 参见黎宏:《不作为犯研究》,武汉大学出版社1997年版,第169页。

是后行为发展的必然阶段或者后行为是前行为发展的当然结果。如果前一肇事行为仅是单纯的先行行为，本身并没有构成犯罪，则另当别论。

与此相关的是，上述案例中先行肇事行为所引起的不作为故意杀人罪的未遂问题。由于绝大多数此类案例均出于间接故意，而间接故意应在结果出现的场合，才有论及是否构成犯罪的余地；而且不作为的结果犯本身在犯罪构成要件的等价值性上，也需要有结果的发生，因而死亡结果没有发生，并不构成间接故意的不作为故意杀人罪，仅以交通肇事罪论处即可，但对于逃逸情节仍应予以处罚。在极个别情况下，也不排除由直接故意构成故意杀人罪，例如行为人以积极、主动方式将被害人抛弃、转移、隐藏至偏僻处所等情形，应当认定为直接故意杀人罪，此时存在构成故意杀人罪未遂的可能，应当以交通肇事罪与故意杀人罪（未遂）数罪并罚。

（四）交通事故认定书的性质与司法认定

1. 交通事故认定书的性质

根据《审理交通肇事案件解释》第1条的规定，违反交通运输管理法规发生重大交通事故，在分清事故责任的基础上，对于构成犯罪的，依法定罪处刑。该解释第2条详细列举了不同的事故责任形式成立交通肇事罪的条件。显然，交通肇事罪是以交通事故责任的认定为前置条件的，分清事故责任是认定交通肇事罪的前提，事故责任的大小直接决定着交通肇事罪的成立与否。2004年实施的《道路交通安全法》沿用了原1991年《道路交通事故处理办法》的规定，即交通事故发生后由公安机关交通管理部门对事故责任进行认定，只是将过去的"交通事故责任认定书"更改为"交通事故认定书"，并取消了当事人的申请复议权。

公安机关交通管理部门作出的交通事故认定书是交通肇事犯罪定罪的关键证据，对于"交通事故认定书"的证据属性，理论上存在着不同的认识：

一种观点认为，交通事故认定书属于客观书证。书证是以其所载文字、符号、图案表达出的思想内容来证明案件事实的书面材料或其他材料。交通事故认定书是公安机关交通管理部门依据国家行政权，对交通事故双方当事人应担责任所作出的确认文书。它是以其内容来证明案件情况的。从行为性质来看，对交通事故责任的认定属于行政确认，交通事故认定书属于确认文书；从文书形式来看，交通事故认定书是由公安机关交通管理部门作出的，并且加盖了公安机关交通管理部门交通事故处理专用章，符合公文书证的要求。这些都符合书证的特点。[①]

另一种观点将交通事故认定书归类为鉴定结论。鉴定结论通常是指具有一定专业知识或资质的人，就案件中涉及的专门性问题做出的具有一定科学性的鉴别和判断，其最大的特点在于科学性、主观性和可推翻性。《道路交通安全法》第73条规定，公安机关交通管理部门应当根据交通事故现场勘验、检查、调查情况和有关的检验、鉴定结论，及时制作交通事故认定书，作为处理交通事故的证据。交通事故认定书应当载明交通事故的基本事实、成因和当事人的责任，并送达当事人。交通事故认定书是交通事故处理部门的专业人员，根据交通事故现场的客观情况，运用其具有的交通安全专门知识，对交通事故的性质及各方责任的大小

---

① 参见刘品新：《交通事故认定书存在明显错误 其法律效力如何认定？》，载《中国审判》2008年第3期。

做出的分析判断,完全符合鉴定结论的特点。①

笔者倾向于认为交通事故认定书是一种特殊的鉴定结论。主要理由为:第一,书证一般是以其记载的内容来证明案件事实,一般具有陈述性质,而不具有专业性和结论性,并且书证一般形成于案件发生之前或之中,故交通事故认定书不属于书证的范畴。第二,交通事故认定书系公安机关交通管理部门负有特定职责的专门人员,运用其所具备的专业知识,就交通事故的性质及责任承担做出的分析判断,具备鉴定结论的专业性、科学性。第三,2015年修正的《关于司法鉴定管理问题的决定》(以下简称《司法鉴定管理决定》)第2条第1款规定:"国家对从事下列司法鉴定业务的鉴定人和鉴定机构实行登记管理制度:(一)法医类鉴定;(二)物证类鉴定;(三)声像资料鉴定;(四)根据诉讼需要由国务院司法行政部门商最高人民法院、最高人民检察院确定的其他应当对鉴定人和鉴定机构实行登记管理的鉴定事项。"由于交通事故责任认定不属于《司法鉴定管理决定》规定的必须实行登记的司法鉴定业务,因此,进行交通事故责任认定的机构和人员无须受《司法鉴定管理决定》的限制。部分法院僵化地将交通事故认定书作为不可置疑的书证的做法是错误的。②

2."因逃逸而承担全部责任"的理解与认定

1991年颁布的《道路交通事故处理办法》第20条规定,当事人逃逸或者故意破坏、伪造现场、毁灭证据,使交通事故责任无法认定的,应当负全部责任。2004年实施的《道路交通安全法实施条例》第92条第1款规定,发生交通事故后当事人逃逸的,逃逸的当事人承担全部责任。但是,有证据证明对方当事人也有过错的,可以减轻责任。依据以上规定,因逃逸行为使现场无法得到合理保护,责任无法认定,逃逸的当事人负全部责任。只要逃逸就可能负全部责任,就可能构成交通肇事罪。

需要探讨的问题是,行政法规上的行为人因逃逸行为所导致的应负全部责任这一规定在何种程度上影响交通肇事罪的刑事责任。笔者认为,刑事责任的施加必须建立于行为的社会危害性基础之上,是否构成交通肇事罪是刑法中的刑事责任归属问题,刑事责任与行政、民事责任毕竟是不同性质的责任,其所依据的规范、构成要件、责任施加所要实现的目的均存在相当的差异,不能因为部分共性而否定了它们的区别。《道路交通安全法》的目的与《刑法》的目的存在明显区别,《道路交通安全法》上的责任明显不同于刑事责任。确定道路交通安全法责任,并不完全是为了确定刑事责任。通常交通管理部门简单地综合行为人违章的多少与情节,以及道路交通安全法规的规定作出责任认定。在很多情况下,交通管理部门的事故责任认定,基本上只是说明了发生交通事故的客观原因,而不是认定了事故当事人是否具有法律上的"责任"。刑事司法机关在认定交通肇事刑事责任时,不能仅以交通管理部门的责任认定为根据,不应当直接根据《道路交通安全法》上的责任确定刑事责任,而应以交通肇事罪的构成要件为依据认定行为人是否承担交通肇事罪的刑事责任。③ 此外,《道路交通安全法实施条例》中的规定本质上是一种推定,在刑事司法中直接适用推定认定逃逸者负全部责任也属不当。交通管理部门基于推定所认定的道路交通安全法责任,不能作为认定交通肇事罪的刑事责任的根据。在刑法领域,虽然可以基于客观事实推定行为人主观上具有某种认识,但只

---

① 参见张栋:《"交通事故责任认定书"的证据属性》,载《中国司法鉴定》2009年第2期。
② 同上注。
③ 参见张明楷:《交通肇事的刑事责任认定》,载《人民检察》2008年第2期。

能基于证据认定存在某种客观事实,而不应推定存在某种客观事实,更不能依据这种推定确定刑法上的责任。在刑事诉讼中,必须贯彻存疑时有利于被告的原则。根据该原则,在各种证据不能证明伤亡结果是由行为人的肇事行为造成的情况下,不能认定行为人对伤亡结果负担刑事责任。

因逃逸行为引起的负全部肇事责任的规定主要适用于行政处罚和民事赔偿领域,并非确定刑事责任的决定性因素,不能简单地将《道路交通安全法》上推定的全部责任确定为刑事责任。在司法实践中,除了现场情况外,应当考虑肇事者的口供、被害人的陈述、现场目击者的证词、现场遗留的物证、痕迹、肇事车辆上的血迹等,予以正确认定。如果有充分证据表明确因被害人本人违章造成的交通事故,仅因逃逸行为而将全部责任归结于逃逸者,显然有违刑事责任的公正。即便在完全无法认定肇事责任时,也应根据行为人主客观方面所表明的社会危害性,确定是否追究逃逸者刑事责任以及如何追究刑事责任。

(五)交通肇事犯罪中自首的认定

与逃逸行为紧密相关的另一个问题是,在交通肇事犯罪中是否存在自首情节。有观点认为,行为人交通肇事后积极救护被害人是其法定义务,并不构成自首;如果行为人肇事后逃逸,不履行法定义务,就要依《刑法》第133条关于逃逸的规定处罚。因此,交通肇事罪中的自首只存在于肇事后逃逸的情形中,即在交通肇事后逃逸,但在公安机关抓捕归案之前,自动投案,如实供述自己罪行的情况。交通肇事罪中的逃逸行为确有一定的特殊性,逃逸行为发生在基本犯罪构成之后,与交通肇事犯罪行为相对独立,与犯罪基本构成事实没有关系。逃逸行为所逃避的抢救、保护现场等义务又是《道路交通事故处理办法》《道路交通安全法》等法规明确规定的肇事者应负的法定义务。

笔者认为,逃逸行为的特殊性,不能否认交通肇事犯罪中自首的成立,肇事者逃逸后自动投案自然构成自首,而交通肇事后积极进行抢救并向有关机关投案,也应当认为构成自首。主要理由在于:

第一,《刑法》第67条第1款规定,犯罪以后自动投案,如实供述自己的罪行的,是自首。此处的犯罪既包括基本犯罪也包括加重犯罪。既然自首中所对应的犯罪既包括基本犯罪也包括加重犯罪,那么对于逃逸后成立的加重犯罪可以成立自首,对于基本犯罪也可以成立自首。依据1998年最高人民法院《关于处理自首和立功具体应用法律若干问题的解释》第1条的规定,自动投案,是指犯罪事实或者犯罪嫌疑人未被司法机关发觉,或者虽被发觉,但犯罪嫌疑人尚未受到讯问、未被采取强制措施时,主动、直接向公安机关、人民检察院或者人民法院投案。该司法解释同样没有将自首限定在情节加重犯中。因此,只要在上述规定的时限内,具有投案行为的,均可以认为符合自首中的自动投案条件,从而构成自首。

第二,虽然肇事后的抢救等义务系相关法规明确规定的义务,但这并不能成为阻却自首成立的理由,其他部门法规所规定的义务不能直接违背刑法的明文规定。正确地履行行政法规所规定的义务与刑法所规定的自首适用相符时,只能认为在规范要求上两者具有殊途同归的立法趣旨,而不能以前者是义务的履行而忽视后者的运用,从而使后者的立法意图在具体的个案中无法得到体现,这对于自首制度的运用无疑具有极大的破坏力。① 同时,认为肇事后履行义务自动投案不能构成自首,但认定逃逸后再自动投案、如实供述的构成自首,本身就存有矛盾。

第三,将肇事后的积极投案行为认定为自首,并不会导致将所有交通肇事后未逃逸的肇事者均认定为自首。有些人担心由于《刑法》第 133 条已将逃逸行为作为加重情节对待,因而未逃逸的行为人均应直接按照该条基本犯罪情节处刑,如果将上述情形认定为自首,就会造成基本犯罪情节都应与自首同时适用的情形。笔者认为,肇事后的自动投案仅符合自首的自动投案条件,构成自首,还需如实供述自己的罪行等其他条件,因此,并非所有肇事后未逃逸的行为人均构成自首。如虽有自动投案行为,但是并不具备自首的其他条件,仍应按照该条基本犯罪定罪量刑。

笔者认为,在交通肇事罪的任何阶段,都存在自首的可能。交通肇事后及时自动投案而未逃逸可能构成自首这一结论,在司法实务中有很多判例可以佐证。

(六) 非机动车能否构成交通肇事罪

机动车肇事造成交通事故,达到法定标准构成交通肇事罪毫无争议,但是驾驶电动自行车或自行车等非机动车,是否构成交通肇事罪呢?特别是电动自行车分为机动车和非机动车,肇事问题相对复杂。根据 2018 年国家市场监督管理总局、国家标准化管理委员会发布的《电动自行车安全技术规范》的规定,电动自行车符合下列标准,被认定为非机动车:具有脚踏骑行能力;具有电驱动或/和电助动功能;电驱动行驶时,最高设计车速不超过 25km/h;电助动行驶时,车速超过 25km/h,电动机不得提供动力输出;装配完整的电动自行车的整车质量应当小于或等于 55kg;蓄电池标称电压应当小于或等于 48V;电动机额定连续输出功率应当小于或等于 400W。超过该标准,则被认定为机动车。公安部交通管理局副局长李江平指出,据统计,2013 年至 2017 年的 5 年间,全国共发生电动自行车肇事致人伤亡的道路交通事故 5.62 万起,造成死亡 8 431 人、受伤 6.35 万人、直接财产损失 1.11 亿元。从分析看,全国查处电动自行车交通违法数量和电动自行车肇事事故起数、死亡人数均呈逐年上升趋势。②

交通肇事罪属于危害公共安全犯罪,机动车与非机动车对公民的人身安全及公私财产权益所造成的危害可能会有程度上的差别,但并无实质性的区别,在司法实践中,非机动车肇事同样会造成非常严重的后果,因此在具有危害公共安全的情况下,把非机动车的驾驶人员作为交通肇事罪的主体,并无不妥,也没有违反相关法律的规定。《刑法》第 133 条规定,交通肇事罪是指违反交通运输管理法规,因而发生重大事故,致人重伤、死亡或者使公私财产遭受重大损失的行为。该规定并没有限定交通肇事罪的主体只能是机动车驾驶人员,即没有把非机动车的驾驶人员排除在交通肇事罪的主体之外。《道路交通安全法》第 119 条对"交通事故"作出了如下解释:车辆在道路上因过错或者意外造成的人身伤亡或者财产损失的事件。该条文同时规定,"车辆"是指机动车和非机动车。"机动车"是指以动力装置驱动或者牵引,上道路行驶的供人员乘用或者用于运送物品以及进行工程专项作业的轮式车辆。"非机动车"是

---

① 参见林维:《交通肇事逃逸行为研究》,载陈兴良主编:《刑事法判解》(第 1 卷),法律出版社 1999 年版,第 261 页。

② 参见《近 5 年间全国电动自行车肇事交通事故致 8431 人死》,载中国日报中文网(http://cnews.chinadaily.com.cn/2018-01/17/content_35522374.htm),访问日期:2019 年 4 月 26 日。

指以人力或者畜力驱动,上道路行驶的交通工具,以及虽有动力装置驱动但设计最高时速、空车质量、外形尺寸符合有关国家标准的残疾人机动轮椅车、电动自行车等交通工具。从以上规定可以明确,《道路交通安全法》将非机动车和机动车同等对待。《审理交通肇事案件解释》第8条第1款规定:"在实行公共交通管理的范围内发生重大交通事故的,依照刑法第一百三十三条和本解释的有关规定办理。"结合《道路交通安全法》第119条对"交通事故"和"车辆"的界定,也可以推断出在公共交通管理的范围内,无论是驾驶机动车还是驾驶非机动车发生重大事故的,都应按交通肇事罪处理。

二、刑罚适用分析

(一)交通肇事犯罪法定刑较低,与过失犯罪存在不均衡问题

《刑法》第133条规定,违反交通运输管理法规,因而发生重大事故,致人重伤、死亡或者使公私财产遭受重大损失的,处3年以下有期徒刑或者拘役。《刑法》第233条规定,过失致人死亡的,处3年以上7年以下有期徒刑。从法律规定可以看出,作为业务过失犯罪的交通肇事罪法定刑反而明显轻于普通过失犯罪,不能不说是一个立法失误。从事一定职业或掌握一定技能的人员普遍经过了专业训练和考核,人们对其业务水平寄予了信任和期望,法律也对他们提高了要求,一旦造成事故,对业务过失的处罚要重于普通过失。交通运输人员从事的是具有高度危险性的驾驶业务,具有比一般人更高的专业技能和业务素质,法律和社会有理由期待其在交通运输活动中,有更高的注意义务和更强的注意能力,因而在发生事故后,法律应该对其处以比普通过失犯罪更重的刑罚。但《刑法》对交通肇事罪的基本法定刑规定是3年以下有期徒刑或者拘役,显然轻于过失致人死亡罪的基本法定刑3年到7年有期徒刑,交通肇事罪只在有逃逸情节或情节特别恶劣时,才处以3年到7年有期徒刑。

依据《审理交通肇事案件解释》第8条的规定,在实行公共交通管理的范围内发生重大交通事故的,依照《刑法》第133条和本解释的有关规定办理。在公共交通管理的范围外,驾驶机动车辆或者使用其他交通工具致人伤亡或者致使公共财产或者他人财产遭受重大损失,构成犯罪的,分别依照重大责任事故罪、强令违章冒险作业罪、重大劳动安全事故罪、大型群众性活动重大安全事故罪、过失致人死亡罪等规定定罪处罚。从《审理交通肇事案件解释》该规定可以明确,行为人仅仅因为肇事的地点不同,所使用的交通工具不同,分别被定性为交通肇事罪和过失致人死亡罪,同时导致量刑也出现重大差异,如构成交通肇事罪在3年有期徒刑以下量刑,而构成过失致人死亡罪,则在3年有期徒刑以上量刑。此外,依据刑法对缓刑的相关规定,如构成过失致人死亡罪,行为人适用缓刑的概率也大为降低。

交通肇事罪的法定刑偏低,导致同种性质的犯罪刑罚悬殊,有违罪刑相适应原则,导致法律适用的不公,应提高交通肇事罪的法定刑。

(二)交通肇事犯罪过多适用缓刑,存在惩罚性不足问题

在司法实践中,可能是因为交通肇事犯罪发生较频繁,且行为人主观上为过失,司法机关较多注重对被害人的经济赔偿,如被告人赔偿了被害人,对犯罪人往往处罚较轻。数据显示,2013—2017年,交通肇事案件超九成被告人被判有期徒刑,其中近五成被告人被判1年以下有期徒刑,超六成被告人适用缓刑。有的地区适用缓刑比例甚至更高,江苏省新沂市人民检察院2004年以来受理公安机关移送起诉的交通肇事案件共221件,适用缓刑的案件有189

件,缓刑适用率占总数的 91.40%;2008 年重庆市开县人民法院受理 6 件应当在 3 年至 7 年对被告人量刑的交通肇事案件,由于肇事者赔偿了受害人,全部被判处缓刑,导致全年交通肇事重罪案件缓刑率高达 100%。①

过于注重经济赔偿,对交通肇事犯罪的司法处理轻刑化,过多适用缓刑,导致刑罚的惩罚功能流于形式。刑事司法中的通常做法,本来是为了保障被害人的合法权益,督促犯罪人积极赔偿被害人的损失,但是过于注重民事赔偿,甚至用民事赔偿来代替刑事制裁,忽视了刑法的公法性质,也无法对犯罪人起到惩戒和警醒作用,达不到刑法特殊预防的效果。刑法是公法,以打击犯罪、保障人权,惩恶扬善、维护社会秩序为宗旨,犯罪人不仅要对被害人承担民事赔偿责任,更要对国家承担刑事责任,片面注重民事赔偿,以民事赔偿代替刑事处罚,会淡化刑法的公法性质,削弱刑法的价值与权威。从被害人的角度看,有的被害人不仅希望获得经济赔偿,更痛恨肇事犯罪行为,希望犯罪人受到更重的惩罚。

随着交通工具特别是机动车越来越多②,交通安全已经成为维护社会秩序的重要方面,交通犯罪既给被害人及其亲属造成巨大的痛苦,也严重破坏了交通秩序,影响社会生活的正常运行。司法实践中,对动辄夺取人命的交通肇事犯罪行为,处罚得比盗窃行为还轻,显然违背了罪刑相适应原则,难免在公众心中产生以钱赎刑的感觉,会损害公众对刑法的信任,难以在全社会树立尊重生命的理念。大量适用缓刑,难以使犯罪人认识到自己的行为给他人造成的痛苦、给社会造成的损失,也不会促使他们认真反省,审慎注意将来的交通行为。③鉴于我国目前严重的交通安全形势,应借鉴其他国家对交通违法行为予以严厉处罚的经验,对交通犯罪行为应从严处理,减少缓刑的适用。

(三)逃逸致人死亡条款近乎虚置

交通肇事罪中"因逃逸致人死亡"条款近乎虚置,适用该条款的案例较少。数据显示,2017 年被告人被判处 7 年至 15 年有期徒刑的案件为 36 件,2016 年为 30 件,2015 年为 54 件,2014 年为 57 件,2013 年为 10 件。该条款的适用需证明因果关系的存在,在司法实践中,因难以证明被害人究竟是在交通肇事前死亡,还是在肇事后死亡,导致"因逃逸致人死亡"条款被虚置。根据《审理交通肇事案件解释》的规定,"因逃逸致人死亡"仅限于交通肇事的被害人因行为人肇事后逃逸得不到及时救助而死亡的情形。具体到诉讼中,必须证明客观上的"逃逸行为"与"死亡结果"之间,存在刑法上的因果关系,即被害人在先前肇事行为中受伤但并未死亡,只是因为行为人逃逸没有得到及时救助,才最终导致死亡结果发生;如果先前肇事行为已经导致死亡结果,尽管行为人同样是逃逸但不能适用该规定。如果没有逃逸而是实施了救助,是否一定能够避免死亡结果的发生?而对这种被害人死于何时、因何病理因素致死等医学方面因果关系的证明,在绝大多数逃逸并发生死亡结果的案件中,都是无法证明或即使证明也难以达到"排除合理怀疑"的证明标准,只剩下被害人受伤后因长时间得不到救助而致失血性死亡的一种情形能够证明。显然,若严格依循这种解释处理案件,必然导致第三罪刑单位处于虚设状态——在无法证明被害人系因行为人逃逸致死的情况下,对行为人只能以第

---

① 参见付泽、张雅婷:《论交通肇事罪立法之完善》,载《重庆科技学院学报(社会科学版)》2009 年第 10 期。
② 截至 2016 年年底,全国机动车保有量达 2.9 亿辆。
③ 参见李福芹:《我国交通犯罪的现状及刑事对策探讨》,载《河南省政法管理干部学院学报》2010 年第 4 期。

二罪刑单位追究刑事责任。[①]

(四)赔偿款项多数由保险公司承担,惩罚、教育意义有限

刑罚的本质和首要特征在于其惩罚性。刑罚的惩罚性体现了国家对犯罪的严正立场,表明刑法所保护的利益的不可侵犯,同时对犯罪人起到惩戒作用,帮助犯罪人从痛苦的刑罚教训中树立法制观念。在司法实践中,肇事者所驾驶的车辆多数为货车、小轿车,而货车或小轿车绝大多数会投保交强险和第三者责任险,一旦发生交通事故,通常由保险公司承担全部或大部分赔偿款,也就是说,在司法实践中,表面上看交通肇事行为人支付了大量死亡赔偿金、残疾赔偿金等费用,但实际承担者却是保险公司,在这种情况下,被告人所承受的经济损失是较小的,甚至是微不足道的,而法院往往因为被告人能积极赔偿,判处被告人有期徒刑,并处缓刑。最终的结果是,被告人既没有承担较重的刑事处罚,同时也没有实际承担相应的民事赔偿责任,对于动辄夺人生命的犯罪而言,肇事者承担的法律责任实在太轻了,根本无法达到惩罚罪犯的效果,此时对被告人额外适用罚金等财产刑就显得非常必要。

(五)赔偿、谅解等酌定情节在量刑中的作用过度放大

通过分析2013年到2017年交通肇事案件裁判文书中酌定量刑情节信息,发现认罪态度好、积极赔偿、主动取得被害人谅解、被害人有过错是交通肇事案件中对被告人减轻或从轻处罚的主要酌定量刑情节。实践中,获得被害人及其近亲属谅解的原因(前提)是肇事者积极赔偿,因此,积极赔偿、主动取得被害人谅解通常是一个问题的两个方面。肇事者积极赔偿确实能抚慰被害人及其近亲属,但是过分重视甚至放大赔偿的作用,作为酌定量刑情节的赔偿因素对量刑的影响甚至超过法定量刑情节,显然是不当的。

将赔偿因素作为量刑的从轻情节具有正当性但尚不具有法定性。《刑法》第61条规定,对于犯罪分子决定刑罚的时候,应当根据犯罪的事实、犯罪的性质、情节和对于社会的危害程度,依照本法的有关规定判处。积极赔偿是在努力使犯罪的社会危害性降到最低限度,赔偿可以作为减轻犯罪对"社会的危害程度"的因素纳入量刑情节。2000年最高人民法院发布的《关于刑事附带民事诉讼范围问题的规定》(已失效)第4条规定:"被告人已经赔偿被害人物质损失的,人民法院可以作为量刑情节予以考虑。"依据2009年4月最高人民法院修订的《人民法院量刑指导意见(试行)》的有关规定,对于被告人积极赔偿被害人经济损失的,综合考虑犯罪性质、赔偿数额、赔偿能力等情况,可以减少基准刑的30%以下。根据2017年最高人民法院《关于常见犯罪的量刑指导意见》的有关规定,对于积极赔偿被害人经济损失并取得谅解的,综合考虑犯罪性质、赔偿数额、赔偿能力以及认罪、悔罪程度等情况,可以减少基准刑的40%以下;积极赔偿但没有取得谅解的,可以减少基准刑的30%以下;尽管没有赔偿,但取得谅解的,可以减少基准刑的20%以下。其中抢劫、强奸等严重危害社会治安犯罪的应从严掌握。以上规定亦表明赔偿作为量刑情节具有正当性。所谓不具有法定性是指我国刑法对交通肇事犯罪赔偿因素作为量刑的何种法定情节,是减轻、从轻还是免予处罚,没有刑法的明文规定。我国《刑法》第36条、第37条规定了由于犯罪行为使被害人遭受经济损失的可判处赔偿经济损失;对于犯罪情节轻微不需要判处刑罚的可免予刑事处罚,视情形予以赔礼道歉、赔偿损失等。但未规定赔偿如何在量刑中体现。在法理和司法实践中,赔偿一般作为认罪悔罪

[①] 参见冯亚东、李侠:《对交通肇事罪"逃逸"条款的解析》,载《中国刑事法杂志》2010年第2期。

态度看待。严格地说,赔偿作为量刑的从轻情节尚不具有法定性。①

第三节 余思:认定与预防的展望

一、立法方面改进

(一)加重交通肇事罪的法定刑

交通肇事罪作为一种业务过失犯罪,判处 3 年以下有期徒刑,与普通过失类犯罪判处 3 年以上 7 年以下有期徒刑相比,刑罚失当。鉴于交通肇事罪是《刑法》所规定的 460 多种犯罪中,导致人员伤亡数量最多,总后果最严重的犯罪,仅仅判处 3 年以下有期徒刑,有违罪责刑相适应原则,应予修改,加重其法定刑。

特别是根据《审理交通肇事案件解释》第 8 条的有关规定,相同的犯罪行为因案发区域不同、工具不同,而刑罚出现重大差异,导致相同行为不同定罪,且刑罚失衡,显然不当。

笔者建议,交通肇事罪的刑罚应与过失致人死亡罪相同,即违反交通运输管理法规,因而发生重大事故,致人重伤、死亡或者使公私财产遭受重大损失的,处 3 年以上 7 年以下有期徒刑。情节较轻的,判处 3 年以下有期徒刑。

(二)增设罚金刑

从司法实践来看,构成交通肇事罪必然造成人员伤亡或者车辆财产的损毁,对被害人经济利益的侵害在所难免,有时还会造成国家财产的损失,如损坏交通、通讯等基础设施。鉴于司法实践中民事赔偿最终多由保险公司承担,肇事者本人并没有承受太大的经济损失,交通肇事罪刑事处罚和民事处罚力度均不够。为了加大打击力度,在交通肇事罪中增设罚金刑,非常必要。

某种意义上讲,包括罚金刑在内的财产刑的惩罚意义甚至高于某些限制自由的刑罚。民事赔偿的履行不能代替罚金刑,民事赔偿的主要依据是犯罪造成的损失程度,而罚金的主要依据在于犯罪后果、犯罪情节及犯罪人的支付能力;民事赔偿交付给被害人及其近亲属,罚金则依法上缴国库。

(三)增设禁止驾驶资格刑

当前我国《刑法》规定的资格刑有剥夺政治权利和驱逐出境两种。从世界各国刑法来看,其他国家的资格刑还包括剥夺从事特定职业或特定活动的权利等,其主要目的在于防止犯罪人再次滥用某种权利,处以这种资格刑,可以剥夺或限制犯罪人再次犯罪的能力。对交通肇事者取消其驾驶资格是很有针对性、很具实效的特殊预防措施。对于交通肇事违法犯罪行为,交通行政管理法规中规定有暂扣、吊销机动车驾驶证或一定期限内禁止驾驶机动车辆的行政处罚规定,但行政处罚中的"资格罚"不能代替刑事处罚中的资格刑,毕竟二者性质不同。

---

① 参见董秀红:《交通肇事量刑中的赔偿因素考量——基于百份判决书的统计分析》,载《东南学术》2010 年第 4 期。

在刑法中增设禁止驾驶资格刑,并由审判机关在刑事判决书中明确作出,其严厉性、强制性要大得多。当然,在增设禁止驾驶资格刑时,应建立配套的复权制度,对被宣告资格刑的犯罪人,当其具备法律规定的条件时,审判机关应恢复其被剥夺的权利或资格。

(四)建立被害人国家救济制度

被害人遭遇犯罪行为的侵害,理应获得犯罪人支付的相应赔偿,对于犯罪人无民事赔偿能力的,应建立国家救济制度。

交通肇事犯罪案件的刑事处罚必须摆脱对被告人民事赔偿的过分考量,从长远来讲,建立被害人国家救济制度,对所有的被害人均进行救济,不再过分依赖民事赔偿,十分必要。至于经费来源,可以是社会保障基金也可以是专项基金,还可以设立类似"交强险"之类的强制保险,来保障被害人的民事权益。如英国法律规定,人身伤害事故发生后,根据受害人的伤残情况,可以获得国家社会保障补偿或福利费;《加拿大刑事法典》第727.9条规定,除了正常赔偿外,还从罚金中抽出15%作为"罚金附加费",用于补偿被害人。① 依据我国《道路交通安全法》的相关规定,国家设立了道路交通事故社会救助基金,但是仅规定基金用于垫付抢救费用,不能用于赔偿或补偿受害人,且规定的基金来源、使用范围过于狭窄,应予以修改完善。

(五)对赔偿、被害人谅解情节予以法定化

提高交通肇事罪法定刑后,也要充分注意到交通肇事犯罪的多发性、多样性和特殊性,应根据"宽严相济的刑事政策",做到区别对待,对于交通肇事后及时抢救被害人,真诚悔改,积极赔偿,获得被害人谅解的,应予以从宽处罚,并在立法中应予以保障。具体做法为,将交通肇事犯罪的赔偿情节法定化,上升为法定"可以"型情节,并在相关规定或司法解释中确立交通肇事犯罪损害赔偿的范围和数额、赔偿情节与量刑的对应关系。事实上,在赔偿情节法定化方面已有不少国外的经验可资借鉴。如《德国刑法典》第46条a项规定,犯罪人对被害人进行了全部或大部分赔偿的,重罪可以减轻处罚,轻罪可以免除处罚;《意大利刑法典》第62条第6项规定,审判前赔偿损害或减轻危害的,应予减轻刑罚。

(六)增设交通肇事犯罪缓刑禁止令

交通肇事犯罪过多适用缓刑欠缺合理性,缓刑并不是刑罚,只是一种刑罚执行制度,并且只是一种"可能罚",犯罪人并未实际承担刑事责任。实践中,这种"可能罚"转为"现实罚"的概率极低,这种"考验"几乎没有代价。

全国人大常委会法工委在《关于〈刑法修正案(八)(草案)〉的说明》中明确,增设禁止令的目的是完善管制及缓刑的执行方式。最高人民法院相关负责人也明确指出,禁止令并非新的刑罚,而是对管制与缓刑具体执行监管措施的革新。② "缓刑禁止令"是中国刑法制度的一个重要创新,保障和强化了管制与缓刑的效果。"缓刑禁止令"是对判处徒刑宣告缓刑的被告人,在其缓刑期间,采用的一种"必须遵守,否则可撤销缓刑,执行原判刑罚"的法纪性制约。"禁止令"的实施是一种维护社会管理的体制创新,维护了我国法律体制的权威,也能有效惩

---

① 参见王文华:《论我国量刑制度的完善——以美国联邦〈量刑指南〉为视角》,载郎胜、刘宪权、李希慧主编:《刑法实践热点问题探索》(2008年度·下卷),中国人民公安大学出版社2008年版,第71页。

② 参见张先明:《正确适用禁止令相关规定,确保非监禁刑执行效果》,载《人民法院报》2011年5月4日,第3版。

治和预防犯罪,该制度的实施更有利于犯罪分子在接受非监禁刑时进行改造,通过禁止从事某些工作,禁止进入特定场所等,从根本上做到"弃恶从善",实现特殊预防的目的。在交通肇事案件中,因大量适用缓刑,行为人所承担的法律责任相对较轻,对于判处缓刑的犯罪分子有必要加大处罚力度,在判决中明确规定禁止令,如可在判决中规定:"禁止被告人在缓刑考验期限内驾驶机动车辆,否则,将依法撤销缓刑,收监执行原判刑罚。"

二、犯罪认定方面的思考

(一)审慎对待交通事故认定书

刑事司法机关在认定刑事责任时,不能仅以交通管理部门作出的交通事故认定书为根据,而应根据交通肇事罪的构成要件判断行为人是否负有刑法上的责任,是否需要承担交通肇事罪的刑事责任。在交通事故认定书中认定行为人负事故全部责任或者主要责任的情况下,刑事司法机关必须分析行为人的违章行为是否是造成伤亡结果的原因。如果行为违反了《道路交通安全法》的规定,且在该法上负全部责任,但如该违章行为并不是导致伤亡结果的原因,行为人不承担交通肇事罪的刑事责任。在交通事故认定书中认定行为人负事故全部责任或者主要责任的情况下,刑事司法机关必须判断行为人对伤亡结果是否存在过失。即使违章行为造成了伤亡结果,且行为人负有道路交通法上的责任,但如果行为人对伤亡结果没有过失的,也无须承担交通肇事罪的刑事责任。在交通管理部门根据行为人的多项违章行为认定行为人负事故全部责任或者主要责任的情况下,刑事司法机关必须判断各项违章行为在刑法上的意义与作用。① 即使违章行为造成了伤亡结果,且行为人在道路交通法上负全部责任或主要责任,但如果行为人在刑法上对伤亡结果仅负次要责任的,也不应判定行为人承担交通肇事罪的刑事责任。

(二)明确肇事者的抢救义务

刑法将交通肇事后置被害人生死于不顾的逃逸行为作为加重处罚情节,主要目的在于最大限度地保护被害人生命、健康等极其重要的利益,维护交通管理秩序。交通事故一旦发生,被害人生命安全将处于危险状态,任何延误都可能导致被害人生命危险的增加,甚至可能导致被害人死亡结果的发生。作为造成这一危险状态的肇事者,只要他还有行动的能力,抢救伤者就是其首要义务,特别是在没有其他救助者在场的场合,这种义务就愈发关键。道路交通管理法规已将这种义务明确为肇事者必须承担的法定义务,如《道路交通安全法》第70条规定:"在道路上发生交通事故,车辆驾驶人应当立即停车,保护现场;造成人身伤亡的,车辆驾驶人应当立即抢救受伤人员,并迅速报告执勤的交通警察或者公安机关交通管理部门。因抢救受伤人员变动现场的,应当标明位置……"

刑法及相关司法解释应鼓励肇事者积极抢救被害人,应明确肇事逃逸的核心要件是没有积极履行救助义务,《审理交通肇事案件解释》第3条将交通运输肇事后逃逸界定为在发生交通事故后,为逃避法律追究而逃跑的行为,显然是不够的。如果不将"积极履行救助义务"作为评判"逃逸"性质的核心要件,容易导致肇事人借口"投案"而故意逃避履行救助义务,使法律规定的肇事者保护现场、抢救伤者的义务虚置,极大地损害被害人的利益。"履行救助义

---

① 参见张明楷:《交通肇事的刑事责任认定》,载《人民检察》2008年第2期。

务"的具体方式可以是及时将被害人送往医院,也可以是拨打"120"急救电话,或向有关部门报告求助等。

(三)严防将交通肇事案件中的不作为故意杀人定性为交通肇事罪

交通肇事是过失犯罪,无论是基本犯,还是肇事后逃逸,抑或是肇事后逃逸致人死亡,行为人主观上只能是过失,而不能是故意(包括直接故意和间接故意)。如行为人主观上出于故意,则按相应的故意犯罪处理。如行为人在逃逸过程中,故意放任被害人死亡,就不能再定交通肇事罪,而应按间接故意杀人罪论处。

三、启示与反思

(一)大数据实证分析对交通肇事罪刑事司法认定方面的启示

1. 交通肇事罪后果严重,其严重的社会危害性应引起全社会足够的重视

交通肇事罪是《刑法》规定的460多种犯罪中,导致伤亡人数最多的犯罪,数据显示的伤亡情况触目惊心,交通肇事犯罪导致了巨大的经济损失,给无数家庭带来了深重的灾难。

虽然交通肇事罪是一种过失犯罪,但很多交通肇事罪是可以避免的,无论驾驶人员还是行人都应增强安全意识和规则意识,尽到足够的谨慎和注意义务。

2. 交通肇事罪量刑较轻

数据显示,交通肇事犯罪中,超五成被告人被判1年及以下有期徒刑,超六成被告人适用缓刑。交通肇事犯罪动辄夺人性命,每年造成数万人死亡,后果如此严重,而交通肇事犯罪的量刑甚至比盗窃等犯罪还要轻,值得理论与实务界反思。

(二)大数据分析结果对交通肇事罪刑法教义学意义上的反思

1. 应加强对驾驶人员的培训,严格驾驶资格考试

从司法实践情况来看,发生交通事故的多是"新手",很多驾校片面追求考试通过率,只练习考试项目,而对基本的驾驶技术缺乏足够的训练,导致学员虽然通过了考试,但并没有掌握驾驶技术。

2. 应在全社会培养规则意识

数据显示,超五成被告人承担交通事故的全部责任,约四成被告人承担交通事故的主要责任。也就是说,在约四成交通肇事犯罪中,被告人和被害人或第三人均负有一定责任,加强规则意识教育,人人养成遵守交通规则的习惯,减少交通肇事违法犯罪是全社会共同的责任。

第十六章　互联网犯罪专题研究

白　磊*

第一节　综览:数据的呈现

一、案件基本情况

(一)案件情况综述

近年来随着网络信息技术的发展,我国已成为全球网民数量第一的互联网大国,"互联网+N"模式极大地促进了科技、社会、文化的发展,尤其是互联网经济成为刺激我国经济发展的新引擎。与此同时,犯罪分子也将侵害视野从诸如扒窃这种实体接触型犯罪转向虚拟、多元的互联网世界,在虚拟网络掩饰犯罪主体并不断寻找作案机会、谋取不法利益,以致近年来各类利用计算机网络实施犯罪的手段迅速蔓延,互联网犯罪及网络安全事件呈高发趋势,社会危害性日益严重。由于互联网犯罪这一概念本身十分宽泛,涵盖所有犯罪手段、客观表现为借助或涉及网络的各类刑事案件,研究目标过于宏大,故本章仅选取互联网犯罪中最为典型的两类进行研究,即纯正计算机网络犯罪和互联网金融犯罪。

纯正计算机网络犯罪,指《刑法》第285条至第287条的8个罪名,其中非法侵入计算机信息系统罪和破坏计算机信息系统罪系1997年《刑法》颁布时最早设立的两个罪名;2009年《刑法修正案(七)》一次性增设了非法获取计算机信息系统数据、非法控制计算机信息系统罪,提供侵入、非法控制计算机信息系统的程序、工具罪;2015年《刑法修正案(九)》又一次性增设了拒不履行网络安全管理义务罪、非法利用信息网络罪、帮助信息网络犯罪活动罪三个罪名,同时对原有罪名都增加了单位犯罪的规定。《刑法修正案(九)》的颁布实施,实现了既打击侵害行为又打击获取行为,既将预备行为正犯化又将帮助行为正犯化,既打击个体网络使用者又打击网络管理者,既惩处个人犯罪又全面惩处单位犯罪,标志着纯正计算机网络犯罪体系的基本建立。

互联网金融犯罪,即"互联网+金融"犯罪种类,主要选取非法吸收公众存款罪,非法经营罪,集资诈骗罪,洗钱罪,擅自发行股票、公司、企业债券罪5个罪名。这一组罪名的选择主要

---

* 白磊,北京市海淀区人民检察院第二检察部检察官,法学硕士。

考虑近年来在互联网经济发展大背景下,各种经营主体鱼龙混杂,金融乱象频生,众多诸如P2P项目管理混乱,类似"e租宝"案件频发,严重侵害国家金融秩序,造成众多投资人巨额经济利益损失,直接影响社会稳定。同时,在互联网金融犯罪案件处理过程中,非法吸收公众存款罪和集资诈骗罪的区别、认定,也是最容易引起司法争议的问题。

(二)纯正计算机网络犯罪案件基本情况

1. 案件总量稳步增长、增幅明显

虽然已判决案件数量增长明显,但相比杀人、重伤害这种传统犯罪,纯正计算机网络犯罪由于犯罪主体借助网络隐匿身份、犯罪手段不易侦查、被害人报案率较低、破案取证难度大等原因,导致案发后存在立案难、破案难和定罪难的问题。虽然目前并无官方文件的权威统计,但笔者认为,根据计算机网络犯罪案件的特点,这类案件破案率必定是所有具体犯罪中最低的一种,犯罪黑数问题无疑十分严重。

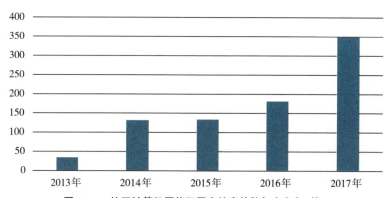

图 16-1 纯正计算机网络犯罪审结案件数年度分布(件)

2. 案件地域分布呈两极化、梯度化

全国已审结的纯正计算机网络犯罪案件数最高的是江苏省,共223件,占全国案件量的26.96%,排名第二、三、四位的依次为浙江省、广东省和北京市,案件数量分别为153件、66件、44件。另外有11个省份在2013—2017年审结案件数量总和不足10件,两个省份审结案件数为0件。

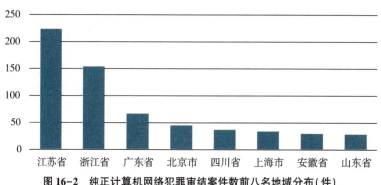

图 16-2 纯正计算机网络犯罪审结案件数前八名地域分布(件)

从图 16-2 可以看出,排名第一的江苏省案件量甚至超过排名第二、第三的浙江、广东两省案件量的总和,这主要是因为江苏省经济较为活跃,同时江苏省公安系统打击纯正计算机网络犯罪的力度较强。案件量排名第二、三、四位的省、市,即浙江省、广东省、北京市主要是因为分布着阿里、腾讯、百度三大老牌互联网企业,这些企业不仅面临更多安全风险问题,其技术实力也是警方打击此类犯罪的必要保障。

3. 各罪名案件数量分布情况

研究纯正计算机网络犯罪在 2013—2017 年的案发量情况时发现,2015 年《刑法修正案(九)》增设的拒不履行信息网络安全管理义务罪、非法利用信息网络罪、帮助信息网络犯罪活动罪三个罪名未统计到实际案例,这主要和三个罪名设立较晚、缺乏能够具体指导办案的司法解释有关。而剩余罪名在 2013—2017 年的案发量具体情况如图 16-3 所示:第一梯队的破坏计算机信息系统罪和非法获取计算机信息系统数据罪案件量几乎持平,前者高发是因为近年来利用 DDoS 攻击实施敲诈谋取非法利益已成为互联网的一股主要犯罪潮流,后者高发主要是因为犯罪分子看重各类计算机信息系统数据的经济价值和各种利益;第二梯队的非法控制计算机信息系统罪和提供侵入、非法控制计算机信息系统程序、工具罪也几乎持平,这两种犯罪形态可以说是第一梯队两个罪名的辅助;最后,非法侵入计算机信息系统罪之所以案发量最小,主要和其所保护的"国家事务、国防建设、尖端科学技术领域的计算机信息系统"安防等级高且无法带来直接经济利益有关。

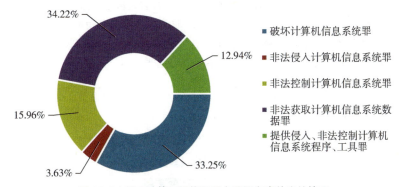

图 16-3 纯正计算机网络犯罪主要罪名案件审结情况

不仅各个罪名总量区别明显,单个罪名在 2013—2017 年的案发趋势也很有特点:除提供侵入、非法控制计算机信息系统程序、工具罪在 2017 年有明显回落外,其他罪名都是增长趋势。笔者从实际司法经验推断,这主要是因为提供侵入、非法控制计算机信息系统程序、工具罪打击的主要是病毒的制造者,这类黑客往往经济实力较强、反侦查意识较高,在近年来打击力度不断增大的情况下,很多人已出国逃避打击,破获的案件量自然不升反降。但是并不代表此类犯罪呈下降趋势,非法侵入计算机信息系统和非法控制计算机信息系统两类犯罪仍呈上升趋势,也可以印证这一点。此外,破坏计算机信息系统和非法控制计算机信息系统两罪的趋势图体现出高度一致的走向特征,这主要是因为两罪名的伴生关系:目前主要高发的破坏计算机信息系统案件为 DDoS 攻击案,此类网络攻击需要以"抓鸡",即非法控制大量计算机信息系统作攻击源为前提,因此破坏计算机信息系统案件量高发必然带动非法控制计算机信息系统案件数量的增长。具体趋势如图16-4所示。

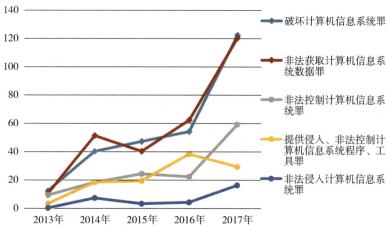

图16-4　纯正计算机网络犯罪主要罪名案件审结数年度分布(件)

4. 侵财属性较强

纯正计算机网络犯罪案件中,非法获取计算机信息系统数据罪、非法控制计算机信息系统罪、破坏计算机信息系统罪占绝对数量,主要是因为被告人可以通过获取数据、控制计算机进而谋取大量非法利益,体现出较强的牟利目的。同时从关联罪名角度分析也能得出上述结论:纯正计算机网络犯罪案件中数罪并罚案件比例达到14.87%,涉及罪名主要包括掩饰、隐瞒犯罪所得、犯罪所得收益罪,盗窃罪,诈骗罪等侵财犯罪。

图16-5　纯正计算机网络犯罪数罪并罚案件关联罪名情况(件)

(三) 互联网金融犯罪案件基本情况

1. 案件数量高位徘徊,但增势明显放缓

全国在2013—2017年审结的互联网金融犯罪案件总数为18 369件,2015年审结案件4 203件,相较于2014年的2 931件,年增长率为43.40%;2016年审结案件5 225件,相较于

2015年,增长率为24.32%。整体上看,互联网金融犯罪案件数量呈逐年增长趋势,但增长率明显放缓。

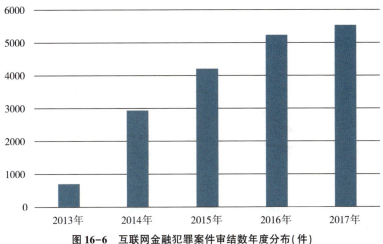

图16-6 互联网金融犯罪案件审结数年度分布(件)

2. 案件地域分布特征明显

全国在2013—2017年审结的互联网金融犯罪案件数最高的是浙江省,2 720件,占全国案件量的19.48%,另外有10个省份在2013—2017年审结案件数总和不足200件。浙江省、河南省、江苏省依次排名前三,案件量分别为2 720件、2 132件和1 800件,之后为广东省、河北省、山东省、福建省及上海市、湖南省、四川省、安徽省,分为两大梯队。如下图,互联网金融犯罪案件与经济发展活跃程度呈正相关,但在不同梯队地域中并未显示出明确的规律。

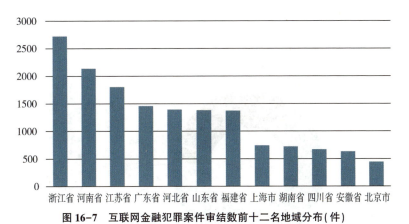

图16-7 互联网金融犯罪案件审结数前十二名地域分布(件)

3. 各罪名案件数量情况分析

虽然在研究目标中将洗钱罪,擅自发行股票、公司、企业债券罪纳入考察范围,但是前者审结案件数在2013—2017年总量仅为29件,后者则为0件。非法吸收公众存款罪、非法经营罪、集资诈骗罪,在2013—2017年总量分别为9 748件、7 026件、1 777件,排名前三,其中非法吸收公众存款罪一直保持高增幅状态,其他两罪则出现案件量减少趋势。具体趋势如图16-8所示。

图 16-8　互联网金融犯罪主要罪名案件审结数年度分布(件)

虽然在案件总量中非法吸收公众存款罪占比最大,但各省、自治区三罪名分别所占比例却不尽相同,如广东省、广西壮族自治区非法经营案件占比较大,河北省、陕西省、河南省非法吸收公众存款案件占比较大,辽宁省、湖北省、浙江省集资诈骗案件占比较大。

二、被告人基本情况

(一)纯正计算机网络犯罪案件

(1)从裁判文书提取到的信息来看,虽然各罪名主体均包含单位,但仍以自然人为主,单位犯罪的案件数量极少。

(2)从裁判文书提取到的被告人性别分布来看,男性青年人群为主要犯罪群体,主要与这一人群的计算机网络应用接受能力强弱有关。从年龄分布来看,18岁到29岁的占比最高,达到66.25%。具体如图16-9所示。

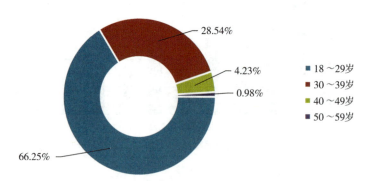

图 16-9　纯正计算机网络犯罪审结案件被告人年龄分布

(3)从裁判文书提取到的被告人文化程度信息来看,初中学历占37.07%,并出现相当数量的受过高等教育的被告人,这与纯正计算机网络犯罪属高智商犯罪,需要一定专业知识有关。此外笔者注意到,从初中到高等教育的各个学历阶段,均有部分被告人中途肄业,肄业被告人占全部被告人总数的3.12%。笔者从司法实践经验出发,判断原因主要是这部分被告人在学业途中沉迷网络而辍学,进而走上犯罪道路。

(4)共同犯罪和体系化犯罪特征明显,甚至影响到立法工作。由于网络的虚拟属性,造成纯正计算机网络犯罪具有明显的非接触性,不仅被告人和被害人之间没有实体接触,绝大多数共犯被告人之间也没有实体接触,而是通过QQ、微信等社交软件进行犯意联络。社交软件尤其是通讯群组的存在,进一步方便了被告人之间相互串联、分工协作,体系化实施跨区域的犯罪行为。

以DDoS攻击为例,目前已经极少见到单一被告人实施全部的非法群控计算机信息系统并进行攻击的案例,而往往表现为主谋作为DDoS攻击的发包人,通过中间商在QQ群中寻找攻击手,再由攻击手寻找掌握攻击资源的"肉鸡"持有者。这些犯罪嫌疑人之间均通过QQ联系,司法机关往往仅能打掉其中一环,如很多非法控制计算机信息系统罪案件中,被告人非法控制大量"肉鸡"资源都是为了出租给DDoS攻击手进行网络攻击,但由于公安机关无法抓获下游共犯,导致无法追究被告人破坏计算机信息系统罪的刑事责任,只能就低认定非法控制计算机信息系统罪。而在其他如电信网络诈骗犯罪中,公安机关有时只能抓获境内为犯罪集团制作钓鱼网站、提供服务器网络接入或者广告推广的被告人,由于同案犯往往藏匿境外无法抓获,导致无法准确认定案件事实、追责困难。为了应对这种网络犯罪典型的体系性特征并考虑到司法打击的局限性,便出现了针对网络犯罪预备犯和帮助犯的正犯化立法,即2015年《刑法修正案(九)》增设的非法利用信息网络罪和帮助信息网络犯罪活动罪,保证司法机关可以对网络犯罪的任何一个重点环节进行司法打击。

(二)互联网金融犯罪案件

(1)与纯正计算机网络犯罪不同,互联网金融犯罪主体中存在一定数量的单位犯罪,其中有86.10%的单位犯罪都发生在非法吸收公众存款案件中。

(2)从裁判文书提取到的被告人年龄信息来看,40岁到49岁壮年阶段的被告人占比最大,为29.12%;30岁到39岁的占比为28.53%;另外60岁到80岁这个阶段还有7.64%的被告人数量。在性别比例上,男、女被告人维持在2:1的数量比。这种年龄段分布和女性被告人高占比的情况,和互联网金融犯罪高智商、经营性、社会性的特点有很大关系。

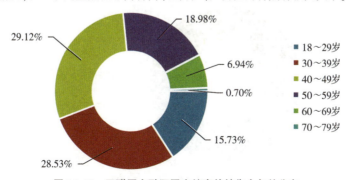

图16-10 互联网金融犯罪审结案件被告人年龄分布

(3)从裁判文书提取到的被告人文化程度信息来看,互联网金融犯罪被告人的学历情况整体偏低,人数最多的为初中及以下学历,占比为52.06%。由于案件量较大、自然人犯罪数量较多等原因,出现一定数量硕士、博士犯罪情况,这主要是因为很多互联网金融犯罪案件以单位犯罪形态出现,金融从业者中有很大一部分高级知识分子参与。

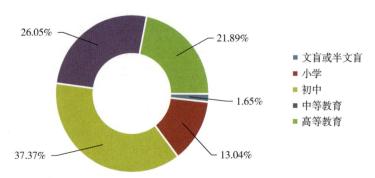

图 16-11　互联网金融犯罪审结案件被告人文化程度分布

(4)互联网金融犯罪案件中,共同犯罪占绝对多数,达到 97.12%,其中值得注意的是,5名被告人以上的案件达到了 13.96%,比例高于 4 人犯罪和 5 人犯罪。

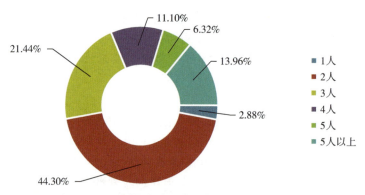

图 16-12　互联网金融犯罪审结案件被告人人数情况

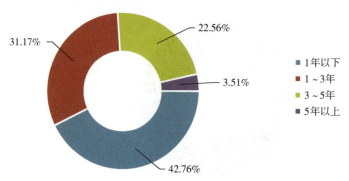

图 16-13　纯正计算机网络犯罪案件有期徒刑不同刑期人数分布

三、大数据透视出此类案件的审判特征

(一)纯正计算机网络犯罪案件

1. 刑期普遍较低

非法获取计算机信息系统数据罪、非法控制计算机信息系统罪和提供侵入、非法控制计算机信息系统程序、工具罪的主刑档分为3年以下有期徒刑和3年以上7年以下有期徒刑,破坏计算机信息系统罪主刑档分为5年以下有期徒刑和5年以上有期徒刑。上述罪名入罪门槛和刑罚上档线是在2011年最高人民法院、最高人民检察院发布的《关于办理危害计算机信息系统安全刑事案件应用法律若干问题的解释》中予以明确,而近年来互联网经济、技术和各种硬件配套设施飞速发展,相应犯罪所造成的危害已远超2011年的量级,刑罚情况可能会呈现整体偏重趋势。但和预估情况截然相反的是,实践统计数据反映近年来上述罪名判决量刑普遍轻缓;其中,非法控制计算机信息系统罪和非法获取计算机信息系统数据罪的判决量刑上档率分别为30.15%和29.10%,而破坏计算机信息系统罪的判决量刑上档率仅有10.11%。在量刑偏轻的同时,刑罚执行方式上也出现高比例缓刑趋势,如拘役刑中适用缓刑比例高达71.21%,有期徒刑中适用缓刑比例也在28.50%。

2. 内鬼犯罪情况引人注目

现代科技企业均十分重视安全防护工作,往往设置周全的防御措施,并花费大量人力物力进行维护,以抵御外部威胁。但是在单位作为被害人的纯正计算机网络犯罪案件中,经常能够看到内鬼作案的情况,不仅让被害企业安防工作功亏一篑,相比外部威胁更容易造成严重影响。

如在最高人民检察院第九批指导性案例卫某某等非法获取计算机信息系统数据案①中,被告人龚某案发前就在被害单位北京某大型网络公司运营规划管理部任职,拥有登录该公司内部管理开发系统的账号、密码、Token令牌(计算机身份认证令牌),具有查看工作范围内相关数据信息的权限。为谋取私利,龚某向卫某某提供上述账号、密码,任由卫某某违规多次在异地登录该公司内部系统,查询、下载该计算机信息系统中储存的电子数据并交由薛某某出售牟利。又如在海淀区人民法院2017年审理的一起非法控制计算机信息系统案②中,被告人闫某案发前系乐视云计算公司工程师,其受同案吴某指使,利用职务之便,登录公司内部系统并将木马程序布置在乐视云计算公司分布于呼和浩特等地的207台服务器上,给乐视云计算公司造成严重影响。

3. 单位成为犯罪侵害对象的情况突出

由于纯正计算机网络犯罪一般将矛头指向游戏、各类APP、计算机信息系统数据和服务器等,从而相关网络科技企业极易成为被侵害对象,单位被侵害现象相比一般刑事犯罪案件更加突出。

如最高人民检察院发布的第九批指导性案例中,就有李某某破坏计算机信息系统案、李

---

① 参见最高人民检察院《关于印发最高人民检察院第九批指导性案例的通知》,检例第36号。
② 参见《内外勾结植入木马牟利,乐视员工获刑4年半》,载海淀区人民法院网(http://bjhdfy.chinacourt.gov.cn/public/detail.php?id=5052),访问日期:2019年3月5日。

某某等破坏计算机信息系统案、卫某某等非法获取计算机信息系统数据案①,共三个纯正计算机网络犯罪案件,直接侵害了被害单位的数据权益和经济利益。同时,当单位成为被侵害对象时,被告人所获取的非法利益和对被害单位造成的侵害结果比一般自然人被害人要更加严重。

4. DDoS攻击成为重要犯罪方式

DDoS全名为分布式拒绝服务攻击(Distributed Denial of Service),行为人一般非法控制多台计算机信息系统设备作为攻击平台,同时对一个或多个目标发送大量请求以占用目标对象大量网络资源,达到瘫痪网络的目的。DDoS攻击最早可追溯到20世纪90年代,近二十年来技术更迭使得DDoS攻击成本越来越低、攻击效果却更加显著,故为很多网络不法分子青睐。

由于发起攻击前一般需要先非法控制大量计算机信息系统作为攻击源,因此DDoS攻击主要涉及非法控制计算机信息系统罪和破坏计算机信息系统罪。经筛查发现,在全国132件非法控制计算机信息系统罪案件中,有50件涉及DDoS攻击;而在275件破坏计算机信息系统罪案件中,有119件涉及DDoS攻击,可以说DDoS攻击行为是目前我国纯正计算机网络犯罪中的主要犯罪模式。

5. 跨地域、体系化作案特征明显

在纯正计算机网络犯罪中,跨地域共犯特征明显,很多犯罪分子通过互联网长期串联形成固定体系,这些看似虚幻的犯罪组织往往比单个人作案具有更强的反侦查能力和破坏性。

以DDoS攻击为例,在这一黑色产业链中有一个绰号"阿布小组"的犯罪组织长期存在。经筛选发现在已公开的破坏计算机信息系统罪和非法控制计算机信息系统罪案件中,共有6件案件涉及"阿布小组",分别是:浙江省诸暨市人民法院判决的周某非法控制计算机信息系统案;长春高新技术产业开发区人民法院判决的梁某某(黑龙江省尚志市)、赵某某(河北省石家庄市)、刘某某(长春经济技术开发区)破坏计算机信息系统案;江苏省无锡市惠山区人民法院审理的吴某某(四川省达县)、张某某(福建省南平市)非法控制计算机信息系统、帮助信息网络犯罪活动案;北京市第三中级人民法院裁定的王某破坏计算机信息系统案;上海市杨浦区人民法院判决的被告人于某某(江苏省邳州市)、赵某某(山东省烟台市)、黎某(广西壮族自治区)、张某(河南省新郑市)破坏计算机信息系统案;北京市海淀区人民法院判决的刘某(四川省)非法控制计算机信息系统案。②虽然上述案件均只涉及"阿布小组"这一个DDoS攻击组织,但却涉及全国5个地区的法院,被告人更是来自11个地区。由此可见,在纯正计算机网络犯罪中,被告人跨地域、体系化特征之明显。

(二)互联网金融犯罪案件

1. 存在一定数量的免予刑事处罚案件和无罪案件

在免予刑事处罚案件中,被告人一般属于犯罪情节轻微、具有自首、主动退赃情节。如王

---

① 参见最高人民检察院《关于印发最高人民检察院第九批指导性案例的通知》,检例第33号、第34号、第36号。
② 参见浙江省诸暨市人民法院(2015)深南法刑初字第1540号判决书;长春高新技术产业开发区人民法院(2017)吉0193刑初7号判决书;江苏省无锡市惠山区人民法院(2016)苏0206刑初578号判决书;北京市第三中级人民法院(2015)三中刑终字第00325号判决书;上海市杨浦区人民法院(2017)沪0110刑初11号判决书;北京市海淀区人民法院(2018)川0116刑初380号判决书。

某某等非法吸收公众存款案①中,法院认定,2012年7月至2014年1月间,多名被告人先后分别在多家门店任营业员,通过门店LED显示屏、口口相传等方式向社会公众非法吸收公众存款,并按照所在门店非法吸收公众存款金额的1‰获取提成。其中被告人沈某2、王某2于2012年年底辞职,且二人经手款项均已还清。故判决被告人王某2、沈某2犯非法吸收公众存款罪,免予刑事处罚。

又如曲某某非法经营案②中,法院认定被告人曲某某在没有实际交易的情况下使用POS机为他人非法套现,情节严重,其行为已构成非法经营罪,考虑其具有自首情节、主动退赃,故判决被告人曲某某犯非法经营罪,免予刑事处罚。

无罪案件则主要由于公诉机关或一审法院适用法律错误,忽视了司法解释明确规定的无罪情况。如姚某某非法吸收公众存款案③中,法院认定"被告人姚某某借款的对象是特定对象,一个是弟弟,一个是战友的女婿,不符合司法解释中关于社会公众的认定条件,公诉机关指控被告人姚某某构成非法吸收公众存款罪证据不足",宣告被告人姚某某无罪。

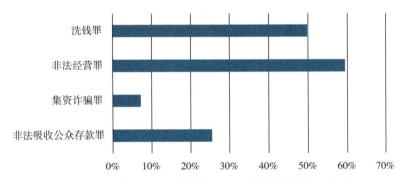

图16-14 互联网金融犯罪主要罪名审结案件判处缓刑占比情况

又如贾某非法经营案④中,法院认定贾某与其家人经营的锦西百货商店系持有烟草专卖零售许可证的经营户,在正规渠道下购买烟草制品并在核定的地点进行销售,虽一次性销售烟草制品900条,但属于超范围经营,对其行为不应以非法经营罪论处。原判决、裁定将贾某的行为定性为非法经营罪适用法律错误,判决申诉人贾某无罪。

2. 缓刑比例较高

互联网金融犯罪中,非法经营罪和洗钱罪的缓刑适用比例相比其他犯罪有明显偏高倾向,经过梳理发现,前者判处缓刑主要是在非法经营烟草制品案件中,后者判处缓刑主要是在对上游贪污贿赂犯罪所产生收益和所得的洗钱案件中。

3. 高额罚金案件数量较大

由于非法经营罪和非法吸收公众存款罪等互联网金融犯罪,明确规定了倍数罚金或高额罚金区间,使得高额罚金案件量占很大比例。

---

① 参见江苏省连云港市海州区人民法院(2016)苏0706刑初30号判决书。
② 参见吉林省四平市铁东区人民法院(2016)吉0303刑初55号判决书。
③ 参见江西省南昌市中级人民法院(2013)洪中刑二初字第11号判决书。
④ 参见湖北省高级人民法院(2013)鄂刑监一再终字第00022号判决书。

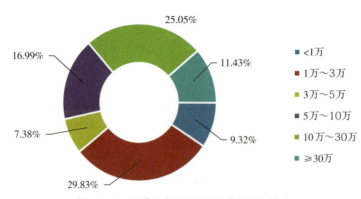

图 16-15　互联网金融犯罪审结案件罚金情况

4. 审级普遍较高,程序复杂

互联网金融犯罪案件二审比例占全部案件的 5%,中、高级法院审理案件占全部案件的 9%,普通程序更是占到了 86%,说明此类案件普遍较为复杂、专业,争议点较多。

第二节　检视:罪与罚的规范思考

一、纯正计算机网络犯罪认定的思考与刑罚适用分析

(一)总体思考

1. 近十年纯正计算机网络犯罪的立法沿革

1994 年我国正式接入世界互联网,1997 年《刑法》仅在第 285 条、第 286 条规定了非法侵入计算机信息系统罪和破坏计算机信息系统罪的个人犯罪;2009 年《刑法修正案(七)》对《刑法》第 285 条进行了修改,增设非法获取计算机信息系统数据、非法控制计算机信息系统罪,提供侵入、非法控制计算机信息系统程序、工具罪;2011 年最高人民法院、最高人民检察院出台《关于办理危害计算机信息系统安全刑事案件应用法律若干问题的解释》,明确各罪入罪门槛和基本名词解释;2012 年《刑事诉讼法》修改,增加电子数据这一新型证据种类;2014 年最高人民法院、最高人民检察院、公安部《关于办理网络犯罪案件适用刑事诉讼程序若干问题的意见》出台,明确规范了网络犯罪案件管辖权等问题,突破性地明确涉众网络犯罪案件证明标准成为该意见的一大亮点;2015 年《刑法修正案(九)》再次体系化扩张了纯正计算机网络犯罪立法,增设各罪的单位犯罪规定,增设拒不履行信息网络安全管理义务罪、非法利用信息网络罪和帮助信息网络犯罪活动罪三个罪名;2016 年最高人民法院、最高人民检察院、公安部出台《关于办理刑事案件收集提取和审查判断电子数据若干问题的规定》,明确了电子数据的提取、移送、审查、判断和展示等程序问题;近年来侵犯公民个人信息犯罪、电信网络诈骗犯罪、淫秽电子信息犯罪、网络赌博犯罪等相关司法解释中,都在实体法和程序法两个层面完善了相关网络犯罪的刑事规制问题。

十年来密集的立法活动,已经让纯正计算机网络犯罪及电子证据等问题,在体系规范的角度上相当完善,诸如拒不履行信息网络安全管理义务罪、非法利用信息网络罪和帮助信息网络犯罪活动罪增设,体现出立法机关为打击犯罪而丰富罪名,将预备犯和帮助犯正犯化,放宽刑诉证明标准,堪称具有预见性的先进立法。但是相比先进的立法活动和不断技术更迭的犯罪形式,司法在打击纯正计算机网络犯罪问题上尚显滞后,一方面和相关犯罪活动具有极高反侦查属性有关,另一方面也和专业司法打击队伍建设跟不上犯罪增速有直接关系,同时刑事、行政程序对接的缺失也影响了类似拒不履行信息网络安全管理义务罪的适用。

2. 非计算机犯罪罪名应对纯正计算机网络犯罪的问题

司法实践中,很多计算机犯罪最终以非计算机罪名处理,这主要是由于大量的破坏计算机信息系统、非法控制计算机信息系统和非法获取计算机信息系统数据犯罪,与敲诈勒索、诈骗、盗窃等犯罪构成手段和目的的牵连关系,导致在罪名的选择适用上要考虑刑期、证据等种种因素。但有时以非计算机犯罪罪名处理纯正计算机网络犯罪案件,也是一种司法惯例,最具有代表性的当属以破坏生产经营罪处理 DDoS 攻击破坏计算机信息系统案件。已查询到此类案件公开的起诉书如:

表 16-1 以非计算机犯罪罪名处理纯正计算机网络犯罪的起诉书

起诉书文号	指控事实	造成损失数额	指控罪名
浙江省富阳市人民检察院富检公诉刑诉(2015)228 号	网吧间实施 DDoS 攻击	41780 元	破坏生产经营罪
北京市海淀区人民检察院京海检公诉刑诉(2016)1716 号	对游戏网站进行 DDoS 攻击	7350 元	破坏生产经营罪

而已判决一审案件中,此类判决书也有一定数量:

表 16-2 以非计算机犯罪罪名处理纯正计算机网络犯罪的判决书

判决书文号	认定事实	量刑情节	判刑情况
(2016)沪 0112 刑初 2025 号	为报复而 DDoS 攻击购物网站	被害公司网站被攻击时段与同时段最小销售额的差额为人民币 7181.50 元,与同时段平均销售额的差额为人民币 11768 元	犯破坏生产经营罪,判处拘役 5 个月,缓刑 5 个月
(2016)浙 0502 刑初 1205 号	网吧间实施 DDoS 攻击	多次采用网络攻击手段破坏他人正常生产经营活动	二被告人犯破坏生产经营罪,分别判处有期徒刑 6 个月、缓刑 1 年和拘役 5 个月、缓刑 8 个月
(2015)湖长刑初字第 721 号	网吧间实施 DDoS 攻击	多次采用网络攻击手段破坏他人正常生产经营活动	二被告人犯破坏生产经营罪,分别判处有期徒刑 6 个月、缓刑 1 年和拘役 5 个月、缓刑 10 个月

另外,最具有代表性的案件当属马某某等破坏生产经营案[①]。该案一审法院认为被告人马某某、夏某某、李某以攻击网吧路由器的方式,对网吧计算机信息系统的功能进行干扰,造

[①] 参见湘潭市岳塘区人民法院(2016)湘 0304 刑初 42 号判决书。

成计算机信息系统不能正常运行,后果严重,行为构成破坏计算机信息系统罪,判决被告人马某某犯破坏计算机信息系统罪,判处有期徒刑1年6个月;被告人夏某某犯破坏计算机信息系统罪,判处有期徒刑1年6个月;被告人李某犯破坏计算机信息系统罪,判处有期徒刑6个月,缓刑1年。马某某上诉后,湖南省湘潭市中级人民法院认定,上诉人马某某为达到泄愤报复和不正当竞争的目的,伙同原审被告人夏某某、李某多次对他人经营的网吧进行网络攻击,破坏他人的经营活动,三人的行为均构成破坏生产经营罪,判决撤销湖南省湘潭市岳塘区人民法院(2016)湘0304刑初42号刑事判决;上诉人马某某犯破坏生产经营罪,判处有期徒刑1年6个月;原审被告人夏某某犯破坏生产经营罪,判处有期徒刑1年6个月;原审被告人李某犯破坏生产经营罪,判处有期徒刑6个月,缓刑1年。

通过梳理上述六起案件发现,司法机关之所以倾向于以破坏生产经营罪处理网络攻击犯罪行为,主要原因在于损失数额与证据条件。关于损失数额问题,破坏计算机信息系统罪入罪门槛中关于数额的要求是造成损失10 000元,而成立破坏生产经营罪关于数额的要求仅是5 000元,入罪门槛的差异导致对网络攻击造成损失不足10 000元而又高于5 000元的,只能以破坏生产经营罪处理;另外有的案件中无法核实造成损失的数额,只能以多次破坏生产经营进行入罪追责。关于证据问题,由于DDoS攻击具有手段虚拟化特征,调查取证难度较大,导致公安机关有时调取的证据情况不尽理想。如在马某某等破坏计算机信息系统案中,二审之所以改判,就是因为攻击网吧网络中断时长结果计算不准确;计算机台数认定与实际情况不符;一审认定网吧路由器属于"为其他计算机信息系统提供域名解析、身份认证、计费等基础服务的计算机信息系统"依据不足,虽然诸多证据缺失导致难以认定上诉人的行为成立破坏计算机信息系统罪,但破坏生产经营罪的犯罪构成相对简单、证据要求不高,因此变更罪名处理并无不当。可以说,这种以非计算机犯罪罪名应对纯正计算机网络犯罪的做法,一方面是对损失数额的有效应对,另一方面是对较差证据情况的妥协。

(二)个罪思考

纯正计算机网络犯罪在认定上的最大问题,主要体现在主流传统观点和犯罪技术迅速发展之间的矛盾上,对某一类计算机犯罪要求固定罪名审理的意见,与计算机网络犯罪手段近年来的发展以及危害性日渐增大相比较,无法做到罪责刑相一致。

1. 非法获取计算机信息系统数据罪无法完全应对各类盗窃虚拟物品犯罪

关于非法获取计算机信息系统数据罪的认定争议,主要集中在此罪与盗窃罪的区别问题上。争议源于最高人民法院研究室《关于利用计算机窃取他人游戏币非法销售获利如何定性问题的研究意见》一文中,最高人民法院研究室认为利用计算机窃取他人游戏币非法销售获利行为,宜以非法获取计算机信息系统数据罪定罪处罚。但随着近年来互联网的飞速发展,非法获取计算机信息系统数据罪由于量刑档偏低等问题,一直被司法实践认为不适合处理一些数额较大的窃取数据型犯罪。如广东省高级人民法院发布的2017年度涉互联网十大案例中,就选取了一个盗窃手游虚拟装备销赃获利14.3万元的案件。广东省高级人民法院认为,涉案虚拟财产能被公民独占管理、转移处置且具有价值属性,可以成为盗窃罪的犯罪对象。网络虚拟财产系公民私人所有的财产,可以成为盗窃罪的犯罪对象,对于提升网络虚拟财产的保护力度,助力"互联网+"的发展起到了积极作用。

笔者认为,单就游戏币和游戏装备而言,非法获取计算机信息系统数据罪和盗窃罪在适用上各有局限和优缺点:前者由于犯罪构成要件较复杂,要求行为人违反国家规定,侵入计算机信息系统或者采用其他技术手段获取数据,因此对于部分未实施侵入和采用技术手段犯罪的行为无法认定;后者虽然犯罪构成简单,但是最大的障碍在于绝大多数物价鉴定机构都不会给游戏币和游戏装备出具价格认定书,导致涉案数额无法认定。因此,在承认游戏币具有财产属性的基础上,考虑到非法获取计算机信息系统数据罪和盗窃罪两个罪名本身具有竞合关系,盗窃游戏币这一行为应当在个案中具体分析,按照从一重罪原则处理。同时应当引起注意的是,最高人民法院研究室的意见仅针对"游戏币"这一特定种类的虚拟物品,实践中可以将该意见比照适用于窃取游戏装备等类似对象物,但不应无限制扩大适用到窃取所有虚拟物品案件,例如比特币。

虽然 2017 年 9 月中国人民银行等七部门联合发布了《关于防范代币发行融资风险的公告》,明确规定代币发行融资"本质上是一种未经批准非法公开融资的行为,涉嫌非法发售代币票券、非法发行证券以及非法集资、金融诈骗、传销等违法犯罪活动……代币发行融资中使用的代币或'虚拟货币'不由货币当局发行,不具有法偿性与强制性等货币属性,不具有与货币等同的法律地位,不能也不应作为货币在市场上流通使用"。但公告主要针对的是首次代币发行(ICO)融资等违法乱象,而对比特币本身而言,我们不能否认其仍然具有一定的稀缺性:比特币既不像游戏币那样可以在游戏内随意大量复制、生产,也不像"传销币"那样,生产的速度、数量都由企业或平台操纵,只要平台开发者愿意,"传销币"可以无限增发,比特币基于算力的产生模式让其具有一定的价值信用来源。正因如此,近年来盗窃比特币的案件层出不穷。司法实践中,也有用非法获取计算机信息系统数据罪处理盗窃比特币的判例,如罗某非法获取计算机信息系统数据案①中,法院认定"2014 年下半年的一天,被告人罗某和赵某(在逃)在广州廉江市的新际网吧,从他人处买了一个木马软件并发布到一些 QQ 群中,经过远程操控中木马病毒的电脑,发现被害人苏某的电脑信息中有比特币钱包,遂将被害人电脑中的比特币兑换成人民币现金,将钱提现到自己的银行卡账户,造成被害人 15 万元左右损失"。最后以"被告人罗某犯非法获取计算机信息系统数据罪,判处有期徒刑 4 年,并处罚金人民币 2 万元"。可以说,在涉案金额仅为 15 万元的案件中,适用非法获取计算机信息系统数据罪处理,可以做到刑罚适当,但由于非法获取计算机信息系统数据罪最高刑罚仅为 7 年有期徒刑,而盗窃罪最高可以判处无期徒刑,因此当涉案数额特别巨大的时候,不同罪名可能造成较大刑罚差异。

如 2018 年 8 月《三秦都市报》报道,西安警方破获了一起盗窃上亿市值比特币、以太坊等虚拟货币的刑事案件,3 名犯罪嫌疑人通过多次非法入侵、控制公司企业和个人的网络系统,获取大量收益,"他们在作案得手后,会通过分批抛售部分虚拟货币进行提现,再将这些钱用于买别墅、高档汽车和其他理财产品"。如果还以非法获取计算机信息系统数据罪,处理上述 3 名犯罪嫌疑人,则最高 7 年有期徒刑的刑罚很难说做到了罪责刑相一致的基本刑法原则。因此,在窃取比特币的价值或给被害人造成的损失数额可以确定的前提下,必须仔细分析案情选择罪名适用,而不能将针对游戏币的答复意见一律适用于数额特别巨大的窃取比特币案件。②

---

① 参见河北省邯郸市峰峰矿区人民法院(2017)冀 0406 刑初 18 号判决书。
② 参见《3 男子盗窃虚拟货币 涉案金额高达 6 亿元》,载三秦网(http://www.sanqin.com/2018/0930/386989.shtml),访问日期:2019 年 3 月 8 日。

2. 纯正计算机网络犯罪等罪名在打击游戏外挂问题上的差别适用

网络游戏外挂程序,又被称为网络游戏辅助程序,是指通过破解网络游戏软件的技术保护措施,利用网络游戏程序的技术漏洞,能够在用户端改变游戏程序操作的一种独立程序。使用外挂程序的目的,是实现客户端各种功能在网络游戏规定范围内的进一步增强,使用外挂程序的网络游戏玩家能够在游戏中取得更大的优势和心理上的刺激。使用游戏外挂程序一直被认为是一种典型的计算机网络犯罪,最高人民法院研究室2012年专门出台《关于制作、销售网络游戏外挂程序如何处理问题的研究意见》(以下简称2012年《关于游戏外挂的处理意见》),指出"对于制作、销售网络游戏外挂程序的行为,要全面综合判断行为的社会危害性,秉持刑法的谦抑性,慎用刑事制裁手段。对于社会危险性严重、确需追究刑事责任的制作、销售互联网游戏外挂程序行为,也应妥善选择适用罪名。对制作、销售网络游戏外挂程序的行为应以侵犯著作权罪定罪处罚,不宜适用非法经营罪、破坏计算机信息系统罪等其他罪名"。但司法实践中在选用何种罪名处理游戏外挂犯罪这个问题上,却有多种答案。

笔者统计28起涉游戏外挂案件刑事判决书,发现当外挂程序被鉴定具有破坏计算机信息系统功能、属于破坏性程序时,法院判决构成非法经营罪的案件最多,达到10起;判决构成侵犯著作权罪的案件仅4起;判决构成破坏计算机信息系统罪的案件有4起。而当外挂程序被鉴定为控制游戏客户端发送或者自行模拟发送不正常的数据包给游戏服务器的时候,法院判决提供侵入、非法控制计算机信息系统程序、工具罪的案件高达10起。另外尤其值得注意的是,在外挂案件的罪名认定上,检察院、法院存在较大争议,主要体现在公诉机关认定外挂案件构成破坏计算机信息系统罪,而被法院最终改罪名判决,其中从起诉时认定构成破坏计算机信息系统罪改为侵犯著作权罪的案件有2起;改为非法经营罪的案件有3起;改为提供侵入、非法控制计算机信息系统程序、工具罪的案件有1起。可以说针对某一类犯罪行为,检察院、法院争议巨大,改罪名判决比例高达21.43%,在司法实践中也是较为罕见的情况。

3. 关于侵犯著作权罪

前述最高人民法院研究室2012年《关于游戏处挂的处理意见》中,以一起2010年外挂刑事案件为例,提出游戏外挂构成侵犯著作权罪,主要从"复制发行"角度出发进行论证,认为"毫无疑问,研发网络游戏外挂程序须以网络游戏原有程序为基础,存在着复制网络游戏数据的客观事实。……网络游戏外挂程序破译并擅自使用网络游戏的通信协议,截取并修改游戏发送到游戏服务器的数据,修改客户端内存中的数据,以达到增强客户端各种功能的目的。外挂程序这种以营利为目的,未经授权,使用网络游戏通信协议的行为,进一步说明了制作、销售网络游戏外挂程序行为的侵犯著作权特性。总之,我们认为,制作、销售网络游戏外挂程序的行为基本符合侵犯著作权罪所规定的'复制发行'的要求,可以认定为侵犯著作权罪"①。

笔者认为,上述观点在具体案件中可能无法适用:首先,近年来游戏外挂作弊技术不断发展,外挂程序是否以复制游戏网络数据为必要基础存在疑问,具体案件中需要相应的鉴定意见予以明确,笔者就曾遇到过有的游戏外挂程序完全没有复制游戏网络数据的实践案例。其次,具体案件中的外挂程序是否必然使用网络游戏通信协议,以及使用协议就具有侵犯著作权特性这一结论,也需要鉴定意见的明确认定。因此,认定游戏外挂程序构成侵犯著作权罪,

---

① 最高人民法院研究室:《关于制作、销售网络游戏外挂程序如何处理问题的研究意见》,载张军主编:《司法研究与指导》(总第2辑),人民法院出版社2012年版,第110页。

需要在个案中鉴定意见的明确认定,不能一概而论。

4. 关于非法经营罪

在认定制作、销售网络游戏外挂程序是否构成非法经营罪这一问题上,诸多法律、法规、规范性文件观点不一。

支持性意见如:原新闻出版总署、信息产业部、国家工商行政管理总局、国家版权局、全国"扫黄""打非"工作小组办公室 2003 年发布的《关于开展对"私服"、"外挂"专项治理的通知》明确认定,"外挂"违法行为属于非法互联网出版活动;国家新闻出版广电总局、工业和信息化部 2016 年颁布的《网络出版服务管理规定》指出,从事网络出版服务,必须依法经过出版行政主管部门批准,取得《网络出版服务许可证》。制作、销售网络游戏外挂程序行为严重扰乱了互联网游戏出版经营的正常秩序,破坏了社会主义市场经济秩序,属于发行严重扰乱市场秩序的非法出版物行为。同时最高人民法院《关于审理非法出版物刑事案件具体应用法律若干问题的解释》(以下简称《非法出版物解释》)第 11 条规定:"违反国家规定,出版、印刷、复制、发行本解释第一条至第十条规定以外的其他严重危害社会秩序和扰乱市场秩序的非法出版物,情节严重的,依照刑法第二百二十五条第(三)项的规定,以非法经营罪定罪处罚。"第 15 条规定:"非法从事出版物的出版、印刷、复制、发行业务,严重扰乱市场秩序,情节特别严重,构成犯罪的,可以依照刑法第二百二十五条第(三)项的规定,以非法经营罪定罪处罚。"

反对性意见:如最高人民法院研究室认为:"其一,《非法出版物解释》第十一条主要是针对非法经营内容上有问题的非法出版物的行为,即'不黄不黑'的非法出版行为。无疑,网络游戏外挂程序属于一种非法出版物,但不同于内容上有问题的出版物。其二,《非法出版物解释》第十五条的适用条件是严重扰乱市场秩序,情节特别严重。制作、销售网络游戏外挂程序的行为主要是影响了网络游戏经营者的利益,尚未严重扰乱市场秩序,不应当适用上述规定。其三,私自架设网络游戏服务器的社会危害性明显大于制作、销售外挂程序的社会危害性,而对前者适用侵犯著作权罪,对后者适用非法经营罪,也会造成罪刑明显失衡,不符合罪责刑相适应原则。因此,对制作、销售网络游戏外挂程序行为,不能以非法经营罪追究刑事责任,以避免非法经营罪的适用范围不当扩大,成为新的'口袋罪'。其四,最高人民法院、最高人民检察院、公安部《关于办理侵犯知识产权刑事案件适用法律若干问题的意见》第十二条明确规定:'非法出版、复制、发行他人作品,侵犯著作权构成犯罪的,按照侵犯著作权罪定罪处罚,不认定为非法经营罪等其他犯罪。'如前所述,制作、销售外挂程序的行为构成侵犯著作权罪,自然不应当再考虑非法经营罪的适用。"①

笔者认为,虽然上述两方观点看似不可调和,但是在实践中,基层司法人员有足够智慧应对,以非法经营罪处理制作、销售网络游戏外挂程序行为存在天然的"便宜性":非法经营罪主要打击的是扰乱市场秩序的"非法经营"行为,惩处的落脚点在"销售外挂"这种经营行为上,司法实践中只要认定游戏外挂属于非法互联网出版活动,那么侦查机关、检察机关只要将侦查取证和公诉方向集中在犯罪嫌疑人的销售行为上即可,指控难度要远远低于侵犯著作权罪。这也是在 28 起涉游戏外挂案件中,法院判决构成非法经营罪案例最多的原因。

---

① 最高人民法院研究室:《关于制作、销售网络游戏外挂程序如何处理问题的研究意见》,载张军主编:《司法研究与指导》(总第 2 辑),人民法院出版社 2012 年版,第 110 页。

5. 关于提供侵入、非法控制计算机信息系统程序、工具罪和破坏计算机信息系统罪

虽然2009年《刑法修正案（七）》就已经新增了提供侵入、非法控制计算机信息系统程序、工具罪，但2012年最高人民法院研究室《关于游戏外挂的处理意见》中却忽视了这一罪名的讨论，没有涉及外挂可能构成本罪的论证。但在司法实践中，随着大量游戏外挂行为被鉴定为控制游戏客户端发送或者自行模拟发送不正常的数据包给游戏服务器，很多案件起诉时检方选择以提供侵入、非法控制计算机信息系统程序、工具罪对游戏外挂行为进行追责，法院也认同这种处理意见，均判决构成提供侵入、非法控制计算机信息系统程序、工具罪。在我们统计的案例中，这类判决共10起，占比36.10%。同时，由于目前很多游戏外挂行为被鉴定为破坏了计算机信息系统功能，属于破坏性程序，也让公诉机关在起诉时倾向于选择破坏计算机信息系统罪（虽然在10起指控构成破坏计算机信息系统罪的游戏外挂案件中，有6起被法院改判其他罪名）。

不管是提供侵入、非法控制计算机信息系统程序、工具罪还是破坏计算机信息系统罪，笔者认为这都体现出目前的一种司法趋势，即精细化司法和强调鉴定意见的重要性。对于游戏外挂这种具有极强计算机专业性的犯罪模式，司法人员更多采纳专业鉴定意见的态度是值得肯定的。同时，抛开"制作、销售网络游戏外挂程序行为"究竟属于非法经营还是侵犯著作权这种对行为价值的无休止争议，转而向更加细致地研究游戏外挂技术本身是否构成犯罪，这种思路也容易让司法参与者更加信服，笔者对此持肯定意见。

6.《刑法》第286条第2款的成立，是否要求影响整个计算机信息系统的运行

在对破坏计算机信息系统案件的统计过程中发现一个司法争议点，即《刑法》第286条第2款的成立条件中，是否要求行为人"删除、修改、增加"数据后，必然影响到整个计算机信息系统的正常运行。即破坏数据型破坏计算机信息系统犯罪，是否以影响整个计算机信息系统的正常运行为成立前提。

持肯定性的观点认为，破坏计算机信息系统罪前三款规定了三种不同形式的犯罪构成，行为人符合任何一款的犯罪构成都可以成立破坏计算机信息系统罪，但前提条件是三种行为都必须"破坏了计算机信息系统"，即符合罪名的本意"破坏系统"。如贾某、郑某、马某破坏计算机信息系统案中①，法院认为依据《刑法》第286条的规定，构成破坏计算机信息系统罪的前提是犯罪行为造成计算机信息系统不能正常运行，公诉机关提交的对青蓝外挂软件的功能性鉴定，证明了青蓝外挂软件具有破坏计算机信息系统正常运行的技术特征，但未能证明该软件造成了网络游戏系统自身不能正常运行。因此公诉机关指控被告人郑某构成破坏计算机信息系统罪罪名不当，最终将案件定性改为非法经营罪。又如辛某等人侵犯著作权案一审刑事判决书②也持类似观点，法院认为"地下城与勇士"游戏客户端不具备自动进行游戏、完成自动创建游戏角色、自动执行任务、自动打怪、自动拾取物品、自动使用物品等功能，而本案被告人通过与"地下城与勇士"游戏对接，破译和擅自使用原网络游戏的通信协议，截取并修改"地下城与勇士"游戏发送到游戏服务器的数据，修改客户端内存中的数据，以达到增强客户端自动功能的目的。公诉机关提交的外挂软件的功能鉴定，证明了此款外挂软件具有破坏计算机信息系统正常运行的技术特征，但未能证明该软件造成了"地下城与勇士"网络游戏

---

① 参见广东省深圳市南山区人民法院(2014)深南法刑初字第582号判决书。
② 参见黑龙江省大庆市萨尔图区人民法院(2015)萨刑初字第282号判决书。

系统本身不能正常运行,外挂的运行仅是打破了原游戏的平衡,影响了"地下城与勇士"游戏的预期收益,并未对被害人的计算机信息系统造成实质性损害。最终法院并不认同公诉机关起诉的破坏计算机信息系统罪,而是以侵犯著作权罪予以判决。

另一种观点认为,破坏计算机信息系统罪前三款犯罪构成的规定存在明显差异:第1款和第3款犯罪构成中明确要求行为"造成计算机信息系统不能正常运行"或"影响计算机系统正常运行",而第2款仅要求"对计算机信息系统中储存、处理或者传输的数据和应用程序进行删除、修改、增加的操作",并没有要求破坏数据和应用程序后进一步影响整个系统的运行。支持这种观点的案例,如沈某破坏计算机信息系统案二审刑事裁定书①认定,沈某为获取游戏金币,故意对"剑侠情缘网络版三"增加外挂程序,并自行编写程序脚本,使该程序自动领取正常玩家不可能领取的任务并自动重复刷取该任务,其通过购买的外挂程序及自行编写的程序改变了 JX3Launcher.exe 进程的五个代码地址,从而改变了 JX3Client.exe 执行流程,破坏了该程序的完整性。沈某明知该行为会导致计算机信息系统中存储、处理或传输的数据增加或修改,但仍然为之,其主观方面已构成故意。沈某违反国家规定,对计算机信息系统中存储、处理或传输的数据进行增加、修改的操作,后果特别严重,构成破坏计算机信息系统罪。另如袁某某破坏计算机信息系统案二审刑事裁定书,及王某、周某破坏计算机信息系统案一审刑事判决书②中,都将使用外挂修改游戏系统数据和对游戏实施增加、修改操作的行为,认定为违反国家规定,对计算机信息系统中储存、处理或者传输的数据进行删除、修改、增加的操作,构成破坏计算机信息系统罪。

在这一问题上,笔者赞同第二种观点,即破坏计算机信息系统数据入罪不要求"造成计算机信息系统不能正常运行"或者"影响计算机系统正常运行。"首先,从文义解释学角度出发,既然破坏计算机信息系统罪的第1款、第3款和第2款的犯罪构成规定存在明显差异,那么从罪刑法定原则出发,就不应针对第2款人为地加上一个限缩构罪范围的"影响"要求。其次,从最高人民法院研究室意见和已公开指导案例的司法精神出发,也不要求针对数据的破坏影响到计算机整个系统的正常运行。如 2012 年最高人民法院研究室《关于对交警部门计算机信息系统中存储的交通违章信息进行删除行为如何定性的研究意见》中明确规定,"数据和应用程序"应当理解为"数据""应用程序"均可以成为犯罪对象;破坏计算机信息系统数据有"删除、修改、增加"三种方式;破坏计算机信息系统数据不以被破坏的数据无法恢复为要件,也不要求"造成计算机信息系统不能正常运行"或者"影响计算机系统正常运行"。又如《刑事审判参考》总第 86 集收录的最高人民法院刑事指导案例第 783 号和第 784 号,两起案件均为交警协管员在掌握登陆和使用公安局道路交通违法信息管理系统方法后,违规删除交通违章信息,收取他人钱财牟利,法院判决认为,被告人违反国家规定对计算机信息系统中存储的数据进行删除、修改,行为构成破坏计算机信息系统罪。③

综上,从文义解释学和指导案例、指导意见角度出发,笔者认为,在破坏计算机信息系统

---

① 参见广东省珠海市中级人民法院(2015)珠中法刑一终字第 46 号判决书。
② 参见四川省成都市中级人民法院(2013)成刑终字第 229 号刑事裁定书;贵州省贵阳市观山湖区人民法院(2017)黔 0115 刑初 207 号判决书。
③ 参见中华人民共和国最高人民法院刑事审判第一、二、三、四、五庭主办:《刑事审判参考》(总第 86 集),法律出版社 2013 年版,第 70 页。

罪第2款的认定问题上,不应强调对整个系统的负面影响,而应紧密围绕行为人是否删除、修改、增加数据和应用程序为认定犯罪的核心。

(三)刑罚适用分析

如前所述,纯正计算机网络犯罪整体刑罚较为轻缓,且缓刑适用比例较高,达到近三成。与此同时,此类犯罪同种累犯情况较为严重,经过整理发现10件此类案例:

表16-3 纯正计算机网络犯罪累犯典型案例

案例编号	前科判决情况	累犯判决情况	再犯间隔期
1	2009年5月25日,因犯破坏计算机信息系统罪,被判处有期徒刑1年; 2011年3月4日,因犯破坏计算机信息系统罪,被判处有期徒刑3年6个月	破坏计算机信息系统罪 被判处有期徒刑2年6个月	2个月
2	敲诈勒索罪(因DDoS攻击) 被判处有期徒刑7个月又15日	掩饰、隐瞒犯罪所得罪(因DDoS攻击) 被判处有期徒刑1年,并处罚金人民币5000元	3个月
3	破坏计算机信息系统罪 被判处有期徒刑1年6个月	破坏计算机信息系统罪 被判处有期徒刑2年	6个月
4	破坏计算机信息系统罪 被判处有期徒刑1年10个月	非法侵入计算机信息系统罪 被判处有期徒刑11个月	6个月
5	非法获取计算机信息系统数据罪 被判处有期徒刑8个月	非法获取计算机信息系统数据罪 被判处有期徒刑3年2个月,并处罚金人民币8000元	16个月
6	非法获取计算机信息系统数据罪 被判处有期徒刑1年3个月,并处罚金人民币4万元	非法获取计算机信息系统数据罪 被判处有期徒刑1年3个月,并处罚金人民币18000万	20个月
7	非法获取计算机信息系统数据罪 被判处有期徒刑1年2个月,并处罚金人民币7000元	非法获取计算机信息系统数据罪 被判处有期徒刑1年4个月,并处罚金人民币5000元	2年9个月
8	破坏计算机信息系统罪 被判处有期徒刑1年	非法获取计算机信息系统数据罪 被判处有期徒刑1年,并处罚金1万元	3年
9	非法控制计算机信息系统罪 被判处有期徒刑11个月,并处罚金人民币8000元	非法控制计算机信息系统罪 被判处有期徒刑1年6个月,并处罚金人民币1万元	3年4个月
10	提供侵入、非法控制计算机信息系统程序罪 被判处有期徒刑6个月	破坏计算机信息系统罪 被判处有期徒刑1年4个月	4年

关于为何纯正计算机网络犯罪的刑罚轻缓、缓刑比例高、同类罪累犯情况严重,囿于材料限制、条件制约无法进一步做实证分析研究。笔者结合长期办案实践认为,与存在大量犯罪

黑数的原因一致,由于纯正计算机网络犯罪的非接触性和虚拟性特征,导致犯罪证据很难完全留痕,公安机关取证难度较大,因此很多案件在检察机关审查起诉过程中会由于证据不足而"就低认定",倾向于追究较低刑罚以保证起诉质量,防止法院降档判决;而在法院审判阶段,也倾向于追究较低刑罚以保证审判质量,防止被告人上诉。在这种整体轻缓的量刑惯性下,相比巨大的犯罪获利情况,被告人很有可能选择再犯。

二、互联网金融犯罪认定的思考与刑罚适用分析

(一) 非法吸收公众存款罪和集资诈骗罪的认定

由于非法吸收公众存款罪和集资诈骗罪在行为表现和犯罪构成上高度重合,均严重影响金融秩序与社会秩序的稳定,近年来一直是法律、法规、政策制度的关注对象:不仅最高人民法院、最高人民检察院、公安部接连出台司法解释规范罪名认定和证据标准,国务院、银监会、保监会、证监会、中国人民银行乃至国家林业局、国防科工委等部门也出台了专门规章,而严厉打击非法集资的地方性法规和规章更是数以百计。可以说目前在学术界和立法领域,对两个罪名的区别认定已经规范得极为透彻,从此罪与彼罪、罪与非罪角度进行了多方面反复说明,此处不再进行赘述。但在具体司法过程中遇到的一些问题,还是引人深思。

1. 司法机关工作压力巨大

以北京市为例,根据北京市人民检察院 2018 年 7 月发布的《2017 年度金融犯罪检察白皮书》公开数据:2017 年全市检察机关共受理金融犯罪审查逮捕案件 889 件 1 342 人,受理金融犯罪审查起诉案件 820 件 1 480 人。其中非法吸收公众存款审查逮捕案件 428 件 817 人,审查起诉案件 302 件 817 人,案件数与 2016 年相比分别上升 26.63%和 40.47%。受理集资诈骗审查逮捕案件 35 件 60 人,审查起诉案件 40 件 125 人,案件数与 2016 年相比分别上升 94.44%和 14.29%。在这些金融犯罪案件中,以互联网金融名义实施犯罪的情况日趋严重,如假借 P2P 名义搭建自融平台、通过发布虚假的债权转让项目为自身融资的案件逐年增多,以虚拟货币和区块链名义实施非法集资的行为也开始出现。而在非法吸收公众存款案件中,案发量最多的是拥有 CBD 等商务核心区的朝阳区,2017 年朝阳区人民检察院受理案件 200 件,占全市案件的 66.23%。①

北京市公安局朝阳分局经济犯罪侦查大队及朝阳检察院金融犯罪检察部作为基层司法部门,编制人数虽然不明,但是仅以一年不到 300 个工作日就办理 200 件非法吸收公众存款案件来看,压力巨大,因为非法吸收公众存款案件不仅涉案犯罪嫌疑人人数众多、账目庞杂、投资人动辄上万人,衍生出来的接待投资人来访等问题更多。此外基层司法机关还要处理其他罪名的大量案件,要求既保证案件质量又不耽误办案效率,同时注重办案的法律效果、社会效果和政治效果,基层司法人员必然工作压力巨大。

2. 审计成为案件的决定性证据

经常办理非法吸收公众存款案件和集资诈骗案件的司法人员都有一个共识,那就是审计报告往往是定性一个案件的决定性证据。不论是传统的人传人式非法集资,还是 P2P 案件,

---

① 参见杨永浩、简洁:《北京:"专业平台""专业工具""专业素质"三位一体·构筑防范化解金融风险"防火墙"》,载《检察日报》2018 年 7 月 9 日,第 1 版。

资金走向、钱款用途,都是案件的核心事实,而能够证明这一事实的客观证据就是审计报告。司法实践中,公安机关往往是将银行账目、网站数据完全提取出来移送审计机构,由审计机构进行专业审计,司法人员拿到审计报告后一般只能被动地完全接受审计结论,而不会对审计报告进行司法审查。

其实不管是审计报告还是鉴定意见,在作为证据出现在法庭上之前,都应当经历一个司法审查判断的过程。例如,在对交通肇事案件和盗窃案件审查过程中,司法人员可以比照交通法规对交通事故认定书进行甄别审查,也可以比照购物平台对涉案物品价值进行一个大致判断以核实价格鉴定结论是否合理可信,在一些类似黑客案件中,司法人员也可以对涉案木马程序的分析报告进行研读以判断结论的真实性问题。但对于审计报告而言,司法人员要想审查判断其真实性,除了要有统计学和金融学基本知识外,还需要大量的时间精力,因此对审计报告的有效司法审查,一直是现实中的一个老大难问题。

(二)在刑罚适用方面,如何判赔损失备受关注

以往的非法吸收公众存款罪案件中,法院一般都会判决由被告人"退赔各投资人经济损失",但是近期最新出现的案例却有了细微变化。以孟某某非法吸收公众存款案[①]为例,法院认定,2013年至2014年间,被告人孟某某以中国德融大通商品交易股份有限公司(以下简称"德融大通公司")华北地区总代理身份,在北京市丰台区宋庄路73号院××号楼××号等地,通过推荐介绍、讲课宣传等形式,向孙某某、刘某某、杨某某等不特定公众公开宣传德融大通理财产品具有高额返利、保证收益等特点,吸收上述人员投资人民币80余万元。后返还投资人共计30余万元。根据上述事实及证据,北京市丰台区人民法院认为:被告人孟某某非法吸收公众存款,扰乱了金融秩序,其行为已构成非法吸收公众存款罪,应予处罚。鉴于被告人孟某某当庭认罪,另考虑退还投资人部分钱款,对被告人孟某某适用缓刑。判决被告人孟某某犯非法吸收公众存款罪,判处有期徒刑1年,缓刑1年,并处罚金人民币2万元;责令被告人孟某某退赔各投资人损失。

一审宣判后,孟某某提出上诉,北京市第二中级人民法院认定[②],上诉人(原审被告人)孟某某违反国家金融管理法律规定,向社会公众吸收资金,扰乱金融秩序,其行为已构成非法吸收公众存款罪,依法应予惩处。一审法院根据孟某某犯罪的事实、犯罪的性质、情节及对于社会的危害程度所作出的判决,定罪及适用法律正确,量刑适当,审判程序合法,唯判令孟某某退赔投资人全部损失不当,依法予以纠正。判决追缴被告人孟某某违法所得人民币5万元,按比例退赔各投资人。

可以说这份由北京市第二中级人民法院作出的终审判决,在某辖区甚至北京市内均具有示范性案例效应,对于此类由被告人经手非法吸收公众大额钱款的案件,未来法院可能都会只判决被告人在违法所得范围内按比例退赔各投资人。法院如此判决的原因,应当是从考虑被告人分得案款较少、主动退赔钱款较多的角度出发,但是相比过去绝大多数由被告人对自己非法吸收的全部存款都承担退赔责任的判决,这份判决还是显得过于倾向被告人。笔者从尊重已生效判决的角度不过多评价此份判决的影响力问题,但是仍将此问题抛出以供读者思考。

---

① 参见北京市丰台区人民法院(2016)京0106刑初828号判决书。
② 参见北京市第二中级人民法院(2018)京02刑终97号判决书。

第三节　余思:认定与预防的展望

一、司法的积极应对

(一)关于纯正计算机网络犯罪

如何有效应对、治理纯正计算机网络犯罪,不是立法的问题,而是司法,尤其是侦查问题。如前所述,目前此类案件破案量最大的省、市分别是江苏省、浙江省、广东省、北京市,这四地公安机关尤其是网络安全部门高度依赖阿里、腾讯、百度等互联网企业,因大型互联网企业的技术实力是警方打击此类犯罪的必要保障。笔者曾参加一次公开论坛,听到一位公安部领导分享打击跨境电信诈骗案件的经验。但目前在侦查力量方面,一个很大的隐患是网络安全部门警力亟须加强,笔者认为不仅要继续加强网络安全部门编制的独立性和体系化,还要警惕网络安全部门警力的流失现象,要从制度保障、体系保障等层面维护网络安全部门队伍的建设。

在建立专业侦查打击队伍的同时,法院、检察院也要积极应对新型案件的挑战。检察官、法官相比网络安全部门侦查力量,缺乏相应计算机网络知识和技能,限于法学教育背景和办理案件种类的庞杂,很少有检察官、法官有能力精通纯正计算机网络犯罪知识,因此法院、检察院更加需要专业化办理类案机制。如2018年3月最高人民检察院印发《关于指派、聘请有专门知识的人参与办案若干问题的规定(试行)》,明确检察院可以指派、聘请有鉴定资格的人员,或者具备专业能力的其他人员,作为有专门知识的人参与办案。此项规定是检察系统明确引进外脑的重要举措,可以有效解决检察官在办理专业化案件过程中知识体系不足的问题。同时,近年来专业化的知识产权法院、互联网法院层出不穷,最高人民检察院张军检察长在2018年9月也公开表示探索设立包括知识产权检察院在内的专业检察院。可以说,贯穿整个刑事诉讼阶段的专业化办案思维和专业的侦查、检察、审判机构,才是有效治理纯正计算机网络犯罪的有效解决路径。

(二)关于互联网金融犯罪

针对此类犯罪,司法应对目前看来是一个难题。其实我国的整个司法系统,从公安的经济侦查队伍,到检察系统正在倡导的专业化建设,再到新设立的上海金融法院,在机制体制应对上都已经做出了积极努力。但目前突出的问题是,司法处理能力无法应对互联网金融的汹涌"爆雷",当一个地区短期内案件量激增,公安侦查机关疲于应对,检察院无法处理海量数据基础上的审计报告,法院审判阶段在维稳问题上牵扯过多精力,司法作为社会最后一道屏障的力量很难完美发挥。笔者认为,处理互联网金融犯罪问题应当将防线前移,从防止"爆雷"做起,金融监管和互联网监管走在前面,司法才能做到有效应对。

二、立法方面的改进

如前所述,近年来关于纯正计算机网络犯罪的立法工作已经相当具有成效,增设一批新罪名,相应的司法解释不断出台,但是在实际司法工作中还是凸显出新罪名入罪标准不明和司法解释不够的问题。以《刑法修正案(九)》新增的拒不履行信息网络安全管理义务罪、非法利用信息网络罪和帮助信息网络犯罪活动罪为例,从2015年新增到2018年,并没有出台专门的司法解释规定三个新罪名的入罪标准,甚至没有对"互联网接入、服务器托管、网络存储、通讯传输"等犯罪构成中出现的专业技术名词进行规范化解释,直接导致实际操作过程中,司法人员不知道这些罪名应当如何适用,相关罪名的案件数量也一直较少。

三、开展综合治理工作

犯罪是社会的毒瘤,互联网犯罪产生的原因也是深刻根植于当今中国经济、社会、人文和互联网的高速发展,如何治理和预防此类犯罪,不是司法机关单纯打击所能够解决的。近年来,一方面,立法机关、司法机关不断出台法律法规和司法解释,司法机关从体制机制角度不断创新应对集中爆发的各类问题,最高人民检察院分别于2017年10月和2018年7月发布第九批、第十批指导性案例,对准的正是纯正计算机网络犯罪和互联网金融犯罪问题。但另一方面,我们必须认识到,互联网犯罪治理工作中,必须引入移动通讯、银行金融、网络电信、大中型互联网公司等政府、企业的力量,丰富行政治理体系,规范互联网各个层级和方面的行为方式,从提高互联网从业人群的法治意识开始,带动整个网络体系的法治观念。

第十七章　涉黑犯罪专题研究

李卫红*　许振宇**

第一节　综览：数据的呈现

一、案件的基本情况

涉黑犯罪涉及组织、领导、参加黑社会性质组织罪，入境发展黑社会组织罪与包庇、纵容黑社会性质组织罪三个犯罪，但由于入境发展黑社会性质组织罪在2013年到2017年未发案，因此不作研究。本章仅对组织、领导、参加黑社会性质组织罪与包庇、纵容黑社会性质组织罪进行研究。

自2018年1月至2018年年底，"扫黑除恶"专项斗争共打掉涉黑组织1 292个、恶势力犯罪集团5 593个，破获各类刑事案件79 270起，缴获各种枪支851支，查封、扣押、冻结涉案资产621亿元，全国刑事案件同比下降7.70%，八类严重暴力犯罪同比下降13.80%。[①]

（一）组织、领导、参加黑社会性质组织罪

1. 案件量变化不明显

2013年到2017年，组织、领导、参加黑社会性质组织罪审结案件所涉及的裁判文书共计431件。其中，2014年的裁判文书数量最多，达134件。2014年以后，组织、领导、参加黑社会性质组织罪的裁判文书数量整体上逐年减少。2015年到2016年，组织、领导、参加黑社会性质组织罪的裁判文书数量出现断崖式下降，同比下降43.44%。

---

* 李卫红，中国社会科学院大学政法学院教授，法学博士。
** 许振宇，中国社会科学院大学，硕士研究生。
① 参见《全国公安机关扫黑除恶专项斗争取得明显成效》，载公安部官网（http://www.mps.gov.cn/n2253534/n2253535/c6378112/content.html），访问日期：2019年3月3日。

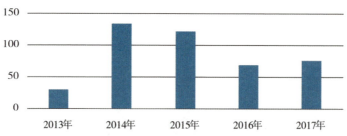

图 17-1　组织、领导、参加黑社会性质组织罪案件审结数年份分布（件）

以一审案件文书的审理程序分布情况为检索对象，2013年到2017年，适用简易程序审结的组织、领导、参加黑社会性质组织犯罪案件共23件。《刑事诉讼法》第214条第1款规定："基层人民法院管辖的案件，符合下列条件的，可以适用简易程序审判：（一）案件事实清楚、证据充分的；（二）被告人承认自己所犯罪行，对指控的犯罪事实没有异议的；（三）被告人对适用简易程序没有异议的。"简易程序在组织、领导、参加黑社会性质组织犯罪案件中的适用并未损害被告人的基本权利，且对于提高审判效率起着重要作用。

以审结案件文书的法院级别为检索对象，2013年到2017年，共审结组织、领导、参加黑社会性质组织犯罪案件429件。其中，基层人民法院共审结342件，占此类案件总数的79.72%；中级人民法院共审结82件，占此类案件总数的19.11%；高级人民法院共审结5件，占此类案件总数的1.17%。

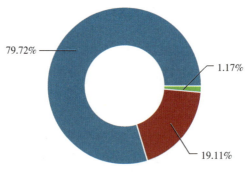

图 17-2　组织、领导、参加黑社会性质组织罪案件审结数法院层级分布

2. 案件分布大致呈现出沿海向内陆递减趋势，河南省、广东省远高于其他地区

以审结案件文书的地域分布为检索对象，2013年到2017年，共审结组织、领导、参加黑社会性质组织犯罪案件381件。排名前两位的是河南省、广东省，审结案件数量分别为105件、94件，占此类案件总数的27.56%、24.67%。其次是浙江省、湖北省、江苏省、湖南省，审结案

件数量分别为25件、25件、21件、19件,占此类案件总数的6.56%、6.56%、5.51%、4.99%。①

广东省因经济发达、外来人口众多、文化复杂多样,导致案件数量居高不下。此外,据学者研究显示,广东省是受到港澳地区及境外黑社会组织影响最为严重的地区,黑社会性质组织犯罪短时间内难以根除,且有继续蔓延、发展的可能性,并趋向黑社会组织转化,犯罪日趋职业化、智能化和多样化;犯罪区域不断扩张,国内黑社会性质犯罪趋于国际化。② 河南省发案率如此之高令人诧异,若以人口众多解释,根据第六次人口普查数据显示,河南省为94 029 939人,少于山东省的95 792 719人。③ 而2013年到2017年,河南省审结的组织、领导、参加黑社会性质组织案件却是山东省同期审结案件的9倍,这也是一个值得探究的问题。除此之外,组织、领导、参加黑社会性质组织罪的审结案件数量基本上呈现出从沿海向内陆递减的趋势。

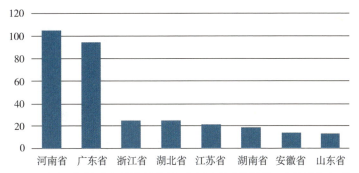

图17-3 组织、领导、参加黑社会性质组织罪案件审结数前八名地域分布(件)

笔者阅读了2017年审结的69件组织、领导、参加黑社会性质组织犯罪案件的裁判文书,其中只有1件明确表示存在"保护伞"。

(二)包庇、纵容黑社会性质组织罪

以审结案件文书数量作为检索对象,2013年到2017年,共审结包庇、纵容黑社会性质组织犯罪案件6件。其中,2013年1件(数据不完全),2014年0件,2015年3件,2016年1件,2017年1件。

以审结案件文书的法院级别为检索对象,2013年到2017年,共审结包庇、纵容黑社会性质组织犯罪案件6件。其中,基层人民法院共审结5件,占此类案件总数的83.33%;高级人民法院共审结1件,占此类案件总数的16.67%。

---

① 根据最高人民法院大数据管理和服务平台对2015年1月1日至2016年12月31日全国范围内刑事一审案件进行的统计,前九位分别为广东省、河南省、山东省、湖北省、江苏省、辽宁省、安徽省、湖南省、福建省。其中,广东省以170余件的数量远超60余件的河南省。参见 http://data.court.gov.cn/pages/categoryBrowse.html?classes=%E7%A4%BE%E4%BC%9A%E6%B2%BB%E7%90%86,访问日期:2019年5月4日。对此数据的差异,笔者猜测可能因为广东省涉黑犯罪由于各种原因未全部公布,因此以裁判文书进行分析可能存在不全面的问题。

② 参见盛清才:《广东省黑社会性质组织犯罪的现状及发展趋势》,载《湛江海洋大学学报》2006年第5期。

③ 参见国务院人口普查办公室、国家统计局人口和就业统计司编:《中国2010年人口普查资料》,载 http://www.stats.gov.cn/tjsj/pcsj/rkpc/6rp/indexch.htm,访问日期:2019年5月16日。

二、被告人基本情况

(一)组织、领导、参加黑社会性质组织罪

1. 被告人以男性为主,女性被告人中农村女性占绝大多数

2013年到2017年审结的431件组织、领导、参加黑社会性质组织犯罪案件,列明被告人性别的裁判文书中,男性占98.28%,女性占1.72%,男女比例约为57∶1。①

图17-4 组织、领导、参加黑社会性质组织罪审结案件被告人性别分布(人)

女性因其自身具有的不同于男性的生理、心理特点,女性犯罪远少于男性犯罪,以阻力不大、风险较小,不需耗费重体力的非暴力型犯罪居多;女性犯罪没有明显的高峰年龄期,犯罪年龄偏大,受教育年限相对短,农村女性比例高。② 在组织、领导、参加黑社会性质组织案件中,2013年到2017年,并未出现女性组织、领导黑社会性质组织案件,女性在黑社会性质组织中多数扮演者积极参加者与一般参加者的身份。典型的以胡某、陈某组织、领导、参加黑社会性质组织、寻衅滋事案③为例,该案中,多名被告人组成黑社会性质组织,以在商丘市区内非法插手处置各类债务纠纷、医疗事故、宅基地纠纷、拆迁补偿、邻里争执等经济、民事纠纷为经济来源,采取辱骂、殴打、侮辱、恐吓、任意损毁、占用公私财物等手段,无故滋事、无事生非、逞强耍横,有组织地多次进行违法犯罪活动,从中非法获利,严重破坏社会经济生活秩序,造成恶劣社会影响。

2. 18周岁至40岁之间的被告人占近八成

从被告人年龄(开庭审判时的年龄)分布看,在组织、领导、参加黑社会性质组织犯罪案件中,18周岁以上未满30岁的被告人数量最多,占被告人总人数的46.10%④;30岁以上未满40岁的被告人数量较多,占被告人总人数的31.84%;40岁以上未满50岁的被告人占比为

---

① 根据最高人民法院大数据管理和服务平台对2015年1月1日至2016年12月31日全国范围内刑事一审案件进行的统计,男性被告人约占97%,女性被告人约占3%。与此数据基本吻合。
② 参见勾蕾、王小平:《女性犯罪特点及相关因素》,载《国际精神病学杂志》2013年第3期。
③ 参见河南省睢县人民法院(2017)豫1422刑初263号判决书。
④ 根据最高人民法院大数据管理和服务平台对2015年1月1日至2016年12月31日全国范围内刑事一审案件进行的统计,被告人年龄主要分布在18周岁到30岁之间,人数占比为51.56%。与此数据基本吻合。

11.12%。此外,有为数较少的被告人处于 50 岁以上未满 60 岁、以及 60 岁以上未满 70 岁区间。①

虽然裁判文书网未公开不满 18 周岁的未成年人涉黑犯罪的裁判文书,但有学者对西南地区 2006 年 1 月 1 日至 2011 年 1 月 1 日未成年人涉黑犯罪生效裁判文书进行了研究,以作参考。涉黑未成年犯罪人共计 147 人,占总人数的 9.92%。涉黑未成年犯罪人中男性为 146 人,占 99.33%;女性 1 人,占 0.7%。未成年人开始实施涉黑行为的年龄主要集中在 16 周岁到 17 周岁,占 90.51%;最小年龄为 14 周岁,占 3.42%。无前科的未成年人 125 人,占 85.01%。属于"一般参加者"的涉黑未成年人为 118 人,占 80.31%;"积极参加者"有 27 人,占 18.42%;组织者和领导者有 1 人,占 0.72%。未成年人犯罪后无自首者 129 人,占 87.81%;有自首者 18 人,占 12.21%。涉黑未成年人犯罪后无立功者 141 人,占 95.91%;一般立功者 6 人,占 4.12%。② 未成年人涉黑占西南地区总涉黑人数的近 10.01%,这值得引起注意。未成年人涉黑犯罪中,女性比例要小于成年涉黑犯罪。未成年人涉黑犯罪中,初中学历的未成年人居多。

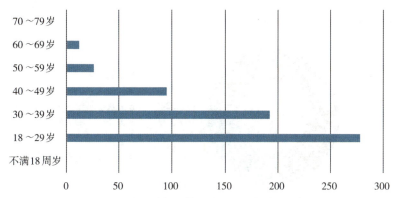

图 17-5 组织、领导、参加黑社会性质组织罪审结案件被告人年龄分布(人)

3. 被告人的文化程度主要为初中及以下,职业多为无业或农民

根据裁判文书中提取的数据,本罪被告人为初中文化程度的人数最多,占总人数的 60.97%;文盲或半文盲、小学文化程度的被告人占 25.20%,两类情况共计占比 86.17%。大学本科学历被告人在黑社会性质组织中承担的职责与其他学历被告人承担的职责并无不同,量刑上也无显著差异。

---

① 也有少数被告人年龄处于 50 岁到 70 岁之间。此外,由于文书记载方式等原因,少数被告人的年龄未能提取到。

② 参见刘卫花、陈世伟:《未成年人"涉黑"犯罪:典型特征与法制应对——基于西南地区裁判数据的研判》,载《预防青少年犯罪研究》2014 年第 6 期。

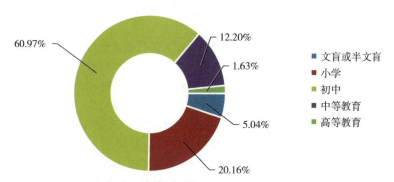

图 17-6　组织、领导、参加黑社会性质组织罪审结案件被告人文化程度分布

根据从裁判文书中提取的被告人职业分布信息来看,无业人员是组织、领导、参加黑社会性质组织犯罪的高发人群,占 60.93%;农民占比为 26.05%。[1] 对性别、年龄、学历、职业四项要素进行综合,可以得出年龄在 18 岁到 39 岁初中学历的无业男性或农民更易实施组织、领导、参加黑社会性质组织犯罪的结论。

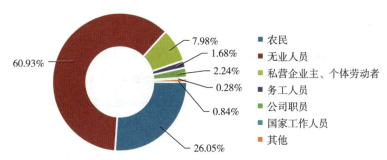

图 17-7　组织、领导、参加黑社会性质组织罪审结案件被告人职业分布

(二) 包庇、纵容黑社会性质组织罪

2013 年到 2017 年审结的 6 件包庇、纵容黑社会性质组织犯罪案件,被告人全部为男性;被告人的年龄为 50 岁到 59 岁。

三、案件审理情况

(一) 组织、领导、参加黑社会性质组织罪

1. 开设赌场、放高利贷与涉黑犯罪联系密切

2013 年到 2017 年审结的 431 件组织、领导、参加黑社会性质组织犯罪案件,裁判文书中

---

[1] 根据最高人民法院大数据管理和服务平台对 2015 年 1 月 1 日至 2016 年 12 月 31 日全国范围内刑事一审案件进行的统计,48.14% 的被告人为无业人员,22.69% 的被告人为农民。需要指出的是,对于职业的划分并不是十分精准,裁判文书对于职业是否记载做法也不一,组织、领导、参加黑社会性质组织犯罪案件中,40% 的文书无法提取出职业或者难以归入前述类别,这是观察被告人职业时需要注意的。

出现预设非法敛财方式的共249件,其中开设赌场的176件,占总数的70.69%;放高利贷的70件,占总数的28.11%;涉毒2件,占总数的0.80%;涉枪1件,占总数的0.40%。

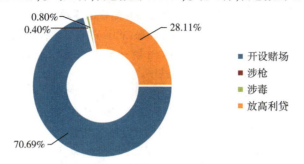

图17-8　组织、领导、参加黑社会性质组织罪审结案件常见敛财方式

2. 一般累犯与有前科劣迹的被告人占比较大

裁判文书中列明影响量刑的要素的案件中,一般累犯有76件,特别累犯有6件。

(二)包庇、纵容黑社会性质组织罪

2013年到2017年审结的6件包庇、纵容黑社会性质组织犯罪案件,裁判文书中出现预设非法敛财方式的共3件,其中开设赌场2件,放高利贷1件。

第二节　检视:罪与罚的规范思考

一、犯罪认定的思考

(一)黑社会性质组织的认定

1997年《刑法》对黑社会犯罪规定如下:组织、领导和积极参加以暴力、威胁或者其他手段,有组织地进行违法犯罪活动,称霸一方,为非作恶,欺压、残害群众,严重破坏经济、社会生活秩序的黑社会性质的组织的,处3年以上10年以下有期徒刑;其他参加的,处3年以下有期徒刑、拘役、管制或者剥夺政治权利。

2000年12月5日,最高人民法院发布《关于审理黑社会性质组织犯罪的案件具体应用法律若干问题的解释》(以下简称"2000年《审理黑社会组织案件解释》"),第1条规定了《刑法》第294条规定的"黑社会性质的组织"应当具备四项基本特征:"(一)组织结构比较紧密,人数较多,有比较明确的组织者、领导者,骨干成员基本固定,有较为严格的组织纪律;(二)通过违法犯罪活动或者其他手段获取经济利益,具有一定的经济实力;(三)通过贿赂、威胁等手段,引诱、逼迫国家工作人员参加黑社会性质组织活动,或者为其提供非法保护;(四)在一定区域或者行业范围内,以暴力、威胁、滋扰等手段,大肆进行敲诈勒索、欺行霸市、聚众斗殴、寻衅滋事、故意伤害等违法犯罪活动,严重破坏经济、社会生活秩序。"

2002年4月28日,全国人民代表大会常务委员会发布《关于〈中华人民共和国刑法〉第二百九十四条第一款的解释》(以下简称2002年《立法解释》),规定《刑法》第294条第1款规定的"黑社会性质的组织"应当同时具备以下特征:"(一)形成较稳定的犯罪组织,人数较多,有明确的组织者、领导者,骨干成员基本固定;(二)有组织地通过违法犯罪活动或者其他手段获取经济利益,具有一定的经济实力,以支持该组织的活动;(三)以暴力、威胁或者其他手段,有组织地多次进行违法犯罪活动,为非作恶,欺压、残害群众;(四)通过实施违法犯罪活动,或者利用国家工作人员的包庇或者纵容,称霸一方,在一定区域或者行业内,形成非法控制或者重大影响,严重破坏经济、社会生活秩序。"

2002年《立法解释》与2000年《审理黑社会组织案件解释》的区别在于:一是在组织特征方面,删除了"有较为严格的组织纪律";二是在经济特征方面,对"违法犯罪活动或者其他手段获取经济利益"的活动要求"有组织地",并增加了"以支持该组织的活动";三是在行为特征方面,强调"有组织地多次进行违法犯罪活动,为非作恶,欺压、残害群众",删除了"引诱、逼迫国家工作人员参加黑社会性质组织活动,或者为其提供非法保护";四是在危害性特征方面,要求"在一定区域或者行业内,形成非法控制或者重大影响"。

2002年《立法解释》的内容被2011年颁行的《刑法修正案(八)》采纳,并作为认定黑社会性质组织的标准沿用至今。

笔者阅读了2017年审结的71件组织、领导、参加黑社会性质组织犯罪的裁判文书,形成有效数据69件,完全认定四项基本特征的有38件,认定组织特征的有50件,认定经济特征的有41件,认定行为特征的有49件,认定危害特征的有49件。

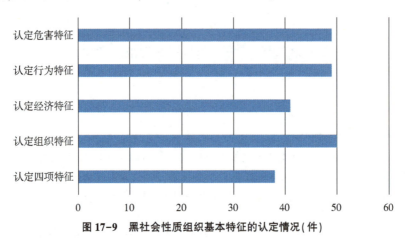

图17-9 黑社会性质组织基本特征的认定情况(件)

1. 组织特征

(1)组织者、领导者、积极参加者、一般参加者的认定

关于组织者和领导者的认定,2009年最高人民法院、最高人民检察院、公安部印发的《办理黑社会性质组织犯罪案件座谈会纪要》(以下简称《办理黑社会组织案件会议纪要》)指出,组织者、领导者,是指黑社会性质组织的发起者、创建者,或者在组织中实际处于领导地位,对整个组织及其运行、活动起着决策、指挥、协调、管理作用的犯罪分子,既包括通过一定形式产生的有明确职务、称谓的组织者、领导者,也包括在黑社会性质组织中被公认的事实上的组织者、领导者。2018年最高人民法院、最高人民检察院、公安部、司法部印发的《关于办理黑恶势力犯罪案件若干问题的指导意见》(以下简称"2018年《办理黑恶势力犯罪指导意见》")指

出,黑社会性质组织的组织者、领导者,既包括通过一定形式产生的有明确职务、称谓的组织者、领导者,也包括在黑社会性质组织中被公认的事实上的组织者、领导。因此,关于组织者和领导者需要从形式与实质两个方面进行认定。

关于积极参加者的认定,2009年《办理黑社会组织案件会议纪要》指出,积极参加者,是指接受黑社会性质组织的领导和管理,多次积极参与黑社会性质组织的违法犯罪活动,或者积极参与较严重的黑社会性质组织的犯罪活动且作用突出,以及其他在组织中起重要作用的犯罪分子,如具体主管黑社会性质组织的财务、人员管理等事项的犯罪分子。"接受黑社会性质组织的领导和管理"中的"接受"一词有着主客观两方面的含义:一方面是指主观上有将自己置于黑社会性质组织管控之下的意愿;另一方面是指客观上有接受黑社会性质组织领导和管理的事实。① 对于客观上有接受黑社会性质组织领导和管理的事实又分为三种情形,"多次积极参与黑社会性质组织的违法犯罪活动""积极参与较严重的黑社会性质组织的犯罪活动且作用突出"及"其他在组织中起重要作用"。

2018年《办理黑恶势力犯罪指导意见》指出,参加黑社会性质组织并具有以下情形之一的,一般应当认定为"积极参加黑社会性质组织":多次积极参与黑社会性质组织的违法犯罪活动,或者积极参与较严重的黑社会性质组织的犯罪活动且作用突出,以及其他在组织中起重要作用的情形,如具体主管黑社会性质组织的财务、人员管理等事项。对2009年《办理黑社会组织案件会议纪要》的规定进一步确认。

关于"积极参加者"与"骨干成员"的关系问题,也是一个需要厘清的问题。2017年审结的形成有效数据的69件组织、领导、参加黑社会性质组织犯罪案件裁判文书中,仅有2件明确区分了积极参加者和骨干成员,其余一律将"骨干成员"与"积极参加者"混用。② 根据《刑法》第294条第1款的规定,黑社会性质组织的成员包括组织者、领导者以及积极参加者、一般参加者,并对三种类型的成员分别设置了不同档次的刑罚。《刑法》第294条第5款第(一)项规定,黑社会性质的组织应当"有明确的组织者、领导者,骨干成员基本固定",提到了"骨干成员",且与组织者、领导者一同列举,可知骨干成员并不是组织者、领导者,而是属于积极参加者。原全国人大常委会法制工作委员会黄太云同志在解读2002年《立法解释》时指出,骨干成员,通常是指从组织者、领导者那里受领任务又指挥和积极参与实施具体的犯罪活动的人。骨干成员是积极参加者中的一部分,应当满足积极参加者的认定条件;骨干成员应当是直接听命于组织者、领导者的积极参加者;骨干成员在黑社会性质组织中所起的作用应当大于一般的积极参加者。③ 以李某某组织、领导、参加黑社会性质组织案④为例,法院认定为骨干成员的被告人多次参加该组织的会议,为组织出谋划策,并按照组织的规定控制一定区域的雷剧演出市场,完全符合积极参加者的认定,同时骨干成员比积极参加者在黑社会性质组织中发挥的作用更大。

---

① 参见中华人民共和国最高人民法院刑事审判第一、二、三、四、五庭主办:《刑事审判参考》(总第107集),法律出版社2017年版,第7页。
② 参见湖北省罗田县人民法院(2017)鄂1123刑初138号判决书(侯某某组织、领导、参加黑社会性质组织、开设赌场案);湛江市麻章区人民法院(2017)粤0811刑初118号判决书(李某某组织、领导、参加黑社会性质组织案)。
③ 参见中华人民共和国最高人民法院刑事审判第一、二、三、四、五庭主办:《刑事审判参考》(总第107集),法律出版社2017年版,第21—22页。
④ 参见湛江市麻章区人民法院(2017)粤0811刑初118号判决书。

(2)组织存续时间

《刑法》第294条第5款第(一)项中规定"形成较稳定的犯罪组织",即表述了黑社会性质组织应当是在较长时期内持续存在的犯罪组织。2018年4月27日,最高人民检察院公诉厅组织举办了2018年第一期全国检察机关公诉业务网络培训。时任最高人民检察院公诉厅起诉一处副处长齐涛以"发挥公诉职能作用,严格依法办理黑恶势力犯罪案件"为主题进行了授课,指出,要准确把握黑社会性质组织的成立,重点在具体案件中,要有组织成立的时间或事件。笔者对2017年审结的79件组织、领导、参加黑社会性质组织犯罪案件裁判文书进行检索,其中使用"逐步形成"词汇的有36件,使用"逐渐形成"词汇的有23件,多数裁判文书中既无明确成立时间也无重大事件。

2015年最高人民法院《全国部分法院审理黑社会性质组织犯罪案件工作座谈会纪要》(以下简称"2015年《审理黑社会组织案件会议纪要》")中指出,黑社会性质组织存续时间的起点,可以根据涉案犯罪组织举行成立仪式或者进行类似活动的时间来认定。没有前述活动的,可以根据足以反映其初步形成核心利益或强势地位的重大事件发生时间进行审查判断。没有明显标志性事件的,也可以根据涉案犯罪组织为维护、扩大组织势力、实力、影响、经济基础或按照组织惯例、纪律、活动规约而首次实施有组织的犯罪活动的时间进行审查判断。存在、发展时间明显过短、犯罪活动尚不突出的,一般不应认定为黑社会性质组织。

笔者对2017年审结的69件组织、领导、参加黑社会性质组织犯罪案件裁判文书进行统计,认定的黑社会性质组织形成时间在5年以上的有58件、3年以上4年以下的有5件、2年以上3年以下的有5件、1年以上2年以下的有1件。在上述裁判文书中,绝大多数均未举行成立仪式或是进行类似的活动,而是从某一个时间点开始不断吸收成员,组织不断扩大,更没有足以反映其初步形成核心利益或强势地位的重大事件以及涉案犯罪组织为维护、扩大组织势力、实力、影响、经济基础或按照组织惯例、纪律、活动规约而首次实施有组织的犯罪活动。笔者认为,原因可能在于,已审结的案件中黑社会性质组织成立时间较长,在此期间由于躲避查处、经济状况或者其他原因停滞过一段时间,或者是主要人员进行更换所以难以认定起始时间。除此之外,笔者认为,2015年《审理黑社会组织案件会议纪要》的认定标准不具有足够的可行性,主要在于给办案机关带来极大的难度,在认定某被告人成立该罪时,还需要对黑社会性质组织起始时间、成立仪式或重大事件或有组织的犯罪活动一一认定,加重了办案机关的工作量,导致办案机关不愿进行认定。再者,黑社会性质组织成立时间较长客观上难以认定,或者成员几经轮换难以查证,导致办案机关不能认定。

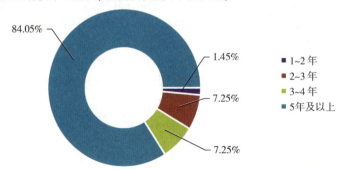

图17-10 黑社会性质组织存续时间分布情况

有学者对2012年至2018年广东省25个黑社会性质组织的存续时间进行了统计,存在时间为2年以下、3年至5年、6年至10年、11年及以上的组织数量分别为1个、10个、10个、4个。存在时间为3年至5年、6年至10年的黑社会性质组织数量最多,占总数的80%。① 两组关于黑社会性质组织存续时间的数据基本上可以显示,"运动式"打黑除恶仅仅在专项斗争时效果显著,之后的时间内反而成为黑社会性质组织的滋生、发育期。这体现了司法机关对黑恶势力的打击必须成为长期任务。

对于较长时期内暂停实施违法犯罪活动,能否认定黑社会性质组织持续存在的问题,《刑事审判参考》(第107集)第1155号指导案件汪振等人组织、领导、参加黑社会性质组织案②给出了回答。第一种情况,有些黑社会性质组织脱离"打打杀杀"的初级阶段后,往往会以合法行业为主要经济来源,并会为逃避打击而自我"洗白",在其暂停违法犯罪活动期间,组织成员、结构一般不会发生大的变化,认定起来相对容易。第二种情况,黑社会性质组织发展过程中为逃避公安司法机关查破等原因被迫暂时停止实施违法活动,形成组织"溃散"的假象时,判断黑社会性质组织是否持续存在,应当着重审查组织者、领导者、骨干成员等核心成员是否具有延续性,以及组织的非法影响是否具有延续性。

(3) 组织成员人数

关于黑社会性质组织的成员人数,在立法上未予以规定,司法上也未形成统一的标准。2015年《审理黑社会组织案件会议纪要》规定,黑社会性质组织应当具有一定规模,人数较多,组织成员一般在10人以上。该处10人以上的规定,既包括"已有充分证据证明但尚未归案的组织成员",又包括"有参加黑社会性质组织的行为但因尚未达到刑事责任年龄或因其他法定情形而未被起诉,或者根据具体情节不作为犯罪处理的组织成员"。2015年《审理黑社会组织案件会议纪要》提出了"10人说",主要是基于两点考虑:一是对于未到案、未起诉、未定罪处罚的人员在认定黑社会性质组织时常作组织成员;二是预防实践中可能出现为了凑齐人数而将本不该认定为黑社会性质组织成员的被告人"拔高"认定的问题。③ 2018年《办理黑恶势力犯罪指导意见》提出,黑社会性质组织一般在短时间内难以形成,而且成员人数较多,但鉴于"恶势力"团伙和犯罪集团向黑社会性质组织发展是个渐进的过程,没有明显的性质转变的节点,故对黑社会性质组织存在时间、成员人数问题不宜作出"一刀切"的规定。笔者对2017年审结的69件组织、领导、参加黑社会性质组织犯罪案件裁判文书进行统计,组织者、领导者1人的有47件,2人的有7件,3人的有2件;积极参加者1人的有3件,2人的有5件,3人的有9件,4人的有3件,5人的有5件,6人的有6件,7人的有3件,8人的有4件,9人的有3件,10人以上的有4件;一般参加者3人的有4件,4人的有5件,5人的有3件,6人的有6件,7人的有1件,8人的有4件,10人的有2件,10人以上的有14件。从上述统计来看,黑社会性质组织的组织者、领导者多为1人,在此情况下较易对黑社会性质组织形成统一的领

---

① 参见张翔、李康震:《广东省黑社会性质组织犯罪实证调查研究——基于已判刑的25个黑社会性质组织的考察》,载《江西警察学院学报》2018年第3期。

② 参见中华人民共和国最高人民法院刑事审判第一、二、三、四、五庭主办:《刑事审判参考》(总第107集),法律出版社2017年版,第41页。

③ 参见戴长林、朱和庆、刘广三等:《〈全国部分法院审理黑社会性质组织犯罪案件工作座谈会纪要〉的理解与适用》,载中华人民共和国最高人民法院刑事审判第一、二、三、四、五庭主办:《刑事审判参考》(总第107集),法律出版社2017年版,第136—150页。

导;积极参加者的数量并未发现规律,从 1 人至 10 人以上均有分布,说明积极参加者数量在黑社会性质组织中可多可少;一般参加者的最少人数为 3 人,加之不作为犯罪处理的成员,限制了黑社会性质组织的体量。

此外,有学者对 2012 年至 2018 年广东省 25 个黑社会性质组织的规模进行了统计,人数在 11 人到 20 人之间的组织数量最多,共计 11 个,占总数的 44%;人数为 21 人到 30 人的组织,共计 7 个;人数为 31 人到 50 人、51 人及以上的组织分别为 4 个和 3 个,占总数的 16% 和 12%。人数为 11 人到 20 人或 21 人到 30 人的组织占被考察组织的大多数,合计占总数的 72%。① 通过与裁判文书分析的数据比较,可以发现裁判文书中列明的被告人并非为黑社会性质组织的全部成员。除此之外,两组数据共同显示,我国大多数黑社会性质组织为中小型组织。

(4)纪律规约

在组织特征方面,黑社会性质组织内部形成"规矩"是其重要的表现形式之一。

2009 年《办理黑社会组织案件会议纪要》指出,在通常情况下,黑社会性质组织为了维护自身的安全和稳定,一般会有一些约定俗成的纪律、规约,有些甚至还有明确的规定。因此,具有一定的组织纪律、活动规约,也是认定黑社会性质组织特征时的重要参考依据。

2015 年《审理黑社会组织案件会议纪要》进一步指出,对于黑社会性质组织的组织纪律、活动规约,应当结合制定、形成相关纪律、规约的目的与意图进行审查判断。凡是为了增强实施违法犯罪活动的组织性、隐蔽性而制定或者自发形成,并用以明确组织内部人员管理、职责分工、行为规范、利益分配、行动准则等事项的成文或不成文的规定、约定,均可认定为黑社会性质组织的组织纪律、活动规约。

笔者对 2017 年审结的 69 件组织、领导、参加黑社会性质组织犯罪案件裁判文书进行统计,裁判文书中明确指出黑社会性质组织存在成文、不成文的组织纪律、活动规约的有 12 件。黑社会性质组织的纪律规约既有成文的,也有不成文的,其中既有"不许吸毒""不许赌博"等个人要求,也有"不能离开集体办私事""行动时不关手机""做事不力有惩罚"等行动要求,对此应结合 2015 年《审理黑社会组织案件会议纪要》规定的"结合制定、形成相关纪律、规约的目的与意图来进行审查判断"。

2. 经济特征

(1)"一定经济实力"的认定

2009 年《办理黑社会组织案件会议纪要》指出,一定的经济实力是黑社会性质组织称霸一方的基础。并要求注意,在办案时不能一般性地要求黑社会性质组织所具有的经济实力必须达到特定规模或特定数额。由于黑社会性质组织的规模、非法控制的行业或区域、涉及行业的利润空间以及存在发展的时间不同,所以无法一般性地要求黑社会性质组织的经济实力达到特定规模或特定数额。

黑社会性质组织的敛财方式具有多样性。笔者阅读了 2017 年审结的 69 件组织、领导、参加黑社会性质组织罪的裁判文书,对黑社会性质组织的敛财方式进行了统计,其中涉及赌博业的,33 件;涉及建筑业的,11 件;涉及采矿业的,9 件;涉及运输业的,9 件;涉及金融业的

---

① 参见张翔、李康震:《广东省黑社会性质组织犯罪实证调查研究——基于已判刑的 25 个黑社会性质组织的考察》,载《江西警察学院学报》2018 年第 3 期。

（主要涉及高额利息放贷），7件；涉及毒品业的，6件；涉及食品加工业的，4件；涉及娱乐业的（主要收取保护费），4件；其他行业，7件。

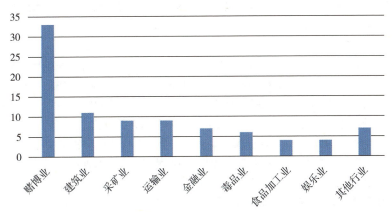

图17-11　黑社会性质组织常见的敛财方式（件）

黑社会性质组织的敛财方式大到买卖枪支、毒品以及有组织地进行抢劫、寻衅滋事、敲诈勒索、故意伤害，中到控制水产市场、二手车回收市场、废品回收市场，小到控制某一区域的喜帖、冥币、蚊子药、蝇子药、敌敌畏等"四害药"或是控制小吃店的面条、馄饨皮、饺子皮供应，甚至挖螺仔、收购冬笋。在既往认识中，黑社会性质组织往往通过毒品或者淫秽色情行业进行敛财，但现在来看，其可能控制到社会生活的方方面面。在黑社会性质组织控制了一定的区域或行业后，其有可能进行合法敛财，以脱离低级的通过违法犯罪取财的初级阶段，但不论是以非法手段获取经济利益，还是以合法手段敛财，只要"将其中部分或全部用于违法犯罪活动或者维系犯罪组织的生存、发展"，就可以认定该黑社会性质组织具有"一定经济实力"。

除以非法或者合法手段获取经济利益之外，2015年《审理黑社会组织案件会议纪要》还指出，组织成员以及其他单位、个人资助黑社会性质组织的资产也应认定在经济实力之内。并指出，上述三种方式获得的财产，只要是"有组织地"获取，即使是由部分组织成员个人掌控，也应计入黑社会性质组织的"经济实力"。

2018年《办理黑恶势力犯罪指导意见》进一步规定，将"调动一定规模的经济资源用以支持该组织活动的能力"也认定为"具有一定的经济实力"。并增加规定，组织成员主动将个人或者家庭资产中的一部分用于支持该组织活动，其个人或者家庭资产可全部计入"一定的经济实力"，但数额明显较小或者仅提供动产、不动产使用权的除外。

2015年《审理黑社会组织案件会议纪要》考虑到各地经济发展水平或其他因素的影响，规定各高级人民法院可以根据本地区的实际情况，对黑社会性质组织所具有的"经济实力"在20万元到50万元幅度内，自行划定一般掌握的最低数额标准。

（2）"支持该组织活动"的认定

2009年《办理黑社会组织案件会议纪要》规定，"用于违法犯罪活动或者维系犯罪组织的生存、发展"，一般是指购买作案工具、提供作案经费，为受伤、死亡的组织成员提供医疗费、丧葬费，为组织成员及其家属提供工资、奖励、福利、生活费用，为组织寻求非法保护以及其他与实施有组织的违法犯罪活动有关的费用支出等。

2015年《审理黑社会组织案件会议纪要》补充规定,无论获利后的分配与使用形式如何变化,只要在客观上能够起到豢养组织成员、维护组织稳定、壮大组织势力的作用即可认定。

3. 行为特征

(1)行为手段

2009年《办理黑社会组织案件会议纪要》指出,暴力性、胁迫性和有组织性是黑社会性质组织行为方式的主要特征。"其他手段"主要包括两种:以暴力、威胁为基础,在利用组织势力和影响已对他人形成心理强制或威慑的情况下,进行所谓的"谈判""协商""调解";滋扰、哄闹、聚众等其他干扰、破坏正常经济、社会生活秩序的非暴力手段。

2015年《审理黑社会组织案件会议纪要》指出,黑社会性质组织实施的违法犯罪活动包括非暴力性的违法犯罪活动,但暴力或以暴力相威胁始终是黑社会性质组织实施违法犯罪活动的基本手段,并随时可能付诸实施。

当黑社会性质组织发展到一定阶段后暴力色彩会有所减弱,往往会更多地采用滋扰恫吓、造势摆场等非暴力、"软暴力"手段来达到不法目的。① 因此,2015年《审理黑社会组织案件会议纪要》提示注意,摒弃司法实践中认为的黑社会性质组织不需要实施暴力、胁迫行为也可形成"非法控制"的观点,暴力手段或者以暴力相威胁的手段是黑社会性质组织对公众形成心理强制的重要原因。

最高人民法院公布的《司法大数据专题报告之涉黑犯罪》显示,与组织、领导、参加黑社会性质组织罪关联最多的前五个罪名分别为:寻衅滋事罪、故意伤害罪、敲诈勒索罪、聚众斗殴罪、强迫交易罪。② 可以看到既有暴力犯罪也有以暴力相威胁的非暴力犯罪,因此在认定黑社会性质组织的行为特征时应当慎重,不应将行为方式局限为"硬暴力"或者"软暴力"。

(2)有组织地多次进行违法犯罪活动

2009年《办理黑社会组织案件会议纪要》指出,"黑社会性质组织实施的违法犯罪活动"主要包括以下情形:由组织者、领导者直接组织、策划、指挥、参与实施的违法犯罪活动;由组织成员以组织名义实施,并得到组织者、领导者认可或者默许的违法犯罪活动;多名组织成员为逞强争霸、插手纠纷、报复他人、替人行凶、非法敛财而共同实施,并得到组织者、领导者认可或者默许的违法犯罪活动;组织成员为组织争夺势力范围、排除竞争对手、确立强势地位、谋取经济利益、维护非法权威或者按照组织的纪律、惯例、共同遵守的约定而实施的违法犯罪活动;由黑社会性质组织实施的其他违法犯罪活动。

2015年《审理黑社会组织案件会议纪要》进一步规定,属于2009年《办理黑社会组织案件会议纪要》规定的五种情形之一的,一般应当认定为黑社会性质组织实施的违法犯罪活动,但确与维护和扩大组织势力、实力、影响、经济基础无任何关联,亦不是按照组织惯例、纪律、活动规约而实施,则应作为组织成员个人的违法犯罪活动处理。

---

① 参见戴长林、朱和庆、刘广三等:《〈全国部分法院审理黑社会性质组织犯罪案件工作座谈会纪要〉的理解与适用》,载中华人民共和国最高人民法院刑事审判第一、二、三、四庭主办:《刑事审判参考》(总第107集),法律出版社2017年版,第136—150页。

② 参见最高人民法院:《司法大数据专题报告之涉黑犯罪》,载 http://www.court.gov.cn/fabu-xiangqing-71062.html,访问日期:2019年9月24日。

2015年《审理黑社会组织案件会议纪要》中指出的是按照"组织惯例"实施的违法犯罪活动如何认定的问题。有观点认为,对于组织成员个人依照自己想法实施的违法犯罪活动,不能仅仅因为组织者与领导者未尽到尽职义务,就当作黑社会性质组织的违法犯罪活动来处理,组织者、领导者也不应当因此承担相应罪责。黑社会性质组织的宗旨就是要通过实施违法犯罪活动建立非法秩序,组织者、领导者在创建、管理犯罪组织时,对于组织成员可能实施多种违法犯罪活动有概括的预见和故意。① 该问题在 2018 年《办理黑恶势力犯罪指导意见》中已解决,将"按照该组织的纪律规约、组织惯例实施的"认定为"黑社会性质组织实施的违法犯罪活动"。

4. 危害特征

(1)"一定区域"的认定

2009 年《办理黑社会组织案件会议纪要》指出,区域的大小具有相对性,且黑社会性质组织非法控制和影响的对象并不是区域本身,而是在一定区域中生活的人,以及该区域内的经济、社会生活秩序。因此,不能简单地要求"一定区域"必须达到某一特定的空间范围,而应当根据具体案情,并结合黑社会性质组织对经济、社会生活秩序的危害程度加以综合分析判断。

2015 年《审理黑社会组织案件会议纪要》对 2009 年《办理黑社会组织案件会议纪要》的规定进行了限缩,黑社会性质组织所控制和影响的"一定区域",应当具备一定空间范围,并承载一定的社会功能。既包括一定数量的自然人共同居住、生活的区域,如乡镇、街道、较大的村庄等,也包括承载一定生产、经营或社会公共服务功能的区域,如矿山、工地、市场、车站、码头等。对此,应当结合一定地域范围内的人口数量、流量、经济规模等因素综合评判。

2018 年《办理黑恶势力犯罪指导意见》规定,一定区域的大小具有相对性,不能简单地要求一定区域必须达到某一特定的空间范围,而应当根据具体案情,并结合黑社会性质组织对经济、社会生活秩序的危害程度加以综合分析判断。该意见对"一定区域"的规定回到了 2009 年《办理黑社会组织案件会议纪要》的立场上,对于区域空间的大小、范围不再作特殊要求。如此一来,如果涉案犯罪组织的控制和影响仅存在于一家酒店、一处娱乐场所等空间范围有限的场所或者人口数量、流量、经济规模较小的其他区域,也可能被认定为是对"一定区域"的控制和影响。②

从 2009 年到 2015 年再到 2018 年,对一定区域的认定经历了从大到小再到大的过程,可以从中感受到刑事政策对犯罪认定的影响,但无论如何,都要落实到"依法"这一最根本的依据上来。

(2)"一定行业"的认定

2009 年《办理黑社会组织案件会议纪要》对于"一定行业"的理解和把握,指出黑社会性质组织所控制和影响的行业,既包括合法行业,也包括黄、赌、毒等非法行业。这些行业一般涉及生产、流通、交换、消费等一个或多个市场环节。

---

① 参见戴长林、朱和庆、刘广三等:《〈全国部分法院审理黑社会性质组织犯罪案件工作座谈会纪要〉的理解与适用》,载中华人民共和国最高人民法院刑事审判第一、二、三、四、五庭主办:《刑事审判参考》(总第 107 集),法律出版社 2017 年版,第 136—150 页。

② 参见周光权:《黑社会性质组织非法控制特征的认定——兼及黑社会性质组织与恶势力团伙的区分》,载《中国刑事法杂志》2018 年第 3 期。

2015年《审理黑社会组织案件会议纪要》同样在"一定行业"的范围内对2009年《办理黑社会组织案件会议纪要》的规定进行限缩,"一定行业"指在一定区域内存在的同类生产、经营活动,要求必须存在"同类"生产经营活动。2018年《办理黑恶势力犯罪指导意见》并未修改2015年《审理黑社会组织案件会议纪要》的规定,说明认可了"存在同类的生产经营、活动"的限制。

(3)"非法控制"的认定

2009年《办理黑社会组织案件会议纪要》指出,如下八种情况可以认定为"在一定区域或行业内,形成非法控制或者重大影响,严重破坏经济、社会生活秩序":对在一定区域内生活或者在一定行业内从事生产、经营的群众形成心理强制、威慑,致使合法利益受损的群众不敢举报、控告的;对一定行业的生产、经营形成垄断,或者对涉及一定行业的准入、经营、竞争等经济活动形成重要影响的;插手民间纠纷、经济纠纷,在相关区域或者行业内造成严重影响的;干扰、破坏他人正常生产、经营、生活,并在相关区域或者行业内造成严重影响的;干扰、破坏公司、企业、事业单位及社会团体的正常生产、经营、工作秩序,在相关区域、行业内造成严重影响,或者致使其不能正常生产、经营、工作的;多次干扰、破坏国家机关、行业管理部门以及村委会、居委会等基层群众自治组织的工作秩序,或者致使上述单位、组织的职能不能正常行使的;利用组织的势力、影响,使组织成员获取政治地位,或者在党政机关、基层群众自治组织中担任一定职务的;其他形成非法控制或者重大影响,严重破坏经济、社会生活秩序的情形。

2015年《审理黑社会组织案件会议纪要》基本肯定了2009年《办理黑社会组织案件会议纪要》的八种规定,并沿袭对"一定区域"和"一定行业"的限缩,对2009年《办理黑社会组织案件会议纪要》规定的八种"非法控制"情形继续进行逐一限缩。但是,2018年《办理黑恶势力犯罪指导意见》继续对"非法控制"的认定标准进行了放宽。

(二)"保护伞"问题研究

1. 规范性文件规定沿革

2001年6月17日,最高人民检察院发布《关于在"严打"整治斗争中依法查办涉嫌职务犯罪案件的通知》,其中提到"依法查办了一批充当黑恶势力犯罪'保护伞'的职务犯罪案件","但目前这项工作的开展还不平衡","'严打'整治和查办职务犯罪工作结合得不够紧密"。

2002年4月12日,最高人民检察院发布《关于开展"打黑除恶"立案监督专项行动的实施意见》。该意见中提到,特别是把那些涉及司法人员、行政执法人员徇私舞弊,甚至充当黑恶势力"保护伞",放纵犯罪的案件,作为立案监督的重中之重。要深挖严查黑恶势力的后台和"保护伞"。对于"保护伞"的案件线索,必要时可以适用《刑事诉讼法》关于"对于国家机关工作人员利用职权实施的其他重大的犯罪案件,需要由人民检察院直接受理的时候,经省级以上人民检察院决定,可以由人民检察院立案侦查"的规定。

2002年5月13日,最高人民检察院发布《关于认真贯彻执行全国人大常委会〈关于刑法第二百九十四条第一款的解释〉和〈关于刑法第三百八十四条第一款的解释〉的通知》。根据该通知的规定,黑社会性质组织是否有国家工作人员充当"保护伞",即是否要有国家工作人员参与犯罪或者为犯罪活动提供非法保护,不影响黑社会性质组织的认定,对于同时具备该通知规定的黑社会性质组织四个特征的案件,应依法予以严惩,以体现"打早打小"的立法精神。同时,对于确有"保护伞"的案件,也要坚决一查到底,绝不姑息。

2015年《审理黑社会组织案件会议纪要》中指出,各级人民法院应当充分认识"保护伞"的严重危害,将依法惩处"保护伞"作为深化打黑除恶工作的重点环节和深入开展反腐败斗争的重要内容,正确运用刑法的有关规定,有效加大对于"保护伞"的惩处力度。同时,各级人民法院还应当全面发挥职能作用,对于审判工作中发现的涉及"保护伞"的线索,应当及时转往有关部门查处,确保实现"除恶务尽"的目标。

2018年1月16日,最高人民法院、最高人民检察院、公安部、司法部发布《关于办理黑恶势力犯罪案件若干问题的指导意见》,要求严厉打击"村霸""宗族恶势力""保护伞"以及"软暴力"等犯罪,坚决深挖黑恶势力"保护伞"。

2. "保护伞"的认定

2000年《审理黑社会组织案件解释》中指出,"通过贿赂、威胁等手段,引诱、逼迫国家工作人员参加黑社会性质组织活动,或者为其提供非法保护"是"黑社会性质的组织"一般特征之一。当前刑法学界对于"保护伞"的概念并未有统一认识。有观点认为:"所谓黑恶势力的'保护伞',它是一个形象化的比喻,是指支持、纵容、包庇黑恶势力的滋长、蔓延、扩大和逃避法律惩处的国家机关工作人员。"① 也有观点从犯罪学上加以限定,所谓黑社会性质组织的"保护伞",是指政府官员包庇、纵容黑社会性质组织的违法犯罪行为,为其提供各种便利或非法保护,或者国家公职人员组织、领导、参与黑社会性质组织,与其沆瀣一气,共同实施违法犯罪活动的统称。② 另有观点主张,"保护伞"可以大致理解为向涉黑犯罪及其组织提供掩饰和庇护力量、避免其被依法查禁的个人。③

从上述定义可以看出,分歧主要集中在如下几点。

"保护伞"的主体究竟是国家机关工作人员、国家工作人员还是包括个人在内?近年来查处的"保护伞"案件犯罪主体呈现出"四多"的特点,即司法干警多,工商、税务、交通等经济管理部门人员多,建设、国土、房地产等建设部门人员多,县、市政府主要负责人多。④ 国家机关工作人员充当黑恶势力"保护伞"的例子为众人所熟知的有2009年重庆陈某某、马某涉黑案,2010年文强充当黑社会"保护伞"案,2011年青岛聂某涉黑案等。这些案件中均有强大的"保护伞"作支撑,因为若无"保护伞"庇护,难以称霸一方或是在一定区域内或行业内形成非法控制。因此,有学者认为,"保护伞"范围应当限制为握有实权并对违法犯罪活动具有直接影响的国家机关工作人员。能够利用各种关系对违法犯罪进行间接包庇的人很多,如果将这些人笼统认定为黑社会性质组织的"保护伞",则其范围会大大扩展,因此,所谓的不典型"保护伞",并非真正意义上的"保护伞"。⑤ 但该观点存在些许问题尚未解决。《刑法》第294条第5款第(四)项规定的是"国家工作人员",并未将主体限定为"国家机关工作人员"。同时,国有企业、事业单位等单位中从事公务的国家工作人员为黑社会性质组织充当"保护伞"的情况并不鲜见,比如冠县人民医院原党委书记、院长张某某等人为"于欢案"中黑恶势力吴学占等人

---

① 左吴、潮龙起:《黑恶势力"保护伞"的危害及其防治》,载《甘肃社会科学》2005年第5期。
② 参见崔灿、邢敏:《查处黑社会性质组织"保护伞"职务犯罪问题研究》,载《山东警察学院学报》2014年第6期。
③ 参见骆多:《黑社会性质组织犯罪"保护伞"定罪疑难问题实证研究——以全国46起涉黑案件为样本》,载《重庆理工大学学报(社会科学版)》2015年第2期。
④ 参见于天敏等:《黑社会性质组织犯罪理论与实务问题研究》,中国检察出版社2010年版,第176页。
⑤ 参见莫洪宪:《黑社会性质组织认定相关问题探讨》,载《湖北社会科学》2011年第1期。

充当"保护伞"。若贸然将国有企业、事业单位中从事公务的国家工作人员排除在"保护伞"主体之外,将不利于对黑恶势力的打击。

笔者认为,区分典型"保护伞"与非典型"保护伞"就是认为只有依靠本人的权力之便,才能够对黑社会性质组织进行包庇和纵容。"保护伞"的实质是社会公共权力的异化,主要表现在两个方面,即出让行政管理权与出让刑事司法权。① 对黑社会性质组织进行庇护并非只有依靠本人权力之便才能做到,只要存在出让行政管理权和出让刑事司法权的现象,就应当认为存在"保护伞"。2018年《办理黑恶势力犯罪指导意见》第22条规定,《刑法》第294条第3款中规定的"包庇"行为,不要求相关国家机关工作人员利用职务便利。利用职务便利包庇黑社会性质组织的,酌情从重处罚。既然在认定只有国家机关工作人员才能构成的包庇、纵容黑社会性质组织罪时不需要国家工作人员利用职务便利,在认定国家工作人员构成黑社会性质组织"保护伞"时也不应当要求其依靠本人职务之便。"保护伞"与包庇、纵容黑社会性质组织罪的关系为:首先"保护伞"的主体是国家工作人员,而包庇、纵容黑社会性质组织罪的主体是国家机关工作人员;"保护伞"对黑社会性质组织提供便利和非法保护时无需其依靠本人职务之便,而国家机关工作人员对黑社会性质组织"包庇"时不要求相关国家机关工作人员利用职务便利,"纵容"时以具备相关职责为前提。

对社会进行行政管理是政府的职能,除政府之外任何人和组织均无权行使行政管理的职能。刑事司法活动是社会的最后一道防线,若司法机关的刑事司法权成为某些黑恶势力设租、寻租的空间,司法机关成为黑恶势力从事违法犯罪活动的"保护伞",那么势必对人民群众造成不可想象的危害。2013年到2017年,以"组织、领导、参加黑社会性质组织罪"与"保护伞"为关键词进行检索,共有11件案例,仅有2件实际认定为存在"保护伞",其余9件均为被告人辩称不存在"保护伞"。在戴某1、戴某2与黄某与周某等人组织、领导黑社会性质组织、故意伤害、寻衅滋事案②中,戴某1等人利用建立起来的公权力"保护伞"并通过犯罪行为对一定区域的居民进行心理强制与威慑,同时其违法、犯罪行为也得不到及时的追究。更有甚者,在姜某某、刘某某组织、领导、参加黑社会性质组织、故意伤害、寻衅滋事、强迫交易、行贿案③中,范某某系某执法大队大队长,从最初充当黑社会性质组织的"保护伞"到逐步被拉拢、腐蚀,替代组织及成员摆平诸多纠纷和违法犯罪活动,成为该黑社会性质组织的一员,任其调遣。在上述案件中,均存在出让行政管理权与出让刑事司法权的情形。

在此,借姜某某、刘某某组织、领导、参加黑社会性质组织、故意伤害、寻衅滋事、强迫交易、行贿案讨论一个问题。范某某成为该黑社会性质组织的一员后,能否因为其为该黑社会性质组织提供便利或非法保护而认定为"保护伞"并追究其刑事责任?在西南地区"打黑除恶"过程中,出现警察直接组织、领导黑社会性质组织成为西南地区黑社会性质组织犯罪生成过程中新型特征之一。在中国语境中,如果警察直接实施组织、领导黑社会性质组织犯罪,由于其利用的是国家公权力中最具扩张性的警察权,犯罪破坏能量是巨大的。同时,警察比较熟悉甚至深谙"打黑"的策略与方法,其反侦查能力也胜过其他一般公民。公安部列为挂牌督办、云南省公安厅列为特别督办同时被媒体称为"警界败类自组黑帮案"的云南省镇雄县范泽

---

① 参见于天敏等:《黑社会性质组织犯罪理论与实务问题研究》,中国检察出版社2010年版,第178—179页。
② 参见广东省广州市中级人民法院(2015)穗中法刑一终字第126号刑事裁定书。
③ 参见山东省烟台市中级人民法院(2017)鲁06刑终118号刑事裁定书。

忠案就属适例。① 所以,该问题并不是个例,而是已经引起了重视。

对此问题的回答有否定说与肯定说两种理论。否定说认为,对于"保护伞"而言,黑社会性质组织及其成员是保护的对象,能够提供"保护伞"的无疑是"保护伞"的主体。如果认为犯罪成员的社会地位、身份也是"保护伞",等于肯定了"保护伞"的主体与对象的统一,这时保护谁就成为问题。如果将自我保护也当作是"保护伞",显然使"保护伞"的概念泛化,使之失去实质意义。② 在否定说观点下,黑社会性质组织成员与"保护伞"身份不可重合。肯定说认为,国家机关工作人员组织、领导、参加黑社会性质组织后,利用职权包庇、纵容黑社会性质组织的,不排除本罪的成立。③ 笔者同意否定论的观点,当黑社会性质组织的"保护伞"加入该黑社会性质组织之后,再实施提供便利或非法保护的行为就等于是自我保护,是缺乏期待可能性的行为,因此,不能因为其为该黑社会性质组织提供便利或非法保护便认定为"保护伞"而追究其刑事责任。

3. 关于"保护伞"问题的反思

美国犯罪学家艾茨恩·蒂默认为,有组织犯罪生存的手段之一就是向腐败的地方官员和司法机关提供利益而获得保护。④ 根据重庆市检察机关"打黑除恶"的实际情况看,在黑社会性质组织的发展过程中,如果没有"保护伞"的庇护,黑社会性质组织很难"称霸一方,在一定区域或者行业内,形成非法控制"。⑤ 但根据大数据统计来看,2013 年到 2017 年,组织、领导、参加黑社会性质组织案件共有 431 件,包庇、纵容黑社会性质组织案件共有 6 件。有检察机关人员认为,查处一个黑社会性质组织可能牵出数个组织、领导、参加黑社会性质组织案件,因此这组数据并没有什么问题。但笔者认为,组织、领导、参加黑社会性质组织案件大多会并案处理,即使少数情况下存在一个黑社会性质组织对应数个案件的情况,在一个较大的基数情况下,出现极少的包庇、纵容黑社会性质组织案件显然是不合理的。另外,根据笔者对组织形成时间的统计,2017 年审结的 69 件组织、领导、参加黑社会性质组织犯罪案件中,认定黑社会性质组织形成时间在 5 年以上的有 58 件,在如此长的一段时间内,若要符合黑社会性质组织"四性"的认定,必然要有组织地多次进行违法犯罪活动,若无"保护伞"的庇护,其必然难以维系。

青岛市人民检察院在办案过程中发现黑社会性质组织"保护伞"职务犯罪的查办有如下难点:发现线索难、调查取证难、排除干扰难、形成合力难。⑥ 正是由于上述困难的存在,导致对"保护伞"的打击力度不够。2018 年 1 月,中共中央、国务院发布《关于开展扫黑除恶专项斗争的通知》,要求把扫黑除恶与反腐败斗争和基层"拍蝇"结合起来,深挖黑恶势力"保护伞"。要求各级党委和政府主要负责同志要勇于担当,敢于碰硬,旗帜鲜明支持扫黑除恶工作,为政法机关依法办案和有关部门依法履职、深挖彻查"保护伞"排除阻力、提供有力保障。对涉黑涉恶问题尤其是群众反映强烈的大案要案,要有坚决的态度,无论涉及谁,都要一查到底,特别是要查清其背后的"保护伞",坚决依法查办,毫不含糊。

---

① 参见陈世伟:《黑社会性质组织犯罪的新型生成及法律对策研究》,法律出版社 2016 年版,第 343 页。
② 参见莫洪宪:《黑社会性质组织认定相关问题探讨》,载《湖北社会科学》2011 年第 1 期。
③ 参见张明楷:《刑法学》(下)(第五版),法律出版社 2016 年版,第 1072—1073 页。
④ 参见李康瑞:《黑恶势力"保护伞"面面观》,载《湖南公安高等专科学校学报》2002 年第 3 期。
⑤ 参见于天敏等:《黑社会性质组织犯罪理论与实务问题研究》,中国检察出版社 2010 年版,第 178—179 页。
⑥ 参见崔灿、邢敏:《查处黑社会性质组织"保护伞"职务犯罪问题研究》,载《山东警察学院学报》2014 年第 6 期。

(三) 包庇、纵容黑社会性质组织罪

1. 包庇、纵容的认定

2000年《审理黑社会组织案件解释》第5条第1款规定,《刑法》第294条第4款规定的"包庇",是指国家机关工作人员为使黑社会性质组织及其成员逃避查禁,而通风报信,隐匿、毁灭、伪造证据,阻止他人作证、检举揭发,指使他人作伪证,帮助逃匿,或者阻挠其他国家机关工作人员依法查禁等行为。

关于"包庇"的定义,还有如下观点:有学者认为,包庇是指行为人利用其职权、地位、影响等条件庇护黑社会性质组织、掩饰黑社会性质组织的性质,阻挠查获黑社会性质的组织。① 还有学者认为,包庇应从广义理解,即泛指行为人积极实施的一切庇护黑社会性质组织的性质的行为。既应包括利用职权、地位、影响等国家机关工作人员身份条件实施的包庇行为,也应包括没有利用上述条件实施的包庇行为。② 两种不同观点的区别在于,是否利用国家机关工作人员的身份条件实施包庇行为。笔者对2013年到2017年发生的6件包庇、纵容黑社会性质组织犯罪案件进行统计,6件案件中被告人均系国家机关工作人员利用其职权、地位、影响等条件为使黑社会性质组织及其成员逃避查禁,而通风报信,隐匿、毁灭、伪造证据,阻止他人作证、检举揭发,指使他人作伪证,帮助逃匿,或者阻挠其他国家机关工作人员依法查禁等行为。从该情况来看,有几种可能:一是并不存在国家机关工作人员未利用其身份条件实施包庇行为的情况;二是单纯存在国家机关工作人员未利用其身份条件实施包庇行为的情况但司法机关未认定为犯罪;三是国家机关工作人员既有利用职权、地位、影响等国家机关工作人员身份条件实施的包庇行为,也存在没有利用上述条件实施的包庇行为的情况,但司法机关未对未利用其身份条件实施包庇行为的情况认定为犯罪。2018年《办理黑恶势力犯罪指导意见》指出,《刑法》第294条第3款中规定的"包庇"行为,不要求相关国家机关工作人员利用职务便利。利用职务便利包庇黑社会性质组织的,酌情从重处罚。

2000年《审理黑社会组织案件解释》第5条第2款规定,《刑法》第294条第4款规定的"纵容",是指国家机关工作人员不依法履行职责,放纵黑社会性质组织进行违法犯罪活动的行为。笔者阅读裁判文书发现,司法实践中对"纵容"的认定主要体现为,国家机关工作人员"知情不举"的行为。

关于包庇、纵容黑社会性质组织罪主观要件的认定,2009年《办理黑社会组织案件会议纪要》指出,本罪主观方面要求必须是出于故意,过失不能构成本罪。只要行为人知道或者应当知道是从事违法犯罪活动的组织,仍对该组织及其成员予以包庇,或者纵容其实施违法犯罪活动,即可认定本罪。至于行为人是否明知该组织系黑社会性质组织,不影响本罪的成立。

2. "情节严重"的认定

2000年《审理黑社会组织案件解释》第6条规定:"国家机关工作人员包庇、纵容黑社会性质的组织,有下列情形之一的,属于刑法第二百九十四条第四款规定的'情节严重':(一)包庇、纵容黑社会性质组织跨境实施违法犯罪活动的;(二)包庇、纵容境外黑社会组织在境内实施违法犯罪活动的;(三)多次实施包庇、纵容行为的;(四)致使某一区域或者行业的经济、

---

① 参见贾宏宇:《中国大陆黑社会组织犯罪及其对策》,中共中央党校出版社2006年版,第66页。
② 参见赵秉志主编:《改革开放30年刑法学研究精品集锦》,中国法制出版社2008年版,第1364页。

社会生活秩序遭受黑社会性质组织特别严重破坏的;(五)致使黑社会性质组织的组织者、领导者逃匿,或者致使对黑社会性质组织的查禁工作严重受阻的;(六)具有其他严重情节的。"

3. 其他问题

司法工作人员包庇、纵容黑社会性质组织,如何认定的问题?有观点认为,仍应成立包庇、纵容黑社会性质组织罪。① 也有观点认为,应当按照《刑法》第 399 条的规定定徇私枉法罪。因为司法工作人员在打击黑社会性质组织犯罪中直接处于战斗的第一线,地位特殊,他们若包庇黑社会性质组织,其方法自然是明知其有罪而不使犯罪分子受追诉,或者故意违背事实和法律作枉法裁判,放纵犯罪分子,这完全符合徇私枉法罪的构成要件。而徇私枉法罪与包庇、纵容黑社会性质组织罪相比,在立法方面,属于特别法与普通法的关系,且徇私枉法罪法定刑更重,故应依照徇私枉法罪论处。② 2013 年到 2017 年发生的 6 件包庇、纵容黑社会性质组织罪中,被告人均属司法工作人员,有 2 件明显存在纵容现象,有 1 件依照徇私枉法罪论处。2013 年黄某徇私枉法罪案③中,法院认为,关于公诉机关对被告人黄某犯包庇、纵容黑社会性质组织罪的指控,因黄某在侦办王甲被伤害致死及王乙被伤害致死案件中的行为,同时触犯了徇私枉法罪和包庇、纵容黑社会性质组织罪两个罪名,根据刑法有关理论,应按照法定刑较重的罪名定罪处罚,以徇私枉法罪定罪,故对该项指控不予支持。

国家机关工作人员收受贿赂而包庇、纵容黑社会性质组织犯罪应当数罪并罚还是择一重处?有学者主张,以包庇、纵容黑社会性质组织罪与受贿罪两罪实行并罚。④ 也有学者认为,应当从一重处。现行刑法并未规定因受贿进行违法犯罪构成其他罪的,应当数罪并罚。根据刑法理论,行为人受贿后进行包庇、纵容黑社会性质组织犯罪的,应当属于牵连犯,按"从一重处罚"的原则处罚,不必数罪并罚。⑤ 受贿行为是行为人实施包庇、纵容黑社会性质组织行为的原因,而行为人实施的包庇、纵容黑社会性质组织则是其受贿行为的结果,亦即受贿行为与包庇、纵容黑社会性质组织之间存在着原因与结果的牵连关系,应依牵连犯从一重处断原则定罪处罚,不实行数罪并罚。⑥ 重庆市检察机关认为,择一重处时,不能同时完整评价受贿和包庇、纵容黑社会性质组织的行为。择一重处,会导致罪刑不均衡现象产生。只择一重处,对受贿行为实际上相当于没有评价。利用职务便利收受贿赂包庇黑社会性质组织的危害性要远大于未利用职务便利包庇黑社会性质组织,但定罪处罚结果与后者相比则没有区别,这明显是缺乏合理性的。⑦ 在邢某某受贿、包庇、纵容黑社会性质组织案⑧中,2008 年至 2013 年期间,被告人邢某某在任凯里市公安局刑侦大队大队长、公安局副政委期间,颜某 1 组织开设多个赌场,为维系关系及寻求非法保护,颜某 1 以过节等名义分三次送给被告人邢某某现金人民币共计 3 万元。法院认为,原公诉机关指控被告人邢某某犯受贿罪及包庇、纵容黑社会性质组织罪的罪名成立,予以

---

① 参见周道鸾、张军主编:《刑法罪名精释——对最高人民法院关于罪名司法解释的理解和适用》,人民法院出版社 1998 年版,第 633 页。
② 参见郭立新、黄明儒主编:《刑法分则典型疑难问题适用与指导》,中国法制出版社 2012 年版,第 429 页。
③ 参见山东省青岛市崂山区人民法院(2013)崂刑初字第 91 号判决书。
④ 参见张穹:《修订刑法条文实用解说》,中国检察出版社 1997 年版,第 383 页。
⑤ 参见于逸生、刘彦辉:《论包庇、纵容黑社会性质组织罪的认定和防范》,载《求是学刊》2003 年第 1 期。
⑥ 参见田宏杰:《包庇、纵容黑社会性质组织罪研究》,载《湖南公安高等专科学校学报》2001 年第 4 期。
⑦ 参见于天敏等:《黑社会性质组织犯罪理论与实务问题研究》,中国检察出版社 2010 年版,第 115—119 页。
⑧ 参见贵州省贵阳市中级人民法院(2017)黔 01 刑终 348 号刑事裁定书。

确认。但是,由于邢某某存在多个受贿与包庇、纵容黑社会性质组织的行为,法院并未对收受贿赂而包庇、纵容黑社会性质组织犯罪应当数罪并罚还是择一重处予以回应。

另外,笔者在对 2013 年到 2017 年发生的 6 件包庇、纵容黑社会性质组织犯罪案件裁判文书进行阅读时发现,6 件案件被告人均为公安机关工作人员。

二、刑罚适用分析

(一)不同种类法律后果的态势

涉黑类犯罪中,组织、领导、参加黑社会性质组织罪的文书数量较多,在此对本罪的刑罚适用情况予以展示。①:

《刑法》第 294 条第 1 款规定:"组织、领导黑社会性质的组织的,处七年以上有期徒刑,并处没收财产;积极参加的,处三年以上七年以下有期徒刑,可以并处罚金或者没收财产;其他参加的,处三年以下有期徒刑、拘役、管制或者剥夺政治权利,可以并处罚金。"

2013 年到 2017 年审结的组织、领导、参加黑社会性质组织罪案件,被告人被判处有期徒刑的占比最多,为 91.73%;被判处拘役的占比为 6.33%;被免予刑事处罚的占比为 1.46%。

被判处有期徒刑的被告人,刑期分布较为集中的区间为:1 年以下的,占 42.46%;1 年以上 3 年以下的,占 37.75%②;3 年以上 5 年以下的,占 13.98%。

判处附加刑的被告人中,判处罚金的占比最多,为 80.29%;判处没收个人部分财产的,占 11.88%;判处没收个人全部财产的,占 2.03%。

(二)量刑情节的运用

2010 年 4 月 14 日,最高人民法院刑三庭发布的《在审理故意杀人、伤害及黑社会性质组织犯罪案件中切实贯彻宽严相济刑事政策》规定,对于积极参加者,应根据其在具体犯罪中的地位、作用,确定其应承担的刑事责任。确属黑社会性质组织骨干成员的,应依法从严处罚。对犯罪情节较轻的其他参加人员以及初犯、偶犯、未成年犯,则要依法从轻、减轻处罚。对于参加黑社会性质的组织,没有实施其他违法犯罪活动的,或者受蒙蔽、胁迫参加黑社会性质的组织,情节轻微的,则可以不作为犯罪处理。

上述文件还规定了,积极参加者、其他参加者配合司法机关查办案件,有提供线索、帮助收集证据或者其他协助行为,并对侦破黑社会性质组织犯罪案件起到一定作用的,即使依法不能认定立功,一般也应酌情对其从轻处罚。该条规定在 2015 年《审理黑社会组织案件会议纪要》中得到肯定,这一规定极大地促进了被告人配合司法机关办案的积极性。

2015 年《审理黑社会组织案件会议纪要》规定,组织者、领导者、骨干成员以及"保护伞"协助抓获同案中其他重要的组织成员,或者骨干成员能够检举揭发其他犯罪案件中罪行同样严重的犯罪分子,原则上依法应予从轻或者减轻处罚。组织者、领导者检举揭发与该黑社会性质组织及其违法犯罪活动有关联的其他犯罪线索,如果在是否认定立功的问题上存在事

---

① 2013—2017 年,包庇、纵容黑社会性质组织罪的文书数量较少,经观察发现,本罪的刑罚适用结果均在一般情节量刑幅度内量刑。

② 根据最高人民法院大数据管理和服务平台对 2015 年 1 月 1 日至 2016 年 12 月 31 日全国范围内刑事一审案件进行的统计,2015 年至 2016 年全国审结的涉黑犯罪刑事一审案件中,有期徒刑量刑集中在 1 年以上不满 3 年的犯罪人数占比为 35.15%。与此数据基本吻合。

实、证据或法律适用方面的争议,应当严格把握。依法应认定为立功或者重大立功的,在决定是否从宽处罚、如何从宽处罚时,应当根据罪责刑相一致原则从严掌握。可能导致全案量刑明显失衡的,不予从宽处罚。

(三) 附加刑判决的深思

1. 判处剥夺政治权利的均为黑社会性质组织的组织者与领导者

剥夺政治权利,是人民法院依法判处,剥夺犯罪分子参加国家管理和一定社会政治生活权利的刑罚方法。它所剥夺的是一种政治性的无形的权利,包括两方面的内容:一是参加管理国家的权利;二是参加一定社会政治生活的权利。剥夺政治权利刑所剥夺的权利,既可能是犯罪人已经享有的权利,也可能是犯罪人现在暂时不具有但将来可能享有的权利。《刑法》第 294 条第 1 款规定:"组织、领导黑社会性质的组织的,处七年以上有期徒刑,并处没收财产;积极参加的,处三年以上七年以下有期徒刑,可以并处罚金或者没收财产;其他参加的,处三年以下有期徒刑、拘役、管制或者剥夺政治权利,可以并处罚金。"《刑法》第 294 条仅规定一般参加者适用剥夺政治权利刑。但笔者对 2017 年判处黑社会性质组织案件被告人被剥夺政治权利刑的裁判文书进行统计发现,并未有构成参加黑社会性质组织罪的一般参加者被判处剥夺政治权利刑,被判处剥夺政治权利刑的均为黑社会性质组织的组织者和领导者。因此,黑社会性质组织的组织者和领导者被判处剥夺政治权利刑的依据为《刑法》第 56 条的规定,即对于危害国家安全的犯罪分子应当附加剥夺政治权利;对于故意杀人、强奸、放火、爆炸、投毒、抢劫等严重破坏社会秩序的犯罪分子,可以附加剥夺政治权利。

2. 判处没收财产刑的多为黑社会性质组织的组织者与领导者

没收财产刑的适用体现了惩治严重刑事犯罪的刑法理念,铲除了犯罪分子再犯的经济基础,维护了社会稳定。因此,没收财产刑作为一种附加刑,其地位虽然与主刑相比有一定差距,但其独特的优势也是其他刑罚无法比拟的,对发挥刑罚的威慑功能和稳定社会秩序起到了十分重要的作用。[①] 笔者对 2017 年黑社会性质组织案件被告人被判处没收财产刑的裁判文书进行统计发现,被判处没收财产刑的都是黑社会性质组织的组织者与领导者。《刑法》第 294 条第 1 款对积极参加者也规定了财产刑,但司法实践中好像并没有对积极参加者判处没收财产刑的案例。在对组织者与领导者判处没收财产刑的案件中,既有判处没收全部财产,也有没收部分财产的,但似乎对没收全部财产和部分财产并无规律。同时,由于对黑社会性质组织的具体情况缺乏具体认识,所以没收部分财产中少到 5 万元,多到 100 万元,也未发现规律。

第三节 余思:认定与预防的展望

一、合理确定黑社会性质组织罪"行为特征"的成立范围

黑社会性质组织罪的行为特征要求"有组织地多次进行违法犯罪活动",要求涉案的黑社

---

① 参见张宏博、武天义:《没收财产刑适用的困境与出路探析——以 200 份没收财产刑裁判文书为研究样本》,载《中国检察官》2018 年第 9 期。

会性质组织必须有组织地实施了违法犯罪活动,且是多次实施。在司法实践中,笔者通过阅读裁判文书,并未发现黑社会性质组织的组织者、领导者、参加者仅触犯该罪且仅有组织地多次进行违法活动的情形。司法机关对"有组织地多次进行违法犯罪活动"把握为"犯罪活动",而不考虑"一般违法"的情形。因此,绝大多数情况是黑社会性质组织被司法机关定性后,成员成立涉黑犯罪,并"依照数罪并罚的规定处罚"。只有对"有组织地多次进行违法活动"的黑社会性质组织进行认定,才能实现黑社会性质组织"打早打小"方针。

二、对于财产刑的确定应制定适当、统一、可行的标准

《刑法》第 294 条第 1 款规定:"组织、领导黑社会性质的组织的,处七年以上有期徒刑,并处没收财产;积极参加的,处三年以上七年以下有期徒刑,可以并处罚金或者没收财产;其他参加的,处三年以下有期徒刑、拘役、管制或者剥夺政治权利,可以并处罚金。"2015 年《审理黑社会组织案件会议纪要》规定,对于确属骨干成员的积极参加者一般应当并处罚金或者没收财产。经阅读文书发现,判处没收财产刑的多为黑社会性质组织的组织者、领导者。对于积极参加者,一般判处罚金刑,但仍有相当一部分积极参加者既未被判处没收财产刑也未被判处罚金刑。同时,对黑社会性质组织的组织者、领导者判处没收财产刑时,数额也从几千元人民币到数万元、数百万元人民币不等。因此,司法机关应当重视对财产刑的确定,通过对黑社会性质组织的组织者、领导者、参加者判处财产刑可对黑社会性质组织的再次"萌芽"起到有效的打击。

三、加强治理能力建设

"保护伞"的存在,将导致黑社会性质组织发展到一定规模。为此,"扫黑除恶"过程中,需要关注黑社会性质组织存续时间,以及黑社会性质组织的行为特征,加强对"保护伞"进行查处。

此外,鉴于组织、领导、参加黑社会性质组织罪的绝大多数被告人系无业人员等,且累犯与有前科劣迹的被告人通常所占比例较高,有必要进一步加强对无业人员与有前科劣迹人员的管理;加强社会治安的基层、基础建设,逐步建立与新型社区管理体制相适应的社区警务运作机制,创造良好的社会治安秩序。① 黑社会性质组织的敛财方式多与赌场、高利贷、娱乐业相结合,旅馆、KTV、洗浴场所往往是黑社会性质组织经常活动的场所。因此应加强公安、工商、税务、文化等多部门合作,对违规、违禁场所依法及时处罚、查封,消除犯罪滋生土壤。

---

① 参见李栋:《黑社会性质组织犯罪的侦查难点及打击策略》,载《广西警察学院学报》2017 年第 6 期。

第十八章 毒品犯罪专题研究

邹劲坤[*]

第一节 综览：数据的呈现

随着经济全球化的进一步发展,社会信息化速度加快,世界各地的交流不断增多,毒品犯罪问题已成为全球直面且亟待解决的问题。毒品以其身体依赖性、精神依赖性的强消极属性严重影响着人的身心健康,危害着家庭的和谐稳定,是扰乱社会治安的潜在毒瘤。诸多数据显示,毒品犯罪问题已然与环境污染问题、青少年犯罪问题一起成为制约人类社会和平发展的三大问题。

《2014年中国毒品形势报告》显示,国际毒品问题正处于加速扩散期,全球毒品制造、贩卖、滥用问题日趋严重,有170多个国家和地区存在毒品消费问题,全球吸毒人数已超过2亿人。[①]《2017年中国毒品形势报告》显示,国际毒潮持续泛滥,特别是以"金三角""金新月"和南美地区为代表的一些地区和国家毒情形势恶化,全球制造、走私、贩运、滥用毒品问题更加突出,毒品来源、种类和吸毒人数不断扩大。在全国现有的255.3万名吸毒人员中,滥用合成毒品人员153.8万名,占60.20%,较上年下降0.3%;滥用阿片类毒品人员97万名,占38.00%,较上年下降0.1%;滥用大麻、可卡因等毒品人员4.6万名,占1.80%。[②] 利用大数据研究毒品犯罪现状,分析其趋势走向,对于遏制毒品犯罪有着重要的参考意义。

一、案件分布

(一)年份分布

目前,在统计到的全国各级人民法院审结的一审案件中,毒品犯罪案件数量约为35.48

---

[*] 邹劲坤,清华大学智能信息获取研究中心研究员,北京华宇元典信息服务有限公司总经理。
[①] 参见《2014年中国毒品形势报告》,载中国禁毒网(http://www.nncc626.com/),访问日期:2018年6月25日。
[②] 参见《2017年中国毒品形势报告》,载中国禁毒网(http://www.nncc626.com/),访问日期:2018年6月25日。

万件。整体来看,2013 年到 2015 年毒品犯罪案件数量明显增多,2015 年到 2016 年毒品犯罪案件数量呈下降趋势,2016 年较 2015 年环比下降 18.10%。

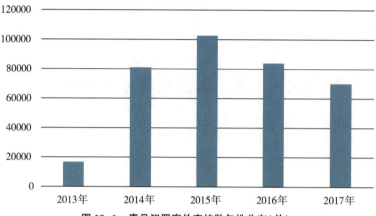

图 18-1　毒品犯罪案件审结数年份分布(件)

(二)地域分布

1. 在毒品犯罪中,走私、贩卖、运输、制造毒品罪占比最高

2013—2017 年,走私、贩卖、运输、制造毒品罪案件数量最多,约为 22.89 万件,占比为 61.49%;其次为容留他人吸毒罪,约为 10.47 万件,占比为 28.14%;占比第三的为非法持有毒品罪,约为 3.36 万件。值得注意的是,案件量占比紧随其后的为非法种植毒品原植物罪,案件数量为 3 413 件,虽未达到万级的案件量,但其审结案件数量的不断增长实际上也从一定程度上说明了毒品犯罪的方式逐渐往生产、制造的方向发展。

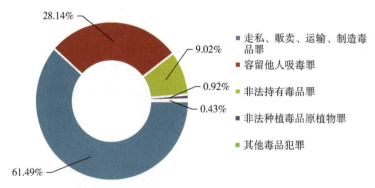

图 18-2　毒品犯罪审结案件中不同案由占比情况

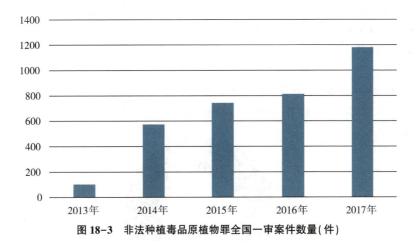

图 18-3 非法种植毒品原植物罪全国一审案件数量(件)

进一步分析案件数量排名前三的毒品犯罪的年度变化可以发现,2015年之后,走私、贩卖、运输、制造毒品罪,容留他人吸毒罪及非法持有毒品罪的审结案件数量均呈下降趋势。其中,走私、贩卖、运输、制造毒品罪的审结案件数量下降趋势相较容留他人吸毒罪和非法持有毒品罪的下降趋势要更为明显。

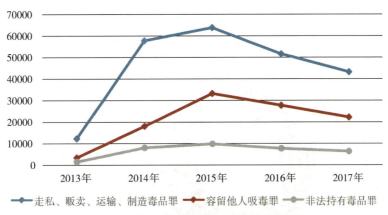

图 18-4 数量排名前三的毒品犯罪案件年份分布(件)

通过对走私、贩卖、运输、制造毒品罪的数据进行进一步分析和挖掘可以看出,西南地区及南部沿海地区发生的走私、贩卖、运输、制造毒品罪案件较多。其中,广东省案件数量最多,约为 3.87 万件;其次为贵州省,案件数量约为 1.64 万件;再次为广西壮族自治区,案件数量约为 1.55 万件。

2. 从地域分布看,广东省毒品犯罪案件数量最多

从地域分布来看,所有毒品犯罪案件量排名前五的是广东省、浙江省、湖南省、四川省和广西壮族自治区,案件量分别约为 5.54 万件、2.38 万件、1.80 万件、1.86 万件、1.94 万件。案件量最少的三个省级行政区是宁夏回族自治区、青海省、西藏自治区,案件量分别约为 1 514

件、853 件、433 件。无论是走私、贩卖、运输、制造毒品罪的案件数量,还是所有毒品犯罪的案件数量,广东省在全国 31 个省级行政区中都排在第一位。

(三)被告人情况

1. 性别分布

从裁判文书中提取到的被告人性别来看,2013—2017 年审结的毒品犯罪案件中,男性被告人占比为 85.06%,女性被告人占比为 14.94%,男女比例约为 5.7:1。

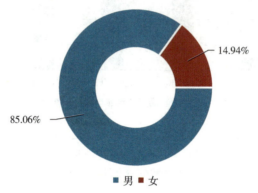

图 18-5 毒品犯罪审结案件被告人性别分布

2. 年龄分布

从被告人年龄分布来看,2013—2017 年审结的毒品犯罪案件中,被告人年龄主要集中在 18 岁到 55 岁,占比高达 97.01%。

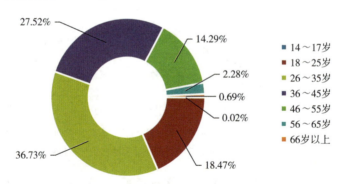

图 18-6 毒品犯罪审结案件被告人年龄分布

3. 文化程度分布

从裁判文书中提取到的被告人文化程度信息来看,2013—2017 年审结的毒品犯罪案件中,被告人的学历主要为初中和小学,占比分别为 55.03% 和 25.14%。

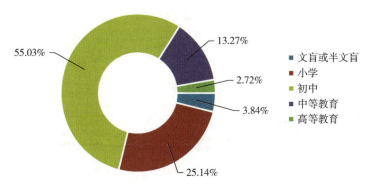

图 18-7　毒品犯罪审结案件被告人文化程度分布

4. 职业分布

从裁判文书中提取到的被告人职业情况来看，2013—2017 年审结的毒品犯罪案件中，被告人的职业主要为无业人员和农民，占比分别为 60.84% 和 29.65%。

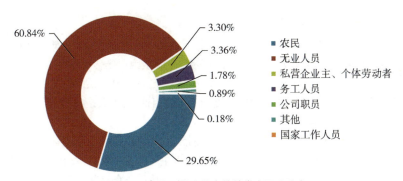

图 18-8　毒品犯罪审结案件被告人职业分布

结合被告人年龄、性别、文化程度、职业等信息进行分析发现，毒品犯罪案件中，被告人多为初中文化程度的无业男青年。

5. 特殊犯罪群体分布

近几年，孕妇或哺乳期女性、儿童或未成年人、艾滋病患者、残疾人等特殊人员参与毒品犯罪的现象日益凸显。2013—2017 年，在参与毒品犯罪的特殊犯罪群体中，孕妇或哺乳期女性占比为 13.12%、艾滋病患者占比为 0.48%、残疾人占比为 3.71%、儿童或未成年人占比为 82.69%。

儿童因其未达到刑事责任年龄，即使抓获也只能将其释放。而孕妇、哺乳期女性及艾滋病患者因其生理的特殊性，一般只能采取保外就医或取保候审等方式进行处理。但往往此类特殊人群在办理了暂缓收押的手续后，便利用监管漏洞出逃，之后继续从事毒品犯罪活动。这就导致该类毒品犯罪难以遏制。2013—2015 年，参与毒品犯罪活动的儿童或未成年人显著增多；2015 年以来，这一人数有所下降，但仍维持在较高水平，具体变化趋势如图 18-9 所示。

图 18-9 特殊人群参与的毒品犯罪案件数量分布情况（件）

二、案件特征分析

(一) 新型毒品成为占比最高的毒品种类

从流行趋势来看,毒品可分为传统毒品和新型毒品。传统毒品主要为鸦片、海洛因等,新型毒品主要为冰毒、摇头丸等人工化学合成的毒品。海洛因属于传统半合成阿片类毒品,在世界范围内被广泛滥用,易成瘾、瘾难戒,社会危害大,已是世界公认的毒品之王。冰毒为新型合成类毒品,因其制作工艺较为简单,价格相对海洛因低廉,形式多样,方便携带,逐渐成为我国吸毒人群主要的吸食对象。

2013—2017 年,全国各级人民法院审结的毒品犯罪案件中,涉及新型毒品犯罪的案件量约为传统毒品犯罪案件量的 1.1 倍。冰毒涉案量占比为 39.42%,海洛因涉案量占比为 26.24%。冰毒因其危害程度和毒性并不亚于海洛因,并且公众对其成瘾机制等的认知相对缺乏,治疗手段也极为有限,加之其在近几年的涉案量已经远超其他毒品,在我国,冰毒已经取代海洛因成为毒品之王。

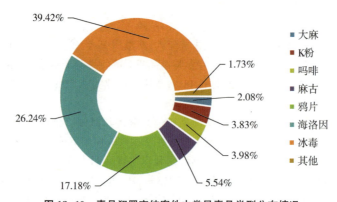

图 18-10 毒品犯罪审结案件中常见毒品类型分布情况

(二) 西部地区仍然是我国禁毒工作的重点区域

因地理位置比邻世界最大的毒品生产地"金三角"和"金新月",我国西部地区一直是禁毒斗争最激烈的地方。

云南省因其紧邻"金三角",已经成为各类毒品流通的中转站,同时也是我国禁毒、打击贩毒的最前沿地带。在该省"过境型"毒品运输犯罪尤为突出。2013—2017年,云南省缴获的毒品类型以海洛因和冰毒居多,案件占比分别为37.25%和33.23%。

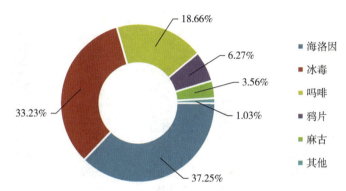

图18-11　从云南入境毒品案件毒品种类分布情况

(三) 武装贩毒日益猖獗

中国政府一直高度重视禁毒工作,对毒品犯罪始终保持严打的高压态势。毒贩为了顺利完成毒品运输及交易,不断改进毒品运输方式,加强自身反侦查能力。持枪武装贩毒日益猖獗,贩毒活动日益规模化、职业化、武装化、枪械化。2013—2017年,全国各级人民法院审结的毒品犯罪案件中,约有4 673件案件涉及持枪运毒、贩毒,且于2015年数量达到顶峰。

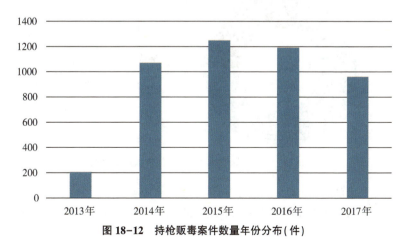

图18-12　持枪贩毒案件数量年份分布(件)

(四)大宗毒品贩毒案件明显增加

随着我国禁毒工作的深入开展,毒贩们谋求单次贩毒利益最大化的诉求日益强烈。因而近些年破获的毒品犯罪案件中,查获的毒品重量成倍增长,单案毒品重量的记录也已达到吨级以上。从全国各级人民法院审结的公斤级以上毒品犯罪案件的数量来看,2013—2016年呈逐年上升趋势,具体情形如图18-13所示。

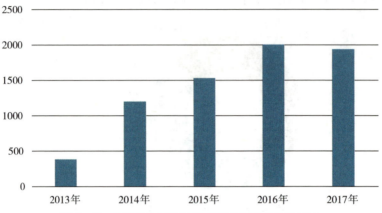

图18-13 查获公斤级以上毒品案件数量年份分布(件)

(五)藏毒方式多样化,搜查难度大

从藏毒方式来看,有69.03%的案件犯罪嫌疑人是在酒店、宾馆等暂住地被逮捕并查获毒品、毒资等赃物,另有27.29%的案件犯罪嫌疑人是在火车站、广场等地形开阔、人流密集的地方进行交易时被抓获。

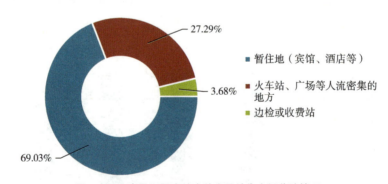

图18-14 毒品犯罪审结案件常见被告人抓获地情况

为了保证运输的毒品可以顺利躲过海关、公安、边防武警的检查,有的毒贩选择了最危险的运毒方式——人体运毒,即将毒品密封后或吞服、或藏于皮下、或塞入肛门进行运输。

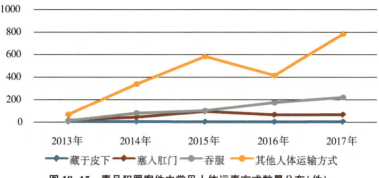

图 18-15 毒品犯罪案件中常见人体运毒方式数量分布（件）

在运输途中被查获案件中,犯罪嫌疑人多会将毒品贴身藏匿,或者藏于随身携带的背包或行李内,也有约 30.53% 的案件犯罪嫌疑人将毒品藏于交通工具内。在暂住地被查获案件中,犯罪嫌疑人多将毒品藏于卧室或卫生间某处。

(六)毒品犯罪现代化方式增强

区别于传统的"一手交钱一手交货"的交易方式,随着电商和即时通讯工具的不断发展,毒品犯罪逐渐向"钱货分离"的交易方式转变,犯罪分子开始利用互联网贩毒,运用网购物品藏毒、夹毒。这种贩毒手段直接便利、隐蔽性强,给公安机关的侦查工作带来了极大的挑战。

(七)毒品衍生犯罪严重影响社会安定和谐

毒品侵害人体健康,腐蚀吸毒者的精神。吸食者一旦上瘾,就会对毒品产生强烈的依赖性,当吸毒欲望得不到满足或者出现吸毒致幻等情形时,极易滋生其他犯罪行为。毒品的次生危害凸显,不容小觑。2013—2017 年,毒品衍生犯罪问题日益突出。常见的衍生犯罪有盗窃罪,非法持有、私藏枪支、弹药罪,掩饰、隐瞒犯罪所得、犯罪所得收益罪,故意伤害罪,寻衅滋事罪。

图 18-16 毒品犯罪审结案件常见关联犯罪分布情况（件）

第二节 检视:罪与罚的规范思考

毒品犯罪作为世界性难题,长期以来都是国际社会重点打击和防控的对象。通过对相关资料的查阅及裁判文书中毒品犯罪的整体分析,可以看出,我国同样存在着十分庞大的吸毒群体,且吸毒人员数量逐年攀升。根据经济学供求原理分析可知,持续走高的毒品需求为毒品犯罪提供了更为广阔的消费市场,而制毒、贩毒巨大经济利益的引诱使更多不法分子铤而走险,参与毒品犯罪,从而形成了一个个环环相扣、遍布全球的毒品交易市场。

毒品泛滥成灾,为何屡禁不绝?吸毒是重要源头。世界几大国家均已将吸毒入刑。我国《禁毒法》将种植毒品原植物、制造毒品、贩卖毒品等行为入刑,而将吸毒归入《治安管理处罚法》。有学者认为"四禁"的失衡,难以从法律上斩断毒品买卖市场供需的利益链,从而导致吸毒消费市场庞大,吸毒群体逐年骤增。据此得出,只有将吸毒入刑才是解决毒品泛滥现象、铲除社会危害的治本之策。但就这一问题,也存在观点分歧。

一、观点一:吸毒应入刑以抑制毒品消费市场的发展

持此观点的主要论点包括两种:一种论点是禁止非法消费毒品立法统一化论,认为《刑法》已经设定了非法持有毒品罪,如果不将具有严重社会危害性的吸毒行为定为犯罪,就失去了刑法法律规范内部的协调统一,会造成对毒品消费市场的打击不力,无法阻止更多的人吸食毒品[1];也有学者持相似观点,认为现有法律已经将为吸毒者提供吸毒场所的容留吸毒行为、非法持有毒品行为规定为犯罪,其目的之一是禁止非法消费毒品,在这种情况下,如果不将吸毒行为也规定为犯罪,就会失去法律规范内部的协调统一,也有悖于运用刑罚全面禁毒的立法精神。[2] 另一种论点为断绝吸毒消费市场论,有学者认为毒品消费和毒品的非法生产、贩卖存在着正相关关系,即不论哪一方在数量上的增加都必将引起对方数量的同向增加。[3]于是越来越多的人开始呼吁增设非法使用毒品罪,认为吸毒作为整个毒品犯罪链条中的一环,对毒品泛滥以及毒品市场的扩大起着推波助澜的作用。因此,在刑事制裁方面应当将吸毒行为与其他毒品犯罪行为同等对待。[4]

二、观点二:吸毒不应入刑,刑法应保持谦抑性

有学者指出,当前我们首先应该认识到刑法在毒品犯罪面前的不足。毒品犯罪领域内的重刑主义思潮仍然存在。但刑法不能根除毒品犯罪的根源,也不是最有效的对抗毒品犯罪的措施,甚至仅仅为毒品的运行造成障碍这种效果,都是有限的。因为毒品市场的体系化运行,

---

[1] 参见何春中:《吸毒复吸率90%专家呼吁吸毒定为犯罪》,载中国法院网(https://www.chinacourt.org/article/detail/2004/07/id/125826.shtml),访问日期:2018年5月15日。
[2] 参见褚宸舸:《惩罚吸毒的根据——〈禁毒法〉(草案)引发的思考》,载《西南政法大学学报》2007年第3期。
[3] 参见唐勇:《对增设非法使用毒品罪的几点思考》,载《2005年贵州省法学会刑法学年会论文集》2005年版。
[4] 参见衣家奇:《关于吸食毒品犯罪的立法设想》,载《甘肃政法学院学报》1999年第4期。

让主要针对个案发生作用的刑法,无法充分施展拳脚。①

还有学者提出,司法实践已经表明,利用刑法来根治人类恶习是不理智和不现实的,因而刑法没有打击毒品消费、卖淫、嫖娼等行为(基于对未成年幼女的特殊保护,《刑法》规定嫖宿幼女行为构成犯罪)的功能,这一点基本上是世界各国立法的通例。②

吸毒行为是否需要犯罪化,在我国的禁毒立法沿革中经历过长期争论。特别是在当前"社会治理泛刑法化"和"毒情形势严峻化"的思维下,"吸毒入刑"再次回归公众视野,成为社会关注的焦点。吸毒犯罪化与非罪化之间的博弈和角力背后,折射出的是法律与伦理的理念冲突、权力与权利的模糊界限、家长主义和个人主义的立场选择。③

笔者认为,关于吸毒入罪化的观点是欠缺考虑的。实际上,过度追求刑法万能论,坚持刑法工具主义思维并非理性选择。

探究吸毒行为应否入罪化的关键要看该行为是否侵犯了法益(实质侵害或侵害的威胁)。吸毒行为仅是引发犯罪后果的间接原因,即吸毒行为与犯罪行为以及犯罪结果之间并没有必然的因果关系。对于犯罪结果发生的间接因果关系事实,刑法是不应当加以评价的。

另外,通过裁判文书的统计数据可知,每年的毒品犯罪案件数量已不在少数。而根据《2017 年中国毒品形势报告(全文)》中的数据可以看出,我国当前吸毒人员基数很大,如果将这些吸毒人员均当作犯罪人员纳入刑法的管辖范围,无疑会挤压当前有限的司法资源,造成监所拥挤不堪之窘境。而这类人员如果被处以刑罚,如何重新回归社会又是一大难题,稍有不慎,将对社会现有秩序构成巨大威胁和挑战。

毒品犯罪的原动力在于吸毒者,但这并不意味着应当以刑法来规制吸毒行为。当前,无论从危害行为的入刑条件、刑事制裁的实际效果,还是从域外禁毒的立法经验等方面加以考量,都无法得出支撑"吸毒入刑化"的正当性结论。当前语境下,解决吸毒问题,应该更多地寻求戒毒这种类似于保安处分或者社会措施方面的内容。

第三节　余思:认定与预防的展望

一、加强未成年人毒品防范意识,净化成长环境

2013—2017 年,毒品犯罪案件中开始频繁出现未成年人的身影。中国国家禁毒委员会发布的《2017 年中国毒品形势报告》中指出,全国现有不满 18 岁的吸毒人员占全体吸毒人员的 0.6%。青少年毒品犯罪已经成为目前中国一个不可忽视的社会问题。

青少年尚处世界观、价值观、人生观初步形成期,他们一般缺乏基本的毒品常识,对我国禁毒形势和政策了解甚少,容易受周边不良环境的影响。另外,该群体毒品犯罪的一个典型特征是,吸食者往往同时从事走私、贩卖、运输、制造毒品等毒品犯罪行为,以贩养吸的不在

---

① 参见莫洪宪:《毒品犯罪的挑战与刑法的回应》,载《政治与法律》2012 年第 10 期。
② 参见于志刚:《析毒品犯罪惩治与预防中的三个分歧》,载《人民检察》2010 年第 19 期。
③ 参见靳澜涛:《"吸毒入刑论"的诘问与辩驳——兼论我国吸毒管制的理念转换与立法完善》,载《南阳师范学院学报》2017 年第 7 期。

少数。

多渠道探索预防青少年吸毒、青少年毒品犯罪的可行性对策势在必行。道德教育的地位和作用不可忽视,禁毒常识应走入课堂,让宣传教育落在实处;执法机关应加大对文化娱乐市场的整顿和管理,要求相关场所设置明显禁入标志,不得对未成年人开放;另外,应针对该群体个性化特点制定有效的戒毒机制,戒毒场所应兼具心理矫正康复功能。

二、完善社会保障制度,促进就业

2013—2017年,毒品犯罪案件中,被告人多为初中文化程度的无业男青年。

无业人员是毒品犯罪的重灾区。一方面,工作机会的缺失导致其与外界交流骤减,生活状态空虚,缺乏正当的精神寄托,与毒品接触的可能性增强,对毒品的依赖性加大。另一方面,经济来源被切断,收入无法满足自身和家人正常的生活需要,加之毒品犯罪的高利诱惑,该类人群往往选择铤而走险。

这一问题的解决需要多方联合、协同作战。应建立完善职业培训体系,加大财政投入,扩大培训规模和覆盖面,切实提高劳动者职业素质和就业能力,有效对接多层次、差异性就业群体。

三、利用大数据分析构建毒品犯罪的预警系统

使用法经济学的模型分析犯罪成本有利于从更多层面分析犯罪情况,但是各地区经济发展水平、毒品价格水平、制毒物品价格水平以及运输成本等因素均会影响毒品和毒贩的流动。例如,公安部长期以来对各地毒品价格均有监控,2013年的数据显示,海洛因价格长期稳定在每克人民币300元左右,冰毒价格快速下跌到最低每克人民币20元,伴随而来的就是海洛因犯罪大量被冰毒犯罪所取代。而从毒品犯罪的罪名来看,非法种植毒品原植物罪呈上升趋势。

建立各地区经济发展、货贸往来、毒品价格、制毒物品获取难易度的分析模型后,司法机关可以提前预测毒品、毒资和毒贩的流动,形成"未来犯罪地图",从而有针对性地配置资源,做好犯罪对策和预警。

四、对可合成毒品的化学原料实行严格管控

在我国,冰毒因其价格相对低廉,已经成为吸毒人员的主要选择对象。因市场需求的转变,2013—2017年,冰毒的涉案量远超过其他毒品。冰毒为化学合成类毒品,无需种植提取,直接化学配比合成即可量产,这大大降低了毒品的制作成本。

近些年,制毒小作坊问题突出,不少违法分子将自家牲口棚或地窖改造成制毒场所,形成了家庭式制毒窝点。针对此类现象,应该从源头抓起,有关部门应加强对可合成毒品化学原料的管控,从生产运输到最后去向都必须严格管理,将接触人员记录备案。一旦出现问题可排查、可追溯,并对相关单位进行不定期抽查,以保证监管力度责任最大化、单位自身管理义务化。

五、加强跨境协作、联合打击

当前,境内外毒枭为了使毒品运输更安全、便捷,顺利完成毒品交易,逐渐采取武装贩毒、

毒品的藏匿地也更加隐蔽。这不仅加大了对毒品犯罪的打击难度,也增加了一线缉毒人员的危险性。如何从源头掐断毒品入境运输,更有效地打击毒品犯罪,这是我国乃至全球各国在未来很长的时期内,都必须时刻思考、共同讨论的问题。

新型毒品犯罪在我国具有跨地域性、区域辐射性、毒品消费的区域感染性等特点,单凭某个分散的个体力量很难有效打击此类毒品犯罪活动。因此,有必要建立国内外侦查协作机制,规范跨境毒品刑事警务合作程序,健全毒品犯罪情报共享机制,严密对洗钱行为的规控,强化人员培训和技术合作,有效地控制跨境毒品犯罪的发展和蔓延,在边境线上矗立起一道坚实的屏障。

第三编　数据透视：刑事程序重点问题分析研究

第十九章　非法证据排除案件数据分析研究

侯晓焱[*]　吴敏功[**]

我国非法证据排除的司法实务状况一直为理论界和实务界关注。如今,数据时代的来临为法学研究提供了丰富的素材,华宇元典法律研究团队秉承"深挖公开裁判文书富矿,为法律行业创造更大价值"的理念,采集了中国裁判文书网公开的2013年至2017年关于非法证据排除的裁判文书,通过对文书信息的挖掘,探究我国非法证据排除的司法实务状况,以期对各界的研究和制度的完善有所助益。

一、文书观察范围的确定

关于我国目前非法证据排除的具体范围,各界历来存在诸多争议。梳理《刑事诉讼法》、最高人民法院《关于适用〈中华人民共和国刑事诉讼法〉的解释》(以下简称《刑诉解释》)及最高人民法院、最高人民检察院、公安部、国家安全部、司法部《关于办理刑事案件严格排除非法证据若干问题的规定》(以下简称《严格排除非法证据规定》)等文件中的证据排除规则,主要分为两大类:"应予排除条款"以及"不得作为证据使用或不得作为定案依据条款"。围绕这些法律规定,界定何种方式取得的证据为非法证据,学界历来存在诸多争议,实务人员也存在不少困惑。为全面反映实务状况,本次数据统计中,研究团队以申请主体提出的"非法证据"排除作为研究起点,并未杂糅研究团队的主观判断,保持观察对象的原生态,以期呈现非法证据排除实践运行的真实样态。

二、数据采集过程的说明

本次数据的采集范围为:截至2018年5月31日,在中国裁判文书网上公开,结案年度在2013年至2017年,以"非法证据"为关键词进行检索的刑事一审、二审、再审裁判文书。在上述检索条件下,共得到裁判文书8 000余篇。借助文本的自然语言实体识别技术和华宇元典内部数据分析平台,对上述文书进行多次清洗,去除其中的干扰、冗余数据,最终得到6 847篇裁判文书,作为本次观察的对象。具体过程如图19-1所示。

---

[*] 侯晓焱,北京华宇元典信息服务有限公司业务专家,法学博士。
[**] 吴敏功,北京华宇元典信息服务有限公司法律知识工程师,法学硕士。

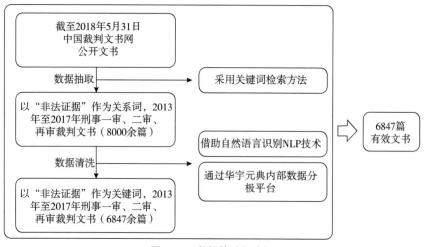

图 19-1　数据的采集过程

研究团队在观察文书的过程中，对8 000余篇文书进行了清洗，数据清洗中去除的文书主要包括以下两类情况：

第一，裁判文书中"非法证据"的记载为权利告知内容。

此类裁判文书中出现了有关"非法证据"的字样，但仅为法官宣告性地表示本案不存在"非法证据排除"的情形，这种情形在某一地区法院的格式化文书中较为常见，一般反映为裁判文书诉讼记录段对"被告人申请排除非法证据权利告知"的记载，如北京市第一中级人民法院（2014）一中刑初字第2911号判决书中记载：北京市人民检察院第一分院以京一分检公诉刑诉（2014）46号起诉书指控被告人徐某某犯运输毒品罪、非法持有毒品罪向本院提起公诉。本院经审查后依法组成合议庭于2014年9月2日立案，并在立案当日向被告人送达了起诉书副本，向徐某某告知了在法院审理期间的诉讼权利，征求了其对回避、管辖、非法证据排除、申请证人出庭、申请重新勘验、鉴定、裁判文书上网等程序性问题的意见，并进行了相关法律程序的释明。同年9月10日、19日，合议庭安排辩护人查阅、复制了全部案卷材料。本院于2014年9月24日公开开庭审理了本案。北京市人民检察院第一分院指派代理检察员出庭支持公诉，被告人徐某某及其辩护人到庭参加诉讼。现已审理终结。

第二，不涉及"非法证据"的二审裁判文书。

此类情形为：二审裁判文书中记载了原审程序中申请与排除"非法证据"的有关情况，但二审程序本身并不涉及"非法证据排除"，例如广东省深圳市中级人民法院（2015）深中法刑二终字第824号判决书中的如下记载：被告人郑某某及其辩护人提出郑某某在侦查阶段所作的所有与当庭供述不一致的有罪供述均是在办案人员向其许诺可以给其取保候审等诱惑下所做出的虚假供述，应当作为非法证据予以排除的意见。原判认为，根据《刑事诉讼法》及最高人民法院《关于适用〈中华人民共和国刑事诉讼法〉的解释》的相关规定，使用肉刑或者变相肉刑，或者采用其他使被告人在肉体上或者精神上遭受剧烈疼痛或者痛苦的方法，迫使被告人违背意愿作出的供述，属于采用刑讯逼供等非法方法收集的被告人供述,依法应当予以排除。而被告人郑某某所称办案人员向其承诺给其取保候审,不属于上述规定中的刑讯逼供的方法,不符合非法证据排除的条件。至于被告人在侦查阶段供述的采纳情况,原判已综合全案证据在相应评判中予以论述,在此不再赘述。

三、数据统计维度的说明

非法证据制度的理论内涵极为丰富,文书观察发现,实务中的非法证据排除样态同样表现多样,通过对 6 847 篇文书进行逐一观察后发现,非法证据排除案件在实务中不仅包括被告人、辩护人申请排除非法证据,法院依职权审查是否存在非法取证的情形,还包括公诉人(检察员)、刑事被害人及其诉讼代理人、自诉人、刑事附带民事诉讼原告人及其诉讼代理人等其他主体申请排除非法证据的情形;再如,不少文书中出现辩方指明遭受刑讯逼供、指供、诱供但法院认为其未提出非法证据排除申请,或者辩方提出非法证据排除申请后又撤回;在针对非法证据的处理结果方面,除法院作出排除或者不予排除决定外,尚有法院将案件发回重审、公诉方主动撤回相关证据等各种情形。受篇幅等各种因素的影响,本章主要展示 6 847 篇裁判文书的宏观态势分布及法院排除证据的有关情况,其他较为重要的数据统计结果,待完善后,研究团队会继续向各界展示。

第一节 综览:非法证据排除案件的宏观态势数据

如前所述,实务中的非法证据排除案件不仅包括被告人、辩护人申请排除非法证据,法院依职权审查是否存在非法取证,还包括公诉人(检察员)、刑事被害人及其诉讼代理人、自诉人、刑事附带民事诉讼原告人及其诉讼代理人等其他主体申请排除非法证据的情形,但辩方申请排除非法证据的裁判文书占绝对多数。本章暂且不区分申请主体的不同,展示 6 847 篇裁判文书的宏观态势数据。

表 19-1　不同主体申请启动非法证据排除程序的占比情况

不同主体	辩方申请	法院依职权	被害人等其他主体申请
占比	95.1%	0.58%	4.32%

一、年度分布

2013 年至 2017 年,涉及非法证据排除裁判文书数量呈逐年增长趋势。从法院决定排除非法证据的裁判文书数量来看,2015 年较 2014 年增长 20.74%,2015 年、2016 年、2017 年的文书数量较为稳定,综合前述二者裁判文书数量,可以计算出各年度非法证据排除案件裁判文书数的排除比。① 各年度裁判文书数量及排除比如图 19-2 所示。

图 19-2　2013—2017 年非法证据排除裁判文书数量分布及排除比

二、地域分布

全国除港澳台地区以外 31 个省级行政区中,涉及非法证据排除案件文书数量最多的省份是广东省,为 672 篇,占 6 847 篇裁判文书的 9.78%;其次是浙江省,为 525 篇,占比 7.67%;第三是四川省,为 512 篇,占比 7.48%。

从法院决定排除非法证据的文书数量来看,全国除港澳台地区以外的 31 个省级行政区中,最多的省份是广东省,有 72 篇,在法院决定排除非法证据的 650 篇文书中占比 10.92%;其次为四川省,有 49 篇,占比 7.54%;第三为湖南省,有 45 篇,占比 6.92%。② 综合前述数据,可以计算出各省级行政区非法证据排除案件裁判文书数的排除比。

---

① 各年度非法证据排除裁判文书数的排除比=各年度法院决定排除非法证据文书数/各年度涉及非法证据排除的文书数。
② 值得注意的是,此处上海市法院决定排除非法证据的文书数量为 0 篇,并不意味着上海市法院实务中没有排除非法证据的案件,而是可能受裁判文书上网不完全等因素的影响,在中国裁判文书网上并无 2013—2017 年上海市法院决定排除非法证据的文书。我们注意到,上海市法院网曾经公布过上海市关于非法证据排除案件的调研报告,详情参见 http://shfy.chinacourt.org/article/detail/2018/01/id/3150708.shtml,访问日期:2018 年 11 月 1 日。

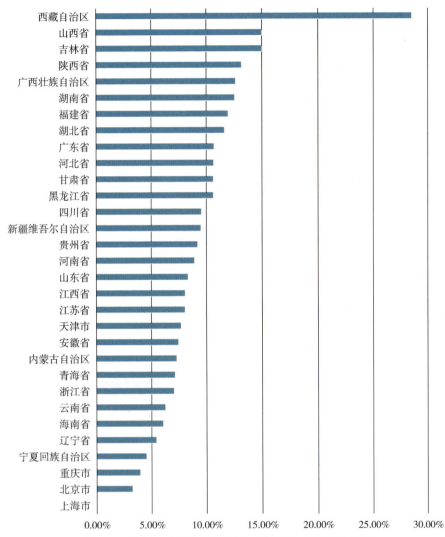

图 19-3 全国 31 个省级行政区非法证据排除案件排除比情况

三、审级分布

涉及非法证据排除的 6 847 篇文书中，一审审结的文书为 3 708 篇，占比 54.16%；二审审结的文书为 3 076 篇，占比 44.92%；再审审结的文书为 63 篇，占比 0.92%。

法院决定排除非法证据的 650 篇文书中，一审审结的文书为 488 篇，占比 75.08%；二审审结的文书为 152 篇，占比 23.38%；再审审结的文书为 10 篇，占比 1.54%。

审级维度下非法证据文书数量的排除比为:一审 13.16%;二审 4.94%;再审 15.87%。[1]

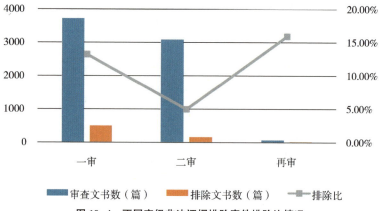

图 19-4　不同审级非法证据排除案件排除比情况

四、案由分布

非法证据排除文书中,共计 1 393 篇文书涉及走私、贩卖、运输、制造毒品罪,在 6 847 篇文书中占比 20.34%;1 007 篇文书涉及受贿罪,占比 14.71%;790 篇文书涉及盗窃罪,占比 11.54%。前十名罪名分布情况如图 19-5 所示。

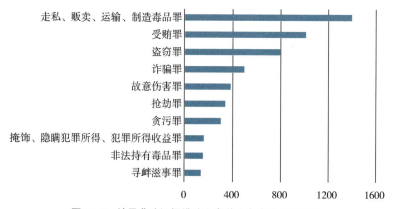

图 19-5　涉及非法证据排除文书前十名案由分布(篇)

法院决定排除非法证据的文书中,所涉罪名数量最多的为走私、贩卖、运输、制造毒品罪,124 篇,在法院决定排除非法证据的 650 篇文书中占比 19.08%;其次为盗窃罪,87 篇,占比 13.38%;第三为受贿罪,84 篇,占比 12.92%。

---

[1]　各审级维度下非法证据文书数量的排除比=各审级维度下法院决定排除非法证据的文书数量/各审级维度下涉及非法证据排除的文书数量。

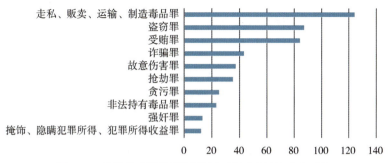

图19-6　法院决定排除相关证据文书前十名案由分布（篇）

五、辩护情况

6 847篇非法证据排除案件文书中，有辩护人的文书数量为5 880篇，占比85.88%；无辩护人的文书数量为967篇，占比14.12%。

在有辩护人的5 880篇文书中，担任辩护人的人员分为职业律师、职业律师以外的法律职业从业者、其他非法律职业从业人员，三者的占比分别为88.71%、2.72%、8.57%。

第二节　检视：证据类型维度下的数据呈现

《刑事诉讼法》第56条对不符合法定程序收集的犯罪嫌疑人、被告人供述和辩解、证人证言、物证、书证作出了应予排除的规定。本次数据统计过程中，以申请主体提出的"非法证据"排除事由为起点，结合法律文件的规定，对上述四种证据类型的排除事由进行了详细统计，本节展示四种证据类型下具体事由的有关数据。

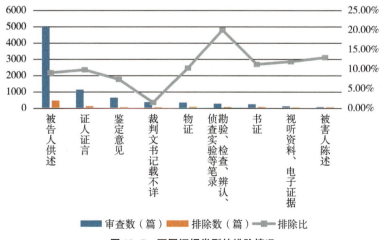

图19-7　不同证据类型的排除情况

一、犯罪嫌疑人、被告人供述和辩解

(一)情况概览

犯罪嫌疑人、被告人供述是《刑事诉讼法》第 50 条规定的八种证据类型之一,也是统计结果中涉及非法证据文书数量最多的证据类型。根据统计结果,共有 5 010 篇文书中涉及对犯罪嫌疑人、被告人供述证据排除情形的审查,在 6 847 篇文书中占比 73.17%;法院对犯罪嫌疑人、被告人供述进行审查后,共有 450 篇文书中法院排除了犯罪嫌疑人、被告人供述,在法院排除非法证据的 650 篇文书中占比 69.23%;涉及犯罪嫌疑人、被告人供述文书的排除比为 8.98%。

(二)具体事由

研究团队以申请主体提出的排除事由为起点,并参照《刑事诉讼法》《刑诉解释》《严格排除非法证据规定》等文件关于排除被告人供述具体事由的规定,对犯罪嫌疑人、被告人供述证据类型下的排除事由情形进行了细分,共划分出 10 余个具体事由,以下为部分事由的数据展示:

从纳入法院审查事由来看,"以刑讯逼供方式获取供述"占比最多,为 36.16%;其次为"以引诱、欺骗的方式获取供述",占比 16.59%;"以暴力威胁手段获取供述",占比 8.70%;"以变相肉刑方式获取供述",占比 8.22%。

从法院排除事由看,法院认定存在"刑讯逼供"事由的占比为 26.09%;存在"引诱、欺骗"事由的占比为 6.90%;存在"暴力威胁"事由的占比为 4.04%;认定存在"变相肉刑"事由的占比为 7.58%。观察结果显示:辩方申请和法院决定排除"引诱、欺骗方式获取的供述"占比不小,表明针对这一争议事由,实务中积累了不少经验。

综合前两个维度下的数据,"以刑讯逼供方式获取供述"事由的排除比为 5.94%,"以引诱、欺骗的方式获取供述"事由的排除比为 3.16%;"以暴力威胁手段获取供述"事由的排除比为 3.53%;"以变相肉刑方式获取供述"事由的排除比为 7.01%。①

二、证人证言

(一)情况概览

证人证言是统计结果中文书数量仅次于"犯罪嫌疑人、被告人供述"的证据类型。观察结果显示:共有 1 121 篇文书中涉及对"证人证言"证据排除情形的审查,在涉及非法证据的 6 847 篇文书中,占比 16.39%;法院进行审查后,决定排除证人证言的文书数量为 109 篇,在法院排除非法证据的 650 篇文书中占比 16.77%;涉及证人证言证据类型文书的排除比为 9.72%。

(二)具体事由

研究团队以申请主体提出的排除事由为起点,并参照《刑事诉讼法》《刑诉解释》《严格排除非法证据规定》等文件关于排除证人证言具体事由的规定,对证人证言证据类型下的排除事由情形进行了细分,共划分出 10 余个具体事由,以下为部分事由的数据展示。

从纳入法院审查事由来看,"以限制人身自由方式获取证言"的占比为 11.81%;"询问证人的时间、地点、主体等不符合法律规定"的占比为 11.26%;"证人不出庭理由不充分"的占

---

① 特定具体事由的排除比=法院认定存在特定具体事由的个数/纳入法院审查的特定具体事由个数。

比为 10.44%;"证人与案件存在利害关系"的占比为 9.76%。

从法院排除事由看,法院认定存在"以限制人身自由方式获取证言"的占比为 7.2%;存在"询问证人的时间、地点、主体等不符合法律规定"的占比为 11.2%;存在"证人不出庭理由不充分"的占比为 2.4%;存在"证人与案件存在利害关系"的占比为 1.6%。

综合前两个维度下的数据,"以限制人身自由方式获取证言"事由的排除比为 5.2%;"询问证人的时间、地点、主体等不符合法律规定"事由的排除比为 8.48%;"证人不出庭理由不充分理由是否充分"事由的排除比为 1.96%;"证人与案件存在利害关系"事由的排除比为 1.4%。

三、物证

(一)情况概览

物证是统计结果中文书数量排名第四的证据类型,共有 334 篇文书中涉及对"不符合法定程序收集物证"情形的审查,在 6 847 篇文书中,占比 4.88%;法院进行审查后,决定排除物证的文书数量为 34 篇,在法院排除非法证据的 650 篇文书中占比 5.23%;物证证据类型文书的排除比为 10.18%。

(二)具体事由

研究团队以申请主体提出的排除事由为起点,并参照《刑事诉讼法》《刑诉解释》《严格排除非法证据规定》等文件关于排除物证具体事由的规定,对物证证据类型下的排除事由情形进行了细分,以下为较为常见事由的数据展示。

从纳入法院审查事由来看,"提取扣押的物证未附笔录或清单不能证明来源"的占比为 7.69%,"物证与笔录或清单记载不一致"的占比为 3.97%。

从法院排除事由看,法院认定存在"提取扣押的物证未附笔录或清单不能证明来源"的占比为 15%,存在"物证与笔录或清单记载不一致"的占比 2.5%。

综合前两个维度下的数据,"提取扣押的物证未附笔录或清单不能证明来源"事由的排除比为 19.35%,"物证与笔录或清单记载不一致"事由的排除比为 6.25%。

四、书证

(一)情况概览

书证是统计结果中文书数量排名第六的证据类型,共有 234 篇文书中涉及对"不符合法定程序收集书证"情形的审查,在 6 847 篇文书中,占比 3.42%;法院进行审查后,决定排除物证的文书数量为 26 篇,在法院排除非法证据的 650 篇文书中占比 4%;书证证据类型文书的排除比为 11.11%。

(二)具体事由

以申请主体提出的排除事由为起点,并参照《刑事诉讼法》《刑诉解释》《严格排除非法证据规定》等文件关于排除书证具体事由的规定,研究团队对书证证据类型下的排除事由情形进行了细分,以下为较为常见事由的数据展示。

从法院审查事由来看,"提取扣押的书证未附笔录或清单不能证明来源的"占比为 4.26%;"书证有更改或者更改迹象不能作出合理解释,或者书证的副本、复制件不能反映原件及其内容的"占比为 6.59%。

从法院排除事由看，法院认定存在"提取扣押的书证未附笔录或清单不能证明来源的"占比为 3.85%；存在"书证有更改或者更改迹象不能作出合理解释，或者书证的副本、复制件不能反映原件及其内容的"占比为 11.54%。

综合前两个维度下的数据，"提取扣押的书证未附笔录或清单不能证明来源"事由的排除比为 9.09%；"书证有更改或者更改迹象不能作出合理解释，或者书证的副本、复制件不能反映原件及其内容的"事由的排除比为 17.65%。

第三节　余思：数据统计中存在的相关困难

非法证据排除为一项内涵极为丰富的研究专题，非法证据排除制度不仅包含证据排除范围等实体方面的规则，其自身也包含一套完整的程序规则，具有重要的研究价值。本次数据统计过程中，研究团队尝试对专题项下各界普遍关心的重要性程序事项予以统计，遭遇到不少困难，主要包括：

一、裁判文书记载信息的有限性

从采集的文书来看，目前我国裁判文书中关于非法证据排除的信息记载较为有限，突出表现之一为：研究团队甚至无法确定 300 余篇裁判文书中排除的证据类型，其中 5 篇裁判文书，法院在作出排除非法证据决定时也未指明排除的证据类型和事由，如河南省漯河市中级人民法院（2014）漯刑一终字第 8 号刑事判决书中指出："关于被告人郭红伟的辩护人和牛某的辩护人所提'本案办理程序违法，非法收集证据'的上诉理由，经查，公安机关在办理本案过程中确实存在有非法收集证据的现象，一、二审法院在采纳证据的过程中，对非法证据进行了排除。"

裁判文书记载信息的有限性还表现在：关于辩方何时申请非法证据排除、法院何时启动非法证据排除程序以及法院何时作出排除非法证据的决定等重要程序性时间节点，裁判文书中记载的信息有限，大量裁判文书中无法判断出上述事项的时间节点，给庭前会议制度的研究造成不少困扰。

二、部分事项的统计难以制定统一标准

根据《刑事诉讼法》《刑诉解释》等法律文件的相关规定，辩方申请排除非法证据，要提供相应的线索材料，否则可能导致非法证据排除程序不予启动的后果。因此，研究团队尝试对辩方有无提供线索材料进行统计，但数据统计过程中发现困难较大：首先，裁判文书对辩方申请排除非法证据时，是否提供线索材料的信息记载有限；其次，关于是否提供线索材料的判断，法律规则中留有较大的自由裁量空间[①]，研究团队难以做出相对客观的判断，为体现数据统计的严谨性，本报告暂且不予展示相关维度的统计数据，留待继续探索较为科学的数据统计方法，以期为各界贡献更为精准的数据成果。

[①] 2018 年 1 月 1 日实施的《人民法院办理刑事案件排除非法证据规程（试行）》第 5 条明确了"线索材料"的认定标准，即"线索"是指内容具体、指向明确的涉嫌非法取证的人员、时间、地点、方式等；"材料"是指能够反映非法取证的伤情照片、体检记录、医院病历、讯问笔录、讯问录音录像或者同监室人员的证言等。

第二十章 被告人供述非法证据排除数据分析研究

吴敏功[*] 刘亚会[**]

犯罪嫌疑人、被告人供述和辩解是我国《刑事诉讼法》第50条第2款规定的八种证据类型之一。由于刑事被追诉人有可能是犯罪事实的亲历者，因此尽早获取刑事被追诉人的供述可以促进案件侦破，且被追诉人的供述在证明犯罪事实方面也往往具有直接性和较强的关联性。刑事被追诉人供述所蕴含信息量的丰富和在证明犯罪事实方面的特点伴随着一个长期以来困扰司法人员和社会大众的问题：如何获取刑事被追诉人的供述。在人类社会发展早期，采用刑讯逼供获取刑事被追诉人的口供是被允许的，采用此种方式获取被告人供述虽然在某种程度上可能有助于案件的侦破、打击犯罪，但也存在着无法忽视的负面效应——导致刑事冤案的发生，与民众心中存在的最朴素的公平正义感背道而驰。随着人类文明的发展，英国最早确立了不得强迫自证其罪原则，以保障刑事被追诉人供述的自愿性。进入资本主义社会后，不得强迫自证其罪成为其法治观念的重要组成部分。在现代社会，这一原则成为国际社会的共识。自1979年我国第一部《刑事诉讼法》确立"严禁刑讯逼供和以威胁、引诱、欺骗以及其他非法的方法收集证据"的规则，我国刑事立法和司法解释层面相继确立了一系列非法证据排除规则，"不得强迫任何人证实自己有罪"，保障被告人供述的自愿性已成为我国刑事立法的基本价值取向。立法和司法解释层面明确要求排除被告人供述的范围不断扩大，被告人供述非法证据排除的程序性规则也得到不断完善。

2012年修正的《刑事诉讼法》在基本法的高度确立非法证据排除实体和程序方面的规则后，我们有必要了解非法证据排除规则在法律适用中的有关情况，而观察有关非法证据排除的裁判文书不失为一种方法。研究团队在对中国裁判文书网公布的2013年至2017年全国范围关于非法证据排除的裁判文书进行观察后[①]，得出的数据展示了被告人供述这一证据类型在非法证据排除规则中的重要地位：有关非法证据排除裁判文书中涉及被告人供述这一证据类型的裁判文书共有5 010篇，在有关非法证据排除的6 847篇裁判文书中占比为73.17%，法院最终排除犯罪嫌疑人、被告人供述的裁判文书数量为450篇，在法院最终排除的650篇裁判文书中占比69.23%，审查和决定排除被告人供述的裁判文书数量在法院审查和决定排除的八种证据类型的裁判文书数量中居于第一位，并远高于仅次于其后的证人证言的裁判文书数量。被告人供述非

---

[*] 吴敏功，北京华宇元典信息服务有限公司法律知识工程师，法学硕士。
[**] 刘亚会，北京华宇元典信息服务有限公司高级研究员，法学硕士。
[①] 本章"被告人供述非法证据排除"裁判文书观察结果是"非法证据排除"专题观察成果的组成部分，关于文书数据的来源的描述请参考本书第十九章中关于数据来源的说明。

法证据排除裁判文书数量的排除比为 8.98%[1],在八种证据类型的裁判文书排除比中位居第七位。以下本章将呈现被告人供述非法证据排除裁判文书的数据。

第一节 综览:被告人供述审查与排除的数据呈现

非法证据排除裁判文书中涉及被告人供述这一证据类型的裁判文书共有 5 010 篇,最终法院决定排除的裁判文书有 450 篇,本章对 5 010 篇裁判文书与 450 篇裁判文书的宏观态势分布情况予以展示。

一、涉及被告人供述的非法证据排除裁判文书的宏观态势数据

(一)年度分布

从年度分布来看,5 010 篇裁判文书各年度分布情况如下:2013 年 191 篇,占比 3.81%;2014 年 1 078 篇,占比 21.52%;2015 年 1 141 篇,占比 22.77%;2016 年 1 287 篇,占比 25.69%;2017 年 1 313 篇,占比 26.21%。2014 年以来,涉及被告人供述非法证据排除的裁判文书数量呈现逐年增长的趋势。

图 20-1 涉及被告人供述的非法证据排除裁判文书的年度分布

(二)地域分布

从地域分布情况来看,在 5 010 篇裁判文书中,广东省的裁判文书数量最多,为 465 篇,占比 9.28%;其次为浙江省,415 篇,占比 8.28%;第三为四川省,401 篇,占比 8%。

在全国各省、自治区、直辖市中,被告人供述非法证据排除裁判文书在本省非法证据排除总裁判文书中占比最高的省份为江苏省,为 82.57%;其次为福建省,为 80.99%;第三为重庆市,为 80.13%;最低的为海南省,为 51.52%。[2]

---

[1] 此处被告人供述的排除比=法院决定排除供述的文书数量/法院审查供述的文书数量。
[2] 被告人供述非法证据排除裁判文书在本省非法证据排除总裁判文书中占比=本省涉及被告人供述的非法证据排除裁判文书数/本省涉及非法证据排除的全部证据类型的总裁判文书数。

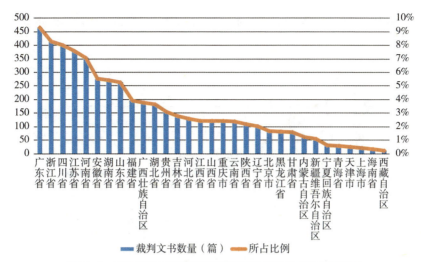

图 20-2 涉及被告人供述的非法证据排除裁判文书的地域分布

(三) 审级分布

从审级分布情况来看,5 010 篇裁判文书审级分布情况如下:适用一审程序的有 2 735 篇,占比 54.95%;适用二审程序的有 2 207 篇,占比 44.05%;适用再审程序的有 50 篇,占比 1%。适用二审程序的裁判文书占比接近裁判文书总数量的一半。

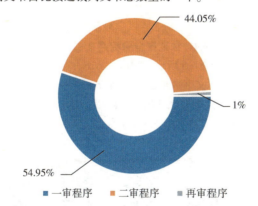

图 20-3 涉及被告人供述的非法证据排除裁判文书的审级分布

(四) 案由分布

从 5 010 篇裁判文书涉及的案由情况来看,数量最多的前三个案由为:走私、贩卖、运输、制造毒品罪,1 098 篇;受贿罪,899 篇;盗窃罪,705 篇。

在涉及走私、贩卖、运输、制造毒品罪的 1 393 篇非法证据排除裁判文书中,审查被告人供述的文书占比为 78.82%[①];在涉及受贿罪的 1 007 篇非法证据排除裁判文书中,审查被告人

---

① 各罪名涉及的被告人供述的非法证据排除裁判文书占比=各罪名涉及的被告人供述的非法证据排除的裁判文书数/各罪名涉及的非法证据排除的全部证据类型总裁判文书数。

供述的文书占比为 89.28%;在涉及盗窃罪的 790 篇非法证据排除裁判文书中,审查被告人供述的文书占比为 89.24%。

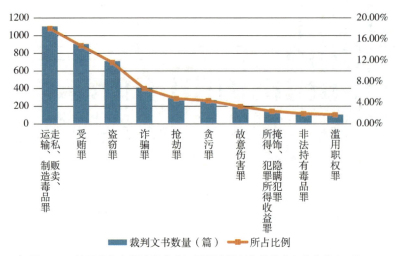

图 20-4　涉及被告人供述的非法证据排除裁判文书前十名案由分布(篇)

二、排除被告人供述的裁判文书的宏观态势数据

(一)年度分布

在 5 010 篇涉及被告人供述的非法证据排除裁判文书中,法院最终予以排除的裁判文书共计 450 篇,年度分布情况如图 20-5 所示。2014—2016 年,法院排除的被告人供述裁判文书呈现逐年小幅上升,2016 年裁判文书数量较 2014 年上升 16.67%。

结合各年度涉及被告人供述的非法证据排除裁判文书数量,计算出各年度被告人供述非法证据的排除比,除了 2013 年,基本稳定在 9% 左右。

图 20-5　排除被告人供述的裁判文书排除比及年度分布(篇)

(二)地域分布

从地域分布情况来看,在450篇裁判文书中,在全国31个省级行政区中,排除被告人供述的裁判文书数量最多的为广东省,有49篇,占比10.89%;其次为四川省,有40篇,占比8.89%;第三为河南省,有30篇,占比6.67%。排除被告人供述的裁判文书数量较少的省份为北京市,有3篇;海南省、青海省、天津市各2篇;宁夏回族自治区1篇。此外,450篇排除被告人供述的裁判文书中缺失上海市排除非法证据的裁判文书。①

全国31个省级行政区中,被告人供述裁判文书排除比最高的是西藏自治区,为33.33%②;其次是山西省,为15.57%;第三是陕西省,为15.45%;最低的是宁夏回族自治区,为3.33%。③

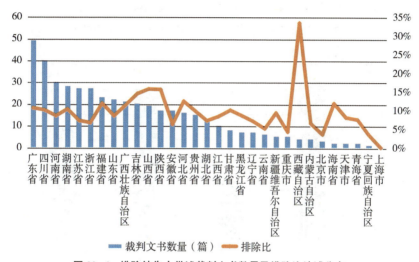

图20-6 排除被告人供述裁判文书数量及排除比地域分布

(三)审级分布

排除被告人供述的450篇裁判文书审级分布情况如下:适用一审程序的有339篇,占比75.34%;适用二审程序的有105篇,占比23.33%;适用再审程序的有6篇,占比1.33%。占比3/4的裁判文书排除决定发生在一审程序中。

各审级维度下被告人供述非法证据的排除比为:一审程序12.39%;二审程序4.76%;再审程序12%。④

---

① 需要说明的是:本次收集的裁判文书中缺失上海市排除非法证据的文书,并非团队收集文书的技术原因导致,也并非说明上海市无排除非法证据的文书,相反,我们注意到,上海市法院网曾经公布过本市非法证据排除的调研报告。参见http://shfy.chinacourt.org/article/detail/2018/01/id/3150708.shtml,访问日期:2018年11月1日。

② 各省份被告人供述裁判文书的排除比=各省份排除被告人供述裁判文书数/各省份涉及被告人供述的非法证据排除申请与审查文书数。

③ 需要指出的是:虽然西藏自治区被告人供述的排除比最高,但西藏自治区的文书数量本身极少,申请篇数为12篇,排除篇数为4篇;为减少人为取舍对数据造成的影响,本章仍将此数据收集的客观情况予以呈现。

④ 各审级维度下被告人供述非法证据的排除比=各审级排除被告人供述文书数/各审级涉及被告人供述非法证据排除申请与审查文书数。

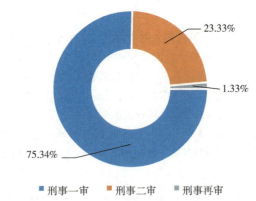

图 20-7 法院排除被告人供述的裁判文书的审级分布情况

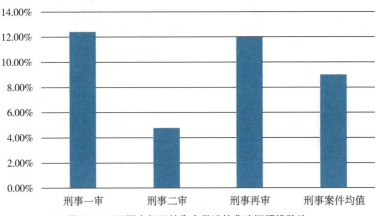

图 20-8 不同审级下被告人供述的非法证据排除比

(四)案由分布

排除被告人供述非法证据排除的文书在各案由下分布数量前三名为:87篇文书涉及走私、贩卖、运输、制造毒品罪;涉及受贿罪、盗窃罪的文书数量同为74篇。

在走私、贩卖、运输、制造毒品罪罪名下的141篇排除非法证据文书中,排除被告人供述的文书占比为61.7%;在受贿罪罪名下的84篇排除非法证据文书中,排除被告人供述的文书占比为88.1%;在盗窃罪罪名下的87篇排除非法证据文书中,排除被告人供述的文书占比为85.06%。[1]

走私、贩卖、运输、制造毒品罪罪名下被告人供述的排除比为7.92%,受贿罪罪名下被告人供述的排除比为8.23%,盗窃罪罪名下被告人供述的排除比为10.5%。[2]

---

[1] 各罪名下排除被告人供述的文书占比=各罪名下排除被告人供述的文书数/各罪名下排除所有非法证据的总文书数。

[2] 各罪名下被告人供述文书的排除比=各罪名下排除被告人供述的文书数/各罪名下涉及被告人供述非法证据排除的文书数。

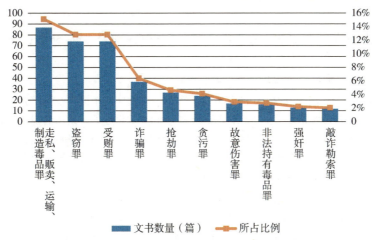

图 20-9 法院决定排除被告人供述文书前十名案由分布（篇）

第二节 检视：被告人供述排除事由的呈现与分析

在针对被告人供述非法证据排除的文书观察中，依据《刑事诉讼法》《刑诉解释》《严格排除非法证据规定》等现行法律文件中有关"非法供述"的规定，并结合司法实务中辩方申请排除被告人供述时提出具体理由的有关情况，梳理总结出十余种排除被告人供述的具体事由，详述如下。

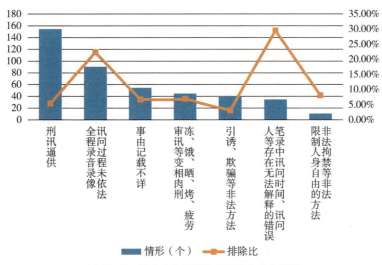

图 20-10 被告人供述具体排除事由分布情况

一、刑讯逼供

采取刑讯逼供方法收集的被告人供述,属于我国《刑事诉讼法》第56条明确规定应予排除的非法证据,此次文书观察的结果表明:

(一)排除事由中刑讯逼供占比最多,超过1/4

刑讯逼供作为立法者最为关注的非法取证手段,在司法实践中同样备受辩方和裁判者的关注。本次文书观察的结果表明:法院以"刑讯逼供"为由排除供述的数量在法院认定的存在非法手段获取犯罪嫌疑人、被告人供述的具体事由数量之和中占比26.09%,法院认定存在"刑讯逼供"情形的数量不仅位居法院排除供述的各事由数量之首,且在十余种事由数量之和中占比超过1/4。

(二)文书中关于刑讯逼供具体方式的记载较少

从法院排除供述的文书来看,绝大多数文书不会出现关于刑讯逼供具体方式的信息,只是记载被告人的伤情信息,针对控方对被告人身体带有伤情的举证,法院审查后以"无法排除刑讯逼供合理怀疑"排除相关供述,从为数不多文书中出现的具体刑讯方式的信息来看,具体刑讯的表现有:用手或鞋子扇被告人脸颊、用皮带抽打被告人身体①、用电棍电击被告人身体②、用脚踩搓被告人的脚等情形。③

二、冻、饿、晒、烤、疲劳审讯等非法方法

2012年《刑事诉讼法》要求将"采用刑讯逼供等非法方法收集的犯罪嫌疑人、被告人供述"予以排除。从条文表述来看,立法者对排除被告人供述的范围给予了一定的解释空间。2012年修订的《人民检察院刑事诉讼规则(试行)》和最高人民法院《刑诉解释》将"肉刑或变相肉刑"解释为"刑讯逼供等非法方法",但未列举变相肉刑的具体方式,2013年最高人民法院发布的《关于建立健全防范刑事冤假错案工作机制的意见》第8条明确了排除采用"冻、饿、晒、烤、疲劳审讯"方式收集的被告人供述。

通过观察发现:法院以"冻、饿、晒、烤、疲劳审讯等非法方法获取供述"为由排除被告人供述的数量在法院排除被告人供述事由数量之和中占比7.58%。

(一)法院认定的变相肉刑主要表现为疲劳审讯

通过观察法院认定存在"冻、饿、晒、烤、疲劳审讯等"变相肉刑的文书可以发现,法院以"疲劳审讯"为由排除被告人供述的情形数量最多,在本情形数量中占4/5。本事由下法官除认定存在"冻、饿、晒、烤、疲劳审讯"等方法之外,法院还将"被告人肉体存在巨大痛苦情形下作出的有罪供述"④和"不让被告人上厕所情形下获取的供述"认定为变相肉刑。

---

① 参见四川省宜宾市中级人民法院(2016)川15刑终14号裁定书。
② 参见福建省福清市人民法院(2015)融刑初字第489号判决书。
③ 参见江苏省泗洪县人民法院(2014)洪刑初字第0475号判决书。
④ 四川省新津县人民法院(2015)新津刑初字第155号判决书中指出:"证人证言、被害人陈述、刘某某在看守所的供述及入所体检表相互印证证实被告人刘某某在2015年1月8日16时许因盗窃被发现,后被群众打伤致左上臂肱骨骨折;讯问笔录证实被告人刘某某在派出所作出有罪供述的时间为2015年1月8日17时11分至18时05分;医院检查报告及入/出证证实刘某某在2015年1月8日19时许送至新津县中医院检查,1月9日被送至新津县人民医院治疗。上述事实表明刘某某在派出所的有罪供述系在其左手臂骨折未给予治疗,身体遭受剧烈痛苦的情况下所得,不能排除变相刑讯逼供的合理怀疑,应予排除,其上述辩护意见成立,本院予以采纳。"

(二)法院对"疲劳审讯"的认定标准

我国现行法律、司法解释等文件中并无关于"疲劳审讯"认定标准的明确规定或者指导性意见,通过观察法院认定"疲劳审讯"时采纳的标准,大致可以归纳为以下几类:

(1)因讯问时间不合法而认定存在"疲劳审讯"

这一情形表现为:法院因办案机关凌晨等常规休息时间审讯被告人而将供述予以排除。比如"彭某非法收购、运输、出售珍贵、濒危野生动物、珍贵、濒危野生动物制品案"中①,法官指出:"另外,对被告人的供述问题,公安机关对被告人讯问时是后半夜,是疲劳审讯,应作为非法证据予以排除。"

(2)因连续讯问时间过长而认定存在"疲劳审讯"

从观察文书的结果来看,法院因连续讯问时间不合法而认定存在"疲劳审讯",又可以根据连续讯问时间长短分为以下四种情形:

第一,认为连续讯问超过8个小时,予以排除。

法院认为连续讯问超过8个小时,故而排除供述。比如:"尹连忠在2012年7月25日至8月11日被公安机关监视居住期间,一直被关在公安机关的审讯室,其承认虚开的有罪供述也是在此期间,从讯问时间可见有连续讯问8小时之久的记录,故对此间供述应以非法证据予以排除。"②

第二,法院认为连续讯问超过12个小时,予以排除。

法院认为连续讯问超过12个小时,故而将被告人供述予以排除。比如:"根据公诉机关提交的证据以及被告人任树昆当庭所作供述,本院认为,任树昆提讯证及任树昆于2013年10月16日讯问笔录证实公安机关于当日9时10分提审任树昆,9时19分至21时28分作讯问笔录,21时30分收监,讯问笔录中未体现保证任树昆饮食和必要休息的时间,不符合公安机关办理刑事案件程序的相关规定。"③

第三,法院认为连续讯问超过24个小时,故而予以排除。

法院认为连续讯问超过24个小时,故而排除供述。此种情形下,法院大多会援引2012年《刑事诉讼法》第117条(现行《刑事诉讼法》第119条——编者注)的规定作为排除的依据。比如在"童某受贿案"中,法官指出:"首先,根据《刑事诉讼法》第一百一十七条之规定:对不需要逮捕、拘留的犯罪嫌疑人,可以传唤到犯罪嫌疑人所在市、县内的指定地点或者到他的住处进行讯问,但是应当出示人民检察院或者公安机关的证明文件。对在现场发现的犯罪嫌疑人,经出示工作证件,可以口头传唤,但应当在讯问笔录中注明。传唤、拘传持续的时间不得超过十二小时;案情特别重大、复杂,需要采取拘留、逮捕措施的,传唤、拘传持续的时间不得超过二十四小时。不得以连续传唤、拘传的形式变相拘禁犯罪嫌疑人。传唤、拘传犯罪嫌疑人,应当保证犯罪嫌疑人的饮食和必要的休息时间。经查,被告人童某某于2013年11月12日主动到检察机关接受询问,同年11月13日14时被检察机关传唤,同年11月14日被刑事拘留送往看守所,童某某在检察机关已超过24小时,违反了上述规定。"④

---

① 参见广西壮族自治区龙州县人民法院(2016)桂1423刑初47号判决书。
② 吉林省吉林市中级人民法院(2016)吉02刑初73号判决书。
③ 浙江省新昌县人民法院(2014)绍新刑初字第187号判决书。
④ 安徽省芜湖经济技术开发区人民法院(2015)芜经开刑初字第00059号判决书。

(3)因违法连续传唤而认定存在"疲劳审讯"

实务中,还有法官因侦查机关违法连续传唤而将供述予以排除的情形。对于法院认定的此情形,笔者将其计入法院认定的"疲劳审讯"情形的数量。比如:"公安侦查卷宗显示,被告人戴某于2012年6月4日23时27分至2012年6月5日2时47分作了一次治安询问笔录,又同时于2012年6月4日23时55分至2012年6月5日00时02分,于2012年6月5日00时17分至2012年6月5日00时23分,于2012年6月5日00时25分至2012年6月5日00时30分,于2012年6月5日1时47分至2012年6月5日1时58分分别作了四次辨认笔录加之在侦查过程中存在笔录制作时间与就医时间重合、违法连续传唤、立案前传唤、超期羁押的情形,因此,本案不能排除侦查机关存在非法取证、刑讯逼供的情形,故原审被告人戴某在侦查过程中形成的供述、辨认笔录不能作为定案证据,该辩护意见成立,本院予以采纳。"①

三、引诱、欺骗等非法方法

针对以引诱、欺骗等手段获取的供述是否应当排除,理论与实务界一直存在截然不同的观点和意见:一种意见认为,适度的欺骗是刑事侦查策略的基本表现形式,因此无法将引诱、欺骗与刑事侦查策略明确区分开来,如果将以此方式收集取得的供述予以排除,会严重影响对于犯罪行为的追究惩治;另一种意见则认为,基于《刑事诉讼法》对于以引诱、欺骗方式收集证据进行了严格禁止的原则性规定,为保证法律规定的实践有效性,应严格按此规定执行,排除该类供述。②

本次文书观察结果表明:法院以"引诱、欺骗等非法方法"为由排除供述的数量在法院排除被告人供述事由数量之和中占比6.9%。由此可以看出,实践中针对以引诱、欺骗等手段获取的供述存在着一定的排除情况,法院指明存在"引诱、欺骗方式"的文书如:"经查认为,公安机关对被告人宗明利、刘伟讯问时进行了录音录像,能够证实宗明利在被监视居住期间接受讯问时,公安机关侦查人员承诺为其办理取保候审的事实,宗明利于2016年4月15日在公安机关的供述系非法取得的证据,依法应当予以排除。"③

四、首次讯问笔录没有记录告知被讯问人相关权利和法律规定

2012年《刑诉解释》首次对此情形下获取的供述作出规定。④ 本次文书观察的结果表明:法院以此为由排除供述的数量在法院排除被告人供述事由数量之和中占比0.34%。法院排除被告人供述的文书如郑州铁路运输中级法院(2013)郑铁中刑终字第8号裁定书中指出的:"该讯问笔录中杨献喜在核对笔录签字上存在瑕疵,讯问前的诉讼权利义务告知书上'杨献喜'的签字与本人签名不符。故现有证据不能确认检讨书及该询问笔录形成的程序合法,本院对检讨书及该询问笔录不予采信。"吉林省长春市双阳区人民法院(2015)双刑初字第66号判决书中认定的:"关于首次讯问笔录没有记录告知苏忠义相关权利和法律规定及由一人讯

---

① 广西壮族自治区南宁市青秀区人民法院(2013)青刑重字第4号刑事判决书。
② 参见戴长林:《非法证据排除制度的新发展及重点问题研究》,载《法律适用》2018年第1期。
③ 江苏省徐州市泉山区人民法院(2017)苏0311刑初18号判决书。
④ 《刑诉解释》第82条规定:"讯问笔录有下列瑕疵,经补正或者作出合理解释的,可以采用;不能补正或者作出合理解释的,不得作为定案的根据:……(三)首次讯问笔录没有记录告知被讯问人相关权利和法律规定的。"

问并制作笔录的问题。经查,侦查机关首次讯问笔录中未记录告知苏忠义相关权利和法律规定,对此次笔录予以排除。"

五、讯问笔录没有经被告人核对确认

法院认为"讯问笔录没有经被告人核对确认"而予以排除同样为"侦查机关对被告人的讯问违反了法律规定的程序性规则而被法院予以排除"的一种,法院以讯问笔录没有经被告人核对确认为由而予以排除供述的数量在法院排除被告人供述事由数量之和中占比2.69%。

这一情形下法院排除供述的典型文书如:"经二审庭审查明的事实与原判认定相同。证据采信中,原审被告人李永恒于2014年3月4日所作的两次侦查笔录,因侦查人员在形式要件方面的重大瑕疵,李永恒拒绝签字,该证据不予采信。"①

六、讯问过程未依法全程录音录像

自2012年《刑事诉讼法》规定同步录音录像制度起,司法解释等文件相继对同步录音录像的适用范围、审查规则等作出规定。② 本次文书观察结果表明:法院以此为由排除供述的数量在法院排除被告人供述事由数量之和中占比15.32%。

法院认定"未依法同步录音录像"文书中,根据法院援引的法律依据不同又可以分为三类:

(一) 可能判处死刑、无期徒刑案件未依法同步录音或录像不合法

2012年《刑事诉讼法》第121条规定了对于可能判处无期徒刑、死刑的案件或者其他重大犯罪案件,应当对讯问过程进行录音或者录像。法院援引2012年《刑事诉讼法》第121条之规定,认定未依法同步录音故而将供述予以排除的案例,比如"高某等贩卖毒品案"中,法官指出:"经审查上列证据,本院认为,本案各被告人在侦查阶段的讯问笔录应当予以排除。理由在于:第一,刑事诉讼法第一百二十一条规定:'侦查人员在讯问犯罪嫌疑人的时候,可以对讯问过程进行录音或者录像;对于可能判处无期徒刑、死刑的案件或者其他重大犯罪案件,应当对讯问过程进行录音或者录像。录音或者录像应当全程进行,保持完整性。'本案属于可能判处无期徒刑以上刑罚之案,而本案对各被告人的讯问时的录音录像材料均不完整,依照最高人民法院《关于建立健全防范刑事冤假错案工作机制的意见》第八条之规定,应当排除。"③

(二) 职务犯罪案件未依法同步录音录像不合法

《人民检察院讯问职务犯罪嫌疑人实行全程同步录音录像的规定》第2条规定了职务犯罪案件讯问过程应当全程同步录音录像,法院审查后认定职务犯罪案件未同步录音录像不合

---

① 河南省驻马店市中级人民法院(2017)豫17刑终15号判决书。
② 2012年《刑事诉讼法》第121条规定:"……对于可能判处无期徒刑、死刑的案件或者其他重大犯罪案件,应当对讯问过程进行录音或者录像。录音或者录像应当全程进行,保持完整性。"最高人民法院《关于建立健全防范刑事冤假错案工作机制的意见》第8条第2款规定:"除情况紧急必须现场讯问以外,在规定的办案场所外讯问取得的供述,未依法对讯问进行全程录音录像取得的供述,以及不能排除以非法方法取得的供述,应当排除。"《人民检察院讯问职务犯罪嫌疑人实行全程同步录音录像的规定》第2条第1款规定:"人民检察院讯问职务犯罪嫌疑人实行全程同步录音、录像,是指人民检察院办理直接受理侦查的职务犯罪案件,讯问犯罪嫌疑人时,应当每一次讯问的全过程实施不间断的录音、录像。"
③ 四川省德阳市中级人民法院(2014)德刑二初字第23号判决书。

法故而将供述予以排除的案例,如"王某受贿案"中,法官指出:"侦查机关在立案后对犯罪嫌疑人王平的讯问笔录,本院审理中上诉人王平及其辩护人对该讯问笔录以非法方法取得和讯问笔录的真实性提出异议并申请非法证据排除,没有同步录音录像的2011年4月21日1份、4月22日11份、4月28日1份、4月29日9时30分至11时55分1份、5月4日1份讯问笔录,不符合《人民检察院讯问职务犯罪嫌疑人实行全程同步录音录像的规定(试行)》第二条'每次讯问犯罪嫌疑人时,应当对讯问全过程实施不间断的录音、录像'的规定,不能作为定案的根据。王平及其辩护人的该上诉理由、辩解和辩护意见有理,本院予以采纳。"①

(三)办案场所之外获取的供述未依法同步录音录像不合法

最高人民法院《关于建立健全防范刑事冤假错案工作机制的意见》第8条规定了在规定的办案场所外讯问,应依法进行同步录音、录像的规定。法院认定未录音、录像不合法时援引此条规定的案例,如"柯某挪用资金案"中,法官指出:"本院认为,公诉人提交的被告人谢某甲、林某甲在安溪县凤城镇新华路某号室所作的供述,根据最高人民法院《关于建立健全防范刑事冤假错案工作机制的意见》第八条的规定,系在办案场所外讯问取得的供述,并未对讯问进行全程录音录像,依法予以排除。"②

七、其他不排除非法手段获取的有罪供述

其他不排除非法手段获取的有罪供述,是指法院排除供述的文书中出现的无法归纳为上述具体事由的情况。例如法院认为被告人庭前供述和辩解存在反复且无法得到印证"而将供述予以排除的:"关于连云港市海州区人民检察院提出的原审被告人祝某的有罪供述及相关书证应予采信的抗诉意见及江苏省连云港市人民检察院的支持抗诉意见,经查:原审被告人祝某庭前供述和辩解存在反复,庭审中不予供认,其有罪供述不能得到其他证据的印证,本院不予采信。"③

法院认为"讯问精神病人无监护人等相关人员在场"而予以排除供述的案例,如在"全某故意杀人案"中,"被告人的辩护人提出,被告人全孝新系精神病患者,在没有监护人或者其他相关人员在场的情况下制作的笔录,不符合《刑事诉讼法》的规定,故不能作为定案证据。经查,该供述与辩解的制作过程确系没有全孝新的监护人或公安机关指定法律援助中心指派的援助律师在场的情况下制作的笔录不符合法律规定,应当按非法证据排除法予以排除,不作为有效证据使用"④。

八、法院排除供述的事由记载不详

本次观察文书的结果表明:司法实务中尚有不少裁判文书对被告人供述排除事由记载不详,从中无法看出辩方以何种理由申请排除被告人供述及法院认定存在何种非法手段获取被告人供述。例如湖南省株洲市中级人民法院(2015)株中法刑二终字第21号刑事裁定书中指出:"法庭审理过程中,上诉人张波及其辩护人申请对张波在侦查机关的三份供述作为非法证

---

① 贵州省高级人民法院(2014)黔高刑二终字第7号判决书。
② 福建省安溪县人民法院(2014)安刑初字第677号判决书。
③ 江苏省连云港市中级人民法院(2014)连刑二终字第00097号裁定书。
④ 陕西省岚皋县人民法院(2016)陕0925刑初23号判决书。

据予以排除,经审查,不能排除该三份供述存在以非法方法收集的情形,故法庭对该三份证据予以排除。"①

第三节 余思:被告人供述排除制度的价值

本次观察的450篇文书中,法院以刑讯逼供、引诱欺骗等理由对被告人供述予以排除,不仅体现了非法证据排除制度发挥"遏制非法取证行为"等程序法的制裁意义,同时排除相关供述对案件实体上的处理结果也起到了一定程度的积极意义。部分案件中,法院排除被告人的供述从而使得部分针对被告人的指控事实无法成立,如"李有富盗窃案"中,法院排除被告人的供述导致检察机关指控的四起盗窃事实无法得到法院认可,直接影响了法院对被告人的量刑。② 还有少部分案件中,法院排除被告人供述后导致证据链断裂,全案证据无法证明指控的犯罪事实成立,被告人因而获得无罪判决。如"卓某贩卖毒品案"中,法院指出:"综上,由于本案刑讯逼供的可能性不能排除且公安机关在案件侦查过程中存在取证程序违法违规之行为,致使本案所有查获的毒品物证等证据不能作为定案根据,最终导致本案证据无法形成证据链条,不能证明被告人卓某有贩卖毒品之行为。"③无论是排除供述导致被告人量刑上的减轻乃至于因排除供述而导致被告人获得无罪判决,这充分表明了非法证据排除规则已然从文本走向实务,承担了其应有的职能,对案件的审理起到了积极作用。

研究团队对2013年至2017年中国裁判文书网公开的被告人供述排除文书的观察表明:我国被告人供述的非法证据排除制度已经从法律文本走向司法实践,并处于不断完善之中。对法律文件关于排除被告人供述范围的规定,法官一方面进行了积极探索,积累了一些有益经验;另一方面对于排除范围的准确界定也存在一定的困惑。另外,部分法官对排除程序的启动标准、合法性审查中证明责任的理解运用等仍值得商榷。期待各界深入研究我国司法实务中这一制度呈现的真实样貌,提出更好的解决对策,为更好地完善这一制度贡献自己的智慧。

---

① 湖南省株洲市中级人民法院(2015)株中法刑二终字第21号裁定书。
② 参见吉林省白山市江源区人民法院(2015)江刑重字第20号判决书。
③ 广东省深圳市中级人民法院(2013)深中法刑一初字第234号判决书。

第二十一章　毒品犯罪非法证据排除数据分析研究

叶衍艳[*]　王业飞[**]　李品优[***]

2013年至2017年,涉及非法证据排除的公开裁判文书共计6 847篇,覆盖了190余个刑事案由,其中文书数量最多的案由是走私、贩卖、运输、制造毒品罪(1 393篇)。[①] 由此可见,以走私、贩卖、运输、制造毒品罪为代表的毒品犯罪案件在非法证据排除这一问题上占据着最为重要的地位。基于这一点,本章以涉及非法证据排除的毒品犯罪案件文书数据作为研究对象,以期通过法律数据解读我国司法实践中毒品犯罪案件非法证据排除的现状。

本次研究的基础文书数据系北京华宇元典信息服务有限公司从中国裁判文书网公开的法律文书提取而来,筛选的标准为:结案时间从2013年1月1日到2017年12月31日,审判法院所在的地域范围是除港澳台之外的31个省级行政区。本次数据采集的截止时间为2018年5月31日。最终,在技术团队和法律专家的合作之下,本次研究从数十万篇公开的法律文书中采集到6 847篇涉及非法证据排除的文书,其中含有1 399篇毒品犯罪案件的法律文书——这些文书构成本次研究的数据样本。

需要说明的是,《刑法》中"走私、贩卖、运输、制造毒品罪"一节包含11个具体罪名,而本次采集的数据样本中不存在涉及"引诱、教唆、欺骗他人吸毒罪"和"非法提供麻醉药品、精神药品罪"的裁判文书。因此,本次研究的"毒品犯罪案件"只包括其他9个罪名[②]。其中,涉及走私、贩卖、运输、制造毒品罪的文书数量占据绝大多数;其他罪名的文书数量并不多,且多是和另外的罪名(大部分情况下是走私、贩卖、运输、制造毒品罪)同时出现在同一篇文书中。

---

[*] 叶衍艳,北京华宇元典信息服务有限公司业务专家,法学博士。
[**] 王业飞,北京华宇元典信息服务有限公司法律知识工程师,法律硕士。
[***] 李品优,中国政法大学国际法学院,博士研究生。
[①] 本章提及的"涉及非法证据排除"是指,某篇裁判文书中载明了本案在从立案到审结的过程中辩方提出非法证据排除申请或法院依职权启动非法证据调查的情况。因此,本章的"非法证据"不同于学理上讨论的严格意义上的非法证据,而是司法实务中客观呈现的非法证据。在讨论不同类型的非法证据时,尤其需要注意区分这一点。
[②] 这9个罪名分别是:(1)走私、贩卖、运输、制造毒品罪;(2)非法持有毒品罪;(3)包庇毒品犯罪分子罪;(4)窝藏、转移、隐瞒毒品、毒赃罪;(5)非法生产、买卖、运输制毒物品、走私制毒物品罪;(6)非法种植毒品原植物罪;(7)非法买卖、运输、携带、持有毒品原植物种子、幼苗罪;(8)强迫他人吸毒罪;(9)容留他人吸毒罪。

第一节　综览：毒品犯罪案件中非法证据排除的宏观态势

为了观察毒品犯罪案件中非法证据排除的整体态势，本章选取了四个基本视角：结案年度、审理地域、案由、审级。通过观察这四个视角下文书数量的变化，可以初步了解我国毒品犯罪案件中非法证据排除的实践情况。

一、年度分布

(一)涉及非法证据排除的法律文书数量逐年增长

2013年到2017年，涉及非法证据排除的毒品犯罪案件和刑事案件在文书数量上都是逐年增长的。整体来看，毒品犯罪案件文书数量在刑事案件文书数量中的占比几乎逐年上升，并且趋向于稳定在21%左右。其中，2014年到2015年这一占比发生了一次显著的提升，由17.88%提升到21.48%。

图21-1　毒品犯罪案件和刑事案件文书数量年度分布(篇)

(二)毒品犯罪案件的申请排除比整体逐年下降

除了2013年，涉及非法证据排除的毒品犯罪案件与刑事案件在申请排除比上基本保持一致，而且这一比例在10%上下浮动。[①] 但整体看来，毒品犯罪案件的申请排除比是下降的：

[①] 申请排除比，是指法院决定排除某种非法证据的文书数量与辩方申请排除该种证据的文书数量之比。这里的分母不包括法院依职权启动非法证据调查的文书数量。数据显示，法院依职权启动非法证据调查时，最终决定排除该项证据的比例很高。本次研究重点关注辩方申请排除非法证据之后的情况，因而将法院依职权启动非法证据调查的文书排除在分母之外。此外，需要注意的是，结案年度、审理地域、审级三个维度在计算申请排除比时并不区分证据类型，而是每篇文书仅计数一次——只要存在法院决定排除某种证据的文书，就将其归入分子之中。考虑到同一文书中提出多个非法证据排除申请的情况在数据样本中占比较低，此处的申请排除比虽是约数仍具有参考意义。

申请排除比＝法院决定排除相关证据的文书篇数/辩方申请排除该种非法证据的文书篇数。

其中,2013 年的比例最高,达到了 17.39%;2016 年的比例最低,仅为 8.94%。

图 21-2　毒品犯罪案件与刑事案件申请排除比情况

二、地域分布

(一)毒品犯罪较多的地区涉及非法证据排除的毒品犯罪案件也较多

广东省、四川省、湖南省三个省份的毒品犯罪案件中,涉及非法证据排除的文书数量在全国 31 个省级行政区中分列第一、二、三位。不仅如此,就毒品犯罪案件的文书数量在刑事案件中的占比来看,这三个省份也排在前三位,只是四川省和湖南省在位次上发生了对调。而这三个省份也是我国毒品犯罪较为集中的地区。① 值得注意的是,无论是毒品犯罪案件数量还是毒品犯罪案件在刑事案件中的占比,广东省在 31 个省级行政区中都位列第一,并且与第二名之间差距较大。

表 21-1　不同地域下毒品犯罪案件在刑事案件中的占比情况表

省、自治区、直辖市	毒品案件(篇)	刑事案件(篇)	毒品案件的占比	毒品案件占比的排名
广东省	243	672	36.16%	1
四川省	151	512	29.49%	3
湖南省	114	358	31.84%	2
湖北省	63	266	23.68%	9
安徽省	63	362	17.40%	17
山东省	57	360	15.83%	20
浙江省	56	525	10.67%	28

---

① 参见《最高人民法院发布毒品犯罪司法大数据》,载最高人民法院官网(http://www.court.gov.cn/zixun-xiangqing-103952.html),访问日期:2018 年 9 月 10 日。

(续表)

省、自治区、直辖市	毒品案件(篇)	刑事案件(篇)	毒品案件的占比	毒品案件占比的排名
云南省	54	208	25.96%	4
贵州省	53	217	24.42%	6
江苏省	52	459	11.33%	26
河南省	50	459	10.89%	27
吉林省	43	200	21.50%	12
山西省	38	193	19.69%	14
辽宁省	36	147	24.49%	5
重庆市	36	151	23.84%	7
福建省	35	242	14.46%	24
广西壮族自治区	35	245	14.29%	25
陕西省	32	144	22.22%	11
黑龙江省	29	122	23.77%	8
江西省	28	161	17.39%	18
甘肃省	23	122	18.85%	15
新疆维吾尔自治区	19	84	22.62%	10
北京市	19	123	15.45%	22
河北省	17	206	8.25%	31
内蒙古自治区	15	96	15.63%	21
天津市	8	39	20.51%	13
宁夏回族自治区	7	44	15.91%	19
海南省	6	33	18.18%	16
上海市	5	34	14.71%	23
青海省	4	42	9.52%	29
西藏自治区	2	21	9.52%	30

(二)不同审理地域之间毒品犯罪案件的申请排除比差异明显

涉及非法证据排除的毒品犯罪案件中,不同省级行政区的申请排除比存在较大差异:在24个存在法院决定排除相关证据文书的省级行政区中,山西省的申请排除比最高(25.71%),辽宁省的申请排除比最低(2.78%)。全国毒品犯罪案件的平均申请排除比为9.75%,仅有11

个省级行政区高于这一平均值。不同地域之间毒品犯罪案件的申请排除比差异明显,同一地域内刑事案件与毒品犯罪案件的申请排除比也不相同。事实上,仅有山东省、广东省、河北省、福建省这四个省份在这两个比例上是较为接近的,其他省份在这两个比例上的差异较大——以青海省、天津市为代表的部分省级行政区刑事案件的申请排除比高于毒品犯罪案件的申请排除比,以山西省、吉林省为代表的部分省级行政区刑事案件的申请排除比则低于毒品犯罪案件的申请排除比。

表21-2 不同地域下毒品犯罪案件与刑事案件的申请排除比情况表

省、自治区、直辖市	毒品案件	刑事案件	毒品案件与刑事案件的差值
山西省	25.71%	15.34%	10.37%
吉林省	20.93%	14.21%	6.72%
湖北省	19.35%	11.49%	7.86%
甘肃省	13.04%	11.61%	1.44%
河北省	11.76%	11.64%	0.12%
福建省	11.43%	11.64%	-0.21%
四川省	10.88%	9.09%	1.79%
广东省	10.88%	10.85%	0.03%
浙江省	10.71%	7.24%	3.47%
江西省	10.71%	8.78%	1.93%
湖南省	10.62%	12.87%	-2.25%
江苏省	9.62%	8.07%	1.54%
广西壮族自治区	8.82%	11.34%	-2.52%
山东省	8.77%	8.77%	0.00%
河南省	8.00%	8.76%	-0.76%
陕西省	6.45%	13.97%	-7.52%
贵州省	5.66%	9.27%	-3.61%
重庆市	5.56%	4.23%	1.33%
北京市	5.26%	3.39%	1.87%
新疆维吾尔自治区	5.26%	10.39%	-5.13%
云南省	3.85%	6.15%	-2.31%
黑龙江省	3.57%	10.00%	-6.43%

（续表）

省、自治区、直辖市	毒品案件	刑事案件	毒品案件与刑事案件的差值
安徽省	3.23%	7.54%	-4.31%
辽宁省	2.78%	5.84%	-3.06%
上海市	0.00%	0.00%	0.00%
宁夏回族自治区	0.00%	4.76%	-4.76%
海南省	0.00%	6.45%	-6.45%
内蒙古自治区	0.00%	8.33%	-8.33%
天津市	0.00%	8.82%	-8.82%
青海省	0.00%	8.82%	-8.82%
西藏自治区	0.00%	27.78%	-27.78%

三、案由分布

（一）涉及走私、贩卖、运输、制造毒品罪的文书数量最多

涉及非法证据排除的毒品犯罪案件中，涉及走私、贩卖、运输、制造毒品罪的文书数量最多，而且远远多于其他案由，在1 582篇次毒品犯罪案件文书中的占比达81.35%①。涉及非法持有毒品罪和容留他人吸毒罪的文书数量也较多，分别为153篇、120篇。其他毒品犯罪中涉及非法证据排除的文书极少。

图21-3　不同案由的毒品犯罪案件文书数量分布情况（篇）

---

① 涉及非法证据排除的毒品案件文书共计1 399篇，但是由于存在一篇文书涉及多个罪名的情况，以罪名来统计文书数量时，总数为1 582篇次。

(二)容留他人吸毒罪的申请排除比最高

在毒品犯罪案件中,由辩方申请排除证据并且法院决定排除相关证据的只涉及四个案由:容留他人吸毒罪,非法持有毒品罪,窝藏、转移、隐瞒毒品、毒赃罪和走私、贩卖、运输、制造毒品罪。其中,容留他人吸毒罪的申请排除比最高,而走私、贩卖、运输、制造毒品罪的申请排除比最低,并且与其他三个案由的申请排除比存在较大差距。

表21-3 不同案由毒品犯罪案件的申请排除比情况表

毒品犯罪的不同案由	申请排除非法证据(篇)	最终排除非法证据(篇)	申请排除比
容留他人吸毒罪	118	18	15.25%
非法持有毒品罪	153	23	15.03%
窝藏、转移、隐瞒毒品、毒赃罪	7	1	14.29%
走私、贩卖、运输、制造毒品罪	1268	124	9.78%

四、审级分布

(一)一审文书与二审文书的数量相差不大

在涉及非法证据排除的毒品犯罪案件中,一审文书的数量最多,再审文书的数量极少,二审文书的数量与一审相差并不太大。就整体趋势来看,毒品犯罪案件与刑事案件保持一致,但是毒品犯罪案件在刑事案件中的占比却是逐个审级依次降低的。其中,一审审结的毒品犯罪案件在刑事案件中的占比最高,达到22.68%。

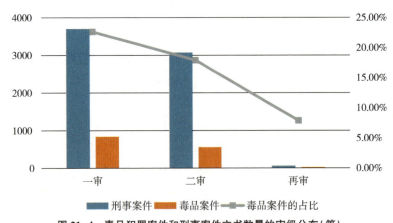

图21-4 毒品犯罪案件和刑事案件文书数量的审级分布(篇)

(二)一审程序的申请排除比是二审程序申请排除比的两倍多

无论毒品犯罪案件还是刑事案件,再审程序的申请排除比都是最高的。就一审程序、二审程序的申请排除比来看,毒品犯罪案件与刑事案件几乎保持一致:二审程序的申请排除比最低,并且一审程序的申请排除比是二审程序申请排除比的两倍多。

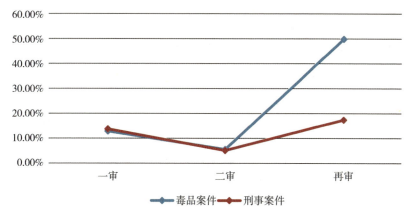

图 21-5 毒品犯罪案件和刑事案件申请排除比的审级分布

第二节 检视:不同类型证据予以排除的情况

一、不同类型证据予以排除的数据呈现

我国《刑事诉讼法》确立了大量的证据排除规则,其中有些旨在限制证据的证明力,有些是为了限制公诉方证据的证据能力。这些排除规则并不都属于非法证据排除规则。[①] 本章没有进行如此严格的区分,原因主要在于,现有的裁判文书表明,无论是当事人、律师还是法官,多数情况下都没有严格区分非法证据的范围。一个显著的例子就是,研究团队收集到的 1 399 篇涉及非法证据的法律文书覆盖了七种法定的证据类型,而鉴定意见在严格意义上并不在非法证据的范围之内。考虑到不同类型的证据在排除时情况往往不尽相同,接下来将围绕法定的证据类型分别展示不同证据的数据情况。

表 21-4 毒品犯罪案件中不同类型证据的申请排除比情况表

证据类型	涉及非法证据排除(篇)	法院决定排除相关证据(篇)	排除比
犯罪嫌疑人、被告人供述	1075	86	8.00%
证人证言	198	18	9.09%
物证	163	21	12.88%
鉴定意见	76	10	13.16%
勘验、检查、辨认、侦查实验等笔录	75	20	26.67%
书证	34	4	11.76%
视听资料、电子证据	18	3	16.67%

[①] 参见陈瑞华:《刑事证据法》(第三版),北京大学出版社 2018 年版,第 166—167 页。

(一)物证

毒品犯罪案件中,物证的重要性是不言而喻的——从立案侦查到庭审质证,其中的大部分工作都是围绕物证(主要是毒品、毒资)展开的。查获的物证中是否存在毒品、存在何种毒品、毒品数量的多少将直接影响犯罪是否成立、罪轻还是罪重等关键问题。

1. 毒品犯罪案件在涉及非法物证排除的刑事案件中占比为半数左右

除 2016 年,毒品犯罪案件和刑事案件涉及非法物证排除的文书数量基本都呈现增长趋势。尤其从 2013 年到 2015 年,毒品犯罪案件的文书数量增长较为明显。在涉及物证排除的刑事案件中,毒品犯罪案件文书的平均占比为 48.80%,而在 2015 年、2017 年这一比例分别达到了 57.97%、52.88%,远高于涉及非法证据排除的毒品犯罪案件在刑事案件中的占比(20.43%)。可见,在非法物证排除问题上,毒品犯罪案件远比其他案由的案件表现得更为突出。

图 21-6 涉及非法物证排除裁判文书的数量分布(篇)

2. 不同申请主体下毒品犯罪案件的申请排除比都高于刑事案件

毒品犯罪案件的申请排除比普遍较刑事案件高。其中,被告人单独申请排除时,前者的申请排除比几乎是后者的 3 倍;辩护人单独申请排除时,前者的申请排除比较后者高 2 个百分点;被告人和辩护人同时申请排除时,前者的申请排除比较后者高约 3.5 个百分点。毒品犯罪案件和刑事案件都是辩护人单独申请排除时的申请排除比最高。

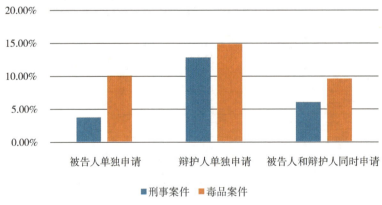

图 21-7 不同主体申请排除非法物证的申请排除比情况

（二）书证

书证是以其所表述的内容和思想来发挥证明作用的文件或者其他物品,常见的表现形式包括信件、笔记、文件、裁判文书等书面材料,而毒品犯罪案件中涉及非法书证的文书数量并不多。

1. 毒品犯罪中涉及非法书证排除的文书数量平均每年不足七篇

毒品犯罪中涉及非法书证排除的文书数量较少,就年度分布来看,2013 年到 2015 年是逐年增多的,2015 年到 2017 年基本稳定在 10 篇。不仅如此,毒品犯罪案件在涉及非法书证排除的刑事案件中占比也较小(平均仅为 14.53%),且在年度分布上是起伏不定的。

图 21-8　涉及非法书证排除裁判文书的数量分布(篇)

2. 毒品犯罪案件中被告人单独申请时申请排除比最高

毒品犯罪案件中,法院决定排除书证的文书总数为 4 篇。其中,被告人单独申请排除非法书证时的申请排除比最高,为 25%。对比刑事案件,被告人单独申请、被告人和辩护人同时申请时,毒品犯罪案件的申请排除比更高;辩护人单独申请时,刑事案件的申请排除比更高。

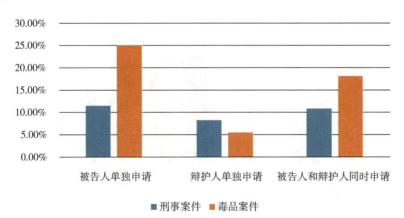

图 21-9　不同主体申请排除非法书证的申请排除比情况

(三)证人证言

证人证言是指证人就其所了解的案件事实向司法机关所作的口头陈述。在毒品犯罪中,作为证人的主要是毒品的买家或使用者。他们的证言中很可能会有关于犯罪嫌疑人进行毒品交易的重要信息。

1. 毒品犯罪案件中涉及非法证人证言的文书数量持续增长

从2013年到2017年,毒品犯罪案件中涉及非法证人证言排除的文书数量是持续增长的,其在刑事案件中的占比也一直在上升,2013年至2017年这一比例几乎增长了一倍。即使如此,这一证据类型的文书数量在所有涉及非法证据排除的毒品犯罪案件的占比依然不高。

图21-10 涉及非法证人证言排除裁判文书的数量分布(篇)

2. 被告人单独申请排除非法证人证言时的成功率为零

毒品犯罪案件中,法院决定排除相关证人证言的文书共计14篇。其中,辩护人单独申请时的申请排除比最高(为11.24%),被告人单独申请时的申请排除比最低(为零),这一点与刑事案件相似。整体来看,三种不同申请主体之下毒品犯罪案件的申请排除比都要低于刑事案件的申请排除比。

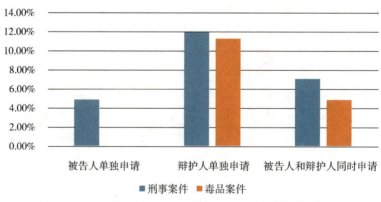

图21-11 不同主体申请排除非法证人证言的申请排除比情况

(四)犯罪嫌疑人、被告人供述

犯罪嫌疑人、被告人供述,是指犯罪嫌疑人、被告人就有关案件事实情况向司法机关所作的陈述。毒品犯罪案件中,犯罪嫌疑人、被告人供述最能直接体现犯罪嫌疑人、被告人的主观因素。

1. 涉及非法供述排除的刑事案件中毒品犯罪案件的占比趋于稳定

除了2013年,涉及非法供述排除的毒品犯罪案件和刑事案件在文书数量上都是缓慢增长的。其中,2013年至2017年毒品犯罪案件的占比基本稳定在22%左右。

图21-12 涉及非法供述排除裁判文书的数量分布(篇)

2. 被告人和辩护人同时申请时的申请排除比最高

毒品犯罪案件中,法院决定排除相关供述的文书共计83篇。其中,被告人单独申请时的申请排除比最低,仅有3.13%;被告人和辩护人同时申请时的申请排除比最高,达11.98%。

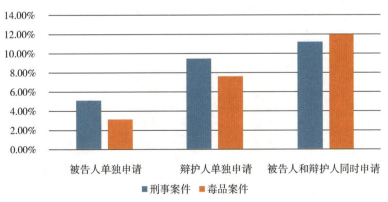

图21-13 不同主体申请排除非法供述的申请排除比情况

(五)鉴定意见

鉴定意见,是指鉴定人运用科学技术或专门知识,对诉讼中所涉及的专门性问题通过分析、判断所形成的一种鉴别意见。在毒品犯罪案件中,毒品的种类和数量将影响着犯罪是否成立、轻罪还是重罪。当前新型毒品不断涌现,准确科学地认定查获毒品的种类和数量必须依靠科学、权威的鉴定过程。

1. 涉及非法鉴定意见的案件中毒品犯罪案件的占比波动较大

毒品犯罪案件中,涉及非法鉴定意见的文书数量总体较少,仅有76篇。从年度分布上来看,2013年至2016年,毒品犯罪案件的文书数量是持续增长的,2017年有所减少。毒品犯罪案件在刑事案件中的平均占比为12.04%,但最低时仅为7.34%(2014年),最高时达14.97%(2016年),起伏较大。

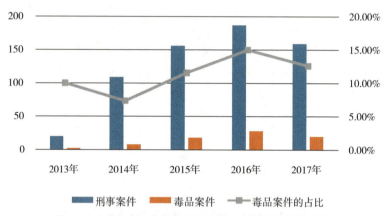

图21-14　涉及非法鉴定意见排除裁判文书的数量分布(篇)

2. 辩护人单独申请排除鉴定意见时的申请排除比最高

毒品犯罪案件中,法院决定排除鉴定意见的文书总数为10篇。其中,三种不同申请主体之下毒品犯罪案件的申请排除比普遍高于刑事案件。就毒品犯罪案件来说,辩护人单独申请时的申请排除比最高,被告人和辩护人同时申请时的申请排除比最低。

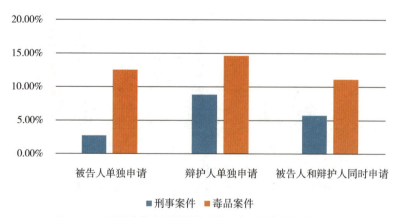

图21-15　不同主体申请排除非法鉴定意见的申请排除比情况

(六)勘验、检查、辨认、侦查实验等笔录

勘验、检查、辨认、侦查实验等笔录,是侦查人员在进行勘验、检查、辨认、侦查实验等侦查活动时,对收集证据的过程和获取证据的情况进行的书面记录。

1. 涉及非法勘验、检查、辨认、侦查实验等笔录排除的毒品犯罪案件在刑事案件中的占比较高

从涉及非法勘验、检查、辨认、侦查实验等笔录排除的情况来看,2013年至2015年,毒品犯罪案件的文书数量逐年上升;2015年至2017年,毒品犯罪案件的文书数量略有起伏。从毒品犯罪案件在刑事案件中的占比来看,2014年最低(23.53%),2013年最高(33.33%),平均为28.20%。与所有涉及非法证据排除的毒品犯罪案件在刑事案件中所占比例相比,这一比例要高出约8个百分点。

图 21-16 涉及非法勘验、检查、辨认、侦查实验等笔录排除裁判文书的数量分布(篇)

2. 不同主体申请时毒品犯罪案件的申请排除比普遍高于刑事案件

就毒品犯罪案件而言,在18篇法院决定排除勘验、检查、辨认、侦查实验等笔录的文书中,辩护人单独申请的占比最大。从申请排除比来看,不同主体申请排除非法证据时,毒品犯罪案件普遍高于刑事案件。其中,毒品犯罪案件辩护人单独申请排除时的申请排除比较刑事案件高出约6个百分点。

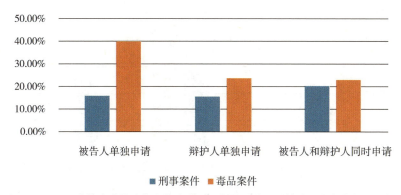

图 21-17 不同主体申请排除非法勘验、检查、辨认、侦查实验等笔录的申请排除比情况

(七)视听资料、电子证据

视听资料是指以录音带、录像带、电子软盘、电子磁盘等设备作为载体记载的与案件事实有关的声音、图像、活动画面。电子数据是一种存在于网络之中的数据信息,主要表现形式包括电子邮件、电子数据交换、网上聊天记录、网络博客、微博、短信等。在毒品犯罪案件中出现较多的视听资料、电子数据一般包括通话录音、微信或 QQ 聊天记录、短信等。其中涉及非法证据排除的案件数量虽然并不多,所表现出的数据特点却比较明显。

1. 涉及非法视听资料、电子证据排除的毒品犯罪案件很少

毒品犯罪案件中,涉及非法视听资料、电子证据排除的文书数量很少,只有 18 篇。从年度分布上来看,毒品犯罪案件的文书数量是在持续、缓慢增长的,其在刑事案件中的占比整体上也呈现上升态势。

图 21-18 涉及非法视听资料、电子证据排除裁判文书的数量分布(篇)

2. 法院决定排除的文书都属于辩护人单独申请的情况

毒品犯罪案件中,非法视听资料、电子证据的整体申请排除比为 16.67%。不过,法院认定排除相关证据的 3 篇文书都属于辩护人单独申请的情况。其中很大一部分原因在于,涉及非法视听资料、电子证据排除时,主要是由辩护人单独申请排除非法证据,并且这一情况在毒品犯罪案件中更为明显。

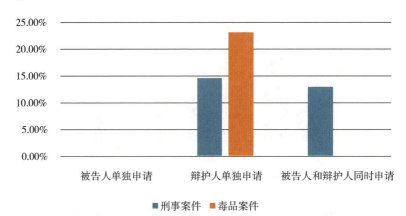

图 21-19 不同主体申请排除非法视听资料、电子证据的申请排除比情况

二、不同类型证据予以排除的常见情形

(一) 物证

在毒品犯罪案件中,最重要的物证就是侦查过程中查获的毒品。司法实践中,毒品犯罪案件在涉及排除非法物证争议时,大多的争议焦点都是围绕毒品的收集保管问题展开的。在法院决定排除相关物证的 21 篇文书中,常见的情形包括:①侦查机关将毒品疑似物混合;②毒品未进行合理封装或无法证明已经进行合理的封装。

1. 侦查机关将毒品疑似物混合

在东莞市第二市区人民检察院指控雷伙明犯贩卖毒品罪案①中,法院最后认定:"公安机关进行混合后再送鉴不能排除系其中部分含有毒品成分而另一部分不含有的合理怀疑。故对于该两部分毒品应当结合称重照片等按最少数量的毒品数量予以认定。具体而言,红色颗粒部分按最少一袋的重量认定为 0.35 克,白色晶体最少一袋的重量未显示不予认定。"对查获的不同包装的毒品没有按照规定分别进行称量,而是混合称量,不仅严重影响毒品的性状,也使得对毒品的定性、定量鉴定不客观。②

2. 毒品未进行合理封装或无法证明已经进行合理的封装

为了保证毒品的真实数量,在收集、转移查获毒品的过程中,还需要对查扣的毒品进行合理的封装。毒品的合理封装,包括在查获现场的合理封装和查获后保管过程中的合理封装。在绵阳市游仙区人民检察院指控罗基玫犯非法持有毒品罪案③中,法院认定:"计量测试所的称量因据案发时间间隔较长,对毒品是否封存未能提供证据证明,故对此测试证书的结论不予采纳。"

以上是两种典型的适用强制性排除规则的情形,此外涉及非法物证排除的案件中还存在较多适用裁量性排除规则的情形。此类案件中,法官一般会要求控方进行补正,然后视补正情况决定最终是否排除相关的证据。例如,在湖南省常德市人民检察院指控原审被告人周某某犯贩卖毒品罪案④,被告人提出"扣押物品清单只有一名侦查人员签字"。法院的回应为:"关于'扣押物品清单只有一名侦查人员签字',公安机关办案人员已作出书面说明:当时扣押毒品时,有何某、谭某、周某三名侦查人员在场,但只有何某一人签字,此情况与调查证人高某证言内容吻合……上述扣押物品清单可以采信。"

(二) 书证

结合《刑事诉讼法》及其相关司法解释,本次研究总结了八种常见的非法书证排除的具体情形。其中,涉及非法书证排除的文书数量较多的三种情形依次为"书证的收集保管鉴定过程不符合法律规定""收集书证的时间、地点、侦查主体等不符合法律规定""对于提取扣押的书证未附笔录或清单不能证明来源",对应的文书数量分别为 8 篇、5 篇、4 篇。而法院决定排除相关书证的 4 篇文书主要集中于"对于提取扣押的书证未附笔录或清单不能证明来源"和

---

① 参见广东省东莞市中级人民法院(2015)东中法刑一终字第 86 号判决书。
② 参见陈治:《毒品案件办理中的问题及解决对策——以安顺市检察机关办案为视角》,载《中国检察官》2018 年第 6 期。
③ 参见四川省绵阳市游仙区人民法院(2015)游刑初字第 88 号判决书。
④ 参见湖南省常德市中级人民法院(2017)湘 07 刑再 3 号裁定书。

"基于非法取得被告人供述而收集的书证"两种情形。

1. 书证的收集保管鉴定过程不符合法律规定

毒品犯罪案件中,此类争议主要针对的是技术侦查所取得的通话记录等。根据《刑事诉讼法》的规定,重大刑事案件中可以运用技术侦查措施。这一措施需要经过严格的审批程序,并且只能由公安机关中的技术侦查部门具体实施。同时,《刑事诉讼法》还明确,采取技术侦查措施所得的结果可以作为证据使用。但是,司法实践中采取技术侦查措施所得的结果容易受到辩方的质疑。这种质疑主要是因为,多数时候控方向法院提供的技术侦查材料并不完整,技术侦查程序的实施细节与初始结果对于法官和辩护人来说都不透明。

例如,在西安市人民检察院指控李勇刚贩卖、运输毒品罪案①中,公安机关向法庭提交了一系列技术侦查语音转换记录,其中的记录内容基本上能够反映被告人运输、贩卖毒品的过程,因而对于该案定罪事实的认定非常重要。对于这一份证据,被告人的辩护人提出了质疑,认为"公诉机关出示的被告人李勇刚与花某某的通话记录,证据取得方式不合法,应作为非法证据予以排除"。法院通过引用《刑事诉讼法》第150条、第154条的规定,对技术侦查结果的合法性进行了如下宣示:"西安市公安局碑林分局和平路派出所出具并由西安市人民检察院提供的技侦语音转换记录(取自西安市公安局技术侦查支队),系针对重大毒品犯罪采取技术侦查措施取得的材料,依法可以作为本案的证据使用,符合《中华人民共和国刑事诉讼法》第一百四十八条(现行《刑事诉讼法》第150条)、第一百五十二条(现行《刑事诉讼法》第154条)之规定。"

此外,裁判文书中并没有显示法院是否就此证据展开质证或调查。其他类似的案件中,法院也多是采用如此做法。

2. 对于提取扣押的书证未附笔录或清单不能证明来源

对于扣押的书证需要附上扣押笔录(扣押清单),同时扣押笔录上要由侦查人员、见证人和持有人签名或者盖章,如此才能构成一条完整的证据链条以证明被扣押书证的真实性与合法性。在这一过程中,任何一个环节的缺失必然引发辩方对相应书证证据能力的质疑。

在常宁市人民检察院指控张某犯贩卖毒品罪、容留他人吸毒罪案②中,被告人的辩护人提出:"龙某给张某的转账记录照片不能作为定案依据。龙某转账给张某的毒资,涉及案件事实的认定,公安机关没有制作扣押清单,手机的来历、去向都不明,且最基本的见证人、侦查人员的签名都没有,完全不符合证据的基本形式要件。故该证据不能作为证据认定,应当作为非法证据予以排除。"对此,法院的回应如下:"龙某给张某的转账记录照片,有龙某本人的签字确认,且没有证据证明该照片是伪造的,可以作为证据使用。虽然没有办案人员的签名,是证据瑕疵。故对辩护人提出的该证据作为非法证据予以排除的辩护意见,本院不予支持。"

在高县人民检察院指控廖绍兵犯贩卖毒品罪案③中,上诉人廖绍兵及其辩护人在上诉时提出:"廖绍兵在公安机关遭受刑讯逼供,其在侦查机关所作供述应予排除,现场指认车内查获毒品的照片系事后补拍应予排除。"法院经过审查认为:"廖绍兵指认高县庆符镇东升家园小区车中查获毒品的指认照片因制作时间不详,无廖绍兵本人或见证人签字,且无承办民警

---

① 参见陕西省西安市中级人民法院(2014)西中刑一初字第00143号判决书。
② 参见湖南省常宁市人民法院(2017)湘0482刑初142号判决书。
③ 参见四川省宜宾市中级人民法院(2015)宜刑终字第275号裁定书。

签字,亦无公安机关印章,故本院对该证据依法予以排除。"

两个案例中辩方对涉案书证的来源都提出了质疑,二者的一个重要区别是,在前一个案例的书证(转账记录照片)上有被告人的签名,而后一个案例的书证(指认照片)上没有被告人的签名。由此,法院的认定结果截然相反。需要补充说明的是,在后一个案例中法官是在排除非法供述的情况下,又排除了指认照片。

(三)证人证言

在涉及非法证人证言排除的198篇毒品犯罪案件裁判文书中,法院决定排除相关证人证言的仅有18篇。从涉及非法证人证言排除的具体情形来看,文书数量较多的有"取得证人证言的时间、地点、询问主体等不符合法律规定""以引诱、欺骗等非法方法收集证人证言""以暴力、威胁、非法限制人身自由等手段获取证言"。从法院排除相关证人证言的具体情形来看,文书数量较多的有"询问笔录反映出在同一时段、同一询问人员询问不同证人""询问未成年证人未通知其法定代理人到场"。

1. 询问笔录反映出在同一时段、同一询问人员询问不同证人

根据《刑事诉讼法》及其相关司法解释的规定,"询问笔录反映出在同一时段、同一询问人员询问不同证人"这种情形应当属于裁量性排除的情况,经过补正之后仍然无法解释的应当排除。在辩方申请排除非法证人证言时,涉及这一情形的文书只有9篇,但法院最终决定排除相关证据的有7篇,申请排除比达到77.78%。之所以能够达到这么高的比例,主要在于,司法实践中,辩方在提出这一质疑时的针对性很强并且相关问题易于查证。

例如,在湘乡市人民检察院指控原审被告人刘某犯贩卖毒品罪案中①,辩护人提出:"证人张某某2015年12月20日14时50分开始的询问笔录与证人王某2015年12月20日15时43分开始的询问笔录,反映出民警文丰在同一时段询问不同证人,系非法证据,应予以排除。"经过控方补正法院认定:"从当日15时43分,证人张某某的询问由民警王毅独自进行,故张某某2015年12月20日14时50分开始的询问笔录收集程序、方式有瑕疵,并经补正不能作出合理解释,不能作为定案的根据。"

2. 询问未成年证人没有适格的成年人在场

《刑事诉讼法》中明确规定,询问未成年证人时,应当通知其法定代理人或其他适格的成年人到场。司法实践中,在没有适格成年人在场时,获得的未成年人的证言通常不作为定案的依据。例如,广东省南雄市人民检察院指控原审被告人周清明犯贩卖毒品罪、敲诈勒索罪案②中,在被告人及其辩护人都没有提出质疑的情况下,法院主动启动非法证据调查程序并认定:"证人赖某1于1998年10月1日出生,其于2016年6月24日、7月3日分别在公安机关、拘留所接受公安机关调查询问,其在接受询问时尚未满十八周岁,属未成年人,公安机关未依法通知其法定代理人或其他合适成年人到场,违反法律规定的诉讼程序,故赖某1的证言属非法证据,应予排除。"

除了法院决定排除相关证据较多的情形之外,"取得证人证言的时间、地点、询问主体等不符合法律规定"这一情形也比较引人注目。涉及这一情形的文书共有48篇,但是法院决定

---

① 参见湖南省湘潭市中级人民法院(2016)湘03刑终363号裁定书。
② 参见广东省韶关市中级人民法院(2017)粤02刑终232号裁定书。

排除相关证据的仅有1篇。深入观察可以发现,该情形中出现争议频率最高的是由特情引诱得来的证据。例如,在深圳市宝安区人民检察院指控的原审被告人杨某良、黎某豪犯贩卖毒品罪案①中,辩方提出证人"阿明"属于特情人员,其证言不具备有效的证明力。对此,法院回应:"《中华人民共和国刑事诉讼法》第六十条(现行《刑事诉讼法》第62条)规定:凡是知道案件情况的人,都有作证的义务。本案中特情人员'阿明'及其证人刘某、李某、陈某均亲历毒品交易过程,根据法律规定可以作为本案证人,公安机关对上述人员的证言均依法取得,本院予以采信。"

(四)犯罪嫌疑人、被告人供述

犯罪嫌疑人、被告人供述是毒品犯罪案件中最重要的直接证据,这些供述往往能够反映毒品犯罪的全过程,是认定毒品犯罪事实的重要依据。不仅如此,毒品犯罪中犯罪嫌疑人是否存在故意、是否具备特定目的是区分罪与非罪、此罪与彼罪的重要方面。毫无疑问,犯罪嫌疑人、被告人供述是衡量这些因素的最关键证据。但是,毒品犯罪案件中犯罪嫌疑人、被告人供述往往并不稳定,且难以保证真实性,容易成为控辩双方争议的焦点。法律数据也体现了这一点——毒品犯罪案件中,涉及非法供述排除的文书共计1 075篇,法院决定排除相关供述的文书共计86篇,这两个数据都遥遥领先于其他证据类型。其中,在法院决定排除相关供述的文书中,涉及情形较多的为"刑讯逼供""未依法对讯问进行全程录音录像或者讯问笔录与录音录像不符",对应的文书数量分别为49篇和19篇。

1. 刑讯逼供

在被认定为非法证据的犯罪嫌疑人、被告人供述中,刑讯逼供是最为典型的一种情形。在毒品犯罪案件的司法实践中,犯罪嫌疑人翻供较为常见,在无毒品实物案件中这一情况更为普遍,翻供的理由多是在讯问过程中遭到了刑讯逼供。②法院因涉嫌刑讯逼供而排除有罪供述的常见思路是"被告人身上有伤→侦查机关不能做出合理解释→确认或不能排除存在刑讯逼供可能→排除相关供述"。值得注意的是,大部分认定存在刑讯逼供的文书都没有记载刑讯逼供的具体方式。根据少数文书的记载,常见的刑讯逼供方式包括用脚踩搓被告人的脚③、电击④、殴打⑤等。

统计还发现,在因刑讯逼供而排除相关供述的文书中,约96%的文书最终是以"不能排除存在刑讯逼供可能"作为排除供述的理由,而仅有约4%的文书"确认存在刑讯逼供"。法院"确认存在刑讯逼供"有两种基本的情况:一是通过讯问录音录像发现存在刑讯逼供的事实;二是宣告辩方所言刑讯逼供与查明的事实相符。例如,在新泰市人民检察院指控被告人王某、马某、张某某、李某、陈某某犯贩卖毒品罪案⑥中,法院最终认定:"侦查机关提供的2016年3月19日讯问录像中有对张某某殴打、辱骂等行为,属刑讯逼供,张某某该次供述为非法证

---

① 参见广东省深圳市中级人民法院(2015)深中法刑一终字第1103号裁定书。
② 参见巴红岩、边锋:《论毒品犯罪案件证据的收集与采信》,载贺荣主编:《尊重司法规律与刑事法律适用研究(下)——全国法院第27届学术讨论会获奖论文集》,人民法院出版社2016年版,第919页。
③ 参见江苏省泗洪县人民法院(2014)洪刑初字第0475号判决书。
④ 参见福建省福清市人民法院(2015)融刑初字第489号判决书。
⑤ 参见江苏省宿迁市中级人民法院(2015)宿中刑终字第00116号判决书。
⑥ 参见山东省新泰市人民法院(2016)鲁0982刑初527号判决书。

据,应予排除。"在湖南省怀化市人民检察院指控被告人杨某甲犯贩卖、运输毒品罪案①中,法院最终认定被告人辩称的遭受刑讯逼供的情形"与查明的事实相符",其供述属于非法证据,应当予以排除。

2. 未依法对讯问进行全程录音录像或讯问笔录与录音录像不符

具有"讯问程序之窗"之称的同步录音录像制度,从形式上打破了"密室讯问"的桎梏,使审讯室内曾经发生的讯问过程以清晰可辨的三维图景动态地展现在控、辩、审三方面前,给观看者以身临其境之感。② 不仅如此,这一制度最重要的作用还在于,它能够客观真实地反映侦查机关的取证过程,促进讯问工作的依法进行。

在涉及非法供述排除的 1 075 篇文书中,控方通过提供讯问录音录像来证明供述合法性的文书有 356 篇,占比为 28.57%。控方提交了同步录音录像等证据,之后法院决定采纳相应供述的文书共 348 篇③,法院仍然作出排除决定的文书总共 8 篇——在控方提交讯问录音录像的文书中,法院采信了相关供述的比例达到 97.75%。可见,同步录音录像能够有效遏制被告人恶意翻供的行为。但是从另一个角度看,同步录音录像如果不完整或者与其他证据发生矛盾,犯罪嫌疑人、被告人供述的合法性、真实性也将大打折扣。

在河南省郑州市管城回族区人民检察院指控被告人赵阳、孔永生、李庆、王毅犯贩卖毒品罪案④中,被告人赵阳和孔永生都辩称自己遭到刑讯逼供。对于孔永生,办案机关提供了讯问时的同步录像,侦查人员也到庭说明了情况,法院因此认为"现有证据不能认定孔永生受到了刑讯逼供,对被告人孔永生的该申请,本院不予采纳"。但对于赵阳,办案机关未提供讯问同步录像,加之被告人赵阳身上确有伤情,法院最终认为"不能排除合理怀疑,对被告人赵阳在公安阶段的供述作为非法证据予以排除"。

(五) 鉴定意见

毒品犯罪案件几乎都是围绕毒品而展开,涉及毒品必然需要进行鉴定环节。为了规范毒品的提取鉴定,2016 年最高人民法院、最高人民检察院、公安部联合印发了《办理毒品犯罪案件毒品提取、扣押、称量、取样和送检程序若干问题的规定》(以下简称《毒品提取规定》)。结合《毒品提取规定》与案例,涉案毒品从现场提取到完成鉴定,至少会涉及以下五个文件——现场笔录、扣押清单、现场称量笔录、取样笔录、鉴定报告。这些文件在规范取证行为的同时,更多地是为了保证相关证据的真实性与合法性。在 76 篇涉及鉴定意见排除的文书中,出现争议较多的地方包括:①相关的文件不全;②这些文件中有关毒品的记录存在不一致的地方。

1. 毒品鉴定的相关文件不全

《毒品提取规定》是在 2016 年出台,此前的案件中对于缺少相关文件的处理没有严格标

---

① 参见湖南省怀化市中级人民法院(2014)怀中刑一初字第 1 号判决书。
② 参见陈在上:《同步录音录像制度功能与适用问题研究》,载《河南财经政法大学学报》2018 年第 4 期。转引自 Craig M.Bradley, "Interrogation and Silence: a Comparative Study", 27 Wisconsin International Law Journal 271,290(2010)。
③ 在若干文书中,控方为了证明供述的合法性,不仅提交了讯问录音录像,还进行其他补强,比如提交情况说明、申请讯问人员到庭作证等。因此,在这些法院决定采纳供述的样本中,不能简单推断,法院的采信全部是讯问录音录像的"功劳"。
④ 参见河南省郑州市管城回族区人民法院(2014)管刑初字第 365 号判决书。

准。例如,吉林省松原市人民检察院指控魏海龙、华子民等人犯贩卖毒品罪案①中,魏海龙的辩护人在上诉时提出:"抓捕上诉人时查获的冰毒没有当场制作扣押笔录、鉴定时没有提取鉴定笔录和录像,且鉴定程序也违法,鉴定材料被污染,来源无法确定。"对此,法院认为"检材来源明确,检验程序合法,检验人员具有相关资质",没有明确回应缺少扣押笔录和鉴定笔录的问题。

《毒品提取规定》出台之后,法院的判罚发生明显变化。例如,在东莞市人民检察院指控李贻照犯运输毒品罪案②中,辩护人在辩护意见中提出:"在案证据无法证明《广东正孚法医毒物司法鉴定所检验报告书》中送检毒品就是本案所涉毒品,且该报告书在2017年6月才制作,超出法定送检期限,制作程序不合法,是非法证据,应予排除。"对于这一点,法院的回应如下:"经查,该报告检材来源缺乏提取笔录证明,亦缺乏侦查机关的合理说明,检材来源存疑,鉴定报告不应采信为定案证据。"

2. 毒品鉴定相关文件的记录存在矛盾

在中山市第一市区人民检察院指控马某某犯非法持有毒品罪案③中,上诉人马某某及其辩护人提出,鉴定机构出具的鉴定意见与公安机关出具的证据保全决定书及清单有关涉案毒品的称重结果存在重大差距,且公安机关违反法定程序取证,鉴定意见等证据均应作为非法证据予以排除。对此,法院认定:"但鉴于鉴定机构出具的鉴定意见与公安机关出具的证据保全清单及处理物品清单关于涉案毒品重量的称量结果存在明显差距,公安机关又未能就该问题作出合理解释,根据有利于被告人的证据规则,本院认为应以证据保全清单及处理物品清单记载的毒品重量认定上诉人马某某窝藏毒品的重量。"

(六)勘验、检查、辨认、侦查实验等笔录

毒品犯罪中,75篇涉及这一类型非法证据的文书中出现争议最多的笔录类型是辨认笔录。其中,有15篇文书法院最终决定排除相关的辨认笔录,常见情形包括:①违反了关于见证人的规定;②辨认笔录的内容(时间、签名等)与其他笔录存在矛盾;③辨认过程存在暗示。

1. 违反了关于见证人的规定

辨认过程需要有见证人的参与,并且见证人需要在笔录上签名。为了确保见证人能够发挥预期作用,司法解释对见证人的资格进行了严格的限定。司法实践中,出现较多的问题就是,侦查机关违反法律规定,在组织辨认时由其内部工作人员或聘任人员担任见证人,甚至在有的案件中没有见证人参与辨认。

在山西省曲沃县人民检察院指控贾国玉犯贩卖毒品罪案④中,辩护人对本案的搜查笔录、扣押笔录、扣押清单和辨认笔录等证据中见证人的身份提出了异议。法院查明事实之后认为:"侦查机关在搜查、扣押、辨认时的见证人为侦查机关聘任民警,违反了《最高人民法院关于适用〈中华人民共和国刑事诉讼法〉的解释》第六十七条第一款第三项的规定,故本案的搜查笔录、扣押清单、辨认笔录等证据应当以非法证据予以排除"。

---

① 参见吉林省高级人民法院(2015)吉刑一终字第39号裁定书。
② 参见广东省东莞市中级人民法院(2017)粤19刑初202号判决书。
③ 参见广东省中山市中级人民法院(2015)中中法刑一终字第26号判决书。
④ 参见山西省曲沃县人民法院(2017)晋1021刑初20号判决书。

2. 辨认笔录的时间、签名等存在矛盾

在湖北省大悟县人民检察院指控张从玉、张某丙犯贩卖毒品罪、容留他人吸毒罪案①中，张从玉的辩护人提出，在 2012 年 4 月 16 日 11 时，侦查人员魏某在作汪某丙辨认笔录的记录人时又同时在作田某询问笔录的记录人，汪某丙的辨认笔录和田某证言的合法性存在问题。法院经过审查，支持了辩护人的辩护意见。

3. 辨认过程存在暗示

在安徽省临泉县人民检察院指控范海影犯贩卖毒品罪案②中，法院查明事实后认为："侦查机关在李某丙对范海影照片的辨认时，没有将被辨认对象即范海影的照片混杂在具有类似特征的其他对象中，而是将范海影照片的排列明显区别于其他照片。这种辨认的结果，是给辨认人一种非常不一样的感觉，这种'不一样的感觉'就是在给辨认人一种提示或暗示。"最终，法院将该辨认笔录予以排除。

(七)视听资料、电子证据

在毒品犯罪涉及非法视听资料、电子数据的 18 篇裁判文书中，电子数据的表现形式主要是微信或 QQ 聊天记录(5 篇)等，视听资料的表现形式较为散乱，包括搜查的视频、抓获犯罪嫌疑人的视频、通话录音等。在认定"视听资料、电子数据"是否属于非法证据时，争议的焦点通常在于，相关视听资料、电子数据的收集程序能否清晰地展示其合法来源。

在晋中市人民检察院指控李庆林等人犯贩卖毒品罪案③中，辩护人认为被告人的 QQ 聊天记录属于非法证据，应予排除。一审法院经过审查，认为："相关检查笔录和录像证明，在侦查人员导出聊天记录和支付记录时，相关被告人在场并予以签字确认，且有关聊天记录和支付记录属于网络传输数据，并不在被告人使用的本地电脑上储存，而保存该内容的原始存储介质又不宜封存，相关司法解释也未明确规定必须由侦查人员以外的公安网监部门的工作人员提取聊天记录等电子证据，故侦查人员提取聊天记录等电子证据的行为并不违法，且对司法公正不会造成严重影响，故对聊天记录等电子证据不予排除。"二审法院经过审查，认可一审法院的判断。而在大同市人民检察院指控杨景、尚某、张某军、张某犯贩卖、制造毒品罪案④中，法院经过审查认为："杨景与杨某慧的通话录音内容无制作人和制作过程，证据来源不清，该证据属非法证据，不能作为证据采用。"

第三节 余思：非法证据排除的展望

从我国正式引入非法证据排除制度起，无论是实务界还是学术界对这一制度的讨论从来都没有停止。但是大家对这一问题的讨论多是从传统的法学研究范式出发，而本章尝试从全样本的法律文书数据出发，以毒品犯罪案件为切入点，来研究毒品犯罪司法实践中非法证据

---

① 参见湖北省大悟县人民法院(2013)鄂大悟刑初字第 00076 号判决书。
② 参见安徽省临泉县人民法院(2013)临刑初字第 00093 号裁定书。
③ 参见山西省高级人民法院(2017)晋刑终 21 号裁定书。
④ 参见山西省大同市中级人民法(2016)晋 02 刑初 29 号判决书。

排除的特点。

这样的研究难免存在一些缺陷,比如中国裁判文书网公开数据自身的问题——文书公开量不全、公开不够及时、地区间存在差异等。再比如,本章的某些指标在统计时是以文书篇数为单位,这种做法在一人多案、多人多案的情况下必定存在误差。纵然如此,本次基于海量法律数据的研究仍然至少有三个方面的意义:第一,以实证数据验证了许多存在于经验感知中的问题;第二,从实证数据发现了一些容易被忽略的问题;第三,为法学研究提供了丰富可靠的研究素材。

就毒品犯罪案件的非法证据排除问题来说,本次研究过程中发现了一些有价值的问题。首先值得关注的是,数据表明,当前司法实践对于"非法证据"的界定仍然模糊不清,以致"非法证据"这一概念存在被泛化的倾向。常见的表现有两种:一是混淆证据的证据能力与证明力,将证明力不足的证据称为"非法证据"并要求排除;二是混淆了非法证据与瑕疵证据,将部分瑕疵证据称为"非法证据"并要求排除。其次需要关注的是,不同省份在"非法证据"的认定与排除这一问题上的表现存在较大差异。一个明显的证据就是,各省之间涉及非法证据排除的毒品案件数量与所有毒品案件数量并非是严格的线性关系,并且在申请排除率上差异较大。还需要指出的一个方面是,数据表明辩护律师在非法证据排除过程中的专业作用值得肯定。就毒品犯罪的非法证据排除案件来说,辩护人的作用主要体现在两个方面:一是辩护人单独申请排除的文书数量多于被告人单独申请的文书数量,二是辩护人单独申请排除非法证据时的效果较好。总的来说,我国在非法证据排除这一问题上已经前进了一大步,但是还有很长的路要走。

第二十二章 刑事辩护司法实务数据分析研究

门金玲[*] 王国麒[**]

第一节 综览:宏观数据的描绘

本章数据源于中国裁判文书网公开数据库,本次所用数据收录入库的截止时间为2018年5月31日,本次数据统计依赖的工作平台为案例研判分析平台(由华宇元典信息服务有限公司开发),本次数据统计的基本范围为:结案日期在2013年1月1日至2017年12月31日的一审、二审、再审刑事裁判文书。对刑事辩护基本状况进行大数据研究,掌握每年审判的刑事案件真实的数量和具体情况最为理想,本章亦尽可能穷尽官方公布的客观数据,以此为基础展开分析。

根据最高人民法院《关于人民法院在互联网公布裁判文书的规定》第2条规定:"中国裁判文书网是全国法院公布裁判文书的统一平台……"第3条规定:"人民法院作出的下列裁判文书应当在互联网公布:(一)刑事、民事、行政判决书;(二)刑事、民事、行政、执行裁定书;(三)支付令;(四)刑事、民事、行政、执行驳回申诉通知书;(五)国家赔偿决定书;(六)强制医疗决定书或者驳回强制医疗申请的决定书;(七)刑罚执行与变更决定书……"概言之,裁判文书网是我国目前唯一拥有最广泛、最全面的刑事案件文书的平台。因而,本章选择中国裁判文书网公布的刑事案件的文书作为数据来源,以确保本章研究数据的客观性、权威性及真实性。

关于裁判文书网公布的文书数据的完整性说明:

我国于2013年7月1日才开通中国裁判文书网,2013年的数据不完整,与2014年、2015年、2016年、2017年的数据无太大可比性。这也是在阅读下文中各变量维度下的2013年数据和变化状况时需要留意的。

据学者研究,各省裁判文书上网的客观比例也有所区别。有学者研究,受司法水平、市场化水平的影响,全国各省的裁判文书上网情况(上网率)是存在区别的。但是其研究同样表明,算上不属于公开范围的以和解方式结案的和解书,2015年全国法院的裁判文书上网率高

---

[*] 门金玲,中国社会科学院大学政法学院副教授,法学博士。
[**] 王国麒,中国社会科学院大学,硕士研究生。

达76.2%,并且由于各省的裁判文书上网率还在不断提高,全国法院的裁判文书上网率也会因此有所提升。①

上述缺失的数据对于本章的数据统计分析尚不足以影响结论的得出。一方面,已经公布和掌握的数据中基本能够折射出我国刑事辩护的基本状况;另一方面,缺失的这部分数据属于特殊案件类型的居多,不影响从普遍性的案件数据中得出结论。

本章在现有数据下展开对我国刑事辩护基本状况的研究,尽最大限度还原我国刑事案件辩护状况的总体轮廓,以期为未来制定刑事政策和法律、法律研究,提供具有较高价值的参考。阅读以下数据和图表需要注意的事项为:

(1)对于案件基本情况中的数据需要注意:①不同表格最终的合计总数会存在不一致的情况,这主要是由于判决文书本身的数据不规范或缺失所致。②审结案件文书的地域分布情况为除港澳台地区外31个省级行政区的情况。

(2)由于未成年人案件属于不公开审理案件,因此本章数据结论不适用于未成年人案件的辩护。

一、审级维度下辩护率的统计分析及结论

(一)选择审级变量的释明

1. 将审级作为研究维度,是由其在司法体系中的基础性地位决定的

四级法院两审终审是我国司法体系审级制度的概括。不同的审级对应着不同的刑事案件管辖范围、不同的审理程序规定以及不同的审理任务。处于基础性地位的审级制度和司法体系中的其他制度相交叉,发挥作用并产生影响。审级维度是所有刑事案件必须考量的,因而事实上审级维度贯穿在每一个刑事案件中,和其他维度因素形成交叉关系。因此,有必要首先就该基点维度因素对我国刑事案件律师辩护基本状况的影响展开研究,然后在该关系的基础上进一步分析审级维度和其他变量维度之间的关系,最终得出实现我国刑事辩护全覆盖的可行性和必要性结论。

2. 将审级作为研究维度,是因其对辩护有着重大影响

法院体系制度的结构,影响着上下级法院之间的独立性,一审法院需要向二审法院请示汇报,二审对一审裁判结果的改判率较低,这样的关系模式对于二审是否被提起,以及二审是否请律师辩护,是一个极大的影响因素。

我国实行四级两审制,除了最高人民法院一审判决或裁定为终审判决或裁定外,其他的案件,可以经过两级法院审理,然后终审。司法实践中,一方面,大多数刑事案件在经过一审程序后即审理终结,少数刑事案件能进入二审程序,这一点从表22-1可以看出。以2017年为例,基层法院一审件数量为692 479件,而中级人民法院二审案件数量仅为91 957件,也即只有大约13.30%的基层法院的一审案件进入了二审程序。2013年至2017年基层法院一审刑事案件数量合计为3 120 288件,而中级人民法院二审刑事案件数量合计为349 813件,也即全国平均每年只有约11.20%的一审刑事案件能够进入中级人民法院二审程序。另一方面,它影响着我国司法实践中刑事案件开启再审程序之艰难(如广为人知的聂树斌案),这一

---

① 参见唐应茂:《司法公开及其决定因素:基于中国裁判文书网的数据分析》,载《清华法学》2018年第4期。

点同样从表22-1中可以看出。2017年全国全部刑事案件数为802 381件,而再审的案件数为1 221件,所占比重约为0.15%。2016年全国全部刑事案件数为886 526件,而再审的案件数为1 358件,所占比重约为0.15%。2015年全国全部刑事案件数为870 064件,而再审的案件数为1 484件,所占比重约为0.17%。2014年全国全部刑事案件数为811 152件,而再审的案件数为1 404件,所占比重约为0.17%。平均而言,全国每年全部刑事案件中,仅有0.16%的极少数案件能够进入再审程序。

3. 审级不同,管辖及与其相关的司法公信力、专业性均有差异

不同的审级往往对应的行政地域、司法地域和司法公信力、专业性以及司法的不受干预保持公正性的程度均有差异。不同的审级法院,在人们心中的司法公信力和专业能力也是不一致的,通常人们往往推定审级越高,司法的公信力和专业能力也越高。而这些正是影响刑事案件中是否选择委托律师辩护的因素之一。

质言之,在司法体系中,审级是一个至关重要的因素,它影响着司法体系中的许多因素,进而影响刑事案件中的律师辩护率。因而,有必要以审级作为维度,对不同审级下刑事案件的律师辩护率情况展开研究,得出两者的关系,从而为实现刑事辩护全覆盖建言献策。

(二)辩护率的统计分析

1. 数据统计

本部分数据包括除我国台湾地区、香港特别行政区和澳门特别行政区之外的31个省、自治区和直辖市的2013年至2017年已审结登载在裁判文书网上的刑事案件文书,根据相关数据分别统计制作了"2013—2017年全国刑事案件情况统计表""2013—2017年全国有律师参与刑事案件情况统计表""2013—2017年度全国刑事案件律师辩护率情况统计表"。

表22-1 2013—2017年全国刑事案件情况统计表(件)

审理情况	2013年	2014年	2015年	2016年	2017年	合计
基层人民法院一审案件	166323	725714	763859	771913	692479	3120288
基层人民法院再审案件	166	697	686	814	690	3053
中级人民法院一审案件	2983	10052	9535	9441	8128	40139
中级人民法院二审案件	11462	67682	85255	93457	91957	349813
中级人民法院再审案件	125	707	798	544	531	2705
高级人民法院二审案件	1392	4925	5541	5494	5475	22827
全国刑事案件	182747	811152	870064	886526	802381	3552870

表22-2 2013—2017年全国有律师参与刑事案件情况统计表(件)

审理情况	2013年	2014年	2015年	2016年	2017年	合计
基层人民法院一审案件	32613	163860	182231	182217	158650	719571
基层人民法院再审案件	35	191	196	240	205	867
中级人民法院一审案件	2289	8449	8301	8132	6801	33972

(续表)

审理情况	2013 年	2014 年	2015 年	2016 年	2017 年	合计
中级人民法院二审案件	3537	24511	30431	31343	30475	120297
中级人民法院再审案件	29	270	327	248	245	1119
高级人民法院二审案件	878	3788	4487	4401	4383	17937
全国刑事案件	39481	201456	226969	227632	201423	896961

表 22-3　2013—2017 年全国刑事案件律师辩护率情况统计表

审理情况	2013 年	2014 年	2015 年	2016 年	2017 年	均值
基层人民法院一审案件	19.61%	22.58%	23.86%	23.61%	22.91%	23.06%
基层人民法院再审案件	21.08%	27.4%	28.57%	29.48%	29.71%	28.4%
中级人民法院一审案件	76.73%	84.05%	87.06%	86.13%	83.67%	84.64%
中级人民法院二审案件	30.86%	36.21%	35.69%	33.54%	33.14%	34.39%
中级人民法院再审案件	23.2%	38.19%	40.98%	45.59%	46.14%	41.37%
高级人民法院二审案件	63.07%	76.91%	80.98%	80.11%	80.05%	78.58%
全国刑事案件	21.6%	24.84%	26.09%	25.68%	25.10%	25.25%

2. 数据分析

透过统计数据,显示在 2013 年至 2017 年度范围内,全国全部刑事案件数共计 3 552 870 件,其中全国全部有律师参与刑事案件数为 896 961 件,全国每年全部刑事案件的律师辩护率为 25.25%。

第一,从整体来看,可以很明显地看出,不同审级刑事案件的律师辩护率之间的差异十分显著。

其中律师辩护率居于前三的分别是:中级人民法院一审案件,其平均每年的律师辩护率为 84.64%;其次是高级人民法院二审案件,平均每年的律师辩护率为 78.58%;最后是中级人民法院再审案件,平均每年的律师辩护率为 41.37%。显而易见,居于前三的不同审级、层级人民法院刑事案件的律师辩护率都远高于全国每年全部刑事案件的律师辩护率。而律师辩护率居于倒数三位的分别是基层人民法院一审案件,其平均每年的律师辩护率为 23.06%;其次是基层人民法院再审案件,其平均每年的律师辩护率为 28.40%;最后是中级人民法院二审案件,其平均每年的律师辩护率为 34.39%。概言之,从整体而言,以审级维度分析我国刑事案件的律师辩护率,排序从高到低依次为:中级人民法院一审案件、高级人民法院二审案件、中级人民法院再审案件、中级人民法院二审案件、基层人民法院再审案件、基层人民法院一审案件。

第二,从刑事辩护率的变化曲线来看,各审级律师辩护率曲线的共同增长时期集中在 2013 年至 2014 年之间。律师辩护率曲线的增长显著体现在中级人民法院再审案件和高级人民法院二审案件,并且增长年度集中在 2014 年至 2016 年间。

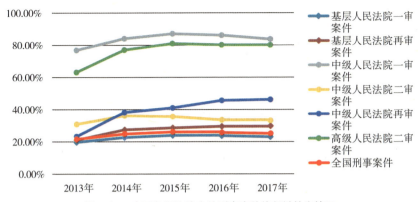

图 22-1　全国各级法院审结刑事案件律师辩护率情况

具体到各个审级中：

在中级人民法院一审案件中，2017 年的律师辩护率为 83.67%，2016 年的律师辩护率为 86.13%，2015 年的律师辩护率为 87.06%，2014 年的律师辩护率为 84.05%，2013 年的律师辩护率为 76.73%。对于中级人民法院一审案件的律师辩护率而言，其律师辩护率曲线增长的时期体现在 2013 年至 2014 年之间，增长了大约 8 个百分点，而其他时间段的律师辩护率较为稳定。

在高级人民法院二审案件中，2017 年的律师辩护率为 80.05%，2016 年的律师辩护率为 80.11%，2015 年的律师辩护率为 80.98%，2014 年的律师辩护率为 76.91%，2013 年的律师辩护率为 63.07%。对于高级人民法院二审案件的律师辩护率而言，其律师辩护率曲线增长的时期体现在 2013 年至 2014 年间和 2014 年至 2015 年间，分别增长了约 14 个百分点和 4 个百分点，而其他时间段的律师辩护率稳定在 80% 左右。

在中级人民法院再审案件中，2017 年的律师辩护率为 46.14%，2016 年的律师辩护率为 45.59%，2015 年的律师辩护率为 40.98%，2014 年的律师辩护率为 38.19%，2013 年的律师辩护率为 23.2%。对于中级人民法院再审案件的律师辩护率而言，其律师辩护率曲线增长的时期体现在 2013 年至 2014 年间和 2015 年至 2016 年间，分别增长了约 15 个百分点和 5 个百分点，其他时间段的律师辩护率并无显著增长。

居于律师辩护率倒数第一位的基层人民法院一审案件，2017 年的律师辩护率为 22.91%，2016 年的律师辩护率为 23.61%，2015 年的律师辩护率为 23.86%，2014 年的律师辩护率为 22.58%，2013 年的律师辩护率为 19.61%。其律师辩护率曲线增长的时期体现在 2013 年至 2014 年间，增长了约 3 个百分点，其他时间段的律师辩护率稳定在 23% 左右。

在基层人民法院再审案件中，2017 年的律师辩护率为 29.71%，2016 年的律师辩护率为 29.48%，2015 年的律师辩护率为 28.57%，2014 年的律师辩护率为 27.4%，2013 年的律师辩护率为 21.08%，其律师辩护率曲线增长的时期体现在 2013 年至 2014 年间，增长了约 6 个百分点，其他时间段的律师辩护率稳定在 27% 左右。

在中级人民法院二审案件中，2017 年的律师辩护率为 33.14%，2016 年的律师辩护率为 33.54%，2015 年的律师辩护率为 35.69%，2014 年的律师辩护率为 36.21%，2013 年的律师辩护率为30.86%,其律师辩护率曲线增长的时期体现在2013年至2014年间,增长了约6个百分点,其他时间段的律师辩护率稳定在33%左右。

综上分析,一方面,各审级律师辩护率曲线的共同增长时期都集中在2013年至2014年之间。但是前文已经对2013年的数据进行了特别的说明,2014年至2017年,各审级律师辩护率曲线的平行增长也侧面印证了2013年至2014年的律师辩护率曲线增长是由于特殊的外在原因决定的,因而无须对该年度内的律师辩护率增长曲线变化的背后缘由展开挖掘。另一方面,律师辩护率曲线的增长明显体现在中级人民法院再审案件和高级人民法院二审案件,并且增长年度集中在2014年至2016年间。

第三,从各审理程序来看,全国不同审级法院刑事案件的律师辩护率在同一审理程序中存在差异。

在一审程序中,中级人民法院一审案件的律师辩护率高于基层人民法院一审案件的律师辩护率;在二审程序中,高级人民法院二审案件的律师辩护率高于中级人民法院二审案件的律师辩护率;在再审程序中,中级人民法院再审案件的律师辩护率高于基层人民法院再审案件的律师辩护率。同是一审程序,或同是二审程序时,四级法院体制中处于层级高的法院的刑事案件的律师辩护率略高。

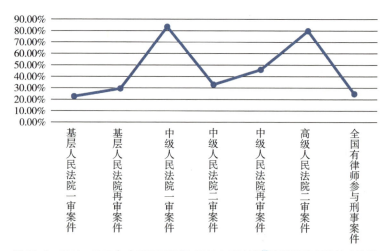

图22-2　2013—2017年全国不同审级、层级人民法院刑事案件律师辩护率统计

第四,从刑事案件辩护的覆盖率来看,各审级刑事辩护覆盖不均匀。

2013—2017年全国刑事案件情况统计表显示,2013年至2017年全国基层人民法院一审刑事案件数为3 120 288件,而在2013年至2017年范围内,全国刑事案件数共计为3 552 870件,也即全国约87.82%的刑事案件是由基层人民法院一审受理的。而全国每年基层人民法院一审刑事案件的律师辩护率确是所有审级中最低的,平均每年仅有约23.06%的律师辩护率,低于全国每年刑事案件25.25%的律师辩护率。而前面的分析表明,我国大多数刑事案件在经过一审程序后即审理终结,少数刑事案件能够进入二审程序。这是否意味着我国绝大多数刑事案件是缺乏律师辩护的。与此形成鲜明对比的是,2013年至2017年全国中级人民法院一审刑事案件数为40 139件,也即全国约1.13%的刑事案件是由中级人民法院一审受理的,然而全国每年中级人民法院一审刑事案件的律师辩护率却是所有审级中最高的,平均每年辩护率高达 84.64%,也即律师辩护覆盖了绝大多数中级人民法院一审刑事案件。但这是极不正常也是不应该的,这就好比倒立的金字塔覆盖了正立的金字塔,必然留下许多空白,这些空白就是我国存在大量的缺乏律师辩护的刑事案件。

(三)结论

根据以上审级维度项下的多角度大数据分析,我们可以得出审级维度与刑事案件律师辩护之间的基本关系:一般而言,同一审理程序中,刑事案件的律师辩护率与审级成正相关关系,并形成审级愈高,刑事案件的律师辩护率愈高的现象。由于高级人民法院和最高人民法院管辖审理的一审案件数量很小,更具有研究价值的数据是在基层人民法院和中级人民法院,相较这两级法院的一审情况,中级人民法院的一审辩护率远高于基层人民法院的一审辩护率。

此外,我们还可以得出审级维度下刑事案件的律师辩护率的基本状况:

其一,审级维度下,不同年度各审级法院刑事案件律师辩护率的增长是十分缓慢的,并且许多审级的律师辩护率处于平行状态,并无任何增长的状况。

其二,全国各审级法院刑事案件的年均律师辩护率呈现出 M 形特点。其中两个最低点为基层人民法院一审和再审刑事案件的律师辩护率,并且和其他审级法院刑事案件的律师辩护率之间存在十分显著的差距;两个最高点为中级人民法院一审刑事案件和高级人民法院二审刑事案件的律师辩护率,高达 75% 以上,与其他审级法院的律师辩护率差距较大。

其三,审级维度透视下,各审级法院刑事案件律师辩护的覆盖率十分不均匀,形成了正立金字塔和倒立金字塔相交的状况,使得大量缺乏律师辩护的刑事案件存在于司法实践中。

二、地域维度下辩护率的统计分析及结论

(一)选择地域维度的释明

第一,我国地域幅员辽阔,不同地域不仅经济发展水平差异巨大,而且不同的地域也有其特殊的经济、文化和司法水平状况。

上海市作为国际金融中心,金融类犯罪多于其他地区,而金融犯罪的主体经济状况是否使得被告人委托律师辩护的可能性更高,进而对发生在上海市的刑事案件的律师辩护率产生影响;云南省的毒品类犯罪是否多于其他地区,进而对发生在云南省的刑事案件的律师辩护率产生影响;新疆维吾尔自治区的危害国家安全和恐怖活动犯罪是否多于其他地区,进而对发生在新疆维吾尔自治区的刑事案件的律师辩护率产生影响;福建省的电信诈骗类案件是否多于其他地区,进而对发生在福建省的刑事案件的律师辩护率产生影响;广西壮族自治区的传销案件是否多于其他地区,进而对发生在广西壮族自治区的刑事案件的律师辩护率产生影响。这些都是在地域因素影响下对不同地域刑事案件律师辩护率的影响的体现。

第二,在审级维度部分的分析中,地域维度也是影响审级维度下刑事案件律师辩护率的因素之一。此外,地域维度又和罪名维度之间有着更为紧密的关系,因而有必要将地域维度作为第二个变量考察我国刑事案件的律师辩护率状况。

(二)辩护率的统计分析

1. 数据统计

本部分数据呈现了全国 31 个省、自治区和直辖市的 2013 年至 2017 年已审结、登载在裁

判文书网上的刑事案件的地域分布情况和全国有律师参与的审结刑事案件的地域分布情况。

表22-4 全国审结刑事案件地域分布表(件)

省、自治区、直辖市	2013年	2014年	2015年	2016年	2017年	合计
浙江省	55453	79371	83423	79992	59624	357863
广东省	10185	78353	82144	80611	78425	329718
河南省	11903	52375	55924	63712	90985	274899
江苏省	9649	62587	62380	60626	57622	252864
山东省	12013	46996	49246	44968	36795	190018
福建省	3267	40590	40879	41231	42543	168510
四川省	9049	29396	35831	41179	34727	150182
河北省	11572	38698	31918	33218	30269	145675
湖南省	5678	33513	35717	35952	29748	140608
安徽省	5838	32412	34646	36574	30417	139887
湖北省	3430	28393	33802	37730	36472	139827
广西壮族自治区	17546	26647	29581	32474	18714	124962
上海市	1008	31562	31757	27814	21013	113154
辽宁省	1033	26887	25364	23395	16542	93221
云南省	600	15351	21916	24144	23338	85349
吉林省	2152	21405	20730	26118	13867	84272
贵州省	1538	19882	21316	21491	19070	83297
重庆市	1723	20571	20442	20896	18797	82429
江西省	674	10711	18616	21529	21677	73207
陕西省	8543	16839	16989	15909	11568	69848
黑龙江省	824	14381	20842	18169	14549	68765
山西省	2419	13686	16106	17909	14661	64781
北京市	1739	16213	15772	14789	16242	64755
甘肃省	1739	13085	14280	16759	14282	60145
内蒙古自治区	454	12373	15934	15776	14795	59332
天津市	250	7548	9335	9274	11665	38072
新疆维吾尔自治区	389	5916	8190	6495	6009	26999

（续表）

省、自治区、直辖市	2013年	2014年	2015年	2016年	2017年	合计
宁夏回族自治区	131	4411	4486	5286	5237	19551
海南省	972	5731	4104	2780	2069	15656
青海省	212	3543	3499	3220	3223	13697
西藏自治区	381	458	511	1167	735	3252
合计	182364	809884	865680	881187	795680	3534795

表 22-5　全国审结刑事案件律师参与情况地域分布表（件）

省、自治区、直辖市	2013年	2014年	2015年	2016年	2017年	合计
广东省	3245	20626	20743	20051	19057	83722
浙江省	5327	7620	20923	20609	17395	71874
河南省	3569	15071	16057	17632	19109	71438
山东省	3365	16068	16714	14308	11288	61743
江苏省	2561	14491	13146	12641	12570	55409
安徽省	1818	11560	11869	13567	11377	50191
河北省	3213	10650	9662	10094	8379	41998
上海市	526	10063	10647	10030	8882	40148
四川省	2758	8302	9686	10420	8479	39645
湖北省	734	7935	9135	10288	9718	37810
福建省	728	8566	8154	8370	8343	34161
湖南省	1178	6876	6943	7065	5746	27808
广西壮族自治区	3564	6283	6638	7095	3876	27456
云南省	318	5218	6835	7372	6977	26720
辽宁省	256	7263	6792	5949	4488	24748
吉林省	465	5008	5281	6326	3389	20469
江西省	252	3086	5018	5657	5760	19773
北京市	628	4731	4730	3358	5384	18831
陕西省	2220	4571	4844	3819	2971	18425
山西省	602	3843	4646	4752	3835	17678
贵州省	371	3712	3963	4512	3872	16430

（续表）

省、自治区、直辖市	2013年	2014年	2015年	2016年	2017年	合计
重庆市	485	3970	3915	3943	3583	15896
黑龙江省	120	2850	5137	4319	3054	15480
内蒙古自治区	138	2635	3705	3878	3514	13870
甘肃省	409	3142	3215	3104	2437	12307
天津市	57	2088	2547	2568	2929	10189
新疆维吾尔自治区	142	1768	2201	2012	1546	7669
宁夏回族自治区	43	1283	1253	1378	1361	5318
青海省	70	935	899	757	558	3219
海南省	151	816	628	437	304	2336
西藏自治区	72	74	97	252	69	564
合计	39385	201104	226023	226563	200250	893325

表22-6　全国审结刑事案件律师辩护率地域分布表

省、自治区、直辖市	2013年	2014年	2015年	2016年	2017年	均值
安徽省	31.14%	35.67%	34.26%	37.09%	37.40%	35.88%
上海市	52.18%	31.88%	33.53%	36.06%	42.27%	35.48%
山东省	28.01%	34.19%	33.94%	31.82%	30.68%	32.49%
云南省	53.00%	33.99%	31.19%	30.53%	29.90%	31.31%
北京市	36.11%	29.18%	29.99%	22.71%	33.15%	29.08%
河北省	27.77%	27.52%	30.27%	30.39%	27.68%	28.83%
新疆维吾尔自治区	36.50%	29.89%	26.87%	30.98%	25.73%	28.4%
山西省	24.89%	28.08%	28.85%	26.53%	26.16%	27.29%
宁夏回族自治区	32.82%	29.09%	27.93%	26.07%	25.99%	27.2%
湖北省	21.40%	27.95%	27.03%	27.27%	26.65%	27.04%
江西省	37.39%	28.81%	26.96%	26.28%	26.57%	27.01%
天津市	22.80%	27.66%	27.28%	27.69%	25.11%	26.76%
辽宁省	24.78%	27.01%	26.78%	25.43%	27.13%	26.55%
四川省	30.48%	28.24%	27.03%	25.30%	24.42%	26.4%
陕西省	25.99%	27.15%	28.51%	24.01%	25.68%	26.38%

(续表)

省、自治区、直辖市	2013 年	2014 年	2015 年	2016 年	2017 年	均值
河南省	29.98%	28.78%	28.71%	27.67%	21.00%	25.99%
广东省	31.86%	26.32%	25.25%	24.87%	24.30%	25.39%
吉林省	21.61%	23.40%	25.48%	24.22%	24.44%	24.29%
青海省	33.02%	26.39%	25.69%	23.51%	17.31%	23.50%
内蒙古自治区	30.40%	21.30%	23.25%	24.58%	23.75%	23.38%
黑龙江省	14.56%	19.82%	24.65%	23.77%	20.99%	22.51%
广西壮族自治区	20.31%	23.58%	22.44%	21.85%	20.71%	21.97%
江苏省	26.54%	23.15%	21.07%	20.85%	21.81%	21.91%
甘肃省	23.52%	24.01%	22.51%	18.52%	17.06%	20.46%
福建省	22.28%	21.10%	19.95%	20.30%	19.61%	20.27%
浙江省	9.61%	9.60%	25.08%	25.76%	29.17%	20.08%
湖南省	20.75%	20.52%	19.44%	19.65%	19.32%	19.78%
贵州省	24.12%	18.67%	18.59%	20.99%	20.30%	19.72%
重庆市	28.15%	19.30%	19.15%	18.87%	19.06%	19.28%
西藏自治区	18.90%	16.16%	18.98%	21.59%	9.39%	17.34%
海南省	15.54%	14.24%	15.30%	15.72%	14.69%	14.92%
合计	21.60%	24.83%	26.11%	25.71%	25.17%	25.27%

2. 数据分析

2013 年至 2017 年,全国总计有刑事案件 3 534 795 件,其中有律师参与辩护的刑事案件 893 325 件。全国各地平均每年刑事案件的律师辩护率为 25.27%。

第一,整体来看,全国各省级行政区在不同年度刑事案件的律师辩护率差异较大。

2013 年至 2017 年,律师辩护率最高的为 2013 年云南省的 53%,而律师辩护率最低的为 2017 年西藏自治区的 9.39%。可见不同地区不同年度刑事案件的律师辩护率相差悬殊。2013 年至 2017 年,全国各省级行政区刑事案件平均每年的律师辩护率由高到低,前五位分别是:安徽省为 35.88%,上海市为 35.48%,山东省为 32.49%,云南省为 31.31%,北京市为 29.08%。而后五位分别是海南省为 14.92%,西藏自治区为 17.34%,重庆市为 19.28%,贵州省为 19.72%,湖南省为 19.78%。

此外平均每年的律师辩护率偏低的地区还有甘肃省为 20.46%,福建省为 20.27%,浙江省为 20.08%,江苏省为 21.91%。平均每年的律师辩护率较高的则有河北省为 28.83%,新疆维吾尔自治区为 28.4%,山西省为 27.29%,宁夏回族自治区为 27.2%。换言之,居于前五位以及律师辩护率比较高的地区有经济发达的东部地区的北京市、上海市、河北省、山东省,也有西南地区的云南省,西北地区的新疆维吾尔自治区和宁夏回族自治区,中部地区的安徽省和山西省。处于后五位以及律师辩护率比较低的地区有经济发达的东部地区的浙江省、江苏省、福建省,也有西南地区的西藏自治区、重庆市、贵州省和中部地区的湖南省。

从整体角度出发,安徽省、上海市、山东省的律师辩护率高于全国大多数省市,甚至高于北京市。而海南省、西藏自治区、重庆市、贵州省、湖南省的律师辩护率却居于全国后五位,甚至一些经济发达地区如江苏省、浙江省,刑事案件的律师辩护率也偏低。那么需要进一步探讨的是,为何刑事案件律师辩护率居于全国前五位和后五位的会是这些地区,其背后起决定作用的因素究竟是什么。

第二,从律师辩护的覆盖度来看,我国各地刑事案件的律师辩护覆盖度十分不均匀。

2013年至2017年间,全国各地合计审结刑事案件数排在前五位的地区是浙江省共计357 863件、广东省共计329 718件、河南省共计274 899件、江苏省共计252 864件、山东省共计190 018件。全国各地合计审结刑事案件数排在后五位的地区是西藏自治区共计3 252件、青海省共计13 697件、海南省共计15 656件、宁夏回族自治区共计19 551件、新疆维吾尔自治区共计26 999件。前五位地区中,福建省平均每年刑事案件的律师辩护率为20.27%、浙江省为20.08%、江苏省为21.91%,均属于全国刑事案件律师辩护率偏低地区,远低于全国25.27%的平均水平。广东省为25.39%、河南省为25.99%,都略高于全国平均水平。

2013年至2017年,全国前五位地区的刑事案件数共计1 450 362件,占全国刑事案件数的39.76%,而全国前五位地区平均每年刑事案件的律师辩护率仅为22.73%。全国各地区合计审结刑事案件数排在后五位的地区中,西藏自治区平均每年刑事案件律师辩护率为17.34%,青海省为23.5%,海南省为14.92%,宁夏回族自治区为27.2%,新疆维吾尔自治区为28.4%。2013年至2017年,全国后五位地区的刑事案件数共计79 155件,占全国刑事案件数的2.24%。而全国后五位地区平均每年的刑事案件律师辩护率为24.14%。

若以横坐标表示全国各地2013年至2017年的刑事案件总数,纵坐标表示全国各地平均每年刑事案件的律师辩护率,则可以作成如下图所示图形。可以看出,我国各地刑事案件的律师辩护覆盖度十分不均匀。大体上是两端(即刑事案件数低和刑事案件数高的地区)覆盖度低,而中间(即刑事案件数中等地区)覆盖度高。连接起所有点,形成的是一个拱形的覆盖图,但是这种拱形的辩护覆盖度显然又是与我国各地刑事案件数量占全国刑事案件数量的比重不对应的。

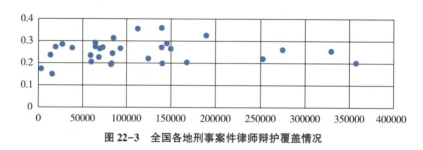

图22-3　全国各地刑事案件律师辩护覆盖情况

第三,从律师辩护率的曲线来看,2013年至2017年,不同地区刑事案件的律师辩护率在不同年度呈现出不一样的变化轨迹。

具体而言,这些地区刑事案件的律师辩护率曲线轨迹分为以下四种情况:

第一种是保持相对不变型。全国绝大多数地区的刑事案件的律师辩护率都在25%左右小幅度波动,部分地区的刑事案件的律师辩护率也是在一个固定值附近小幅波动。例如吉林省,2014年的律师辩护率为23.4%、2015年的律师辩护率为25.48%、2016年的律师辩护率为24.22%、2017年的律师辩护率为24.44%。又比如海南省的刑事案件律师辩护率一直稳定在一个较低的水平,其2014年的律师辩护率为14.24%、2015年的律师辩护率为15.3%、2016年的律师辩护率为15.72%、2017年的律师辩护率为14.69%。

第二种是持续增长型。如上海市,2014年的律师辩护率为31.88%、2015年的律师辩护率为33.53%、2016年的律师辩护率为36.06%、2017年的律师辩护率为42.27%。分别提升1.65%、2.53%、6.21%。由此可见,上海市的刑事案件律师辩护率在2014年至2017年是加速增长的。还有浙江省,2014年的律师辩护率为9.6%、2015年的律师辩护率为25.08%、2016年的律师辩护率为25.76%、2017年的律师辩护率为29.17%,分别提升了15.48%、0.68%、3.41%。

第三种是持续降低型。如山东省,2014年的律师辩护率为34.19%、2015年的律师辩护率为33.94%、2016年的律师辩护率为31.82%、2017年的律师辩护率为30.68%,分别下降0.25%、2.12%、1.14%。又如河南省,2014年的律师辩护率为28.78%、2015年的律师辩护率为28.71%、2016年的律师辩护率为27.67%、2017年的律师辩护率为21%,分别下降了0.07%、1.04%、6.67%。由此可知,河南省的刑事案件律师辩护率在2014年至2017年是持续降低的。类似的还有广东省、四川省、云南省、甘肃省、青海省、宁夏回族自治区。

第四种是某些年大幅增长而某些年大幅降低或连续降低型。如北京市,其大幅增长表现在由2016年的22.71%增长至2017年的33.15%,增长了10.44%;其大幅降低表现在由2015年的29.99%下降至2016年的22.71%,下降了7.28%。再如黑龙江省,其大幅增长表现在由2014年的19.82%增长至2015年的24.65%,增长了4.83%;其连续降低表现在由2015年的24.65%下降至2016年的23.77%,由2016年的23.77%下降至2017年的20.99%,分别下降了0.88%和2.78%。此外还有新疆维吾尔自治区和西藏自治区,其中尤为值得注意的是,西藏自治区刑事案件的律师辩护率由2016年的21.59%下降至2017年的9.39%,下降了12.2%。为何在2015年至2106年,北京市刑事案件律师辩护率大幅下降,而在2016年至2017年却又大幅增长?同样,为何在2016年至2017年,西藏自治区的刑事案件律师辩护率会下降如此之多。针对这些问题的进一步思索和探讨,显然有助于我们针对不同地区制定可行性提升刑事案件律师辩护率的方案。

(三)结论

根据前述地域维度下的多角度大数据分析,我们可以得出地域维度下刑事案件律师辩护的基本状况:

其一,各地区的律师辩护率的高低和地区经济发展水平高低之间并无显著和必然的联系。因为处于同一经济发展水平的地区,如中部地区,既存在居于全国刑事案件律师辩护率第一的安徽省,也存在居于全国刑事案件律师辩护率倒数第五的湖南省。此外,经济发达地区刑事案件的律师辩护率存在较低的状况,如浙江省,而经济欠发达地区刑事案件的律师辩护率也存在较高的状况,如新疆维吾尔自治区。

其二,我国各地刑事案件律师辩护覆盖度呈现拱形形态,大体上是两端(即刑事案件数低和刑事案件数高的地区)低中间(即刑事案件数中等地区)高。但是这种拱形的辩护覆盖度显然又是与我国各地刑事案件数量占全国刑事案件数量的比重不对应的。

其三,2013 年至 2017 年,不同地区刑事案件的律师辩护率则在不同年度呈现出四种变化轨迹:相对不变型、持续增长型、持续降低型、某些年大幅增长而某些年度大幅降低或连续降低型。

三、罪名维度下辩护率的统计分析及结论

(一)选择罪名维度的释明

(1)罪名是刑事案件中定罪的重要一环,它关涉刑事案件进展的许多方面。

一方面,不同的罪名侵犯的法益以及法定的刑罚设置存在不同,因此不同的审级法院管辖和部分类型案件实行强制辩护,也即刑事案件律师辩护率和审级维度产生交叉影响。而前文的分析表明,审级维度对刑事案件的律师辩护率是产生影响的,因此理论上不同的罪名可能对刑事案件的律师辩护率产生影响。

另一方面,一件刑事案件所触犯的罪名存在单个或多个之差,刑事案件的被告人可能承受的刑罚也是不一样的,多个罪名带来的刑罚负担压力,可能会对某一刑事案件的律师辩护率产生影响。

(2)以地域作为变量维度的分析,必须结合罪名变量维度的研究,其结论对于实践才有指导意义。先前观察角度看到的,罪名维度也是影响辩护率的重要指标,需要通过对统计数据的整理和研究来证实或证伪这一理论假设。

(二)辩护率的统计分析

1. 数据统计

本部分主要统计了 2013 年到 2017 年刑事一审、二审、再审案件常见罪名辩护情况和 2013 年到 2017 年刑事一审判决罪名为单个、多个的律师辩护率情况。

表 22-7 2013—2017 年刑事一审、二审、再审案件常见罪名辩护情况表

案由	全部案件	律师参与案件	律师辩护率
故意杀人罪	13816	11585	83.85%
受贿罪	25172	20522	81.53%
贪污罪	19427	11817	60.83%
合同诈骗罪	19745	10848	54.94%
聚众斗殴罪	17438	9413	53.98%
非法拘禁罪	31229	13243	42.41%
诈骗罪	110241	44877	40.71%

（续表）

案由	全部案件	律师参与案件	律师辩护率
抢劫罪	57790	23371	40.44%
故意伤害罪	345747	126112	36.48%
寻衅滋事罪	92809	33371	35.96%
妨害公务罪	37734	12945	34.31%
交通肇事罪	249158	77875	31.26%
隐瞒、掩饰犯罪所得、犯罪所得收益罪	49132	15352	31.25%
非法持有毒品罪	33600	10478	31.18%
开设赌场罪	56080	16694	29.77%
走私、贩卖、运输、制造毒品罪	228632	52702	23.05%
盗窃罪	710976	95474	13.43%
容留他人吸毒罪	104193	13905	13.35%
危险驾驶罪	527199	27110	5.14%

表 22-8　2013—2017 年刑事一审判决罪名为单个、多个的律师辩护率情况表

罪名个数情况	所有一审案件	律师参与一审案件	律师辩护率
判决仅单个罪名	3028355	696264	22.99%
判决含多个罪名	142279	59739	41.99%
合计	3170634	756003	23.84%

2. 数据分析

第一，整体而言，不同罪名的律师辩护率存在巨大差异，最高为 83.85%，最低的仅有 5.14%，差距达到 78.71%。

律师辩护率排在前几位的罪名由高到低依次是故意杀人罪，为 83.85%；受贿罪，为 81.53%；贪污罪，为 60.83%；合同诈骗罪，为 54.94%；聚众斗殴罪，为 53.98%；非法拘禁罪，为 42.41%；诈骗罪，为 40.71%；抢劫罪，为 40.44%。

律师辩护率排在倒数几位的罪名由低到高依次是危险驾驶罪，为 5.14%；容留他人吸毒罪，为 13.35%；盗窃罪，为 13.43%；走私、贩卖、运输、制造毒品罪，为 23.05%。

第二，2013 年至 2017 年我国一审刑事案件中判决多个罪名的律师辩护率几乎是判决单个罪名的律师辩护率的两倍。

由于不同审级的案件存在一审、二审、再审，并且可能出现不一致的判决结果，进而影响对一件刑事案件判决单个或多个罪名的确定。为了比较分析单个或多个罪名这一单一维度下对刑事案件律师辩护率的影响，有必要保证审级维度变量相对不变。因此，本章整理了 2013 年至 2017 年我国一审刑事案件判决罪名为单个、多个的律师辩护率情况并进行分析。

我国 2013 年到 2017 年一审刑事案件数总计为 3 170 634 件,判决罪名为多个的有 142 279 件,所占比例约为 4.49%;判决罪名为单个的有 3 028 355 件,所占比例约为 95.51%。而多个罪名的一审刑事案件的律师辩护率为 41.99%,单个罪名的一审刑事案件的律师辩护率为 22.99%。显然判决多个罪名的律师辩护率几乎是判决单个罪名的律师辩护率的两倍。

(三)结论

其一,罪名是影响律师辩护率的重要因素,不同罪名之间的律师辩护率存在巨大差异。2013 年至 2017 年不同罪名平均每年律师辩护率最大相差达到 78.71%。

其二,在单个、多个罪名维度下,律师辩护率呈现出十分显著的差距。通常而言,某一刑事案件可能被判决的罪名越多,其律师辩护率也就越高。

四、犯罪主体维度下辩护率的统计分析及结论

(一)选择犯罪主体维度的释明

根据犯罪主体的性质不同,刑事犯罪可以区分为单位犯罪和自然人犯罪。我国刑事法律对于单位犯罪和自然人犯罪又规定了不同的处罚和辩护制度,因而可能影响不同犯罪主体性质的刑事案件的辩护状况。

此外,犯罪主体和罪名维度以及辩护种类维度也是相联系的,不同的犯罪主体由于具有不同的身份、背景和能力,所可能触犯的刑事罪名类型是不同的,其是否有能力委托辩护,或者是否愿意委托辩护,也是不同的,这些不仅影响刑事辩护的有无,也影响刑事辩护的效果。

(二)辩护率的统计分析

1. 数据统计

本部分统计了 2013 年至 2017 年刑事一审、二审、再审案件犯罪主体性质维度下辩护情况和犯罪主体受过刑事处罚的刑事一审案件的辩护情况。

表 22-9 2013—2017 年刑事一审、二审、再审案件犯罪主体性质维度下辩护情况表

犯罪主体性质	所有案件	律师参与案件	律师辩护率
自然人	3275107	799490	24.41%
单位	44085	31389	71.2%
合计	3319192	830879	25.03%

2. 数据分析

第一,单位犯罪刑事案件的律师辩护率是自然人犯罪刑事案件的律师辩护率的近 3 倍。

表 22-10 2013—2017 年犯罪主体受过刑事处罚的一审案件辩护情况表

不同情形	审结案件(件)
曾因犯罪受过刑事处罚的	684200
曾因犯罪受过刑事处罚且有辩护律师的	138723
案件辩护率	20.28%

2013 年至 2017 年我国刑事一审、二审、再审自然人犯罪的全部案件量为 3 275 107 件,其中有律师辩护的刑事案件为 799 490 件,律师辩护率仅为 24.41%;而单位犯罪的全部案件量为 44 085 件,其中有律师辩护的刑事案件为 31 389 件,律师辩护率高达 71.2%。显然单位犯罪刑事案件的律师辩护率是自然人犯罪刑事案件的律师辩护率的近 3 倍。

第二,从自然人犯罪和单位犯罪刑事案件的律师辩护覆盖度上来讲,呈现不均匀态势。

自然人犯罪的刑事案件文书数所占比例约为 98.67%,但其律师辩护率仅为 24.41%;单位犯罪的刑事案件文书数所占比例约为 1.33%,但其律师辩护率高达 71.2%。

第三,犯罪主体是否受过刑事处罚与辩护率的关系。

曾因犯罪受过刑事处罚的一审案件总量为 684 200 件,其中有律师进行辩护的为 138 723 件,即犯罪主体曾因犯罪受过刑事处罚的刑事案件的辩护率仅有 20.28%,辩护率较低。

理论上而言,首次犯罪的犯罪主体和非首次犯罪的犯罪主体对于刑事案件是否委托律师进行辩护的选择是存在差异的。在不考虑强制辩护的刑事案件情况下,首次犯罪的犯罪主体基于各种因素如经济考虑、刑罚压力等,在委托律师进行刑事辩护的主动性和能动性上应当是高于非首次犯罪的犯罪主体的。而非首次犯罪的犯罪主体,除去经济类犯罪,大多数犯罪主体在刑事处罚执行完毕之后的社会地位、获得的社会评价和经济能力都是较低的。因此,再次犯罪之后,其委托律师进行辩护的主动性和能动性应该是大不如首次,这也是为何犯罪主体曾因犯罪受过刑事处罚的刑事案件的辩护率仅仅只有 20.28%。当然,如此之低的律师辩护率还有其他影响因素的存在,鉴于本部分研究维度是犯罪主体,在此则不进行展开分析。

3. 结论

通过对犯罪主体维度下多角度的大数据分析,刑事案件律师辩护率的基本状况如下:

其一,从犯罪主体性质来看,单位犯罪刑事案件的律师辩护率远高于自然人犯罪刑事案件的律师辩护率。

其二,自然人犯罪和单位犯罪刑事案件的律师辩护覆盖度极其不均匀,所占比例约为 98.67% 的自然人犯罪刑事案件的律师辩护率远低于单位犯罪刑事案件的律师辩护率,这造成大量自然人犯罪的刑事案件缺乏律师辩护。

其三,犯罪主体是否曾因犯罪受过刑事处罚,往往也是影响刑事案件律师辩护率的重要因素。

第二节 检视:成因及意义探讨

一、审级对刑事辩护的影响

前述以审级为维度对我国刑事案件的律师辩护率展开了综览与分析,观察到审级与刑事案件律师辩护率之间的关系,这种关系正是管辖制度、审判程序制度和辩护制度综合作用的结果。

(一)一审刑事案件

一审刑事案件中,中级人民法院的一审刑事案件律师辩护率远高于基层人民法院一审刑事案件的律师辩护率。

1. 中级人民法院一审刑事案件

在中级人民法院一审刑事案件中,2017年的律师辩护率为83.67%、2016年的律师辩护率为86.13%、2015年的律师辩护率为87.06%、2014年的律师辩护率为84.05%、2013年的律师辩护率为76.73%。

影响辩护率的因素有很多,如被告人的聘请意愿、经济状况等。其中,案件是否具有指定辩护的情形会对辩护率产生较大影响。《刑事诉讼法》第35条第2款和第3款规定:"犯罪嫌疑人、被告人是盲、聋、哑人,或者是尚未完全丧失辨认或者控制自己行为能力的精神病人,没有委托辩护人的,人民法院、人民检察院和公安机关应当通知法律援助机构指派律师为其提供辩护。犯罪嫌疑人、被告人可能被判处无期徒刑、死刑,没有委托辩护人的,人民法院、人民检察院和公安机关应当通知法律援助机构指派律师为其提供辩护。"可见,我国对于可能判处无期徒刑和死刑的案件实行强制辩护制度,由法律援助机构的律师为犯罪嫌疑人、被告人提供辩护。这些指定辩护的情形与中级人民法院的管辖密切相关。

《刑事诉讼法》第21条规定:"中级人民法院管辖下列第一审刑事案件:(一)危害国家安全、恐怖活动案件;(二)可能判处无期徒刑、死刑的案件。"由此,中级人民法院审理的案件系重大案件,在数量上会少于基层人民法院审理的大量轻罪案件。另外,指定辩护的规定又使得这些重大案件由于涉及严重刑罚而应有辩护律师,所以,中级人民法院一审刑事案件的辩护率会比较高。

2. 基层人民法院一审刑事案件

在基层人民法院一审刑事案件中,2017年的律师辩护率为22.91%、2016年的律师辩护率为23.61%、2015年的律师辩护率为23.86%、2014年的律师辩护率为22.58%、2013年的律师辩护率为19.61%,均低于全国平均律师辩护率25.25%。

这一状况与基层人民法院的管辖权有关。根据《刑事诉讼法》第20条的规定,基层人民法院管辖第一审普通刑事案件。除了由中级、高级和最高人民法院管辖的案件,绝大多数一审刑事案件都是由基层人民法院管辖的,这也决定了其刑事案件辩护率的分母基数之庞大。2013年至2017年,全国刑事案件数共计3 552 870件,也即全国大约87.82%的刑事案件是由基层人民法院一审受理的。在指定辩护情形比较少或者数量不确定的情况下,基层人民法院一审刑事案件的辩护率呈现出偏低的态势。

(二)二审刑事案件

二审刑事案件中,中级人民法院二审刑事案件的律师辩护率稍高于基层人民法院一审刑事案件的律师辩护率。而高级人民法院二审刑事案件的律师辩护率接近于中级人民法院一审刑事案件的律师辩护率,且远高于中级人民法院二审刑事案件的律师辩护率。

《刑事诉讼法》第227条第1款规定:"被告人、自诉人和他们的法定代理人,不服地方各级人民法院第一审的判决、裁定,有权用书状或者口头向上一级人民法院上诉。被告人的辩护人和近亲属,经被告人同意,可以提出上诉。"第228条规定:"地方各级人民检察院认为本级人民法院第一审的判决、裁定确有错误的时候,应当向上一级人民法院提出抗诉。"因此,中级人民法院二审刑事案件来源于基层人民法院一审刑事案件的上诉或者抗诉,高级人民法院二审刑事案件来源于中级人民法院一审刑事案件的上诉或者抗诉。

1. 中级人民法院二审刑事案件

中级人民法院二审刑事案件平均每年律师辩护率为34.39%,基层人民法院一审刑事案件平均每年律师辩护率为23.06%,中级人民法院较之基层人民法院高了11.33个百分点。同样的案件,似乎在二审中更受重视,由此体现在略高的律师辩护率上。

2. 高级人民法院二审刑事案件

对中级人民法院一审刑事案件的辩护制度规范同样对高级人民法院二审刑事案件产生作用。因而,理论上,除去诉累、上诉成本和部分原本就没有律师辩护的刑事案件因上诉或者抗诉进入高级人民法院二审程序外,高级人民法院二审刑事案件的律师辩护率应当是和中级人民法院一审刑事案件的律师辩护率大致保持相同水平的。在高级人民法院二审刑事案件中,2017年的律师辩护率为80.05%、2016年的律师辩护率为80.11%、2015年的律师辩护率为80.98%、2014年的律师辩护率为76.91%、2013年的律师辩护率为63.07%。与中级人民法院一审刑事案件律师辩护率相比,自2013年至2017年差距分别约为13.66%、7.14%、6.08%、3.62%。很显然两者间的差距是不断缩小的,并且趋向于大致相同,这样的发展变化也符合之前的理论分析。反映到现实司法实践中,中级人民法院一审刑事案件和高级人民法院二审刑事案件律师辩护率一起构成了M形曲线的两个高峰点。

(三) 再审刑事案件

再审刑事案件中,基层人民法院再审刑事案件的律师辩护率略高于基层人民法院一审刑事案件的律师辩护率。而中级人民法院再审刑事案件的律师辩护率远低于中级人民法院一审刑事案件的律师辩护率。

1. 基层人民法院再审刑事案件

《刑事诉讼法》第256条第1款规定:"人民法院按照审判监督程序重新审判的案件,由原审人民法院审理的,应当另行组成合议庭进行。如果原来是第一审案件,应当依照第一审程序进行审判,所作的判决、裁定,可以上诉、抗诉;如果原来是第二审案件,或者是上级人民法院提审的案件,应当依照第二审程序进行审判,所作的判决、裁定,是终审的判决、裁定。"据此基层人民法院的再审案件应当是原来基层人民法院一审审理的已经生效的刑事案件。因此,基层人民法院再审刑事案件的律师辩护率会与其一审刑事案件律师辩护率相关。

在基层人民法院再审刑事案件中,2017年的律师辩护率为29.71%、2016年的律师辩护率为29.48%、2015年的律师辩护率为28.57%、2014年的律师辩护率为27.4%、2013年的律师辩护率为21.08%。相较于基层人民法院一审刑事案件律师辩护率,2013年至2017年,每一年度基层人民法院再审刑事案件的律师辩护率都高于基层人民法院一审刑事案件的律师辩护率。

再审的功能在于纠正已经生效的原审判决,追求公正、正确的裁判结果。同时,再审程序的艰难性和专业复杂性突出,2013年至2017年,基层人民法院再审刑事案件文书数量为867件,远低于基层人民法院一审刑事案件文书数量。另外,再审程序被告人及其家属聘请律师进行辩护的可能性和意愿也应当是更高的。由此,基层人民法院一审刑事案件律师辩护率和基层人民法院再审刑事案件律师辩护率构成M形律师辩护率曲线中的两个最低点。

2. 中级人民法院再审刑事案件

全国中级人民法院一审刑事案件平均每年的律师辩护率高达84.64%,但是全国中级人民法院再审刑事案件平均每年的律师辩护率却为41.37%。为何中级人民法院再审刑事案件的律师辩护率会下降如此之多,而不是和基层人民法院再审刑事案件的律师辩护率一样,相较基层人民法院一审刑事案件有小幅增长呢?这和中级人民法院再审案件的范围有关。根据《刑事诉讼法》的规定,中级人民法院再审案件的范围包括:原来是中级人民法院审理的一审或者二审刑事案件以及提审的原来是基层人民法院审理的一审刑事案件。而根据前面的分析,基层人民法院审理的一审刑事案件的律师辩护率为23.06%,中级人民法院审理的二审刑事案件的律师辩护率为34.39%,均处于全国各审级法院审理的刑事案件律师辩护率后三位,加上其他因素的影响,中级人民法院再审刑事案件的律师辩护率下降至41.37%是在情理之中的。

二、刑事政策对刑事辩护的影响

我国刑事案件的律师辩护率,从地域、年份、案由等维度看,呈现出不同态势。例如,安徽省、上海市、云南省刑事案件律师辩护率高于全国大多数地区,甚至高于北京市。而海南省、西藏自治区、重庆市、贵州省、湖南省刑事案件律师辩护率却居于全国后五位,笔者认为,这些变化除受地域影响外,还与下述因素有关。

(一) 国家刑事政策的影响

2017年10月9日,最高人民法院、司法部印发《关于开展刑事案件律师辩护全覆盖试点工作的办法》(以下简称《刑事辩护全覆盖试点办法》)的通知,在北京、上海、浙江、安徽、河南、广东、四川、陕西省(直辖市)开展刑事辩护的全覆盖工作试点。该办法强调,为推进以审判为中心的刑事诉讼制度改革,加强人权司法保障,促进司法公正,充分发挥律师在刑事案件审判中的辩护作用,开展刑事案件审判阶段律师辩护全覆盖试点工作。《刑事辩护全覆盖试点办法》第2条第3款规定:"除前款规定外,其他适用普通程序审理的一审案件、二审案件、按照审判监督程序审理的案件,被告人没有委托辩护人的,人民法院应当通知法律援助机构指派律师为其提供辩护。"第3条规定:"人民法院自受理案件之日起三日内,应当告知被告人有权委托辩护人以及获得值班律师法律帮助。被告人具有本办法第二条第二款、第三款规定情形的,人民法院应当告知其如果不委托辩护人,将通知法律援助机构指派律师为其提供辩护。"根据前述规定,刑事案件在审判阶段的律师辩护率将得到大幅提升。而在地域维度的综览分析中,试点地区北京市、上海市、浙江省、安徽省、陕西省在2017年的律师辩护率与2016年相比,都处于增长状态,尤其是北京市,刑事案件的律师辩护率由2016的22.71%增长至2017年的33.15%,增长了10.44%。因此,《刑事辩护全覆盖试点办法》显然影响并改变了不同地区刑事案件的律师辩护率。

(二) 司法体制改革的影响

2018年1月25日,时任上海市高级人民法院院长崔亚东在上海市第十五届人民代表大会第一次会议上所作的《上海市高级人民法院工作报告》指出:"上海市全面推进最高人民法院《四五改革纲要》,自2015年12月改革启动以来,实现了对可能判处三年以上有期徒刑被告人刑事辩护全覆盖。"而2013年至2017年,上海市刑事案件平均每年的律师辩护率均居于全国第二的位置。此外,2018年1月28日,时任北京市高级人民法院院长杨万明在北京市第十五届人民代表大会第一次会议上所作的《北京市高级人民法院工作报告》中也强调了"深入推进以审判为中心的诉讼制度改革,落实律师刑事辩护全覆盖"。而 2017 年北京市刑事案件的律师辩护率由 2016 年的 22.71% 增长至 2017 年的 33.15%,也反映出北京市推进司法体制改革,落实律师刑事案件全覆盖的积极成效。

三、罪名对刑事辩护的影响

不同罪名之间的律师辩护率也存在较大差距,并且某一刑事案件可能被判决的罪名越多,其律师辩护率也就越高。律师辩护率处于前五的是以下罪名:故意杀人罪,83.85%;受贿罪,81.53%;贪污罪,60.83%;合同诈骗罪,54.94%;聚众斗殴罪,53.98%。而律师辩护率排在后几位的罪名分别是危险驾驶罪,5.14%;容留他人吸毒罪,13.35%;盗窃罪,13.43%;走私、贩卖、运输、制造毒品罪,23.05%。

罪名对刑事案件的律师辩护率的影响主要体现在以下方面。

(一)法定刑影响律师辩护率

《刑事诉讼法》第 35 条第 3 款规定:"犯罪嫌疑人、被告人可能被判处无期徒刑、死刑,没有委托辩护人的,人民法院、人民检察院和公安机关应当通知法律援助机构指派律师为其提供辩护。"换言之,我国对可能判处无期徒刑和死刑的犯罪主体实行强制辩护制度。而根据《刑法》的规定,犯故意杀人罪的,可能判处死刑、无期徒刑;犯受贿罪和贪污罪的,可能判处无期徒刑和死刑;犯诈骗罪和合同诈骗罪的,可能被判处无期徒刑;犯抢劫罪的,可能被判处无期徒刑和死刑。这些罪名类型下的刑事案件按照规定实行强制辩护制度,因而前五位律师辩护率的罪名类型中,故意杀人罪的辩护率极高,达到 83.85%,受贿罪达到 81.53%、贪污罪达到 60.83%。因此,这些类型罪名由于严厉的刑罚和强制辩护制度,形成了极高的律师辩护率。而危险驾驶罪的刑罚为拘役,并处罚金,在较低的刑罚成本负担下,犯罪主体委托律师进行辩护的积极性显然不会太高,而最终危险驾驶罪以 5.14% 的律师辩护率位于最后也印证了该观点。

(二)经济类犯罪通常具有相当高的律师辩护率

不同经济能力和社会背景的犯罪主体通常所触犯的罪名是不一样的。社会地位和经济水平越高,其对法律服务的认知和负担能力越高,因而委托律师进行辩护的意愿和可能性也越高。贪污罪、贿赂罪、合同诈骗罪的犯罪主体通常都具有较高的社会地位和经济能力,相反盗窃罪主体通常处于社会底层,相较于盗窃罪犯罪主体,经济类犯罪的犯罪主体更有意愿和能力去负担委托律师进行辩护的成本。因此,受贿罪的律师辩护率为 81.53%,贪污罪为 60.83%,合同诈骗罪为 54.94%,并且居于所有罪名的前五位。而盗窃罪的律师辩护率只有 13.43%,在所有罪名中倒数第三。

(三)不同的罪名辩护与否的空间余地和辩护难度不一

以律师辩护率处于全国倒数位置的危险驾驶罪和容留他人吸毒罪为例。《刑法》第 133 条之一第 1 款规定:"在道路上驾驶机动车,有下列情形之一的,处拘役,并处罚金:(一)追逐竞驶,情节恶劣的;(二)醉酒驾驶机动车的;(三)从事校车业务或者旅客运输,严重超过额定乘员载客,或者严重超过规定时速行驶的;(四)违反危险化学品安全管理规定运输危险化学品,危及公共安全的。"第 354 条规定:"容留他人吸食、注射毒品的,处三年以下有期徒刑、拘役或者管制,并处罚金。"危险驾驶罪和容留他人吸毒罪在目前司法实践中往往适用认罪认罚从宽制度,被告人选择自愿如实供述自己的罪行,对指控的犯罪事实没有异议,同意量刑建议,签署具结书,以期获得较轻的刑事处罚。因此,被告人选择委托律师进行辩护的空间余地较小。

此外,危险驾驶罪和容留他人吸毒罪的刑事案件,往往是犯罪事实清楚、证据确实充分,无论是在定罪上还是在量刑上都无太大的可辩护空间,辩护难度较高。

第三节 余思:刑事辩护全覆盖

我国刑事辩护覆盖不均,表现为刑事辩护的高覆盖集中在高审级、部分地区、部分罪名、部分犯罪主体上。概言之,我国目前刑事案件的辩护覆盖不均匀,且在辩护率上较低,只能说实现了部分刑事案件辩护的"较高覆盖"。从辩护率而言,这种部分刑事案件辩护的"较高覆盖"在不同维度下也是参差不齐的,某一维度下律师辩护率最高的,已超过了80%,大多数维度下的律师辩护率是低于50%的。

2017年,最高人民法院联合司法部发布《刑事辩护全覆盖试点办法》,提出刑事辩护全覆盖。根据对2013年到2017年刑事辩护基本状况数据的综览和分析,实现刑事案件律师辩护在数量上的全覆盖是具有可能性的,但是综合各种因素观察,这需要一段较长的时间。因此,展望实现刑事辩护的全覆盖路径,建议关注下列方面。

一、刑事政策层面——推广落实

在实现刑事辩护全覆盖的工作中,国家的刑事政策发挥着引领全局的指导作用和强大的推进作用。因此,落实这些刑事政策有着极为重要的意义。其中与实现刑事辩护全覆盖相关的内容有以下几项。

第一,落实《刑事辩护全覆盖试点办法》,并且在试点工作取得良好经验和成就后将其推向全国。

《刑事辩护全覆盖试点办法》第2条规定:"被告人除自己行使辩护权外,有权委托律师作为辩护人。被告人具有刑事诉讼法第三十四条、第二百六十七条规定应当通知辩护情形,没有委托辩护人的,人民法院应当通知法律援助机构指派律师为其提供辩护。除前款规定外,其他适用普通程序审理的一审案件、二审案件、按照审判监督程序审理的案件,被告人没有委托辩护人的,人民法院应当通知法律援助机构指派律师为其提供辩护。适用简易程序、速裁程序审理的案件,被告人没有辩护人的,人民法院应当通知法律援助机构派驻的值班律师为其提供法律帮助。在法律援助机构指派的律师或者被告人委托的律师为被告人提供辩护前,被告人及其近亲属可以提出法律帮助请求,人民法院应当通知法律援助机构派驻的值班律师为其提供法律帮助。"该规定的落实显然将极大地促进刑事案件律师辩护的覆盖。

第二,落实最高人民法院、最高人民检察院、公安部、国家安全部、司法部《关于推进以审判为中心的刑事诉讼制度改革的意见》。

该意见第 20 条规定:"建立法律援助值班律师制度,法律援助机构在看守所、人民法院派驻值班律师,为犯罪嫌疑人、被告人提供法律帮助。完善法律援助制度,健全依申请法律援助工作机制和办案机关通知辩护工作机制。对未履行通知或者指派辩护职责的办案人员,严格实行责任追究。"法律援助下的指定辩护,是实现刑事辩护全覆盖的重要辩护种类,显然法律援助值班律师制度、申请法律援助工作机制和办案机关通知辩护工作机制对于提升指定辩护的覆盖有着重要的促进作用。

第三,落实最高人民法院《关于全面深入推进刑事案件认罪认罚从宽制度试点工作的通知》。

该通知第三点指出,协调保障值班律师依法履职,为律师阅卷提供便利,确保被告人获得有效法律帮助,有条件的地方,可以探索值班律师转任辩护人机制。值班律师转任辩护人机制显然又是一项有效提升指定辩护覆盖的举措。此外,通知还明确确保被告人获得有效法律帮助。尽管在认罪认罚从宽制度中没有把律师参与作为必要条件,但是为此设置的值班律师制度已经开始实行,并逐步体现出在认罪认罚中为当事人辩护的作用。

二、规范层面——扩大适用

1. 采取必要措施,扩大指定辩护的案件覆盖范围

尽管指定辩护与委托辩护相比较,效果尚不尽如人意。但是,当前在我国没有辩护律师的刑事案件大量存在,委托辩护也不能全面实现的现状下,拓宽指定辩护的适用范围是实现刑事辩护全覆盖的重要措施。在前文观察分析中,不同维度下律师辩护率的一个共同点:指定辩护下影响的强制辩护制度是影响各维度下律师辩护率中的一个重要考量因素。这一点在审级维度和罪名维度下的刑事案件律师辩护率中表现最为突出。

从我国的国情来讲,现阶段乃至今后相当长时期,指望通过当事人自行委托律师的途径明显提高刑事案件的律师辩护率是不太现实的。就世界范围来看,刑事案件的律师辩护率主要靠刑事法律援助,当事人自行委托律师则处于从属地位。有学者访问美国、加拿大了解到,美国和加拿大刑事案件的律师辩护中,当事人自行委托的律师一般为 40% 左右,政府无偿为当事人提供的法律援助律师占 60% 左右。我国还属于发展中国家,当事人自行委托律师的比例不会提高得太快,律师辩护的主要力量还是要靠法律援助。[①] 因此,扩大指定辩护才是提升刑事辩护的全覆盖的着力点,而当前我国指定辩护只能覆盖部分刑事案件,因此亟须扩宽适用指定辩护的案件范围。

2. 解除指定辩护规范层面上的束缚

指定辩护规范层面上的束缚的解除,表现为为指定辩护介入刑事案件的时间点解除束缚,意指实现刑事案件全阶段的指定辩护。前文讲到,根据我国刑事诉讼法和司法实践中的操作,指定义务人是人民法院,此时往往是在侦查阶段结束之后,指定辩护律师才介入案件展开辩护。新兴的值班律师制度集中在法院审判阶段。比如,2013—2014 年,有学者曾对 2012 年修正的《刑事诉讼法》实施以来,刑事诉讼三个阶段法律援助机构指派法律援助律师的情况进行调研,获得的数据是:侦查阶段有 523 件,占 17.53%;审查起诉阶段有 553 件,占

---

① 参见顾永忠:《刑事诉讼律师辩护全覆盖的挑战及实现路径初探》,载《中国司法》2017 年第 7 期。

18.54%;审判阶段有1 907件,占63.93%。① 换言之,审判阶段之前的侦查阶段、审查起诉阶段,指定辩护的覆盖是严重不足和匮乏的,这种刑事辩护不是全阶段的。为了保障指定辩护在刑事诉讼纵向构造中实现全方位覆盖,从规范层面可以拓宽指定义务人的范围,让侦查机关、检察机关都有指定辩护律师的义务。

三、律师人数——增加数量

我国的法律服务市场是巨大的,但是目前全国的律师人数远不能满足这一巨大市场。以2016年为例,根据国家统计局的数据,截至2016年,我国的专职律师人数为293 586人,兼职律师人数为11 567人,共计305 153人。② 其中,律师的专业分工越来越精细化,尽管2016年我国共有305 153名律师,但刑事辩护律师方面依旧存在巨大缺口。

2016年我国全部刑事案件数量为881 187件。假设一名刑事辩护律师一年可以代理10件刑事案件,则2016年实现我国全部刑事案件辩护全覆盖则需要刑事辩护律师的人数大约为88 119人。如此便意味着,2016年我国305 153名律师中要有大约30%的律师专门从事刑事辩护。但是按照2016年的律师数量,这种要求显然难以满足。

2016年我国有律师参与的刑事案件数为226 563件,也即只有大约25.71%的刑事案件是有律师辩护的。假设一名刑事辩护律师一年可以代理10件刑事案件,则2016年实际从事刑事辩护的律师数量约为22 763人,根据该假设,2016年实现我国全部刑事案件辩护全覆盖,则需要刑事辩护律师的人数大约为88 119人,这一缺口达到了65 356人。换言之,2016年实现我国全部刑事案件辩护全覆盖需要在现有刑事辩护律师人数的基础上增加近3倍。

根据国家统计局数据,截至2017年,全国的专职律师人数为316 771人,兼职律师人数为12 369人,律师总人数共计为329 140人。③ 同样假设一名刑事辩护律师一年可以代理10件刑事案件,则2017年实际从事刑事辩护的律师数量约为20 142人,根据该假设,2017年实现我国全部刑事案件辩护全覆盖,需要刑事辩护律师的人数大约为79 568人,这一缺口达到了59 426人。则2017年实现我国全部刑事案件辩护全覆盖同样需要在现有刑事辩护律师人数的基础上增加近3倍。2014年全国全部刑事案件的数量为809 884件,2015年为865 680件,2016年为881 187件,2017年为795 680件,也即当前我国每年刑事案件大致保持在80万件左右。相较于2017年,当前全国的律师总人数应当是提高了,当然具体到刑事辩护律师人数的增长可能并不显著。而在大致相同的刑事案件体量下,以一名刑事辩护律师一年代理10件刑事案件来看,实现我国全部刑事案件辩护全覆盖仍需要在现有从事刑事辩护律师人数的基础上增加近3倍。

四、财政拨款——加大投入

我国在法律援助财政投入所占的比例相当低,有学者统计,在有些国家和地区,法律援助

---

① 参见顾永忠、杨剑炜:《我国刑事法律援助的实施现状与对策建议——基于2013年〈刑事诉讼法〉施行以来的考察与思考》,载《法学杂志》2015年第4期。
② 参见 http://data.stats.gov.cn/easyquery.htm? cn=C01&zb=A0S06&sj=2016,访问日期:2019年2月27日。
③ 数据来源于国家统计局官网(http://data.stats.gov.cn/easyquery.htm? cn=C01&zb=A0S06&sj=2017),访问日期:2019年2月27日。

经费在财政支出中所占的比例一般在 1‰~0.1%,而我国法律援助经费仅占财政收入比例的 0.0011%~0.0122%。这一比例仅仅是日本的1/10、丹麦的1/50、英国和荷兰等国家的1%。① 据学者对北京市、吉林省、湖北省、河南省、福建省、海南省、甘肃省、青海省等 18 个省级行政区的考察,指定辩护案件的辩护律师在"侦查、起诉、审判阶段办案平均津贴分别仅有511.11元、527.78 元、750 元,三项合计平均仅 596.30 元",也就是说,完整地办理完一个指定辩护案件,大致的津贴约1800元左右。② 这样的津贴补助显然远低于办案成本,增加了律师的负担。

根据 2017 年 12 月 15 日国务院新闻办公室发布的《中国人权法治化保障的新进展》白皮书介绍,2013 年至 2016 年,全国法律援助经费总额达到 73 亿元。而根据前述数据,2013 年至 2016 年,全国全部刑事案件总数约为 2 739 115 件,有律师参与辩护的刑事案件数为 693 075 件,其中包括了委托辩护部分。根据全国法律援助经费和全国有律师参与刑事案件情况之间的大致比例关系,若要实现刑事辩护的全覆盖,2013 年至 2016 年,全国法律援助经费总额应达到约 288 亿元,也即全国平均每年的法律援助经费应达到 72 亿元,而当前我国平均每年的法律援助经费仅约 18 亿元。显然刑事辩护的全覆盖,在财政投入的支持上,还存在天窗。

因此,2018 年 12 月 27 日公布的最高人民法院、司法部《关于扩大刑事案件律师辩护全覆盖试点范围的通知》强调:"要统筹调配律师资源,落实经费保障。各地要针对刑事辩护律师需求大量增加的情况,原则上以地市州为单位,统筹调配律师资源,解决律师资源分布不均、部分地区律师资源不足的问题。要积极联系协调财政部门出台有关政策措施,增加法律援助经费,逐步提高律师办案补贴标准,同时要探索建立办案补贴动态调整机制,根据律师办理案件难易程度、服务质量等发放办案补贴,体现差异性,提高律师工作积极性。"

---

① 参见陈光中、张益南:《推进刑事辩护法律援助全覆盖问题之探讨》,载《法学杂志》2018 年第 3 期。
② 参见黄小龙:《指定辩护制度的困境与完善路径浅析——以刑事辩护全覆盖试点改革为视角》,载"湖南省刑事法治研究会"微信公众号,2017 年 11 月 13 日。

第二十三章　刑事速裁程序运行数据分析研究

曹　波*

众所周知,包括刑事案件认罪认罚从宽制度在内的刑事速裁程序是我国当前刑事司法体制改革的重大热点问题。刑事速裁程序是应对我国不断增加的犯罪数量以及司法资源的有限性二者之间矛盾的必然选择,是优化刑事司法资源配置、推动我国刑事诉讼体制改革的必然要求。自2014年正式部署试点工作后,刑事速裁程序得到理论界和实务界人士的广泛赞誉[1],同时也遭到少数观点的质疑或担忧,被称为"一场喜忧参半的司改实验"[2]。2018年10月26日,新修正的《刑事诉讼法》在总结认罪认罚从宽制度和速裁程序试点工作经验的基础上,将在司法试点中可复制、可推广、行之有效的经验上升为法律,正式确立刑事速裁程序,使得刑事速裁程序试点的有益经验能在全国范围内推广。鉴于刑事速裁程序试点是我国"实验性立法"的重要实践,试点过程中的刑事速裁程序的制度建构及实际运行方面的经验势必深刻影响新修正《刑事诉讼法》的实施,因此有必要对刑事速裁程序试点以来的宏观运行状况进行整体性实证研究。

21世纪以来,我国社会总体跨入高速转型期,社会各阶层的利益分化、力量博弈、价值对垒日趋激烈,各类新兴利益和侵害利益的新型行为层出不穷。适逢风险社会的特征初现,公众对于安全保障的现实需求,促使刑法基本目的和价值取向由事后制裁犯罪转向事前管控风险,"当代社会的风险社会性质使刑法变成管理不安全性的风险控制工具,风险成为塑造刑法规范与刑法理论的最重要的社会性力量"[3]。为与社会高速转型和风险社会的内在要求相适应,我国《刑法》频繁修正,不断通过增加新型犯罪类型以及降低既有犯罪构成标准,扩大刑法规制范围,诸如醉驾、扒窃等大量行政违法行为次第被升格为轻微犯罪行为,成为刑罚打击的对象。

最高人民法院年度工作报告显示,2013年以来,我国审理一审刑事案件年增长率保持在

---

* 曹波,贵州大学法学院副教授,法学博士。

[1] 参见冉容、何东青:《积极探索　科学论证　推动刑事案件速裁程序试点健康深入开展——试点中期评估论证会专家意见摘编》,载《人民法院报》2015年9月9日,第6版;罗灿:《刑事速裁程序是及时实现公平正义的创新》,载《人民法院报》2015年3月27日,第4版;宫鸣:《推进认罪认罚从宽制度试点取得实效》,载《检察日报》2018年4月25日,第9版。

[2] 参见阿计:《认罪认罚从宽:一场喜忧参半的司改实验》,载《人民之友》2016年第10期;王恩海:《认罪认罚从宽制度试点应慎重》,载《上海法治报》2017年2月22日,第6版。

[3] 劳东燕:《风险社会中的刑法:社会转型与刑法理论的变迁》,北京大学出版社2015年版,第35页。

7%以上,到2017年已经接近130万件,判决罪犯人数127.6万人。显然,刑法立法上犯罪圈急剧拓展,使司法实践中的刑事案件激增,给原本就资源紧缺的刑事司法带来了沉重负担。为有效缓解大量轻微犯罪给刑事司法带来的冲击、兑现刑法规制范围不断扩张的初衷,我国决策层有意识地积极展开刑事诉讼体制改革,在原有刑事诉讼程序的基础上引入"刑事速裁程序",推进刑事案件认罪认罚从宽制度的试点改革。

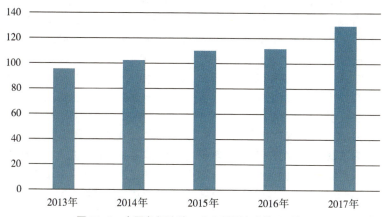

图23-1　全国各级法院一审审结刑事案件(万件)

2014年6月27日,第十二届全国人大常委会第九次会议通过决议授权最高人民法院、最高人民检察院在北京、上海、广州、青岛等全国14个省(市)的18个城市开展为期两年的刑事案件速裁程序试点,以进一步完善刑事诉讼程序,合理配置司法资源,提高审理刑事案件的质量与效率,维护当事人的合法权益。① 2015年2月4日,《人民法院第四个五年改革纲要(2014—2018)》指出,"健全轻微刑事案件快速办理机制。在立法机关的授权和监督下,有序推进刑事案件速裁程序改革",并进一步要求"完善刑事诉讼中认罪认罚从宽制度"。② 2014年8月22日,最高人民法院、最高人民检察院、公安部、司法部印发《关于在部分地区开展刑事案件速裁程序试点工作的办法》(以下简称《速裁程序试点办法》),正式拉开刑事速裁程序试点的序幕。2014年10月23日,党的十八届四中全会决议《中共中央关于全面推进依法治国若干重大问题的决定》在"优化司法职权配置"部分首提"完善刑事诉讼中认罪认罚从宽制度"。

2016年7月22日,中央全面深化改革领导小组审议通过《关于认罪认罚从宽制度改革试点方案》,强调完善刑事诉讼中认罪认罚从宽制度,要明确法律依据、适用条件,明确撤案和不起诉程序,规范审前和庭审程序,完善法律援助制度。选择部分地区依法有序稳步推进试点

---

① 全国人大常委会《关于授权最高人民法院、最高人民检察院在部分地区开展刑事案件速裁程序试点工作的决定》指定的18个试点城市分别为北京、天津、上海、重庆、沈阳、大连、南京、杭州、福州、厦门、济南、青岛、郑州、武汉、长沙、广州、深圳、西安。试点时间自试点办法印发之日起两年。

② 《人民法院第四个五年改革纲要(2014—2018)》第13项要求:"完善刑事诉讼中认罪认罚从宽制度。明确被告人自愿认罪、自愿接受处罚、积极退赃退赔案件的诉讼程序、处罚标准和处理方式,构建被告人认罪案件和不认罪案件的分流机制,优化配置司法资源。"

工作。2016年9月3日,在刑事速裁程序试点工作结束之际,为落实中央全面深化改革领导小组的部署,第十二届全国人大常委会第二十二次会议通过《关于授权最高人民法院、最高人民检察院在部分地区开展刑事案件认罪认罚从宽制度试点工作的决定》,授权最高人民法院、最高人民检察院在原18个刑事速裁程序试点城市开展刑事案件认罪认罚从宽制度为期两年的试点工作。

2016年11月11日,最高人民法院、最高人民检察院、公安部、国家安全部、司法部联合制发《关于在部分地区开展刑事案件认罪认罚从宽制度试点工作的办法》(以下简称《认罪认罚从宽试点办法》),各试点地区旋即发布实施细则或实施办法,全面启动推进认罪认罚从宽制度的试点工作。2017年11月9日,最高人民法院在福建省厦门市召开刑事案件认罪认罚从宽制度试点工作推进会,强调要以党的十九大精神为指引,深刻认识和把握新时代坚持全面深化改革的要求,扎实推进刑事案件认罪认罚从宽制度改革试点。值得注意的是,最高人民法院、最高人民检察院分别于2015年10月15日、2017年12月23日向全国人大常委会汇报刑事速裁程序试点工作情况以及认罪认罚从宽制度试点工作情况的中期报告,及时总结试点工作的经验、发现试点工作的不足,并明确下一步试点工作的方向和重点。此外,最高人民法院、最高人民检察院、公安部、司法部还就推进刑事案件速裁程序试点工作两次召开座谈会,并印发座谈会纪要,将试点工作中对亟须解决的问题所达成的共识下发各试点地区,供试点地区参照执行。

2018年10月26日,在经过长期且充分的试点后,第十三届全国人大常委会第六次会议审议通过《关于修改〈中华人民共和国刑事诉讼法〉的决定》(以下简称《刑诉修改决定》),正式规定了认罪认罚从宽制度和速裁程序。《刑诉修改决定》第1条规定:"增加一条,作为第十五条:'犯罪嫌疑人、被告人自愿如实供述自己的罪行,承认指控的犯罪事实,愿意接受处罚的,可以依法从宽处理。'"从而延续了2016年《认罪认罚从宽试点办法》关于任何刑事案件认罪认罚原则上从宽处理的精神实质,肯定了认罪认罚依法从宽作为一项新的刑事诉讼基本原则,并在第14条、第15条、第16条明确犯罪嫌疑人认罪认罚案件的办理程序。《刑诉修改决定》第22条则在第三编第二章增加"第四节 速裁程序",以5个条文具体规定了速裁程序适用的案件范围及其除外情形、速裁程序的启动方式、审判形式、审理期限以及程序回转等内容,从而正式结束了刑事速裁程序的试点,建立起富有中国特色的刑事速裁程序。

表23-1 刑事速裁程序试点改革进程

时间	发布主体	规范名称	备注
2014年6月27日	全国人大常委会	《关于授权最高人民法院、最高人民检察院在部分地区开展刑事案件速裁程序试点工作的决定》	授权最高人民法院、最高人民检察院开展试点
2014年8月22日	最高人民法院、最高人民检察院、公安部、司法部	《关于在部分地区开展刑事案件速裁程序试点工作的办法》	改革正式落地
2014年10月23日	党的十八届四中全会	《中共中央关于全面推进依法治国若干重大问题的决定》	首提"认罪认罚从宽制度"

（续表）

时间	发布主体	规范名称	备注
2015年2月4日	最高人民法院	《人民法院第四个五年改革纲要（2014—2018）》	要求有序推进改革
2015年10月15日	最高人民法院、最高人民检察院	《关于刑事案件速裁程序试点情况的中期报告》	
2016年7月22日	中央全面深化改革领导小组	《关于认罪认罚从宽制度改革试点方案》	提出完善认罪认罚从宽制度的总体要求
2016年9月3日	全国人大常委会	《关于授权最高人民法院、最高人民检察院在部分地区开展刑事案件认罪认罚从宽制度试点工作的决定》	由刑事速裁程序改为认罪认罚从宽制度
2016年11月11日	最高人民法院、最高人民检察院、公安部、国家安全部、司法部	《关于在部分地区开展刑事案件认罪认罚从宽制度试点工作的办法》	
2017年11月9日	最高人民法院		认罪认罚从宽制度试点工作推进会
2017年12月23日	最高人民法院、最高人民检察院	《关于在部分地区开展刑事案件认罪认罚从宽制度试点工作情况的中期报告》	
2018年10月26日	全国人大常委会	《关于修改〈中华人民共和国刑事诉讼法〉的决定》	正式建立认罪认罚从宽制度和速裁程序

从两部试点办法来看，2014年启动试点的刑事速裁程序与2016年启动试点的刑事案件认罪认罚从宽制度在适用对象范围以及适用法律后果方面存在明显不同。一方面，认罪认罚从宽制度的适用范围远大于刑事速裁程序。刑事速裁程序仅适用于危险驾驶、交通肇事、盗窃等11类犯罪情节较轻、依法可能判处1年以下有期徒刑、拘役、管制或单处罚金案件；而认罪认罚从宽制度的适用对象不仅没有犯罪性质的限制，而且原则上缺乏对判处刑罚的限制。另一方面，认罪认罚从宽制度的法律后果更有利于适用刑事速裁程序的犯罪嫌疑人或被告人。刑事速裁程序的法律后果更多体现在简化庭审程序上，其对犯罪嫌疑人或被告人实体权利的影响相对较小，而认罪认罚案件除程序上从简从快外，认罪认罚本身还作为独立量刑情节发挥着实体上从宽、从轻处理的作用，具有明显的量刑减让功能。[①]

认罪认罚从宽制度和刑事速裁程序的这种差异性特征也在新修正的《刑事诉讼法》中得到体现。该法第15条规定的"犯罪嫌疑人、被告人自愿如实供述自己的罪行，承认指控的犯罪事实，愿意接受处罚的，可以依法从宽处理"，延续了2016年《认罪认罚试点办法》关于任何刑事案件认罪认罚原则上从宽处理的精神实质，肯定了认罪认罚依

[①] 参见韩红：《认罪认罚从宽制度的内涵与边界——兼与刑事速裁程序比较》，载《学术交流》2017年第8期。

法从宽作为一项新的刑事诉讼基本原则。与之相对,《刑事诉讼法》建构之刑事速裁程序在保持法律效果集中于程序从简特征基础上,其适用的案件范围虽有所扩展,但仍与作为刑事诉讼基本原则的认罪认罚从宽制度的适用范围存在相当大的差距。根据《刑事诉讼法》第222条的规定,刑事速裁程序的适用范围为"基层人民法院管辖的可能判处三年有期徒刑以下刑罚的案件,案件事实清楚、证据确实、充分,被告人认罪认罚并同意适用速裁程序的"。

即便如此,究其实质内涵,不论刑事速裁程序,抑或认罪认罚从宽制度,均属贯彻宽严相济刑事政策、优化刑事司法资源配置、落实现代刑事宽容精神、推进刑事诉讼机制体制完善的重大改革,并且认罪认罚从宽制度在相当程度上扩张了刑事速裁程序的内在优势,是对刑事速裁程序的革新和升华。因此,本章对刑事速裁程序运行实证研究的对象自然包括刑事速裁程序和认罪认罚从宽制度,属于在广义层面上使用"刑事速裁程序"的表述。

第一节 综览:刑事速裁程序运行的基本表现

本章实证研究的数据主要来源于北京华宇元典信息服务有限公司的"元典智库"(https://www.chineselaw.com),通过将检索词项设置为"速裁""刑事一审""单人单罪""2015-01-01到2017-12-31",共检索到18个试点城市该时间段内作出的一审刑事裁判文书共计436 680篇,其中适用刑事速裁程序的单人单罪刑事一审裁判文书有92 461篇,总体适用比例为21.17%。

一、刑事速裁程序适用的总体状况

统计数据显示,2015年、2016年、2017年,全国18个试点地区单人单罪一审刑事案件分别为158 797件、146 516件、131 367件,单人单罪一审案件中适用刑事速裁程序的案件分别为22 300件、31 667件、38 494件,分别占同期试点地区一审刑事案件总数的14.04%、21.61%、29.30%。2015—2017年,适用刑事速裁程序的试点城市中,适用刑事速裁程序的案件总数前三位的分别为武汉市(12 765件)、北京市(11 606件)、上海市(8 981件),大连市和青岛市则不足千件,适用刑事速裁程序案件数最少的大连市仅512件。

从刑事案件适用速裁程序的比例来看,全国18个试点地区中,排在首位的是厦门市,适用比为39.75%;次者为武汉市,适用比为38.33%;第三位是南京市,适用比为34.91%;此外,适用比最低的地区是重庆市,仅为2.50%。

可见,全国18个试点地区适用刑事速裁程序的数量、比例均呈现逐年上涨的趋势,但适用刑事速裁程序的总体比例相对较低,且地区分布极度不均衡,武汉市、厦门市、北京市的适用数量以及比例相对靠前,重庆市、大连市的适用情况则与预期差距巨大。

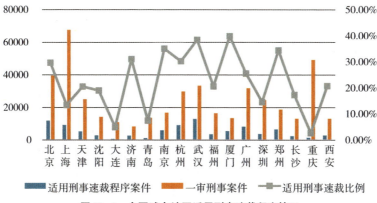

图 23-2　全国试点地区适用刑事速裁程序情况

具体而言,2015 年,适用刑事速裁程序案件数量最多的试点是上海市,共 3 478 件,最少的是重庆市,仅 106 件,但因上海市一审刑事案件基数也是 18 个试点中最大的,共 27 379 件,其适用刑事速裁程序的比例为 12.70%,在 18 个试点中相对靠后,比适用比例最高的厦门市少 22.32 个百分点,比适用比例最低的重庆市高出 12.1 个百分点。厦门市一审刑事案件共 4 660 件,但适用刑事速裁程序的有 1 632 件,适用比例为 35.02%,而重庆市一审刑事案件共 17 089 件,刑事速裁程序的适用比例仅为 0.62%。2016 年,刑事速裁程序适用比例最高的是 40.18%的武汉市,适用比例最低的依然是重庆市(1.59%),2015 年适用比例最高的厦门市则次于郑州市(33.99%)、南京市(33.89%),退居第四位,适用比例为 33.61%。

18 个试点地区中,适用刑事速裁程序案件数量最多的三个城市是武汉市、上海市、北京市,分别为 4 479 件、4 347 件和 3 989 件,三个城市 2016 年度适用刑事速裁程序的案件数高达全部试点地区四成。2017 年,武汉市适用刑事速裁程序的比例最高,为 50.84%。除武汉市外,居于适用比前五位的城市还有厦门市(49.67%)、南京市(49.55%)、杭州市(43.26%)和北京市(40.11%)。重庆市仍未摘掉适用比最低的"帽子",全年适用比仅为 5.68%。大连市(6.48%)、上海市(6.93%)、青岛市(13.00%)是仅次于重庆市的适用比最低的三个城市。从适用刑事速裁程序案件总数来看,2017 年,武汉市以 5 559 件位居榜首,次则为北京市(5 458 件),杭州市以 3 563 件居第三位;适用刑事速裁程序案件数最少的五个城市分别为大连市(196 件)、青岛市(489 件)、沈阳市(512 件)、济南市(741 件)、长沙市(814 件)。

从地域差异来看,东部发达试点地区适用单人单罪案件总数与适用比例整体高于中西部地区。18 个试点地区中,西部地区的西安市和重庆市适用刑事速裁程序案件数以及适用比例均相对较低,重庆市在 2015—2017 年适用刑事速裁程序案件总数仅为 1 231 件,适用比为 2.50%;西安市情况稍好,在 2015—2017 年适用刑事速裁程序单人单罪案件总数为 2 656 件,适用比为 20.61%,仍属比较靠后的试点城市。中部地区郑州市、武汉市和长沙市三个试点地区中,武汉市适用案件总数以及适用比例均在全国试点地区中居于前列,而郑州市与长沙市的适用情况仍不容乐观。长沙市在 2015—2017 年适用刑事速裁程序案件总数为 2 221 件,适用比为 23.89%;郑州市虽然在 2015—2017 年适用刑事速裁程序案件总数不高,仅为 6 359 件,但因其单人单罪的刑事一审案件总数为 18 563 件,故其适用比位居第四,为 34.25%。

二、刑事速裁程序适用的案件类型

从统计结果上看,全国 18 个试点地区适用刑事速裁程序的单人单罪案件类型有危险驾驶罪、交通肇事罪、生产、销售假药罪、虚开增值税专用发票、用于骗取出口退税、抵扣税款发票罪、信用卡诈骗罪、组织、领导传销活动罪、生产、销售有毒有害食品罪、生产、销售不符合安全标准的食品罪、故意伤害罪、非法拘禁罪、盗窃罪、诈骗罪、抢夺罪、故意毁坏财物罪、妨害公务罪、寻衅滋事罪、伪造、变造、买卖国家机关公文、证件、印章罪、走私、贩卖、运输、制造毒品罪、非法持有毒品罪、容留他人吸毒罪、开设赌场罪、赌博罪、非法收购、运输、出售珍贵、濒危野生动物制品罪、拒不执行判决、裁定罪、非法捕捞水产品罪、滥伐林木罪、引诱、容留、介绍卖淫罪、非法持有、私藏枪支、弹药罪共 28 个罪名的案件。

其中,适用刑事速裁程序频率最高的单人单罪案件类型主要是危险驾驶案件、盗窃案件、毒品犯罪案件(包括走私、贩卖、运输、制造毒品案件,容留他人吸毒案件,非法持有毒品案件)、故意伤害案件和交通肇事案件。2015 年,在适用刑事速裁程序的 22 300 件单人单罪案件中,危险驾驶案件共有 11 397 件,占当年刑事速裁案件的 51.11%;盗窃案件共有 5 108 件,占全年刑事速裁案件的 22.91%。18 个试点地区中,除重庆市、长沙市(长沙市适用最多的是盗窃案件),危险驾驶案件均在试点地区刑事速裁案件类型中稳居首位,特别是在上海市和武汉市,适用刑事速裁程序的危险驾驶案件数高达 1 809 件、1 178 件。2016 年,适用刑事速裁程序的案件类型中数量最多的是危险驾驶案件,共计 15 668 件,占全年刑事速裁案件的 49.48%,其中杭州市以 2 072 件危险驾驶案件位居各试点城市之首,占杭州市当年刑事速裁案件总数的 64.87%。除长沙市,危险驾驶案件仍是各试点地区适用刑事速裁程序最多的案件类型,盗窃案件在长沙市是适用刑事速裁程序最多的案件类型。2017 年的情况稍有不同,尽管危险驾驶案件仍属最主要的刑事速裁案件,但共有 5 个试点地区适用刑事速裁程序最多的是盗窃案件,分别为上海市、武汉市、深圳市、长沙市、重庆市,共计 3 707 件。

在适用的具体案件方面,各试点地区具有相当的特殊性,案件类型各有特色。例如,北京市刑事速裁单人单罪案件中,伪造、变造、买卖国家机关公文、证件、印章案件有 246 件,妨害公务案件有 466 件,寻衅滋事型刑事速裁单人单罪案件数量亦较多,共有 343 件;上海市刑事速裁案件中,毒品犯罪案件相对突出,共有 936 件;郑州市刑事速裁案件中,交通肇事案件数量较多,共有 486 件;西安市刑事速裁案件中,故意伤害案件的占比位居第三位;广州市刑事速裁案件中,包括赌博案件和开设赌场案件在内的赌博案件较为常见,共有 204 件。值得注意的是,南京市 2017 年适用刑事速裁程序中,存有 38 件组织、领导传销活动案件,而其他试点地区则无一例此类案件。

三、刑事速裁案件逮捕的适用情况

统计数据显示,2015—2017 年,18 个试点地区中,刑事速裁单人单罪案件平均逮捕率最低的是上海市,仅为 0.69%,平均逮捕率最高的是长沙市(53.64%)。除长沙市,平均逮捕率超过 40% 的试点城市分别是重庆市(51.96%)、南京市(47.99%)、福州市(44.76%)、深圳市

(44.04%)、广州市(41.92%),平均逮捕率未超过10%的试点地区有上海市和济南市(3.14%)。

2015年,在22 300件刑事速裁案件中,共有5 370件(5 370人)被适用逮捕强制措施,整体逮捕率为24.08%。逮捕人数最多的是武汉市(908人),但逮捕率最高的则是重庆市(61.32%)、次高的是沈阳市(58.94%),此外南京市(58.25%)与长沙市(56.25%)的逮捕率也超过50%。

2016年,18个试点地区刑事速裁案件中逮捕总人数增加近2 000人,为7 398人,仅武汉市即增加近700人,但因刑事速裁案件总数跃增为31 667件,逮捕率同比下降0.72个百分点,为23.36%,共有17个试点地区的逮捕率已经降至50%以下。其中,长沙市超越重庆市成为刑事速裁案件逮捕率最高的试点城市,为60.08%,重庆市则下降约16个百分点,为45.55%。除杭州市、武汉市、郑州市与长沙市4个试点地区的刑事速裁案件逮捕率有所上升外,其余试点地区的逮捕率均存在不同幅度的下降,特别是上海市、大连市、济南市、厦门市、西安市5个试点地区的逮捕率不足10%,最低的是上海市,仅为0.8%。

2017年,试点地区刑事速裁案件中逮捕总人数出现较大幅度的增加,为12 500人,武汉市再度增加700余人,整体逮捕率随之上升为32.47%,同比增加近10个百分点,有9个试点地区的逮捕率有所增加。然而,除深圳市(60%)外的其他试点城市的逮捕率均不足50%,最高的是广州市(49.58%),上海市稳居逮捕率最低的位置,仅为0.4%。

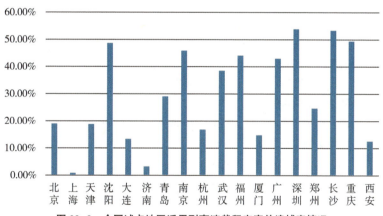

图23-3 全国试点地区适用刑事速裁程序案件逮捕率情况

四、刑事速裁案件辩护人分布情况

就年度而言,2015—2017年,试点地区92 461件一审单人单罪刑事速裁案件中,共有9 525件有辩护人出庭参加诉讼,整体辩护率为10.3%。其中,2015年共有1 844件刑事速裁单人单罪案件中有辩护人,辩护率为8.27%。有辩护人的案件最多的是上海市,共487件,最少的是大连市和重庆市,均为7件;辩护率最高的是西安市(33.67%),最低的是沈阳市,仅为2.26%。2016年,试点地区共有2 789件刑事速裁案件中有辩护人,辩护率为8.81%,案件数同比增加51.25%。有辩护人的刑事速裁案件中,上海市以884件高居榜首,超出处于次位的北京市 544 件,辩护率为 20.34%,青岛市则"垫底",仅为 7 件,辩护率为 2.91%;深圳市(28.63%)超越西安市(15.58%)成为全年刑事速裁案件辩护率最高的试点城市。

2017 年,有辩护人的刑事速裁单人单罪案件总数及其辩护率继续增加,达到 4 892 件,辩护率为 12.71%,同比增加 2 103 件,增幅为 75.4%。郑州市以总数 868 件成为全年有辩护人的刑事速裁案件数最多的试点城市,北京市(817 件)、上海市(689 件)、深圳市(576 件)分列第二、三、四位;有辩护人刑事速裁案件数最少的是沈阳市(25 件),全年有辩护人刑事速裁案件数不足 100 件的试点城市除沈阳市外,还有青岛市(33 件)、大连市(37 件)、重庆市(52 件)、长沙市(53 件)、济南市(61 件)及福州市(67 件)。在辩护率方面,上海市以 59.6%稳居第一,次为郑州市(30.40%),辩护率最低的是福州市,仅为 4.09%。除福州市外,辩护率不足 10%的试点城市还有沈阳市(4.88%)、厦门市(5.13%)、重庆市(6.08%)、天津市(6.04%)、长沙市(6.51%)、武汉市(6.74%)、杭州市(6.65%)、济南市(8.23%)8 个城市。

从各试点城市的具体情况来看,单人单罪刑事速裁案件中有辩护人出庭辩护的案件数最多的前五个城市分别是上海市(2 060 件)、北京市(1 368 件)、郑州市(1 132 件)、广州市(842 件)、深圳市(801 件),案件数不足 100 件的四个城市为青岛市(52 件)、大连市(55 件)、重庆市(68 件)、沈阳市(90 件)。2015—2017 年,整体辩护率最高的城市为上海市(22.93%),其次为深圳市(22.74%)。除此之外,整体辩护率超过 10%的试点城市有北京市(11.78%)、大连市(10.74%)、广州市(10.45%)、郑州市(17.80%)、西安市(19.95%),整体辩护率最低的是福州市(3.69%)。

2015—2017 年,关于有辩护人出庭辩护的刑事速裁单人单罪案件总数,绝大多数试点城市均呈现出不同幅度的上升趋势,唯有上海市、沈阳市、青岛市及西安市有所不同。其中,上海市、沈阳市、青岛市出现年度反复,而西安市则呈现出逐年递减的趋势,即从 2015 年的 265 件,降为 2016 年的 163 件,再降为 2017 年的 102 件。2017 年,上海市有辩护人的刑事速裁案件数从 2016 年的 884 件降为 689 件,降幅为 22.06%;沈阳市的情况亦相同,从 2016 年的 46 件降为 25 件。青岛市则是在经历了 2016 年的下降(从 12 件降为 7 件)后,在 2017 年迎来较大涨幅,有辩护人的刑事速裁案件数增加为 33 件。

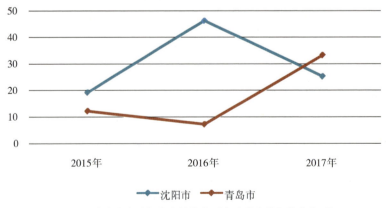

图 23-4　青岛市和沈阳市有辩护人刑事速裁案件年份分布(件)

第二节 检视:刑事速裁程序运行的实践表达

以上统计数据,依托2015—2017年全国18个试点地区的刑事速裁程序案件裁判文书,从运行总体状况、适用的案件类型、采取的逮捕措施以及有无辩护人等四个方面,宏观呈现了包括认罪认罚从宽制度在内的刑事速裁程序试点的整体情况。以此为前提并结合其他渠道搜集到的数据,当前刑事速裁程序运行大致表现出以下几个实践特点或问题。

一、适用总体比例不高,但呈现递增趋势

2015年10月15日,最高人民法院、最高人民检察院《关于刑事案件速裁程序试点情况的中期报告》指出,自2014年8月26日速裁程序试点工作启动到2015年8月20日,各地确定基层法院、检察院试点183个,共适用速裁程序审结刑事案件15 606件16 055人,占试点法院同期判处1年有期徒刑以下刑罚案件的30.7%,占同期全部刑事案件的12.82%。根据最高人民法院周强院长所作《关于在部分地区开展刑事案件认罪认罚从宽制度试点工作情况的中期报告》来看,认罪认罚从宽制度自2016年11月启动试点后1年内,18个试点地区共确定试点法院、检察院各281个,适用认罪认罚从宽制度审结刑事案件91 121件103 496人,占试点法院同期审结刑事案件的45%。试点地区的调研也显示,认罪认罚从宽制度的适用案件超过4成,如"截至2017年6月底,杭州市两级检察院办理的7 429件公诉案件中,适用认罪认罚从宽制度3 163件,开展率达42.6%"[①]。由此可见,跨入认罪认罚从宽制度试点后,刑事速裁程序的适用比例得到较大幅度的提升(由12.82%急剧上涨为45%)。

从北京华宇元典信息服务有限公司提供的数据来看,2015—2017年试点地区法院运用速裁程序审理的单人单罪一审刑事案件裁判文书数量及比例尽管总体不多(高),但却保持着相当的增长,如分别占同期试点城市所有一审刑事裁判文书的14.04%、21.61%、29.30%。适用刑事速裁程序案件数量及比例上升的原因在于《刑法修正案(九)》对犯罪圈的扩充以及人民法院员额制改革使得人民法院"案多人少"的矛盾更激化[②],从优化司法资源配置以及贯彻宽严相济的角度出发,扩张适用刑事速裁程序有其内在合理性和必要性。

在进入认罪认罚从宽制度试点后,2017年适用刑事速裁程序的单人单罪一审刑事案件的数量和比例(38 494件,适用比为29.30%)与最高人民法院、最高人民检察院公布的数据出现较大差距。在笔者看来,之所以出现较大差距,个中原因大致在于统计口径不同:

一方面,本章所使用的数据是对适用速裁程序的"单人单罪"一审刑事案件的统计。所谓"单人单罪"案件系指单个犯罪主体(包括自然人和单位)仅实施单个犯罪且人民法院仅判处一罪的刑事案件,而一审刑事案件除"单人单罪"情形外,还包括"单人多罪""多人单罪""多人多罪"等情形,对于后列三种情形本章所依托的数据并未涉及。

[①] 徐盈雁、范跃红:《四成以上案件适用认罪认罚从宽 浙江:扎实推进刑事案件以罪认罚从宽制度试点工作》,载《检察日报》2017年7月8日,第1版。

[②] 参见魏晓娜:《完善认罪认罚从宽制度:中国语境下的关键词展开》,载《法学研究》2016年第4期。

另一方面,在认罪认罚从宽制度启动试点后,不少刑事裁判文书在适用程序上的表述采用的是"认罪认罚从宽"而非"速裁程序",如有的判决书使用的是"本院依法适用认罪认罚从宽制度"①;有的判决书使用的是"本院依法组成合议庭,根据认罪认罚从宽制度,公开开庭进行了合并审理"②;有的判决书使用的是"被告人同意适用认罪认罚从宽制度和速裁程序,予以酌情从轻处罚"③。之所以采用"速裁程序"作为检索项,是考虑到即便是认罪认罚从宽制度试点后,仍有大部分法院继续沿用"速裁程序"的表述。④

二、适用案件类型有限,但案件类型集中

2014 年《速裁程序试点办法》第 1 条确定了刑事速裁程序试点的案件类型为"危险驾驶、交通肇事、盗窃、诈骗、抢夺、伤害、寻衅滋事、非法拘禁、毒品犯罪、行贿犯罪、在公共场所实施的扰乱公共秩序犯罪情节较轻、依法可能判处一年以下有期徒刑、拘役、管制的案件,或者依法单处罚金的案件"。2016 年《认罪认罚从宽试点办法》没有明确指出认罪认罚从宽制度适用的案件类型,而是在第 2 条对认罪认罚从宽制度的适用范围作了除外规定,因而在相当意义上扩张了刑事速裁程序适用的案件范围。对于刑事速裁程序适用的具体案件范围,有学者认为,在认罪认罚从宽制度试点中案件范围没有明确的限定性,可以适用于所有罪名的案件。如陈光中教授主张:"认罪认罚从宽制度原则上可以适用于所有案件,包括可能判处死刑在内的重罪案件。"⑤然而,从本章对试点地区 2015 年和 2017 年适用刑事速裁程序的单人单罪案件调研来看,规范意义上的案件范围的扩张在具体试点实践中并不明显,适用案件类型依然有限。

单从刑事速裁程序适用的罪名来看,2015 年刑事速裁程序适用的罪名与 2017 年认罪认罚从宽制度适用的罪名的区别在于,2015 年刑事速裁程序存在适用于生产、销售不符合安全标准的食品罪的案件,2017 年认罪认罚从宽制度适用的罪名中则无该罪名,但却在 2015 年刑事速裁程序适用罪名的基础上增加了组织、领导传销活动罪,非法收购、运输、出售珍贵、濒危野生动物制品罪,非法持有、私藏枪支、弹药罪三个罪名,共计 72 件案件。因此,从刑事速裁程序试点到刑事案件认罪认罚从宽制度试点,速裁程序所适用的案件类型并未有明显的扩充。

即便如此,在适用案件类型上依然体现出案件类型相对集中的特点,即适用速裁程序的案件类型主要是危险驾驶案件、盗窃案件、毒品犯罪案件、故意伤害案件和交通肇事案件,其他适用刑事速裁程序的案件则相对较少。刑事速裁程序适用案件类型集中的特点,也为其他学者的调研结论所证实:"数据表明,适用罪名最多是危险驾驶案,占 66.41%,其次是盗窃案,占 7.00%,再次是贩卖毒品案,占 6.18%,适用罪名还存在个别只有 1 件的情况。"⑥尤应注意

---

① 湖南省长沙市岳麓区人民法院 (2017)湘 0104 刑初 711 号刑事判决书。
② 北京市海淀区人民法院 (2018)京 0108 刑初 209 号刑事判决书。
③ 天津市蓟州区人民法院(2017)津 0119 刑初 456 号刑事判决书。
④ 参见重庆市江北区人民法院(2017)渝 0105 刑初 647 号刑事判决书;重庆市九龙坡区人民法院 (2017)渝 0107 刑初 1303 号刑事判决书;北京市昌平区人民法院 (2017)京 0114 刑初 788 号刑事判决书;福建省厦门市集美区人民法院 (2017)闽 0211 刑初 451 号刑事判决书;湖北省武汉市江夏区人民法院 (2017)鄂 0115 刑初 112 号刑事判决书;江苏省南京市高淳区人民法院 (2017)苏 0118 刑初 166 号刑事判决书。
⑤ 刘金林:《认罪认罚从宽制度仍应坚持常规证明标准》,载《检察日报》2016 年 8 月 25 日,第 3 版。
⑥ 闵丰锦:《认罪认罚从宽制度的实践逻辑——基于 259 个试点案件的分析》,载《甘肃政法学院学报》2018 年第 2 期。

的是,2014年速裁程序试点办法明确指出的"行贿犯罪",18个试点地区中无一例相关案件。笔者认为,刑事速裁案件适用的案件类型范围之所以变化不大,原因是多方面的。

一是刑事速裁程序的定位不明导致适用的内动力不足。"在刑事案件速裁程序以法院审理简化为主线的背景下,各试点法院由于收案数量、案件复杂程度等存在较大差异,呈现出地域、区域之间的不均衡,对于案件数量较少、复杂程度较低的法院适用速裁程序的动力相对不足"①。

二是中央层面的试点办法缺乏对刑事速裁程序(认罪认罚从宽制度)适用罪名的明确性规定,而地方层面出台的实施细则又未对相应的适用范围予以明确。同时,速裁程序适用的案件范围在理论界也缺乏统一意见,除前述陈光中教授主张的原则上适用于所有类型的刑事案件外,樊崇义教授也认为:"(试点办法)并未将犯罪性质恶劣、犯罪手段残忍、社会危害严重的重罪案件排除在认罪认罚从宽制度之外。这就是说,重罪案件同样适用认罪认罚从宽制度。"②陈卫东教授强调:"从宽处理制度不应当有案件适用范围的限制,包括可能判处死刑刑罚在内的重罪都应当适用该制度。只有确保无论轻罪、重罪案件都有适用从宽制度的可能性,才能维护法律适用的公平性。"③但不同观点则认为:"为让公诉人员与被告人协商时有依据,必须有'从宽'的明确标准,而最高人民法院量刑规范化改革提供了这一标准,量刑规范化改革共涵盖了15种罪名,因此,如果试点地区的量刑规范化改革并未超过该15种罪名,那么,认罪认罚从宽制度的罪名适用范围也应当局限在该15种犯罪,否则,难以保证犯罪嫌疑人认罪认罚的自愿性。"④

山东省两个试点城市的调研情况也表明:"基于被告人在认罚时需要对量刑有明确的认识和合理的预期,因此对于被告人不能通过量刑指导意见或是已公布的类似裁判文书对量刑形成合理预期的案件类型暂时不适用该项制度。由中院一审的涉恐、涉黑以及涉及国家安全等案件由于其敏感、复杂、社会影响大的特性也不能适用。其他对行为性质、罪与非罪、犯罪事实难以确定的,即使被告人认罪悔罪也不能适用简化程序进行审理。除此之外,常见的量刑较为明确的刑事案件罪名都可纳入认罪认罚从宽制度适用案件范围。"⑤理论界的争议势必在司法实务中有所反映,引起刑事司法的联动反应,并往往选择相对保守的做法予以应对这种理论争议,而不愿意将认罪认罚从宽制度适用的案件范围做过分扩张。

此外,速裁程序适用的案件类型集中在危险驾驶案件、盗窃案件及毒品犯罪等案件的原因,既是因为此种类型案件数量大且证据相对简单、取证相对容易,如危险驾驶案件、盗窃案件;也有可能是因为相关案件证据搜集难度大,取证困难而需要犯罪嫌疑人或被告人的自愿供述,相应地犯罪嫌疑人或被告人自愿认罪认罚也会得到相应量刑减让的激励。

三、逮捕率降低不明显,且波动幅度较大

对于适用刑事速裁程序的单人单罪刑事案件而言,不论是2014年的《速裁程序试点办

---

① 艾静:《刑事案件速裁程序的改革定位和实证探析——兼论与"认罪认罚从宽制度"的理性衔接》,载《中国刑事法杂志》2016年第6期。
② 樊崇义:《重罪案件同样适用认罪认罚从宽制度》,载《人民法治》2018年第17期。
③ 陈卫东:《认罪认罚从宽制度研究》,载《中国法学》2016年第2期。
④ 王恩海:《认罪认罚从宽制度试点应慎重》,载《上海法治报》2017年2月22日,第6版。
⑤ 山东省高级人民法院刑三庭课题组:《关于完善刑事诉讼中认罪认罚从宽制度的调研报告》,载《山东审判(山东法官培训学院学报)》2016年第3期。

法》,还是2016年的《认罪认罚从宽试点办法》,均强调对于符合取保候审、监视居住条件的犯罪嫌疑人、被告人应当取保候审、监视居住,特别是《认罪认罚从宽试点办法》第6条规定:"人民法院、人民检察院、公安机关应当将犯罪嫌疑人、被告人认罪认罚作为其是否具有社会危害性的重要考虑因素,对于没有社会危险性的犯罪嫌疑人、被告人,应当取保候审、监视居住。"按理说,既然符合速裁程序或者认罪认罚从宽制度的适用条件,即意味着犯罪嫌疑人、被告人自愿认罪、真诚悔罪,其社会危险性已经显著降低,无须采用逮捕的羁押措施。因此,在刑事速裁案件中,逮捕的适用是相当谨慎的,逮捕率应当相应降低,只要犯罪嫌疑人、被告人符合法定条件,就必须取保候审、监视居住,不得采取拘留、逮捕等措施。

最高人民检察院副检察长孙谦同志讲到:"近年来,检察机关依法行使审查逮捕职能,坚持少捕慎捕原则,全国普通刑事案件的批捕率逐年下降,从2005年的91%下降至2016年的77.6%,审前羁押率从2005年的90%降到2016年的59%左右。"[1]然而,调研数据显示,当前试点地区刑事速裁单人单罪案件的逮捕率与普通案件的逮捕率相比,下降幅度并不明显,仍有7个试点地区逮捕率超过40%,速裁程序减少审前羁押的内在功能未得到充分释放。

刑事速裁案件逮捕率(羁押率)降低不明显的问题也得到其他学者实证研究的印证。如有学者在对北京地区试点情况进行调研后指出:"从强制措施的适用情况来看,审结的9 106人中,适用拘留、逮捕羁押性强制措施的6 667人,占73.2%。适用取保候审的2 337人,占25.7%。"[2]也有学者通过调研发现:"侦查人员出于担心犯罪嫌疑人脱管使案件久拖不决,更愿意采取刑事拘留和逮捕的强制措施。通常而言,羁押率过高,意味着非监禁刑适用率低。2017年3月至5月,该市法院审理的认罪认罚案件中,非羁押性强制措施适用率为39.75%,非监禁刑适用率为39.09%。"[3]

关于刑事速裁程序对强制措施的适用1、对审前羁押状况的改善作用不明显,有学者指出,其原因"既是羁押性强制措施的适用有着巨大的惯性,又是认罪认罚从宽制度的'从宽'并未包括侦查阶段的'程序从宽',更是侦查机关对能否主动适用认罪认罚从宽制度并未形成统一意见和执法思维。更何况,在个别错误认识看来,某种程度上的'一押到底'才能完全确保诉讼程序按照侦诉审的流水线模式高速运转"[4]。另外,18个试点地区逮捕率差异明显,单个试点地区在2015—2017年逮捕率波动幅度相对较大,说明各试点地区在是否从严适用逮捕、减少速裁案件中的审前羁押方面存在不同认识,这也在一定程度上制约了刑事速裁程序减少审前羁押内在价值的实现。

四、辩护率虽逐年增加,但辩护效果不佳

2014年《速裁程序试点办法》第4条规定了"建立法律援助值班律师制度",给予选择适用速裁程序的犯罪嫌疑人、被告人提供法律援助;2016年《认罪认罚从宽试点办法》第5条规

---

[1] 孙谦:《司法改革背景下逮捕的若干问题研究》,载《中国法学》2017年第3期。
[2] 吴小军:《认罪认罚从宽制度的实践反思与路径完善——基于北京试点的观察》,载《法律适用》2018年第15期。
[3] 周新:《认罪认罚从宽制度试点的实践性反思》,载《当代法学》2018年第2期。
[4] 闵丰锦:《认罪认罚从宽制度的实践逻辑——基于259个试点案件的分析》,载《甘肃政法学院学报》2018年第2期。

定:"办理认罪认罚案件,应当保障犯罪嫌疑人、被告人获得有效法律帮助,确保其了解认罪认罚的性质和法律后果,自愿认罪认罚。……犯罪嫌疑人、被告人自愿认罪认罚,没有辩护人的,人民法院、人民检察院、公安机关应当通知值班律师为其提供法律咨询、程序选择、申请变更强制措施等法律帮助……"鉴于大多数犯罪嫌疑人在法律知识上的欠缺,往往难以准确认知自己行为的刑法性质以及可能遭受的刑事处罚,而刑事速裁程序的启动抑或认罪认罚从宽制度的适用,均需要犯罪嫌疑人真诚地认罪悔罪(认罚),这就催生了建立值班律师制度,为犯罪嫌疑人提供法律援助、法律帮助,保障犯罪嫌疑人的程序选择权及认罪认罚自愿性的客观需要,也在相当程度上意味着刑事速裁程序中辩护率将有相对提升,进而更广泛、更实质地推动律师参与刑事诉讼。

然而,从调研数据来看,2015—2017年,18个试点城市刑事速裁案件的整体辩护率有相当程度的提升,除少数试点城市外,绝大多数试点城市刑事速裁案件的辩护率都得到了一定程度的提升,但整体辩护率并未有显著的提升,辩护的实质效果也有待检验。

其他学者的调研也有相似的结论。"2017年,A市法院设立的78个值班律师工作站共指派法律援助律师1 191人次,还指派值班律师为4 976名被追诉人提供了法律援助服务。这一数据总体较为可观,但与认罪认罚的被追诉人总数11 246人相比,不难发现,至少有5 079名认罪认罚被追诉人没有获得法律援助,占比达45.16%。深入调研发现,审查起诉阶段几乎没有法律援助律师参与。"①樊崇义教授在武汉市汉阳区的调研也证实了这一点:"在调研过程中,实务工作人员普遍反映值班律师的性质不明。目前值班律师在实践中更多地充当着见证人,这点已得到了实务部门的一致认可。……在认罪认罚从宽案件中值班律师只要提供法律帮助即可。"②

值班律师参与刑事速裁案件办理程度不深、效果不彰的内在根源在于对值班律师的法律定位不明、授权过窄。诚如叶青教授所言:"值班律师的职责包括对检察机关定罪量刑建议提出意见,且犯罪嫌疑人签署认罪认罚具结书应当在场。但值班律师不同于辩护人,仅能提供法律咨询、程序选择、申请变更强制措施等法律帮助。更重要的是无阅卷权,无法全面掌握案件情况,根本无法为犯罪嫌疑人提供有效的辩护帮助。司法实践中,审查起诉阶段的值班律师制度甚至有异化为见证检察机关与犯罪嫌疑人具结过程和结果的发展倾向。"③

此外,刑事速裁程序及认罪认罚从宽制度的改革,使对案件的办理重心由庭审移至侦查和审查起诉阶段,致使庭审丧失对查明案件事实的必要,转而重视对被告人认罪认罚自愿性的审查,从而在客观上削弱了辩护人参与庭审的必要性,造成刑事速裁案件辩护率下降。对此,李本森教授在检验速裁程序试点时指出:"'速裁程序试点办法'要求各试点城市的看守所和法院应当设置法律援助值班律师,免费为犯罪嫌疑人、被告人提供法律帮助,因此律师辩护率相对较低。"④最后,由于刑事速裁程序所适用的案件要么事实清楚、证据充分,要么犯罪

---

① 王飞:《论认罪认罚协商机制的构建——对认罪认罚从宽制度试点中的问题的检讨与反思》,载《政治与法律》2018年第9期。
② 樊崇义:《武汉市汉阳区认罪认罚从宽制度调研报告》,载《人民法治》2018年第3期。
③ 叶青:《认罪认罚从宽制度的若干程序展开》,载《法治研究》2018年第1期。
④ 李本森:《刑事速裁程序试点实效检验——基于12666份速裁案件裁判文书的实证分析》,载《法学研究》2017年第5期。

人对犯罪事实予以承认,这也在相当程度上降低了被告人寻求律师辩护的内在动力,致使刑事速裁案件中律师辩护率不高。

五、创新司法机制体制,强化速裁改革活力

司法创新是司法改革的核心内容和重要依托,是司法革新的关键推动力量。在刑事速裁程序试点过程中,在中央决策层的领导和指导下,各试点地区秉承现代法治精神和理念,针对既有司法的沉疴弊病,汇集群智,大胆改革、勇于创新,不断推出新措施、新机制和新举措,从而极大地强化了当前刑事速裁程序改革的活力,为新修正的《刑事诉讼法》的实施积累了弥足珍贵的经验。

例如,北京市、南京市、郑州市、天津市等地设置专门办案组织,探索"刑拘直诉",在拘留期限内完成侦查、起诉、审判,并实行集中移送、集中起诉、集中审理,促进侦、诉、审环节快速流转、无缝对接、全程简化;对于认罪认罚案件,检察机关审查起诉平均用时26天,人民法院15日内审结的占83.5%。这种"刑拘直诉"机制得到权威学者的肯定性评价。陈瑞华教授曾对"刑拘直诉"表示了高度的赞誉:"'刑拘直诉'制度的实施,避免了繁琐、冗长的审查批捕程序,使得嫌疑人、被告人不再被采取逮捕措施,这确实大大缩短了未决羁押期限,既对各机关快速办案产生推动和督促的作用,又为法院依法裁判提供了较为宽松的环境,避免过去经常出现的法院'根据羁押期限来确定量刑幅度'的做法。但是,'刑拘直诉'制度的试行,可能还产生了一个为改革者所意想不到的效果,那就是第一次突破了我国'流水作业'式的诉讼构造,带来了侦查、审查起诉与审判程序的合并和重叠,并大大减少了三机关内部办案环节的简化。"①

除此之外,刑事速裁程序试点中的机制体制创新,还有重庆市实行的"三集中"工作机制,即侦查机关相对集中移送审查起诉、检察机关相对集中起诉、法院相对集中审理。②

大连市实行的"量刑标准清单化",即详细、精准记录犯罪嫌疑人从侦查到提起公诉全部诉讼环节的认罪认罚情况,依法适用不同的从宽量刑幅度,并实行逐案跟踪回访,查询、统计、跟踪案件进展,不定期对认罪认罚案件的嫌疑人(被告人)回归社会情况进行抽查回访。③

南京市江宁区探索运用"智慧检察"功能,在讯问场所配置触摸屏,采用多媒体演示文书填录指南,运用远程视频讯问系统,对被羁押的犯罪嫌疑人进行远程讯问、具结。检察官通过远程庭审观摩系统,随时掌握案件庭审情况。④

北京市海淀区总结"轻刑快审"经验,变"审判分流"为"全程分流",实现普遍法律帮助,强化实质化庭审,规范认罪从宽标准,加强信息化支撑,努力构建"全流程刑事案件速裁程序"⑤。

---

① 陈瑞华:《"认罪认罚从宽"改革的理论反思——基于刑事速裁程序运行经验的考察》,载《当代法学》2016年第4期。
② 参见战海峰:《重庆去年对13000余案件适用认罪认罚》,载法制网(http://www.legaldaily.com.cn/index/content/2018-01/25/content_7458620.htm?node=20908),访问日期:2019年3月2日。
③ 参见:《普兰店院:"463"工作法推进认罪认罚从宽制度试点工作》,载大连检察网(http://www.dalian.jcy.gov.cn/xwzx/gzdt/201712/t20171214_2120744.shtml),访问日期:2019年3月2日。
④ 参见丁国锋:《南京江宁检察认罪认罚从宽试点罪名拓至30个 逾七成刑案认罪认罚集约办理》,载《法制日报》2017年9月12日,第3版。
⑤ 北京市海淀区人民法院课题组:《关于北京海淀全流程刑事案件速裁程序试点的调研——以认罪认罚为基础的资源配置模式》,载《法律适用》2016年第4期。

福州市检察机关探索形成了福州特色的"一三五"工作模式,即在审查起诉阶段6份权利、义务告知性文书"一单式告知",文书、审批、出庭"三个简化",受理、提审、具结、起诉、开庭"五类集中",提高了案件审判效率。①

济南市则探索建立"程序倒转机制",即检察机关没有适用认罪认罚从宽制度时,一定条件下试点法院可主动适用制度,使在审判阶段才表示认罪认罚的被告人,可以通过适用该制度而获得从宽处理。②

郑州市开创了"阶梯式量刑",将在侦查、审查起诉、审判阶段认罪的犯罪嫌疑人认罪程度分为A、B、C三个等级,依照在侦查阶段归案后即认罪最高从轻50%的幅度,逐次递减到20%以下,使犯罪嫌疑人越早认罪认罚,得到"宽恕"越多。③

应当承认,这些创新机制体制是试点地区智慧的结晶,是拓展并实现刑事速裁程序内涵的重要机制,在相当程度上充实并"活化"了我国刑事速裁司法体制改革,为我国刑事诉讼法正式确立刑事速裁机制提供了难得的理念、思路、举措,是对我国当前刑事司法体制改革的重大且突出的贡献。

第三节　余思:刑事速裁程序的优化运行

诚然,包括认罪认罚从宽制度在内的刑事速裁程序试点仍存在些许不足、缺憾甚至遗憾之处,但这些是在实验性改革中不可避免的,绝不能"因噎废食",否定刑事速裁程序改革的理论价值和现实意义。当前,刑事速裁程序已然纳入《刑事诉讼法》,成为在全国范围内施行的正式刑事诉讼程序,我们应该充分认识到推进刑事速裁程序相关规定"落地"的重要性和必要性,特别是需要深刻认识到在当前刑法立法日渐活跃化、犯罪圈不断拓展,而刑事司法资源又相对紧张、短缺的现实背景中,刑事速裁程序将极大地优化刑事司法资源配置,缓解"案多人少"的现实困境,"盘活"刑事司法实践,并深入贯彻宽严相济刑事政策和现代司法宽容精神,推动刑事诉讼体制革新、进化,推动刑法立法对拓展犯罪圈的立法期待的实现。

从最大限度释放包括认罪认罚从宽制度在内的刑事速裁程序的内在优势。对此,新修正的《刑事诉讼法》已然进一步扩大刑事速裁程序的适用范围,致力于推动刑事速裁程序在刑事案件中的广泛适用,原则上只要犯罪嫌疑人自愿认罪、认罚,就应当在程序和实体上予以从宽论处,即实体从轻,程序从简。

同时,在刑事速裁程序的实际适用中,还强调应尽可能采取取保候审、监视居住等限制自由而非剥夺自由的刑事强制措施,进一步降低逮捕羁押率,毕竟刑事速裁程序的适用对象自

---

① 参见任思言:《打造认罪认罚从宽制度"福州样本"》,载福州新闻网(http://news.fznews.com.cn/shehui/20171228/5a4429ea9afd2.shtml),访问日期:2019年3月2日。
② 参见段格林、杨扬:《山东认罪认罚从宽试点取得阶段性成效》,载搜狐网(http://m.sohu.com/a/205025936_170817),访问日期:2019年3月2日。
③ 参见鲁燕:《刑事案认罪认罚可轻判郑州试点一年 仅23人不服判决》,载中原网(https://feng.ifeng.com/listpage/531995/author.shtml),访问日期:2019年3月2日。

愿认罪认罚即已表明其社会危险性已经降低，而无须适用羁押性强制措施保障刑事诉讼活动的正常进行或防止其再度危害社会，这也是认罪认罚从宽制度中"程序从宽"、保障犯罪嫌疑人、被告人认罪认罚自愿性的应有之义和必要保障。

最后，从最大限度地维护刑事速裁程序适用对象的诉讼权利和实体权利，防止因为程序上的从简、从快不当侵损犯罪嫌疑人、被告人的合法权益。新修正的《刑事诉讼法》还强调进一步提高刑事速裁案件中的律师辩护率，并提升辩护的质量，促进辩护人实质地参与庭审，从而通过提升辩护质量防止和遏制不自愿性认罪认罚现象的出现。

可以预见并期待，新修正的《刑事诉讼法》所确立的认罪认罚从宽制度以及速裁程序定能在前期试点工作不断积累的经验的有力保障下，获得顺畅运行和内在价值的最大实现。

图书在版编目(CIP)数据

刑事司法大数据蓝皮书 / 林维主编. —北京：北京大学出版社，2020.5
ISBN 978-7-301-31238-4

Ⅰ.①刑… Ⅱ.①林… Ⅲ.①刑法—司法制度—研究报告—中国 Ⅳ.①D924.04

中国版本图书馆 CIP 数据核字(2020)第 023174 号

书　　　名	刑事司法大数据蓝皮书 XINGSHI SIFA DASHUJU LANPISHU
著作责任者	林　维　主编
责 任 编 辑	杨玉洁
标 准 书 号	ISBN 978-7-301-31238-4
出 版 发 行	北京大学出版社
地　　　址	北京市海淀区成府路 205 号　100871
网　　　址	http://www.pup.cn　http://www.yandayuanzhao.com
电子信箱	yandayuanzhao@163.com
新浪微博	@北京大学出版社　@北大出版社燕大元照法律图书
电　　　话	邮购部 010-62752015　发行部 010-62750672　编辑部 010-62117788
印 刷 者	天津图文方嘉印刷有限公司
经 销 者	新华书店
	720 毫米×1020 毫米　16 开本　33 印张　759 千字 2020 年 5 月第 1 版　2020 年 5 月第 1 次印刷
定　　　价	168.00 元

未经许可，不得以任何方式复制或抄袭本书之部分或全部内容。
版权所有，侵权必究
举报电话：010-62752024　电子信箱：fd@pup.pku.edu.cn
图书如有印装质量问题，请与出版部联系，电话：010-62756370